Beijing No.1
Intermediate People's Court,Beijing,P.R.China

司法体制综合配套改革与刑事审判问题研究

优秀学术论文集
（2018年卷）

北京市第一中级人民法院　编

法律出版社 | LAW PRESS

司法体制综合配套改革与刑事审判问题研究

——优秀学术论文集(2018 年卷)

前　　言

全国法院学术讨论会是由最高人民法院举办的一年一度的学术盛会，被誉为全国法院系统学术研究的“奥林匹克”盛会。全国法院学术讨论会始于1989年，到目前已经举办了三十届。其宗旨在于促进法学理论同审判实践相结合，深入研究人民法院在改革开放的形势下面临的新情况、新问题，总结审判实践经验，进一步推动学术研究的开展，发现和培养理论研究人才，提高审判人员的政治和业务素质，更好地完成审判工作任务。

学术研究工作是人民法院有效提升司法业务能力、提高学术研究水平、推动法院改革发展的一项重要的基础性工作。通过加强法院学术研究不仅能促进司法审判实践与法学理论研究的良性互动，还能及时回应司法审判实践中不断出现的新情况、新问题，切实发挥学术研究对于司法审判实践的重要推动作用。通过学术研究，能够不断增强法院干警的学术研究意识、提升学术研究能力，引导广大法院干警加强对司法实践经验的总结、提炼和反思，从而不断传承司法经验和审判智慧。历经三十年的积淀与检验，全国法院系统学术讨论会为我国司法审判事业的改革发展做出了十分重要的贡献。

作为首都中级人民法院，北京市第一中级人民法院历来高度重视学术讨论以及应用法学研究工作。在全院干警的共同努力下，我院的参赛论文在历年全国法院学术讨论会上取得了优异成绩：先后荣获3个全国一等奖、21个全国二等奖、22个全国三等奖、24个全国优秀奖，并多次荣获全国法院系统学术讨论会组织工作先进奖以及北京法院系统学术讨论会组织工作先进奖等殊荣。

自2018年最高人民法院发布第30届学术讨论会征文通知以来，我院广大干警紧密围绕本届学术讨论会“司法体制综合配套改革与刑事审判问题”这一主题，结合审判工作实际，认真思考、大胆创新、积极写作、踊跃参赛。在写作过程中，始终坚持以习近平新时代中国特色社会主义思想为指导，注重把握新时代法院工作面临的新形势、新任务，以当前人民法院司法体制综合配套改革以及刑事审判中的基础性、前瞻性理论和实践问题作为研究重点，同时注重推动传统法学学科与新兴学科以及交叉学科的有效结合，不断推进学术观点创新、研究方法创新、研究结论创新,并提出了一系列有针对性、可行性的对策建议,形成了一批观点新颖、见解深刻、论证有力、措施具体的研究成果,为审判工作和司法改革提供了参考和借鉴。

经过最终的评审程序,我院在全国法院第 30 届学术讨论会上荣获 2 个全国二等奖、1 个全国三等奖、9 个全国优秀奖,3 个北京优秀奖,综合成绩位列北京法院前列。为了更好地发挥学术讨论会研究成果对于指导审判实践、推动司法改革的重要作用,现将我院在全国法院第 30 届学术讨论会上的优秀论文以《司法体制综合配套改革与刑事审判问题研究》的形式结集出版。希望通过集中展示我院 2018 年优秀学术成果,进一步加强与兄弟法院之间的学习交流,进一步激发广大年轻干警的学术热忱,有效调动干警的创作热情,积极营造我院浓厚的学术研究氛围,努力推动我院学术讨论工作再上新台阶,在接下来的学术讨论工作当中取得更加优异的成绩。

编　者

2019 年 3 月

目　录

全国法院二等奖

全国法院三等奖

全国法院优秀奖

北京法院优秀奖

本院优秀论文

全国法院二等奖

论民事二审撤回起诉中“经其他当事人同意”的限度

——以《关于适用〈中华人民共和国民事诉讼法〉的解释》第338条为中心展开*

赵小军**

【论文提要】

根据《民事诉讼法解释》第338条的规定,“经其他当事人同意”是原告在二审中可以撤回起诉的重要条件之一。但实践中,第338条规定的绝对化、无条件征得“其他当事人同意”却存在理论和实践障碍。二审撤回起诉程序中“经其他当事人同意”的具体适用情况及适用程序尚待深入研究。

本文除引言和结语外,共分四个部分。第一部分指出了绝对化、无条件地要求“经其他当事人同意”面临的实践障碍。通过审判实践中的十几个真实案例展示了二审撤回起诉中面临的其他当事人主观不配合、缺乏客观必要(标的物灭失或纠纷已不存在)及缺乏程序必要(当事人未付出程序成本或案件未进行实体审理或案件和解解决)等障碍。第二部分以民事诉讼基础理论为基点,分析了绝对化、无条件地“经其他当事人同意”面临的理论障碍。指出了现行立法设计不利于民事诉讼目的和价值的实现、对处分权的盲目限制是对处分原则的侵犯、与二审中原告撤回起诉的法律后果不相适应、与域外立法例中的普遍性规定相悖。第三部分对二审撤回起诉条件设计中的利益衡平因素进行了分析。具体程序设计应当做到处分权原则与当事人平等原则的衡平、权利保障和审判权运行之间的衡平、权利保障与诉讼效率之间的衡平、权利保障与纠纷彻底解决的衡平。第四部分对二审撤回起诉中“经其他当事人同意”这一条件的

---

* 本文获全国法院系统第三十届学术讨论会二等奖。

** 赵小军,北京市第一中级人民法院民二庭法官,曾获全国法院系统第二十八届学术讨论会二等奖、三等奖,全国法院系统第二十九届学术讨论会二等奖、优秀奖。

适用前提和适用程序进行了设计。一是分析了不需要“经其他当事人同意”的情况。二是在需要“经其他当事人同意”的情况下,应当采用书面形式,当事人发表否定意见应当说明原因并提供相应证据。

【主要创新观点】

本文主要创新观点体现在如下几个方面:

一是研究领域创新。理论界对二审撤回起诉问题争论激烈,但焦点集中在二审撤回起诉制度的合理性、法律后果等问题,对撤回起诉的条件缺乏深入理论研究。是否在所有情况下,原告在二审撤回起诉均需要“经其他当事人同意”?当事人发表不同意的意见是否需要正当理由及相应证据?如何真正做到处分权原则、当事人平等原则及诉讼经济原则的衡平?这是理论界和实务界亟待解决的问题。

二是研究方法创新。通过审判实践中的十几个真实案例分别展示了二审原告撤回起诉中所遇到的其他当事人主观不配合、缺乏客观必要(标的物灭失、纠纷已不存在)及缺乏程序必要(当事人未付出程序成本、案件未进行实体审理、案件和解解决)等障碍。

三是具体观点创新。(1)指出了《民事诉讼法解释》第338条的立法设计不利于民事诉讼目的和价值的实现、属于对处分权的过度限制、与二审中原告撤回起诉的法律后果不相适应、与域外立法例中的普遍性规定相悖。(2)提出具体程序设计应当做到处分权原则与当事人平等原则的衡平、权利保障和审判权运行之间的衡平、权利保障与诉讼效率之间的衡平、权利保障与纠纷彻底解决的衡平。(3)指出在下列情况下二审撤回起诉不需要征得“其他当事人同意”:其他当事人属于一审判决中未认定其责任的第三人、涉及人身权的诉讼中的当事人及自始未参加诉讼的当事人;标的物灭失或争议不复存在的案件;一审程序未进行实体审理的案件;达成和解协议解决的案件。(4)在确实符合需要征得“其他当事人同意”条件的案件中,其他当事人的意见应当采用书面形式,当事人发表否定意见应当说明原因并提供证据。法官在此过程中应当尽到释明义务并享有审查和裁量的权利。

引　言

关于在二审程序中原告是否可以撤回起诉的问题，理论界曾进行过激烈的讨论，实务界的处理方式也曾存在争议。2015 年实施的《最高人民法院关于适用〈中华人民共和国民事诉讼法〉的解释》（以下简称《民事诉讼法解释》）第 338 条规定了经其他当事人同意，且在不损害国家利益、社会公共利益、他人合法权益的情况下，原告可以撤回起诉。自此，原告在二审中撤回起诉具有了明确的法律依据。[①] 同时将“经其他当事人同意”作为原告在二审中撤回起诉的重要条件之一。[②] 这一规定看似既尊重了原告的处分权，又顾及了其他当事人的利益。对于需要“经其他当事人同意”的原因，最高人民法院的权威解释说明中将其归结为原告撤回起诉会对其他当事人的利益产生影响。[③] 但是否在所有情况下，原告撤回起诉均会对其他当事人的利益产生影响？实践中“经其他当事人同意”存在哪些障碍？其他当事人发表“不同意”的意见应通过何种程序？是否需要正当理由？如何兼顾处分权原则、当事人平等原则及诉讼效率原则的衡平？这些都是理论界和实务界亟待解决的问题。

一、实践检视：绝对化、无条件地要求“经其他当事人同意”面临的障碍

《民事诉讼法解释》第 338 条中对于“经其他当事人同意”并未规定例外情形及具体操作程序。最高人民法院下发各法院的《民事诉讼文书样式》中对于二审准许撤回起诉的裁定书的“本院认为”部分，要求写明“已经其他当事人同意”。[④] 学界在讨论二审原告撤回起诉条件时，也均认为“经其他当事人同意”

---

① 在中国裁判文书网中，以二审程序为审判程序，以裁定书为文书类型，以 2015 年 2 月 4 日（《民事诉讼法解释》实施之日）至 2018 年 2 月 4 日为时间范围，以“撤回起诉”为关键词，在全国范围内共搜索到民事案件 15,692 件，其中 2015 年 2301 件，2016 年 4929 件，2017 年 8081 件，2018 年 381 件（1 月 1 日至 2 月 4 日）。由此数据可见，自《民事诉讼法解释》实施后，原告在二审中撤回起诉的案件呈逐年快速增长趋势，原告撤回起诉已经成为二审中重要的结案方式之一。

② 这一条件比原告在一审撤回起诉的条件要更为严苛。《民事诉讼法》中对于原告在一审撤回起诉时，其他当事人的意见并无明确规定。《民事诉讼法解释》第 238 条规定了“法庭辩论终结后原告申请撤诉，被告不同意的，人民法院可以不予准许”。这里并未规定法院需要征询被告的意见，而且对于被告发表了否定性意见后，法院对于原告撤诉申请的态度，用的是“可以不予准许”，言外之意，也可以准许。

③ 沈德咏主编：《最高人民法院民事诉讼司法解释理解与适用》（下），人民法院出版社 2015 年版，第 896 页。

④ 沈德咏主编：《民事诉讼文书样式》，人民法院出版社 2016 年版，第 421 页。

属于必要性条件。[①] 从立法规定的内容及各界对此规定的解读可以看出:第一,为了保障其他当事人的利益,“经其他当事人同意”是允许原告在二审中撤回起诉的绝对化条件。第二,对于其他当事人同意的形式(书面或者口头、明示或者默示)并无法律明确规定。第三,其他当事人表示“不同意”无须说明理由及提供证据,即可以无条件地发表否定性意见。立法规范绝对化、无条件地要求“经其他当事人同意”在实践操作中面临如图1所示障碍:

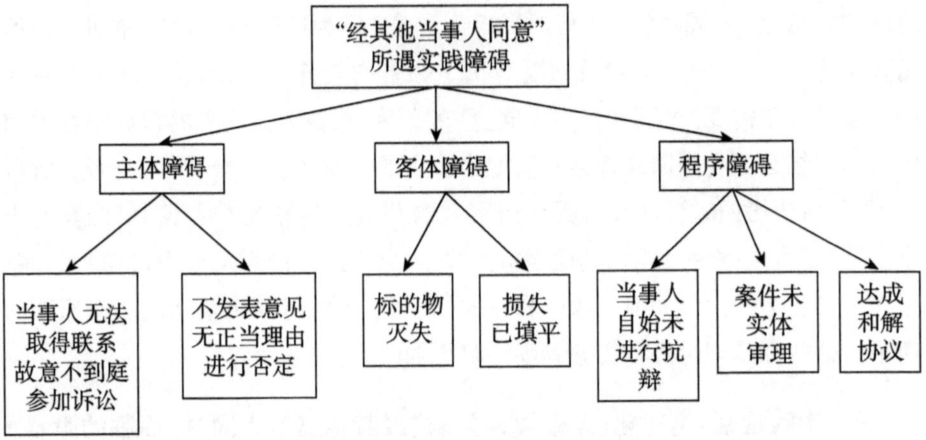

图1 绝对化、无条件地要求“经其他当事人同意”所遇的实践障碍

(一)主体障碍:当事人主观上不配合

为了更准确、深入地考察二审撤回起诉中征得“其他当事人同意”所遇的障碍,笔者将样本限定于B市某中级人民法院自2015年2月4日至2018年2月4日审理的二审民事案件。此时间段内,该院以原告撤回起诉方式结案的二审民事案件共226件。通过与承办法官的咨询交流,约有25%的案件存在当事人主观不配合的情况,具体分为以下两种:

① 相关文章参见王杏飞:《对民事二审中撤回起诉的再认识》,载《中国法学》2017年第3期;张艳:《民事上诉审撤回起诉规则的解释论》,载《华东政法大学学报》2016年第6期。

1. 案件当事人众多,无法与部分未承担责任的当事人取得联系或这些当事人故意不到庭参加诉讼。

[案例一]闫某与王某1、王某2、王某3、王某4生命权、健康权、身体权纠纷案①

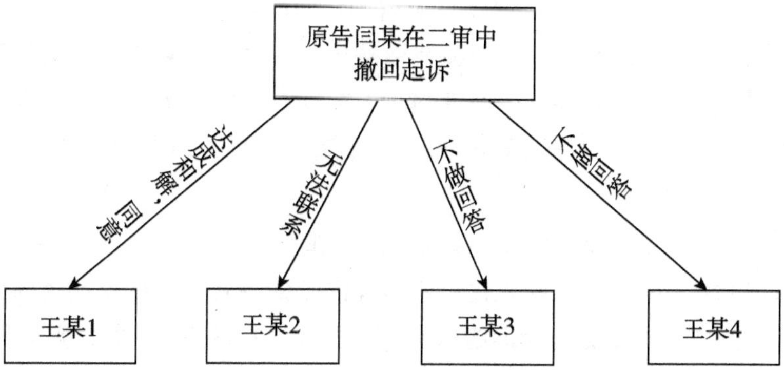

图2　王某1、王某2、王某3、王某4对闫某在二审中撤回起诉的态度

一审判令被告王某1、王某2、王某3、王某4共同承担连带责任赔偿原告闫某3845元,四被告提出上诉。二审中,无法与王某2取得联系,王某3拒不到庭,王某4的委托手续不符合法律规定。王某1到庭与闫某达成了和解协议,由王某1赔偿闫某2450元,闫某表示愿意撤回起诉。② 王某1当场发表了同意的意见,但后王某2仍拒接电话,王某3和王某4认为事情已经解决,该事件与其已经无关,没有必要再到法院或者通过邮寄书面同意书的方式对闫某撤回起诉一事发表意见。后法院耗费一周时间,辗转多重关系才与王某2取得联系,又经法官多次劝说,王某2、王某3、王某4才给法院寄来同意闫某撤诉的同意书,浪费了大量司法资源。③

2. 参加诉讼的其他当事人以沉默的方式不发表意见或者无正当理由故意发表不同意的意见。

[案例二]北京某文化公司与殷某劳动争议纠纷案④

殷某以拖欠工资为由将某文化公司诉至法院,后殷某在二审中撤回起诉,

---

① 参见北京市第一中级人民法院(2017)京01民终3121号。

② 因部分上诉人未到庭,故无法以当事人和解撤回上诉的方式终结诉讼。同理,因当事人的欠缺,也无法通过法院调解的方式结案。

③ 类似案件还有北京市第一中级人民法院(2016)京01民终1652号、(2016)京01民终1662号、(2016)京01民终1648号、(2016)京01民终1673号、(2016)京01民终1691号、(2016)京01民终1702号等。

④ 参见北京市第一中级人民法院(2016)京01民终3066号。

文化公司不发表意见。法官无法适用《民事诉讼法解释》第338条,只能勉强依据《民事诉讼法》第145条作出了准许殷某撤回起诉的裁定,该案的法律适用是否准确有待商榷。

[案例三]李某、陈某与李某某所有权确认纠纷案①

李某、陈某将李某某诉至法院,要求确认二人对李某某使用的车辆享有所有权。二审中,李某与陈某申请撤回起诉,李某某明确表示不同意原告撤回起诉,但拒不说明理由。法院只能作出裁定,驳回了李某与陈某撤回起诉的申请,此案继续进行审理。

(二)客体障碍:标的物灭失,争议已不存在

在有的案件中,当事人争议的诉讼客体涉及的物发生了变化或者纠纷不复存在,就此原审原告认为再无诉诸司法程序要求保护的必要,故愿意撤回起诉,包括以下两种情况:

1. 诉争的标的物灭失(在与物权相关的纠纷中此种情况存在较多)。

[案例四]上诉人孙某与被上诉人陈某、孙某某相邻关系纠纷案②

孙某因陈某、孙某某种植的樱桃树侵犯其宅基地使用权,要求二人将樱桃树移除。二审中,孙某因诉争的7棵樱桃树已经被村委会移除,达到了孙某一审诉讼请求的全部要求,故申请撤回起诉。但陈某、孙某某拒不到庭,也拒绝发表是否同意的意见,后法官为了征求陈某、孙某某的意见耗费了大量的司法资源。

2. 诉争的损失已被填平(此种情况多是因当事人的履行行为而发生)。

[案例五]上诉人某棚户改造建设中心与被上诉人徐某、原审被告王某、原审被告某物业公司财产损害赔偿纠纷案③

徐某认为在房屋拆迁过程中,棚户改造建设中心和物业公司违规堆放王某家的房屋废料,导致其房屋受损。二审中,因王某已将徐某房屋受损部位修复,徐某不再主张损害赔偿,故撤回一审起诉。此时,再征询王某和物业公司的意见也就缺乏必要性。

(三)程序障碍:当事人未付出需要保护的程序成本或案件和解解决

从诉讼程序的角度来看,主要是在以下三种情况下,原告撤回起诉,征得其他当事人的同意缺乏必要性:

---

① 参见北京市第三中级人民法院(2016)京03民终5472号。

② 参见北京市第一中级人民法院(2016)京01民终4574号。

③ 参见北京市第一中级人民法院(2017)京01民终413号。

1. 其他当事人自始未进行过抗辩。在中国裁判文书网中，以2015年2月4日至2018年2月4日为时间范围，以北京地区为地域范围，以“缺席判决”为关键词，共搜索到民事一审判决书27,075份。如果这些案件中有当事人提出上诉，案件在二审未进行实质审理前，原告撤回起诉，对于一审缺席的当事人而言，其并未实质参与诉讼，也未因诉讼而投入人力、物力、财力，征得其同意缺乏必要性。

2. 案件并未进入实体审理。

[案例六]上诉人某供热公司与被上诉人某房地产开发公司、某物业中心供热力合同纠纷案①

因当事人之间存在仲裁协议，故一审裁定驳回供热公司的起诉。供热公司上诉后，二审中又申请撤回起诉。但某物业公司不同意其撤回起诉，但未说明理由。法院就此案件是否需要进行实体审理开庭并合议后裁定维持原裁定，造成了司法资源的浪费。

3. 当事人已经达成了和解协议。

[案例七]某环保公司与邮电大学财产损害赔偿纠纷案②

二审中，环保公司已与邮电大学达成协议，由邮电大学给予环保公司5000元补偿，后环保公司申请撤回起诉。在此类案件中，当事人已经以和解的形式解决了纠纷，如原告要撤回起诉，也属于对纠纷解决的一种确认，此时再征求和解协议中其他当事人的意见，缺乏程序性必要。

二、理论探源：绝对化、无条件地要求“经其他当事人同意”存在的弊端

原告提起诉讼，必然会对法院司法程序的启动、推进产生影响，也会使对方当事人产生诉讼上的负担。因此，出于对原告滥用诉权的限制，其在二审中撤回起诉需要经过法院的审查及其他当事人的同意。但绝对化、无条件地要求“经其他当事人同意”则进入另外一个极端，与诉讼法的基本理论相悖。

（一）不利于民事诉讼目的和价值的实现

民事诉讼目的理论是民事诉讼制度设计和法律解释的基石。虽然理论界对于民事诉讼的目的存在“权利保护说”“纠纷解决说”“程序保障说”“多元说”等多种学说，③但不管从哪一种观点出发，如果具体的程序设计可以满足定分止

---

① 参见北京市第一中级人民法院(2017)京01民终134号、(2017)京01民终136号。

② 参见北京市第一中级人民法院(2016)京01民终4105号。

③ 参见常怡主编：《比较民事诉讼法》，中国政法大学出版社2002年版，第46页。

争、维护社会秩序的要求,又未损及国家、社会或他人的合法权益,法律就应当对其作出积极评价。原告在二审中撤回起诉,一次性彻底解决纠纷,从有利于民事诉讼目的的实现来看,对二审中原告撤回起诉条件的限制应当极为慎重。提高诉讼效率、节约司法资源是民事诉讼的基本价值目标之一。撤诉是众多结案方式中最经济的一种,征求当事人的同意必然要耗费一定的司法资源,而因当事人无正当理由不同意原告撤回起诉导致法官继续对案件进行审理更是对司法资源的不必要浪费。

(二)对处分权的盲目限制是对处分原则的侵犯

处分原则是民事诉讼的基本原则之一。根据处分原则的要求,民事诉讼程序的启动、终结取决于当事人的意志,诉讼请求的范围、性质和金额均由当事人自行决定。[①] 撤诉是当事人向法院撤回诉之请求,不再要求人民法院对相关纠纷进行审理,是处分原则最为核心的内容。撤诉权与起诉权一样,同属于当事人诉权的范畴。诉权是一种请求权,而撤诉是当事人对自己请求权的处分,是当事人对私权利的处分。对此种处分进行限制的理由必须合理且存在一定的限度。最高人民法院的权威解释说明中将需要征得其他当事人同意的理由归为因对其他当事人的利益产生影响,才需要征得其他当事人的同意。但在实践中不乏出现下列情况:(1)在某些情况下,原告撤回起诉均并不会对其他当事人的利益产生影响。(2)原告撤回起诉对部分当事人的利益产生影响,对部分当事人的利益不产生影响。因此,绝对化、无条件地需要征得其他当事人的同意是对当事人处分权的不合理限制。(3)在一审以裁定结案的案件中,虽然原告在二审中撤回起诉对其他当事人可能存在一定影响,但非程序及实体利益的根本性影响,与继续审理耗费的司法资源相比,不具有保护的必要。

(三)与二审中原告撤回起诉的法律后果不相适应

“原告撤诉与一审原告撤回上诉之性质与目的也不同,前者旨在使起诉行为的法律效果溯及性消灭,而后者旨在使上诉行为的法律效果溯及性消灭。”[②] 这一观点也体现在现行法律规定中,根据《民事诉讼法解释》第338条的规定,原告在二审撤回起诉后,不得重复提起诉讼。在各国的立法设计中,对于一定条件下,原告在一审中撤回起诉需要经过被告的同意,一个重要原因是为了防

---

① 江伟主编:《民事诉讼法》(第3版),高等教育出版社2007年版,第34页。

② 林剑锋:《设定与限制:论民事上诉审中的撤诉》,载《中外法学》2015年第3期。

止原告因证据不足时以退为进或者滥用诉权给被告造成重复参加诉讼的利益损害。但在法律预先设定了禁止原审原告就同一纠纷重复起诉的情况下，当事人之间的民事诉讼法律关系已经确定地终结。其他当事人不存在再受原审原告补充证据或者滥用诉权再次起诉困扰的可能，其实体权利也不存在受损的风险。因此，与二审撤诉后不得重复起诉的立法设计相匹配，对需要“经其他当事人同意”的适用范围也应当适当限制。

（四）与域外立法例中的普遍性规定相悖

综观各国与撤回起诉相关的立法例，均对需“经其他当事人同意”的范围及适用条件作出了限制。一是将其他当事人的范围仅限于作出实体抗辩的被告。如《德国民事诉讼法》第 269 条第 1 款之规定，被告就本案开始了言词辩论的，原告撤回起诉则需要征得被告的同意，在此之前，则无须征得被告的同意。①《法国民事诉讼法》第 395 条规定，“撤回起诉，仅在经被告接受时，始为完全。但是，如在原告撤诉时，被告尚未提出任何实体上的辩护，或者未提出不受理请求，被告之接受并非必要”②。二是对被告表示同意的程序和形式要件也进行了限制。《德国民事诉讼法》第 269 条第 2 款规定，撤回诉讼以及使撤回生效的必要的被告的同意，应向法院表示。未在言词辩论中表示的撤回诉讼，须提出书状表示。如果被告已预先被告知原告撤回诉讼，则书面申请送达被告之日起两周的不变期间内，被告对撤回诉讼没有提出反对的，视为被告同意撤回诉讼。③《日本民事诉讼法》第 261 条亦有类似规定。④

三、理性思辨：对二审撤回起诉条件设计中的利益衡平

一方面，基于对原告处分权的尊重，应当赋予其撤诉权。另一方面，民事诉讼程序是原告、被告和法院共同参与、发挥作用并相互牵制的场域，需要衡平原告和被告之间的利益关系，并充分尊重法院的司法权威、减少司法资源的浪费。

---

① 参见《德意志联邦共和国民事诉讼法》，谢怀栻译，中国法制出版社 2001 年版，第 64～65 页。

② ［法］让·文森、塞尔日·金沙尔：《法国民事诉讼法要义》，罗结珍译，中国法制出版社 2001 年版，第 71～75 页。

③ 参见《德意志联邦共和国民事诉讼法》，谢怀栻译，中国法制出版社 2001 年版，第 64～65 页。

④ 参见《日本新民事诉讼法》，白绿铉译，中国法制出版社 2000 年版，第 97 页。

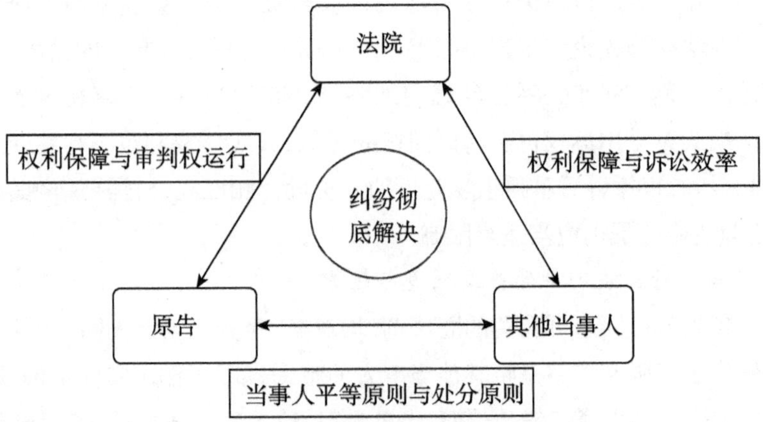

图3 法院、原告、其他当事人的关系

(一)当事人平等原则与处分权原则的衡平

对二审中撤回起诉制度的程序设计,要在保证各方当事人权益平等与原告处分权的完整性之间寻求平衡。在当事人撤诉的讨论中,学界有观点认为我国的撤诉制度中存在利益失衡,原告和法院对于撤诉有着非正常的欲望和绝对的控制力,而缺少保护被告利益的必要制度。① 但只要存在权利,便有滥用的可能。如果仅为了提高其他当事人在撤诉制度中的话语权而走向另一个极端,虽然有利于避免原告滥用撤诉权,但会造成其他当事人滥用撤诉否定权。只有对权利行使制度进行科学设计,才能防止利益的失衡。

(二)权利保障和审判权运行之间的衡平

在当事人主义诉讼模式下,当事人是诉讼程序的主导者,但诉讼程序也离不开法院的介入与参与,法院作为纠纷的最终裁判者及司法资源的提供者,应当赋予法官对是否允许原告在二审撤回起诉的裁量权,为审判权的运行提供充分的空间。一是由法官来裁量是否属于恶意诉讼。如果法院认为当事人撤回起诉的行为涉及违背诚实信用原则滥用诉权,可对其进行处罚,而必须要求"经其他当事人同意"。二是在具体个案中,是否会对司法权威造成影响,由法官作出决断。一审裁判文书的拘束力是有限的,当事人及二审法院可以通过正当的诉讼行为对一审文书作出评价或变更。因此,在一般情况下,原告在二审中撤回起诉不会对一审裁判权威造成影响。

① 参见李潇潇:《民事一审撤诉的类型化研究》,载《华东政法大学学报》2015年第4期。

（三）权利保障与诉讼效率之间的衡平

兼顾公平与效率是纠纷解决的重要原则。在保障裁量结果公平公正的前提下，应当尽量提高效率，减少司法资源的损耗。虽然一审中投入了一定的司法资源，被告针对原告的诉讼请求进行抗辩和防御，会付出了时间、精力及金钱成本。但因原告撤回起诉，二审程序未进行的部分无须再另行投入。这种及时止损的诉讼行为，有利于诉讼效率的提高和资源的节约。尤其是在案件数量无限增长与诉讼资源绝对有限的时代背景下，对原告撤回起诉时，“其他当事人同意”这一条件的设定不应当“一刀切”，而应当结合具体情况具体分析。通过制度设计遏制原告恣意滥用诉权的同时也应当防止其他当事人不发表意见或无正当理由发表否定意见的情况发生。

（四）权利保障与纠纷彻底解决的衡平

撤回起诉是从一种逆向的、消极的方面来体现诉权的价值。撤回起诉是当事人意思自治在程序法上的体现。允许原告在二审中撤回起诉有利于纠纷的一次性解决。一方面，因原告撤回起诉，一审裁判结果被彻底推翻，一审法院投入的审判资源归于无效；另一方面，也因原告撤回起诉，原告丧失了就同一纠纷再次提起诉讼的权利，纠纷得以一次性解决，而且撤回起诉的裁定不属于当事人可以申请再审的范畴。所以，由原告撤回起诉的方式终结诉讼，保证了纠纷解决的彻底性。

四、进路探索：对二审撤回起诉中“经其他当事人同意”的合理限制

通过上文的分析可知，原告在二审中撤回起诉时，应当判断是否存在需要“经其他当事人同意”的具体情况。在需要“经其他当事人同意”的情况下，其他当事人发表意见应当符合一定的程序性要求。

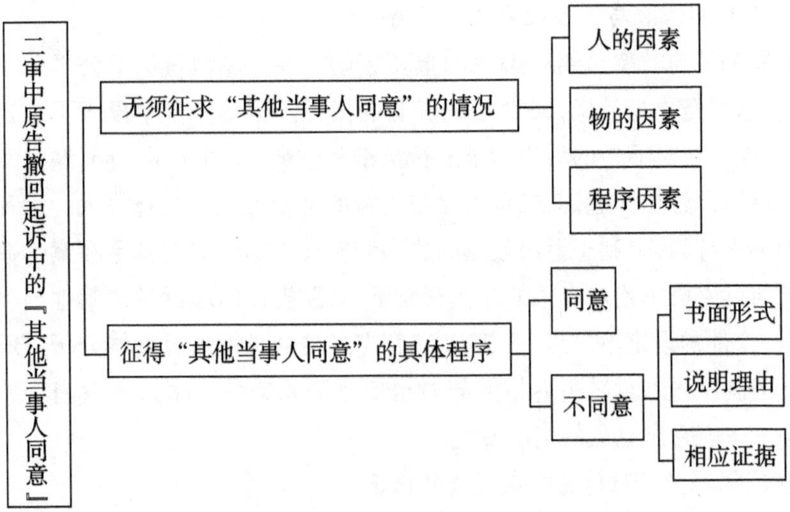

图 4 二审中原告撤回起诉中的“其他当事人同意”

(一)无须征得“其他当事人同意”的情况分析

“从利益衡量角度考量,允许一审原告在二审程序中撤回起诉,将侵害被告的程序利益,有违实体正义。”[①]原告撤回起诉对其他当事人可能产生的影响主要表现在:一是实体利益,原告撤回起诉使其他当事人已经为诉讼付出的人力、物力化为乌有;二是程序利益,原告撤回起诉侵害其他当事人对程序利益的期待。如不存在此两种可能,则原告撤回起诉无须征得其他当事人同意,具体分析如图 5 所示:

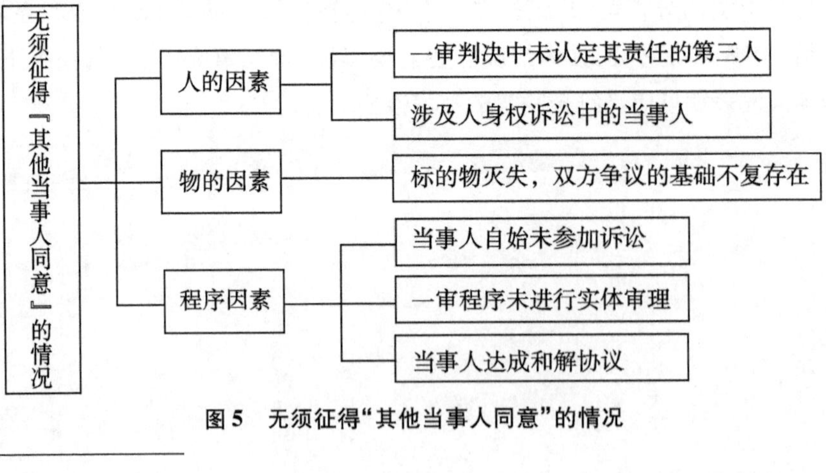

图 5 无须征得“其他当事人同意”的情况

① 沈德咏主编:《最高人民法院民事诉讼司法解释理解与适用》(下),人民法院出版社 2015 年版,第 892 页。

1. 人的因素

(1)一审判决中未认定其责任的第三人

按照我国相关法律规定,民事诉讼中的第三人包括有独立请求权的第三人和无独立请求权的第三人。有独立请求权的第三人有权对当事人之间的诉讼标的提起诉讼,诉讼地位相当于原告,即使原告在二审中撤回起诉,也并不影响有独立请求权的实体及程序利益。因此,在此讨论的需要征求其同意的第三人仅限于无独立请求权的第三人。在无独立请求权的第三人参加的诉讼中,如果一审程序在事实认定中未认定其责任,及法律适用中亦未认定其责任。则对于该当事人而言,原告撤回起诉的行为对其利益不会产生影响,原告撤回起诉无须征得其同意。

(2)涉及人身权诉讼中的当事人

在确认和变更人身关系的诉讼中,原告在二审中撤回起诉,无须取得其他当事人的同意。人身权作为完全取决于当事人意志的权利形式,对其处置应当尊重当事人的意思表示。在人身权纠纷中,无论是其他当事人已经付出的物质成本,还是期待保护的程序利益,都无法与原告的身份利益相抗衡。与其他当事人的诉讼利益和诉讼成本相比较,应当优先保护原告的人身权利。以最为典型的离婚诉讼为例,不论一审是否支持了原告的诉讼请求,也无论被告是否作为上诉人提出上诉,原告在二审中提出撤回起诉的请求,均无须取得被告的同意。这一观点在《民事诉讼法解释》第338条出台之前已经被司法实践所采纳。①

2. 物的因素

在标的物灭失、双方争议的基础不复存在的情况下,原告撤回起诉无须征得其他当事人同意。需要取得其他当事人同意是为了保护其他当事人彻底解决纠纷的利益期待,但在争议标的物灭失的情况下,纠纷附着的载体已经不复存在,缺乏需要保护的其他当事人的利益。例如,在欧某与张某返还原物纠纷中,②欧某要求张某返还自行车等物品,在二审中,经确认,自行车等物品已经灭失,返还的基础不复存在。在此种情况下,欧某撤回起诉,无须取得张某的同意。

3. 程序因素

(1)当事人自始未参加诉讼

立法论上的利益平衡,一方面是原告通过司法程序获得救济的必要性和对

① 相关案例参见北京市第一中级人民法院(2013)一中民终字第10427号。

② 参见北京市第一中级人民法院(2018)京01民终3421号。

此进行处分的权利;另一方面是被告利益和司法资源保护的需求。诉讼程序进行到二审阶段,经参与诉讼的当事人和法院均付出了辛劳,耗费了资源,此时仅依原告的意思,使其他当事人取得的程序法和实体法效果均归为零,对于试图通过诉讼程序取得安定的实体权利的其他当事人而言,有失公允。而其他当事人此种利益的大小,取决于其在诉讼中的付出程度。对于一审中并未参加诉讼的当事人而言,其并未进行程序上的投入,不存在需要保护和平衡的程序利益,因此,也缺乏需要征求其同意的程序法基础。“原告在被告特定的应诉行为发生前可任意撤诉。”[①]这与一审中,原告撤回起诉无须征得未开始防御的被告同意的道理相同。

(2)一审程序未进行实体审理

根据我国《民事诉讼法》的规定,能够提起上诉的裁定仅为三种:不予受理、对管辖权有异议及驳回起诉的裁定。对这三种裁定加以分析可知,不予受理、管辖权异议案件的一审审理中,其他当事人只要提出是否属于法院受理或管辖的观点即可。该观点提出后,大量的审理工作是由法院来完成的,当事人对程序性问题提出的异议并不需要举证证明,不需要投入大量的人力、物力,原告在二审撤回起诉,也不会对其他当事人的利益产生程序性影响。在驳回起诉的案件中,当事人虽然需要对是否存在案件争议的法律关系进行一定的抗辩和举证,但由于案件并未进行实体审理,对其实体权利未造成影响,在此种情况下,如果原告愿意息诉,出于司法资源保护的考量,亦无须征得其他当事人同意。

(3)在当事人达成和解协议的情况下,不需要再另行取得当事人同意

《民事诉讼法解释》第339条关于和解撤诉的规定中的“撤诉”应当理解为撤回起诉还是撤回上诉,学界有着不同的意见,一种意见主张应理解为撤回起诉;[②]另一种意见认为既可以理解为撤回起诉,又可以理解为撤回上诉。[③] 笔者认为将此处的“撤诉”理解为“撤回起诉”更有利于纠纷的一次性解决。虽然将此处的“撤诉”理解为“撤回上诉”也与法律规定并无绝对冲突,但当事人撤回上诉后,一审判决即告生效,此时就面临一审判决效力和和解协议效力的冲突问题。故彻底解决纠纷的做法是释明当事人应当在和解之后,由原审原告撤回

① 朱福勇:《民事原告在二审期间撤回起诉问题探究》,载《法学杂志》2010年第3期。

② 参见李海涛:《论民事二审程序中原告申请撤回起诉的几个问题》,载《法律适用》2011年第2期。

③ 参见张艳:《民事上诉审撤回起诉规则的解释论》,载《华东政法大学学报》2016年第6期。

起诉。[①] 当事人对纠纷的争议已经通过和解协议解决，和解协议的订立同时意味着订立协议的当事人对纠纷解决的同意，无须再次征求和解协议中的其他当事人对原告撤回起诉的意见。

(二)征得"其他当事人同意"的具体程序设计

1.其他当事人的否定性意见应当以明示的方式作出

二审中，对于到庭参加诉讼的当事人，法官告知其原告撤回起诉的情况后，应当以书面形式明确发表其同意或不同意原告撤诉的意见。[②] 当事人如以沉默的方式拒不发表意见，则视为其同意原告撤回起诉。对于无正当理由拒不到庭的当事人，法官应当将原告撤回起诉的申请书复印件及对二审撤回起诉法律后果释明的书面文件一并送达给未到庭当事人，并在书面文件中限定其应当在合理的期限内作出是否同意原告撤回起诉的意思表示。如果其他当事人在期限届满后未作出任何意思表示，视为其同意原告撤回起诉。

2.当事人应当说明不同意的理由，并提供相应的证据

原告在二审中撤回起诉有利于提高诉讼效率、节约司法资源及纠纷的一次性解决，因此应当避免被告因毫无意义的己方抵触情绪而拒绝同意原告撤回起诉。当事人发表不同意原告撤回起诉的意见，应对不同意的理由进行说明并提供相应的证据。正当理由包括其自身实体或者程序利益受损及原告撤诉损害国家利益、社会公共利益、他人合法权益。诉讼初始阶段，因原告撤回起诉对其他当事人利益影响的可能性较小，其他当事人必须就损害事由提出证明力较强的证据。而到诉讼后期，其他当事人因原告撤诉造成损害的可能性增大，其他当事人只需要提出一般性证据即可。

3.法官的释明义务及审查裁量权

法官在二审中撤回起诉的案件中，应当充分发挥两项重要作用：一是审查并作出裁量。对于是否属于需要"经其他当事人同意"的情况及其他当事人提出的不同意撤回起诉的理由是否成立，法官应当作出合理审查并及时裁量。二是法官的释明。法官应当充分向当事人释明对于原告在二审中撤回起诉，不发表意见或者发表否定性意见的法律后果及承担的举证义务。

---

① 此种做法可能面临如下质疑：既然当事人可以达成和解协议，为何不通过法院主持调解的方式处理纠纷？和解制度与调解制度趣旨、定位和适用条件有所不同。在有的案件中，因当事人的欠缺或者当事人个人意愿，无法通过法院主持调解并出具调解书的方式解决纠纷，而通过当事人案外达成和解协议并由原审原告撤回起诉的方式解决纠纷。

② 该书面意见不局限于不同意的书面声明，也包括在庭审笔录中的相关记载。

结　语

“无论是基于原被告双方实体法地位的属性,还是基于现实的状况,不可能在任何制度的设计上都实现双方权利义务的完全相同,撤诉制度亦如此。”①在特定情况下,一审原告在二审中撤回起诉需要受到“经当事人同意”这一要件的限制,体现了对原告撤诉权利的限制。但这种限制并不具有普适性,应当具体分析是否真正具备需要“经其他当事人同意”的条件,并对“其他当事人”同意的程序作出合理设计,以便更为高效、充分地发挥二审撤回起诉制度的实际作用。

心得体会

仰望星空,脚踏实地

赵小军

工作多年,始终相信在充满冲突和交锋、利益与琐碎的法律人的世界里,最能检验一个人理想成色的,不是喧哗逢迎抑或巧舌如簧,而是踏实钻研与不断求索。而学术讨论会就为我们在理论与实务的夹缝中作出的思考提供了一个展示成果的平台。

学术讨论会教会了我仰望星空。审判之余,对理论问题进行研究是我的一大爱好。文章看多了,不禁要思索:中文核心和法学核心,法学核心和法学权威,差距在哪里?我认为是独创性,如果是观点的搬运工,那么即使语言再绚丽,也只能是普通期刊或者中文核心。学术讨论会也是如此,想要冲到金字塔的顶端,获得比较高的全国性奖项,只能是具有创新性的文章。而要想要达到创新,方法只有一个:仰望星空。有时写文章,自认为灵感突发,其实这些观点早已被其他学者提出,只有仰望星空,穷尽学者已有观点,才能充分论证自己的观点是否属于独创。

学术讨论会还教会了我脚踏实地。法律将问题的高度抽象为一个质点,但在实际的纠纷解决过程中,这一质点还需要还原为一个个具体的、有理有据的

① 林剑锋:《设定与限制:论民事上诉审中的撤诉》,载《中外法学》2015年第3期。

方案。法院系统的学术讨论会讲究的是理论与实践的结合。首先,实践中的问题为思辨提供了可能。我们法院人看法律问题,容易陷入思维的惯性,对许多实定法规范的不足之处也多会因为司空见惯而熟视无睹。论文的写作会帮助我们发现问题,解决文章架构和逻辑推进最好的方法是以问题为导向布局谋篇。其次,以实践中的数据、案例为支撑,文章才能有血有肉。理论问题有个共同的特点就是略显晦涩,需要用实践中的案例来论证相关问题,才会使文章更加丰富饱满。最后,文章的落脚点必须是解决实践问题。学术讨论会的文章与理论界文章的最大区别在于审判指导价值,参加学术讨论会迫使我们不得不锲而不舍地探索符合实践需要的解决方案。

作为法律共同体的重要组成部分,法院人游走于理论与实务之间。唯有"穷理不止,热情不移,初心不忘",才能使我们在琐碎的案件审理中时刻保持清醒的头脑和发展的认知能力。

最后以拙作一首为结尾,纪念全国法院系统学术讨论会三十周年:

庭前讼事入凡尘,
寒秋案旅更黄昏。
书山有径近归路,
学海沉浮问乾坤。

叙事－证据模型的构建与运用

——利用模型解构刑事诉讼中论辩、认证的难题*

宋振宇　鲍　艳　杜瑞鲜**

> 方法是指这样一种路径，它以理性的，因而也是可检验（nachvollziehbar）和可控制的方式导向某一理论上或实践上的认识，或导向对已有认识之界限的认识。
>
> ——［德］齐佩利乌斯

【论文提要】

当前刑事诉讼制度未能为司法证明活动提供科学有效的程序保障：控辩双方在现有庭审程序中互打迷踪拳法，难以高效归集争点并进行深入论辩；对不同性质、不同层次的争点进行论辩、审查判断的路径大同小异，没有明确、规范化的证明指南，这些问题严重阻碍了司法证明活动的质量和效力、权威，必须加以解决。为了使刑事证明更加理性、透明、高效，有必要构建一种符合认知规律的刑事证明模型，并在此基础上设计刑事证明程序，使控辩举证、质证和法官认证的过程得以在这一框架内精确体现。为此，笔者在即有证据模型和叙事模型的基础之上，探讨设立一种整合发挥二者优势的新型叙事－证据论证模型，并以该模型为框架改进当下以庭审为中心的刑事诉讼程序。在叙事－证据论证模型中，通过对犯罪构成进行叙事性扩充，以及将证据论证与叙事要素相互连接，能够清晰地展示出案件争点所处的不同层级，如在叙事构造与叙事要素之间形成的争点、在叙事要素与待证事实之间形成的争点、在待证事实与证据之

---

* 本文获全国法院系统第三十届学术讨论会二等奖。

** 宋振宇，北京市第一中级人民法院刑二庭法官；鲍艳，北京市第一中级人民法院刑二庭法官，曾获全国法院系统第二十六届学术讨论会二等奖；杜瑞鲜，内蒙古自治区高级人民法院审监一庭法官助理。

间形成的争点，以及在证据层面形成的争点等。在明确争点的基础上，叙事－证据模型能够保证庭审依据规范程序切实引导控辩双方就争点进行深入、有效的论辩，从而促进庭审实质化以及认证的理性化、透明化。

【主要创新观点】

本文的创新观点主要包括以下几个方面：

1. 本文丰富了司法证明理论体系。研究证明模型的著作和论文虽不多见，但近期也逐步进入学界和实务界的研究视野。现有的研究主要集中于构建司法证明的逻辑模型，但该模型有其局限性，因此，借鉴国外的叙事模型理论（story model），结合中国的司法实践创造出一种新的叙事－证据模型，该模型兼备叙事模型和证据论证模型的优点，弥合了诉讼主体的认知过程与逻辑推理之间的隔阂。

2. 本文提出一种新的证明模型用以指导审判实践。叙事－证据模型的构想，来源于对司法证明实践困境的思考，该模型的构建是以问题为导向的，因此，它的提出能够有效地指导司法证明实践，使控辩双方对证据的论辩过程以及裁判者对证据的审查判断过程能够以一定的标准加以规范，具有现实的指导意义。

3. 本文采用了跨学科的研究方法。本文对叙事－证据模型的论证，运用了认知心理学、非形式逻辑和证据法学领域的知识，具有较为深厚的理论根基，增强了论证的说服力。这中跨学科的研究方法在本文主要体现在：（1）对证据论证模型的评价；（2）对裁判者认知过程的分析；（3）对叙事－证据模型的构建和运用。

一、问题的提出：刑事证明中的理性难题

一些刑事审判活动面临这样一种困境：在承载裁判依据的法律文书中，裁判者未充分展示对证据评价和事实认定的过程、依据。当事人对裁判不服时，裁判者也往往仅解释法律适用问题，但对于审查判断证据进而形成法律事实的路径却只落脚于内心确信。这种解释很难说服他们，特别是对败诉一方，在他们看来，“内心确信”根本就是“偏见”的代名词，即裁判者对证据的取舍并无根据，裁判者所构造的证据与结论之间的桥梁并不坚实。裁判者对此感到非常委屈，其依靠自身具有的法律知识、审判经验所作的公正裁判受到质疑、指责。解

决这种困境的方法似乎并不复杂,只要裁判者充分说明审判依据,问题就迎刃而解了。满足上述期待是裁判者应为之事,更多的法官也在冲破传统保守理念,尽力向社会公众全面展示裁判依据,但需要正视的是,在这一变革背景下,当前刑事诉讼制度暴露出明显缺陷——其未为司法证明活动提供科学有效的程序保障:一方面,控辩双方在现有庭审程序中互打迷踪拳法,难以高效归集争点并进行深入论辩;另一方面,对不同性质、不同层次的争点进行论辩、审查判断的路径大同小异,没有明确、规范化的证明指南,这些问题严重阻碍了司法证明活动的质量和效力、权威,必须加以解决。

回归裁判者认定案件事实的关键阶段——庭审,以某诈骗罪案件的庭审主要流程为例:

审判长:下面进行法庭调查,首先由公诉人宣读起诉书。

公诉人:(宣读起诉书)被告人自某年某月至某年某月,虚构自己有能力办理北京户口的事实,骗取被害人300万元。

审判长:被告人对起诉书指控内容有意见吗?

被告人:指控不成立,我没虚构办北京户口的事实。

……

审判长:现在由控辩双方举证、质证。

公诉人:出示被害人陈述,证明被告人虚构了其能为被害人解决北京户口的事实。被告人自称能通过某领导违规办理北京户口,提到具体办理和收取费用的流程。被害人因此支付被告人300万元。

被告人:我没说能为被害人解决北京户口,被害人撒谎。

公诉人:出示短信记录、鉴定意见和工作说明,证明被告人给被害人发送过有能力办北京户口的短信。

被告人:我的手机号有时借给别人用,我没发过。不认可鉴定意见,无资质。

公诉人:出示银行交易明细,证明被害人按照被告人要求分三次共将300万元转至被告人名下银行账户中,后被大额取现。

被告人:那是我从被害人那借300万元做生意,而且钱都还了。

……

审判长:进行法庭辩论。

公诉人:被害人陈述、银行交易明细、短信记录等证据能够证明被告人主观上具有非法占有的目的、客观上实施了诈骗行为并使被害人遭受巨额财产损失,其行为构成诈骗罪。

被告人:我没骗,我借他钱做生意,现金还了。

公诉人:被告人所提辩解没有事实依据,不足以推翻控方事实。

被告人:我不构成犯罪。

以上庭审过程至少反映出三个问题:一是起诉书较为概括但证据偏重于细节,“标靶”不鲜明,导致公诉人出示证据与指控事实的对应性不足,说服力差;二是争点形成在于举质证之后,无法未发挥争点对举质证的引导作用,庭审效率低;三是控辩双方未对争点进行深入论辩,诸多异议点留待庭后由裁判者“孤独”裁决。在这样的庭审进程中,不仅控辩双方难以施展其论证功力,更深层次的问题还在于会严重降低裁判者对证据审查判断的效率、质量及权威。究其原因,主要在于法官在审查判断案件的证据和事实时,更加依赖审判经验和对证据的信念,而忽视刑事证明过程本应发挥的取真作用。因此,为了使刑事证明更加理性、透明、高效,有必要构建一种符合认知规律的刑事证明模型,并在此基础上设计刑事证明程序,使控辩举证、质证和法官认证的过程得以在这一框架内精确体现。为此,笔者在即有证据模型和叙事模型的基础之上,探讨设立一种整合发挥二者优势的新型叙事－证据论证模型,并以该模型为框架改进当下以庭审为中心的刑事诉讼程序。

二、刑事证明模型的构建基础

(一)刑事证明模型的底层构建:证据论证模型

为了引导控辩双方对争点进行深度论辩,首先需要对双方的主张进行解构,逻辑学当中的论证理论能够为此提供有益的借鉴。近期,有学者从论辩的角度提出了司法证明的定义,认为“司法证明是一个起诉方和应诉方提出支持论证支持其主张,提出反论证辩护其主张(攻击对方论证),试图说服审判方接受其主张的论辩式论证,在这一过程中审判方需要评估双方论证,判定是否满足相应的证明标准”①。将控辩主张按照证据论证的模型进行解构,有助于双方开展深度论辩。在逻辑学视野中,论证由前提集、推论规则以及结论三部分构成。证据论证则由证据、证据推理的理据(warrant)以及待证事实组成。(见图1)

图1　证据论证模型

① 魏斌:《司法证明的逻辑研究》,中国政法大学出版社2017年版,第90页。

1. 证据

在刑事诉讼领域,“证据的本义其实就是证明问题的根据,就是一种证明待证对象的凭据”①。证据只有置于刑事证明过程中才有意义。例如,凶器 E 是一把限量出售的唐刀(特征 T1),在凶器上提取了一枚指纹(特征 T2)和可疑血迹(特征 T3),证据 E^{T1} 被用于证明凶器的来源,证据 E^{T2} 结合指纹鉴定的内容被用于证明嫌疑人曾经接触过凶器,证据 E^{T3} 结合法医物证鉴定的内容被用于证明被害人极有可能被该凶器致伤。也就是说,当庭出示的这把刀所具有的不同特征可被用于证明不同的待证事实,它实际上是许多证据的集合,其所体现出来某一特征,才是证据。

2. 待证事实

所谓待证事实,是指需要运用证据加以证明的事项,是构成裁判事实的最小单元。需要说明的是,鉴于在法学理论和法律实务中,法律事实不仅包括客观法意义上的法律规范,还包括在司法审判过程中依据法律规范所认定的案件事实②,故笔者以“裁判事实”指称刑事裁判活动确认的案件事实。

3. 证据推理的理据

当控辩双方根据己方立场运用证据证明己方的待证事实时,必然依赖于一定的规则即“理据”③。证据法学家安德森、舒姆及特文宁认为,理据可用普遍性、可靠性和来源进行评价。④ 其中,在可靠性的维度,由强到弱分别为科学定律、有根据的科学意见、基于常识经验而被广泛分享的结论、人们普遍拥有但尚未证明或不可证明的信念、人们可能强烈持有但与可获数据无关的成见或偏见以及虽不被人强烈持有但依然有效的信念。可靠性高的理据的可接受性就较高,诸如来源于日常生活经验、常识等得到一定程度认同的一般知识。当然,在实践中控辩双方所依靠的理据并不必然具有可靠性,例如,辩方提出“借款合同一般在借款方所在地签订”,并以此为依据攻击控方书证的真实性,这样的理据显然很难推翻控方主张。

在对证据论证进行上述解构的基础上,控辩双方可明确反驳对方论证中的

① 熊志海:《刑事证据研究——事实信息理论及其对刑事证据的解读》,法律出版社 2004 年版,第 69 页。

② 赵承寿:《司法裁判中的事实问题》,中国政法大学出版社 2015 年版,第 37 页。

③ Stephen E. Toulmin, *The Uses of Argument*, Cambridge, Cambridge University Press, 2003, p. 99.

④ [美]特伦斯·安德森、戴维·舒姆、威廉·特文宁:《证据分析》(第 2 版),张保生等译,中国人民大学出版社 2012 年版,第 131 页。

某一要素，进而使论辩能够在同一频道上展开，避免自说自话或乱打迷踪拳。根据该解构，即可确定在前例中被告人所提“我的手机号有时借给别人用”，就是对控方理据“一般情况下，手机号的注册人即为手机号实际使用人”所进行的攻击。随后法庭需对此理据能否成立进行深入调查。

（二）刑事证明模型的顶层构建：叙事模型

证据论证模型能够有效提炼刑事证明中控辩双方论辩争点，但对属性互斥的多个待证事实何以支持整体事实，即“证据链”形成的根据，其所作解释显得脆弱无力。例如，一般情况下，时间无法增强或削弱地点，犯罪工具也无法增强或者削弱犯罪动机。对此，以陪审团制度为研究对象而形成的“叙事模型”理论提供了更为完备、更具说服力的证明路径。

1. 对裁判者认知案件事实的分析

通过对裁判者的访谈发现，在形成裁判事实前，法官往往会先塑造一个预期事实，而后再寻找证据来逐步确定或修正该预期事实。也就是说，法官在运用证据证明案件事实之前已有预判。这是符合认知心理学理论的。当人的大脑接收系统接收到感觉信息后，会将其作为短时记忆，与存储于记忆系统中的长时记忆发生反应，进而对接收到的信息作出处理。在庭审之前，裁判者虽然能够接触案卷，但由于卷宗并不体现控方的证据推理理据或证明目的，因此裁判者在阅卷过程中，其接收的证据信息只会与“裁判者知识库”产生反应，即从自身存储的法律法规、指导案例、审判经验甚至社会经验等出发，对案件事实产生预判。

在后续审理过程中，裁判者再根据控辩双方对具体证据的论证来修正该预判事实。在庭审过程中，法官会依托控辩双方讯问被告人、举证、质证等环节，了解指控事实、辩护事实与其所预判的案件事实之间的区别，并在审查判断证据的合法性和理据的强度等基础上逐步修正预判事实。当法官认为控辩双方的举证、论证行为不足以满足自己对案件事实的叙事期待时，还会积极履行查明案件事实的职权，亲自参与到法庭调查中来。

庭审后，法官对案件事实有了较为具体明确的认知，再以其所认知的案件事实为基础，判断各项证据存在于事实结构中是否自然，有无矛盾，以此反向确认证据的真实性。最终，法官所确认的案件事实即为裁判事实。（见图2）

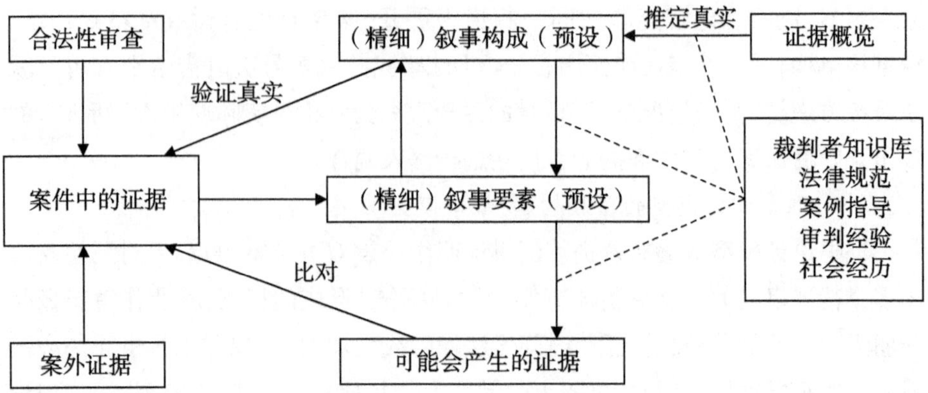

图 2　裁判者认证过程

2. 对叙事模型理论(story model)的评价及借鉴

叙事模型理论建立在以美国陪审员为对象所进行的一系列实验的基础上。该理论认为,人们可以对诸多互斥的要素通盘考虑,整合出事实,其理性的依据并非形式逻辑、非形式逻辑抑或数理逻辑,而是叙事的语用规则。① 具体来说,裁判者在作出裁决时通过会经历以下过程:(1)通过故事构造评估证据;(2)通过学习裁判的类别属性获知可选择的裁判结果;(3)为故事构造寻找最合适的裁判类别并作出裁判。② 当故事的细节完全没有新的信息和证据加入时,整个证明过程演变成一个完整的故事描述。其间,证明的逻辑依赖于流畅的语义、叙事元素的融合以及故事要素和证据的协调。语言描述创造了流畅的语言情境,形成了合理的因果链条,而证明的逻辑就包含在此中,陪审员可以自由地判断逻辑是否通畅,而不需寻求某种形式化的证明逻辑,叙事语言的内在秩序支持了司法证明的逻辑。叙事模型理论在一定程度上与我国裁判者认定裁判事实的过程具有契合之处,因此在构建证明模型时,可以借鉴这一理论。

我国司法制度有利于发挥叙事模型理论的长处。原因在于,与国外陪审团独立构建"故事"后再由法官根据法律整合裁判事实的职责分工不同,在我国确认裁判事实的主要群体为法官(部分案件中有人民陪审员与法官组合合议庭共同审理案件)。法官作为职业裁判者,其不仅在庭审之前已经实质性接触案卷材料,对证据有所认知,而且具有法律专业素养和审判职业经验。证据与知识、

---

① 栗峥:《司法证明的逻辑》,中国人民公安大学出版社 2012 年版,第 87 页。

② Nancy Pennington, Ried Hastie, "A Cognitive Theory of Juror Decision Making: The Story Model", *Cardozo L. Rev.* 13, 1991, p. 521.

前鉴的碰撞，能够在法官内心扩展形成更为客观、精准成为预判事实。也正是鉴于法官所具有的职业素养，在引入叙事模型理论时，不需要过度担心提前接触证据和控辩双方论辩的技巧对裁判者会产生误导，而是全力强化控辩双方充分发表意见、法官对证据审查判断等环节，从而使法官能够可展示地、可阐释地逐步认定案件事实。

但必须认识到，叙事模型理论生根于美国陪审团制度，陪审团无须对事实形成的理由做任何阐释，但在我国则不能这样。法官不仅要向公众描绘其确认的某一事实面貌，还需披露其生成路径。因此，从叙事模型理论出发，最终仍需落脚于证据论证理论。

三、叙事－证据模型的构建及运用

（一）构建叙事－证据模型

对叙事模型和证据论证模型进行有机结合，整合发挥二者优势，创造一种叙事－证据证明模型，更能适应我国刑事司法土壤。首先，它能够承载裁判者认定证据和案件事实的语义需求。控辩双方首先在叙事构造中寻找争点，即在假定叙事要素真实的条件下，对叙事要素是否完备、之间是否存在矛盾等内容进行论辩。同理，当控辩双方达成一致认为在现有叙事要素在真实可靠的情况下能够得出叙事构成时，双方再针对某一叙事要素与下一级待证事实之间的关系开展论辩，即在假定待证事实真实的条件下，某一叙事要素能否被证成，当控辩达成一致意见后，整个证明过程的叙事部分已经完毕。这一过程既符合司法认知规律，也有利于在后续进行的证据论证中形成重点。其次，该模型能从证据论证的底层对具体证据推理的过程进行指引，使控辩双方从证据的合法性、真实性以及证据推理理据的可靠性三个方面展开论辩，由于论辩的针对性和深度，论辩过程本身即可成为裁判者作出判断的依据，使以往不宜表达的证明过程因细节丰富而得以言说。最后，该模型不仅支持从证据到事实的论证顺序，同样支持从事实到证据的论证顺序，即根据某一方的叙事构成自身的协调性，论证某一方所提供的证据的真实性和可靠性，这能有效解决现有判决对证据真实性的论证不充分的困境。

鉴于此，我们提出了叙事－证据模型，它主要由两部分内容组成（见图3）：

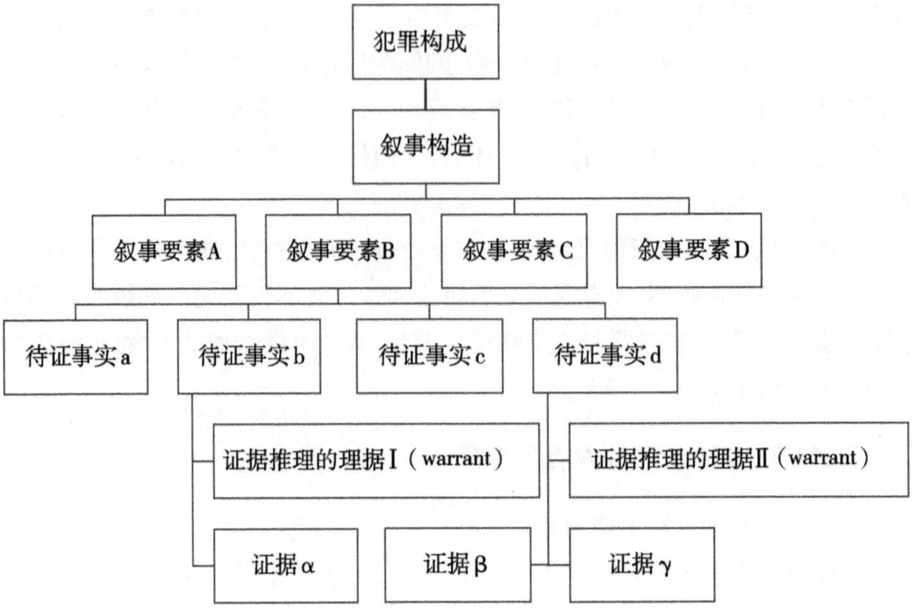

图3　叙事－证据模型

1.犯罪构成的叙事扩充

以犯罪构成为基础,扩充类罪的叙事构造。构成要件理论虽然可以充分解释刑法对犯罪事实的法律定罪量刑判断,但因并非以事实证明作为考量基础,所以并不能揭示司法证明的逻辑。[①] 对此,应当遵从“话语编织”的既定法则,要求控辩双方根据现有证据表达一个完整且细节充分的故事。这些故事由若干叙事要素构成,每一叙事要素都可以表述完整故事的某一维度。

叙事要素的具体范围来源于人的经验。根据认知心理学典型的记忆信息三级加工模型,外界信息经由人的感觉记忆、短时记忆而存入长时记忆中,长时记忆是一个信息库,存储着人们关于世界的一切知识,既存储情景记忆如历史事件、个人经历和周围情景,也储存词语、概念、公式和规则等语义记忆,为人们的一切活动提供必要的知识基础。判断一个故事需要哪些叙事要素才能满足人的“叙事期待”,更多的来源于长时记忆。为了证明案件事实,可以概括出常用的证明维度,并按照树状结构予以表述,根据具体案件的不同,这些分支要素可以不断增减,而且,每一个分支要素都可以继续往下延展,从而与局部的树状结构连接,节点即为证据论证。

① 栗峥:《司法证明的逻辑》,中国人民公安大学出版社 2012 年版,第 87 页。

2. 证据论证与叙事要素进行连接

在微观层面，每一证据蕴含一定的主张，而许多主张集合在一起能够证明某一维度的叙事要素成立，即证据论证与叙事要素相连接。按照证据论证的相关理论，证据论证的内部构造是指只包含单一事实要素以及以该要素为后件的理据，都满足“同一理据、同一待证事实”这一基本条件。由于证据推理的理据是一种可被推翻的推论规则，而证据自身的真实性也未见得绝对确定，故证据和理据的强度均影响最终结论即待证事实的可信度，而这种可信度就被称为刑事证据论证内部构造的强度。采用波洛克所主张的“最弱链原则”，刑事证据论证的强度等于它所包含的理据的强度以和所包含证据的强度的最小值。

证据论证的内部构造只涉及一个论证自身，而在刑事证明中，论证之间还存在论辩式互动，即处于包含支持与冲突的关系网络当中，要刻画论证间的互动关系还必须探讨论证的外部构造。当不同的内部构造指向更高层次的待证事实即叙事要素时，内部构造之间的支持或反对关系将影响叙事要素的证成度，即根据不同论证之间的支持和否定的关系对初始的论证强度进行修正。

（二）运用叙事－证据模型使争点更加清晰

叙事－证据模型的终极目标是通过明确争点在模型中所处的位置，帮助辩论者及裁判者有针对性地选用有效的处理方式。为此，首先要求控方旗帜鲜明、较为细致地披露指控事实，即按照语用规则详述指控事实，如在前例中，公诉人应阐释以下内容，以明确辩方的“攻击标靶”。

公诉人：详述犯罪事实 Fs。（简要表述如下：时间要素；地点要素；主体要素；行为要素——被告人虚构能为被害人解决北京户口，因果关系——被害人支付钱款系因被告人虚构事实；资金走向要素——被害人支付了 300 万元；主观故意要素；到案经过要素等。）

叙事－证据模型清晰地展示出控辩双方的争点形成于多个不同层次（见图 4）：

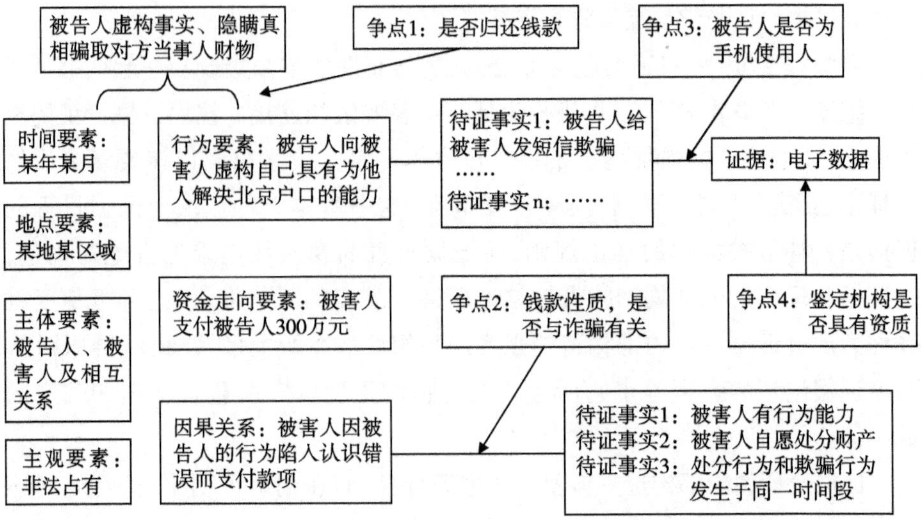

图 4　争点的层次

1. 在叙事构造与叙事要素之间形成争点。在前例中，被告人提出已将 300 万元归还被害人。由于控方所述叙事要素中并未提及被害人遭受损失，而仅将“被害人支付 300 万元”作为资金走向要素，因此被告人提出涉案款项已经归还，超出了控方叙事构造中的叙事要素的范围，且可能阻却犯罪成立。

2. 在叙事要素与待证事实之间形成争点。在前例中，控方指控的因果关系要素——被害人因被告人虚构事实而陷入认识错误，并为此支付 300 万元，可细化为若干待证事实：被害人具有处理自己财产的行为能力；被害人支付钱款具有自愿性；被害人支付钱款与被告人虚构事实在时间上有关联。被告人提出 300 万元系借款，已经超出了该要素所依托的待证事实的范围，影响叙事要素的证成，属于叙事要素与待证事实之间的争点。

3. 在待证事实与证据之间形成争点。待证事实由证据依据一定的理据推出，在待证事实与证据之间形成的争点，也可称为理据争点。在前例中，被告人所提手机借给别人使用，即是对控方理据“一般情况下，手机所有人即为手机使用人”这一理据的质疑。

4. 在证据层面形成争点。主要包括两种情形：一是对证据的合法性提出质疑，例如，辩方认为鉴定机构不具有鉴定资质；二是对证据的真实性提出质疑，例如，在前例中，被告人所提被害人的陈述不真实。

(三)运用叙事 - 证据模型促进庭审实质化

待形成的不同层次的争点的基础上，庭审应当依据一定的程序规范，切实引导控辩双方就争点进行深入、有效的论辩。

1. 叙事构造论辩

与传统的证据论辩发生于控方举质证阶段不同，叙事论辩发生于控方详述叙事构成之后。这样的设计更加符合认知规律，使裁判者首先判断辩方的异议是否超出控方事实，如超出且可能阻却犯罪成立，则首先对辩方的异议进行举质证和辩论，如果辩方的异议成立，则控方没有继续举证的必要，如不能成立，则在接下来的控方举证时避免不必要的枝节，以此提高论辩的针对性和庭审的效率。叙法庭需引导控辩双方进行以下辩论：

（1）引导双方对辩方抗辩的目的进行辩论。先由辩方明确其所提辩方叙事要素如何能够阻却犯罪成立、影响定罪或量刑；再由控方进行回应，必要时可以进行多轮辩论；当合议庭形成一致意见，认为辩方所提意见不能实现其积极抗辩之目的时，应当当庭明确不采纳辩方意见；当控方不持异议，合议庭不能形成一致意见，或者合议庭一致认为辩方叙事要素可能阻却犯罪成立、影响定罪或量刑时，应当要求辩方针对其所提积极抗辩尽说服责任。

（2）引导双方对辩方叙事要素进行理据强度的辩论。先由辩方详细描述辩方叙事要素，并出示辩方证据支持其叙事要素，或提出辩方具体线索并申请法院调取辩方证据；再由控方针对辩方理据进行回应，必要时可以进行多轮辩论。

（3）引导双方对辩方叙事要素进行证据强度的辩论。当辩方当庭出示辩方证据时，先由辩方提出其所调取证据的来源进行解释说明；再由控方对辩方证据的来源途径、证据内部是否存在矛盾等影响真实性的要素进行回应。

如在前例中，依照叙事构造可将论辩程序改造如下，以提升论辩的质量和效率：

公诉人：（详述叙事构造）

审判长：被告人是否有超出控方叙事构造的事实要陈述？

被告人：我在案发前把300万元都还给被害人了。

审判长：公诉人针对此问题有何意见？

公诉人：申请讯问。

审判长：可以。

公诉人：什么时间、什么地点，用什么方式归还的？

被告人：某年某月某日，在银行门口用现金还的。

公诉人：面值？

被告人：都是百元面值。

公诉人:现金来源?

被告人:平时放在家的床底下的。

公诉人:取款记录?

被告人:开黑车、卖蔬菜水果等攒的,没存过银行。

公诉人:每次开黑车、卖蔬菜水果都能获得百元面值的钱吗?

被告人:(沉默)

公诉人:讯问完毕,公诉人认为被告人的主张自相矛盾,不能成立。

审判长:被告人,你归还钱款还有其他见证人在场吗?

被告人:就我和被害人两个人。

(合议庭简要评议)

审判长:对这一问题论辩到此。

2. 叙事要素论辩

叙事要素论辩是该模型中承上启下的衔接阶段,当辩方认为控方的叙事要素无法获得控方待证事实的支撑时,合议庭判断举证说服责任是否转移,并要求承担说服责任的一方提出积极抗辩;对于未发生责任转移的,亦可引导控辩双方在后续证据论辩时详加阐述。具体而言,控方分别详述叙事要素与待证事实的关联,辩方可在叙事要素与待证事实之间提出意见,法庭需引导控辩双方进行以下辩论:

(1)引导双方对辩方抗辩的目的进行辩论。先由辩方明确其所提辩方待证事实如何能够影响控方叙事要素的证成;再由控方进行回应,必要时可以进行多轮辩论;当合议庭形成一致意见,认为辩方所提意见不能实现其积极抗辩之目的时,应当当庭明确不采纳辩方意见;当控方不持异议,合议庭不能形成一致意见,或者合议庭一致认为辩方待证事实可能影响控方叙事要素的证成时,应当要求辩方针对其所提积极抗辩尽说服责任。

(2)引导双方对辩方待证事实进行理据强度的辩论。先由辩方详细描述辩方待证事实,并出示辩方证据支持其叙事要素,或提出辩方具体线索并申请法院调取辩方证据;再由控方针对辩方理据进行回应,必要时可以进行多轮辩论。

(3)引导双方对辩方待证事实进行证据强度的辩论。当辩方当庭出示辩方证据时,先由辩方提出其所调取证据的来源进行解释说明;再由控方对辩方证据的来源途径、证据内部是否存在矛盾等影响真实性的要素进行回应。

在前例中,依照叙事要素论辩程序进行改造:

公诉人:(详述因果关系要素及其中诸项待证事实)

审判长:被告人是否有超出控方待证事实要陈述?

被告人:有,他给我的300万元是借款,我用来做生意的,和指控我诈骗没关系。

审判长:公诉人进行答辩。

公诉人:申请讯问。

审判长:可以。

公诉人:你做什么生意?

被告人:买卖蔬菜。

公诉人:详述细节。

被告人:(沉默)

公诉人:借款是否有借条?

被告人:没有,反正是转账,有凭证。

公诉人:约定利息没有?

被告人:有,一共20万元利息,每月还2万元。

公诉人:约定利息没有签合同?

被告人:对。

公诉人:利息怎么还?

被告人:现金。

公诉人:讯问完毕,公诉人认为被告人所提该待证事实不足以推翻指控的因果关系要素。

审判长:被告人,你用现金还利,对方给你凭据吗?

被告人:不给。

(合议庭简要评议)

审判长:对这一问题论辩到此。

3. 证据论辩

在前述两个环节之后,双方争点集中在证据证明的最小单元即待证事实上,前述对叙事构造和叙事要素论辩所得出的结论,可用于对证据强度的审查判断,即在控辩确认的叙事构成和叙事要素中,所包含证据的合法性、真实性以及理据的可靠性。具体而言,控方以证明待证事实为目的,按组出示证据。当控方出示证据时,由辩方:(1)对证据推理的理据提出质疑;(2)对控方证据强度提出质疑,即攻击证据自身的合法性和真实性。控方针对辩方所提质疑,进行有针对性的答辩。

法官引导控辩双方:(1)对有理据强度辩论,并确定理据强度是否足以将说服责任转移至相对方,如果明确说服责任转移至相对方,则当庭明确告知相对方应尽说服责任。(2)对有争议的证据强度开展辩论。

在前例中,依照证据论辩程序进行改造:

公诉人:出示短信记录、鉴定意见和工作说明,证明目的:被告人给被害人发送过有能力办北京户口的短信。

被告人:我的手机号有时借给别人用,我没发过。

公诉人:谁?

被告人:记不清,好多人,有张三李四王五……无法提供联系方式或线索。

公诉人:在一般情况下,手机号的所有人就是实际使用人,被告人对这一理据进行反驳,但无法提供证据或线索,不应采信。

(合议庭简要评议)

审判长:被告人,合议庭认为你对你将手机给予别人使用这一积极抗辩负有说服责任,你能否提供线索或证据?

被告人:不能。

审判长:公诉人继续举证。

4.综合论辩

在前述环节中,大部分证据都是按组或单独出示,除了证据自身存在矛盾或者证据取得的合法性存疑可能成为对证据强度的论辩理由外,证据之间的矛盾在这两个阶段难以显现。当叙事论辩和证据论辩阶段全部结束后,控辩双方所有的证据均已出示完毕,控辩双方的叙事要素也都已经齐备,可以说,法庭对指控事实和辩护事实已经有了一个明晰的结构化的认知。此时,具备对证据链进行论辩的可能性,称为综合论辩。

控方以指控事实为纲,论证控方证据强度、理据强度和叙事要素的证成度,并对辩方主张进行攻击;辩方则以辩护事实为旨,论证辩方证据、理据强度和叙事要素的证成度,并对控方主张进行攻击。

(四)运用叙事-证据模型实现认证理性化

法官根据庭审时控辩双方的论辩,结合经验对证据进行审查判断,并认定案件事实。前述刑事证明程序中,控辩双方当庭对己方的主张进行了论证,针对争议焦点,在法官的引导下进行了有针对性的深度论辩,能够为法官认定证据和案件事实提供理性判断的基础。在评议案件及制作裁判文书时，应当将争议焦点的刑事证明的具体过程作为重要依据，以此描述法官的思维过程，并从以下几方面认定案件事实：

1. 审查案件事实的一致性：（1）案件事实与法官对此类典型案件的认知相符合；（2）案件事实的发生能够产生拟认定的全部证据；（3）证据与事实之间的关联符合经验法则和常理；（4）证据内部和证据之间不存在无法解释的矛盾。

2. 审查案件事实的唯一性：所谓唯一性，是指"如果现有证据有多个首尾一致的解释，则对其中任何一个的信任度都会降低。如果只有一个首尾一致的解释，这个故事将被认定为对证据的解释，而且将在裁决的达成中起到作用"①。

3. 审查证据的合法性：主要包括：证据必须具有合法的形式，提供、收集证据的主体必须合法，证据的内容必须合法，证据必须依照法定程序收集。

四、余论

从程序的角度解释刑事证明尤其是法官认定案件事实的过程，是刑事证明理性化的基础，只有在一个较为稳定的证明模型和论辩框架之中，控辩双方才能有的放矢地论证自己的主张和攻击对方的主张，也只有在控辩双方充分尽到己方的说服责任之后，法官才能够将双方论辩的过程与自己的知识库进行有效结合，认定案件事实。当然，从程序角度解释刑事证明只是刑事证明理性的第一步，对于如何评价法官在认定事实时所运用的审判经验、社会经验，以及如何确定证据强度、理据强度及叙事要素的先验概率，是研究刑事证明理性化的另一层面，即从实体角度进行研究，笔者将对此开展进一步研究。

心得体会

直面不可能，才会有可能

宋振宇

在网络自媒体繁荣的时代，我们可能都曾有过这样的体验：无论一则消息

① ［美］里德·黑斯蒂主编：《陪审员的内心世界》，刘威、李恒译，北京大学出版社2006年版，第240页。

所体现的内容多么契合自己的价值观,总会有一些与之矛盾的观点存在,这些观点有时甚至"很成气候"。从没有什么像互联网这样让我们意识到社会实在的多样化,成长经历不同的我们每一个人,对待同样的事物会产生不同的看法,甚至同一个人,以不同的方法去观察同样的事物,也会产生不同的图景,正所谓"横看成岭侧成峰"。

在工作中,我们经常遭遇各种困境,有时关乎法律,有时关乎事实,甚至有时关于情理。但实际上,困境的根源正是在于社会实在的多样化,而这是因为人们"背景能力"(background abilities)的不同。首先,背景能力使我们理解"共同的语言",否则,同一个词语可能带来不同的甚至是相反的含义。其次,背景能力使感性的解释得以发生,我们之所以看到某一样物品之后称它为"椅子"或者"鸭子",是因为我们的背景能力中含有与之类似的被称为"椅子""鸭子"的物质。再次,背景能力是一种类比的能力,我们感知事物,需要在背景能力基础上进行类比。最后,背景能力有助于准备工作,也最终促使我们采取行动。

对司法证明理性化的研究,依赖于对证明主体背景能力的研究,但这项工作涉及认知心理学、系统动力学、逻辑学、语言学甚至人工智能等跨学科的研究,难以定量分析,甚至定性都存在障碍。无论是理论界还是实务界,对司法证明的几个关键问题始终没有达成统一的意见,且理论界和实务界通常更是"井水不犯河水":一方面,学者们忙于研究证明构造、证明责任、证明标准等较为宏观的问题,对证明过程并未给予过多的关注;另一方面,实务界心有余而力不足,偶尔见到的相关著作,也是仅列举法律法规,涉及司法证明的关键环节时,往往以"依照个人经验"一句带过。我们希望自己的研究能够作为理论和实务的桥梁,既能够对司法证明实践提供助力,又能够力争在理论上有所突破。这当然极有难度,也有人直接告诉我们"这根本不可能",但我们还是坚持迈出了第一步,在宏观结构上搭建了证明模型,产出了这一篇论文。我们还希望在后续的研究中,解决与之相关的实体性规则以及先验概率的问题,能够促进司法证明的理性化。

全国法院三等奖

从“一元线性”到“二元矩阵”:司法责任制改革背景下人民法院组织结构创新的逻辑与路径*

伍　涛　丁少芃　张春城**

【论文提要】

党的十八大以来,以落实司法责任制为核心的司法体制改革取得了显著成效,但同时也存在综合配套保障不足等问题。在人民法院组织体系方面表现为组织机构日益庞杂、组织分工不尽合理、内设机构改革势在必行,组织形式单一、与司法责任制相适应的组织载体有所欠缺、组织创新行为有待加强,组织运行不够顺畅、组织效能有待提升、审判资源配置有待优化,组织结构存在弊端、纵向监管有余而横向支撑保障不足、不能完全满足审判权的有效行使以及审判权与司法行政权二元并存的权力格局,等等,司法责任制的全面落实亟待组织形式、组织载体以及组织结构上的有效支撑与保障。本文着眼于司法体制综合配套改革的具体途径及方式,立足于与全面落实司法责任制相适应的人民法院组织机构配置机制创新,在对“线性构造”模式下人民法院组织结构的形式特征及主要弊端进行总结的基础上,分析阐述了组织创新的基本原理以及当前人民法院组织结构变革的内在逻辑,针对人民法院审判权与司法行政权二元并存的权力格局,提出了人民法院组织结构从“一元线性”模式到“二元矩阵”模式转型发展的改革思路,设计出了以内设机构为载体的纵向组织体系与以专业化团队化组织为载体的横向组织体系二元并存、纵横结合、矩阵支撑的人民法院组织结构创新方案,并且草拟了《关于人民法院组织结构创新及内部组织体系优化配置的改革实施意见(建议稿)》,以期能够对于深化司法体制综合配套改革、

---

* 本文获全国法院系统第三十届学术讨论会三等奖。

** 伍涛,北京市第一中级人民法院研究室主任;丁少芃,北京市第一中级人民法院民二庭法官,曾获全国法院系统第二十六届学术讨论会三等奖;张春城,北京市第一中级人民法院研究室法官助理。

全面落实司法责任制有所裨益。

【主要创新观点】

1. 本文以司法责任制改革背景下人民法院内部组织结构问题作为研究对象,通过借鉴组织社会学、组织管理学等相关理论,综合运用组织结构分析、系统分析等研究方法,对人民法院内部组织体系进行了解构与重构,为人民法院组织结构改革与创新进行了积极的理论探索。

2. 本文对人民法院组织结构创新进行了积极探索,提出了以二元化的组织形式、二元化的权责关系、二元化的角色定位、二元化的管理模式以及纵横结合的组织结构关系、耦合联动的组织结构功能、矩阵支撑的组织结构保障为基本内涵和主要内容的"二元矩阵"式的新型组织结构模式。

3. 本文针对人民法院目前审判权与司法行政权二元并存的权力格局以及全面落实司法责任制的现实需要,提出人民法院组织结构从"一元线性"模式向"二元矩阵"模式转型发展的改革创新思路,并且分不同层次设计出以内设机构为载体的纵向组织体系与专业化团队化组织为载体的横向组织体系二元并存、纵横结合、矩阵支撑的组织结构模型。

4. 本文对"二元矩阵"模式下人民法院组织结构的改革创新方案进行了具体设计,提出了以深化内设机构改革、创新法院组织形式以及专业化组织载体,建立完善纵横结合、矩阵支撑的人民法院组织结构为主要内容的改革实践路径,并在实践操作层面通过可视化方式予以具体呈现。

事物排列组合的结构变化亦会引起事物性质的变化。

——马克思主义唯物辩证法

绪言:组织结构创新为何重要

无论是自然界还是人类社会,结构形式至关重要。在自然界,碳元素因其内部结构的差异,演变成钻石和石墨两种截然不同的物质。在人类社会,社会的进步和发展取决于创新组织规则的完善程度和效率的高低。①

党的十八大以来,以落实司法责任制为核心的司法体制改革提出"让审理者裁判、由裁判者负责"的改革目标,取得了显著成果,但是在人民法院组织体

① 参见于显洋:《组织社会学》(第3版),中国人民大学出版社2016年版,第一版序。

系方面仍然存在内设机构繁冗庞杂、组织载体形式单一、组织运行不够顺畅、组织结构不尽合理等问题,司法责任制的全面落实亟待组织形式以及组织结构上的有效支撑与保障。如何创新人民法院的组织结构形式,最大限度地提升组织效能,让司法责任制在组织结构层面得到有效支撑,需要进一步深入研究。党的十九大报告强调,要深化司法体制综合配套改革,全面落实司法责任制。当前省以下人民法院内设机构改革正在积极推进,作为司法体制综合配套改革的重要组成部分,内设机构改革在本质上属于一种组织创新行为,其改革目的就是要解决人民法院在机构配置方面存在的与落实司法责任制改革要求不相符的结构性问题。人民法院组织结构创新是综合配套改革的重要内容和应有之义,对于保障司法权力的有效运行以及司法责任制的全面落实具有不可替代的重要作用。

一、实践观察:“线性构造”模式下人民法院的组织结构及其主要弊端

(一)“线性构造”的基本含义和主要特征

“线性构造”,又称为直线式职能制结构,是指以直线式为基础,在各级生产管理者之下设置相应的职能部门,从事专业管理的一种组织结构模式。① 该模式的核心特征是,组织内部通过指令的线性逐层传递来实现领导权威与管控效果。“组织决策和目标往往由处于层级顶端的最高机构或领导者确定,组织系统内部主要是一种自上而下的纵向连接。”②

人民法院目前的组织结构形式即具有“线性构造”的特征,不同层级的法院均通过设置相应的职能部门及各级领导专门从事审判活动以及其他司法行政管理活动,不同职务层级的司法人员以及相应职能机构在人民法院的组织结构中呈线条状分布,组织系统内部自上而下形成科层制的纵向连接关系,从而形成一种类似金字塔形的组织结构形式。

---

① 参见于显洋:《组织社会学》(第3版),中国人民大学出版社2016年版,第141页。

② 参见[美]米尔伊安·R.达玛什卡:《司法和国家权力的多种面孔——比较视野中的法律程序》,郑戈译,中国政法大学出版社2004年版,第29页。

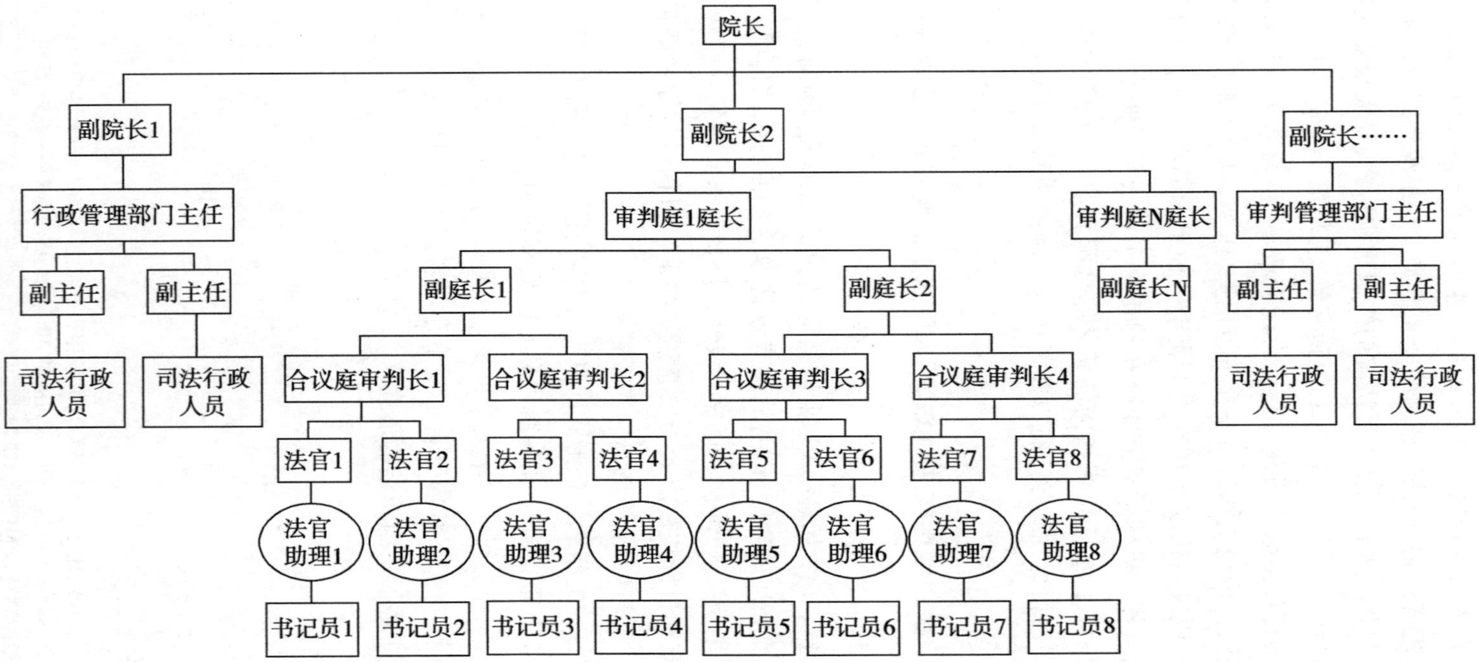

图1　人民法院组织结构的“线性构造”

(二)"线性构造"在人民法院组织运行中的具体表现

1. 司法人员"线性分布"。法院作为国家机关的重要组成部分,其司法人员与其他行政机关公职人员一样具有相应的行政职级并实行科层制管理,包括院长、副院长、庭长、主任、处长、科长、副庭长、副主任、副处长、副科长、审判长等若干行政职级,不同行政职级对应不同的职权及待遇。

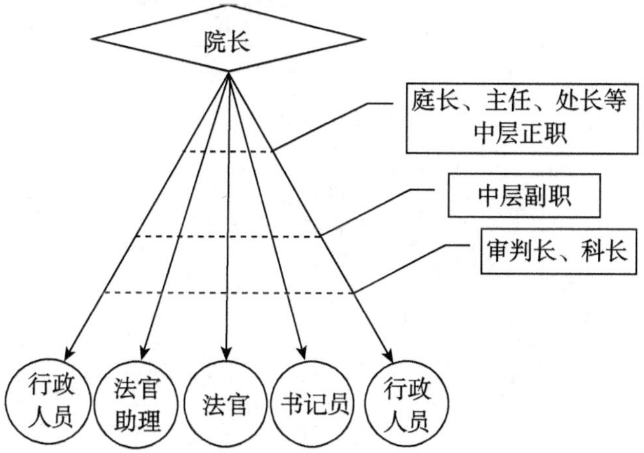

图 2 司法人员依行政职级"线性分布"于权力运行线条

2. 司法职权"线性配置"。线条顶端的院级领导享有全院的司法决策管理权。线条中游的部门领导贯彻院领导的决策,享有本部门的司法决策管理权。线条下游无领导职务的法官及其他司法人员,主要围绕审判及司法行政事务履行相应职责。不同层级的司法人员的职权范围自上而下依次递减。

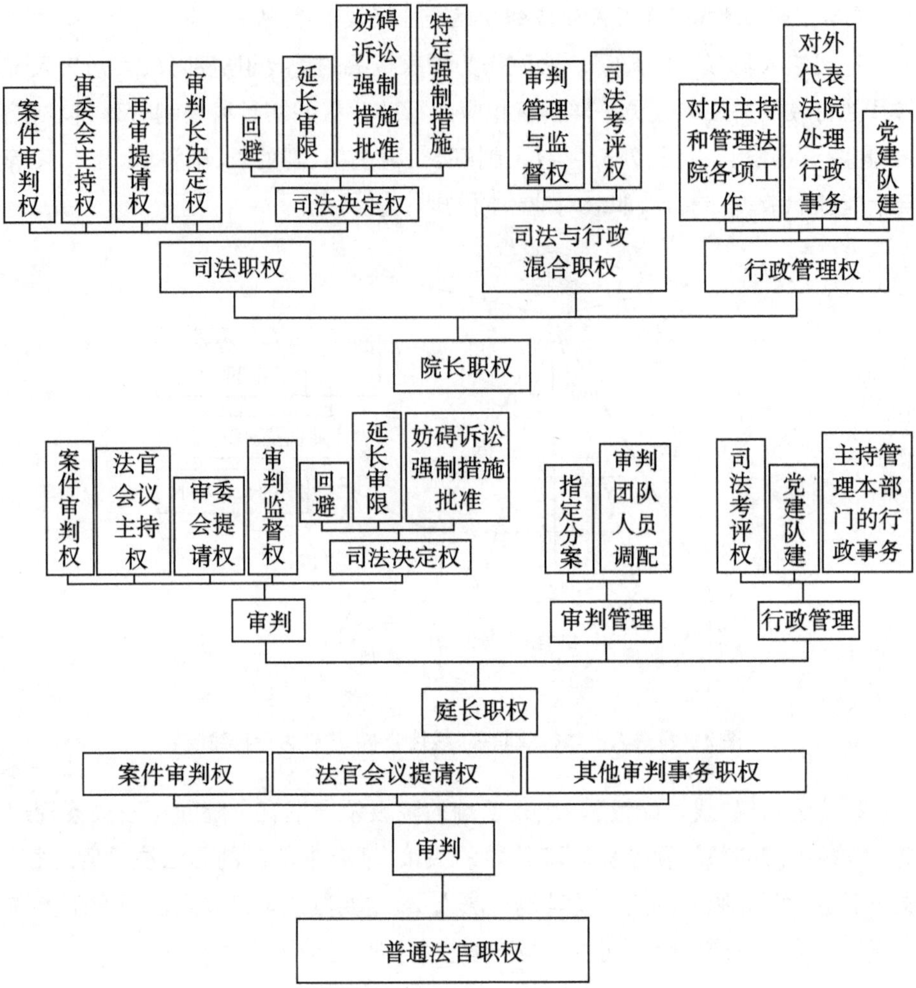

图 3　院长、庭长、普通法官的职权分配

3. 审判资源“线性分配”。院庭长拥有人财物等审判资源的调配权,对于人员配备、物质保障、技术支持等事项拥有决定权或建议权。而无领导职务的法官以及其他司法人员在履行相关职责时,一般只能依靠自己的力量独立完成工作任务。审判资源在人民法院组织结构线条当中逐级递减,与相应层级所承担的审判任务量呈“倒置”关系。

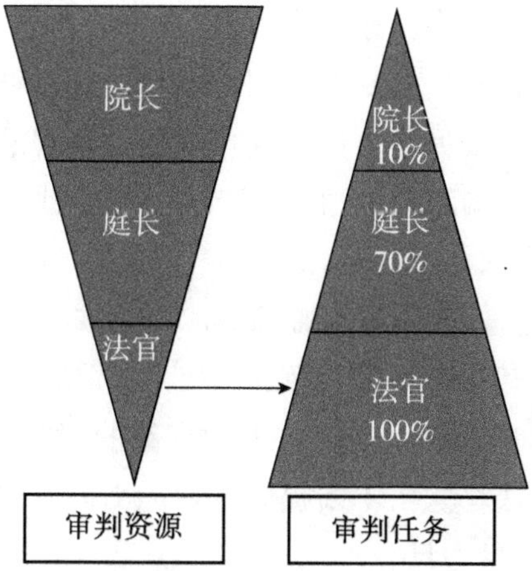

图4 审判资源与审判任务的"倒置"关系

(三)"线性构造"在法院组织运行中的主要问题

1. 人员独立性不足,影响司法责任落实。从法院行使的权力性质来看,目前法院存在司法行政权与司法审判权二元权力结构。① 而"线性构造"属于典型的行政权组织结构模式,审判权在运行过程中极易受到行政权运行的惯性牵绊和影响。具体负责案件审理的司法人员往往处于权力链条的末端位置,其与上级领导之间的从属关系以及弱势地位决定了其在履行审判职责时难以保持绝对的独立性,司法责任落实在微观组织层面存在结构性障碍。

2. 司法保障不充分,审判权责结构错位。"线性构造"模式下,院庭长既要履行司法行政管理职责,又要履行审判职责。虽然司法改革要求院庭长回归审判席,但因缺乏组织结构的合理设计以及制度规范的硬性保障,院庭长往往"空不出手来敲法槌",导致院庭长虽然拥有很大的审判职权,却没有履行与之相匹配的审判职责的时间精力,审判职权与审判职责之间在微观组织层面存在结构性错位。

3. 资源配置不合理,无法发挥结构优势。"线性构造"模式下,法院内部的各种资源要素按权力大小分配而不是按审判功能分配,导致审判资源呈线条状纵向分布,线条末端所享有的资源与承担的审判任务量不匹配。同时线性结构导致职能部门横向联系较弱,组织结构壁垒问题突出,组织资源难以有效整合利用,组织体系难以发挥结构性优势。

① 参见梁三利、郭明:《法院管理模式比较——基于对英国、德国、法国的考察》,载《长江师范学院学报》2010 年第 1 期。

4. 组织能动性不足,机构设置臃肿庞杂。组织结构水平分化与垂直分化是科层制组织结构的天然倾向。[①] 法院在组织结构分化过程中,一方面不断涌现出新的审判庭和职能部门,另一方面不断形成新的科层层级,法院内设机构规模日益庞大,容易出现机构臃肿、职能交叉等结构性问题,司法效能无法满足人民群众新时代的司法需求。

5. 专业导向性不足,人才培养面临障碍。"线性构造"模式下,优秀司法人才往往更加重视行政职级,即所谓"审而优则仕"。司法改革后法官等级晋升仍然要受到行政职级任职年限等限制。在行政职级的"线性""瓶颈"无法被打破的情况下,既难以激发法官队伍不断提升专业能力的工作热情,也难以吸引优秀法律人才成为审判后备力量。

二、理论分析:组织创新的基本原理以及人民法院组织变革的内在逻辑

(一)组织创新的基本内涵和发展趋势

组织创新是指对组织现有状态的修正和改变,目的是更好地适应内外环境变化,以便能顺利实现组织目标。[②] 组织创新当中,组织形式创新与组织结构创新是关键。因为对于任何制度以及作为其存在的实体而言,它们都具有自己一定的组织构造。[③] "组织的结构与组织的功能是密切相关的,一定的组织结构,只有具有一定功能才有意义;而一定的功能,又必然依赖于一定的组织结构才能产生"。[④]

所谓组织结构,是指组织内部正式规定的、比较稳定的相互关系形式,是组织内部正式的工作安排。[⑤] 当前社会上占主流的组织结构类型主要有直线式职能制结构形式、矩阵式功能型结构形式以及事业部制组织结构形式等[⑥],同时工

① 社会组织结构在不断演变过程中,出现了以水平分化和垂直分化为主的两种分化形式。水平分化过程是指组织将要完成的总任务划分为各种子任务,并将它们分派给组织中的各单位和各位中的个人;垂直分化则是指组织的等级和层次结构的确定,以利于有效的整合与控制。参见于显洋:《组织社会学》(第3版),中国人民大学出版社2016年版,第123页。

② 参见于显洋:《组织社会学》(第3版),中国人民大学出版社2016年版,第305页。

③ 参见杨知文:《中国审判制度的内部组织构造》,法律出版社2014年版,第69页。

④ 参见刘祖云等:《组织社会学》,中国审计出版社2002年版,第250页。

⑤ 参见[美]斯蒂芬·罗宾斯等:《管理学》(第13版),刘刚等译,中国人民大学出版社2017年版,第270页。

⑥ 参见于显洋:《组织社会学》(第3版),中国人民大学出版社2016年版,第141~144页。

作团队[①]等新型社会组织形式不断涌现。与小型化、专业化的组织需求相适应,与矩阵式功能型的组织结构形式相结合,强调横向协作、具有机动灵活特点的团队化组织结构模式日益盛行,成为当前引领社会组织结构变革与创新的重要潮流。

（二）人民法院组织结构变革的原因分析

组织的结构形态本身并没有优劣之分,关键在于某一种组织结构模式能否满足特定的组织目标和组织功能。目前,人民法院“线性构造”的组织结构模式存在种种弊端,不能完全适应和满足司法责任制改革背景下人民法院作为国家审判机关这一特定组织的功能需要,需要进行变革和创新,其背后深层次的问题和原因在于:

1. 时代背景与外部环境发生变化。以科层制为代表的“线性构造”模式产生于19世纪末20世纪初,总体上属于工业化革命的产物,是对当时以工厂为代表的社会组织结构形式的体现。当今人类社会已进入21世纪,科学技术日新月异,信息化革命方兴未艾,人民法院的组织结构必须满足信息化、智能化条件下人民群众日益多元化的司法要求。

2. 权力属性与行权方式存在差异。“线性构造”的科层制组织体系建立在高度集权的基础之上,强调决策权的集中统一行使,维护科层制顶端的绝对权威,属于集权化的组织结构形式。而审判权作为判断权的基本属性以及司法亲历性的要求决定了审判权不能采取集中统一的行政化方式行使,而只能采取分散式、专业化的方式行使。由于法院目前存在司法行政权与司法审判权并存的二元化权力格局,而且两种司法权力具有不同性质,遵循不同的权力运行规律,因此需要建立一套既能够适应司法行政权运行、满足权力集中统一行使要求,又能够适应司法审判权运行、满足权力分散化专业化行使要求的组织结构形式。

3. 理论基础需要与时俱进不断更新。“线性构造”的理论基础主要来源于理性系统组织理论中的科层组织理论,以科学与理性精神作为思想渊源和哲学基础[②],强调法理型权威和集中统一领导,认为科层制的组织结构是最合理的组

① 工作团队是指由通过积极协作、个人责任和集体责任以及彼此互补的技能来努力完成某个特定的共同目标的成员组成的群体。参见[美]斯蒂芬·罗宾斯等:《管理学》(第13版),刘刚等译,中国人民大学出版社2017年版,第358页。

② 参见于显洋:《组织社会学》(第3版),中国人民大学出版社2016年版,第43页。

织形式[①]。应该说,科层制的组织理论基本适合以行政权为核心的国家行政机关组织体系,但并不完全适合以审判权为核心的国家审判机关组织体系,需要结合审判实际不断创新。

4. 组织形式与结构模式不相适应。"线性构造"属于直线型、纵向式的组织结构形式,强调组织及内部各要素之间的纵向联系,容易造成组织内部的条块分割以及组织资源的分散分布。而且纵向型组织结构容易出现固化、僵化等问题,组织的灵活性、应变性不足,难以适应组织所面临的环境任务变化。在司法责任制改革以及当前人民法院内设机构改革背景下,审判专业化趋势与内设机构精简化、扁平化要求之间的结构性矛盾在"线性构造"模式下难以有效解决。

(三)人民法院组织结构变革的现实依据

组织变革是必然的社会历史现象,因为组织是一个不断与外在环境发生相互作用的开放系统,组织变革是适应环境和自我调整的必然要求,外部环境和组织发展的变化通常会导致组织创新及结构变化。[②] 当今世界,大公司和小企业,大学机构和政府组织,甚至军队的组织形式都在不断创新。[③] 回顾我国的改革历史,每一次重要的改革都伴随着组织形式和组织结构的重要创新,无论是当年小岗村的联产承包责任制改革、国有企业制度改革,还是当前正在开展的党和国家机构改革,最终的改革成果都要落实到组织变革与组织创新上。

人民法院改革也不例外,以司法责任制为核心的司法体制改革的重要成果最终也需要通过组织结构的变革与创新来实现和保障:第一,这是全面落实司法责任制的必然要求。司法责任制改革的核心和本质是一种权责关系的创新,而权责关系本身就是组织结构的构成要素,新型的权责关系需要新型的组织结构形式予以保障。第二,这是落实新的审判权运行机制的必然要求。新的审判权运行机制要求坚持以法官为中心,突出法官的主体地位,这就要求通过组织创新建立与法官地位作用相匹配的组织结构形式,为法官主体作用的发挥提供有效支撑。第三,这是落实司法人员分类管理的必然要求。司法人员分类管理的核心和本质是组织成员角色地位的变革,而组织成员的角色地位问题本身也

① 参见周雪光:《组织社会学十讲》,社会科学文献出版社 2003 年版,第 11 页。

② 参见于显洋:《组织社会学》(第 3 版),中国人民大学出版社 2016 年版,第 305 页。

③ 参见[美]斯蒂芬·罗宾斯等:《管理学》(第 13 版),刘刚等译,中国人民大学出版社 2017 年版,第 163 页。

是组织结构创新的重要内容,随着司法改革的深入推进,与司法人员分类管理相适应的人民法院组织结构创新势在必行。第四,这是推进内设机构改革的必然要求。内设机构改革是人民法院组织结构改革创新的重要体现和重要契机,其目标是要通过改革理顺职能、优化分工,实行扁平化管理,减少管理层级,有效解决职能交叉等问题。[①] 要实现这个改革目标,仅靠内设机构数量上的整合与增减是不够的,还必须进行组织形式和组织结构上的变革与创新。

三、路径选择:从“一元线性”模式到“二元矩阵”模式创新发展的改革思路

(一)人民法院组织结构改革创新的总体目标

改革路径的选择取决于改革面临的具体实际。人民法院内部审判权与司法行政权二元并存的权力结构是当前人民法院组织结构创新面临的最大实际问题,而人民法院目前一元化的组织结构体系无法满足二元化权力结构下人民法院组织目标和组织功能,也无法支撑司法责任制的有效落实。因此人民法院组织结构设计的出发点和落脚点,应是为人民法院二元化的权力结构提供一套适合的组织结构体系,以更好地兼顾人民法院司法审判权以及司法行政权的双重权力属性,更好地满足人民法院作为国家机关(政府组织)以及审判机关的双重组织功能,从而更好地落实司法责任制以及司法人员分类管理的改革要求,更好地推进司法体制综合配套改革,有效解决目前人民法院组织载体形式单一、组织运行不够顺畅、组织保障不够充分、审判专业化与机构扁平化、精简化之间的结构性冲突等改革面临的实际问题。

根据组织结构创新的基本原理,结合法院工作实际,从“一元线性结构”到“二元矩阵结构”的转型发展应当说是司法责任制改革背景下顺应组织创新趋势、契合人民法院组织结构创新内在逻辑的正确思路选择。人民法院组织结构改革创新的总体目标和总体构想是:在当前人民法院“一元线性”的组织结构基础上,通过深化推进内设机构改革、创新团队化的组织形式和专业化的组织载体、构建矩阵式功能型的组织结构关系,从而建立起纵向内设机构组织体系与横向专业化团队化组织体系相互依存、纵横结合,国家机关行政属性与审判机关专业属性并存融合、耦合联动,司法人员与审判资源向心流动、矩阵支撑的

---

① 参见中央机构编制委员会办公室、最高人民法院《关于积极推进省以下人民法院内设机构改革的通知》。

"二元矩阵"组织结构模式。

(二)"二元矩阵"结构的基本内涵

所谓"二元结构",是指从满足组织功能的需要出发,将组织结构要素优化组合成两套组织体系,两套组织体系功能互补、二元并存的结构形式。其内涵体现为以下几个方面:一是二元化的组织形式。内设机构与团队组织二元并存,相对独立,两者之间属于平等关系,而不是上下级的层级关系或者线性延续关系。二是二元化的权责关系。内设机构当中实行科层制,采取行政化的权威类型,下级服从上级;团队组织当中突出成员主体地位,实行自我管理,采取专业化的权威类型,实行民主集中制或者少数服从多数。三是二元化的角色定位。组织成员既是内设机构的成员,又是团队组织的成员,根据不同角色发挥不同的角色作用。四是二元化的管理模式。内设机构实行集权化的管理模式,强调权力的集中统一行使;团队组织实行分权化的管理模式,强调权力的分散式、专业化行使。

所谓"矩阵结构",是把按照职能划分的部门和工作,按照不同项目划分组合成不同的团队或小组的模式,从而形成一种类似矩阵的结构形式。[①] 人民法院组织体系中的"矩阵结构"主要体现为以下几个方面:一是纵横结合的组织结构关系。"矩阵结构"由金字塔形、层级制的纵向组织体系与扁平化、同心圆式的横向组织体系所构成,两者呈纵横垂直关系,而不是直线式关系。二是耦合联动的组织结构功能。纵向组织体系行使法院内部科层取向的行政权,具体负责审判管理、组织人事管理、后勤保障等司法政务管理;横向组织体系行使专业取向的审判权,具体负责案件审判以及围绕审判权行使所必需的各种专业化保障以及法官自治管理等事项。两者既相互独立,又相互配合。三是矩阵支撑的组织结构保障。纵向组织体系通过整合法院各种资源力量,优化法院审判资源配置,按照审判功能分配原则,为横向组织体系源源不断地提供人财物保障以及智力支持,确保国家审判机关组织功能的有效发挥。

① 参见于显洋:《组织社会学》(第 3 版),中国人民大学出版社 2016 年版,第 142 页。

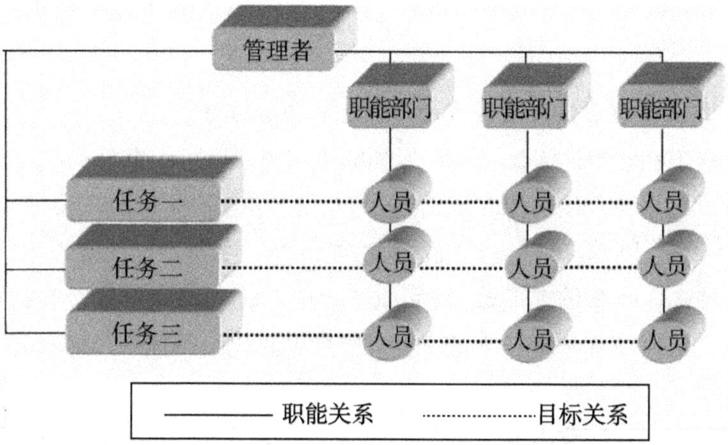

图5　矩阵组织结构形式

（三）“二元矩阵”模式的组织结构优势

相对于“一元线性结构”，“二元矩阵结构”在人民法院组织体系中的主要优势在于：一是纵横结合的组织结构关系可以同时满足司法审判权与司法行政权、审判机关与国家机关（政府组织）的双重权力属性和组织属性，实现权力的专业化行使与行政化行使、分散式行使与集中式行使相结合；二是矩阵支撑的组织结构形式能够将法官从原有“线性模式”下的末端位置调整到“矩阵模式”下的中心位置，进一步突出法官的主体地位与核心作用，有利于司法责任制的全面落实，这也符合司法体制综合配套改革的基本目标和根本导向；三是耦合联动的组织结构分工，使内设机构的部分专业职能通过法官及审判辅助人员的“二元”身份转由团队化专业化组织进行承载，从而让更多优质审判资源回归审判岗位，有效解决改革推进中仍然较为突出的案多人少的矛盾以及司法人员流动的现实障碍；四是突出功能导向的组织运行模式有助于改变审判资源按照权力分配的旧有模式，建立按照审判功能分配的新型模式，从而在资源配置、人员配备上更加突出司法专业化属性，实现法院内部资源的优化配置，切实提高组织效能；五是二元并存的组织结构体系，能够在不增加内设机构编制数量和行政层级的基础上通过设立专业化团队化组织的方式满足审判专业化的需要，有效解决当前审判专业化趋势与内设机构精简化、扁平化要求之间的矛盾；六是角色多元的组织结构特征能够充分发挥灵活性、适应性和机动性的特点优势，更好地适应司法责任制改革要求以及经济社会发展的新变化，更好地满足人民群众对于人民法院审判工作的新期待。

四、结构设计:"二元矩阵"模式下法院新型组织结构的基本模型与图景展示

(一)建立符合司法行政属性的内设机构组织体系

以当前正在开展的人民法院内设机构改革为契机,认真落实《关于积极推进省以下人民法院内设机构改革的通知》精神,结合不同层级人民法院的职能定位,进一步优化整合不同内设机构的功能设置。在此基础上重点围绕司法行政权的行使建立一套体现高效、精简原则的内设机构组织体系,同时进一步探索将审判权从内设机构组织体系逐步剥离至团队化组织体系,真正做到让行政归行政,审判归审判。

1. 设置原则。法院内设机构的设置应在保障审判、审判辅助、行政管理三类必备功能满足的前提下尽可能实现精简化及扁平化管理,非审判业务机构的数量不应超过审判业务机构数量,非审判业务机构的配置应以能够切实服务于审判工作且其功能区别于其他机构为必要条件。①

2. 行权方式。法院内设机构组织体系仅保留司法行政权,原属于审判业务机构行使的审判权移转至专业化团队化组织体系当中,由审判团队专门行使。内设机构的权力运行遵循科层制的原则,采取集中统一的方式行使,各类司法人员依据其职务职级分别履行审判管理、行政管理、司法服务等岗位职责。

3. 角色构成。内设机构的组成人员具有双重角色,既能在内设机构中担任相关职务,也能在团队化组织中承担特定职责。如院庭长在内设机构当中担任领导角色,履行领导职责,承担管理责任;同时在团队组织当中担任首席法官或者其他专业角色,履行团队成员的角色义务。

4. 机构分工。审判业务机构处于内设机构的中心位置,非审判业务机构(包括审判辅助机构和司法政务机构)对其提供支撑保障。审判业务机构主要围绕案件审判承担审判监督、审判管理、统一法律适用等职责;审判辅助机构主要承担审判调研、案例研究、质效管理等职责;司法政务机构主要承担党建队建、司法政务管理以及综合保障等职责。

---

① 参见中央机构编制委员会办公室、最高人民法院《关于积极推进省以下人民法院内设机构改革的通知》。

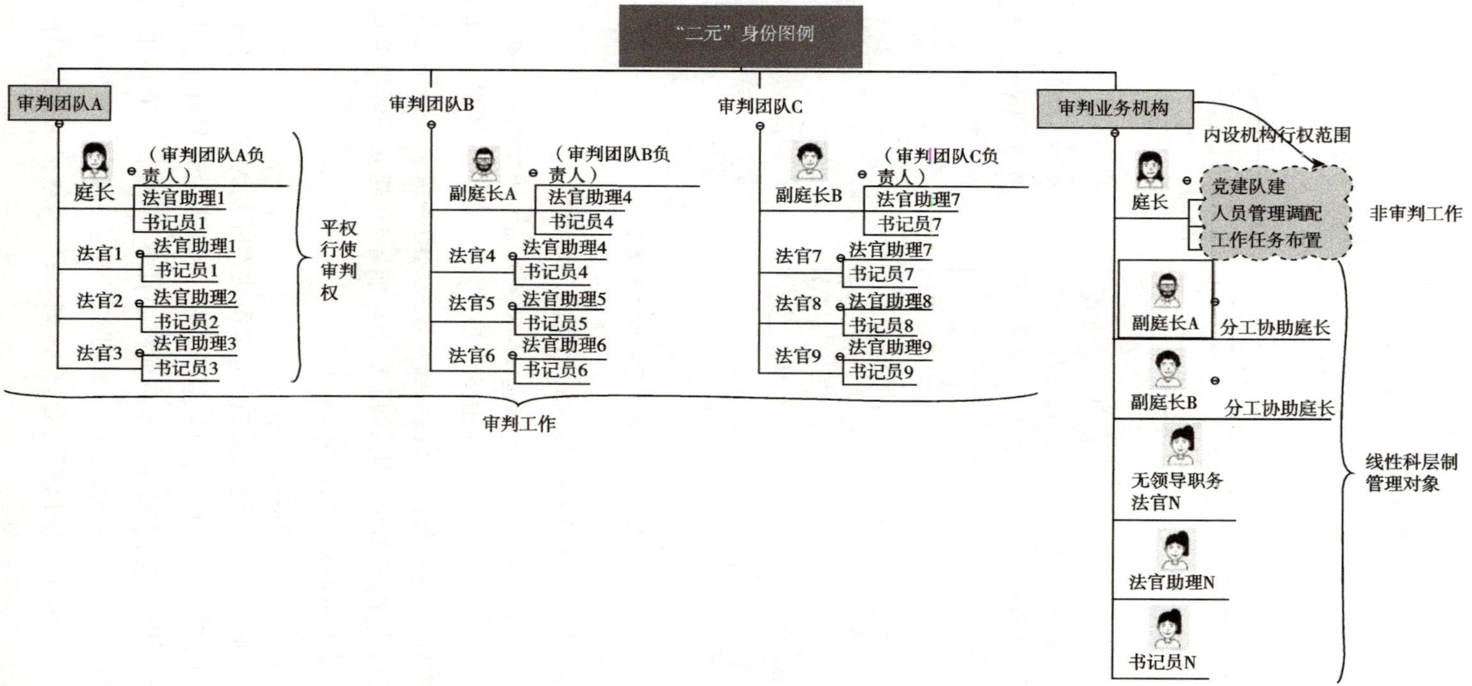

图6　内设机构成员"二元"身份图例

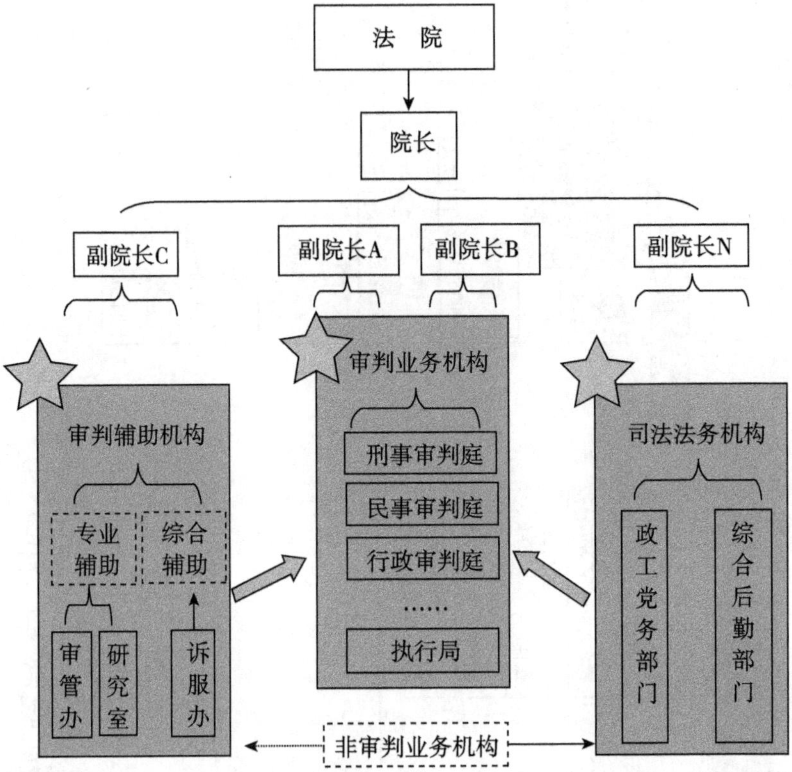

图 7　矩阵式内设机构体系模型

(二)建立符合司法审判属性的专业化团队化组织体系

在健全内设机构组织体系的基础上,充分吸收运用司法改革以来各级人民法院在专业化组织形式创新方面的积极成果,以专业化审判团队、专业法官会议、法官考评委员会、法官自治委员会、法官权益保障委员会等新型组织形式作为专业化的组织载体,按照专业化要求,突出功能导向,建立一套符合司法审判权属性和运行规律的团队化组织体系。

1. 规范化组建运行审判团队

(1)组建原则。审判团队组建应以落实司法责任制为核心,以提升审判质效为目标,坚持规范性要求与灵活性运行相统一,扁平化管理与专业化分工相统一原则。审判团队应当定位于以审判为核心任务,以法官为中心,由法官、法官助理和书记员组建而成的相对独立、密切协作的审判单元、管理单元、考评单元和责任单元。审判团队应以审委会、合议庭、独任庭等法定审判组织形式为基础采取内嵌方式进行组建。

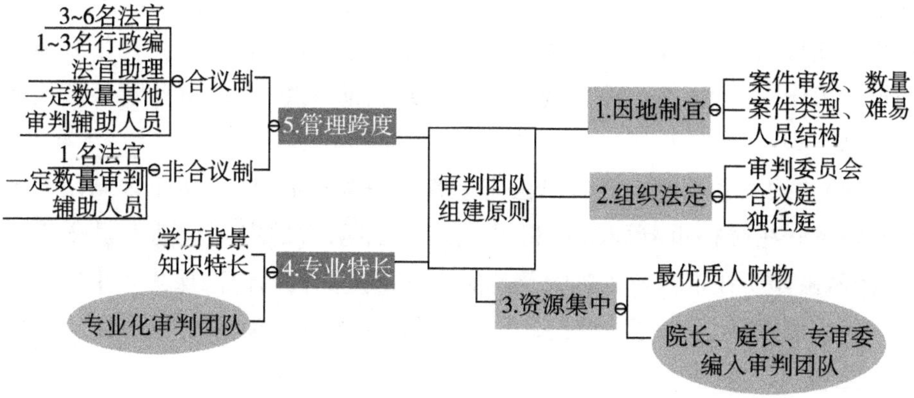

图8　审判团队组建原则

（2）行权方式。审判权由审判团队成员通过组成法定审判组织（审判委员会、合议庭、独任庭）的方式依法独立行使。院庭长编入审判团队，审判团队在案件审理过程中应当坚持平权原则，法官对案件的事实和法律适用平等发表实质性意见，共同承担审判责任。审判团队（法定审判组织）按照民主集中制或者少数服从多数的原则行使审判权。

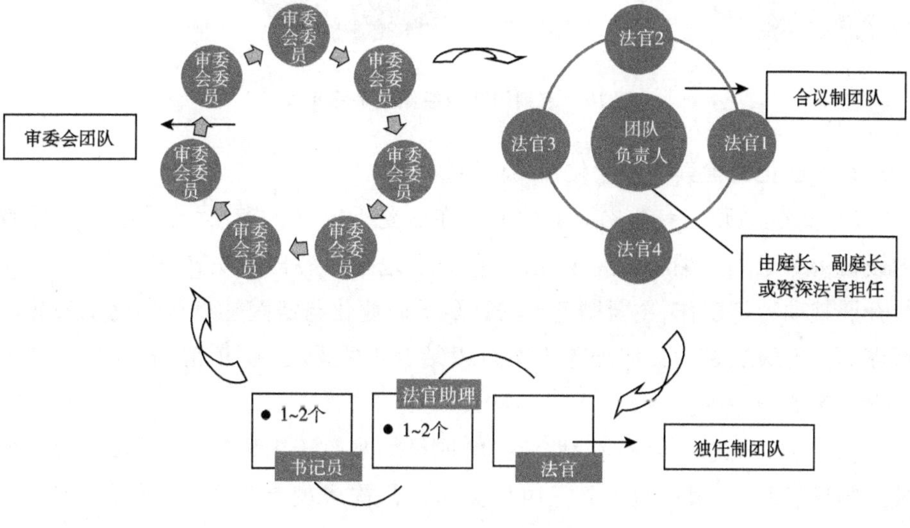

图9　审判团队配置模式

（3）权威类型。审判团队专职审判工作，行使审判权力，采取专业化的权威类型。团队当中没有院长、庭长等行政职务身份，只有首席法官、资深法官等专业身份。团队负责人除审判之外只负责与审判相关的部分管理工作。法官行使审判权,负责核心审判工作。审判辅助人员在法官的指挥下开展审判辅助工作,其中法官助理负责业务性审判辅助工作,书记员负责事务性审判辅助工作。

(4)结构关系。审判团队以法定审判组织为核心,法官位于审判团队的中心位置。在履行审判职责过程中,法官由团队中的审判辅助人员支撑协助,团队由其所在审判业务机构及其他非审判业务机构协同保障。审判团队这一组织形式独立于内设机构,可以根据审判需要在院庭两个层面灵活组建。

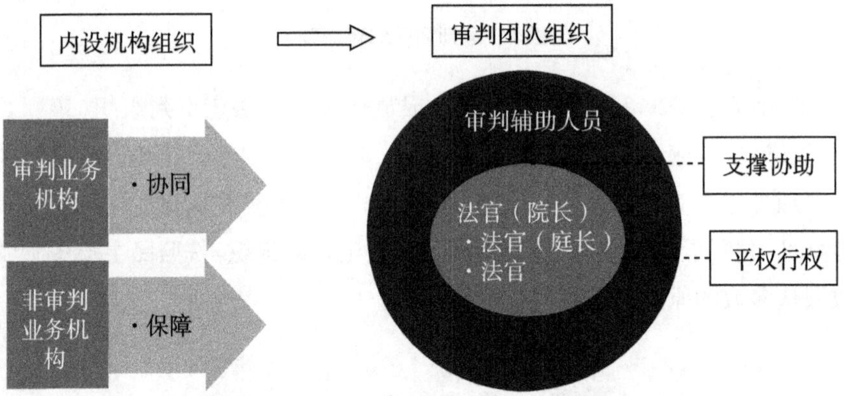

图 10　审判团队组织结构关系模型

2. 科学化配置其他专业化辅助性组织

(1)组建原则。专业化辅助性组织亦独立于内设机构,配置目的在于打破内设机构对于人员编制的局限性,机动灵活地整合各内设机构的人力资源,高效开展某项特定工作,主要服务于法官队伍职业化与法院建设科学化发展的长远谋划。各级法院的具体配置方案可以结合审级职能、事项范围、人员结构等实际情况综合考虑。

(2)行权方式。专业辅助性组织的成员均来自于内设机构成员,不增加行政编制另设职务,根据职责分工由相关内设机构成员牵头开展工作,由其他内设机构成员作为该组织成员共同参与工作。专业化辅助性组织实行民主集中制或者少数服从多数原则。

(3)功能定位。专业辅助性组织主要通过进行调查研究、讨论重大疑难复杂问题、开展案件质效评查等专业化方式为审判团队运行提供专业支持与保障。

(4)运行方式。以专业法官会议为例，其不隶属于任何内设机构，可以在一个或多个审判庭之间联合召开，所有成员均来自审判业务机构，专职研讨审判工作中的专业性问题，为审判团队行使审判权提供咨询性、专业性意见。与之类似，对于法官绩效考评、审判质效评查以及等级晋升、惩戒保障等项工作也可以参照此种方式进行。

(三)构建纵横结合、矩阵支撑的二元化组织结构体系

1.“二元矩阵”模式下人民法院组织体系的结构关系

人民法院组织体系分为纵向内设机构组织体系与横向专业化团队化组织体系，其中内设机构体系分为审判业务机构和非审判业务机构，专业化组织体系分为审判团队组织和其他专业化辅助性组织。

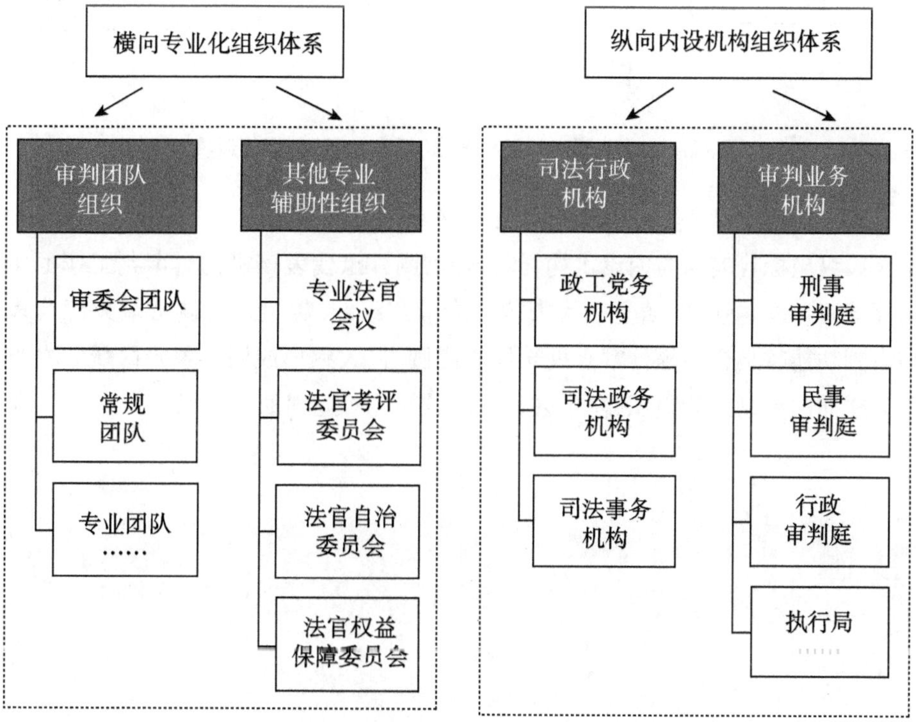

图 11 法院新型组织结构要素“二元并存”的配置逻辑

2.“二元矩阵”模式下人民法院组织结构的运行关系

纵向内设机构组织体系与横向专业化团队化组织体系在设置上属于并行关系，在具体运行方式上总体呈现纵横统一的相互垂直关系，非审判业务机构

以及其他专业辅助性组织共同对审判业务机构、审判团队组织起到协同保障与支撑的作用。①

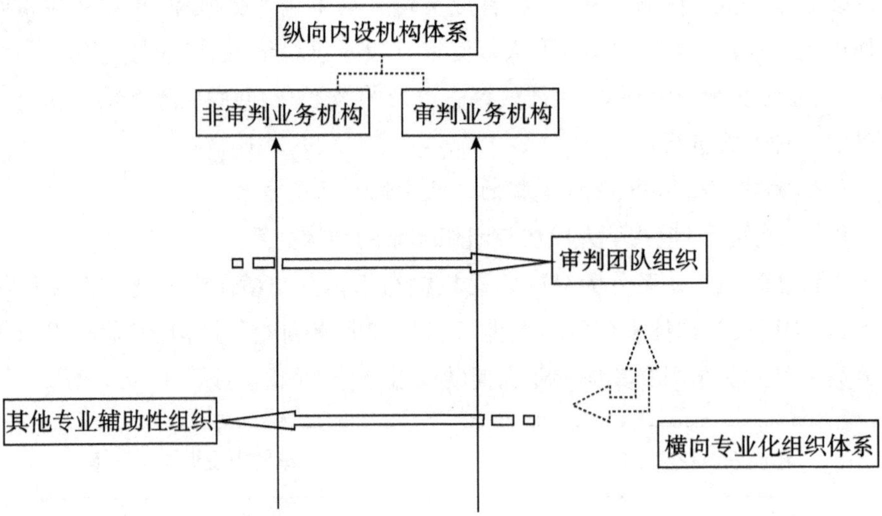

图12　法院新型组织结构要素"垂直并行"的运行逻辑

3."二元矩阵"模式下法院组织结构体系的二维图景

以纵坐标代表纵向内设机构,越接近圆圈外缘代表该机构对审判工作的协同保障契合度越强;以横坐标代表横向专业化组织,越接近右侧圆圈外缘代表与审判功能越契合。坐标零点处于同心圆圆心,大致形成四个象限区域。右半区为横向的审判团队组织,左半区为横向的其他专业辅助性组织。

---

① 图12中弧线代表不同组织体系的要素对审判工作协同保障的程度。右侧弧线代表矩阵结构中审判业务机构及审判团队组织对核心审判工作相对更为密切地保障,而左侧弧线代表非审判业务机构及其他专业辅助性组织对于审判工作的外围保障。

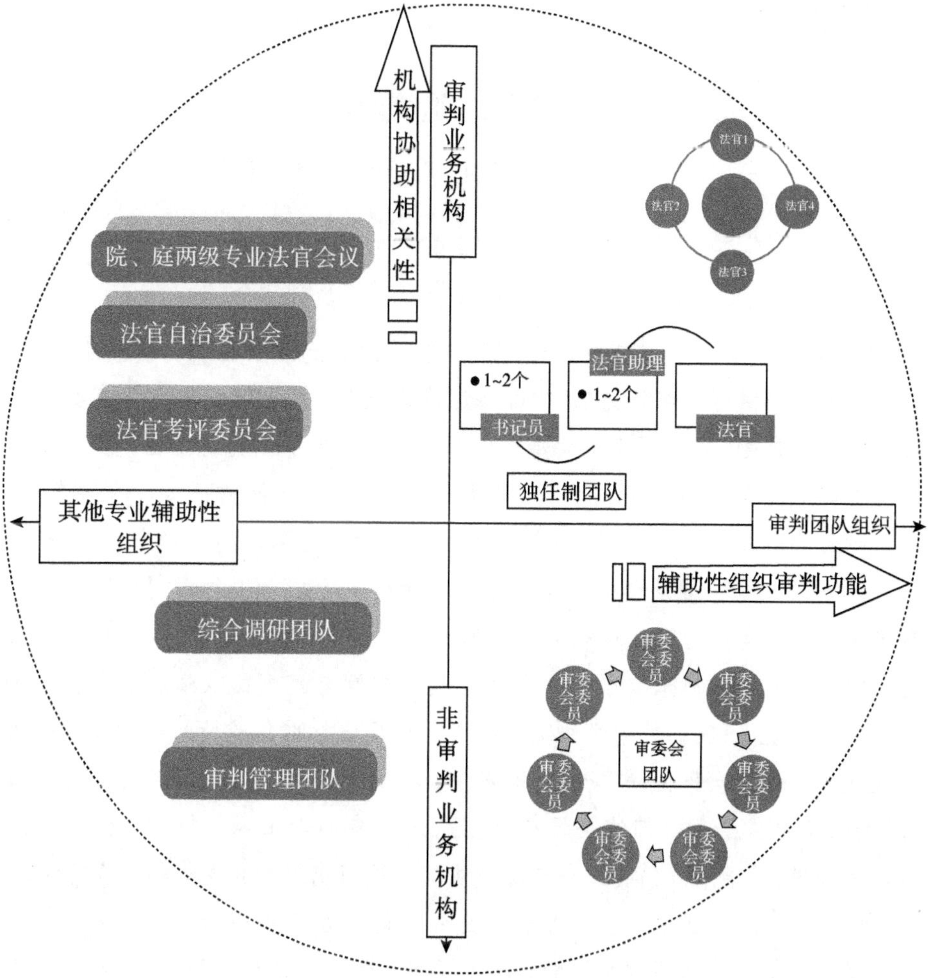

图 13　“二元矩阵”模式下组织结构体系的二维图景

结　语

司法责任制的全面落实是司法体制改革的核心，也是司法体制综合配套改革的最终目的，而这都离不开人民法院科学化组织体系的承载和保障。本文遵循司法规律并立足于人民法院实际，积极探索人民法院组织结构创新的实践路径与方式，希望通过对人民法院组织结构配置机制以及组织结构运行模式的变革与创新，实现法院审判资源的有效整合及司法效能的整体提升，为司法责任制的全面落实增添绵薄之力。

心得体会

努力奔跑　追梦前行

——记三“零”年代小团队的第三十届学术讨论会之旅

伍　涛　丁少芃　张春城

2018年,全国法院系统学术讨论会迎来了“她”三十岁生日。前一年,涛哥指导着我如何做好组织报送工作,为“她”奔走服务;这一年,涛哥带领着我和春城共同写作参赛,与“她”携手共舞。十分庆幸自己能够成为这个由“70”、“80”和“90”年代生的法院人所组成的三“零”年代调研小团队的一员。一路走来,所感受到的引领、合作与责任,更让我由衷的感动与感恩。

三“零”年代小团队其实并非专为学术讨论会而成,而是缘于对本院审判团队优化配置及运行管理工作规范的起草工作。三十几稿规范背后,我们三个人对于审判团队这一概念有了相对于过去更为丰富与清晰的认知。于是在涛哥的带领和建议下,我们就中级法院审判团队正规化标准化建设问题形成了一篇论文参报了最高人民法院“羊城杯”司法体制综合配套改革主题征文。“羊城杯”的获奖也激励着我们这个调研小团队进一步朝着正规化标准化的方向迈进。涛哥说,接下来我们要进一步思考法院系统组织结构的改革与创新问题。

团队的灵魂在于引领。我想这也是我们能够在并不轻松的日常主要工作之余写出两篇论文的根本原因所在。不记得有过多少次碰头讨论,午饭和晚上加班餐的时间得到了充分利用,甚至因此还学会了周末晚上各自在家用微信开群聊语音电话会,记得涛哥在任何阶段都能给我和春城勾画出最为清晰的工作蓝图。大到选题范围与内容侧重、写作修改周期与时间节点把握,小到具体责任分工与图文展现方式、资料收集购买与阅读心得汇总,涛哥都能够统筹规划并迅速确定工作方案。回到时间的起点来看,这几乎是一项十分艰巨、庞杂甚至不可能完成的目标,而我和春城在涛哥的鼓励和引领下,只需要静下心来踏踏实实地一步步完成具体的阶段性任务。

团队的核心在于合作。涛哥除了要指路,还得肩负着实干的榜样作用,他永远承担着写作任务中最艰巨的部分,但却经常笑言“三个臭皮匠赛过诸葛亮”。文章的研究方法和思路确定后,要看的重要书籍,下单三人份,同时精读以确保每个人都要充分掌握研究方法的要旨；借的书三人轮流看，第一个看完的人还不忘勾画重点贴上便签，方便其他团队成员迅速掌握关键内容；为了能够有效压缩文章字数并直观生动展现，我买了思维导图的工具书，学会用Xmind软件绘制思维导图，也学会了用Word绘制立体的复杂图表；春城将全文通校修改了十几遍，从逻辑体例到概念措辞，从图表内容到排列序号，从引注规范到附件制作。不记得总共推翻重来了几次，最后一稿可能也仅留下了第一稿内容的10%，原来说好的“羊城杯”升级版“姊妹篇”最终写成了一篇全新的内容。

团队的根基在于责任。参加过学术讨论会的人都能理解到赛程后期对“她”又爱又恨的复杂感情，而团队恰恰是促使你再苦再累都咬着牙不放弃追逐“她”的根本保障，只因对团队成员彼此的责任。在学术讨论会“二十九岁”的时候，我自己就以各种忙不开的借口轻易放弃参赛。但有了团队，怎能轻易辜负其他成员的坚持与努力？怎能轻易辜负这一路沉甸甸的信任与帮助？

学术讨论会历经三十年依然魅力不减，我国司法事业也正蒸蒸日上。习近平总书记在2019年新年贺词中说道，“我们都在努力奔跑，我们都是追梦人”，我们这个三“零”年代小团队也正像是这三十年来前仆后继努力奔跑的法院人的缩影，不断追梦前行，接力奔跑，为中国的法治理想不断贡献青春与智慧。

向法院人致敬！向追梦人致敬！

全国法院优秀奖

权力自律与延伸:法官会议的困境与出路

——以管理学权变方法提高法官会议效率为切入点*

周　烨　杨晓琼　王　阳**

【论文提要】

法官会议制度是在新的审判权运行方式下,优化审判权、审判管理权和审判监督权的重要改革成果,对于规范审判权运行、统一裁判尺度、处理重大疑难案件等方面发挥着积极作用①。该项制度在近三年实施过程中,也凸显出诸多机制困境。本文以B市某中级法院行政庭为例,在法官会议制度建立之初的2016年行政庭共召开法官会议13次,而到2017年仅仅召开了5次,且均采取简易形式,这与案件数量增长及案件复杂程度提升的司法现状背道而驰。原因在于,法官会议效率低下,会议结论效力不明,在法官人均结案压力激增的司法实践中,对于审判中遇到的疑难复杂案件,法官更倾向于直接根据合议庭意见就个案直接作出判决,而并非提请法官会议程序进行讨论。长此以往,难以发挥法官会议制度的价值,亦不利于统一司法尺度。本文希望以提高法官会议的效率为切入点,利用管理学中权变方法,识别法官会议管理中的权变变量,探索提高法官会议效率的机制创新,从召集程序上实现优化简易程序与普通程序优化,从发起人的确立平衡监督权与司法责任制,从效力角度确立法官会议与合议庭评议程序及审委会程序的衔接,确立与法官会议相衔接的考评机制,提升

---

* 本文获全国法院系统第三十届学术讨论会优秀奖。

** 周烨,宁夏回族自治区贺兰县人民法院法官;杨晓琼,北京市第一中级人民法院行政庭法官,曾获全国法院系统第二十三届学术讨论会优秀奖,全国法院系统第二十五届学术讨论会三等奖;王阳,北京市第一中级人民法院行政庭法官。

① 程磊:《法官会议制度的职能定位及改革方向探析——从防止诉讼中"逆向选择"效应的角度》,载《全面推进司法改革的探索与实践:北京法院第二十八届学术讨论会论文集》,人民法院出版社2016年版,第158页。

法官参与法官会议的积极性,将“咨询研讨”转化为权力的“自体规制”,形成保障审判权运行规范化、专业化、效能化的独立制度品格。

【主要创新观点】

1. 本文从改革运行规律和司法实践出发,对改革热点问题进行了冷思考,直击当前如火如荼的专业法官会议制度,实质上体现了容错机制、直面问题的改革精神。

2. 本文不同于同质性文章以审判权与监督权的关系为主导,而是从司法效率为切入点,从“案多人少”的矛盾出发揭示了专业法官会议制度运行不畅的现实原因。

3. 本文在研究方法上,利用管理学中权变方法,探索了司法效率与司法管理之间的交叉问题,跳脱出了朴素办案效率理念下单纯强调审判权运行集约化的思维局限,将司法效率真正融入管理学的学科范畴。

引 言

功利主义哲学的前驱边沁曾说过:“人类身心的天然素质,决定人们在一生的绝大多数场合都信奉功利主义的原理。”法官会议制度要保持其生命力就必须使行使审判权的法官和行使审判管理权的院庭长均认可其为一种行之有效的制度。法官会议制度第一次被提出是在《最高人民法院关于全面深化人民法院改革的意见——人民法院第四个五年改革纲要》“健全院、庭长审判监督机制”部分,其将法官会议定位为内部制约监督机制的一种体现,同时区分了主审法官会议和专业法官会议。《最高人民法院关于完善人民法院司法责任制的若干意见》又提出“人民法院可以分别建立由民事、刑事、行政等审判领域法官组成的专业法官会议,为合议庭正确理解和适用法律提供参考”。据此,全国各地法院先后设立了由院长、庭长、主审法官组成的法官会议制度,而各地制度实施情况则千差万别。

一、初衷:法官会议制度的定位和效果

从法官会议制度设立的初衷出发,以其最初的职能定位为立足点,再结合司法实践中法官会议的实际运行情况,衡量法官会议制度的实施效果。

(一)法官会议制度的职能定位

设立法官会议制度后,多数研究认为法官会议制度在监督审判权依法运行

和辅助法官审理案件方面发挥着积极的作用。同时还兼具了过滤审委会讨论案件、统一裁判尺度、促进法官能力提升、升华案件研讨成果的功能[①]。但也有人认为,目前的法官会议制度仍然未能摆脱“行政化”的窠臼[②]。该观点认为,一方面,法官会议制度使法官难以获得独立的审判权;另一方面,法官会议制度又造成了法官过于依赖集体决策。

(二)司法实践中的运行情况

B市某中级法院行政庭在审判长联席会的基础上,经过改造,建立了本庭范围内适用的法官会议制度。下文将对该庭法官会议制度2016年和2017年的施行情况进行分析。

2016年B市某中级法院行政庭为共召开法官会议13次。针对股权冻结、立项批复文件的原告资格、法官会议议事规则等问题形成了相应的决议,并指导了审判实践。具体情况如表1所示:

表1 2016年法官会议施行情况

序号	法官会议的内容	启动程序	召集方式[③]	决议通过方式	影响案件的数量[④](件)
1	股权冻结与股权公式[⑤]	庭长提起	普通程序	一致通过	2
2	立项批复文件原告资格	合议庭提起	普通程序	一致通过	23
3	法官会议议事规则	庭长提起	普通程序	一致通过	
4	政府投资项目立项批复及申报材料公开义务机关	合议庭提起	普通程序	一致通过	5
5	维权费用的支出是否属于赔偿范围	庭长提起	普通程序	一致通过	10
6	中间行为的审查	合议庭提起	普通程序	8:5通过	21
7	行政协议的问题	庭长提起	普通程序	12:1通过	6
8	要求履行实施拆除违章建筑职责案件的裁判方式	合议庭提起	普通程序	9:4通过	2

① 曹炜、熊静:《司法改革语境下的法官会议探析》,载《法律适用》2015年第9期。

② 吴如巧、宋东、向治冰:《从“法官会议制度”看我国法院“去行政化”的困境和破解》,载《探求》2015年第6期。

③ 普通程序是指采取会议召集的方式,简易程序是指采取书面召集方式。

④ 影响案件的数量均指裁判结果与法官会议决议相关的案件的数量。

⑤ 该次法官会议参会人员为行政庭部分法官和执行庭部分法官。

续表

序号	法官会议的内容	启动程序	召集方式	决议通过方式	影响案件的数量(件)
9	复议机关驳回多人提起的要求履责的复议申请可不追未起诉人为第三人	合议庭提起	普通程序	一致通过	52
10	消费者诉讼主体地位	合议庭提起	普通程序	10:3 通过	15
11	质检、工商领域生产商或经销商的诉讼主体地位	合议庭提起	普通程序	12:1 通过	5
12	关于应上级要求备案的下级机关报送备案材料制作者的认定	合议庭提起	简易程序	10:1 通过	6
13	关于投诉举报类案件行政案件审理指引	庭长提起	普通程序	一致通过	353

从表 1 所反映的情况来看,在制度设立之初,该庭法官会议制度分别由合议庭发起或庭长发起两种启动程序,且主要通过普通程序召集,取得了较为较好的效果,主要体现在如下方面:

(1)在争议较大的问题上统一了裁判尺度

众所周知,在司法改革之前,对于疑难复杂案件,绝大多数法院都采用庭院长听取汇报的方式,即合议庭对于负责审理的疑难案件可以向庭院长汇报,而庭院长也是通过听取汇报,实现对案件的监督,以统一审判标准。但在司法改革之后,审判责任制落实,基于“去除审判行政化、促进内部独立的”的价值取向的要求,庭院长听取案件汇报的制度逐渐消弭。案件裁判结果完全由合议庭评议产生,但在不同的合议庭,对于争议较大的问题,有可能有不同的理解和认识,进而产生不同的审判结果,且目前主审法官的经验与专业能力尚存在差异笔者在调研过程中发现,法官会议形成决议之后,所涉及的案件几乎无一例外的与法官会议的决议结果保持了一致。这样在很大程度上,统一了该部分疑难案件的裁判标准。

(2)有助于审判权与审判管理权的规范化运行

从表 1“启动程序”一栏可以显示,法官会议的召集途径可以是合议庭提起,亦可以由庭院长提起,而庭长通过将案件提请法官会议的方式,实现了对案件的监督,又避免了通过行政手段对个案的干预。

(三)2017 年法官会议施行情况

2017 年 B 市某中级法院行政庭为共召开法官会议 5 次,针对证券监管信息

是否属于信息公开范畴、抵押权人的诉讼地位等问题进行了研究。具体情况如表2所示:

表2 2017年法官会议施行情况

序号	法官会议的内容	启动程序	召集方式	决议通过方式	影响案件的数量(件)
1	证券监管信息不属于政府信息公开范畴	合议庭提起	简易程序	17:1通过	20
2	抵押权人的诉讼地位	合议庭提起	简易程序	一致通过	2
3	投诉举报类案件的审理思路	庭长提起	简易程序	一致通过	210
4	复审维持原审批结论的,应以复审决定作为审查对象	合议庭提起	简易程序	一致通过	1
5	有权机关已经作出复议决定的情况下,对于再次提起复议的处理方式	合议庭提起	书面提起	未表决	1

从表2中反映的情况来看,该行政庭法官会议制度的功能大大弱化,五次法官会议内容都采取书面形式,讨论的深度受到很大限制,且就"影响案件的数量"来看,法官会议决议的影响范围趋于个案而并非类案。导致上述现象的原因是否可以归结于该行政庭2017年受理的案件中常规案件数量较多,疑难复杂案件减少呢,笔者从2017年案件库中选取了两类争议案件,发现如下问题:

表3 两类争议案件情况

案件涉及问题	案件审理结果	
生产商是否具有针对行政机关对销售商作出的处罚决定提起诉讼的原告主体资格	认为不具有原告资格5件	认为具有原告资格实体审理4件
当事人要求认为复议被申请人未履行层级监督职责而提起的复议	认为明显不属于复议范围裁驳4件	进入实体审理20件

从表3可以看出,在未召开法官会议的情况下,争议案件明显出现不同的处理结果,同案不同判的情形逐渐凸显。

二、掣肘:法官会议制度的效能困境

从上文可以看出,该行政庭的法官会议制度在运行初始发挥了很重要的作用,亦为法官办理案件和庭院长监督审判工作提供了一种行之有效的途径,然而运行一年之后法官会议制度遭遇“瓶颈”,这与法官会议效率不高有着直接的关联。

结合审判实践,导致法官会议效率低下的原因主要有如下几方面:

(一)法官会议决议的效力不明,缺乏激励机制

首先,从法律规定上讲,根据《法院组织法》及《最高人民法院关于人民法院合议庭工作的若干规定》有权对案件处理结果作出决定的组织为合议庭和审判委员会,法官会议并不属于前述两种组织中的一种,故法官会议的决议不能直接决定案件结果。在《最高人民法院关于完善人民法院司法责任制的若干意见》中亦明确规定了“专业法官会议的讨论意见供合议庭复议时参考”。在此种情况下,法官会议的决议与合议庭意见、审委会意见之间缺乏衔接机制,使法官对法官会议形成的这一“参考意见”变得不再热衷。

其次,现有的制度框架下,对于法官会议形成决议后,如何与合议庭评议以及提请审委会程序进行衔接,以及在这个过程中庭院长如何实现对案件的监督等问题,不存在规范的制度支持,造成了法官会议流转不畅的现状。

最后,对于法官会议的“启动程序”并未有明确的规定,部分法院规定法官会议应由分管院领导或院长决定启动①。如此规定的话,从启动程序开始就要耗费大量的精力,并且客观上使法官会议难以摆脱“行政化”的困境。

(二)缺少后续的更新机制,法官会议决议的适用范围受到较大限制

司法实践中,案件的情况千差万别,而法官会议形成决议后,一旦新受理的案件与当时决议讨论的情形出现差异,能否适用法官会议的决议会在合议庭评议中造成困扰,影响案件的办理效率,同时也不利于法官会议的效益最大化。如果把法官会议决议仅仅限定于当时讨论的情况,则会大大限制法官会议决议的适用范围,从表1中的1、8与表2中的4、5来看,形成法官会议决议后,仅仅适用在个案中,这样就大大降低了效率。

(三)未确立明确的运行制度,造成召集程序费事费力

就法官会议的召集流程而言,先由动议人提出动议,并形成书面材料,经由法官会议秘书发给本庭法官,再由法官会议秘书根据是否有人提出异议,确定会议召集时间。因讨论问题的复杂程度不同,法官会议的所占用的时间亦不同。纵观整个流程,耗费大量的时间和精力。且由于讨论问题的专业性不足,导致了司法资源一定程度上的浪费。例如部分调研中发现,个别法官将拟发回

---

① 吴如巧、宋东、向治冰:《从“法官会议制度”看我国法院“去行政化”的困境和破解》,载《探求》2015年第6期。

重审、依法改判的案件全部放入法官会议上进行讨论[①]。

而随着修改的《行政诉讼法》及立案登记制的实施，行政案件呈现井喷之势，仍以B市某中级人民法院行政庭为例，该庭2015～2017年全年结案数分别为1453件、2342件、2380件，法官人均结案数分别为132件、151件、181件。而主审法官除完成自己案件外，还要参与两倍于其承办案件的合议案件。如此巨大的结案压力迫使法官逐步放弃了法官会议程序，放弃了对法律问题的深入探讨，选择了仅就个案问题按照合议庭意见直接作出裁判。

（四）法官会议质量不高

理想状态下的法官会议制度是经过充分的思考后的思想交锋，经过不同观点的碰撞，最终达成共识。而在司法实践中，由于法官的素质参差不齐等原因，法官会议的质量难以保障。主要体现有如下几个方面的体现：（1）对提交法官会议讨论的议题之前并没有经过充分思考，召开法官会议后，参会法官只是针对表层问题进行一些粗浅的探讨。（2）法官的素质参差不齐，很难针对专业强的问题展开深入的讨论。司法改革之后，法官的专业化程度得到很大的提升。但是法官职业化进程、精英法官培养之路尚且漫长，司法能力参差不齐、适用法律不统一的问题是目前的司法现状[②]。所以在法官会议对专业问题进行讨论时，专业能力较弱的法官沦为陪衬，难以发表意见，参与积极性降低。专业能力较强的法官因难以通过充分的研讨，实现自身能力的提升，也会认为参与法官会议是浪费时间。（3）立法本身存在模糊不清的问题。由于立法技术的问题，我国现有法律中个别条文本身存在界限不明，有理解上的歧义等问题时，召开法官会议对此类问题进行讨论，只能是各执一词，而难以形成结论。

三、探索：权变方法的效率提升路径

要改变困境，就要选择适当的方法。在管理学中，管理的目标在于协调和监管他人的工作活动，从而使他们的工作可以有效率且有成效的完成。而本文的核心亦在于选择合适的方法提升法官会议的效率。故引入管理学的方法对提升法官会议效率的路径选择具有重要借鉴意义。早期的管理学家认为管理理论是通用的，后来发现不同的和不断变化的环境要求管理者运用不同的策略，也就是权变方法。权变方法认为组织是不同的，面对不同的情况，需要采用

① 曹炜、熊静：《司法改革语境下的法官会议探析》，载《法律适用》2015年第9期。

② 张俊文、栗正均、彭婧婕：《专业法官会议咨询服务功能的实施机制研究——以部分审判权运行机制改革试点法院的专业法官会议运行现状为样本》，载《深化司法改革与行政审判实践研究（上）——全国法院第28届学术讨论会获奖论文集》，人民法院出版社2017年版，第167页。

不同的管理方法[①]。从解决法官会议制度现在面临的困境,就必须明确影响法官会议效率以及运行的权变变量,才能为寻求解决方案提供基础。目前来讲,存在四种最常用的权变变量,包括组织的规模、任务技术的例行性、环境的不确定性和个体的差异。

(一)组织的规模

随着组织规模的增加,有关协调的问题也会增加。例如,一种适合有 5 万名员工的组织结构类型对于只有 50 名员工的组织来说可能是低效率的[②]。而法官会议的规模也直接影响会议召集模式的选择。如前文所述,B 市某中级人民法院行政庭法官会议制度 2016 年和 2017 年运行的差异与该庭法官数量的增加不无关联。该庭 2016 年仅有 10 余名法官,2017 年增长为 20 名,采取普通方式召集法官会议的成本大大增加。所以在寻找提高效率的方法之前,先要确认研究的规模。

《关于全面深化人民法院改革的意见——人民法院第四个五年改革纲要(2014—2018)》提到要完善主审法官会议、专业法官会议机制。对于主审法官会议和专业法官会议如何进行区分文件中并没有进行说明。《最高人民法院关于完善人民法院司法之责任的若干意见》中提到“分别建立由民事、刑事、行政等审判领域法官组成的专业法官会议”,根据该规定,应该认为专业法官会议指的是民事、刑事、行政各个领域召集的仅包括本领域法官的法官会议,而主审法官会议是指包括跨领域的法官组成的法官会议。因为跨领域法官组成的法官会议涉及的召集程序更为复杂,且适用的情形并不常见,所以本文将研究对象确定为专业法官会议,即单一领域法官组成的法官会议。组成人员确定为一个审判庭的全部法官。对该研究对象的确立可以使后面的研究中更具有针对性。

具体来讲,根据规模的不同法官会议不同的召集模式,主要存在如下区别:

1. 简易形式即书面形式

采用书面召集形式,即先由动议人提出动议,然后由法官会议秘书发给主审法官,由主审法官进行投票,后法官会议秘书统计投票结果并形成反馈意见。这种模式主要适用于讨论内容较为简单,用同意与否能够涵盖结论类型的情形。这种形式的优势在于耗费的时间及人力成本小,可以提高效率,但是缺点也在于该形式对讨论的内容限制较大,难以区分不同的情形,且没有经过研讨,难以实现法官会议的所体现的集体智慧的价值。

---

① [美]斯蒂芬·罗宾斯等:《管理学》,刘刚等译,中国人民大学出版社 2017 年版,第 33 页。

② [美]斯蒂芬·罗宾斯等:《管理学》,刘刚等译,中国人民大学出版社 2017 年版,第 34 页。

2. 普通形式即会议模式

会议形式即完成提出动议，提起反动动议等程序后，由法官会议秘书向各位主审法官确定会议时间，然后召集会议，讨论动议内容，最终形成书面决议。此种形式的优势在于，通过当面讨论的方式，可以增加讨论问题的深度和广度，形成的决议内容亦会更加全面，摆脱单纯是与否的简单回应。例如表1的第6项动议，形成了多达5条决议内容。但缺点在于耗费的时间与精力大大增加。

所以在讨论确立法官会议形式的选择这一管理命题时，首先要确认的应该是法官会议的规模，笔者认为，在现行法院审判组织的架构下，以业务庭为单位确立法官会议的规模较为合适。由业务庭的主审法官和庭长作为参与人，有利于体现法官会议的专业性，同时避免规模太大造成的管理成本过高。当然也可以根据具体的需求，邀请其他业务庭法官或院长列席本庭的法官会议。

（二）任务技术的例行性

在管理学上，任务技术的例行性即组织运用技术达到的目标[①]。前文中已经讨论过法官会议的功能，而在这里所指的通过法官会议这一办案机制达到的目标应当偏重于法官会议的目标是在于个案事实认定的明晰还是通过法官会议的讨论确立法律适用的标准。

《最高人民法院关于审判权运行机制改革试点的方案》中明确了专业法官会议讨论的内容为"重要法律适用问题或者其他重大疑难复杂问题"。这里的"其他重大疑难复杂问题"，显然既包括法律适用问题也包括事实认定问题[②]。然而在《最高人民法院关于完善人民法院司法责任制的若干意见》中明确将讨论范围确定为因案件"重大、疑难、复杂"而出现的"法律适用问题"。法官会议对事实问题的讨论显然与亲历性原则相悖，且法官会议讨论目标的确定也是影响法官会议管理模式的重要因素。

（三）环境的不确定

管理学中的系统理论分为开放系统与封闭系统。开放系统是指受到外部环境影响，并与外部环境产生互动的系统[③]。法官会议这种办案模式显然应当放到开放性的系统中去研究。而法官会议所处的环境即目前司法改革背景下当代中国的司法实践。这一环境中的不确定性因为既包含司法资源的有限性、案件数量的激增，也包括改革中遗留下来的，对于法官结案率等裁判指标的要

---

① ［美］斯蒂芬·罗宾斯等：《管理学》，刘刚等译，中国人民大学出版社2017年版，第34页。

② 冯之东：《司法改革北京下的专业法官会议制度》，载《哈尔滨工业大学学报》（社会科学版）2017年第1期。

③ ［美］斯蒂芬·罗宾斯等：《管理学》，刘刚等译，中国人民大学出版社2017年版，第32页。

求。在管理法官会议实现优化选择的过程中必须要考虑前述因素。

(四)个体的差异

个体在他们的成长渴望、自主性、歧义容忍度和期望方面存在差异。这些以及其他的个体差异在管理者选择激励技巧、领导方式和工作设计时尤其重要①。而法官会议中每个参与者的个体差异是非常明显的。首先,参与法官会议的主审法官身份不同,有普通法官和院、庭长之别。他们在法院会议中扮演的角色、期待达到的目标亦存在差异。其次,普通法官也存在个体差异。例如,年轻法官与年长法官对成长渴望的期待,办案经验丰富的法官与经验较少的法官在法官会议中的参与程度等方面都会存在巨大的差异。在选择管理的方案时,要充分考量个体的差异。

四、践行:效率提升路径的制度构建

(一)从召集程序上实现优化简易程序与普通程序优化

从前述的讨论可以看出,无论简易程序抑或普通程序均有一定的适用空间,充分发挥每一中程序的优点,才能实现效益的最大化。要实现这一目标,就要实现简易程序与普通程序的优化配置。

1. 在召集程序上,应当以动议人提出书面动议为前提。无论由谁发起,均应当提出书面动议,这样才能明确讨论对象,也为进一步的深入研讨提供基础。同时,也能也可以起到过滤法官会议讨论案件的作用。

2. 动议人将书面动议提交法官会议秘书后,由法官会议秘书发送参加会议的法官,并确定一定的异议期。异议期的设定是为了保证各位参加法官会议的法官对所讨论的议题有深入的思考。异议期届满后,由法官会议秘书根据异议期内反馈情形,确定普通程序抑或简易程序。如果异议期内,有人提出书面的反对动议或者其他相关动议的,则启动普通程序,由法官会议秘书进一步确定会议召集时间。如果没有人提出反对动议,则可以转入简易程序,即由法官会议秘书向参加法官会议法官分发选票,统计选票,形成决议,并通知法官。

3. 建立法官会议决议的后续更新机制。在已经形成法官会议决议的前提下,在后续的司法实践中,若出现与决议涉及的情形类似而又不完全一致的新案件,则可以启动法官会议的简易程序,由法官投票决定能否适应决议的结论。如果在简易程序的过程中,有法官提出新的书面动议,则要转入普通程序。

(二)从发起人的确立平衡监督权与司法责任制

在确定发起人的资格之前,首先,要明确的是提交法官会议讨论的动议的

① [美]斯蒂芬·罗宾斯等:《管理学》,刘刚等译,中国人民大学出版社2017年版,第34页。

内容应限定为法律问题。法官会议不应对单一案件的事实认定进行研讨,否则将违反亲历性原则,且仅对某一个案事实进行研讨,适用范围过窄,必然会降低法官会议的效率。其次,要确定参加法官会议的参与人员构成。

1. 院庭长提起案件的范围。最高人民法院制定的《关于人民法院合议庭工作的若干规定》第16条规定了,院长、庭长可以对合议庭评议意见和制作的裁判文书进行审核。传统的方式是通过院、庭长听取案件汇报的方式来解决[①]。而司法改革之后,院庭长的监督权则应当体现为,在审核合议庭评议意见和裁判文书的过程中,如果发现问题,可以提起法官会议进行讨论。对于此类案件院庭长可以作为发起人。

2. 合议庭提起案件的范围

辅助法官审理案件的功能被认为是法官会议的一项根本性功能。尤其是面对新类型案件层出不从的司法实践,法官会议辅助司法实践的功能更为凸显。在合议庭评议案件的过程中,如果遇到认为合议庭难以驾驭的案件,可以由合议庭决定将相关法律问题提交法官会议讨论。尤其需要注意的是,必须是合议庭决定提起,而并非主审法官个人就能决定提起法官会议,这样避免提起法官会议的随意性。

(三)从效力角度确立法官会议与合议庭评议程序及审委会程序的衔接

司法改革要求"由审理者裁判,由裁判者负责",如果将经过法官会议讨论的案件与未经法官会议讨论的案件不加以区分,全部由合议庭承担责任,则会出现提起法官会议动力不足的问题。

1. 法官会议与合议庭评议的衔接

无论是由院庭长提起,还是由合议庭提起,经过法官会议形成决议后,所涉及的案件合议庭应当进行复议。如果合议庭复议后同意法官会议的意见,则如果案件出现问题的追责过程中,应相应减少合议庭承担责任的比重。合议庭亦可以经过复议后,形成与法官会议结论不一致的决定,在这种情况下,则应由合议庭对案件结果独立承担责任。

2. 法官会议与审判委员会程序的衔接

如果对于合议庭复议之后的结果,庭院长在审核裁判文书和合议庭评议意见的时候,如果仍对结果有异议,可以根据审判委员会的提起流程,将案件提交审判委员会讨论。

(四)确立与法官会议相衔接的考评机制,提升法官参与法官会议的积极性

个体差异作为权变变量的重要因素,在提升法官参与法官会议的积极性时

① 曹炜、熊静:《司法改革语境下的法官会议探析》,载《法律适用》2015年第9期。

就要充分考虑个体的差异。

1. 将提出法官会议动议的情况作为法官业绩考核和职级晋升的指标

无论是提出动议或提出反对动议都是促使法官对办理的案件进行积极而深入的思考,进而形成书面的动议。这个过程会花费一样的时间和精力,如果将提出法官会议动议的情况与法官的业绩考核和职级晋升相联系,就会促使业务能力较强的法官更有动力去思考审判实践中遇到的问题,并总结提炼后到法官会议与他人分享。这样可以提升法官整体的业务能力。

2. 提升法官会议的质量

通过对其他权变变量的控制,实现提升法官会议质量的目的。使法官会议脱离就事论事的窠臼,成为法官提升业务能力的途径之一。这样会促使新入额法官或业务能力较弱的法官更愿意参与到法官会议中去,使自己业务能力得到提升。

通过这两个方面的相互促进,可以最终实现法官整体素质的提升。

结　语

司法责任制改革是牵动四项基础性改革整体效能的"牛鼻子",而法官会议制度则是新的审判权运行方式下法官个体审判权与审判委员会职权的必然衔接,具有联结审判裁决权、管理权和监督权的结点属性。切实发挥法官会议的制度功能,需要科学遵循司法规律,从一般意义上相对松散的法律问题咨询研讨,提升为具有权力刚性、程序规则属性的审判权运行机制。切实将法官会议制度作为提升审判质效的切入点,需要合理让渡法官个体审判权、审判委员会职权部分权能,将"咨询研讨"转化为权力的"自体规制",形成保障审判权运行规范化、专业化、效能化的独立制度品格。

附:

B市某中级人民法院行政审判庭法官会议议事规则(试行)

第一条　【目的】

为规范审判权运行,保障法官会议的质量和效率,特制定本规则。

第二条　【会议组成】

法官会议由全体法官组成,每名法官享有平等投票权。

法官会议参加人包括主持人、动议人、异议人、附议人以及其他参会法官。

法官会议设会议秘书1至2名。

第三条　【参加人】

主持人负责主持法官会议，维持会议秩序。主持人一般由庭长担任，庭长也可以委托其他法官担任主持人。

动议人是指向法官会议提出动议的法官。

异议人是指对动议提出异议的法官。

附议人是指同意动议的意见，但持不同理由，或者对动议意见提出修改意见的法官。会议秘书负责会议日常文书和会务工作。

第四条　【议事范围】

专业法官会议研究以下事项：

（一）认为有必要统一裁判标准或者变更现有裁判标准的；

（二）涉及新产业、新业态、新技术等因素，或者相关问题法律、司法解释没有规定，需要确立新的裁判标准的；

（三）总结行政审判工作经验，研究审判业务领域法律适用问题，指导审判工作；

（四）案件具有重大政治、社会影响，且合议庭意见存在重大分歧或者可能引发严重负面影响的；

（五）案件疑难、复杂，合议庭就主要事实认定或者法律适用存在重大分歧的；

（六）其他需要提交法官会议研究的。

第五条　【启动程序】

庭长或者三名以上法官提出动议召开法官会议的，应当召开法官会议。

提出动议的法官不足三名的，应当先向庭长提出动议，由庭长初步审查后决定是否提交法官会议。庭长决定不提交的，应当告知动议法官并说明理由。

第六条　【会前准备】

动议应当有明确的意见，并附具书面报告，并提前五日提交会议秘书。会议秘书应当及时将动议及书面报告以适当形式提交全体法官传阅。

对动议提出异议或者提出附议意见的，应当至少提前两日提出书面异议或者附议意见，并提交会议秘书。会议秘书应当及时将异议意见、附议意见以适当形式提交全体法官传阅。

动议人、异议人或者附议人不能在上述规定时间内提出书面意见的，可以向庭长申请延期开会，是否准许由庭长决定。

第七条　【陈述意见】

动议人、异议人、附议人有权陈述意见，也可以委托法官助理代为陈述意见。

主持人及其他参会法官有权参与表决，必要时也可以陈述意见，但应当首先声明立场，其所占用时间计入相应方的发言时间之内。

其他法官有补充理由但未在会前提交书面意见的，可以委托动议人、异议人或者附议人代为陈述。

动议人、异议人、附议人超过 2 人的，一般应当自行推选 1 至 2 名作为代表陈述意见。

第八条 【普通会议程序】

法官会议应当至少有三分之二以上的法官参加。法官会议遵循以下议程:

(一)主持人简要说明动议的议题及动议人、异议人、附议人情况;

(二)动议人陈述意见;

(三)附议人陈述意见;

(四)异议人陈述意见;

(五)辩论;

(六)最后陈述意见;

(七)表决。

主持人可以根据具体情况简化议程,但应当保证各方能够轮流陈述意见。

各方发言每轮一般不超过5分钟,各方发言时间一般不超过20分钟。动议涉及的事项确实疑难、复杂的,主持人可以决定适当延长发言时间,但一个动议的讨论时间最长不应超过1小时。

第九条 【简易程序】

全体法官在异议期限内对动议意见均未提出异议的,主持人可以决定采取简易会议程序。

法官会议采取简易程序的,主持人可径行采取书面投票形式,将动议交付全体法官表决。

对适用简易会议程序提出异议且符合本规则第五条规定的,由庭长决定转为普通会议程序。

第十条 【表决结果】

参加会议的法官过半数可以通过表决结果,法官会议的表决结果包括:通过动议、修改后通过动议、否决动议和搁置动议。

适用简易会议程序且表决结果不能通过动议的,庭长应当决定转为普通会议程序。

第十一条 【搁置动议】

有以下情形之一的,庭长可以在表决前要求搁置动议,说明理由并记录在案。

(一)讨论时间达到1小时仍无法交付表决的;

(二)庭长认为动议不宜由法官会议表决决定的;

(三)表决结果有可能违法或者引发严重负面后果的;

(四)其他确有必要搁置动议的情形。

第十二条 【会议纪要】

除搁置动议外,通过表决结果后,持表决结果意见的一方应当在会议后三日内制作会议纪要,会议纪要应当附具动议意见和异议意见。

第十三条 【决议执行】

就案件的处理,合议庭未采纳法官会议意见的,应当提交书面理由并附卷留存。庭长可将案件建议院长提请本院审判委员会讨论。

就裁判标准的确立、变更、统一形成的意见合议庭不予采纳的,合议庭应再次提起动议。

经专业法官会议讨论案件的裁判文书应送庭长审阅及其他参加会议的法官传阅。庭长及其他参加会议的法官提出的意见供合议庭参考。

第十四条 【会议纪律】

参会人员应根据会议讨论内容,遵守相关保密规定。

第十五条 【附则】

本规则经全体法官表决通过,自发布之日起施行,由法官会议负责解释。

心得体会

三十岁的成长

杨晓琼 王 阳

得知论文获奖的消息,让埋首于卷册间的我心中充满了欣慰与喜悦,生活的压力、工作的劳累似乎也在一瞬间得到了些许舒缓,参加此次学术讨论会的种种经历、感触慢慢浮上心头。

近几年报名参加学术讨论会时,心中总会隐隐不安,似乎每次都要经过一系列思想斗争,因为参赛、写论文意味着投入大量时间与精力——这些现在对我而言最宝贵、最稀缺的资源。三十而立,年过“三旬”的我们,才真正开始懂得生活的艰辛和不易。入额之后的案牍之劳自不必多言,在这司法改革的大潮中,来自办案的压力早在我的预想之中。而家庭越发沉重的负担,却令我措手不及,“养儿方知父母恩”,面对老去的父母、新生的女儿,我逐渐发现原来三十多岁有这么多尴尬与迷茫。曾经可以消磨的时间早已不见,过去需要在球场释放的精力似乎在日常的工作和生活中就已经不够用了。但历次参赛却又没能获得肯定的经历,总让人心有不甘,屡次受挫的过往催生出我内心小小的坚持,于是在领导和同事的鼓励下,幸而我终于还是决意克服困难,与小伙伴合作,共同撰写论文,参加学术讨论会。事实证明,这样的决意是明智的,坚持总会有收获。

参加学术讨论会的过程也像极了一场成长的旅程,从选题到查阅资料,从写作到成稿,从修改到定稿,可谓一波三折,却又收获满满。论文应当源于作者的审判实践,因此要选择自己平时有所思考的点进行写作,这是我和小伙伴对论文选题原则的共识。但由于我进入法院工作的前几年都在执行裁决部门工作,接触行政审判时间不长,而合作的小伙伴又始终任职于行政庭,我们的业务领域难以契合,选题时讨论良久,最终选取了法官会议这一各业务领域均会涉及的方向。此后,我们又为如何选取切入角度争论不休,并最终在前辈法官的帮助下,确定了管理学的视角,我们认为这种跨领域的视角更为新颖,也更易于解决实际问题。这样又为我们设置了更多的困难,对于管理学知之甚少的我们,相当于新修了一门课程,对于时间和精力的消耗越来越大。但同样我们也开拓了视野,掌握了新的知识,在漫长的查阅资料和学习之后,我们发现思维开阔了许多,写作过程出乎意料地顺利,很快完成了初稿。后来经过反复向领导、学者、同事请教,小伙伴还反复向我强调注重论文的细节,不能有错别字,前后修改了七稿,终于定稿。

论文完成的一刻,我心中满是自豪和成就感,三十岁的我们并没有被生活磨去棱角,并没有丧失斗志,也许这就是生活的意义。

中级人民法院民事二审程序适用独任制问题研究*

唐兴华　何　悦　赵红月**

【论文提要】

本文共分为四部分和附件一件。第一部分首先分析了二审审理制度面临的实践困境，具体分析民事二审审理方式的制度异化，导致二审迳行裁判制度异化为事实独任制。其次分析了事实上的二审独任制已经使法官给法官造成的心里影响。最后分析了案件数量的激增，造成二审审理案件时间不足的问题，指出了二审审理方式面临的制度、管理与心理困境。第二部分分析了中级法院二审程序适用独任制的实践诉求，文章认为，中级法院二审适用独任制，是司法公正与司法效率平衡统一的需要，是司法资源与程序供给优化配置的需要，当事人程序利益自治与诉讼成本控制的需要，是形式正义和实质正义协调的需要，是矫正二审审理方式异化，"形合实独"的需要。第三部分分析了中级法院二审程序适用独任制之制度可能。文章从司法改革政策导向契机、司法实践具备较好基础、具备坚实的法理基础进而有效保障实体公正、二审适用独任制与二审审级功能定位并不冲突、域外二审适用独任制的制度借鉴五个方面论述了中级法院二审适用独任制的可行性问题。第四部分是具体的制度设计，文章从独任制审判的适用案件范围、二审独任制程序的具体流程、二审独任制与合议庭制的程序转化、当事人意思自治程序选择的规范与约束、其他配套制度、具体实现路径六个方面就如何适用二审独任制，提出了合理化建议。文章最后通过附件的形式拟定了部分中级法院民事二审案件适用独任制审理的规范性条文，供决策部门参考。

---

* 本文获全国法院系统第三十届学术讨论会优秀奖。

** 唐兴华，北京市第一中级人民法院民二庭法官助理；何悦，北京市第一中级人民法院民二庭法官助理；赵红月，河北省张家口经济开发区人民法院沙岭子人民法庭法官助理。

【主要创新观点】

民事二审程序中引入独任制的问题,理论界在该制度创设的必要性、合理性的问题上已经达成诸多共识。梳理现有的文献,主要是对民事二审适用独任制的应然规则以及不同级别法院的二审独任制度现实中是否可能的问题进行的界分。即便是在微观层面进行制度预设的论文,因缺乏相关数据支撑以及缺乏具体的操作流程,仍仅仅停留在纯粹理论研究的层面。而目前,部分法院也已经在二审程序的案件繁简分流改革中,实际探索并尝试了二审独任审判。该制度在司法实践中从"名合实独"的制度伪装中,进一步成长、剥离,演进为对独任制适用范围、运行机制等问题的制度探索。在司法改革特别是法官员额制改革带来法官数量呈现出制度性缺口的情形下,对二审独任制再采取"鸵鸟政策",已经无法适应司法改革的需要。将隐性的二审独任制进行制度开掘,并将其进行系统规范,已经成为司法改革面临的当务之急。在此背景下,本文将系统梳理既有的改革探索,以中级人民法院二审审理程序为突破,进一步论证中级法院二审独任制的可能性、现实性,并就如何在制度上建立中级法院二审独任制与合议制合理界分、有序衔接、具体运行的科学机制作出有益探索,为司法改革的深入推进提供有益智力成果。

一、民事二审审判组织与审理方式的实践困境

我国《民事诉讼法》对民事二审审理程序秉承"开庭审理为原则,以不开庭审理为例外"的立法原则[①],但司法实践并未依照《民事诉讼法》预设的路径进行制度展开,该原则确立后,二审审理仍以开庭为例外以不开庭为原则[②],法律实践与法律规则的二元图景,折射出民事二审审理方式的制度异化[③]。

首先,中级法院已经将二审径行裁判制度异化为事实独任制。因二审审理程序的异化导致二审合议庭不充分、合而不议、名合实独的问题长期无法得到解决,形成名为合议庭审实为独任制审的制度异化。笔者抽样截取了北京市某中级人民法院民事审判第一、第二、第六庭,2012 年 8 月 31 日《民事诉讼法》修订前后 3 个月,2015 年 1 月 30 日《最高人民法院法院关于适用〈中华人民共和国民事诉讼法〉的解释》实施前后 3 个月的案件审理信息数据,获取如下数据:

① 《民事诉讼法》第 169 条。

② 以笔者调查某市中级法院为例,2018 年前两季度二审民事案件开庭率为 13.31%。

③ 根据《民事诉讼文书样式》的规定,不开庭案件要写明理由,故某单位在落实该规定时所有不开庭审理的案件在文书中均载明,"因符合《中华人民共和国民事诉讼法》第 169 条之规定,不开庭进行了审理",将开庭为原则,异化为不开庭为原则,而且引用的法条却是开庭为原则的法条。

2012年6月1日至8月31日，二审开庭率为14.37%；2012年9月1日至12月1日，二审开庭率为71.54%。2014年11月1日至2015年1月30日（司法改革试点时期），二审开庭率为18.46%；2015年2月1日至5月1日（司法改革试点法官员额制全面铺开、推进时期）二审开庭率为6.77%。分析以上数据，可以得出如下结论：在司法改革以前，新民诉法实施以后，基于法院对民事二审审理方式“不开庭为例外”的要求，开庭率曾显著上升；但在司法改革试点开展以后，《民事诉讼法解释》第169条对开庭例外情形进行扩张解释后，加之法官员额制试点推进并最终落实，二审开庭率迅速下降，二审法官通过询问后径行裁判的比例达到95%左右。足见二审合议制的制度异化问题已经无法回避。

其次，随着司法改革的不断推进，司法责任制的确立使二审承办法官对案件的独立裁判、独立负责的意识明显增强，构成了二审采取独任制审判方式的心理基础。笔者走访北京市第一中级人民法院、北京市第三中级人民法院、北京市第二中级人民法院的150名员额法官，并通过微信发起投票调研，设置问题为：“1.你认为司法改革后司法责任制的责任追究机制主要应该是自己责任还是合议庭责任？（选项：自己责任、合议庭责任）2.如果你参与合议的案件，被评为差错，进而追究你作为评议人的责任，你认为是否正确？（正确、错误）；3.你是否愿意为别人承办的案承担合议责任？（选项：愿意、不愿意）；4.你觉得让别人为你自己承办的案件承担合议责任，是否合适？（选项：合适、不合适）。”最终发放调查问卷150份，有效问卷137份。数据显示：

“1.你认为司法改革后司法责任制的责任追究机制主要是应该自己责任还是合议庭责任？（选项：自己责任、合议庭责任）自己责任：97.36%，合议庭责任：2.64%。

2.如果你参与合议的案件，被评为差错，进而追究你作为评议人的责任，你认为是否正确？（正确、错误）正确：14.22%错误：85.78%。

3.你是否愿意为别人承办的案承担合议责任？（选项：愿意、不愿意）愿意：0.73%；不愿意：99.27%。

4.你认为让别人为你自己承办的案件承担合议责任，是否合适？（选项：合适、不合适）合适：0.87%不合适：99.13%。”

根据上述调查数据，足见二审采取独任制审判方式的心理基础已经形成。

最后，随着案件数量的激增，多元化纠纷解决机制尚未能得到有序运转，大量的争议涌到法院等待裁判，造成二审案件数量基数的显著增加①，要求每个案

① 某中级法院2018年度前两季度人均收、结案数较去年同期上涨80%。

件均采开庭、合议的方式审理,会增加法官参与庭审、合议的巨大时间消耗,导致个案平均审理时限实质限缩,案件质量难以保障,司法公正难以实现,人民法院权威难以树立①。笔者采抽样方法调查了9名员额法官连续两周的开庭、询问程序,经核算,纯粹的程序性时间,案件如果开庭审理,协调合议庭承办人时间一般为30分钟,法官与助理沟通确认时间并由书记员核发开庭传票需要30分钟,传票在途时间一般需要7日,庭审时间一般为60分钟,合议需要30分钟。而法官独任询问只需要书记员电话传唤10分钟,谈话审查30分钟左右即可。所以大大缩短了案件在流程中的时间,而增加了对个案审查的有效时间。笔者征询过150名二审法官的意见,认为一人谈话询问有助于更好查清事实的占96%以上。

基于上述情由,从制度上对中级法院二审审理方式进行重构,是摆在司法改革面前的一项重要任务。

二、中级法院二审程序适用独任制的实践诉求

中级法院二审适用独任制,是司法公正与司法效率平衡统一的需要。司法公正既是司法改革顶层设计追求的价值理念,也是司法活动参与者的制度要求,更是司法裁判结果承受者的根本诉求。故无论是二审审判组织采用独任制还是合议制,只要定位于司法公正的价值目标,即应认定是良善司法的制度设计。合议制与独任制,均是追求司法公正在审判组织问题上的程序设计,既然一审案件可以采用独任制,且一审程序并未因采独任制而在公正价值上较采合议制案件的结果上存在偏差。相反大量采取独任制审判的案件上诉率明显低于采合议制审理的案件②。虽在案件难易程度、复杂程度上,合议制案件相对较难,但司法实践中大量采合议制审理的案件,系因在审判时间上超出了3个月的审理期限后,被迫在程序上转入合议制审判③,故没有证据表明合议制审判与独任制审判在裁判结果的公正取向上存在明显差别。案件的审判质量、案件处理结果的公正程度主要仍取决的法官的审判技术、司法理念与专业素养。所以

① 以笔者所在庭室为例,与2017年同期相比较,案件数量增多的同时,当事人因对二审审判结果不服对法官个人进行投诉的比例上涨34%。

② 笔者调研北京市某基层法院2018年1月至3月的案件,采独任制案件的上诉率为33%,采合议制审理的案件上诉率为57%。

③ 笔者调研了北京市某基层法院2018年1月至3月的案件,即便采合议制,全部是由审判员组成合议庭的比例为0.31%;两个审判员加一名陪审员作为合议庭的比例为3.6%;96%以上的案件是临时通知陪审员参加合议庭,由审判员一人、陪审员二人组成合议庭。

在中级法院二审程序中采独任制审理,并不违背司法的公正价值。相较于司法公正,司法效率也是司法制度必须遵循的价值追求,司法效率关乎司法资源的有效供给与正义价值的及时实现,正如日本学者所言,“在有关正义的场合不应考虑时间因素或经济因素,我们的司法制度一直在这种观念支配下发展,但是最近数十年来,这种挂念被证明时错误的”①。实践中,从审判团队配置到审判效率的制度考核,无一不是在追求司法效率与司法公正的价值平衡,而二审合议制,尤其是被虚化、异化的合议,仅在裁判文书立卷归档由书记员、法官助理编制合议笔录时②,才凸显出案件是合议庭审理。而虚化的合议制,不仅如前文所述因需“陪庭”③而消耗了合议庭其他法官大量的时间,承办法官的庭审安排、工作流程中诸如新证据的审查、形式合议、裁判文书的签发等问题上,均受制于合议庭其他人员的时间安排,从而造成司法效率的降低。故在中级法院二审采用独任制审判,可以实现司法公正与司法效率的平衡统一。

中级法院二审采用独任制,是司法资源与程序供给优化配置的需要。当前人民法院司法改革已经取得初步成效,如何在改革背景下更好的配置司法资源成为人民法院在司法制度供给侧改革的重要任务。随着立案登记制的实施也法官员额制的有序推进,“案多人少”的矛盾有进一步加剧的倾向④。而既有的繁简分流、小额诉讼、速裁机制等均是对基层法院一审审判程序的制度供给,一定程度上缓解了基层法院一审程序的制度刚性压力。与之形成鲜明对比的是在民事二审程中序却鲜有新的制度创设,在立案登记制造成案件喷涌形成的溢出效应下,中级法院二审同样面临案多人少的激烈矛盾,既有的制度供给不足,使在二审程序在制度层面进一步盘活现有资源并有效增加科学的制度设计,显得尤为必要。二审独任制的创设,可以有效缓解案件压力,推动二审程序与审判组织的科学配置,真正落实二审案件的繁简分流甄别与消化机制,实现简单案件独任速裁判,复杂案件有效合议的良性互动局面,更好的推进司法公正。

中级法院二审采用独任制,是当事人程序利益自治与诉讼成本控制的需要。在司法公正的逻辑内涵中,内在褒有实体公正与程序公正的双重内涵。民

---

① [日]小岛武司:《司法制度的历史与未来》,汪祖宗兴译,法律出版社2008年版,第208页。

② 实践中,合议不规范的情况较为常见,大部分合议笔录是在卷宗归档前,由法官助理或者书记员根据判决结果编写。

③ 这种形式合议庭,合议庭其他人员在日常生活中戏称为“陪庭”,“陪”字也在一定程度上反映出合议庭的虚化问题。

④ 胡仕浩、刘树德、罗灿烂:《〈关于进一步推进案件繁简分流优化司法资源配置的若干意见〉的理解与适用》,载《人民司法》2016年第28期。

事诉讼程序的公正,作为司法公正的重要制度内涵,其刚性要求与当事人的程序意思自治并不矛盾。在二审程序中既保障既有的刚性机制,实现程序的公正推进,又在审判组织的构成上,允许当事人基于自身程序利益考量的选择权,是理应回应的合理制度诉求。事实上,无论是一审程序在复杂案件中赋予当事人选择简易程序的制度设计,还是在诉讼程序与非讼程序的诉讼与仲裁制度的理程序选择上,尊重当事人的程序选择权已经被司法实践确认。从权利位阶的层面考量,当事人在约定仲裁的情况下,排除审判程序的适用,从根本上将当事人的争议解决排除在审判程序之外,其逻辑内涵是拒绝当事人对司法审判的程序介入,根本上否定了当事人对争议解决的司法介入权。鉴于此,较之在权利否定层面明显弱化的当事人二审程序中对合议制与独任制审判的选择,在逻辑上并无否定其制度价值的依据。从诉讼成本层面衡量,二审适用独任制,如前文所述,即可减少法官的办案压力,又可增加个案审查的有效时间供给,降低法院和当事人的时间成本,且在诉讼费用负担方面,可设置与基层法院一审独任制相匹配的诉讼费用减半收取机制,可以直接降低当事人的诉讼费成本。

中级法院二审采用独任制,是形式正义和实质正义协调的需要。在罗尔斯的正义理念中,形式正义其意旨在于对法律和制度的公正一致的执行。在司法的正义价值中,陈瑞华先生认为,程序正义在法律系统框架中,应以程序的公正性、合理性、人道性作为衡量正义价值的实现尺度。① 考量程序正义价值的理论构成与现实制度展开,中级法院二审设立独任制,并非消解二审程序公正价值的理由,因为衡量程序公正、合理、人道性的标准,并不能以审判组织的人数作为标准,一个裁判技术高超、审判思维公正的法官,在审理案件时,胜过多人合议庭的合议,故中级法院二审采用独任制,不会在逻辑上消解二审程序的合法性。在制度展开维度,民事二审迳行裁判的规则事实上异化为二审独任制,应作为中级法院二审独任制的制度关口。实质正义是案件追求的终极价值,程序的形式正义既有其独立的价值目标,又服从和服务于实质正义的终极价值。而实质正义的实现过程中能够,法官的裁判技术、司法伦理、认知能力并不因裁判人数的多寡而发生实质增加。在采合议制的案件中,合议庭少数意见亦不能作为裁判依据,即便在个案中开释合议庭少数意见的价值,亦无法从根本上影响裁判结果。制约实质正义最关键的因素还是案件事实发现的难易程度,所以自罗马法时代以降,举证规则都是民事诉讼最核心的理论之一,而案件事实发现的难易程度,则受制于事实本身以及当事人的举证能力。在此情形下,数人的

① 陈瑞华:《程序正义论纲》,载《诉讼法论丛》1998 年第 1 期。

智慧不会影响案件事实的客观情况，而仅能在事实真伪不明时，依据现有证据规则在高度可能性规则中，形成大多数人的意见，从而分担法官的认证责任。而这一切规则，并非实质正义本身，而只是法律拟制实质正义的技术规则。所以无论是形式正义的客观要求，还是实质正义的根本价值取向，我们都无法得出对中级法院二审案件采独任制审判的否定性结论。

中级法院二审采用独任制，是矫正二审审理方式异化，“形合实独”的需要。上文已论，二审审理方式的异化，集中表现在二审径行裁判的扩大适用问题，制度设计与立法层面关照的二审程序，本应是合议庭做到每个案件无论繁简，均公开开庭审理。在新《民事诉讼法》实施之初，在司法统计与业绩考核层面，许多法院曾一度将开庭率与当庭宣判率作为考核指标，造成许多案件先由主审法官庭前询问完毕，制作完毕裁判文书，再核发开庭传票，开庭时，法庭辩论终结后，短暂休庭后宣读早已制作完毕的法律文书。后随着案件数量压力的增大，开庭率考核取消，案件开庭率迅速下降。以目前笔者所在合议庭为例，二审开庭率目前维持在30%左右的水平。因司法解释以及二审裁判文书制作规范中对二审不开庭的理由进行了规范，但即便当事人提交了新证据，在不影响裁判结果的情况下，往往也采用主审法官庭前询问案件即可审结的情形。在部分法院二审开庭演化为案件改判的风向标，实行有改判可能的开庭，不改变原判决结果的，一般不予开庭的司法政策。对此，无论是最高人民法院作出的合议庭规则，还是新的《民事诉讼法》都无助于改变这种被动局面。所以探索在中级法院二审程序中采用独任制审判，将现有司法程序中的普遍做法予以规范化、合法化、显性化，既是制度在展开过程中的实践需求，也是回应现实司法理念的务实做法。

三、中级法院二审程序适用独任制之制度可能

（一）司法改革政策导向契机

首先，在司法改革的大制度背景下，“让审理者裁判，让裁判者负责”是基本是制度导向，而主审法官制或者承办法官制，造成审判管理中合议庭与承办法官制的功能错位，无论从现实制度考核的司法管理预设还是司法责任追究的事后补救机制，实现二审案件的独任制审判，都是切实实现“让审理者裁判”的根本途径，具有政策上的开拓空间，并可以在改革试点中进一步论证其正当性、可行性。而目前在北京市某中级人民法院的试点中，一些简单案件，由法官助理组织当事人庭前询问，询问后由承办法官审阅后，即交由法官助理或者法官自己制作裁判文书，省去了合议过程，但在副卷中仍记载简单的合议笔录，落款仍

为合议庭,但合议庭审判长实行机动制,即谁承办案件,谁担任审判长,由审判长对案件负责。也有的由审判团队即一名法官、一名法务性法官助理、一名事务性法官助理共同组织当事人进行庭前会议,询问完毕后由承办人组织连伟法官助理对案件进行审查,最终作出判决,裁判结果由承办法官负责,文书质量由法官助理负责。目前来看,运行状况良好,有望成为未来中级法院二审独任制的制度雏形。

其次,法院员额制改革提供了坚实的人员素质保障。法官员额制,是法官走向精英化的必由之路。在 2015 年司法改革之前,我国法院共有工作人员 34 万人,其中法官 19.6 万人数量上占据世界第一位[①]。司法改革完成后,全国法院从 211,990 名法官中遴选产生 120,138 名员额法官[②]。实质上凸显了法官职业的精英化。精英化必然带来司法能力的显著提升,将缺乏办案能力的法官淘汰出局,实质上提升了法官的整体素质。这也为二审适用独任制审判奠定了法官的能力基础。

最后,专业化的审判团队建设与繁简分流的管理实践,为二审采用独任制提供了深厚的实践基础。这些调整必然反映到法院受理、审理民事诉讼案件的具体操作之中,既会给习以为常的程序运作方式带来冲击,也蕴含着对程序加以改进、提升和优化的契机[③]。专业化审判团队的建设,集中团队的优势资源,配合科学的人员配比,专职审理部分具有专门特征的案件如交通事故、物业服务、商标侵权、离婚纠纷等案件,长期的磨合与实践已经使法官具备了某个专业领域的深厚理论功底与实践经验,为其独任审判案件提供了可能。且由于案件繁简分流的分案机制正在运行试点,试行简单案件独任制、复杂案件合议制,则是务实的选择。

(二)司法实践具备较好基础

基于司法实践中民事二审程序功能的异化、合议制的虚化,事实上的二审独任审判已经在实践中广泛应用,主要表现在:一是将《民事诉讼法》规定的庭前会议,异化为变相庭审程序,由承办法官一人主持。二是庭前会议异化为实质庭审程序,如法庭调查、法庭辩论对新证据进行举证、质证,且在庭前会议中,设置法庭调查、法庭辩论、法庭调解等阶段,庭前会议后,略去开庭程序。三是将庭前会议审查结果异化为法官的独任审查,在案件实质审查阶段,由主审法

---

① 林娜:《案多人少:法官的时间去哪了》,载《人民法院报》2014 年 3 月 16 日,第 2 版。

② 《最高人民法院工作报告》2018 年 3 月 9 日在第十三届全国人民代表大会第一次会议。

③ 王亚新:《"人案比"二元模式与民事审前程序的优化——基于对广东九个基层法院的调查》,载《当代法学》2017 年第 3 期。

官，对案件进行全面审理。四是将法官的个人认知直接转化为裁判结果，在案件处理时由主审法官自己确定，大部分案件略去合议程序，由书记员或法官助理制作虚假的合议笔录入卷归档，主审法官直接按照自己的意见撰写完毕裁判文书后交由审判长签署。五是在实质上推行了简单案件独任制、复杂案件合议制的案件办理模式，法官遇到复杂案件，或者主审法官自己认为责任较大的案件，会主动申请合议，甚至申请专业法官会议①。六是在案件责任追究机制方面，重点审查主审法官的责任，实际推行的是案件个人负责制而非合议庭负责制，无论是裁判文书技术差错还是实体差错，第一责任人仍是主审法官而不是合议庭。基于上述情形，无论形式还是实质，司法实践中基于审判人员的实践自觉，已经探索出简单案件名为合议庭实为独任制，复杂案件实质推行合议制的基本操作模式。如果我们在立法层面不予回应，采取"鸵鸟主义"政策，对实践的情况予以回避，对法官具有传承性、习惯性的通常做法不予理睬，既不是科学的态度，也不是负责的态度。所以，基于审判实践的丰富经验，将现有的做法予以科学规制，创设中级法院二审独任审判，实现案件的繁简分流，让合议制实至名归充分发挥作用，让独任制浮出水面，赋予其合法地位并进行有效规制，对我们在司法改革进一步推向深入的微改革、微创新，具有强烈的现实诉求与重要制度意义。

（三）具备坚实的法理基础进而有效保障实体公正

陈瑞华认为，人们对法律制度或程序通常是从内在标准和外在标准两个角度来进行评价的。对于前者，人们通常称为正义标准，即法律制度本身的内在品质或者内在的善；而对于后者，人们则称为功利性标准，即法律制度在达到某一外在价值目标方面的有用性和有效性②。在程序正义价值的两种衡量标准中，无论是制度本身的良善还是外在功利审查的制度效用，我们不能否定二审设置独任制基于裁判效率与实质正义的内在正义价值意蕴，以不能否定其在现实中如前文所述业已开展的实质二审独任的在制度功效上存在功利主义视角中的恶。亚里士多德主张，按照一般的认识，正义是某些事物的"平等"观念③。故如果在制度选择中，在公权配置的强力中辅佐之以个体自主选择的自由，则无疑会进一步增加制度本身的正义属性。具体到制度设计本身，中级法院二审独任制的制度目标并非将独任制扩展至二审的全部案件，进而否定合议制的制

① 2018 年截至发稿日，笔者所在庭室开展专业法官会议 4 次，均由主审法官发现案情复杂，由合议庭评议后无法达成一致意见后，再交由专业法官会议讨论。

② 陈瑞华：《论程序正义价值的独立性》，载《法商研究》1998 年第 2 期。

③ ［古希腊］亚里士多德：《政治学》，吴寿彭译，商务印书馆 1965 年版，第 148 页。

度功能,而是为了在确保案件实体公正的前提下,进一步建设符合司法规律的二审审判组织,在二审合议制的基础上,有限度地引入独任制,因案区别,分案施策,尊重合议制的主体地位,不对现有审判组织做过分的制度僭越,引入独任制审判,对现有二审程序进行制度重构,再配合案件繁简分流等机制,实现简单案件的独任制与复杂案件的合议制的不同制度通道,最终致力于司法公正的终极价值目标。

(四)二审适用独任制与二审审级功能定位并不冲突

上诉和上诉制度通常被理解为上级裁判者对下级裁判者的监督,旨在维护决定的正确性、公平性、一致性等价值,并提供生产机制[①]。民事二审的审级功能,第一是通过审级监督实现对下级法院错误裁判的纠错;第二是在制度上实现区域性的裁判尺度的标准化,有利于法律适用的统一;第三还有一个重要功能是保障当事人的权益,通过上诉制度,增加当事人陈述的机会吸收当事人的不满,保障司法判决的正当性。通过繁简分流机制,尝试简单案件的独任审判,并不会降低中级法院二审审级的纠错功能。在统一裁判尺度方面,基于现有的审判管理制度,上级法院的法官属于制度性的共同体,在参与培训、解读裁判尺度、日常管理层面对裁判尺度的掌握,并不因是否合议制而有所增减,所以探索适用二审独任制,对统一裁判尺度的审级功能层面,并无影响。

(五)域外二审适用独任制的制度借鉴

事实上,域外对二审适用独任制应有制度探索,对于将独任制引入中级法院二审程序,德国法已有先例。根据德国现行法律,初级法院审理案件只由一名法官独任审理,而州法院审理案件则是由三名法官组成法庭进行审理。不过在司法实践中,在州法院审理的案件通常会交由三名法官中的一位独任审理[②]。德国《1974 年减轻州法院负担与简化法院笔录修正法》(又称《独任法官修正案》),基于减轻州法院负担的考虑,正式实行“独任裁判法官”制度,以取代“独任准备法官”。该法第 348 条规定,除非案件有特殊困难性或案件有原则性意义,否则合议庭有权将案件转移给独任法官审判[③]。因德国法是大陆法系奉为圭臬的制度样板,所以德国法的做法对具有大陆法传统的我国具有重要的启示意义。而且我国素有礼治的传统,但法治和礼治发生在两种不同的社会情态

---

① Richard Nobles and David Schiff ,“The Right to Appeal and Workable Systems of Justice”, *The Modern Law Review* 65 ,2002 ,p. 76.

② 齐树洁、黄斌:《德国民事上诉制度的改革》,载《河南政法干部管理学院学报》2002 年第 3 期。

③ 王聪:《审判组织:合议制还是独任制? ——以德国民事独任法官制的演变史为视角》,载《福建法学》2012 年第 1 期。

中[1],在肇因于改革开放而带来的社会巨大变革中,中国社会发生了巨大的裂变。分工和分层导致价值多元和共识破碎[2],加之中国巨大的人口规模,由此造成的社会管理的系统性变革与探索,乃千年所未有。故在法律制度的架构中,不应因域外经验即盲目照搬,又不应因域外少有探索而拒绝尝试,仍应以阶级中国问题为学术着眼点,立足实际问题,解决中国疑问,这亦是制度自信在法律层面的应有的逻辑衍生品。所以,基于我国司法面临的困境,借鉴域外可行经验,上述情由足以作为我国创设中级法院二审独任制的比较法基础。

四、中级法院二审适用独任制的适度预设

考虑到审级下沉与尊重二审合议制为主体的需要,高级人民法院、最高人民法院在二审案件受理量层面远不及中级人民法院,且从审判严肃性、庭审规范性的角度综合考量,笔者认为二审独任制应限定在中级人民法院,以及按照中级人民法院标准与级别设立的专门法院如知识产权法院等。

(一)适用案件范围

其一,应考察案件一审的审判程序,一审适用简易程序的案件,二审原则上可以独任审判。根据《民事诉讼法》的规定,简易程序审理的案件是事实清楚、权利义务关系明确、争议不大的简单民事案件,案件在一审程序中适用简易程序审理的,因其上诉行为并不会导致案件的权利义务变复杂以及事实有新的增加,所以原则上在二审程序可以独任审判。在一审程序中适用普通程序的案件,如果经审查认为也属于事实清楚的案件,也可以适用独任制审判。

其二,应考察案件的繁简、难易程度,简单案件原则上适用独任制。案件的难易程度是一个主观甄别的过程,案件复杂的表现主要是法律关系是否复杂、争议焦点多样复杂、案件事实查清困难、当事人冲突较为激烈等因素。故应赋予主审法官对案件难易程度的审查权,并向承办法官赋权,承办法官认为案件简单的,可以适用独任制;如果其认为案件复杂的,经专业法官会议讨论,或者其他通道,决定案件转为合议制审理,实现案件实现有效难易区分的效果,简单案件适用独任制,复杂案件适用合议制。

其三,应考察案件的标的额,诉讼标的小的案件原则上适用独任制。案件的难易程度与案件的标的额密切相关,可以考虑类似目前各地的法院的级别管辖的诉讼标的划分,将一定标的额作为划分是否适用二审独任制的标准,超出

---

① 费孝通:《乡土中国》,北京大学出版社 2012 年版,第 87 页。

② 苏力:《制度是如何形成的》,北京大学出版社 2007 年版,第 198 页。

一定标的额的案件原则上不适用独任制。

其四,应考察是否具有涉外因素,一般涉外案件可适用独任制。涉外案件的复杂性一方面体现为当事人国籍的差异,另一方面是法律适用的差异,在法律适用上会出现国际私法意义上冲突规范,故考虑在重大涉外案件中,不宜适用二审独任制。但如果案件的涉外因素仅仅是国籍的差异,在法律关系较为简单、诉讼标的较小的案件,仍可考虑适用二审独任制。

其五,特定案由的独任审判。这是基于目前繁简分流案件的划分标准问题,一些特定案由的案件本身因法律关系的特点不会产生复杂的争议,如物业服务合同纠纷案件、供用热力合同纠纷案件、继承案件、机动车交通事故责任纠纷案件等,因法律关系特定、规则明确,即便诉讼标的额巨大,但适用的规则上并无差异,不同案件之间只是计算数字的差异,该类案件完全可以按照案由划分,直接规定二审独任审判。

其六,还要考察案件是否是双方上诉的情况。双方上诉时,案件一般争议较大,所以在考虑上述标准时,将案件是否是双上诉作为衡量标准,也是较为必要的。

(二)二审独任制程序

基于民事诉讼法已经规定了一审中的简易程序,且在实践中得到了很好的运用,得到了检验,故二审在设置独任制的时候,可以参照一审的建议程序,利用现有的制度规范,降低程序的复杂性。尤其是在传唤当事人、证人方面,可以用简便方式随时传唤当事人、证人。在审理期限问题上,参考一审建议程序与普通程序的审理期限对比,建议独任制审判在审限层面设置为 45 天。在案件审查方面,可以赋予法官助理在独任法官指导管理下的限权审判权,一方面可以优化审判团队的制度功能,另一方面也为法官助理成长为法官搭建制度平台,防止因法官助理书记员化,造成的逆向淘汰机制的发生。

(三)二审独任制与合议庭制的程序转化

参考在一审程序中建议程序向普通程序的转化,二审中为最大限度地保证程序公正,可以探讨预留二审案件由独任制转为合议制的制度窗口。《民事诉讼法》第 163 条规定,人民法院在审理过程中,发现案件不宜适用简易程序的,裁定转为普通程序。简易程序转为普通程序,应作出裁定。二审中也应当考虑承办法官发现案件不宜适用独任制审判的,应当转为合议制。为提高办案效率,转为合议制可以口头裁定告知当事人。并实现独任制向合议制的有效对接,且在案件审限上,应仍按照二审 3 个月的审限要求,出现独任制转合议制情形的案件,仍应自理案之日起 3 个月内应予审结。

（四）当事人意思自治程序选择的规范与约束

因审级利益是当事人重要诉讼权益，故在设置二审独任制程序时，应考虑到当事人的意思自治，允许当事人自行选择适用独任制审判，同时要对其选择权加以限制，即对特定案件只能适用独任制，适用合议制的案件，当事人可以选择适用独任制。如完全由当事人自由选择，则能再次导致二审独任制的虚化，基于审限等情形的考虑，诉讼各方难以达成一致意见。故在规定特定案件适用独任制时，应排除当事人的自由选择权，防止制度虚化，以及双方因选择不同而进一步增加矛盾。法律规定或者承办人认定应适用合议制的案件，应允许当事人合意选择适用独任制，这既是对当事人程序利益处分权的尊重，又是基于审判质效的考量。同时对一审公告送达的案件，或者在二审程序存在多方当事人而其中一方或多方公告送达时，应可以规定经合法传唤未到庭应诉的当事人视为其放弃程序选择权，以到庭当事人的合意作为确定案件独任还是合议制的标准。

（五）其他配套制度

一是案件的繁简分流制度，在立案与分案层面，实现案件的繁简分流，减少法官甄别案件难易程度的负累，将简单案件直接确定为独任审判，提高运行效率；二是科学的分案制度，在案件分配时，科学测算不同类型案件的审理时间配比，防止发生不同审判团队之间案件繁简程度的过分悬殊；三是完善的审判团队建设，主审法官、法官助理、书记员配比要完善，并且赋予法官助理对独任制审判案件在法官赋权基础上的有限审判权，提高团队运营效率；四是有效的监管措施，实现庭长、院长对案件的有效监管，对不合规的独任审判进行有效监督；五是专业的法官会议配套机制，案件由独任制转为合议制时，可以召开专业法官会议，共同商讨，如果在专业法官会议上可以解决，则案件无须再转为合议制，如专业法官会议无法得出有效结论，则案件可以转为合议制；六是科学的绩效考评机制，测算不同案件的审理时间，并科学设置绩效考核标准，有效实现法官与审判团队绩效的科学考评，激发审判团队的积极性。

（六）实现路径

一是可以考虑在部分法院开展试点，不同城市、不同地域、不同级别的法院分别试点二审独任制审判，并积极研判不同法院适用独任审判的效果以及存在的问题，及时总结经验教训；二是在有效经验的基础上，报请全国人大授权，调整部分法律适用，推动完善民事诉讼法，最终确立二审独任审判制度的科学立法与有序执行。

附件：

中级法院民事二审案件适用独任制审理的规范性条文

第一条　中级人民法院受理二审民事案件后,可根据案件具体情况,由审判员决定适用独任制或合议制,但有下列情形的,只能适用合议制。

(一)案件在本辖区内有重大影响,经院长审查,不适宜采用独任制的;

(二)有重大影响或者标的额巨大的涉外、涉港澳台案件;

(三)一审判决系经审判委员会讨论决定的;

(四)经专业法官会议讨论认为应适用合议制的。

第二条　审判员在二审独任审判程序中发现案件疑难复杂,需转为合议制审理的,应组成合议庭审理。

第三条　当事人各方自愿选择适用独任制,经人民法院审查同意的,可以适用独任制程序进行审理,人民法院经审查不宜独任审理的,应口头或书面裁定,告知当事人,当事人不得针对该裁定进行复议或上诉。

第四条　各中级人民法院可以根据本院审理案件的实际情况,经审判委员会讨论,并报高级人法院批准,确定某类案由或某一诉讼标的范围的案件,适用独任制审理。该类案件在审理过程中,审判员发现不适用独任制审理的,仍可组成合议庭审理。

第五条　适用独任制审理的案件,审限为45天,45天内仍未审结的,经院长批准,可以延长审限15天,60天内仍未审计的,应转为合议制审理。

第六条　独任制转为合议制审理的案件,审限仍为3个月。

第七条　适用独任制审理的案件,法官可以指定审判团队的法官助理、书记员召集双方进行询问,如却无必要再开庭审理的,可以径行裁判。

第八条　二审适用独任制审理的案件,人民法院可以采取捎口信、电话、传真、电子邮件等简便方式随时传唤双方当事人、证人。

第九条　各方当事人到庭后,人民法院可以当即开庭审理。

第十条　当事人一方或者双方就适用独任制提出异议后,人民法院应当进行审查,并按下列情形分别处理:

(一)异议成立的,应当将案件转入合议程序审理,并将合议庭的组成人员及相关事项以书面形式通知各方当事人;

(二)异议不成立的,口头告知各方当事人,并将上述内容记入笔录。

转入普通程序审理的民事案件的审理期限自人民法院立案的次日起开始计算。

第十一条　下列民事案件,中级人民法院可以直接确定为独任制审判:

(一)婚姻家庭纠纷和继承纠纷;

(二)劳务合同纠纷;

(三)交通事故和工伤事故引起的权利义务关系较为明确的损害赔偿纠纷;

(四)宅基地和相邻关系纠纷;

（五）合伙协议纠纷；

（六）诉讼标的额较小的纠纷。

但是根据案件的性质和当事人的实际情况不宜适用独任制审判的除外。

第十二条 以捎口信、电话、传真、电子邮件等形式发送的开庭通知，未经当事人确认或者没有其他证据足以证明当事人已经收到的，人民法院不得将其作为按撤诉处理和缺席判决的根据。

第十三条 适用独任制审判的案件，审判员除告知当事人申请回避与举证的权利外，可以不再告知当事人其他的诉讼权利义务。

第十四条 开庭时，审判员可以根据当事人的诉讼请求和答辩意见归纳出争议焦点，经当事人确认后，由当事人围绕争议焦点举证、质证和辩论。

第十五条 适用独任制审理的民事案件，人民法院在制作裁判文书时对认定事实或者判决理由部分可以适当简化，具体应由裁判文书制作规范统一规定。

第十六条 适用独任制审理的民事案件，减半收取诉讼费，适用独任制程序调节或撤诉的，收取诉讼费的四分之一。

心得体会

心得体会

唐兴华

入院9年，第一参加学术论文比赛。近年来，除了判决书，在工作之余写过的文字，算起来已经100万字有余。从某种意义上讲，写作于我而言，并非是一件多么困难的事。但是以一种学术化的、极尽考究的文字写下一篇一万字左右的规范意义上的文章，这已经是许多年来不曾有过的尝试了。

这篇论文的写作，我没有用任何修辞技巧。全篇力求以白描的手法，通过对现实工作的反思，现实地、系统地对日常工作作出一些有意义的思索，以期反向作用于司法实践。希望经过岁月的检验，这篇文章不会沦为一堆故纸中的一份。

早年写过的论文都是哲学方面的思考。彼时，不成熟的笔端，曾夸下许多海口。动辄以天地、是非、善恶、有无的二元论纲，审视这个变化无常，深邃莫测的世界。而今，年岁渐长，历经岁月后，已经再难写出那样的文字了。取而代之的，是想多谈一些问题的具体思考，而少了许多泛主义化的定性定量。就这一点而言，文字的性格的确反映着一个人的年龄，也反映着一个人的认知能力与思考深度。

这篇文章有幸被评选为优秀论文,于我而言,颇为意外。我不是从事法学理论研究的专业人员,事实上缺乏系统的科学研究训练。获得奖项,实在是诚惶诚恐,颇感不安。但这次意外的奖励,对我也是一种鞭策,所以在今后的工作之余,我要强化基本学术规范的学习,研究方法的学习以及论文写作技术的学习,以期继续提升自己的思考能力与写作水平。

最后,感谢单位的工作给我提供思考的沃土,感谢各位领导对我的悉心教导,感谢研究室各位领导同事在本文修改过程中提出的宝贵建议、付出的辛勤劳动,感谢身边每个人对我的鼓励与支持。

类案检索机制与统一裁判尺度问题研究

——基于类案检索的机理分析及实证研究*

路　华　赵　锋**

【论文提要】

为进一步统一裁判尺度,《最高人民法院司法责任制实施意见(试行)》新创设了类案与关联案件检索机制,其中明确规定最高人民法院承办法官在审理案件时,应依托相关案件搜索平台对本院已审结或正在审理的类案和关联案件进行全面检索,并分情形进行处理。实施意见为类案检索这一常见的司法实践活动提供了制度依据,并在最高人民法院内部形成为一项工作制度,对于裁判尺度的统一具有极为重要的意义。类案检索机制是严格规则与自由裁量之间博弈的产物,其目的在于通过确立某种符合审判权运行规律的案件审理规则来防止司法自由裁量权的滥用,真正落实"让审理者裁判,由裁判者负责"的改革要求。可以说,类案检索机制以及案例指导制度在确保同案同判,统一裁判尺度,提升司法公信力方面发挥了极为重要的作用。该项制度是否能够发挥上述功能,以及能否在最高人民法院的示范引领下,在全国各级法院形成普遍生动实践,并最终升华为一项法律制度,这些都有待于我们对该项制度进行深入的思考与研究,并探索出一套切实可行的运行机制。为此,本文结合英美法系判例法制度中的遵循先例原则对类案检索机制的内在法理逻辑进行了深入分析,对类案检索机制存在的正当性与必要性进行论证,并从遵循先例原则的历史进程中总结出其对完善我国类案检索机制的两点启示:改造低端的案例汇编体系和含混的援引规则体系。紧接着围绕着上述两点启示,就如何完善上述两个体系运用实证分析的方式提出了具体思路,提出了裁判规则标签化这一概念,为进一步改造提升我国的案例汇编体系提供了新思路。同时,还将类案检索机制

---

* 本文获全国法院系统第三十届学术讨论会优秀奖。

** 路华,宁夏回族自治区银川市中级人民法院院长;赵锋,北京市第一中级人民法院行政庭法官。

与案例指导制度进行整合,从先例的形成机制、先例的效力层次以及先例的推翻机制三个方面探索了完善我国先例援引规则的路径。

【主要创新观点】

本文的创新观点如下:(1)结合英美法系判例法制度中的遵循先例原则对类案检索机制的内在法理逻辑进行了深入分析,对类案检索机制存在的正当性与必要性进行论证,并从遵循先例原则的历史进程中总结出其对完善我国类案检索机制的两点启示:改造低端的案例汇编体系和含混的援引规则体系;(2)通过实证研究提出裁判规则标签化这一概念,并结合审判实践设计了四类具体标签,演示了具体的标注检索方法,为进一步改造提升我国的案例汇编体系提供了新思路;(3)将类案检索机制与案例指导制度进行整合,从先例的形成机制、先例的效力层次以及先例的推翻机制三个方面探索了完善我国先例援引规则的路径,并就相应的运行程序提出了具体的方案。

引　言

为进一步统一裁判尺度,《最高人民法院司法责任制实施意见(试行)》(以下简称《实施意见》)新创设了类案与关联案件检索机制,其中明确规定最高人民法院承办法官在审理案件时,应依托相关案件搜索平台对本院已审结或正在审理的类案和关联案件进行全面检索,并分情形进行处理。《实施意见》为类案检索这一常见的司法实践活动提供了制度依据,并在最高人民法院内部形成为一项工作制度,对于裁判尺度的统一具有极为重要的意义。

一、类案检索机制产生的历史背景

《实施意见》开宗明义:“根据《最高人民法院关于完善人民法院司法责任制的若干意见》,结合最高人民法院工作实际,制定本实施意见。”全面落实司法责任制的目标就是建设公正高效权威的社会主义司法制度,努力让人民群众在每一个司法案件中感受到公平正义。类案检索机制作为《实施意见》中确立的一项重要工作机制,对其意义的理解自然也离不开司法责任制这个大背景。具体而言,该项机制的设置与司法责任制所追求的公正、高效、权威三重价值密不可分。

(一)将规则具体化以实现个案公正

严格落实“让审理者裁判,由裁判者负责”是司法改革的基本要求,这有利于增强法官审理案件的亲历性,确保法官依法独立公正履行审判职责。但由于法官个体存在差异,其对于同类案件的理解与处理方式会有所不同,不可避免地导致同案不同判的现象发生,严重损害司法裁判的公正性。在此情形下,如果能够在案件中将抽象的法律标准转化为具体的规则,并以此来约束之后案件的审理,必将大大减少同案不同判现象的发生,从而更有力地保证个案公正。而且,具体化的规则约束可以有效防止司法自由裁量权的滥用,这也是一种符合司法规律的审判权力运行机制。

（二）减少重复论证以提升办案效率

通过先例案件总结出来的具体规则凝结了法官的智慧,具体规则的产生经过严格的论证和缜密的推理,案件涉及的法律问题也得到充分的考量。遵循类案检索机制,承办法官可以非常便捷地检索到之前的类似案件,了解案件的争议焦点和处理方式,准确把握此类案件的裁判尺度并加以借鉴,从而避免重复论证,提升办案效率。

（三）以裁判说服力增强司法权威

无可置疑的是,类案检索机制能够大大提升裁判尺度的可视性、稳定性和可预见性,能够向社会公众准确呈现法院对于某类法律问题所持的意见和态度,提升司法裁判的说服力,有效消除诸如“暗箱操作”“个案干预”之类的质疑,增进社会公众对于司法公正的信任,从而大大增强司法权威。

总的说来,类案检索是在全面落实司法责任制的改革背景下产生的一种新机制,也是一种符合司法规律的审判权力运行机制,值得我们去深入研究,研究的内容既应包括内在的法理分析,也应涉及具体的制度设计。

二、类案检索的法理基础——遵循先例原则

遵循《实施意见》所确定的规则,待解决的案件原则上应当采用检索到的同类生效案件所确定的裁判规则,以实现裁判尺度的统一,其法理基础为遵循先例原则。

（一）遵循先例原则的历史进程

遵循先例原则在英美判例法体系中居于核心地位,其作为一根主线,将庞杂的判例串联起来,形成统一稳定规范的判例法体系。在英国,一般意义上的遵循先例(stare decisis),亦即同样案件同样处理(like cases should be decided),作为一个习惯做法早就为法官所采用。但在英国普通法创建初期,判决本身并不具有法律拘束力,直到 19 世纪中后期才通过上院的判例得以确立,成为一项具有拘束力的法律规范。正如卡尔·卢埃林所言:“我们的体系中首先形成遵

循先例的习惯,然后才是先例被遵循的法规范。”[①]总的说来,在英国,遵循先例原则的形成大致经历了行为习惯、意识自觉和规则确立三个阶段。

在第一个阶段,其主要体现为法官之间对于彼此判决的尊重,但这种尊重并非来自判决本身的拘束力,亦非来源于对遵循先例原则的认识,更多的是一种行为习惯。就法律适用而言,同样的纠纷应采用同样的规则来解决,这与人类的公平准则相吻合。对于法官而言,在缺乏完善而系统的法律规则的情形下,遵从先前的判决无失为一种明智的选择。“事实上,在找不到任何全面的立法规定时,这是唯一合理的做法。”[②]

在第二个阶段,援引先例成为一种意识自觉。从 13 世纪末开始,援引判决的情况明显增多。发表于此时的布拉克顿法官的著作《论英格兰的法律与习惯》对王室法官审理案件的判决所作的注释援引了 500 多个判决。他在笔记本中写道:“如果出现了相同案件,就应该用一种相同的办法来判决,因为从判例到判例比较好处理。”[③]在 13 世纪出现的判例汇编《年鉴》中,也已出现当事人援引和辨别先例作为诉讼请求的内容,被记录在案卷上。“在 13、14 世纪,法院有一种自我尊重的迹象,但它不是判例的强制力。”[④]1535 年,《年鉴》停刊,取而代之的是大量的私人判例集,其中最为著名的是《科克判例集》。私人判例集的兴盛也表明判例愈加受到重视,判例作为先例被援引的作用获得进一步发展。18 世纪后半期,布莱克斯顿在其著作《英国法释义》中明确指出,当同一问题在诉讼中再次提出,遵循先例应当作为一项确立的规则,因为要保持司法稳定和公平不因法官的新意见而摇摆。法官不是被委任来宣布新法,而是维持和阐述原有的法。

在第三个阶段,英国国会于 1854 年正式通过一项法律,专门就判例应用作出原则性规定,肯定了遵循先例原则,以此来使普通法保持明确性、稳定性和可预见性,从而使判例成为一种具有拘束力的法律渊源。遵循先例原则在英国最终得以确立。

(二)遵循先例原则的功能价值

遵循先例原则之所以如此受到推崇,主要原因在于其倡导的同案同判规则契合人们对于司法公正的朴素认知,以及其在运行过程中所发挥的独特功能。博登海默曾将遵循先例原则的功能归结为五个方面:(1)保证法律规则所必须

---

① [美]博西格诺等:《法律之门》,邓子滨译,华夏出版社 2002 年版,第 7 页。

② [德]K. 茨威格特、H. 克茨:《比较法总论》,潘汉典等译,贵州人民出版社 1992 年版,第 459 页。

③ [英]丹宁勋爵:《法律的未来》,刘庸安等译,法律出版社 1999 年版,第 4 页。

④ [法]勒内·罗迪埃:《比较法导论》,徐百康译,上海译文出版社 1989 年版,第 58 页。

具备的一定的稳定性和可预见性，使人们的权利义务有相对的确定性；(2)为律师的法律服务工作提供既定的依据；(3)限制法官的专断，避免因为法官个人的喜好、偏见，甚至私利而出现不适当的判决；(4)提高司法业务的效率，减少不必要的重新论证；(5)同样问题同样处理，符合人类一般的正义观。①

应该说，遵循先例原则的上述功能价值在当下已经基本得到一致认可，即便在缺乏判例法传统的国家和地区，也有一些实践上述原则的做法，比如我国实施的案例指导制度。如何在现有制度框架内充分利用遵循先例原则的上述功能，成为一个极具研究价值的课题。

（三）遵循先例原则带来的启示

回溯上述历史进程可知，在遵循先例原则发展的初始阶段，对于先例的遵循仅停留工作习惯的层面，既缺乏对于先例的整理，也未能对遵循先例的内在法理进行深入研讨。随着时间的推移以及实践的累积，人们开始反思遵循先例的必要性并形成深厚的理论基础，统一了对于遵循先例原则的认知，同时编撰高质量的案例汇编，为遵循先例提供了强力的技术支持。最后，遵循先例原则水到渠成地通过立法升华为一项具有法律拘束力的原则。可以说，在遵循先例原则的"三级跳"历史进程中，两大因素起着至关重要的作用：案例汇编体系和援引规则体系，前者是技术支撑，后者是制度保障，两者缺一不可。这一点为遵循先例原则在我国司法审判实践中的运用提供了重要启示。

在我国，案例研究也有相当长的一段历程。从20世纪50年代初开始，最高人民法院就通过编选案例来总结审判经验指导审判。改革开放之初，最高人民法院还发布了具有司法解释性质的破坏军婚的案例，开启了用案例解释法律的尝试。1985年开始，最高人民法院公报开始刊登具有指导意义的案例。到了20世纪90年代，《人民法院案例选》和《中国审判案例要览》相继面世，为全国法院裁判提供了重要参考。为进一步完善案例指导制度，最高人民法院于2010年发布了《关于案例指导工作的规定》。随着司法改革的深入推进，为进一步落实司法责任制，最高人民法院适时印发《实施意见》，其中专门新创设了类案与关联案件检索机制。除此之外，最高人民法院各业务庭和地方各级法院也很重视编辑、出版具有指导作用的案例，而学术研究机构、法律服务机构也尝试利用大数据手段来对案例进行分类汇编，案例研究与指导工作取得一定成果。

---

① ［美］E. 博登海默：《法理学、法律哲学与法律方法》，邓正来译，中国政法大学出版社1999年版，第540～541页。

但是,案例研究与指导在我国司法审判中并未发挥出应有功效,其主要受限于低端的案例汇编体系和含混的援引规则体系。正是源于此,最高人民法院才在案例指导制度的基础上,进一步创设了类案与关联案件检索机制,在拓宽案例范畴的同时,规定了较为具体的援引规则。《实施意见》中明确指出,要高度提炼具有类案指导价值的案件的基本事实、争议焦点、评议意见、法律依据、裁判要旨等,形成书面裁判要息并上传办案平台,此点正与上文所述案例汇编体系的完善相呼应,而《实施意见》中所规定的专业法官会议讨论和审判委员会讨论程序又与援引规则体系相对应。再结合上文所提之启示可知,改造低端的案例汇编体系和含混的援引规则体系是完善类案检索机制的必由之路。

三、案例汇编体系的改造——裁判规则标签化

类案检索的目的是搜寻先例中的裁判规则,以此来指导现案的处理。因此,作为类案检索数据源的案例库,不但要包含明确清晰的裁判规则,还必须为其提供便捷的检索途径。这个过程可以分为两个阶段:一是发现具有典型示范意义的有价值的案件,并高度提炼出裁判规则;二是以一种科学有效的方式对裁判规则进行分类编纂,为裁判规则设定个性化标签,置于一个便捷的检索平台,以实现裁判规则的高效共享。

(一)裁判规则的发现

所谓裁判规则,是指在诉讼活动中用于解决案件争议问题的规则,其中既包括制定法规则,也包括判案规则,即法官的裁判案件的尺度。后者是本文所要探讨的对象。

1. 裁判规则的逻辑结构

拉伦茨将法律规则的语言形式称为法条法律语句。从逻辑上看来,法条是一种假言语句,即只要具体案件事实实现构成要件T,对于该案件事实即应适用法效果R。[①] 麦考密克认为:“所有的法律规范都可以公式化为如果P那么Q的形式,这样它就可以在发生了一定的有效事实之后确保能有一个相应的法律后果产生。”[②]由上可知,裁判规则属于条件命题,其逻辑结构可以作如下表述:如果T,那么R。在这里,T是指事实构成要件,R是指法律效果。从法官判案的角度来看,裁判规则中的T与案件基本事实相对应,裁判规则中的R则与案

---

① [德]卡尔·拉伦茨:《法学方法论》,陈爱娥译,商务印书馆2003年版,第132、133、156页。

② [英]尼尔·麦考密克:《法律推理与法律理论》,姜峰译,法律出版社2005年版,第63页。

件裁判结果相对应。当然，在基本事实与裁判结果之间还有一座桥梁，即裁判说理，其对应于裁判文书的“本院认为”部分，这是法官创造性思维的集中展示，也是裁判规则正当性的依托。

2. 裁判规则的基本要求

类案检索机制背后是一种“从具体到具体”的逻辑路线，裁判规则是两个或多个类似案件之间的桥梁，对于上述逻辑路线的实现具有关键性的意义。如上所述，裁判规则的逻辑结构可分为基本事实、裁判结果以及裁判说理。其中，基本事实是从具体案件中总结出的法律事实，其必须高度凝练，要剥离案件个性化特征，从而扩大其代表性。裁判结果是基于案件事实，适用法律所产生的效果，其必须清晰准确。裁判说理必须充分有据，要具有高度的说服力，足以支撑裁判规则的合法性与正当性。

3. 裁判规则的载体

裁判规则蕴含于裁判文书之中，但将裁判文书作为裁判规则的载体无法满足类案检索的要求。一方面，有的裁判文书的事实认定和裁判说理内容冗长，干扰信息多，影响检索的效率。另一方面，有的裁判文书说理不够，规则总结不到位，关键信息缺失，影响检索的准确性。因此，我们有必要从裁判文书中总结提炼出裁判要旨，用简练准确的语言概括出基本事实与法律效果，使其趋近于法律规范的表述，同时还需附注一些标签，作为类案检索的线索。此外，为了保证裁判规则的高度说服力，还应在裁判要旨后增加裁判要旨阐释这一内容，对裁判要旨的推理过程加以说明。最后，再关联裁判文书这一内容，帮助检索者了解类似案件的全貌。

（二）裁判规则的标签化

发现裁判规则只是类案检索的第一步，如何能够让这些被发现的裁判规则以更加便捷的方式呈现，则需要编纂者进行技术加工，裁判规则的标签化管理不失为一种科学有效的方式。标签化管理，是指通过标签接收信息和发布信息。我们可以根据自己的需求，使用不同的标签来接收相应的信息。通过标签的设置，对事件信息进行分类，让信息的焦点更为集中，信息的获取效率更高。对于裁判规则而言，我们大致可从以下几个方面来设置标签。

1. 案由标签

案由是人民法院对诉讼案件所涉及的法律关系的性质进行概括后形成的案件名称。以案由作为线索，能够迅速检索到具有类似法律关系的案件。例如，最高人民法院印发的《关于规范行政案件案由的通知》将行政案件的案由分为作为类案件、不作为类案件、行政赔偿类案件。在此基础上，以行政管理范围为“类”,以具体行政行为种类为“别”对上述三类案件进行进一步的构造。在编纂裁判规则的过程中,应当首先将上述案由名称制作为标签。

2. 关键词标签

案由标签虽可以帮助快速检索到具有类似法律关系的案件,但有时检索出的案件数量相当庞杂,不能满足案件比对的需求。比如,在系统中检索带有“治安行政处罚”标签的案件,则所有涉及公安机关作出的行政处罚决定的案件都会呈现出来。但有可能待处理的现案仅涉及处罚听证程序这一问题,这些检索出来的案件大部分与此无关。此时,如果在案由标签的基础上,就案件涉及的具体情形设定一些关键词,将大大提高检索效率。例如,对于涉及听证程序争议的行政处罚案件可加贴“听证”标签,对涉及不动产善意取得的房屋买卖合同纠纷案件加贴“善意取得”标签,这些标签将会大大提升类案检索的准确性及效率。

3. 法条标签

在司法实践中,某些热门法条可能频繁出现在案件中,如何理解和适用这些法律条款是法官裁判案件的重要考量因素,这些法条也可以作为标签。例如,《行政诉讼法》第 75 条规定,行政行为有实施主体不具有行政主体资格或者没有依据等重大且明显违法情形,原告申请确认行政行为无效的,人民法院判决确认无效。究竟哪些行政行为属于重大且明显违法?如果能够将适用上述规定判决确认行政行为无效的案件加贴“《行政诉讼法》第 75 条”作为标签,法官将能迅速检索到此类案件。

4. 裁判结果标签

作为裁判规则的逻辑组成部分,裁判结果标签也有其独特的作用。在与案由标签结合适用的情形下,通过检索可以迅速掌握某类案件的裁判结果分布情况。通过对裁驳案件的分析,可以进一步明确裁定所涉及的理由和法律条款,进而判断待处理案件是否属于裁驳范围。同理,对于判决类案件的分析也将有助于全面掌握案件的裁判规则。

当然,案件标签的种类远不止上述四种,其可根据每一类案件的具体特征设计一些更具个性化的标签,从而使类案检索更加便捷。标签化的裁判规则可归结为图 1:

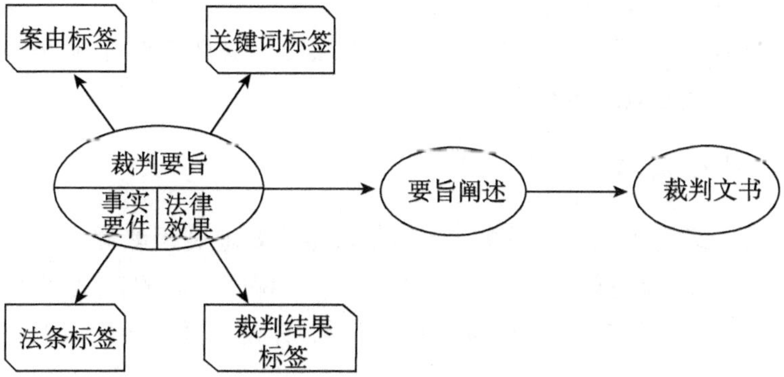

图1　标签化的裁判规则总结

（三）实例分析——以信息公开案件标签化管理为例

为了更加形象地说明标签化管理在类案检索中的功效，本文试以政府信息公开案件的检索为例来予以阐释。

首先，在案由标签方面，可将此类案件加贴“政府信息公开”标签。再结合政府信息涉及的具体行政管理领域，增加公安、工商、税务等行政管理领域名称标签。如果法官想了解某一领域的信息公开标准，则可通过该标签获取相应案件信息。

其次，在关键词标签方面，可根据政府信息的具体内容设计一些信息类别作为标签，如将信息区分为执法信息、内部管理信息、过程性信息、信访信息等。此外，还可以根据答复方式制作案件标签，将其划分为非政府信息、非本机关公开范围、不属于公开范围（可进一步分为涉及国家秘密、商业秘密以及个人隐私等情形）等。例如，在赵某某申请原国家卫计委公开生乳制品标准会议纪要案中，法院在判决书中对于过程性信息的可公开性和边界进行了探索，指出过程性信息并非一律不属于公开范围，但可能影响行政机关内部意见坦率表达的过程性信息，不应予以公开。如果在此案中加贴“过程性信息”这一标签，该案就会被检索出来，相应的裁判规则也能得以呈现。

再次，在法条标签方面，政府信息公开条例以及《最高人民法院关于审理政府信息公开案件若干问题的规定》中有一些被高频引用的法律条款，我们可以将这些法律条款作为案件标签。例如，《最高人民法院关于审理政府信息公开案件若干问题的规定》第2条规定了四类法院不予受理的政府信息公开案件，这一规定被大量的行政裁定书引用。如果将该法律条款设定为案件标签，则法官通过类案检索就能清晰了解上述规定所称四类情形的具体指向。

最后，在裁判结果标签方面，我们可以根据政府信息公开诉讼的裁判结果类型制作对应的标签,如裁定驳回起诉、判决驳回诉讼请求、判决直接公开信息、判决限期重新处理等。将该标签与前述几类标签叠加使用,则可检索出与待处理案件最为近似的案件。

四、援引规则体系的优化完善

在改造升级案例汇编体系的基础上,如何更好地利用整理出来的裁判规则,这还需要有一套完善的援引规则体系来予以保障。总的来说,先例的援引规则主要包含以下几个方面:先例的形成机制、先例的效力层次以及先例的推翻机制。

(一)先例的形成机制

先例的形成具有开创性,通常发生在新类型案件的审理过程之中。《实施意见》中规定,在办理新类型案件中,拟作出的裁判结果将形成新的裁判尺度的,应当提交专业法官会议讨论,由院庭长决定或建议提交审判委员会讨论。由此可见,最高人民法院在先例的形成方面态度十分审慎。

从形式上看,虽然《实施意见》是最高人民法院针对本院审判权运行机制提出的要求,但不可避免地会对地方各级法院产生辐射效应。对于新类型案件而言,其开创的新的裁判规则势必会对之后的类似案件产生影响,随意地推翻先例会折损裁判的说服力。因此,如何保障先例形成机制的严谨性是各级法院面临的共同课题。具体来讲,地方各级法院在审理新类型案件时,应当参照《实施意见》中的上述规定,由合议庭研究后提交专业法官会议讨论。在此阶段,可先由合议庭提出专业法官会议动议,拿出具体的处理意见,同时可附反对意见,然后由全体参会法官就动议展开讨论,形成阶段性意见。最后,由院庭长决定或建议提交审判委员会讨论,最终形成结论性意见。同时,按照上文所述的编纂要求制作裁判规则并上传至案例检索平台,还可定期编纂新类型案例通讯或精品案例集,及时收录这些承载新的裁判规则的案例,并予以公布。

此外,在新类型案件的发掘方面,还应结合案例指导制度予以拓展。一方面,除本院审理的新类型案件外,最高人民法院要持续关注地方各级法院审理的具有典型意义的新类型案件,及时确定为指导性案例予以发布。另一方面,地方各级法院对于本院或下级法院审理的具有典型意义的新类型案件,也要及时予以梳理总结,既可以层报最高人民法院确立为指导性案例,也可以在本院管辖范围内予以推广。

（二）先例的效力层次

1. 关于先例效力的一般理解

我国奉行的是成文法传统，先例并不具有法律拘束力。在大陆法系国家，一般只承认法律、法规、习惯是法律渊源，其中习惯被视为是辅助性法律渊源。大陆法系各国通过将司法判决承认为习惯的方式而使判例发挥作用。① 从理论上讲，成文法被认为提供了法律确定性所必须的基本因素，法官无权创制法律，因此判例通常没有法律拘束力。但即便如此，判例还是具有事实上的约束力。从审判实践来看，判例对大陆法系的法官有重大说服作用，而且大陆法系的法官也有明显的遵循先例，特别是上级法院判例的倾向。著名的比较法学家勒内·达维德曾说："判例在大陆法系国家的法的发展中，在某些领域承担第一流的作用。"②

2. 效力层次的划分

因为先例并未获得法律拘束力，出于严谨的考虑，此处使用的是效力层次这一概念，而非效力层级。结合我国的司法实践，先例的效力层次大致可作以下划分：一是全面的强制性参照效力，其主要依据为《最高人民法院关于案例指导工作的规定》第7条，即最高人民法院发布的指导性案例，各级人民法院审判类似案例时应当参照。据此，对于最高人民法院发布的指导性案例，法官在审理类似案件时应当予以参照。二是局部的强制性参照效力，这里主要指的是对于上级法院先例及自身先例的参照。依据《实施意见》第40条之规定，法院首先需遵循自身先例创设的裁判规则，如要推翻，则需经过审委会讨论，程序十分严格。此外，基于上下级法院之间的工作指导关系，下级法院如果不遵循上级法院的先例，其案件极有可能在二审或再审程序中被改判，这种现实的压力会促使下级法院去遵循上级法院确立的裁判规则。三是建议性参考效力，这主要来源于未赋予强制参照效力的官方案例汇编或是民间案例汇编，其有助于法官更准确的理解相关法律条款，但并不必然被参照。

（三）先例的推翻机制

先例可以被制定法或上级法院的判例所推翻，即自上而下的推翻，这一点并无分歧。这里主要探讨的是自我推翻还是自下而上的推翻。

1. 自我推翻

在英国，上院的裁决对其他法院具有约束力，上院先前的裁决对自身也具

① ［美］施莱辛格：《大陆法系的司法判例》，吴英姿译，载《法学译丛》1991年第6期。

② ［法］勒内·达维德：《当代主要法律体系》，漆竹生译，上海译文出版社1984年版，第124页。

有约束力。但到了1966年,大法官Gardiner颁布了一条司法解释:在对待通常情况下具有约束力的先前裁决时,如果不遵循以前的做法是正确的,法官不必墨守成规。

毫无疑问,推翻先例是判例法中推动法律发展的重要方式。对于我国类案检索机制而言,如何保证检索出来的案件中所蕴含的裁判规则是统一且正确的,这一点尤为重要。当法院在审理新的案件时发现,先例所确定的裁判规则确有错误或是落伍于时代,其应当有权进行自我推翻,以确保裁判规则的正当性和说服力。但是,自我推翻的机制必须严格加以限定。《实施意见》第40条规定,拟作出的裁判结果将改变本院同类生效案件裁判尺度的,应当报请庭长召集专业法官会议研究,就相关法律适用问题进行梳理后,呈报院长提交审判委员会讨论;发现本院同类生效案件裁判尺度存在重大差异的,报请庭长研究后通报审判管理办公室,由审判管理办公室配合相关审判业务庭室对法律适用问题进行梳理后,呈报院长提交审判委员会讨论。参照该规定,地方各级法院在推翻自己的先例时,亦应当履行上述程序。

2. 推翻上级法院的先例

从逻辑上讲,下级法院无权推翻上级法院的先例。实践中,下级法院通常以忽略上级法院先例的方式予以推翻,即对上级法院先例确立的裁判规则视而不见,直接作出与之相悖的裁判结果。

在美国,如果下级法院有充分的理由推翻上级法院的先例,并确信上级法院将会推翻该先例,下级法院就可以提前推翻该先例,此谓"先行推翻"。下级法院很少有意识地背离权威性的先例,它只是在预期并深信上级法院将会同意其意见时才会这样做。[①] 实际上,对上级法院先例的推翻来源于司法自由裁量权,即法院有权力根据自己对于法律的理解和对事实的判断来进行裁判,当先例与其内心确信产生冲突时,其有权不予采信。

为了调和上述矛盾,我们有必要设计一套严格的推翻机制来保证推翻行为的正当性。首先,在推翻先例的过程中,必须明确无疑地将先例作为考量因素,确保对先例的充分尊重,相关的研讨应形成文字记录备查;其次,在程序上,应报请庭长召集专业法官会议研究,就相关问题进行研讨后,呈报院长提交审判委员会讨论,并报上级法院备案,以便上级法院进行后续的调整;最后,要加强裁判文书说理论证力度,虽不必明确提及先例,但通过裁判说理能够清晰地呈现不遵循先例的理由。

---

① [美]彼得·哈伊:《美国法律概论》,沈宗灵译,北京大学出版社1983年版,第10页。

总的来说，先例形成及推翻是一个循环过程，其可以使裁判规则及时更新，以保证其合法性与适当性，其循环过程可归结为图 2：

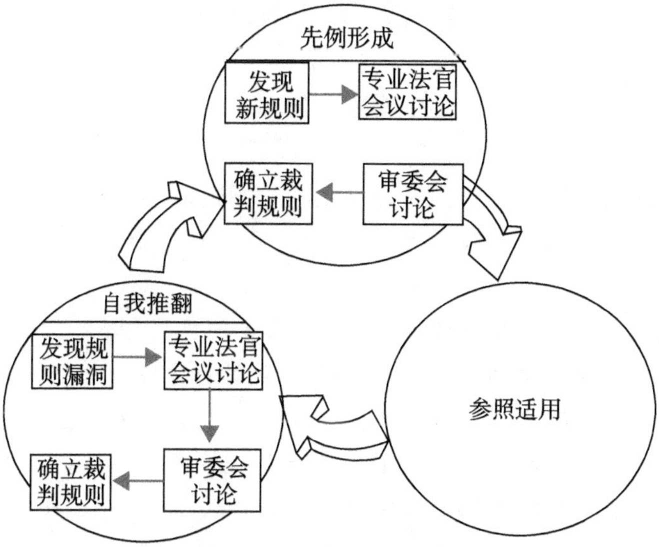

图 2　先例的形成及推翻的循环过程

结　语

类案检索机制是严格规则与自由裁量之间博弈的产物，其目的是通过确立某种符合审判权运行规律的案件审理规则来防止司法自由裁量权的滥用，真正落实“让审理者裁判，由裁判者负责”的改革要求。可以说，类案检索机制以及案例指导制度在确保同案同判、统一裁判尺度、提升司法公信力方面发挥了极为重要的作用。但不可否认的是，我国法律并未确定遵循先例的原则，相关的工作目前仍停留在依靠司法政策推进的层面上。在此阶段，亟须我们沉下心来进行深入的理论研究和丰富的实践积累，并不断总结提炼经验，以求更大程度地发挥该项机制的功能价值。

心得体会

写作是一种生命修行

赵　锋

生命,是一场修行。每个人从出生的那一刻起,就开始了生命的修行。修行的方式有很多种,而写作就是其中的一种,而且是饱含人类思考与智慧的一种修行。

写作也分很多种,其功能作用以及给人带来的感受是不一样的。史书的写作能够记录历史,使人洞悉兴替之规律;诗歌的写作能够给人带来快感,一首好诗就如一曲天籁之音,让人无比陶醉;短评的写作则能让人直抒胸臆,表达对重大事件或社会现象的看法,让人在诸多观点的碰撞中探寻真理。惭愧至极,上述写作我均不擅长。在这里,我只想谈一谈学术论文的写作。虽然我的学术论文写作水平也很一般,但毕竟多年来一直参与其中,所以也有一些自己的感悟。

既是修行,便不会是放松的享受。在很多时候,论文写作是孤独的,它需要你在夜深人静的时候,独自一人静静地思考。哪怕是片刻的虫鸣,都会觉得烦扰。一个人把自己锁进深深的宁静之中,仿佛走进无垠的黑洞,而知识则是点缀在黑洞之中的点点星光。黑暗之中的每一点星光都让人兴奋不已,获得感、满足感油然而生。点点星光启发着作者的智慧,而后把这些星光串成一条条线,形成一幅幅图画,几经雕琢,最终形成作品,一篇学术论文就应运而生。在这个过程中,会有迷茫,会有急躁,也会有沮丧,但只要耐住寂寞,守住孤独,最终一定会收获成功的喜悦。

既是修行,便会有深刻的自我反省。在学术论文写作过程中,我们首先会有一个总体构思,然后按照构思的轮廓去查询相关的学术成果。在此过程中,我们会发现自己与先贤之间的差距,会发现自己在学习方法、理解能力、知识储备和研究态度方面的诸多不足,有时甚至会怀疑人生:难道我就是一个彻头彻尾的学渣吗?在一次次的自我否定中,只要坚持不放弃,勇于自我革新,自我完善,就一定会破茧重生,达到学术研究的新境界。

既是修行,便应是一场生命的历程。吾生也有涯,而知也无涯。学术论文写作是对知识的总结和提升,而知识的海洋是无边无际的,只要追求真知的信念不动摇,则学术论文的写作就不会停止。因此,这样的修行是一个伴随生命的历程,是一个永不停息的过程,除非生命停止,或是自甘堕落地放弃对知识的渴求。在这个过程中,我们会感受到知识的交汇、观点的碰撞,也会陷入困顿、迷茫,但通过耐心的梳理、深刻的思考,终会拨云见日,获得顿悟的快感,就如同几经磨难与挣扎,最终登上泰山之巅,得见红日耀出东方。但这个过程并没有结束,这个高点会是下一段修行的起点,我们会在这样的过程中不断攀登人生的一个又一个高峰!

司法体制综合配套改革语境下法官角色定位之反思

——以“行政法官”职业特殊性为视角*

朱丽梅　魏浩锋**

【论文提要】

本文以“行政法官”职业特殊性为视角讨论了司法体制综合配套改革语境下法官的角色定位问题。法官既是司法改革的参与者也是司法改革的保障对象。法官的角色定位关涉司法改革目标的达成。本文反思了当下司法改革面临“瓶颈”问题的原因,即决策层面过度关注了具体制度的变革,忽视了人的主体性因素。对法官角色定位的模糊化导致司法改革的理论准备不足,制度目标错乱,内生动力欠缺,制度功能紊乱。行政法官职业地位具有特殊性,其应当具备的知识结构、生活经验、裁判思路、理想信念等均有区别于其他法官之处。全文共分为五部分。第一部分讨论了司法改革的逻辑起点问题,指出法官对自身角色的认同是司法改革的逻辑起点;第二部分讨论了司法改革对法官角色的应然定位,指出行政法官既是合乎宪法的行政法秩序的维护者与建构者,又是公民意识的培树者;第三部分讨论司法改革的制度目标应与法官个人的职业理想相契合,分析了行政法官的职业理想,即行政实质法治理想;第四部分分析了改革的内在动力问题,指出行政法官的担当精神是司法改革的内在动力,同时指出,担当精神需要充分的职业保障;第五部分在前述分析基础上,指出司法改革应当以人为本,以法官为本。

【主要创新观点】

1. 指出了法官角色定位问题与司法改革之间的内在关联,反思了司法改革

* 本文获全国法院系统第三十届学术讨论会优秀奖。

** 朱丽梅,宁夏回族自治区高级人民法院研究室干警;魏浩锋,北京市第一中级人民法院行政庭法官,曾获全国法院系统第二十五届学术讨论会二等奖、三等奖。

中存在的重制度设计、忽视人的因素的问题。指出法官对自身角色定位的认同是司法改革的心理基础。

2. 分析了“行政法官”这一特殊职业群体的职业地位与职业理想，刻画了其职业群像。指出司法改革对法官角色定位应当具有明确性，并且应当符合常识与司法规律，司法改革的目标应与法官职业理想相契合。同时司法改革应尽最大可能调动法官的积极性，保障法官敢于担当、善于担当。

3. 强调了法官主体性因素决定了司法改革的成败。司法改革最终是要保障司法权的正常运作，维护公平正义，作为公平正义最后一道防线的司法机关应关注法官，司法改革应以人为本。

党的十九大报告再次宣示，要深化司法体制综合配套改革，全面落实司法责任制，努力让人民群众在每一个司法案件中感受到公平正义。目前，司法改革已经进入深水区。无论是司法人员分类管理、司法责任制改革，还是司法人员职业保障、省以下地方法院检察院人财物统一管理改革，均面临如何防止改革回流及“瓶颈”突破的问题。故有必要重新检视改革取得的成果及面临的问题或因改革产生的新问题。法官作为司法改革的参与者、司法责任主体、司法保障对象，是决定改革成败的主体因素。长期以来，无论是制度设计者还是参与者均容易受到“应当改革”思维模式的影响，注意力集中在精巧的制度设计层面，而较少关注或者忽略了人的主体因素，司法改革应当造就怎样的法官？对法官的角色定位应当如何？法官应当具有怎样的职业地位与职业理想？对上述问题的回答是构建人员分类管理、司法责任、司法职业保障等配套制度的逻辑起点。将关注点转移至法官角色定位问题并非老生常谈，实际上是对当下配套改革出发点及目标的重新审视，一定程度上是一个常识回归问题，[①]也是检验司法改革成败的基础性命题。

中国的行政法官作为法官队伍中的一类特殊职业群体，有着区别于其他法官的独特使命与梦想，其角色定位如何是需要认真反思的。在中国由形式法治迈向实质法治的现代转型语境下，行政法官的使命感尤显紧迫。行政法官不仅肩负监督行政权力运行，平衡公益与私益的神圣宪法职责，而且担负化解个案行政争议，提供有效公法救济的裁断职能。通过个案审判发现公民个体背后的公共政策因素，通过创造公私协作的审判制度平台，达成共识，集聚智慧，实现

---

① 孟勤国：《司法改革应直面尝试挑战：法官不堪重负必然导致司法制度失去活力》，载《人民法治·法律实施》2018 年 2 月 20 日。

实质法治理想。行政法官的使命是光荣的,梦想是伟大的。然而,现实呈现出的残酷面相却令人胆寒。行政法官越来越沦为行政行为合法化的制度背书工具,职业认同感与尊荣感严重缺乏,职业保障极不健全,行政法官却严重流失。行政审判总体呈现出蹑手蹑脚、畏缩不前的衰败样态。究其原因,体制、机制等外在制约因素是制度性的原因,行政法官自身理想信念的弱化才是根本原因。二者互相影响,外因通过内因起作用,内因受制于外因。一方面,再好的制度离开了秉持公心、坚定执行的个人也无法实现其功能,甚至有可能异化为私人野心的工具;另一方面,即使存在完美的个人,如果缺乏制度的有效制约与保障,其理想也难以转化为行动力。

一、改革的逻辑起点——角色认同

法官作为职业群体对自身角色地位的认同是配套体制改革顺利进行的逻辑起点,它体现了法官群体对配套改革目标的认同,是改革推进的心理基础与内在动力。缺乏这种内在的认同,单纯依靠外力推动的改革措施并不能达到预期效果,反而会产生新的问题。

职业角色认同与改革的关系实质上是知行关系。孙中山先生的"行易知难"学说具有重大的启发意义。孙中山先生分析满清帝制推翻后,国民反愈限于水深火热之中的原因,他认为这源于国民党人"知之非艰,行之惟艰"的思想错误,此说系其"生平之最大敌也,其威力当万倍于晚清"①。孙中山先生进一步指出"倘能知之,则建设事业亦不过如反掌折枝耳"。② "行易知难"学说,作为孙中山先生建国方略的第一部分心理建设内容,旨在破除国人思想迷津,为其建国方略提供心理支持。不"知"也能"行","知"较"行"难。一旦形成对事物的真知,则所需的只有意志力了,所谓"有志竟成"。有学者也指出:"法学的实证精神如果离开了想象的翅膀,只能在幽暗的事实深谷之中徘徊,难免迷途与撞机;只有插上科学想象的翅膀,法学的实证精神才可能盘旋到必要的高度,看清事实深谷的基本脉络,确定进步的方向和道路。"③想象力是通往理想之路,理想决定了法学实证精神所能达到的高度。

笔者认为,对于行政法官个体而言,理想信念的坚定是必须具备的德性。这种德性若要内化为行政法官个体的自觉意识,进而达至这一群体的共同道德

---

① 孙中山:《建国方略》,三联书店2014年版,第4页。

② 孙中山:《建国方略》,三联书店2014年版,第5页。

③ 高家伟:《公正高效权威视野下的行政司法制度研究》,中国人民公安大学出版社2013年版,第456页。

品性，首要的是要对其角色地位形成正确的认知。正确的认知才能够对实践起到范导作用，进而引领行政法官在审判实践中达到知行合一。行政法官必须先做到真“知”。在此基础上，在审判中践行之，方能克服困难，越挫越勇。但现实状况却是，行政法官普遍缺乏对自身角色定位的准确认知，缺乏对职业地位与职业理想的普遍认同，缺乏完善自身知识结构、提升裁判能力的积极性，进而不能正确认识配套改革措施的重要意义，客观上减损了改革措施的实际效果。为此，有必要从理论上准确界定行政法官群体的特殊职业地位与职业理想，使之成为行政法官职业素养之核心认知，进而提升该群体的职业认同感。

二、改革对法官角色的应然定位——行政法官特殊的职业地位

习近平同志指出，司法是公平正义的最后一道防线。法官职业输出的是公平正义，法官应当是公平正义的维护者，任何以牺牲公平正义为代价所追求的目标均不能用来评价法官的行为。行政法官的角色定位不限于公平正义的维护者，这仅是最基本的要求。行政法官职业地位具有特殊性。

行政法官特指人民法院中从事行政审判业务的人员，不包括行政机关复议机构中的工作人员以及其他仲裁、调解机构的人员。行政法官所从事的业务赋予了其相应的职业地位，也决定了其角色与身份的特殊性。离开其业务职责，角色与地位便无从谈起。行政法官作为个体，其拥有各种各样的角色与地位。如在家庭中，他可以是子女、夫妻、父母。在社会中，他可以是普通消费者、病人、领导、下属、同学、普通朋友等。行政法官的社会角色与职业角色之间往往会相互影响，鉴于此，构建相应的职业保障制度，使其社会角色与职业角色之间保持适度的距离，以保障职业地位的独立性，也是综合配套改革的重要问题之一。笔者认为，中国行政法官的特殊职业地位表现在如下方面：

（一）合乎宪法的行政法秩序的维护者与建构者

“相对于刑事尤其是民事审判而言，行政审判职能的特殊复杂性表现在它位于宪政（法）、行政（法）、诉讼（法）和司法（法）的交会之处。与民事争议截然不同的是，任何行政法上的争议都蕴涵着丰富的宪法内涵，都隐含着国家宪法秩序的维护和建构因素，因此行政法上的争议在司法时空范围内的受理和审判绝非只是行政机关与个别的公民之间具体法律关系的恢复与矫正问题，更是符合现代实质法治要求的宪法秩序的维护和建构的问题。”①在未建构起宪法诉讼

① 高家伟：《公正高效权威视野下的行政司法制度研究》，中国人民公安大学出版社2013年版，第187页。

的国家,宪法秩序的形成需通过行政诉讼所修复或建构的行政法秩序实现。所谓行政法秩序是指行政权力运行与立法权、司法权运行以及公民权利保护之间形成的一种客观、平衡、动态的有序状态。行政法作为一门部门法创立发展以来,其目的是实现对行政权力的有效控制与监督,最终要实现为公民权利保护提供有效公法救济、平衡公益与私益的目的。在行政法治由形式法治向实质法治转型的背景下,行政权力运行应着重关注公民权利的积极保护,权力的实质正义属性及其运行的实质正当性,即实现所谓良法的“善治”。

维护与建构是行政法官能动性与积极性在不同层面的体现。维护是针对现时问题而言的,行政诉讼所要解决的现时问题乃是行政争议,行政争议的出现说明行政法秩序的某个环节或侧面出现了功能的紊乱。行政法官的首要职责即为通过个案规范事实的发现,运用法律解释与推理,确立裁判规范,进而使扭曲的权利义务关系得到矫正,紊乱的系统功能恢复至常态。建构则是面向未来的。

“行政争议的实质性解决并非秩序的恢复,而是秩序的重建。行政争议的发生意味着旧有的政治、经济和社会关系的秩序已经被打破,恢复不仅是不可能的,而且甚至是违反社会发展潮流的,因此根据新的事实关系与法律观念的状况进行秩序的重建是积极能动的实质所在。旧有秩序的打破可以甚至必须诉诸对抗的方式,但是未来秩序的重建则只能采取协作的方式,这是程序合作的要旨所在。”①行政法官同时也是秩序的建构者,必须首先在内心中形成对“行政实质法治”理想的坚定信仰,并且充分认识到职业地位在建构秩序方面的重要作用。那么如何建构?我们知道,宪法秩序是一个能够广泛集中民众智慧的秩序,是一个汇集民众力量的秩序。宪法秩序的形成依赖于民意与民众的力量。行政诉讼的过程不仅仅是一个公民个体寻求公法救济的过程,也是一个民意的表达、形成、收集与升华的过程。对于行政法官而言,需要发挥能动性与积极性,将公民通过行政诉讼所表达出的以公共政策形成推动宪法秩序建构的意愿,引导向积极、建设性的方向。这种能动性与积极性的发挥,正是行政法官的特殊光荣。行政法官行使审判职能的过程,正是在行政诉讼的制度平台上,寻求当事人与行政机关、诉讼参与人之间最大共识的过程。所谓最大共识,即公民、行政机关、诉讼参与者等对于个案背后隐藏的公共政策在经过理性协商、平等对话后所形成的最佳基准方案。这种方案也恰好构成了宪法秩序的一部分。

---

① 高家伟:《公正高效权威视野下的行政司法制度研究》,中国人民公安大学出版社 2013 年版,第 394 页。

（二）现代公民意识的培树者

不容置疑的是，公民的民主意识与民主能力均需要培树。当然，笔者丝毫不怀疑公民在社会中所自然形成的民主意识，但这种意识如若不加以引导，则容易产生破坏性的力量。绝对的民主导致绝对的专制，直接民主的后果往往是“多数人暴政”，这点已为无数的实践所证明。实践表明，即使最为科学和规范的诸如选举、协商、表决等民主程序，也不能杜绝人民意志“失真”或者“失道”的可能性。因此，要防范人民意志失去理性和公道，除了依靠民主程序的内在制约力量之外，还必须依靠民主程序之外的辅助力量。

行政法官则是当之无愧的这种制约力量之一。具体言之，行政法官的这种角色体现为：

1. 有效监督行政权运行。从一般分权原则的观点来看，立法权作为民意的代表，其具有广泛的代表性、普遍的正义性等特点。行政权作为立法权的行使，其本身具有执行性、效率性的特征。二者所体现的价值属性不同。一方面，当行政权完全遵循立法权所代表的形式正义去行使时，往往会陷入实质不正义的境地。这源于立法权的滞后性。此时，司法权作为一种外在力量，可以起到有效的监督作用。行政法官通过对立法语言的解释，本着实质正义的解释方法，纠正个案当中的形式正义，有利于避免公民权利遭受实质的不正义。另一方面，当行政权脱离立法权的目的，以恣意及不合比例的原则行使时，公民权利必然要遭受侵害。这时，行政法官遵循目的解释方法，通过合法性审查矫正行政权的不正当行使，使行政权的行使不偏离主流民意，实现公民权利的有效保护。可见，行政法官这种平衡作用能够监督行政权，使人民民主意志在实践操作中不致偏离其本意。

2. 引导公民理性行使权利，培养公民意识。行政诉讼是现代社会公民行使民主权利最直接、最具对抗性的方式之一。然而，从目前的行政诉讼案件类型来看，滥诉行为所导致的案件占据相当高的比例。所谓滥诉，并非指单纯数量上的庞大，而是指原告在以偏离诉讼目的的方式不正当行使诉权，系以行政诉讼制度作为工具，达到行政诉讼制度功能之外的目的。[①] 这种目的在实践中往往表现为煽动群众，扩大影响，引起法院之外的有关部门或某些特定对象的关注，进而解决其诉讼之外的纠纷。这一方面造成了有限司法资源的不必要浪费，另一方面加剧了行政审判制度的异化。滥诉作为行政诉讼中的一种特殊现象，其产生的原因值得深思。笔者以为，行政诉讼的制度设计缺陷与功能弱化、

① 梁艺：《滥诉之辩：信息公开的制度异化及其矫正》，载《华东政法大学学报》2016 年第 1 期。

行政审判权威缺失、外部法制环境不健全等均与之相关,笔者无意在本文中具体分析,仅就公民民主素质的养成这一深层原因进行阐述。

中国帝制传统所培育出的“成王败寇”的思维模式造就了国人重结果、轻程序的思想观念,这种思想观念与市场经济伴生的个人自由相结合,导致极端利己主义的产生。为实现目的不择手段正是多数滥诉现象产生的文化基因。这种基因与现代公民所应具备的民主素质格格不入。“经济人”假设扩大了个人对利益的无限追求。“天下熙熙皆为利来,天下攘攘皆为利往”,无利不起早。行政诉讼原告提起行政诉讼的主观目的系其期待通过行政诉讼实现个人私益本无可厚非,然民主意识权利意识更需要寻找合适的方式,方可转化为现实的利益。行政法官在处理此类行政案件时,必须发挥裁判的刚性作用。通过裁判结果宣示,在资源有限的情况下,对不具有争议性或不适合法院裁断的案件直接不予受理,引导原告通过其他途径解决纠纷。行政法官对滥诉行为的否定性评价隐含的命题是法律、法院并非万能,这种自我谦抑的表达正是对原告的一次民主教育。实践中,这种做法所产生的效果虽不理想,但对公民民主能力的培养却是必要的。

从行政审判制度的本质考察,行政法官对公民意识、民主能力的培养责任重大。行政审判本质上就是一种公共政治协商机制,通过具体审判程序的展开,将当事人盲目的、模糊的甚至原本是非常对立的目的,通过权益诉求型、意见表达型、关系协调型、价值矫正型等归类方法,引导到法定制度目的轨道上来。唯有如此才能寻找到各方利益的平衡点,在利益平衡的基础上谋求共识。笔者以为,行政诉讼是民意的集中表达场域,个案背后均有公共政策因素。诉讼过程是各方参与者“有限理性”的汇聚,行政法官本身也只具备“有限理性”,也需在诉讼过程中不断学习。对公民个人而言,个案的参与实为对公共政策决策的参与。对行政机关而言,个案诉讼是国家治理方式及公共政策合法化的必要途径。行政法官的作用表现在营造平等协商的对话氛围,保障当事各方的程序权利,使各方意见得以充分表达,积极发现个体私益中蕴含的公共利益因素,引导当事人尤其是原告方提供建设性的意见建议,形成公私协力,在协商氛围中寻找利益平衡点,构建面向未来的公私协作伙伴关系。

三、改革目标应与法官职业理想相契合——行政法官特殊的职业理想

综合配套改革旨在通过打造素质过硬的法官队伍,尊重司法规律,努力让人民群众在每一个案件中感到公平正义。公平正义同样也是法官的职业理想,只不过在不同案件中得以实现的方式不同。只有在改革目标与法官职业理想

相一致的情况下，改革才能取得成效。

理想不同于理想主义。理想作为引领主体行动的意识，源于主体对于自身使命、与环境交互作用的清醒认识，是一系列价值、情感、制度、方法的统一体。理想因其根源于现实，旨在突破现实的困境，因此乃是能够指导实践的正确观念、认识，具有转化为现实的可能性。理想主义则偏重于情绪、情感的宣泄，不具有现实可能性。职业理想则是职业群体共同的心理基础，是职业群体集体意识的高度凝结，也是职业群体对于自身职业特点、发展方向、功能作用等共同的认识，它内化为职业群体的共同意识，指导职业群体的职业实践。同时，职业理想也是衡量一种职业是否成熟的重要参考指标。职业群体只有形成对职业理想的正确认知，并通过职业实践自觉追求职业理想，才有可能建构起职业共同体的共同意识基础，做到知行合一。在此意义上，对于行政法官这一职业群体而言，树立起明确的理想意识，以正确的理想指导实践，不仅能够进一步完善行政审判制度保护公民合法权益、监督行政机关依法行政的功能，而且能够促进职业共同体自身的健康发展，为实质法治建设提供智识资源，因而具有重大的理论与实践意义。

笔者认为，作为一种职业理想，"行政实质法治"指经由行政审判制度，实现行政权行使的实质法治状态。具体而言，它具有如下含义：

1. 法治类型上的"实质法治"。从亚里士多德提出法治的经典定义即"法治应包含两重含义，已成立的法律获得普遍的服从，而大家所服从的法律又应该是制订得良好的法律"①以来，对于法治的内容，众说纷纭，但不容置疑的是，法治已经成为具有共识的话语体系。法治作为一种政治理想，也早已为思想家所论证。如洛克即指出"使用绝对的专断权力，或不以确定的、经常有效的法律来进行统治，两者都是与社会和政府的目的不相符合的"②。一般而言，法治类型可以划分为形式法治和实质法治两种。形式法治强调法律颁布的方式由合格的授权者以合法的授权方式颁布，法律规范的清晰性（能够清楚指引个体行为，具有可预测性等），法律系统的自洽性。形式法治一般不关心法律是善法还是恶法，着重于法治规范的形式性。实质法治则要求法律本身具有社会的正当性，法律及执法过程旨在实现社会的公平与正义。形式法治与实质法治并不能严格区分优劣，其各自均有独特的价值属性，也是相通的。但从一般文明国家法律发达的历史分析，法治的类型呈现出由形式法治向实质法治转型的普遍历程。

① ［古希腊］亚里士多德：《政治学》，吴寿彭译，商务印书馆1981年版，第199页。

② ［英］洛克：《政府论》（下篇），叶启芳、曲菊农译，商务印书馆1964年版，第85页。

形式法治与实质法治的阶段性划分和有序递进式国家法治文明建设的客观规律。笔者认为,“行政实质法治”作为职业理想,具有观念和制度两方面的内核。其一,观念层面,行政机关行使权力须奉行自然法中的超验价值。作为发源于人类心灵深处的美德,自然法中所包含的诸如尊严、生命、自由、平等、民主、秩序等价值已成为世界不同文化所接受和发展。康德早就指出,这些超验价值是一种远在彼岸的召唤,对人类实践活动起到一种范导作用,也只有在实践领域才能发挥作用。对于公民个体而言,实践这些超验价值是通往自由的方式。对于国家而言,这些超验价值是其进行合法化统治的观念灵魂。行政权力作为国家权力的一种,其行使必须以这些价值为指导观念。否则,必会陷入专制泥沼,失去存在的合理性基础。其二,制度层面,行政机关应切实贯彻人类文明共同体法上的一般法律原则,及时有效地弥补诸如裁量权滥用、政府失灵等方面的制度漏洞。人类文明共同体法是不同国族人民进行跨国交往必须遵循的基本行为规范,是人类走向大同社会——“全球公民社会”——的规范化表现形式。在公法领域,人类文明共同体法主要表现为人权保障、分权制衡、民主、平等、比例、信赖保护、正当程序、依法行政等具有世界普适性的一般法律原则。行政权作为公权力中最具侵害性、直接性的类型,其在运行过程中应充分贯彻上述法律原则。

上述观念和制度层面对行政权行使的一些基本要求正是“行政实质法治”理想的外在表达。笔者强调的“行政实质法治”并不必然排斥形式法治类型下的合理因素,也不意味着两种法治类型的截然分离。从理论上讲,两种法治类型也难以截然区分。实质法治类型必然包含了形式法治的形式合理性因素,是以合目的性为原则对其进行的改造与升华。行政权行使必须以实质法治类型所蕴含的基本价值为灵魂。

2. 路径依赖——公正高效权威的行政审判制度。实现“行政实质法治”理想对行政审判制度具有天然的路径依赖。人类制度文明发展的历程已向我们揭示出绝对的权力必然导致绝对的腐败,依赖权力制约权力方为最不差的选择。司法权作为独立于行政权的权力分支,在克服行政权的恣意以及实现有效监督方面有其独特的价值。当代中国的行政审判制度因其特殊的历史使命应该发挥更大的功能。在通往“行政实质法治”理想的光荣大道上,行政法官这一职业群体必须清楚认识到这一制度特殊的价值,舍此无他。

有学者主张建立具备实质法治内核的现代行政过程论。“所谓实质行政法治,就是在全面、动态地考察行政活动整个过程的基础上,从实体性规范到程序性规范，对整个行政过程进行监督和控制，达到对行政过程全方位的法治管理。”①运用行政过程论全面、动态地考察方法反思、重构传统行政法学理论，对于规范现代日益复杂的行政活动具有重要意义。但笔者认为，这毕竟不是实现“行政实质法治”理想的全部。行政审判制度与现代行政过程控制相比，具有独特的制度优势。如前文所述，行政审判制度作为一种公共政策协商机制，在民意发现、民主参与、行政监督等方面具有重大的实践价值。行政审判制度乃是行政救济制度的核心。为此，行政法官既需要对该制度的功能定位具备清楚的认知，还需要在此基础上，以“实质法治”为导引，通过创造性的主体实践活动，使该制度的功能得以全面的发挥，实现行政审判制度本身的制度转型。

笔者认为，关键措施有两个：一是以公民诉权的有效保护为宗旨；二是以司法裁量权的有效规范为重心。保障措施有三个：一是达成行政法官职业群体的内部共识；二是促成以行政审判为核心的法律救济制度合力；三是以行政裁判的公信力保障为核心形成独有的制度优势。公正高效权威的行政审判制度的构建正是行政审判制度由形式法治到实质法治转型的体现。“行政实质法治”理想既需要行政权力运行的实质法治转型，也需要最主要的公法救济制度即行政审判制度自身的实质法治转型。在这一转型过程中，行政法官的作用至关重要。笔者之所以将“经由行政审判制度”作为实现“行政实质法治”的路径，乃是希望通过行政法官主体性作用的发挥，以行政审判个案实践作为均衡器与开关，以点带面，撬动整个宪法秩序运转的齿轮，进而推动中国的实质法治转型。

四、改革的内在动力——行政法官的担当精神

为政在人。离开行政法官群体的担当与情怀，行政实质法治的伟大理想只能成为镜花水月。在通往中国行政法治的道路上，需要职业共同体的共同努力。行政法官无疑是职业共同体中的核心力量，这同样是由其职业地位决定的。相对于外部环境等体制机制制约因素，行政法官个体的担当是决定中国行政法治成败的内在主体因素。

担当就是接受并负起责任。习近平同志指出：“是否具有担当精神，是否能够忠诚履责、尽心尽责、勇于担责，是检验每一个领导干部身上是否真正体现了共产党人先进性和纯洁性的重要方面”。有学者指出，中国“行政法官”的担当是提升行政审判公信力的关键。“令人遗憾的是，与时好时坏的外部环境相比，

① 朱维究：《再谈现代行政过程论——从形式行政法治到实质行政法治》，载《行政管理体制改革的法律问题——中国法学会行政法学研究会 2006 年年会论文集》，第 66 页。

司法自身缺乏担当,才是造成司法公信力不高,司法权威丧失最为直接的因素。”①行政法官不能勇于担当,主要表现在三个方面:缺乏担当的勇气、方法、精神。笔者对此深表认同,上述见解充分反映了行政法官在现实环境下面临的诸多“两难”困境,是直接对中国行政法官群体提出的明确要求。

但笔者认为,担当是需要有前提的,离开前提条件空谈担当,无异于鼓动行政法官以卵击石,结果会适得其反,致使行政法官群体更无担当。担当的前提其一是意志自由。康德指出,人的最高先验理性本质或称为无限的人格本体“我自身”,也就是他所指的“自我意识的本源的统觉的综合统一”,②它具有高度的能动性与自由行动的能力。“主体性”与“能动性”是人的先验自由本质。个案的裁决正是法官在其“纯粹理性”支配下从事的实践活动,也可以说是其“纯粹理性”的实践运用。根据“纯粹理性”的自由本质,行政法官在进行裁决时,不需要屈从任何外在的意志或命令,只需要遵从自身的道德律。从这个意义上言之,个案的裁决是法官个人合目的性的实践活动,是其个体自由意志的实践体现。如果个案裁决并非是法官个人意志的体现,却让其为这个裁决担当责任,在康德看来,这无疑于赤裸裸的专制,毫无自由可言。对此,以色列最高法院前任大法官巴拉克先生也指出:“个人独立就是独立于亲朋,独立于诉讼当事人和公众,独立于同侪和负责管理相关系统的法官(包括法院的院长或首席法官),独立于其他政府部门的官员。法官的主人是法律。法官没有其他的主人。从一个人被任命为法官的那一刻起,其行事就不能依赖另外的人。”③

其二是要善于担当,即担当需要讲究方法。不可否认,中国行政法官在裁决案件时,受到来自院内院外诸多因素的过多干扰,有时甚至要为自己的裁决承当政治风险。行政法官如何突围,不仅是一个担当的勇气问题,更是一门需要学习的操作技术。在这个问题上,域外司法审查发展史(包括以色列最高法院)为我们提供了许多有益的经验。在以色列即为巴拉克先生所述的各种手段的灵活运用。当然,与以色列最高法院的超级能动相伴随的,是“政治的司法化”以及“司法的政治化”。仅就技术层面而言,巴拉克法官提供的许多手段仍然可为我所用。

其三担当需要保障。行政法官主体作用的发挥需要“行政法官”职业保障制度的完善。当下职业保障制度的缺陷与“行政法官”所承担的历史责任与发

---

① 耿宝建、高鸿:《行政法官的担当是提升行政审判公信的关键》,载《人民法院报》2016 年 3 月 30 日。

② [德]康德:《纯粹理性批判》,邓晓芒译,人民出版社 2004 年版,第 89 页。

③ [以]阿哈龙·巴拉克:《民主国家的法官》,毕洪海译,法律出版社 2011 年版,第 78 页。

展使命极不协调,这种不协调加剧了“行政法官”职业角色与其社会角色之间的冲突,严重影响了行政审判权的正常行使,也是行政审判制度异化的客观原因之一。无保障即无担当。虽职业保障制度并不能解决行政法官所面临的所有问题,但它却是解决所有问题的必要条件。“仓廪实而知礼节,衣食足而知荣辱”。职业保障这一短板效应在现行体制下经过放大,其破坏力是巨大的。要强调职业的尊荣感,避免空谈理想与担当,必须以切实的保障制度的实现为前提。这一点尤其需要当政者的赞同与重视。

五、结语——“以人为本”的改革

当下司法体制综合配套改革已经取得阶段性成果,改革的深入推进离不开每一位法官的参与。司法活动就其本质而言,是法官个体的裁判活动。综合配套改革的基础、目标、具体措施等均是围绕法官裁判活动进行,也只有充分发挥法官的主观能动性才能够解决实践中的问题,取得实效。就这个意义上而言,综合配套改革应当以人为本,以法官为本。鉴于此,笔者认为,改革应当认真审视影响法官主观能动性发挥的具体原因,着力剔除不符合法官角色定位的制约因素,提升法官群体对职业地位与职业理想的认同感,保障法官愿意担当、敢于担当的主体意识。就行政审判实践而言,作为制约行政权的一种重要的制度构架,虽进步巨大,但在许多方面遭遇了“瓶颈”,甚至某些方面出现了制度的变异。司法审查权一定程度上沦为行政权效力的背书工具。这与行政法官主体地位的相对弱化不无关联。在强调行政争议实质解决的当下,该问题表现得尤为突出,亟须改革的关注与应对。在当下司法改革的洪流中,如何在配套改革措施的设置上强调法官的主体地位,理应成为改革决策者及参与者认真思考的问题。

心得体会

心得体会

魏浩锋

为政在人。法官是决定司法改革成败的最终因素。在法院内部,法官既是裁判者,也是被管理者。本轮司法改革的最重要目标之一即为实现法官真正裁判者的角色,为此需要改变传统管理模式对法官被管理者角色的强化状态,破除影响法官独立裁判的各种体制机制壁垒。归结于一点,司法改革需要提升法官的主体性地位。不可否认的是,在保障法官依法独立办案并对案件负责方面,司法改革提供了一系列堪称完备的制度设计,的确取得了实绩。然而,现实状况却是员额法官的办案压力日益增大,疲于应付各种行政化考核指标的要求。作为裁判者的法官与作为被管理者的法官角色存在明显的冲突。这种冲突产生了明显的负面效果,导致司法形式主义大行其道,程序空转现象严重,这一点在行政诉讼领域表现得更为明显。

法官角色冲突的背后,既有司法职业化与司法平民化的理念碰撞,也有公平正义与司法效率的价值冲突;既有作为组织的法院整体的政绩观与法官个体的职业荣誉感之间的不相协调,也有司法行政管理的非理性化与司法组织内部运行逻辑的规律性之间的相互抵牾。上述种种矛盾实际上是历次司法改革均尝试突破但仍远未解决的问题。对此,无论是制度设计者还是身处改革洪流的一线法官都无法回避。

在笔者看来,法官群体对自身角色地位的正确认知是其进行司法实践的心理基础,也是司法改革进一步推进的动力源泉。无论是孙中山先生主张的"知难行易",还是王阳明先生主张的"知行合一",均强调对自身的正确认知。作为一名行政法官,更有必要在对自身的角色地位进行反思。此心具足,不假外求!行有不得者,皆反求诸己,其身正而天下归之!

非诚信诉讼行为有效司法矫正之实现

——以充分激发裁判者能动性为视角*

吴志刚　杨　力　郭　帅**

【论文提要】

诚信诉讼是法律赋予诉讼参与人的基本义务,而非诚信诉讼行为是现代法治的副产品,是法治秩序和司法公正的消解力量。本文有感于司法实践中非诚信诉讼行为之普遍,试图从裁判者这一“人”的因素为视角分析原因,并提出建设性的解决思路。

本文第一部分从新闻媒体热点样态、裁判者亲历感受表达、宏观微观数据证成等视角分析,认为非诚信诉讼问题在司法实践中非常普遍,并未得到较好的解决,司法实践也未能通过对非诚信诉讼行为的有效矫正来发挥裁判所应有的指引、评价、教育作用。

本文第二部分从归纳非诚信诉讼行为的矫正依据入手,认为从法律规范供给上看,规制非诚信诉讼行为的规范供给充分,并非矫正效果不佳的核心因素。

本文第三部分锁定主要原因,即裁判者人的因素考量不足,并详细从心理容忍失之于宽、识别确认能力不足、现有考核反向激励等角度分析原因。

本文第四部分提出对策建议,认为要解决目前非诚信诉讼行为司法矫正效果不佳的困境,需要进一步在激发裁判者矫正意识、矫正激励、矫正能力上下功夫。

【主要创新观点】

对于诚信诉讼问题,法学学术给予了高度重视。但遗憾的是,司法实践似

---

* 本文获全国法院系统第三十届学术讨论会优秀奖。

** 吴志刚,新疆生产建设兵团第十四师中级人民法院政治部主任;杨力,北京市第一中级人民法院民三庭法官,曾获全国法院系统第二十二届学术讨论会二等奖,全国法院系统第二十六届学术讨论会三等奖;郭帅,北京市第一中级人民法院民三庭法官助理,曾获全国法院系统第二十九届学术讨论会二等奖。

乎并没有从非诚信诉讼的泥潭中挣脱出来,反而越陷越深,消耗了大量的司法资源去查明“虚假”背后的“真实”。司法对非诚信诉讼行为的矫正不力,包括对说谎之纵容,对虚假诉讼之打击欠佳等诸因素应当进一步检讨与反思。对于通过规制非诚信诉讼行为,进而在全社会营造良好氛围的使命,司法实践亦应有所担当。笔者发现,相关制度构建和学术研究多从社会诚信倡导,法律制度磨合,刑罚有效打击等方面着手讨论规制非诚信诉讼行为,鲜有文章系统的从裁判者这一“人”的因素出发,分析问题,寻找方案。

本文从揭示司法实践矫正非诚信诉讼行为效果欠佳与规范供给充分之“反差”入手,系统的从裁判者这一“人”的因素出发,分析问题,解决问题。本人认为,徒法不足以自行,对裁判者能动因素考量不足,是造成目前“反差”现状的重要原因。本文创造性地提出,要解决目前司法实践困境,需要对标裁判者“人”的因素,在矫正意识、矫正激励、矫正能力上下功夫。

引　言

古语云:人无信不立。诚信是社会主义核心价值观的重要内容,是个人安身立命之本,是社会和谐稳定之基。在司法领域,法律亦赋予诉讼参与人“诚实守信”之基本义务。而司法权作为一种明辨是非的判断权,对诉讼中的非诚信诉讼行为①加以矫正,并以此对社会公众作出教育、指引,自是应有之义。为了倡导诚信诉讼,从法律到指导意见,从民事到刑事,似乎构建了一张“多角度全方位”②的恢恢法网。与此同时,理论界与实务界均对诚信诉讼诸命题开展了卓有成效的研究。通过“虚假诉讼”“诚信诉讼”等关键词在知网上进行检索,可以得到论文3317篇。徐国栋教授在《中国社会科学》2001年第6期发表的《客观诚信与主观诚信的对立统一问题——以罗马法为中心》,被引次数高达213次居首。魏新璋法官等在《法律适用》2009年第1期发表的《对“虚假诉讼”有关问题的调查与思考——以浙江法院防范和查处虚假诉讼的实践为例》被引47次。可见,对于诚信诉讼问题,法学学术界给予了高度重视。但遗憾的是,司法实践似乎并没有从非诚信诉讼的泥潭中挣脱出来,反而越陷越深,消耗了大量的司法资源去查明“虚假”背后的“真实”。诚信在全社会的树立仍然前路漫漫。司法对非诚信诉讼行为的矫正不力,包括对说谎之纵容、对虚假诉讼打击

① 本文取非诚信诉讼行为之概念,涵摄诉讼中的一切违反“诚信”原则之行为,包括虚假陈述、虚假诉讼、恶意诉讼、伪造证据等诸行为,本质特征在于违反“诚实信用”之帝王条款。

② 参见《最高人民法院民一庭负责人就〈关于防范和制裁虚假诉讼的指导意见〉答记者问》,载中国法院网,最后访问日期:2018年5月11日。

欠佳等诸因素应当进一步检讨与反思。对于通过规制非诚信诉讼行为,进而在全社会营造良好氛围的使命,司法实践亦应有所担当。笔者发现,相关制度构建和学术研究多从社会诚信倡导、法律制度磨合、刑罚有效打击等方面着手讨论规制非诚信诉讼行为,鲜有文章系统地从裁判者这一“人”的因素出发分析问题和寻找方案。故本文将从探讨矫正非诚信诉讼行为实际效果欠佳与制度供给充分之反差入手,分析原因,并从裁判者这一“人”的因素为切入点,探析非诚信诉讼行为有效司法矫正的实现路径,以期为诚信原则落地生根尽浅薄的思考。

一、现状考察:矫正效果成效欠佳

对非诚信诉讼行为的规制直接涉及司法权威及当事人利益之保护,司法实践历来高度重视。但遗憾的是,无论是从媒体报道、一线审判人员对此的直观感受,还是数据分析来看,似乎非诚信诉讼行为大行其道的现状并未得到有效改善。

(一)新闻媒体热点样态

从媒体报道来看,每年都有较为轰动的虚假诉讼案件成为新闻热点。2015年,最高人民法院审结上海欧宝生物科技有限公司和辽宁特莱维置业发展有限公司虚假诉讼第一案,开出百万罚单。2016年江苏省检察院全年办理虚假诉讼监督案件322件,56人被追究刑事责任。2017年8月,上海法院对四起“套路贷”犯罪案件集中宣判。2017年12月,北京市丰台区人民法院成功审结北京首例虚假诉讼罪。2018年2月,最高人民法院第三巡回法庭当庭对作出虚假陈述的当事人罚款8万元。以虚假诉讼为代表的非诚信诉讼行为,在新闻热点中从未缺席。

(二)裁判者亲历感受表达

从一线审判人员的直观感受看,非诚信诉讼行为在审判中非常普遍。我们采访了某法院业务庭10名员额法官,其均表示经常遇到非诚信诉讼行为,且表现形式各异,从庭审说谎到拖延进程,从制造送达难到转移财产,几乎无处不在。其中,法官H表示:“诉讼中的非诚信行为是家常便饭。在民间借贷纠纷中,大部分当事人都存在或多或少的撒谎。接触的多了,也就见怪不怪了,所以说主要还是得看证据。至于是否处罚,很少启动。主要是缺乏确凿的证据,也比较麻烦。”法官Z表示:“不说真话是当前法庭调查的一个痛点,尤其是涉及事实的查明问题。不少当事人法律意识淡薄,抱着一种讨价还价、不问黑白的态度来解决纠纷,对法庭的敬畏还有没建立起来。至于处罚,一般就是当庭训诫一下,没有罚款、拘留的经历。"类似的数据统计对此也予以佐证,如据浙江东阳法院调查,近 90% 的办案人员表述曾接触到虚假诉讼,且有逐年递增的趋势①。

(三)宏观微观数据证成

从数据分析看,近五年最高人民法院工作报告,2015 年工作报告提到全国法院清查虚假诉讼案件 3397 件,查处 307 人;2016 年、2018 年工作报告均明确提到依法制裁虚假诉讼,维护正常诉讼秩序。最高人民检察院工作报告自 2016 年起对虚假诉讼问题均有涉及,且篇幅不断扩大。2016 年提到加强民事虚假诉讼监督,对 1401 件虚假诉讼提出抗诉或再审建议,查办司法人员 63 人;2017 年提出检察建议 2017 件,查办职务犯罪 146 件;2018 年着重强调重点监督"规模性造假"和中介服务机构居间造假,抗诉或再审 1860 件,起诉 452 件。

为了进一步研究微观样本,我们在中国裁判文书网上选取了北京市第一中级人民法院 2017 年 6 月审结的全部民间借贷纠纷案件,共计 32 件,剔除撤诉、发回的案件 6 件,剩余 26 件,未发现虚假陈述的 4 件,明显存在非诚信诉讼行为的 22 件,涉及非诚信行为问题的高达 68.75% 。

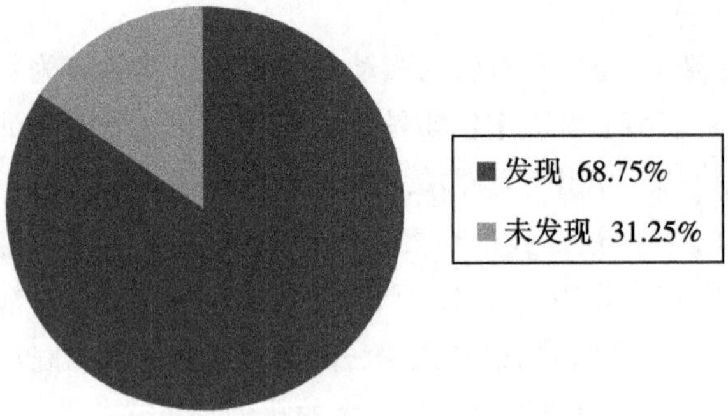

图 1　非诚信诉讼行为案件比例

进一步分析存在非诚信诉讼行为的 22 件案件,其主要表现为双方对重要事实表述有严重出入。其中法律关系表述不一(是否约定为借款关系)6 件,借款金额出入(具体借款多少)5 件,是否现金交付(是否支付了现金)4 件,伪造证据 1 件,对已还数额有争议 3 件。

① 参见魏新璋、张军斌、李燕山:《对"虚假诉讼"有关问题的调查与思考——以浙江法院防范和查处虚假诉讼的实践为例》,载《法律适用》2009 年第 1 期。

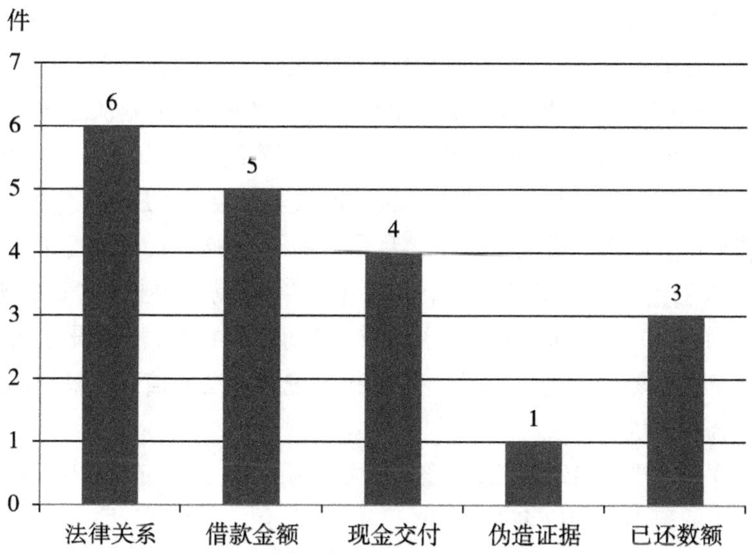

图 2　民间借贷案件中非诚信诉讼行为模块分布

从最终处理结果上看，虽然法官对争议问题（如是否为借款、借款数额多少、是否交付了现金等）均作出了最终认定，但对各方表述出入之原因，哪方存在说谎之行为，是否予以训诫、罚款等，大多避而不谈。22 件案件中，仅对其中一件撕毁重要证据、作出虚假陈述、行为较为恶劣的当事人予以了罚款。分析其原因，既有对“说谎”行为之纵容，客观上又有基于对法律事实与客观事实差异的无奈，在无确凿证据支持下，担心误伤当事人，引起涉诉信访等不必要之麻烦。

（四）结论

综上所述，规制非诚信诉讼行为的司法实践效果欠佳。固然各级法院均对虚假诉讼等非诚信诉讼行为给予了较高的重视，也有训诫、罚款、追究刑事责任的案例，但整体上效果仍然差强人意，并未有效改变非诚信诉讼行为较为普遍的现状。当然，必须指出的是，上述分析可能存在误差甚至不足，如全国受理的案件量增长带来非诚信诉讼的同比例增长，公检法机关打击力度加大，导致被发现的数量增多，新闻媒体对热点的广泛宣传造势，一线审判人员长期接触的累积印象等，但不可否认的是，非诚信诉讼问题并未得到较好的解决，司法实践也未能通过对非诚信诉讼行为的有效矫正来发挥裁判所应有的评价、教育、指引作用。

二、因素排除：矫正规范供给充分

非诚信诉讼行为司法矫正效果欠佳，大体存在两个值得重点关注的因素：

一是在法律规范供给层面,是否存在重大法律制度漏洞导致无从矫正;二是在规范落地实施层面,是否存在人的因素考量不足导致矫正目标落空。

从法律规范供给上看,规制非诚信诉讼行为的依据、措施从法律到司法政策,从民事到刑事,从全国到地方均有涉及,不可谓不充分。

在国家政策层面,2014 年,中共中央第四次全体会议通过《关于全面推进依法治国若干重大问题的决定》(以下简称《依法治国决定》),明确提出要加大对虚假诉讼的惩治力度。2017 年,十九大报告明确提出要推进"诚信建设"。2018 年 5 月,中共中央印发《社会主义核心价值观融入法治建设立法修法规划》(以下简称《核心价值观规划》),明确提出健全守法诚信褒奖机制和违法失信行为联合惩戒机制。

在基本法律层面,1987 年实施的《民法通则》第 4 条规定,民事活动应当遵循诚实信用的原则。2017 年通过的《民法总则》第 7 条规定,民事主体从事民事活动,应当遵循诚信原则,秉持诚实,恪守承诺。以此在民法典总则部分统领各编。2012 年修订的《民事诉讼法》第 13 条第 1 款规定,民事诉讼应当遵循诚实信用原则。在民事诉讼领域,把民法的"帝王条款"予以明文化。依据全国人大法工委立法修订中的意见,主要是考虑到当前虚假诉讼、滥用诉权、伪证等问题屡见不鲜,有必要在总则部分规定诚信原则,回应社会诉求①。《民事诉讼法》第 56 条设立了第三人撤销之诉制度,其重要使命之一亦是希望以此规制虚假诉讼侵害第三人利益问题②,赋予第三人通过启动一个新的诉讼来实现权利救济。《民事诉讼法》第 227 条明确规定执行过程中,案外人对错误法律文书可启动审判监督程序。《民事诉讼法》第十章,单列一章规定了对妨碍民事诉讼的强制措施。其中第 111、112、113 条,明确规定了对恶意诉讼、伪造证据等非诚信诉讼行为的强制处理措施。《最高人民法院关于适用〈中华人民共和国民事诉讼法〉的解释》第 189 条,列明证人虚假陈述的处罚措施。2015 年《刑法修正案(九)》规定了虚假诉讼罪,虚假诉讼正式入刑,通过动用刑罚手段打击,意味着立法上完成了对虚假诉讼行为的"最高惩戒"③。

在司法政策层面,2016 年《最高人民法院关于防范和制裁虚假诉讼的指导意见》,通过 18 个条款的详细规定,试图对虚假诉讼构建"多角度全方位的制裁

---

① 参见江必新:《新民事诉讼法理解适用与实务指南》,法律出版社 2012 年版,第 45 页。

② 参见全国人大常委会法制工作委员会民法室编著:《民事诉讼法修改决定条文理解》,中国法制出版社 2012 年版,第 61 ~ 65 页。

③ 洪东英:《论虚假诉讼的厘定与规制——兼谈规制虚假诉讼的刑民事程序协调》,载《法学》2016 年第 11 期。

体系”。各地方法院、检察院、公安机关对此也积极探索，如江苏、浙江、黑龙江等地方法院亦纷纷出台或联合出台有关规制虚假诉讼的指导意见。

表1　规制非诚信诉讼行为的主要规范条款

项目	序号	规范名称	主要内容
国家政策	1	依法治国决定	加大对虚假诉讼、恶意诉讼惩治力度
	2	十九大报告	推进诚信建设
	3	核心价值观规划	守法褒奖，违法失信行为联合惩戒机制
基本法律	4	《民法通则》第4条	诚实信用原则
	5	《民法总则》第7条	遵循诚信原则，秉持诚实，恪守承诺
	6	《民事诉讼法》第13条	民事诉讼应当遵循诚实信用原则
	7	《民事诉讼法》第56条	案外人启动第三人撤销之诉程序
	8	《民事诉讼法》第227条	案外人启动审判监督程序
	9	《民事诉讼法》第111～113条	依情节轻重予以罚款、拘留、刑事处罚
	10	《民事诉讼法解释》第189条	证人虚假陈述的处罚等的处罚
	11	刑法修正案(九)第35条	虚假诉讼罪：以捏造的事实提起民事诉讼，妨害司法秩序或者严重侵害他人合法权益
司法政策	12	最高人民法院：《关于防范和制裁虚假诉讼的指导意见》	对虚假诉讼的要素、可能情形、高发领域、处理措施等予以明确。(2016年6月20日)
	13	黑龙江：《关于防范和制裁虚假诉讼的指导意见》	对虚假诉讼的可能情形、防范措施等予以明确(2010年8月23日)
	14	江苏：《关于防范和查处虚假诉讼的规定》	从防范措施、案件查处、责任追究、公检法司配合等方面做出规定(2013年6月20日)
	15	浙江：《关于防范和打击虚假诉讼的若干意见》	从高发领域、防范措施、公检法司配合等方面做出规定(2017年3月8日)

结论：通过上述分析，可见法律规范供给因素并非矫正效果不佳的核心因素。

三、问题锁定：裁判者“人”的因素考量不足

徒法不足以自行，人是推动社会进步、事业发展的根本力量。非诚信诉讼行为有效司法矫正的目的落空，原因当然是多方面的。但对裁判者“人”的因素考量不足，是造成目前制度供给充分与运行效果欠佳之“反差”的主要因素。

（一）心理阈值不断提高：容忍失之于宽

心理学研究表明，当一件事情反复出现，人们对其就会习以为常，潜移默化中更加容忍。裁判者作为纠纷的裁决者，每天面对大量负面的、非诚信行为，导致心理阈值不断提高，对非诚信诉讼行为无形中更加容忍与放纵。裁判者对说谎等现象的漠视，使非诚信诉讼行为在第一时间未得到有效司法矫正，使诚信方对法庭失去信任及敬畏，导致更多的非诚信诉讼行为发生。长此以往，非诚信方不用付出任何代价就可颠倒黑白、有恃无恐，导致劣币驱逐良币，恶性循环，司法权威不在，法庭日益成为说谎者的天堂，法庭查明事实的难度越来越大。

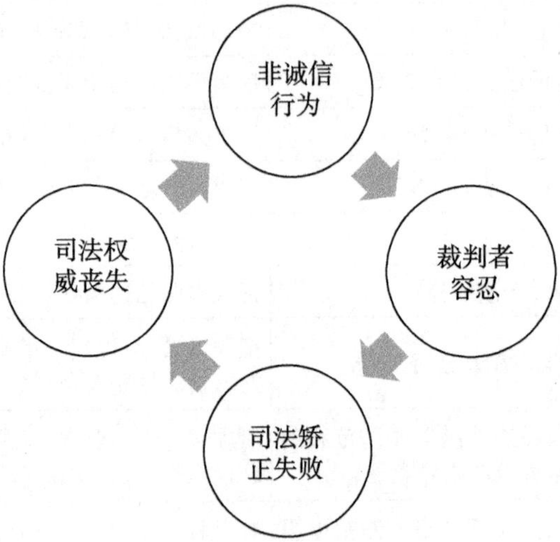

图 3　非诚信诉讼行为恶性循环

（二）识别确认能力不足：发现手段不够

非诚信诉讼行为的有效矫正，离不开对其有效识别和确认。当前一线审判人员普遍对非诚信诉讼行为具有感知能力（内心确信），但识别确认上存在严重短板。具体体现在以下两个方面：

一是对于双方事实表述不一，明显一方说谎的案件，缺乏确凿证据予以证明。结果意义上举证证明责任的分配，是事实处于真伪不明时的一种风险负担机制。德国学者普维庭说："证明责任判决始终是'最后的救济'，或者说'最后一招'，如果为了使法官达到裁判之目的，就别无选择。"[①]如果通过双方当事人充分举证，事实清楚，则不存在结果意义上的举证责任。而司法实践中，举证证

① ［德］普维庭：《现代证明责任问题》，吴越译，法律出版社 2000 年版，第 28 页。

明责任作为裁判利器，亦存在负面影响。【示例 1】原告：被告承诺按年利率 10% 给付利息。被告：从没有作出过承诺。法官：原告是否有证据证明被告曾承诺？原告：口头约定，没有书面证据。判决认定：未约定利息。【示例 2】原告：被告欠我 100 万元。被告：原告只给了我 90 万元，有 10 万元砍头息。原告：不存在砍头息。被告：原告撒谎，原告让我当天取了 10 万元给原告。原告：没有这回事。法官：被告是否有证据证明当天给了原告 10 万元？被告：有我取款 10 万元的凭证，当天我们在某地下停车场见面。原告：没去过停车场。被告：法院可以查明被告的出行记录，调取停车场全部监控。判决认定：不存在砍头息，欠款本金 100 万元，未偿还。上述示例形象展示了必定有一方说谎情形下，裁判者确无力查明的窘境。易言之，举证责任下推定的"法律事实"与"客观真实"存在多大差距，裁判者自己也不清楚。如[示例 2]中，虽然裁判者对法律事实作出了认定，认定不存在砍头息，本金 100 万元，但对于是否属于客观事实，是难以确认的。毕竟，"让一个消极中立的民事裁判者去做出这种判断，在身份上可能存在断裂，在手段和技术上可能也力有不逮"①。

二是孤立个案，裁判者处于信息资源劣势。对于非诚信诉讼行为中恶意串通侵害他人利益的诉讼、手拉手诉讼、虚假调解、恶意规避法律限制等，缺乏有效的识别确认手段。民事诉讼强调当事人的自主处分权，裁判者处于中立消极地位。充分尊重当事人之意思自治的理念，给此类非诚信诉讼行为留下了运作空间。从现有的司法经验来看，此类诉讼形式上的证据完备，诉讼双方对抗性弱，容易给法官以"事实清楚、证据充分"的假象。加之当事人本人很少出庭，诉辩意见流程化，无法发现客观真实，且很大一部分通过调解方式、简易程序、速裁程序得以结案，很难发现破绽。法官接触的是一个个孤立个案，缺乏有效的信息资源。"事实证明，某些在后来被认定为虚假民事诉讼的案件中，尽管在结果上有些不可理喻，但其发生、形成的过程却都是遵循法律形式要件的行为，法官在此行为过程中的确无能为力。"②毕竟，在民事诉讼中，裁判者本身处于信息的劣势地位，在当事人主义和证据规则主导的"法律真实"之下，此种劣势更加凸显。

（三）现有考核反向激励：积极主动欠佳

法官被誉为法律帝国的王侯。可现实中，法官作为一个活生生的人，也适用于理性经济人假设，在办案过程中，也会自觉不自觉地进行"成本—收益"衡量。经济学上的经济人假设，认为个人进行选择的依据是成本—收益分析：如

① 吴泽勇：《民事诉讼法理背景下的虚假诉讼规制》，载《交大法学》2017 年第 2 期。

② 项延永：《虚假民事诉讼之防范》，载《人民司法》2010 年第 11 期。

果收益大于成本,就去做;如果收益小于成本,就不做。对于法官来讲,现有的考核并未充分体现出对识别确认及制裁非诚信诉讼行为的正向激励,可能还适得其反。为充分说明,我们以一个民间借贷个案的“前世今生”为例。

【示例 3】A 公司诉 B 某民间借贷案。A 公司主张 B 某借款 30 万元用于个人资金周转,提供银行汇款凭证为据。B 公司主张款项系受 A 公司之托打通政府关系所用,款项购买礼品给了相关人员,并非借款。结论:AB 对款项用途表述不一致,必定有一方说谎,作出虚假陈述。要处理非诚信诉讼行为,首先要查明是否存在行贿、受贿等违法犯罪行为进而判定本案是否属于民间借贷法律关系,然后对非诚信方予以处罚。处理思路及可能情形:

第一种:以结案为目的,放纵非诚信诉讼行为及潜在的犯罪事实,则可能直接调撤结案,或依据证据规则直接认定是否属于民间借贷裁判结案。

第二种:以对非诚信诉讼行为及潜在犯罪事实有效矫正为目的,如当事人申请调撤不予准许,进一步调查取证,向相关人员核实,无线索的,裁判结案;有线索的且本身涉及犯罪的,移送结案,对非诚信诉讼方予以处理;有线索但不是同一法律关系的,裁判结案,线索移送,对非诚信诉讼方处理。

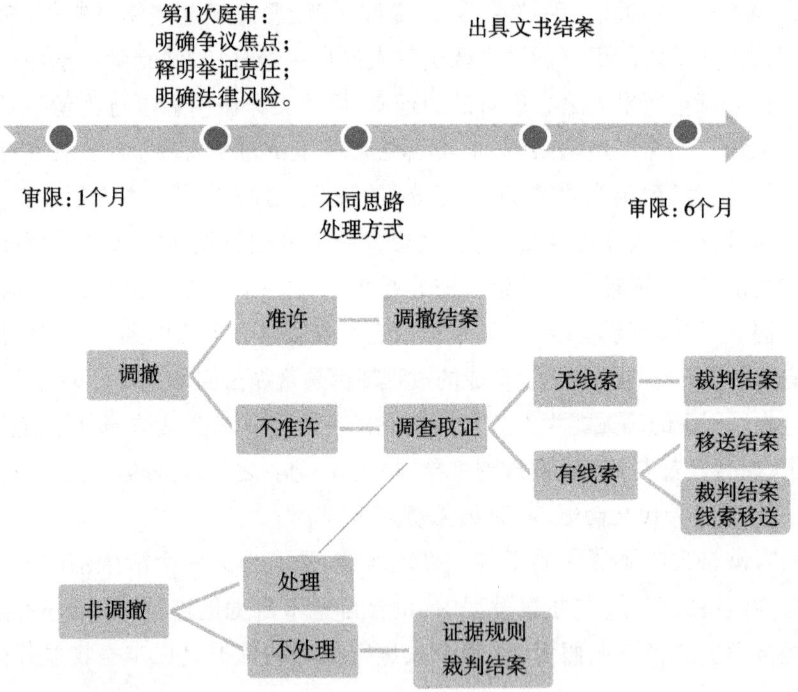

图 4　不同处理思路流程

依据目前《B 市法院案件质效考核管理办法(试行)》,上述不同的处理思路,可能带来不同的考核结果:对非诚信诉讼行为不予处理直接调撤结案或运用证据规则裁判结案,由此可能带来的考核好处是:1/2 审限内结案;结案均衡度高;调撤结案付出精力少及部门加分;无减分风险。风险是放纵了潜在犯罪事实及非诚信诉讼行为。对非诚信诉讼行为进行处理,则需要投入精力进一步调查取证,并视证据情况进一步作出裁判。由此可能带来的考核不利是:结案时间拉长,需要扣除审限;结案均衡度下降;无加分激励;如罚款/拘留等需要投入更多的时间精力。好处是惩治了非诚信诉讼行为及潜在犯罪事实。如果从理性经济人的角度考量,裁判者个人选择放纵或漠视非诚信诉讼行为对其个人考核更有力,而要想矫正非诚信诉讼行为则要消耗大量的精力而个人收益远小于成本。即便最终确认非诚信诉讼行为存在进而予以罚款或拘留,也存在流程过多、便利性不足、部门之间衔接不畅等阻确因素,在现有考核激励之下,不仅无任何加分等正向激励,还涉及多次合议、向院长汇报、上级复议、与立案庭/执行庭沟通、卷宗移转等一系列程序[①],客观上阻却了法官查明事实予以矫正的积极性。再考虑到目前法官工作繁重,正常结案已经疲于应对,对非诚信诉讼行为进行矫正更是力不从心。

四、对策建议:裁判者因素的充分激发

为解决目前非诚信诉讼行为司法矫正效果不佳的困境,需要充分激发裁判者的能动性,进一步在矫正意识、矫正能力、矫正激励上下功夫。

(一)激发矫正意识:责任担当下的裁判者心理阈值控制

一是有效激发裁判者的责任担当意识。我国当前正处于社会诚信树立的关键时期。司法对非诚信诉讼行为的矫正不力,将会在很大程度上影响社会诚信的树立。“在社会主义市场经济条件下,诚信原则是社会主义核心价值观的重要内容。如果从问题导向的角度来看,当前中国市场经济最缺乏的就是诚信。如果不通过法治手段把诚信树立起来,中国市场经济就没有希望。所以人民法院应当把树立诚信原则作为未来工作的基本要求”。[②] 因此,要进一步深化

---

① 本文第二部分微观数据分析中唯一作出罚款的案件为例[案号:(2017)京 01 民终 3777 号;罚款决定书:(2017)京 01 司惩 4 号],具体流程为:第一步,识别确认存在撕毁证据,虚假陈述等违法行为。第二步,将合议庭意见报请院长批准。第三步,协调立案庭,立司惩字案号。第四步,出具罚款决定书,并释明可以向上级法院复议。第五步,当事人书面提请复议后,向上级法院移送卷宗。第六步,上级法院审查,予以维持原决定,并向本院退回卷宗。第七步,向当事人开具罚款费用交纳票据。第八步,当事人拒不交纳,向立案庭移送立执行案号。第九步,执行庭强制执行。

② 杜万华:《当前民商事审判工作的九个重点问题》,载《法律适用》2016 年第 7 期。

裁判者对诚实信用原则和对非诚信诉讼行为有效司法矫正重要意义的再认识，从思想上高度重视，充分了解其对构建国家信用体系的重要价值，勇于担当。

二是通过具体载体形式，有效控制裁判者心理阈值。针对裁判者见多不怪后的心理默许与容忍，一方面可以通过非诚信诉讼行为矫正的经验分享交流、案例征集、风险警示、新闻发布会等具体形式，给裁判者以指引和教育，使其意识到职业的重要性及规制非诚信诉讼行为的重要意义，确保心理阈值扩大后能够有效收回。另一方面可以通过制定案件风险警示表，由裁判者进行评估确认，加强对裁判者的风险警醒与职责提示。

（二）培育矫正能力：补齐裁判者识别确认短板

一是激发裁判者加大审查力度，查明客观事实。规制非诚信诉讼行为，要在充分保障当事人程序权利、处分权利同时，强化裁判者的司法审查力度。尤其对于非诚信诉讼行为高发领域的案件的基础事实要强化审查，对于涉及潜在非诚信诉讼行为的，要进一步加大调查取证力度，做到事实清楚，证据充分，克服审判中“不愿花时间精力去发现事实”①的弊病。对于案件的证据材料，即便对方当事人均无异议，裁判者也应从真实性、关联性、合法性进行实质审查，避免虚假自认和恶意串通。对于民间借贷等非诚信诉讼行为重灾区，要加强案件筛查识别，综合借款的原因、时间、地点、来源、付款方式、流向、双方关系、经济能力等综合判决确认非诚信诉讼行为，并充分激活当事人本人出庭制度。“在我国民事审判实践中，存在简单地适用证明责任规范的做法，而不是尽量综合考虑案件的证据资料解决主要事实真伪不明的问题。”②结果意义上的举证责任本质上是待证事实真伪不明时的一种风险负担机制。司法裁判中过多运用举证责任，导致即便裁判者认定了相关事实，也无法予以处罚。因为裁判者自身都尚不清楚认定的法律事实与客观事实是否一致。因此，要通过激发裁判者加大审查力度，最大限度的弥合法律事实与客观事实之间的差距。

二是加强智慧法院建设，为裁判提供大数据支持。有的当事人利用各地各级法院之间、法院内部各庭室之间的信息不畅漏洞，制造非诚信诉讼。如在生效案件执行过程中，利用案件信息不对称，在其他法院另行提起虚假确权诉讼，以对抗执行。又如部分企业以资金拆借为经常性业务和主要收入来源，损害国家金融管理秩序，但纠纷解决有意分散管辖，制造个案表象。为克服信息非对称性，要积极依托现有审判信息平台，关联当事人的所有相关涉诉案件及裁判

---

① 徐昕：《法官为什么不相信证人》，载《中外法学》2006年第3期。

② 张卫平：《民事诉讼法》，法律出版社2009年版，第213页。

结果,"充分发挥信息系统防范虚假诉讼的作用,建立法院之间案件信息沟通机制和防范虚假诉讼信息共享平台"①,实法院内部系统共享,从根本上消除利用信息不畅带来的恶意诉讼问题。此外,还要积极构建非诚信诉讼行为黑名单制度,依托现有审判信息平台,将识别确认属于非诚信诉讼行为的基本信息、失信行为等及时录入,相同当事人进行其他诉讼时,系统可以智能推送,以此提醒裁判者要对潜在的非诚信诉讼行为多加重视。

(三)强化矫正激励:激发裁判者积极性

一是进一步完善业绩考核评价体系。当前,各级各地人民法院针对审判质效均制定了详细的考核评价办法。依据《B市法院案件质效考核管理办法(试行)》的规定,相关考核指标被分为公正指标、效率指标、效果指标。其中结案数、结案率、结案均衡度、发改率等是主要评价指标。这些指标在很大程度上起到了奖勤罚懒的作用,有效地推动了司法工作的高效开展。但必须看到,相关指标很少涉及对规制非诚信诉讼行为的考虑与奖励。在目前案多人少的矛盾下,过分依据这些指标,会导致法官为了完成业绩盲目追求数量,从而因时间、精力等放宽了对案件的质量要求,不利于非诚信诉讼行为的有效矫正。长远来看,不利于社会诚信体系的建设和完善。因此,要严格核定员额法院的饱和工作量,让其有时间精力矫正非诚信诉讼行为;要大力表彰对于非诚信诉讼有效识别、惩罚、规制的法官,在考核中予以加分等倾斜(如规定对处以训诫、罚款、拘留、追究刑事责任等不同强制措施的予以不同加分奖励);对于因严重不负责任而放任非诚信诉讼行为的法官要进行必要的惩戒。

二是畅通流程渠道,减少内部壁垒阻碍。其一要建立全流程非诚信诉讼行为规制,及时对规制非诚信诉讼行为的法律规范进行汇编,对非诚信诉讼行为进行类型化归纳,流程化管理。其二要畅通法院系统内部渠道,优化罚款、拘留等措施的实施流程,在充分保障当事人合法权益的基础上,凸显高效、便利,方便裁判者使用。可充分依据信息化技术,全面实现网上申请、网上审查、网上审批,加强与立案、执行、上级法院等沟通协调,减少成本。

结　语

雪崩的时候,没有一片雪花是无辜的。诚信诉讼是法律赋予诉讼参与人的基本义务,而非诚信诉讼是现代法治的副产品,它是法治秩序和司法公正的消解力量。"渐知从来个人间之私事,与团体存续讼事,大有关系。由知觉积成经

① 杜万华:《当前民商事审判工作的九个重点问题》,载《法律适用》2016年第7期。

验,公权力乃渐次发达,而法律之效用,亦甚形显著。”[①]非诚信诉讼行为的有效司法矫正,不仅涉及诚信方利益之保护,还直接涉及司法公信力的提升和国家信用体系之建设,事关重大,不可不察。毕竟,裁判者的使命不在于走程序而在于以最优的方式追求实质正义,司法的目的不在于裁判,而是通过裁判实现社会有效治理。[②]

心得体会

在写作中成长

杨 力 郭 帅

相较于日常审判工作,撰写一篇学术论文无疑是稍显枯燥的事情。正如何海波教授在《法学论文写作》在序言中告诫的:“论文写作是一门是实践的技艺,哪怕对着葵花宝典也不会长进功夫,没有一番百思不得,梦寐求之的磨砺,是写不出好文章的。”

确实如此,一篇好的论文,体现的是严谨的学术态度、广博的知识积累和出色的文字功底,而自己离这些还有很大差距。回想起本届学术论文讨论会的历程,最初的想法带着些许功利,当作一项任务来完成。既可以是完成庭里或院里安排的写作任务,也可以是完成自己给自己规定的要求,但终究脱逃不了不情愿这一主旋律命题。因缺乏了主动性,整个任务安排不尽如人意,到最后真真正正地成了一种痛苦的“负担”。非诚信诉讼行为并不是什么新颖的问题,之所以长期存在必然有些深层次的原因需要去探寻。坦率来讲,通过短短万余字的文章,实难透彻地讲清楚如何实现非诚信诉讼行为的“有效司法矫正”,还尚需要更深层次的理论探索和司法实践,不少问题已经超越了纯粹法学的范畴,需要更宏观的视角予以审视。

现在想来,撰写学术文章需要能够静下心,伏于案头,认真研习。通过阅读、总结,为自己的文章找到思路,然后在实践的过程中,不断修正自己的思路,解决其中面临的问题,小到表格如何设置,大到文章的分层与研究角度的取舍。一次次问题的解决都需要认真思考、与他人探讨,亦需要查阅相关案例,而这些

① 欧阳谿:《法学通论》,上海法学编译社1947年版,第81页。

② 参见汪国华:《常识与理性:走向实践主义的司法哲学》,三联书店2017年版,第1页。

都需要大量时间来支撑。因均处于工作状态,又不能因写作忽略本职工作,同时又要保证写作的有序进行,这便需要合理规划时间,合理安排工作、写作与生活,在每一个时间段都提质增效,如此方能在有限时间内交出一篇合格的文章。而在收集整理资料、分析研究、规划时间、合作碰撞的过程中,其实可以给自己带来由内而发的成就和满足感。这类满足感会更加持久,亦会有自我提升的感觉,在写作过程中发现并遇到更好的自己,也得以不断在各方面提升自己。

一年一度的学术讨论会,是法院干警在繁忙工作之余展现自己才华的宝贵契机,同时亦给了自己发现问题、解决问题的动力。由此反馈到审判实践中,既可以让自己能相对透彻深入地理解某一问题,有益于审判质效之提升,倘若文章足够清晰,还可以让更多的人通过文章能对某一问题有新的认识和思考。而这,便是写文章的意义所在。

论刑事二审程序多层构建与案件的繁简分流

——以二审审查范围为切入点*

张宝利　张　璇**

【论文提要】

我国二审适用全面审查的法定原则，全面审查的原则充分体现了我国追求客观真实的刑事司法理念，有其合理性和文化基础，但是，随着社会的发展，尤其是社会治理方式和司法理念的变化，全面审查原则与司法实践越来越不相适应，引发了各种问题，影响了二审功能的发挥，且有悖刑事诉讼制度改革的方向，因此，有必要在借鉴域外尊重一审、关注效率原则、比例原则等上诉制度构建经验的同时，立足本土实际情况，对二审审查范围进行分类改造。具体改造路径分为两大方面，一方面，需要通过建立刑事审判阶段的释明制度，提高被告人一方参与诉讼的能力，加强被告人对审判的理解与认同；另一方面，根据一审的审判程序适用有所区分的审查范围，对事实无争议的速裁等简单程序审理的认罪认罚案件将其上诉理由主要限定在为程序性及法律适用方面，保证此类案件的司法效率，节约二审审判资源，对一审普通程序审理的案件要在尊重其上诉权的基础上重点审查事实存在争议的案件，合理分配二审审判资源，做到繁简分流，投入与产出最大化。最后，还要对二审的裁判方式进行配套改革，对事实认定出现错误的要坚持二审直接改判，避免发回带来的诉讼期过长、"刑期倒挂"、走过场的弊端，对程序类违法应当以"重大错误"为原则，在维护程序正义的同时避免无效发回。

---

* 本文获全国法院系统第三十届学术讨论会优秀奖。

** 张宝利，新疆生产建设兵团第十四师中级人民法院民事审判庭庭长；张璇，北京市第一中级人民法院刑一庭法官助理。

【主要创新观点】

本文充分分析论证了我国现行二审机械适用全面审查原则已经不符合司法实践的需要，提出应当在借鉴域外经验的同时，立足本土实际，以十八届四中全会决定中明确提出的二审要“重点解决事实法律争议”为依据，提出二审审查范围的改革路径：应当通过建立健全权利告知、法律释明等制度，提高被告人的诉讼参与能力，增强一审事实认定的公信力和量刑裁量的认可度，根据一审所适用的程序及案件争议问题的类型，对上诉条件作出要求并分类适用有所区别的二审审查范围，对二审裁判方式也进行相应的调整，以期实现二审案件繁简分流，司法资源合理配置，刑事诉讼优质高效的改良效果。

我国《刑事诉讼法》第222条规定，第二审人民法院应当就第一审判决认定的事实和适用的法律进行全面审查，不受上诉或者抗诉范围的限制。共同犯罪的案件只有部分被告人上诉的，应当对全案进行审查，一并处理。这就是我国第二审人民法院全面审查的法定原则。第二审人民法院对案件全面审查，就是不仅要对上诉或者抗诉的内容进行审理，而且要对上诉或者抗诉没有提出而为第一审判决所认定的事实、适用的法律以及审判活动是否遵守了诉讼程序进行审理。[①] 全面审查的原则充分体现了我国《刑事诉讼法》以事实为根据，以法律为准绳的基本原则和实事求是的精神，但是，全面审查原则与司法实践存在诸多不相适应，引发了各种问题，影响了二审功能的发挥，面对深入开展的刑事诉讼制度改革，全面审查原则也需要加以改良。

一、全面审查原则现实运行中的现状

从《刑事诉讼法》第222条的规定来看，我国刑事二审实行的是复审制，而非续审，也非法律审。其基本出发点是：由不同主体在不同审级中从不同角度对案件情况予以反复审查，以纠正任何可能发生的错误，保证发现事实真相，实现案件的正确处理。这是我国刑事司法中真实发现主义的重要体现。同时，此原则以法律的形式直接限定二审审判对象，排斥当事人的选择余地，体现了国家对刑事司法的强势主导。[②] 与此相伴而生，我国的第二审程序功能就是实现审判公正和对一审审判监督两大方面，一方面，实现审判公平正义是基本功能，对一审进行监督指导是附属功能。另一方面，随着社会转型，全面审查原则与

① 陈光中主编：《刑事诉讼法》（第5版），北京大学出版社、高等教育出版社2013年版，第373页。

② 秦宗文：《刑事二审全面审查原则新探》，载《现代法学》2007年第3期。

司法实践脱节愈加严重,与司法改革的方向也产生诸多冲突。

(一)审查范围大而全,保障审判结果公正功能无法实现

我国的二审程序一直以来更多的都是强调对案件实体正义的实现,也就是对实现准确认定案件事实和准确惩罚犯罪的高度追求。然而,实践中,二审实行全面审查原则却导致二审发现真实、实现公平正义功能的不可实现:

一方面,诉讼事实本身就是相对而非绝对的,由于距案发时间相对久远,证人记忆可能模糊,物证特征可能湮灭等,二审程序并无优于一审的事实发现能力,因此以事实的唯一性和绝对性作为存在依据并以此作为追求目标的全面审查原则在很大程度上失去了存在的意义。

另一方面,大量的二审案件使上诉法院,尤其是中级人民法院不堪重负,二审法院无法开庭审理,脱离了直接言词原则的书面审理方式使二审事实发现能力缺失。在全面审查原则的要求下,二审法院的法官需要花费大量的时间和精力去一一处理每一件二审案件,无论一审采用速裁程序、简易程序还是普通程序审理,二审审理程序都是一致的,都要撰写审理报告,合议庭进行合议,制作合议笔录,当事人谈话笔录,加之必须进行的提讯工作和必须严谨撰写的二审裁判文书,一个二审案件的工作量也是十分可观的,对于一名中级法院的法官来说,其承办的一审案件属于刑期十年以上的案件,很多还是命案还有大要案,在仅仅 3 个月的审限内,法官要十分细致投入地审理一个甚至多个重大刑事犯罪的一审案件的同时,还要分散精力和时间去处理大量的二审上诉案件,对于一名法官来说,其工作压力不可谓不大。

(二)全面审查原则与繁简分流、提高诉讼效率的司法改革方向背道而驰

诉讼效率要求投入的司法资源产出尽可能多的诉讼成果,多年来,西方发达国家在效率理念的指导下,对诉讼程序进行了许多改革,如美国大力推行诉辩交易,德国扩大有罪不起诉的案件范围等。① 近几年来,“两高”大力推动的认罪认罚制度改革,目前,笔者所在地区的基层法院,大多数案件都是通过以认罪认罚为基础的速裁程序、简易程序加以审理的,其程序适用基础就是尊重被告人的选择权,鼓励被告人与国家合作,对此类案件二审进行全面审查是否是必要和有效的?从诉讼经济来看,在一个案件流程中,合理的司法进程应当是增强一审程序的案件处理能力,强化一审判决的稳定性,防止不必要的上诉,以尽快稳定社会关系,而全面审查原则实质上诱导被告人提出上诉,并通过再次

① 陈光中主编:《刑事诉讼法》(第 5 版),北京大学出版社、高等教育出版社 2013 年版,第 16 页。

审判架空一审，这与改革中的效率原则相悖。[①] 必须引起注意的是，二审法院全年审理的几百件案件中仅有若干件审查发现一审法院核心犯罪事实认定有误，其投入与产出比例严重失调，纠正几件案件的代价是几百件案件审理所耗费的大量时间、精力，严重违背比例原则和效率原则。

（三）被告人诉求不受重视，权利救济缺位

二审全面审查的原则一方面在一定程度上助长了部分被告人“为了上诉而上诉”的侥幸心理，另一方面，全面审查的模式有时会与上诉人的上诉意愿背道而驰，变相侵犯上诉人的权益，在相当一部分的二审改发案件中，上诉人的上诉理由并没有得到支持，改发的理由是其他方面的问题，而无论其改发的结果是否实质上会有利于上诉人，上诉人均没有选择权，甚至是没有充分完全的知情权，因为二审裁判文书通常是概括性一语带过发回重审或改判的理由，并不具体阐述，在内部的监督函中才会具体指明，上诉人稀里糊涂被告知案件要重新进行一审，一审法院按照二审监督函的“指示”进行重新审理，被告人像个背景演员一样只是跟随着走过场，但是却要承受案件结果不确定的煎熬，有时还会出现“刑期倒挂”的情况。

（四）全面审查与发回重审相互矛盾，一二审关系紊乱，审判监督不力

我国二审全面审查就是全案审查，要对整个案件从事实的认定、法律的适用、审理程序各个方面进行审查，实际上是一种再次审理，同时，二审法院又拥有发回重审的权力，全面审查与发回重审的并存，使一二审关系紊乱，审判监督错位：

一方面，发回标准模糊随意，统一裁判尺度功能异化。当二审全面审查后发现一审法院在认定事实方面存在事实不清、证据不足等问题时，二审可以不直接改判，而是选择发回重审，这造成诉讼效率低下，案件拖延不判。同时，我国对程序性违法制裁的规定也不够详细具体，导致审判实践中因程序违法发回的情况五花八门，标准相去甚远，而且程序性违法一般都予以发回也没有考虑到违法事项是否能够通过重新经历一审得到实质性救济，其发回的意义也值得商榷。

另一方面，全面审查加之监督力度缺乏造成一审依赖二审的不良趋势。司法改革以来，机械地将被改发案件数作为考核法官业绩指标的做法已受到质疑，笔者所在地区基本上已经不再将改发案件作为对法官个人业绩考核的扣分指标，有些法官对上级改发自己承办的案件并不再像过去一样十分在意，而是

---

① 秦宗文：《刑事二审全面审查原则新探》，载《现代法学》2007年第3期。

以一种得过且过的心态去面对,改发案件对下级法院法官的监督功能效果并不理想,还在一定程度上使一审法院对二审产生了依赖心理,甚至是出现了不少借由上诉将问题推给二审的情况。

二、上诉审制度的域外考察

美国的大多数州及联邦法院是三审终审制,也有个别州是两审终审制,美国的二审、三审都是法律审,就是只进行法律审的事后审,美国对进行事实审的下级法院极为尊重,认为事实应当由陪审团认定,而且上诉审对下级法院的法律适用的审查非常"宽松"。若原审法院有错误,当事人并未提出,原则上视为当事人放弃权利,维持原审判决;若当事人提出主张,原审仍犯错误,若无害于判决结果,亦维持原审判决;甚至原审所违反之法规范,是最高阶位的宪法规范,亦得适用无害错误法则,只要不影响判决结果,仍维持原审判决,有鉴于此,二审法院在裁判过滤过程中只能对一审判决存在重大瑕疵的部分予以纠正。[①]而且,不得不指出的是,在美国,95%的案件通过诉辩交易进行了处理,而这种案件是不能上诉的,这是其一大特色。

德国实行三审终审制,二审上诉审理事实和法律适用问题,即进行法律审和事实审,但是与我国二审大为不同的是,在德国,一审是由大刑事审判庭、陪审法院或邦高等法院审判的案件,则在第二审时不对其进行事实审,而且除一审审理的程序性错误,如管辖错误等能够进行发回重审外,一审认定的事实错误和法律适用错误都只能由二审直接改判。德国的第三审上诉为受限制的法律救济,只能进行法律审,也就是说,第三审不得否定之前判决所作出的事实认定,其只能对下级法院的审判是否有违反实体法和程序法的情况。按照上诉人的上诉理由为实体法适用错误还是程序法适用错误的不同将第三审上诉分为"事实上诉"与"程序上诉",被告人提出第三审上诉需要提交上诉书,"事实上诉"可以只是概括的说明其认为下级法院适用实体法律有误,但是"程序上诉"必须写明是认为下级法院审理中的哪项程序违反了哪项法律的规定,德国的第三审上诉设置有预先审查程序,不符合提起第三审上诉条件的会被直接驳回,其驳回比例是很高的,达到80%。[②] 能够得到支持的第三审上诉理由分为相对的第三审上诉理由和绝对的第三审上诉理由,也就是说,下级法院的程序错误或法律错误达到影响裁判结果才能够得到支持。

---

① 王兆鹏:《美国刑事诉讼法》,北京大学出版社2006年版,第572页。

② [德]克劳斯·罗科信:《德国刑事诉讼法》,吴丽琪译,法律出版社2003年版,第502~526页。

对比来看，我国的上诉制度与大陆法系和英美法系都有着不小的区别，而无论是大陆法系还是英美法系，无论是德国还是美国，相比我国，其对上诉审的制度设计都会更多地考虑效率、诉讼经济的原则，对一审的审理结果也更加的尊重。

三、我国二审审查范围的改革路径

一方面，我们要承认机械适用全面审查原则已经不符合司法实践的需要，与人们业已改变的司法观念和其他改革措施形成了冲突，并出现了实践与理论悖反的局面，不应当再墨守陈规；另一方面，我们也必须认识到，全面审查原则的确立和实行有其文化土壤和民族性格的支撑，真实发现主义仍然是国刑事诉讼制度的主导性理念，从大众心理来说，对国家的依赖感相当强烈，过分消极的司法权并不符合现实的大众期待，以程序正当为结果合理性判断标准的做法还难以得到大众认同。因此，对外国相关制度全盘接受的做法会导致“水土不服”，也不可取。

十八届四中全会决定中明确提出二审要“重点解决事实法律争议”，这就要求二审审理要明确案件争议点，对于有争议的事实认定或者法律适用问题，应当重点审查，着力分析；对于无争议的事实认定或者法律适用问题且不涉及冤假错案的，可以适度简化审理程序。据此，笔者认为，应当通过建立健全权利告知、法律释明等制度，提高被告人的诉讼参与能力，增强一审事实认定的公信力和量刑裁量的认可度，对二审审查范围分类改革，提高诉讼效率，实现二审案件的繁简分流。

（一）一审阶段建立释明制度

美德等国家上诉审普遍偏重或仅仅进行法律审，都是出于尊重一审审判的司法理念，但其基础则是审判公信力强，受认可度高的一审裁判结果。与美德等国家相比，我国上诉审之所以采用全面审查原则，确实有对一审法院审判不确信的原因，而大部分上诉案件其实并不存在任何事实认定、程序正当性或是法律适用方面的问题，被告人之所以上诉，就是因为不理解一审的裁判结果，其上诉理由所关涉的问题虽然一审已经正确解决了，但是被告人没有清晰的认知，也就无法理解和认可一审的裁判结果，因而上诉。这反映出在我国的刑事诉讼中，当事人，尤其是被告人的参与度不高，其知情权没有得到充分的保障。因此，加强被告人的参与能力，成为提高一审审判公信力、接受度，实现二审繁简分流的一个关键问题。

笔者所在地区自2017年开始推行刑事案件律师全覆盖制度，但是，法律援助律师的辩护质量不高,刑事法律援助的效果不佳,刑事辩护人对被告人庭审参与能力的提高帮助不大,而在短时间内让提高刑事法律援助的辩护质量,建构起一支强大、高质量的、能与控方平等对抗的律师队伍也是不现实的。因此,笔者认为,可以转换思路,构建刑事释明制度,通过加强对被告人诉讼权利的告知、审判程序的解释、定罪量刑的说理,使被告人在审判过程中享有充分的知情权,增加对审理过程和裁判结果的理解,提高一审息诉服判的概率,也为二审审查范围的分类改良奠定基础。需要说明的是,建立刑事释明权制度虽然需要审判者在审判过程中主动提示被告人的法定诉讼权利并为其释法解惑,但是其与我国多年来推动诉讼模式的现代转型,强化法官的中立地位,实现控辩实践的平等对抗的当事人主义诉讼模式并不矛盾,因为在被告人的程序主体地位没有得到充分保障前提下,单纯削弱法官的职权,只会将当事人主义诉讼模式中控辩双方力量失衡的缺陷无限放大,最终难以实现真正意义上的当事人主义诉讼模式。释明权的建立就是为了让被告人有能力真正参与审判活动,改变控辩失衡的状况,被告人在参与中理解审判过程、接受审判结果,为二审弱化事实审、改变单一全面审查模式奠定高质量的一审基础。

具体来说,刑事审判释明权的建立就是要在庭审前、庭审中、庭审后三个阶段分别有所侧重的加强对被告人权利的告知和法律的释明:一审庭前向被告人送达一份详细的权利说明,包括重要诉讼权利和常见量刑情节的提示和解读,对审判阶段的辩护权利如何行使,对其申请回避、重新勘验鉴定权利的行使条件、方法、后果进行提示和解读,对其案件是否应当公开审理,合议庭成员应当如何组成给予法律告知,对自首、立功、赔偿谅解等典型的从轻情节进行重点提示,并对其构成条件、量刑影响幅度进行解读,对累犯、再犯及相关罪名的从重、加重处罚情节也要给予标注;一审庭审开始时应当核实被告人是否已收到此类释明权告知书,其辩护律师是否对其进行了相关告知、解释,并当庭向被告人核实其是否对合议庭组成、公开审判、回避等问题提出异议,在质证阶段向其核实是否申请重新勘验鉴定等,尤其是在量刑辩论阶段,要向被告人核实其是否认为其具有法定或酌定从轻情节,法庭若认为被告人有从重处罚情节,应当在此阶段告知被告人并询问其是否有异议,理由是什么,并记录在案;一审庭审后,此阶段的重点在于文书撰写中说理部分的加强与宣判后对被告人疑问的口头解答,加强被告人对裁判结果的理解和认同。如此,在一审阶段,将被告人有可能产生异议从而上诉的问题进行明确的告知和权利提示,将程序性权利、量刑情节等问题尽可能在一审审理中解决,避免二审不必要的重复并节约审理时间,更重要的是,为二审审查范围分类分层,科学缩减打下良好的基础,节约司法资源。

(二)构建多层次、分类别的二审审查范围

笔者所在地区认罪认罚改革从基层法院展开,两年多以来,基层法院的案件基本上实现了初步的繁简分流形势,总体来说,首先,以被告人是否认罪,案件事实是否清楚为依据,选择适用简易程序或是普通程序审理;其次,对于被告人认罪,案件事实清楚的案件再次作出划分,以被告人可能被判处的刑期为标准,三年以下有期徒刑的案件可以适用认罪认罚程序,并根据具体案情再次划分为速裁程序审理的案件与适用独任制简易程序审理的案件,其他的案件则适用一般简易程序审理。笔者认为,对二审审查范围进行分类改革,应当以一审适用的审理程序为首要划分依据,分别适用不同的审查范围,实现二审审判资源的集中节约,实现二审繁简分流。

1. 速裁案件与独任制简易程序审理的案件

认罪认罚改革开展以来,笔者所在地区,此二类程序适用的案件为可能判处三年有期徒刑以下刑罚且被告人认罪认罚的案件,且经统计,近两年来,一审适用此二类程序审理的上诉案件无一被改判或发回,被告人上诉的原因基本上是为了能够在上诉期间取保候审处理个人事务或是不想去监狱服刑改造,也有少数是希望适用缓刑而上诉,但是没有对事实的认定有意见而上诉的。由此可见,对此二类上诉案件再统一适用全面审查的原则实属对二审审判资源的浪费,十分没有必要,需要首先对此二类案件的二审审查范围和方式进行改造。

(1)对一审适用速裁程序审理的二审案件:

①不再适用二审全面审查,仅对其上诉理由进行审查。

②对其上诉理由作出必要限制,除非被告人提出其一审认罪认罚非自愿,并且提供了具体的情节或线索的可以进行上诉,基于被告人一审时认罪认罚与案件事实简单清楚,且一审时已经进行了详细的相关程序性权利、量刑情节的释明,对量刑不满或是事实有异议的,一般不得上诉。

③对上诉人提交的其非自愿认罪认罚的相关证明材料进行审查并提讯上诉人及同案其他被告,必要时还可约谈被害人一方、证人核实了解相关情况,如二审审查后认为上诉人确系非自愿情况下的认罪认罚或是存疑,告知上诉人其可以选择案件发回重审或由二审法院直接进行裁判,若其选择发回重审,则重新进行的一审审理将不得再适用速裁程序,改为普通程序或传统的简易程序审

理,其不再适用速裁案件的从宽量刑程序。[①]

④如果上诉人在一审庭审时确实提出了其具有法定的从轻处罚情节(不是酌定),但是一审在庭审中没有予以质证或辩论,也没有在裁判文书中予以回应,也没有对此情节认定,上诉人因此提出上诉并且提交了相关的证明材料,那么此类速裁案件的上诉也可以成立。二审审查范围将仅限于对上诉人的相关上诉理由进行审查,不再对与此上诉理由无关的其他案件事实等问题进行审查,且原则上不得发回重审,应当尽量在二审时将此量刑争议问题予以解决,否则将有悖速裁案件高效、节约的价值定位。

(2)独任制简易程序审理的案件:

此类案件也属于案情较为简单、事实清楚、证据确实充分且被告人认罪的案件,只是相比速裁程序集中适用的醉酒类的危险驾驶罪等案件,其案情稍复杂一点,审理时间稍长。在笔者所在地区,对判处三年以下有期徒刑适用简易程序审理的案件基本上均适用了独任制审判,并同时也适用了认罪认罚程序,对待此类案件,也应当对上诉理由进行一定限制,避免无价值上诉,节约二审资源。也就是说,对于一审时被告人已经进行了认罪认罚且一审量刑时已经对其认罪认罚情节从轻了的案件,与速裁程序审理的案件一致,除非上诉理由为并非自愿认罪认罚,或是确实出现了新的证据和事实,或是一审对被告人及其辩护人提出的相关量刑情节是否成立没有进行回应,否则则视为其不符合上诉条件,直接驳回。

2. 简易程序审理的案件

改革以来,笔者所在地区,被告人可能被判处三年有期徒刑以上刑罚,同时被告人认罪,对案件事实没有异议的一般适用简易程序审理。此类案件中被告人上诉基本上是由于不满一审的量刑,对犯罪事实有异议的不多,而且,如果被告人认为一审认定的事实有误,那么实际上其已经不再符合简易程序审理案件的条件,其也很有可能属于在一审宣判后"翻供"的情况,一审时由于其认罪对其进行了量刑上的从宽,此时被告人的上诉行为在一定程度上是一种"失信"行为,滋生了一些恶意上诉情况。对于此类案件,笔者认为,应当严格其上诉理由,围绕争议点,以一审移送的案卷材料为依据进行审查。

(1)严格上诉理由。此类案件,允许被告人对一审认定的案件事实及量刑问题提出上诉,但是,上诉理由必须明确。如果其对事实认定有异议,应当写明

① 此时速裁程序适用的基础——自愿性不存在,如果允许案件发回后被告人仍旧可以重新选择适用速裁程序,那么无疑是一种程序的循环,极容易造成案件审理过程和结果的完全重复,毫无意义。

其对哪项事实认定有怎样的异议，且由于此类案件一审时被告人认罪且案件事实清楚才适用了简易程序审理，因此，如果一审宣判后被告人又以事实认定为上诉理由，那么，其应当提供相关的证据线索或清楚明确的理由，并向一审法院提交正式的上诉书，由一审进行审核，如果其只是概括性认为一审事实不清、证据不足，则应当被直接驳回上诉。

（2）围绕上诉理由根据全部案卷材料进行有重点的审查。此类案件的上诉理由一般围绕量刑问题，被告人在上诉时应当具体说明其对一审法院的量刑的异议原因是什么，在法律援助律师的协助下，应当标注其认为自己有何种从轻情节应当被认定，或是一审对其哪项从重处罚情节的认定有误，对符合上诉要求成功发起二审的此类案件，二审审查应当首先围绕上诉理由开展，这样既能够凸显被告人意愿在上诉审中的价值，也可以避免不必要的冗余审查，节约二审审判力量，而且此类案件的案情一般也比较简单明了，各地基本上都有成文的量刑规范化指导规则，不需要再通过二审审理统一裁判尺度。

（3）此类案件，由于对被告人判处的刑期较重，出于审慎及对被告人合法权益保护的原则，二审应当对移送的全部案卷材料进行检验监督性质的审核，也就是说，二审审判者应当本着检查者的心态对案卷材料所呈现的本案一审审理情况进行合法性审核，包括其事实认定是否准确、法律适用是否恰当、审理程序是否合规等。需要指出的是，这种检查与过去的二审全面性审查并不相同，一方面，此检查是以围绕上诉理由开展的二审审理为前提的，是一种具有附带性质的审查工作；另一方面，除非出现了严重影响被告人或其他案件当事人合法权益的问题，或是出现了严重影响案件公正结果的问题，否则，二审一般不应当由于上诉理由以外的原因否定一审判决对其发回重审，可以通过发送内部监督函或是在二审裁判文书中予以指正的方式实现对一审的监督指导。

3. 普通程序审理的案件

笔者所在地区的基层法院，适用普通程序审理的案件基本上为被告人不认罪的案件以及少量被告人认罪但是案情较为复杂的案件。对于此类上诉案件的二审审理，笔者认为：

（1）继续适用全面审查原则，理由是：此类案件被告人不认罪，控辩、审辩的协商基础不存在，并且容易激发被告人的不良情绪，需要采用全面、完整的审理程序，尽可能地让被告人，也就是二审的上诉人感受到二审的严肃公正。

（2）实现开庭审理。笔者认为，被告人不认罪，对一审认定事实和审理有强烈不满的上诉案件，二审应当首先对案卷进行认真的审阅，采用提讯的方式当面、耐心听取被告人的上诉理由，对于存有事实认定疑问的案件，应当做到开庭审理。由于长期以来二审不加区分的全部适用全面审查的原则,导致上诉法院,尤其是中级法院刑事审判压力巨大,法官审判精力分散、时间碎片化,无法集中力量审理疑难复杂、矛盾激烈的二审案件,二审案件基本无法实现开庭或是有效开庭审理,二审流于形式,二审息诉服判,解决社会突出问题的功能苍白无力,对二审审查范围等相关制度改革后,无效上诉、恶意上诉将大量削减,二审法官将能有更多的时间、精力用来审理争议激烈、矛盾尖锐、复杂疑难的二审案件,开庭审理二审案件有了保障,完整、规范的审理程序,细致、全面的审查,能够更好地让上诉人信服二审的审理结果,提高司法公信力,达到息诉服判的目的。

(三)对二审裁判方式进行配套改革

以上笔者对上诉的提出、二审的审查范围、方式等制度的改革完善提出了构想,与这些问题紧密关联的是二审的裁判方式。长期以来,我国二审制度被大量诟病的突出问题就是二审事实不清发回重审的裁判方式,前文笔者也对此制度的矛盾根源与其引发的实践困境做出了详细的论述,简言之,全面审查的二审审查范围与发回重审裁判方式的并存引发了二审、一审、被告人三方面的不良反应,严重制约了二审功能的发挥、一审审判质量的提高,有损被告人的权益。因此,对二审审查范围的改革必然带来二审裁判方式的变化,否则,改革的效果将大打折扣。按照笔者上述的改革意见,二审的裁判方式将应当设计为以下几种:

1. 因不符合上诉条件而被驳回的裁定。认罪认罚下的速裁案件及简易审案件,被告人提出不符合上诉要求的理由,应当直接裁定驳回上诉。其在上诉期内如果提出了经审核符合上诉要求的上诉理由,可以再次提出上诉。

2. 因上诉理由不成立而被驳回的裁定。各类案件,其成功发起二审后,二审经审查,认为上诉理由不成立,均适用驳回上诉的裁定。

3. 因事实认定错误、量刑不当之类上诉理由成立而作出的判决。改革后,二审审理后发现一审事实认定存疑的案件以及量刑情节认定错误、量刑明显不当的案件,应当在二审查清并直接改判,不再发回重审,避免诉讼负累,保证诉讼经济,提高二审裁判结果的公开性和公信力,发挥二审监督、指导功能。

4. 因上诉人自由选择或是重大程序违法而作出的发回重审的裁定。认罪认罚的案件中,上诉人提出其非自愿认罪认罚被查证属实后,上诉人要求二审发回重审的案件应当适用发回重审的裁定,且重新启动的一审将不再适用认罪认罚的相关程序。对于一审的程序性违法,应当本着程度严重足以影响审判结果、严重侵犯当事人合法权益以及发回后可以进行补救的原则,决定是否适用发回重审,对于轻微的程序违法,本着诉讼经济的原则和比例原则,不宜发回重审,可以通过监督函的方式对一审进行指正监督。

结　语

不加区分适用、范围过于大而全的全面审查原则不仅不利于二审各项功能的发挥,影响一审审判质量的提高,还与司法经济、不告不理、控审分离等诉讼原则相悖,因此,必须要对其进行改良,构建分类分层次的二审审查范围,根据一审适用的审理程序与上诉争议问题的类型适用不同的审查原则,并重点围绕上诉理由进行审理,同时通过构建权利释明制度,提高法律援助质量等配套措施,实现二审繁简分流,实现集约化审判模式,集中审判资源,实现对重大疑难案件息诉服判、统一裁判尺度的二审功能。

心得体会

法院系统第三十届学术讨论会论文获奖心得体会

张　璇

自入院以来,这已是我第四次参加法院系统学术讨论会了,意外获奖,非常荣幸,也十分感谢我院提供这样一个与大家探讨交流学术讨论会论文写作的心得和体会的平台,借此怀着诚惶诚恐和班门弄斧的心情说几点自己的感想和体会,还望大家多多指教。

首先,我认为是要充分认识到写作能力对做好审判工作的重要性。常言道"文以载道",意思便是要通过文章将天下的道理让大家知道。因此,写作能力便是我们必备的一项重要能力,它能体现一个人的逻辑思维能力、综合分析问题能力、统筹安排能力、驾驭全局的能力。作为审判工作者,再清晰缜密的逻辑思维,再深厚扎实的业务素质都要通过文字予以表达,想得再好也要靠文字力量传达,积极参加每年的学术讨论会,"逼迫"自己倾注力量写好一篇论文,无疑能够大大提高自己驾驭文字的能力。

其次,积攒"下锅米",紧贴工作实际,多多积累素材和想法。"巧妇难为无米之炊"。"米"就是平时积累的素材,就是平时的思想积累。要做工作中的有心人,平时审理案件不应满足于结案,多思多想,遇到疑惑之处多查阅资料,发现类案通病更要深入调研,参加法官会议、学习司改文件时注意发现问题,有了想法就紧紧抓住,查阅案例、论文,与同事研讨,开阔思路,加深理解,一篇论文的核心内容也许就跃然纸上了。

再次,学做“模仿秀”。文章的立意主旨难免重复,谋篇布局却能立见高下。多多研读历届的获奖论文,对优秀论文的立意结构、谋篇布局、段落安排等多多揣摩,反复修改打磨自己的论文,有时能够使论文“脱胎换骨”。

最后,勤练“手中笔”。“常看胸中有本,常写笔下生花”。第一要“从读悟写”,通过大量阅研本审判领域的各类资料,拓宽知识面,将论文写作建立在理解、吸收和积累的基础上,第二要“常练常写”,平时除了审判文书类的材料,也应当多写一些调研信息和精品案例,活跃思维,厚积薄发,倚马可待。

北京法院优秀奖

妨害公务罪公务合法性认定

——论行政行为公定力理论之引入*

李赟乐**

【论文提要】

刑法学界关于妨害公务罪中公务合法性的折衷说理论尚囿于理论层面,缺乏与刑事司法实践的有效互动。因此,若严格执行折中说,则可能使本罪虚化,造成不良社会效果;若欲保证本罪的社会效果,则出现该标准的选择性适用或公务合法性审查的简单化,导致司法适用中的混乱。究其深层次原因,主要是缺乏与其所保护的法益所涉部门法领域——行政法理论及规范的有效统一。行政法学界对行政行为合法性的认定已经形成了较为完备的理论体系,并经行政执法和行政诉讼大量实践。本文以行政行为为对象,将行政行为公定力理论引入刑事领域,并论证将其作为公务合法性的认定依据的必要性和可能性。针对行政执法领域妨害公务罪公务合法性的认定,提出以下认定标准:当妨害行为发生时,除非行政行为无效,或其合法性已被否定,应推定该行政行为合法;即便之后行政行为被确定为实质违法,亦不影响犯罪时合法性之认定。而对抗行为当时推定合法的公务行为,即构成本罪。

【主要创新观点】

1. 刑法并未对妨害公务罪公务合法性认定规定具体法律标准。该标准的确立,应从本罪保护的法益中去寻求,以期在统一的法律体系下确立相同的认定标准。为维护正常行政执法秩序而设立的罪名,不应脱离行政执法的规律去思考何为“依法执行公务”。否则,不仅容易停留在纯理论的思辨上,也容易与

---

* 本文获北京法院系统第三十届学术讨论会优秀奖。

** 李赟乐,北京市第一中级人民法院行政庭法官助理。

现实司法实践及其他部门法脱节。打破部门法解释的樊篱,将行政法中阐释行政行为合法性的独特理论——公定力理论引入刑事认定,不失为从本源上解决该种困境的良方。

2. 公定力理论所确立的推定合法原则,尤其适用于大量因阻碍现场行政执法涉嫌妨害公务罪的情形。该原则所确立的认定标准是:当妨害行为发生时,除非行政行为无效,或其合法性已被否定,应推定该行政行为合法;即便之后行政行为被确定为实质违法,亦不影响犯罪时合法性之认定。故阻碍推定合法的行政行为,即构成本罪阻碍"依法执行公务"的情形。传统折衷说理论所提倡的实质加形式标准,不仅对行政执法提出了过高要求,而且过多赋予相对人抵抗权,否定了本罪名设立的价值。

3. 公务合法性的刑法理论与司法实践认定标准之间的反差,说明目前相关理论尚停留在抽象理论建构层面。既未对司法实践形成有效指导,亦为吸取司法实践中有益的尝试,并将之理论化。从而引发了本文关于公定力理论引入的思考。

《刑法》第277条第1款规定[①]"以暴力、威胁方法阻碍国家机关工作人员依法执行职务的",构成妨害公务罪(以下简称本罪)。故本罪以"依法执行职务",即公务合法性为前提,自不待言。[②] 但何为"依法执行职务的"情形,合法性的标准是什么?对于公务合法性的认定在刑法和行政法领域是否一致,应否统一?本文将以公务合法性的认定为核心,试图回答上述问题。

一、刑事领域公务合法性认定之现状

(一)关于公务合法性的两种认定标准

由于目前刑法学界并未将行政行合法性作为单独对象进行探讨,而在本罪的构成中方涉及"公务合法性"的认定。而行政法学界主要以行政行为合法性为研究核心,具有大量的论述和研究。因此,两个学科在"公务合法性"的认定

---

① 该条规定本罪犯罪对象包括国家机关工作人员执行职务等四类情形。由于本文旨在探讨该条第1款中因阻碍行政行为涉嫌妨害公务罪时,行政行为合法性的认定问题。故行政主体外的其他主体执行职务的行为,并非本文所论范围,但结论可参照。

② 相关理论阐述中,除"合法性"的表述外,还有"合法""适法""适法性"等表述。由于内涵基本相同,本文除引文外,即用"合法性"一词。

上具有交集，而正如下面所论述的，两个学科认识并不相同。[①]

1. 刑法学界的折衷说。该学说为目前学界通说，即认为职务行为在内容和形式上、在实体和程序上均应合法。该学说所确立的具体判断标准是：(1)该公务员的行为在该公务员一般的、抽象的职务权限范围之内。(2)公务员实施其职务行为还必须有其具体的职务权限。(3)必须符合法律规定的、作为公务职务有效要件的重要条件、方式和程序。[②]

2. 行政法学界的公定力理论。行政行为有两种合法的情况：推定合法和实质合法。前者即行政行为的公定力，系行政行为除无效外，一经作出，即应推定其合法有效。如果相对人或者利害关系人认为该行政行为不合法，也须通过行政复议或者行政诉讼等法定程序经有权机关撤销。"如直接违抗，可能构成治安处罚法或者刑法上的'妨害公务'"。[③] 后者，是指只有行政行为满足了所有的实体和程序合法要件，包括行政主体职权合法、证据确凿、适用法律正确、程序合法等，才是实质意义上的合法。此种区分，亦为行政诉讼法所承认。[④]

显而易见，刑法学界的折衷说与行政法学界的实质合法标准相类似，但并没有与公定力理论相对应的合法性认定标准。折衷说的此种缺失将造成正反两面的困境：一方面，如果严格遵守类似的折衷说标准，将虚化妨害公务罪的设置，使其立法初衷大大打折，同时造成不良的社会影响；另一方面，如果在实践中"打折"使用折衷说标准，则无法通过严密的说理树立判决权威，更多的则使用"遮遮掩掩""模棱两可"的判理路径，以期达到"实质正义"的目的。

（二）困境：实践与理论的反差

通过相关案例，可见上述两种情形下所造成的实践与理论的困境。而通过相关刑法理论与刑事判决的对比，进而阐述当前司法认定的现实困境，分析相关理论与实践的反差及原因，可以对该问题现状有一总体认知。

1. 折衷说的严格执行

24 号案：孙某等妨害公务案[⑤]。2013 年 12 月某日，衡水市国土资源局桃城

---

① 由于本文涉及两个学科，难免交替使用"公务合法性"和"行政行为合法性"。公务行为作为行政行为的上位概念，公务合法性理论同样适用于行政行为，并不会造成理论上的混乱。本文基本保持以下作法：涉及行政法理论时，使用"行政行为合法性"，涉及刑法理论时，则多用"公务合法性"的传统概念。

② 赵秉志主编：《扰乱公共秩序罪》，中国人民公安大学出版社 1999 年版，第 20～51 页。

③ 沈岿：《行政行为公定力与妨害公务——兼论公定力理论研究之发展进路》，载《中国法学》2006 年第 5 期。

④ 参见《行政诉讼法》第 56、70、75 条。

⑤ 饶阳县人民法院(2014)饶刑初字第 145 号刑事判决书。本文判决均来自中国裁判文书网，故只列文号，详情见文书。另本文只探讨司法实践中有何种标准，故不以终审案件为限。

分局工作人员吴某等因查处非法占用农用地案,到桃城区河沿镇北沼村村西某驾校承租的土地取土样,向在场的张某等人表明身份并出示证件,要求进入院内采取土样标本遭拒绝。后执法人员绕过正门欲从驾校西北角墙头破损处进入院内提取土样,并再次向四被告人表明身份、出示证件。张某等人持菜刀、棍、铲,将执法人员阻拦在墙外。双方先发生言语冲突,后发生肢体冲突。张某用随身携带的水果刀将执法人员刘某腹部扎伤,伤情达轻伤。亦有其他执法人员轻微伤。后检察机关以故意伤害罪、妨害公务罪向法院提起公诉。法院认为鉴于涉案取土行政行为已法院行政判决确定为执法违法,故不符合本罪依法执行职务的客观要件,妨害公务罪不能成立。仅对造成轻伤者判以故意伤害罪,其他被告人均获无罪。

本案对公务合法性的认定,直接以行政行为是否被确认违法为依据,即考察行政行为是否实质合法。与被告人暴力拒绝行政机关勘查形成鲜明对比的是,除了一名被告人因故意伤害执法人员达轻伤处以刑责外,致使执法人员轻微伤的其他人员并未因妨害公务追刑。该判决给人的直观感受是,即便执法人员出示证件、说明来由,相对人暴力抗法也可能不被追刑。这不仅与现代法治国家不能随意使用暴力的基本底线抵牾,更会致使代表公共利益的行政机关人员执法风险剧增。

2. 折衷说标准的选择适用

折衷说标准的选择适用表现为:

(1)司法实践虽然承认公务合法性为本罪构成要件的刑事理论观点,但尚停留在仅简单表述"依法执行公务(职务)"层面。对公务合法性稍进行回应的案件,屈指可数。如通过关键词检索中国裁判文书网 120 份认定本罪的刑事裁判文书(裁判日期 2014 年 1 月 1 日至 2015 年 5 月 21 日),其中有"依法执行公务"等相关表述的,比率高达 100%。但判理涉及行政合法性认定的,仅有 9 案(见表 1),占总数的 7.5%。

(2)当公务合法性作为抗辩理由时,虽有所回应,但相较于暴力、威胁等客观构成要件而言,亦仅以"缺乏事实依据"等方式简单回应,缺乏论证。

(3)即便是对于公务合法性予以论述的判决,亦并未按照现行理论标准对行政行为的依据、程序、方式等方面进行全面审查、认定。司法实践中,选择性审查突出,审查范围及审查深度莫衷一是,与理论标准并不吻合。

该种不吻合,结合公务合法性理论的三个具体标准,结合 9 案分析,主要表现为:

(1)关于职务权限范围认定方面,是否予以回应,做法不一致。涉及该方面认定的,仅3案,占前述9案的33.3%,占案件总数的2.5%。如238号案判决①强调执法局是合法拆除违建机关。但在宁武县24号案中②,判决并未对城管就车辆乱停乱放行为是否具有行政处罚权进行认定。

(2)关于公务员实施其职务行为还必须有其具体职务权限的认定,均未涉及。

(3)关于必须符合法律规定的、作为公务职务有效要件的重要条件、方式和程序的标准,回应不一。如表1所示,5案证据部分记载了执法人员穿着制服、出示执法证件或告知执法身份的情况,2案对着制服、表明身份事实进行了认定。上述案件,占9案总数的77.8%。除此之外,其余诸如执法依据、程序、方式等标准并未回应,或者仅简单回应(详见表1)。

表1　部分案件认定(记载)内容和问题

案件	认定(记载)内容	问题
宁武县24号案	着制服(仅证据中记载)	对执法依据、程序、方式的合法性未评判
长洲区24号案③	相关机关发出《责令停止建设行为通知书》和《限期拆除决定书》	对强拆程序是否合法未认定。对自卫不构成犯罪的辩护意见,未回应
25号案④	着制服(仅证据中记载)	扣押依据、程序无论述
123号案⑤	房屋多次被告知为违建	强拆依据、程序合法性均未涉及
230号案⑥	出示执法证(仅证据中记载)	关于水务人员并非执行公务及执法方式不当的辩护意见,判决仅简单以无事实依据回应,并未论证
238号案	责令停工通知书、责令拆除通知书,制服、执法证(仅证据中记载)	对执法人员两次强制带离被告人询问的依据、程序未回应,对强拆合法与否亦未正面回应
283号案⑦	便衣警察在现场表明了身份	执法程序、依据无论述
506号案⑧	表明身份	对扣押权、程序均无论述

① 甘肃省平凉市崆峒区人民法院(2014)崆刑初字第238号刑事判决书。
② 山西省宁武县人民法院(2014)宁刑初字第24号刑事判决书。
③ 广西壮族自治区梧州市长洲区人民法院(2015)长刑初字第24号刑事判决。
④ 山西省宁武县人民法院(2014)宁刑初字第25号刑事判决书。
⑤ 北京市石景山区人民法院(2015)石刑初字第123号刑事判决书。
⑥ 河北省石家庄市长安区人民法院(2014)长刑初字第230刑事判决书。
⑦ 四川省成都市中级人民法院(2014)成刑终字第283号刑事裁定书。
⑧ 杭州市上城区人民法院(2014)杭上刑初字第506号刑事判决书。

续表

案件	认定(记载)内容	问题
721号案[①]	责令限期改正通知书、腾空通知书,拆除违建实施方案,出示执法证(仅证据中记载),房屋为违建	对并非依法执行职务的辩护意见,仅简单回应,并无分析。

(三)困境溯源:对司法实践的反思

导致上述"困境"有以下原因:

1.刑事审判与行政审判的分立,导致针对同一社会现象的法学理论、司法认定之间缺乏有效的沟通、协调、统一,致使刑事审判固守折衷说标准,忽视了行政法理论界既有的合法性理论。而折衷说理论确立过于理想化,按照该理论,应从形式与实质两方面审查行政合法性。具体到行政行为的合法性,不仅应涉及行政主体职权,还涉及证据、事实认定、法律适用以及程序合法等诸多方面。鉴于现实中难有完全没有瑕疵的行政行为,将该标准完全适用于具体案件中,则会导致因之后的行政行为被确认违法,而使本罪虚置。正如24号案所显示的,该判决结果在理论上的正确并不能掩盖对司法认知的冲击和所造成的与立法目的相悖的社会效果。

2.刑事审判对折衷说标准的选择适用,显示出对公务合法性背景理论研究的不足。在阐述采纳折衷说的理由时,仅是几种学说之间优劣的简单比较,缺乏深层次的法理论证。而司法实践作法仅是基于司法经验和预期的社会效果,对相关标准进行选择适用,而缺乏从理论层面的有效提炼。在实践中,并未深层次考虑应依据何种法律审查公务合法性,缺乏与行政法法理、法律规定的有效互动。学界及实务界对在刑事审判中是否能够引用行政法律规范并未达成共识。

3.折衷说本身的问题。如该标准过于抽象,司法实践难以完全适用。在诸多论文中,相关标准的内涵、外延描述相对抽象。

从而导致的司法现状是,严格适用所导致的本罪立法目的的虚化,要么不同案件审查了不同的合法实体要件,要么回避审查行政行为的合法性,导致对被告人的抗辩理由置之不理。[②] 所以折衷说作为公务合法性认定标准,在司法实践中起到实际作用有限。而脱离对具体行政活动规律及法律、法理的现实关照,也使该学说固化为学术理论,无法进一步深化。

---

① 浙江省温州市鹿城区人民法院(2014)温鹿刑初字第721号刑事判决书。

② 如238号案、长洲区24号案对相关职权依据、程序均未回应。

二、行政行为公定力理论的引入之可能

曾有行政法学者在对比了公务合法性认定标准与公定力理论之后，认为二者有着"不完全重叠沟通"。因而两种学说需要交流和统一，以便在判断妨害公务的构成方面也能够相对统一。[①] 而欲求两种学说统一的前提是，在妨害公务罪公务合法性认定方面，刑法理论和行政法理论是可以统一的。

（一）统一：行政法作为刑事认定的前提

事实上，已有刑法学者提出了行政刑法的概念，并提出"刑法上对于妨害公务行为对象的公务行为适法性的判断，当然应与行政法的机能保持协调一致"。[②] 究其理由如下：

1. 法律虽然分为刑事、民事、行政等法律部门，但除各部门法特殊的规定外，应当在法律概念上保持统一。刑法中的"法"与行政法中的"法"，在内涵和外延上并无重大差别。刑法学者也承认，公务合法性时所依据的"法"，至少应当包括宪法、法律、行政法规、地方性法规、政府规章等规范性法律文件，[③]而这些规范显然包括行政法律规范。

2. 众多行政法律规范的法律责任部分，均有追究相关刑事责任的规定。而对于这些规定本身的使用，不仅应当依据刑法进行考察，亦应依照行政法律规范为据，确定相对人违反了何种行政管理秩序。[④]

3. 妨害公务罪所保护的法益包括行政活动在内，而行政活动究竟为何，行政行为应遵循何种准则和要求，必须从行政法理论及相关法律规范中去寻求。刑事违法性"须以该行为民事违法性或者行政违法性的存在为前提……否则，即是对罪刑法定原则的背离和违反，更是对刑法在法律体系中的地位及其功能的否定和颠覆"。[⑤] 在审查行政行为合法性时，必须以行政法律规范为依据，从而实现本罪欲保护的价值。

因此，"如果承认犯罪的危害本质或者说法益侵害实质的认定，不能仅仅从刑法文本的规定着手，而应该前伸于该刑事法律旨在保障的相应民事法律、行政法律法规"[⑥]的话，那么，解释行政法律法规的行政法理论也同样应适用于行

---

① 沈岿：《行政行为公定力与妨害公务——兼论公定力理论研究之发展进路》，载《中国法学》2006年第5期，第74页。

② 田宏杰：《妨碍公务罪的司法适用》，载《国家检察学院学报》2010年第5期。

③ 赵秉志主编：《扰乱公共秩序罪》，中国人民公安大学出版社1999年版，第29页。

④ 如《突发事件应对法》第66条、第68条规定。

⑤ 田宏杰：《妨碍公务罪的司法适用》，载《国家检察学院学报》2010年第5期。

⑥ 田宏杰：《行政优于刑事：行刑衔接的机制构建》，载《人民司法》2010年第1期。

政犯罪相关问题中去。认定妨害公务罪中行政行为合法性时,应当借助于考察行政活动,尤其是行政行为合法性的理论。

(二)公定力理论:公民对抗权的界限

如前所述,行政行为有二种合法的情况:推定合法和实质合法,好似行政行为合法的两副面庞。之所以承认行政行为具有公定力,主要源于承认国家意思的优越效力,源于国家的权威性,而目的是将公民对抗权限定在法治的极小范围内。如此而行,基于以下原因:

1. 从目的论角度讲,行政机关代表国家主动、积极地执行法律,如果人人可在执行之时即以该行为不合法而提出质疑、不予配合,甚至公然违抗,执行法律则是一句空话。

2. 从实际层面讲,行政机关作为庞大的国家机器,相对于单个公民而言,无论人力、物力、专业水平方面皆有很大优势。单个公民在实际中予以抵抗,多是"以卵击石",最终难免得不偿失。

3. 从法治角度讲,现代国家将私力救济限定在极小的范围内。行政机关作为执法者实现行政目标,若公民对其持有异议,可依照法律设定途径寻求救济,不能自行非议、抵抗。

故,该理论自德国行政法鼻祖奥拓·迈耶提出高权行政理论以来,①经久不衰,自有其内在逻辑。虽然随着之后自由民主运动兴起以及宪政人权保障的日益高涨,使个人不再是行政行为的对象,而变成为具有话语权的国家主人。但在否定行政行为合法性的制度设计上,仍以复议、诉讼等法定救济途径为准,并不承认公民可依自己意志而径行抵抗之权利。②

那么,在认定本罪行政行为合法性时,究竟应该选择哪张面庞呢?是应该适用推定合法的标准,还是应该适用实质合法的标准呢?其实,适用何种标准,并不取决于标准孰优孰劣,而取决于不同标准所适用的情形。在妨害公务所涉及的行政执法,大多是现场执法,相对人尚未来得及就行政行为向有权机关提起复议或者诉讼,故除无效情形外,应推定行政行为合法。倘若相对人面对的是合法性已被有权机关否定的行政行为,因缺乏公务合法性要件,自然不构成妨害公务罪,亦与该理论相契合。

---

① 吴庚:《行政法之理论与实用》,中国人民大学出版社2005年版,第9、251页。

② 抵抗权理论可见陈新民:《德国公法学基础理论》,法律出版社2010年版,第14章"国民抵抗权的制度与概念";何海波:《公民对行政违法行为的蔑视》,载《中国法学》2011年第6期。

三、公定力理论在刑事司法中的运用

公定力理论意味着除非行政行为无效或者已经被确认违法外，均推定合法，对抗合法的公务行为，即可能构成本罪。所以，首先需要对行政行为无效的这一边界有所了解。接下来的问题是，如果妨害公务行为发生时，行政行为并未被确认违法，而之后被确认违法，是否会影响妨害公务罪的认定。

（一）边界之外：无效行政行为与公务合法性之认定

根据行政行为错误和违法程度的不同，一般将违法行政行为分为轻微违法、一般违法和重大明显违法。[①] 所谓重大明显违法，“是指行政行为存在一般正常的有理智的人都足以判断的违法性”。[②] 早在行政法理论初创时期，奥拓·迈耶即提出了类似行政行为无效的概念。[③] 现行政法学界通说认为，“行政行为无效的后果是行政行为自始不发生法律效力，也永远不发生法律效力”。所以经确认无效的行政行为，自始无效，永远无效，对任何人均无效。[④] 无效行政行为是行政行为推定合法的例外，是处于行政行为公定力边界之外的情况。从前述行政行为公定力的定义也可以看出，推定合法的情况并不包括行政行为无效。

2014 年 11 月 1 日修正的新《行政诉讼法》以法律的形式第一次全面承认了“行政行为无效”这一法律概念，并确定了其基本的边界。根据该法第 75 条的规定，如果行政行为具有实施主体不具有行政主体资格，或者行政行为的作出没有依据等其他重大且明显违法情形，法院可依照原告申请确认行政行为无效。

其实，行政行为无效、公民可以拒绝等类似规定，在新《行政诉讼法》之前的单行法及最高人民法院的司法解释中已有涉及。[⑤] 新《行政诉讼法》确定行政行为无效的意义则在于，该种无效将针对所有行政行为，并从法律层面赋予其效力。[⑥]

---

① 姜明安主编：《行政法与行政诉讼法》，北京大学出版社、高等教育出版社 1999 年版，第 235 页。

② 江必新：《中华人民共和国行政诉讼法理解适用与实务指南》，中国法制出版社 2015 年版，第 279 页。

③ 吴庚：《行政法之理论与实用》，中国人民大学出版社 2005 年版，第 251 页。

④ 江必新：《中华人民共和国行政诉讼法理解适用与实务指南》，中国法制出版社 2015 年版，第 279 页。

⑤ 如《行政处罚法》第 3 条第 2 款、第 56 条的规定。另，《最高人民法院关于执行〈中华人民共和国行政诉讼法〉若干问题的解释》早在 2000 年就规定了确认无效判决。但亦有学者认为，这诸多规范中“无效”含义并不一致，可参见何海波：《公民对行政违法行为的藐视》，载《中国法学》2011 年第 6 期。

⑥ 可参考德国《联邦行政程序法》第 44 条的规定。

作为保护行政秩序的妨害公务罪,在考虑公务合法性时,应当将此种边界之外的情况予以排除。因为行政行为重大明显违法时,自始不具备行政行为的效力,亦不属于推定合法的情形。故,无效行政行为并非“依法执行公务(职务)”所指情形。而此种情况是对国家权力的限缩,亦是对公民抵抗权的保护。只有在行政行为无效的情况下,阻碍该行为才是被法律允许的。如执法人员未表明身份和出示任何手续,即要限制公民人身自由或扣押公民财物的行为,即属重大明显违法行为,公民可抵抗而不构成妨害公务。

(二)不溯及既往:违法行政行为与公务合法性之认定

行政行为经法定程序被确认违法或者撤销之后,是否会影响妨害公务罪的认定。例如,行政机关认定的违建错误,相对人在之后的诉讼中拿出了房产证作为合法房屋的证据,之前的强拆决定被确认违法或撤销,会影响本罪中公务合法性的认定么?刑事理论中的行为时标准理论同样意识到了相同的问题。但该理论强调考察公务合法性时应以公务行为发生时的法律、法令为判断依据[①],只是对法不溯及既往原则的重复。

在此情况下,根据公定力理论,应以妨害公务时行政行为合法状态为准,而并非以妨害行为发生后行政行为是否实质合法而论。因为,只要妨害公务行为发生当时,行政行为并非已被有权机关确认违法,或者并不存在行政行为无效的情形,行政行为就应当被推定合法。之后行政行为被确定为实质违法与否,并不影响犯罪当时的行政行为合法状态,即之后行为被认定违法不应“溯及既往”。这也与妨害公务罪保障公务秩序的立法本意相吻合。[②]

所以,依据该标准,前述 24 号案中,因为国土执法人员在取样当天依照程序出示证件、说明来意,并无重大明显违法情形,则已经构成行政行为推定合法的情形。即便之后国土执法行为被的行政判决确认违法,也不应“溯及既往”,而应以几名被告人暴力抗拒检查当时的情形来考察公务合法性,认定妨害公务罪成立。

(三)反观:公定力理论对现行司法认定的诠释

理论并非是真理,其必定来源于实践的经验;实践亦并非盲目,其必然体现了现实的正当性。在阐述了公定力理论之后,借助公定力理论,之前看似纷乱无序的司法认定可以得以一定程度上的合理诠释。

公定力理论可以解释刑事司法为何关于执法身份示明如此重视。由于行

---

① 刑法学界称为行为时标准,与裁断时标准相对。详见张明楷:《外国刑法纲要》,清华大学出版社 1999 年版,第 751 页。

② 可以商榷的是,如果之后行政行为被确认违法,或许可以作为减轻刑罚的依据。

政行为必须表明自身是行政活动，否则不可能让一般人产生行政的认识，更勿论合法行政的认识了，进而并不会产生推定合法的效力。所以，刑事裁判文书大多记载身份示明的情况，并非随意而为。

也可以理解为何大多刑事司法不会对诸如行政处罚、行政强制措施职权、事实认定作过多、深入的审查。因为只要有符合行政执法的基本外在表现，即可推定执法是合法的。诸如职权、事实认定则属于实质合法的情形，在妨害公务罪的公务合法性认定中则不属于必要审查的事实。

同样，大多拆违引发的案件，法院在审查时也不会审查执法人员所依据的《责令停止违法行为通知书》和《限期拆除通知书》内容是否合法，被告人所有的房屋是否真的是违法建筑。实际上，在此类案件中，只要能够确定通知书所指的房屋即是被拆除的房屋就足够了。因为执行行为只需要和执行所依据的行为保持一致即可，所依据的行为合法性在未被否定前，即推定是合法的。综上，刑事司法实践表现出的与行政行为公定力理论的契合，正说明了该理论更符合行政刑法的认定规律。

另外，如置公定力理论而不用，严格采用折衷说的实体加形式审查标准，刑事判决不仅会超越妨害公务罪合法性认定的边界，甚至从而超越司法与行政的界限，替代行政机关认定事实并适用法律。[①] 这将使刑事审判陷入行政合法性审查的漩涡中，纠结于从职权合法性审查到程序合法性审查的复杂认定中，往返于繁杂的行政材料与刑事证据之间。面对行政合法的诸多要件时，无从取舍。无法对行政合法的事实进行裁剪，无法对相应的问题进行定夺。更根本的是，折衷说所确立的严格的实质加形式的合法性标准，会否定妨害公务罪的立法意义。

因此，在认定公务合法性时，法院只要审查执法当时，以一般人的合法性观念来审查行政行为是否存在严重明显违法（行政行为无效）情形即可。除此之外，则推定其合法。

（四）展望：公定力理论的刑事司法适用

本文旨在从实体法层面，探讨公定力理论引入本罪认定中的必要性和可能性，而该理论在刑事司法中的实际适用，则须借助于法律解释方法的运用。在解释本罪公务合法性时，将其与行政行为合法性的法律规范、法学理论相联系。至于通过何种诉讼程序可实现，并非本文主旨。在此只对可能的途径作一展望。

可以肯定的是，如将公定力理论适用于本罪认定中，无效行政行为的认定就不再是行政审判的专利，而会在刑事审判中占得一席之地。刑事司法即便不

① 如721号案刑事判决书中，即对被告人房屋合法与否进行了实质审查。

会单独宣布行政行为无效,也会在认定公务合法性时,排除无效行为的情况。其实,学者早有主张,在区分无效行政行为和可撤销行政行为的前提下,放宽对无效行政行为的救济途径。不应只限于行政诉讼一条途径,如在刑事审判中涉及行政行为无效问题的,法院应有权确认无效。[①] 而此种途径在现行的司法体系下,运用法律解释的方法,即可达到。

至于学者呼吁建立独立的确认无效诉讼制度来保护公民抵抗权,[②]因涉及立法修改事宜,或可是今后一途径。但在目前三大诉讼的框架下,从实体法解释层面融汇刑事与行政法律的相关理论,解决实际问题,似更可行。其实,有学者对英美法拒绝权做过研究后发现,此类抗辩事由早已运用于英美法刑事领域。[③] 故,扩充权利之事,有时并不依赖于建立何种单独制度予以保障,而在于执掌法律之人如何诠释现有法律,如何回应权利需求。

结　语

现行理论界关于公务合法性的认定标准,并未将实际司法认定标准涵摄其中,亦与司法实践有较大反差,不能很好地指导相关问题的司法实践。在解释和认定旨在保护行政秩序的妨害公务罪时,引入行政法律规范及理论既是必要的,也是可行的。本罪行政合法性的认定,应当依据行政行为公定力理论。当妨害行为发生时,除非行政行为无效,或行政行为合法性已被否定,应推定该行政行为合法。本罪中,行政行为合法性的认定应以妨碍行为当时状态为准。即便行政行为之后被确认违法或者撤销,并不影响妨害公务罪之成立。而将公定力理论引入刑事领域,则有赖于法律解释方式的运用。

心得体会

说点“虚”的:态度与心态

李赟乐

我之于全国法院学术讨论会而言,既是名“老兵”,又是名新人。之所以说

① 姜明安主编:《行政法与行政诉讼法》,北京大学出版社、高等教育出版社 1999 年版,第 240 页。
② 金伟峰:《我国无效行政行为制度的现状、问题与建构》,载《中国法学》2005 年第 1 期。
③ 何海波:《公民对行政违法行为的藐视》,载《中国法学》2011 年第 6 期。

是"老兵"，在于我2011年进入法院工作之后，参加学术讨论会有三四次，虽然并未斩获像样的成绩，但思索、写作、讨论、学习的过程，仍使我受益匪浅。之所以说是新人，在于我即便多年参与学术讨论会，但仍未十分明晰、确切地摸清讨论会的旨趣，只是觉得讨论会对于论文的评判标准，似乎既不同于学术论文，也不完全等同于应用类论文。而在选题、布局、撰文、修改方面，更有许多要学习和摸索之处。这次获奖对我而言是肯定，是激励，也让我有机会将以下不是很成熟的所思所感和大家分享。

态度很重要。关注并参与几次讨论会后，我觉得重视并认真参与讨论会不一定会获奖，但不认真参与和思考肯定获不了奖。我坦言，此次的论文是我参与数次讨论会中最为认真的一次。毕竟，讨论会是每年法院的学术"盛宴"，可以说高手云集、百家争鸣。纵观近年来全国获奖论文，无论其最终的观点是否正确，但其选题角度新颖、论证过程严谨是有目共睹的。因此，"不经一番寒彻骨，怎得梅花扑鼻香"，认真对待讨论会所提供的学习和展现机会，认真地思考和写作，是有效参与讨论会的前提。

心态也很重要。参与讨论会拿奖，尤其获个全国一、二等奖，无论是谁都可能会喜上眉梢。但毕竟获奖名额有限，加之北京法院对讨论会的重视程度之深和北京法院所聚集的优秀人才之多，更是增加了获奖的难度。更不要提每年的主题差异、评判专家不同等原因，也是增加了获奖的不确定性。因此，如果将参加与获奖等同，必然导致参加一两次如未获奖，则会心灰意冷、退避三舍。即便部门催促、要求，也只是随便交一篇论文应付了事。于自己、机会而言，还是挺可惜的。

我觉得参加"学术讨论会"要重视"讨论"二字，将其视为一个将自己对司法制度或诉讼制度的所思所想经过认真思索和推理后，与大家分享、讨论、学习、启迪的平台。另外，讨论会也是逼着作者认真思考、踏实写作的一次机会。否则在法院较为繁重的工作压力之余，写一篇像样的论文对于大多数人而言并非是一项自觉行为。

最后文末提醒一句，写作成果之后也可以"一稿多投"。更重要的在于，参加讨论会所写所感毕竟是"智慧"在岁月中留下的痕迹，而此过程所学所练也已内化成自己的本领，回看起来并不唐捐。

刑事案外人权益保护机制的司法困境与实现路径

——以完善刑事案外人申诉制度为视角*

姚志伟**

【论文提要】

基于我国的刑事裁判在认定被告人定罪量刑外，亦越来越多地对刑事案件中涉案财物的权属作出处理的情况，刑事案外人的权益如何有效得到保护就成为刑事审判工作中的重要议题。就目前刑事案外人权益保护现状而言，正确厘清刑事案外人权益保护机制下各种途径定位与关联，充分发挥刑事案外人申诉制度无疑是有效保障刑事案外人权益的重要途径。本文主要分为四个部分，其中，第一部分就当前我国法律层面对于刑事案外人权利保护机制进行概述，梳理出刑事案外人可以通过在刑事审判中就涉案财物的权属主张权利、在执行程序中对执行行为提起异议与申请复议和在审判监督程序中提出申诉三种途径来维护其合法权益。第二部分则结合司法审判实践，分别指出刑事案外人权益保护机制下各种途径所存在的问题，即刑事审判对涉案财物权属无法完全准确认定、执行救济程序难以满足需求、案外人申诉制度缺乏明确规范。第三部分则厘清三种救济途径的定位与相互关联，明确了案外人在刑事审判中就涉案财物主张权利居于首要地位，案外人提出执行异议起到辅助地位、案外人申诉既是最后救济又是倒逼刑事审判注重涉案财物权属认定的地位。第四部分则围绕刑事案外人申诉制度，就该制度在立案审查、裁判理念、文书撰写等司法审判实践中具体操作规范提出建议。

【主要创新观点】

1. 本文立足于当下我国有关刑事案外人权利救济的立法层面，较为系统地

---

* 本文获北京法院系统第三十届学术讨论会优秀奖。

** 姚志伟，北京市第一中级人民法院申诉审查庭法官助理。

梳理出当前我国刑事案外人权益保护的体系，即目前刑事案外人可以通过在刑事审判中就涉案财物的权属主张权利、在执行程序中对执行行为提起异议与申请复议和在审判监督程序中提出申诉三种途径来维护其合法权益。

2. 本文厘清三种救济途径的职能定位与相互关联，明确了案外人在刑事审判中就涉案财物提出权属异议居于刑事案外人权益保护机制中的首要地位。刑事案外人提出执行异议即是对刑事审判对案外人权益造成侵害的有限补救，又是对刑事案外人提出申诉之前的筛选分流，起到辅助地位。刑事案外人申诉制度系刑事案外人最后的权利救济程序，亦是当前现实而有效满足刑事案外人主张权利的途径。

3. 依据《最高人民法院关于适用〈中华人民共和国刑事诉讼法〉的解释》中增设的案外人对侵害其合法权益的生效裁判提出申诉的案外人申诉制度，紧密结合已有的刑事申诉审判实践，提出了刑事案外人申诉制度在司法实践中立案阶段申诉主体适格性的审查标准，案件审理阶段审查认证的标准，以及文书制作阶段具体撰写标准，真正实现了调研解决司法实践问题之目的。

为了更加准确、及时地查明犯罪事实，正确应用法律，保护公民的人身权利、财产权利和其他权利，我国在2012年对《刑事诉讼法》进行了第二次修正，与之配套的《刑事诉讼法解释》，亦于2013年1月1日正式实施。《刑事诉讼法解释》第371条第2款的规定，赋予了案外人对侵害其合法权益的生效裁判提出申诉的权利，扩展了有权提起申诉主体的范围，但在司法实践中，增设的刑事案外人申诉制度，存在构架不清与实践经验缺乏等问题，导致人民法院目前对此类案件在"立、审"环节面临诸多认识及实施障碍。司法是行动中的法律，司法程序需要法律和配套规定指明进展和方向。因此，需要对人民法院审理此类案件提出切实可行的具体措施，以期尽快改变"立不清、审不明"的现状，满足刑事案外人维护权利的紧迫司法需求，实现刑事诉讼法律的立法本意。

一、刑事案外人权益保护机制概述

随着尊重与保障人权、保护公民财产权利等理念不断在刑事审判中深入，我国的刑事诉讼在解决被告人定罪量刑问题以及程序争议的同时，亦包含了对刑事涉案财物的归属作出裁决。我国刑事司法实践对此作出积极回应，使刑事涉案财物的裁判与定罪量刑裁判、程序性裁判①一并成为刑事审判中应有的裁

① 陈瑞华：《刑事司法裁判的三种形态》，载《中外法学》2012年第6期。

判内容。基于就涉案财物问题作为法院裁判内容之一,在刑事判决、裁定中不断涉及,不可避免地产生刑事案外人主张权利的情形。与之相对应,我国司法层面对于刑事案外人权益保障初步形成"刑事审判中认定处理、执行程序中提出异议、审判监督程序中提出申诉"的局面。

(一)刑事审判中就涉案财物权属进行裁判

基于对刑事审判实践中已经存在的法院处理刑事涉案财物做法从法律上进一步予以确认,2012年修改的《刑事诉讼法》第234条第3款规定,人民法院作出的判决,应当对查封、扣押、冻结的财物及其孳息作出处理。《刑事诉讼法解释》第364条第2款进一步规定,案外人对查封、扣押、冻结的财物及其孳息提出权属异议的,人民法院应当审查并依法处理。上述规定对刑事涉案财物判决内容提出了明确的要求:第一,只有法院有权对权属不明确的涉案财物进行认定和处理,对于公诉机关提起明确指控的,法院必须进行审查并作出处理结论;第二,法院对涉案财物的处理决定必须体现在判决书中;第三,法院对涉案财物的处理内容应当明确具体,根据涉案财物的性质分别作出不同的处理。[①]

(二)执行程序中提出执行异议

根据《最高人民法院关于刑事裁判涉财产部分执行的若干规定》(以下简称《刑事财产执行规定》)第14条之规定,案外人在执行过程中,对执行标的主张足以阻止执行的实体权利,向执行法院提出书面异议的,执行法院应当依照《民事诉讼法》第225条的规定处理,即赋予了刑事裁判涉财物执行中的案外人,对执行行为提起异议与申请复议的权利。同时该规定第14条第2款明确了人民法院应当以公开听证程序,就案外人提出的异议与复议进行审查处理。上述规定要求人民法院按照执行异议之诉的标准进行实质审查,即按照实体法的相关规定,就案外人对执行标的是否存在足以排除执行的权利进行判断。[②]

(三)审判监督程序中提起申诉

刑事诉讼规律与刑事审判实践表明,言词证据的伪变、法庭调查的缺陷、外力的干预决定了司法认知的局限性,这就使误判错判成为可能,需要通过再审程序来对因生效判决可能存在的错误进行纠正,遏制侵权行为,使受害方得到救济。[③] 故《刑事诉讼法解释》第371条第2款规定,案外人认为已经发生法律

---

① 乔宇:《执行中利害关系人对刑事涉案财物主张权利的处理》,载《人民司法·案例》2017年第20期。

② 刘旭峰、高可:《对刑事裁判涉财产部分的案外人异议应实质审查》,载《人民司法·案例》2017年第17期。

③ 徐玲利、黄学昌:《基于实证考察的刑事再审制度之重构》,载《中国刑事法杂志》2014年第4期。

效力的判决、裁定侵害其合法权益,提出申诉的,人民法院应当审查处理。即明确了案外人对刑事裁判有权提起申诉,从而使案外人的权益可以得到有效救济。《刑事财产执行规定》第15条规定,执行过程中,案外人认为刑事裁判对涉案财物是否属于赃款赃物认定错误,无法通过裁定补正的,应当通过审判监督程序处理。进一步指明了案外人在执行程序中,认为刑事裁判对涉案财物的处理结论错误且无法通过裁定补正的,可以通过审判监督程序寻求权利救济。

二、刑事案外人权益保护机制的司法困境

在我国现已经初步构建成形的刑事案外人权益保护机制下,刑事案外人的权益相比以往得到了明显有效的维护,但是源于各种救济程序自身存在的不足,继而呈现出刑事案外人权益无法得到及时保护的司法困境。

(一)刑事审判中涉案财物权属审查不准

1. 案外人对于刑事审判程序参与度不足

立法者基于及时保护案外人财产权,在案外人参与刑事涉案财物审判的方式上,选择了完全合并模式,即法院对案外人就涉案财物主张权利的审理程序与追究被告人刑事责任的诉讼程序相结合①,但是在案外人以何种渠道、何种方式、具体期限以及案外人就涉案财物主张权利在法庭中如何举证、质证、认证等方面,司法解释均未涉及。② 基于刑事涉案财物处置的程序依附于对于被告人定罪量刑的刑事责任程序的现状,法庭调查与辩论必然基本围绕着如何追究被告人的刑事责任进行,控辩双方也将主要精力投入到定罪量刑问题上进行相应的举证质证并展开辩论,因而法院在审理案件时并不会就涉案财物的处置专门处理,也就不会通知权益可能受到侵害的案外人参与诉讼,涉案财物的案外人亦就几乎完全丧失了有效参与的机会。③

2. 刑事审判查清涉案财物权属存有客观难度

对于主要处理定罪量刑问题的刑事审判来说,在法律规定的较短的审理期限内,能够准确确定被告人的定罪量刑问题尚且不易。如果案件中涉案财物的种类、数量较多,加之司法实践中存在的公诉机关移交涉案的资金账户与其起诉不同步,移交不规范、不完整等司法机关之间工作机制衔接不畅等原因,刑事

① 乔宇:《执行中利害关系人对刑事涉案财物主张权利的处理》,载《人民司法·案例》2017年第20期。

② 张军、江必新主编:《新刑事诉讼法及司法解释适用解答》,人民法院出版社2013年版,第348页。

③ 方柏兴:《论刑事诉讼中的"对物之诉"——一种以涉案财物处置为中心的裁判理论》,载《华东政法大学学报》2017年第5期。

审判显然难以对涉案财物逐件认定。为了在法律规定的审理期限内完成案件审理工作,只好在涉案财物部分作出模糊笼统的裁判内容,无疑会引发后续的涉案财物权属争议。

例如,案外人A与被告人B在B实施犯罪行为之前就B名下的房屋签订房屋买卖合同,在合同履行过程中,因B涉嫌犯罪被羁押而无法继续履行合同。刑事审判中调查发现B已将该套房屋出卖他人的线索,但是由于B的犯罪行为涉及财物的种类与数量较多,未对该已经出卖房屋的权属状况进行严格审查,亦未通知该案的案外人A参加庭审,而是直接把该套房屋认定为B的个人财产,并将该房屋列为扣押物清单进行拍卖予以发还被害人。

(二)执行程序无法解决涉案财物权属争议

1. 刑事案外人主张权利范围受到限缩

为了解决刑事涉案财物执行程序因缺乏申请执行人而无法展开执行异议之诉程序的二元构造现实障碍,《刑事财产执行规定》应运而生。依据该规定,案外人在执行阶段就刑事涉案财物的权属,提出的异议并入执行行为异议,执行复议成为其终局的救济途径。该规定推翻了2010年《关于财产刑执行问题的若干规定》确定的参照适用案外人异议规定的原则,将案外人的实体性救济限制在执行程序中,剥夺了案外人通过诉讼就刑事涉案财物主张权利的救济机会。①

2. 刑事案外人提出执行行为异议作用有限

案外人就刑事审判涉案财物主张权利,实为要求调整对其构成侵害或妨碍的生效刑事裁判效力,但是案外人无法通过提出执行行为异议直接满足。即便案外人循此渠道提出执行行为异议,也只能取得停止执行的效果,而这仅仅只是第一步,还需要继续通过提起刑事申诉或另行起诉具体民事诉讼的方式才能实现,这种途径与目标出现的曲折是立法构架造成的,使执行异议缺乏维护刑事案外人合法权益应有的公正与效率。

例如,法院认定A公司账户中600万元款项系被告人个人财产而予以冻结,执行机构依据生效刑事判决执行该600万元款项时,A公司向执行机构提出执行行为异议,执行机构答复系依据生效刑事判决执行,A公司于是撤销提出的执行行为异议,转而就600万元款项的权属提出申诉,要求退还600万元款项至其账户。

3. 裁定补正在司法实践中运用保守

《刑事财产执行规定》第15条规定的刑事审判部门就刑事审判对涉案财物

① 蒋晓亮:《论我国刑事涉案财物执行中的案外人救济》,载《法律适用》2016年第8期。

认定错误进行裁定补正的方式，本意是希望通过一种快速、简便的方式给予刑事案外人合法权益及时救济，但是由于执行部门与刑事审判部门就裁定补正有关表述是否明确、适用具体范围以及效力如何认定等方面存在不同意见，加之如何适用裁定补正又缺乏明确规定与实践经验，刑事审判部门对此方式顾虑重重，并不倾向于在司法审判实践中采用。

（三）案外人申诉制度依据缺乏不易启动

1. 民事审判证明标准否定刑事证明标准接受度不高

刑事案外人申诉的目的是排除刑事裁判对其合法享有涉案财物民事权益的障碍，故法院就案外人申诉理由的审查认证，紧密围绕刑事涉案财物权属进行，更多采用民事审判对于财物权属认定的证明标准，明显低于刑事审判"确实、充分、排除合理怀疑"的定罪标准，而以民事审判证明标准认定刑事审判对涉案财物处理存有不当的理念，在司法实践被普遍接受显属不易。

2. 适用案外人申诉救济程序亟待规范

《刑事诉讼法解释》虽然规定了案外人对侵害其合法权益的生效刑事裁判提出申诉的权利，但是该项申诉权利如何在审判监督程序中落到实处，并无相应的配套规定，在具体刑事申诉实践中，需要明确如下问题：一是案外人申诉立案审查标准。对于刑事裁判的"案外人"申诉主体地位所需具备的要件如何界定。二是文书撰写技术层面标准。法律规定的应予重新审判的情形，均是针对刑事审判定罪量刑方向，缺乏就案外人合法民事权益应得到保护的法律条款；案外人申诉主张权利一般针对刑事裁判中扣押款、物清单中的某项，需要对其进行调整变动，如何就"中止原裁判执行"的判项进行表述。

三、实现刑事案外人权益保护机制的司法路径

在刑事案外人权益保护机制下，参与刑事审判程序、提出执行异议和提起申诉等各种救济途径，适用阶段与功能作用存有显著不同。这就需要从刑事案外人权益保护机制的整体出发，正确厘清各种救济途径的职能定位与关联，针对各种救济途径存在的不足，有的放矢。就案外人对刑事涉案财物主张权利而言，案外人参与刑事审判程序，就涉案财物提出权属主张无疑是最为优先、积极的救济措施，居于首要地位；案外人提出执行异议与案外人申诉则均属于滞后、消极的救济措施，其中执行异议居于辅助地位，案外人申诉居于补救地位。据此，实现刑事案外人权益保护机制的司法路径就应当是，以充分保护案外人参与刑事审判程序主张涉案财物权利为重心，辅助以执行异议适当弥补，再加案外人申诉程序救济两翼，构成"一心两翼"体系。案外人通过参与刑事审判程序

就涉案财物主张权利,毫无疑问充当着前进方向,执行异议与案外人申诉则依据不同方式对偏离的方向进行调整,案外人申诉承担反向推动前进方向。(见图 1)

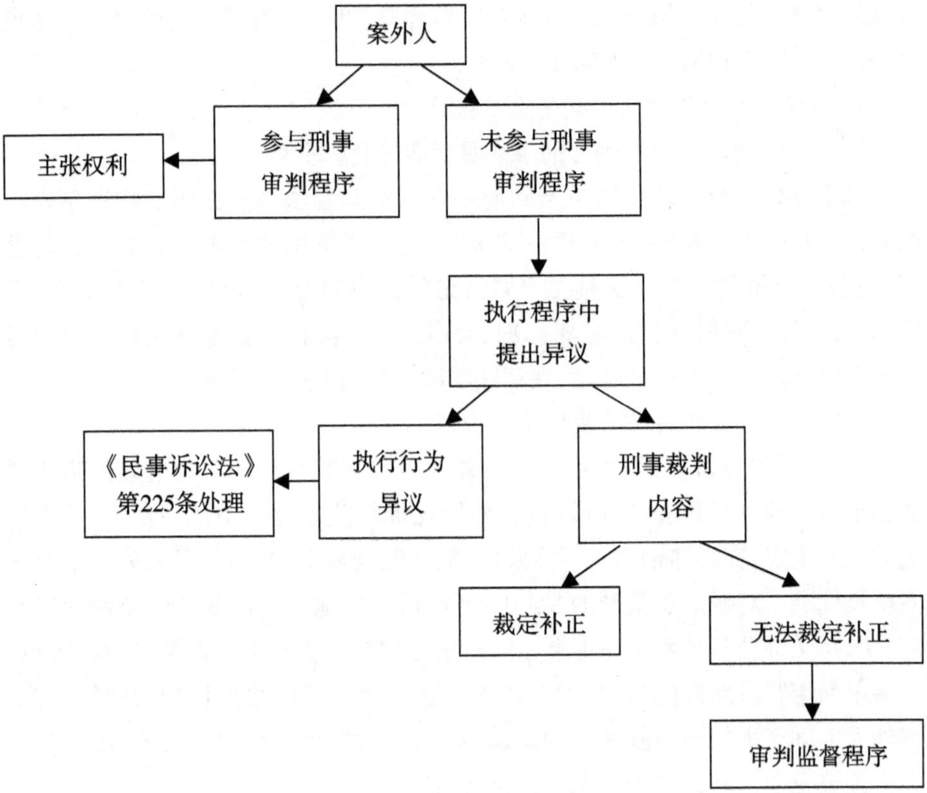

图 1　实现刑事案外人权益保护路径流程

(一)刑事审判——独立听审程序保障准确审查涉案财物权属

《刑事诉讼法》确立了“对于不能确定所有权人或涉及第三人利益时的涉案财物的执行,只有通过法院的生效裁判才能确定涉案财物的最终处置”[①]的原则,从确保刑事裁判的准确性和保护案外人有效参与的角度,有关涉案财物权属的程序应当与定罪量刑程序一并存在于刑事审判之中,并完全独立与定罪量刑程序。[②]

---

① 苏斌、张曼慧等:《涉众型经济犯罪案件财物追缴的判决主文表述》,载《人民司法·应用》2015 年第 13 期。

② 江必新主编:《〈最高人民法院关于适用《中华人民共和国刑事诉讼法》的解释〉理解与适用》,中国法制出版社 2013 年版,第 323 页。

作为对《刑事诉讼法解释》第364条第2款所规定的案外人对涉案财物提出权属异议的回应,法院在进行刑事审判时,发现涉案查封、扣押、冻结财物涉及案外人财产利益的,应当发出公告或通知相应案外人。一旦案外人对涉案财物主张合法权益并申请参加诉讼,法院则应当在定罪量刑后举行单独的听审程序,就涉案财物的权利归属进行审理并作出相应的决定。①

此时,案外人通过行使向法院提交证据,就公诉机关主张涉案财物具有非法性与被告人主张涉案财物不具有违法性,发表相关意见等权利,就涉案财物部分或全部主张自己相应的民事权益,而法官则居中地作出裁断。某种程度而言,拥有独立诉讼主张的案外人类似于民事诉讼中的"有独立请求权的第三人",已有的公诉方与被告方的诉讼类似于民事诉讼中的"本诉",案外人与原控辩双方之间的诉讼则类似于民事诉讼中的"参加之诉"。②

(二)执行异议——兼顾刑事审判补救与案外人申诉筛选

源于刑事裁判涉案财物部分案件的执行程序具有的特殊性,《刑事财产执行规定》对案外人异议的处理方式加以细化分类,并在第14条和第15条中区分不同情形加以处理。其中,第14条所述的案外人异议系由法院的执行行为衍生出的案外人所提异议,是与法院据以执行的刑事裁判、裁定无关的异议。例如,法院在执行罚金刑时,将刑事裁判中被执行人的存款账户予以冻结,案外人提出异议表示被执行人账户内的资金系其所有。③ 对于此类执行异议,指引通过《民事诉讼法》第225条规定处理,并非通过审判监督程序寻求救济。而第15条是案外人直接针对刑事裁判内容所涉及的财物是否属于赃款赃物认定错误或者应予认定而未认定提出的异议。如果案外人的提起的执行异议成立,那么必然涉及刑事裁判存在错误予以纠正的问题,案外人的救济途径理应是通过审判监督程序对刑事裁判存在的错误进行撤销并予以改正。但是立法者显然持有尽可能维护生效刑事裁判的既判力偏好,并不倾向于对生效的刑事裁判进行轻易的变动,而是通过赋予执行异议审查机构的一定的判断权力,在此再次区分情形:如果案外人对是否属于赃款赃物认定错误或者应予认定而未认定提出的异议成立,但是并不必然会导致刑事裁判认定的基本事实等所解决的核心

① 方柏兴:《论刑事诉讼中的"对物之诉"——一种以涉案财物处置为中心的裁判理论》,载《华东政法大学学报》2017年第5期。

② 江伟:《民事诉讼法学》,北京大学出版社2012年版,第158~161页。转引自方柏兴:《论刑事诉讼中的"对物之诉"——一种以涉案财物处置为中心的裁判理论》,载《华东政法大学学报》2017年第5期。

③ 袁楠:《刑事裁判涉财产部分执行中案外人异议之法条适用》,载《人民司法·案例》2015年第10期。

内容发生变动,可以通过裁定补正的形式予以救济的,则执行机构应当将异议材料移送刑事审判部门处理;如果通过裁定补正也无法补救的,再告知案外人通过审判监督程序处理。

因此,在司法实践中,就案外人能否选择申诉进入刑事审判监督程序寻求救济,应当注意严格把握执行异议发挥的前置分流作用,避免忽略执行异议功能,不分情形直接引导案外人通过审判监督程序寻求救济,从而扩大审判监督程序救济范围,增加不必要的案外人诉累,浪费有限的司法资源。

(三)案外人申诉——审判监督程序补救

虽然案外人申诉与案外人提出执行异议均属于消极补救措施,但是二者亦存有差异。案外人申诉是案外人在刑事裁判涉财物执行中采取异议制度未能达到保护其财产权益的状况下,从而采用审判监督程序,对其财产权寻求保护的后续进程。审判监督程序与案外人异议的结合,形成了案外人财产权益保护消极层面上拾遗补缺的结构效果,这也就意味着并不是在每一个案外人就刑事涉案财物主张权利的案件中都适用审判监督程序,对案外人的财产权益进行保护。

权利救济是再审制度的应然价值,故刑事案外人申诉制度设计兼顾两点:一是在尊重法律真实的前提下进行权利救济,二是以制度调和且慎用再审程序来保持法的安定性之目的。[①]《刑事财产执行规定》鲜明地体现了这一原则,通过异议权与复议权双重保障保护案外人就执行行为提出异议的权利得到实现,即便是对涉案财物是否属于赃款赃物这一事实问题认定产生错误,也设置了裁定补正的调和方式暂缓启动再审程序,防止仅因为财产问题破坏生效刑事判决的稳定性。

故就案外人通过提起申诉就刑事审判涉案财物主张权利时,应当对案外人的申诉权进行严格限定,即当且仅当执行过程中,案外人认为刑事裁判对涉案财物是否属于赃款赃物认定错误且无法通过裁定补正的情形下,案外人才享有申诉的权利。(见图2)

① 徐玲利、黄学昌:《基于实证考察的刑事再审制度之重构》,载《中国刑事法杂志》2014年第4期。

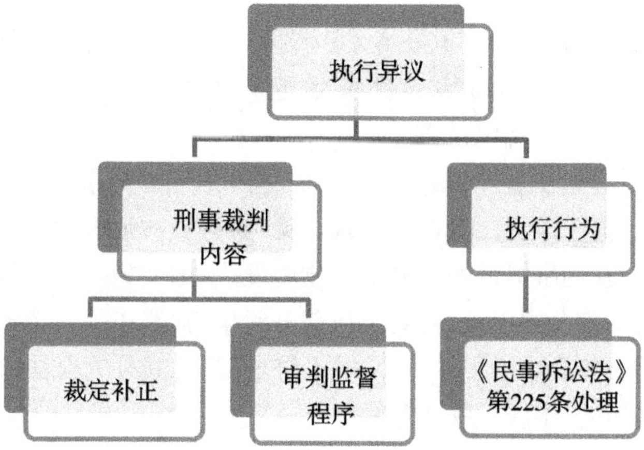

图2 案外人寻求审判监督程序救济流程

四、完善刑事案外人申诉制度的建议

从制度设计的理论上讲，如果刑事审判涉案财物的案外人参与审判程序，则不会发生刑事案外人提起申诉的情形，但是司法审判实践往往和理论存在出入，展现出另外的一个面貌：大量刑事案外人选择通过刑事申诉的途径寻求权利救济。而刑事案外人申诉制度目前尚处于实践探索、缺乏明确规范阶段，无法满足当下日益增长的刑事案外人权益保护的司法需求。结合现有的司法实践而言，在刑事审判无法确保完全准确认定涉案财物权属、执行异议发挥作用有限的情况下，细化完善刑事案外人申诉制度，无疑是最无奈却又最有效的应对措施。

（一）立案审查阶段基本问题的规范

梳理《刑事诉讼法》与《刑事诉讼法解释》，发现二者对于案外第三人的用语存有差异。《刑事诉讼法》第381条和第382条，采用“利害关系人”指称对涉案财物主张权利的案外第三人，而《刑事诉讼法解释》第364条第2款规定用“案外人”指称当事人以外对涉案财物提出权利主张的第三人，但是从二者在法律地位、参与程序、抗辩理由方面进行比较，实质上并无根本区别。[①]《刑事诉讼法解释》第371条第2款亦采用了“案外人”的指称，且该条款是案外人享有申诉权利的法律依据，故在立案阶段应严格依据该条款的规定进行审查。

① 乔宇：《执行中利害关系人对刑事涉案财物主张权利的处理》，载《人民司法·案例》2017年第20期。

1. 案外人申诉的主体认定

《刑事诉讼法解释》第 371 条第 2 款所指的"案外人"是指《刑事诉讼法》第 241 条所规定的"当事人及其法定代理人、近亲属"之外的主体。

2. 案外人申诉的对象及范围

依据《刑事诉讼法解释》第 371 条规定,生效刑事裁判侵害了案外人合法权益,案外人方可提出申诉。就审判实践所见,案外人被刑事裁判侵害的只能是民事权益,一般在刑事案件处分涉案财物时发生,因此案外人只能对刑事裁判对其构成侵害的部分提出申诉,对其他部分无申诉权,以上两个条件必须同时具备缺一不可。符合申诉主体条件,但不符合"侵害案外人合法权益"条件,则属于涉诉信访范畴,不应予以立案审查。

3. 案外人提交证据材料审查

案外人提起申诉时,应重点指导案外人提交其对刑事涉案财物享有合法权益的证明材料,并对该证明材料进行必要的审查。

(二)审查认证阶段基本问题的规范

无论是刑事诉讼,还是民事诉讼,有关各方举证责任的承担、证明标准高低的认定,均直接关系到诉讼各方的利益分配。在证据量及其证明力不变的情况下,证明标准设置和实际掌握的宽严在一定情况下直接决定案件实体最终处理结果。[①] 刑事案外人对涉案财物主张权利就必须提出充足有效的证据证明涉案财物是"无辜"的,故在申诉审查阶段,就案外人一方的申诉主张采取何种证明标准,直接关系到案外人权利实现程度。

证明标准高低的设定直接与审理程序类型本身重要度关联。刑事诉讼程序采用"确实、充分、排除合理怀疑"的证明标准,系因刑事诉讼程序结果直接关乎到被告人的生命权、人身自由权等重大事项,一旦出现错误,就将导致被告人的基本人权遭受不可逆转的重大损害。[②] 刑事涉案财物的处理作为"对物之诉",与刑事诉讼的定罪程序存在内在差异,不涉及人身权利,其实质上是一种财产性质的纠纷,与财产类民事诉讼具有同质性,无须适用刑事诉讼定罪的证明标准,适用民事诉讼程序的"优势证据"证明标准即可。[③]

由于申诉审查程序只是程序性审查,并不对具体的权利义务作出实质性处理,经申诉审查进入审判监督程序之后,检察机关与案外人两方在刑事涉案财

---

① 李玉华:《诉讼证明标准研究》,中国政法大学出版社 2010 年版,第 101 页。转引自初殿清:《"未经定罪之没收"的证明标准》,载《大连理工大学学报》2013 年第 2 期。

② 万毅:《独立没收程序的证据法难题及其破解》,载《法学》2012 年第 4 期。

③ 戴长林:《依法规范刑事案件涉案财物处理程序》,载《中国法律评论》2014 年第 2 期。

物权属这一待证事实上的举证能力相对均衡且还有后续补救方法，则适用与民事诉讼程序持平的证明标准，有其现实合理性，同时也符合在刑事涉案财物权属证明对象上“谁主张，谁举证”的证明责任配置规则。[①]

（三）文书撰写阶段基本问题的规范

1. 案外人申诉地位表述问题

因《刑事诉讼法》第241条明确规定，刑事诉讼中的申诉人系指“当事人及其法定代理人、近亲属”，《刑事诉讼法解释》第371条第1款再次明确了上述刑事申诉人的范围，而第2款单独赋予了生效裁判侵害其合法权益的案外人提起申诉的权利，即将案外人作为申诉人范围之外的一种独立的申诉主体，故应在申诉审查法律文书中，案外人申诉地位应表示为案外人，而不能混同于申诉人。

2. 再审法律条款引用问题

《刑事诉讼法》第242条以及《刑事诉讼法解释》第375条对于重新审判的情形作出了明确规定，但是上述规定均围绕着被告人定罪量刑的刑事审判范围，并未延伸到案外人民事权益保护范围，对此需要破解保护案外人合法民事权益没有法律适用依据的障碍。《刑事诉讼法》对申诉人及案外人的申诉权利，并没有从立法上实施诉权的构建，因此也就没有符合法定条件应当再审的具体规定，故仍应当沿用原判确有错误的审查及提起再审原则。对于提起再审的适用法律依据亦应遵守这一原则，简明适用《刑事诉讼法》第242条第3项“原判决、裁定适用法律确有错误的”这一口袋规定，同时适用《刑事诉讼法解释》第371条第2款，表明对案外人申诉的案件予以立案审查的依据。

3. 再审裁定判项表述问题

案外人申诉对象如果仅涉及判决主文判项，裁定再审对象目标明确，并无疑虑。但是刑事判决涉案财物往往含有多项，不宜在判决主文中详细列明，故《刑事诉讼法解释》第365条[②]以及《刑事财产执行规定》第6条[③]均规定可附清单。司法审判实践中，案外人申诉的指示对象大多均系对判决主文中另附清单的个别项目，此时裁定再审对象该如何表述就是绕不开的问题。上述法律及司法解释规定清晰地表明，涉案财物性质的认定也是刑事审判的裁判对象，那么刑事判决中扣押款项处理清单理应属于裁判文书判项主文。由于案外人申诉

---

① 邓晓东：《利害关系人视域下的“未经定罪之没收”》，载《福建师范大学学报》2017年第4期。

② 《刑事诉讼法解释》第365条规定，对查封、扣押、冻结的财物及其孳息，应当在判决书中写明名称、金额、数量、存放地点及其处理方式等。涉案财物较多，不宜在判决主文中详细列明的，可以附清单。

③ 《刑事财产执行规定》第6条规定，刑事裁判涉财产部分的裁判内容，应当明确、具体。涉案财物或者被害人人数较多，不宜在判决主文中详细列明的，可以概括叙明并另附清单。

并不涉及定罪量刑，故而再审裁定主文表述为“一、由本院另行组成合议庭，对本案原判决第××项中《财产清单》第××项之财产处理进行再审；二、再审期间中止《财产清单》第××项内容的执行”。

纵观我国有关刑事涉案财物的处置程序的历史演进，即可窥见我国对于刑事案外人权益保护机制从无到有、法治化水平不断提升的过程。在刑事审判中单独设立涉案财物处理程序无疑是保护刑事案外人权益的最佳路径，但是在短时间内无法达到最优状态的情况下，通过完善刑事案外人申诉制度，发挥审判监督程序应有的监督作用，从而反向推动刑事审判对于涉案财物权属的严格审查，不失为一种现实且有效的选择。

心得体会

坚持论文写作的心理

姚志伟

自2010年入院以来，我就一直在申诉审查庭从事针对生效裁判的申诉审查工作，至今已快十年，对于申诉审查工作已然具有了难以割舍的感情。然囿于申诉审查业务在司法审判业务领域的小众地位，工作的内容与性质在法律圈外被人知之甚少，即使在法律圈内也并不为人所熟知。如何让更多的人熟悉自己所从事的工作与性质，成为萦绕在以申诉人自居的我脑海并挥之不掉的大事。思索良久，发现撰写学术论文，无疑是一种更为合理且有效的方式，故数年坚持撰写学术论文，为自己所从事的申诉审查业务发声代言。就本文的形成而言，一如既往地坚持了如下几点：

一是写作的研究对象根植于申诉审查实践问题。本文研究的对象正是源于《刑事诉讼法解释》第371条之规定赋予，案外人就侵害其合法权益的已经发生法律效力的判决、裁定，提出申诉的权利，从而引发案外人提起刑事申诉的案件，如何审查处理这一司法实践亟须解决的问题，即研究的对象具有司法实际需求性。

二是写作的研究思路展现出申诉审查专业特点。申诉审查的对象均为已经发生法律效力的裁判，系运用司法审判监督权对已经生效的司法裁判进行评价，与普通的一审、二审程序具有显著的不同，故在本文的研究思维与写作思路上，充分体现了申诉审查本身所具有的特点，比如就案外人申诉主体地位的认定、证明认定标准以及法律条款的适用等。

三是写作的建议方案运用于申诉审查实践指导。一篇司法学术论文的作用不应仅体现在学术研究讨论上，更应体现在服务审判实践之中。在本文最后的建议篇幅，充分围绕着如何指导刑事案外人提起申诉案件的实际运用这一主题，从案件的立案阶段，到审查认证阶段，再到最后的文书撰写阶段，均进行了翔实且具有可操作性的论述，以期可以更好地服务于申诉审查的司法实践。

中级人民法院审判团队功能定位与改革路径

——以法院审级职能为切入点*

夏明玥**

【论文提要】

审判团队是司法实践中为克服审判权运行机制不足所做出的创新，最高人民法院法官何帆曾评价审判团队是“被人案矛盾逼出来的产物”，①可见审判团队组建的目的之一是优化人员配置以提高审判质效，之二是落实司法责任以促进审判公正。要实现这两个目标，核心在于明确审判团队的功能定位，探索优化审判权运行机制的改革路径，本文聚焦于中级人民法院的审判团队建设，中级人民法院从审级职能上讲，“指导”是独特于基层法院一大特点，由于担任“依法纠错”的特殊职责其审判组织也与基层法院主要适用的“独任制”有所不同，以“合议制”为主要审理方式。这决定了中级人民法院组建审判团队更多的是基于专业化审判需要，团队建设的功能在于推动案件审判精准化典型化，加深中级人民法院案件审判指导功能。本文从审判权运行机制入手分析中级人民法院组建审判团队的必要性，进一步调查实践中级人民法院审判团队的功能定位和现有改革路径的适配程度，发现审判团队改革中的共性和个性问题，探析现阶段中级人民法院审判团队功能不能完全实现的原因，进而以中级人民法院因审级职能的特殊性而引发在案件类型、审判组织、法院规模等产生的差异为基础，探索中级人民法院在审判团队建设中需要处理的关系和关注的问题，最后结合内设机构和人员分类改革对中级人民法院的审判团队改革路径完善提出建议。

---

* 本文获北京法院系统第三十届学术讨论会优秀奖。

** 夏明玥，北京市第一中级人民法院干部处法官助理。

① 何帆：《“审判团队”会替代审判庭么?》，载《法影斑斓》2016 年 9 月 10 日。

【主要创新观点】

一是在对象选取上,不同于一般对审判团队整体制度研究,本文专注于对中级人民法院审判团队分析,且选取审判团队的功能定位和改革路径两点展开讨论,以实现审判团队优化审判权运行机制,落实司法责任为目标深入分析。

二是在思路切入上,本文以中级人民法院的审级职能为切入点展开对审判团队的研究,因为中级人民法院与其他审级法院在案件类型、审判组织、法院规模上的不同,究其根本是由于审级职能不同,由于其案件指导的功能定位,决定中级人民法院组建审判团队更多的是专业化审判的需要,由此引发在审判团队建设上的种种差异。

三是在关系处理上,本文对中级人民法院审判团队建设的难点问题进行了分析,对如审判团队组建与内设机构改革的关系、审判团队与合议庭运行的关系,审判长与审判团队负责人的关系进行了解析探索,并在此基础上,得出中级人民法院建设审判团队的关键在于完善改革路径以促使其与审判团队推动专业化审判的功能,实现司法责任制的定位完全适配的结论。

四是在结论深化上,审判团队作为优化审判权运行机制的制度改革,其出发点在于提高审判质效,本质目的在于落实司法责任制。对中级人民法院而言,审判团队在功能定位上就是促进专业化审理,纵向加深中级人民法院案件指导审级职能;在改革路径上就是横向结合内设机构和人员分类改革进行实践探索和制度构造。

一、追根溯源:建立审判团队是中级人民法院落实司法责任制和专业化审判的需要

2014 年最高人民法院在《关于进一步加强新形势下人民法庭工作的若干意见》中首次提出以组建审判团队的方式解决“一人庭”的问题;2015 年又在《关于完善人民法院司法责任制的若干意见》中明确基层、中级人民法院可以组建审判团队审理适用简易程序的案件和其他法律规定案件。由此可见,审判团队最初主要适用于基层人民法院,中级人民法院在实践中也根据实际需要探索组建审判团队,对此最高法司法改革办公室提出“由于审级职能、案件类型不同,中级人民法院即使组建审判团队,更多的是基于专业化审判的需要”[①],可见中级人民法院组建审判团队是为了实践需要,也于法有据。

① 最高人民法院司法改革领导小组办公室:《当前司法体制改革中 12 个重大疑难问题解答》,载《人民法院报》2017 年 4 月。

（一）审判权运行亲历性不足：还权于合议庭

亲历性不足是指最终作出裁判者却没有亲身参与审理过程，审判权实现过程漫长，审理者却是审判最低位阶，与审判权运行规律不符合①，而诉讼法的基本原则就是“只能由参加审判的法官作出裁决”，②亲历性不足既影响审判公正，又不符合权责一致的要求。这是法院内部审判权与行政管理权相混同引发的问题。为了解决这一问题，中级人民法院在审判团队组建中一是提出院庭长编入团队实际参与办案；二是配套改革裁判文书的签署制度，合议庭审理由合议庭成员签名并在职责范围内担责，而不再层层审批。抓住管理层级和管理幅度两个变量，科学减少管理层级（见图 1），最大化地利用审判资源的同时积极推动审判向权责一致方向发展。

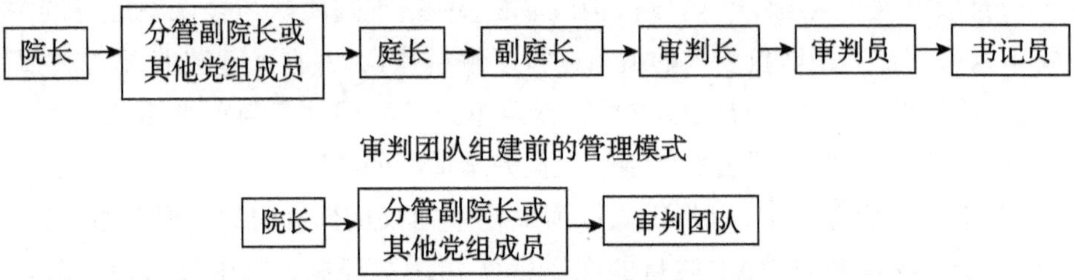

审判团队组建前的管理模式

审判团队组建后的管理模式

图 1　审判团队组建前后管理模式对比

（二）审判权运行科学性不强：建立专业化团队

科学性不强主要体现在中级人民法院面对大量复杂、新型案件却囿于法官工作过于饱和和审判辅助人员的紧缺，缺乏对典型案件的深刻思考和钻研。因此中级人民法院通过组建专业化审判团队的方式对某些类型案件进行专门审理，以期提高审判水平，树立典型案件以供下级法院参考。专业化审理以类案审判经验为审判质效提供了经验保障，正如霍姆斯所说的，“法律的生命不在于逻辑，而在于经验”，专业化审判团队通过审理大量同类型的案件，积累丰富实践经验，既能缩短办案时间，又能降低同类型案件出错的概率。

① 鲁桂华：《合议制下审判团队改革的实践与完善》，载《理论视野》2017 年 9 月。

② 吴仕春：《审判权运行机制改革研究——以刑事审判权运行为视角》，西南政法大学 2016 年博士学位论文。

二、实践考察:中级人民法院审判团队功能定位及改革路径现状探析

(一)个性调查:各试点中级人民法院审判团队改革现状

正如上文所述,为了应对新形势的变化,增强中级人民法院专业性审理的指导性需求,审判团队的组建势在必行。为了对中级人民法院的审判团队有进一步了解,笔者通过访问法院网站、电话咨询以及实际考察等方式对以下5个省市共9个中级人民法院的审判团队的实际情况进行了调研(见表1)。

表1 各地法院审判团队模式

法院名称	合议庭产生方式	审判团队或合议庭成员构成	负责人	备注
北京市Y中级人民法院	原则上相对固定	3~5名法官+N名法官助理+M名书记员	庭长、副庭长或资深法官	合议庭设审判长
	独任制	1名法官+N(N≥0)名法官助理+1名书记员	独任法官	—
北京市E中级人民法院	随机产生	3~5名法官+1~2名法官助理+2~3名书记员	副庭长或资深法官	合议庭不设审判长
广东省F中级人民法院	相对固定	1名审判长+2名合议法官+若干法官助理和书记员	选任审判长	—
	相对固定	院长、副院长、审委会委员	院长	高级法官平权型合议庭,审理疑难案件
	相对固定	1名执行长+2~3名其他法官+若干法官助理和书记员	执行长	执行团队
广东省S中级人民法院	相对固定	3名员额法官+N名法官助理+N名书记员	承办法官	承担全院约80%的审判任务
	相对固定	1名入额庭长或副庭长+2名未员额法官	庭长或副庭长	承担全院约20%的审判任务
湖北省H中级人民法院	相对固定	6~9名法官+若干法官助理和书记员	庭长或副庭长	原审判业务庭直接转化

续表

法院名称	合议庭产生方式	审判团队或合议庭成员构成	负责人	备注
湖北省E中级人民法院	相对固定	院长、审委会委员	院长	审委会院长
	相对固定	分管院领导+员额法官	分管院领导	审判类别团队
	相对固定	庭长+员额法官	庭长	业务庭团队
	相对固定	副庭长+员额法官	副庭长	审判专业团队
四川C中级人民法院	相对固定	3名法官+1名法官助理+1名书记员	审判长	等同于合议庭
上海E中级人民法院	相对固定	3名法官+若干法官助理和书记员	选任审判长	—

一是北京模式。

北京市Y中级人民法院:全院共组建54个审判团队,每个团队设置负责人1名,由院庭长或者资深法官担任负责人。组建模式一是传统审判团队,“3~5名法官+N名法官助理+M名书记员”组成(N和M取决于该院审判辅助人员配备情况);二是立案等独任法官团队,“1名法官+N名法官助理(N≥0)+1名书记员”组成,负责处理简单的管辖异议、速裁等纠纷。

北京市E中级人民法院:全院员额法官159人共组建审判团队47个,由“3~5名法官+1~2名法官助理+2~3名书记员”组成,团队内随机组成合议庭,由副庭长或资深法官担任负责人,去除“审判长”管理层级,团队划分为综合型和专业型两种类型(见图2)。

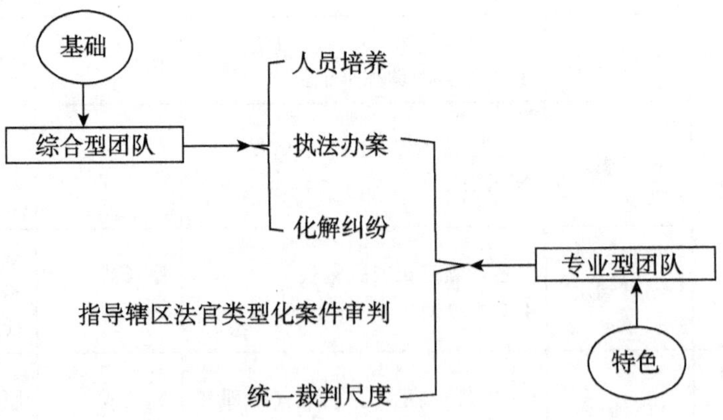

图2 北京市E中级人民法院团队组建模式

二是广东模式。

广东省 F 中级人民法院：共三种组建模式，第一种是“1 名审判长 +2 名合议法官 +N 名法官助理及书记员”，共 40 个，实行审判长负责制；第二种是高级法官合议庭，专门审理重大复杂疑难案件，又称为“平权型合议庭”，不设置审判长，由院长、副院长、审委会委员等随机组成；第三种是由“1 名执行长 +2～3 名其他法官 +N 名法官助理及书记员”组成，专门办理执行案件，实行执行长负责制①。

广东省 S 中级人民法院：共两种组建模式，一种是由员额法官组成，实行“谁主审案件谁当审判长谁签发文书”，超过 80% 的审判业务由此类团队办理；另一种是由“1 名入额的庭长或者副庭长 +2 名未入额法官”组成，庭长、副庭长担任审判长，办理剩余的 20% 审判业务②。

三是湖北模式。

湖北省 H 中级人民法院：该院在改革前 13 个审判执行部门基础上组建了 11 个审判团队，分为刑事、民商事、行政和国家赔偿、立案再审审查、执行裁决、审判监督六大类，团队负责人由原审判执行部门的庭长或副庭长担任，部分审判团队内部有 3～4 个固定合议庭。

湖北省 E 中级人民法院：共四种组建模式，一是审委会团队，院长为负责人；二是各审判类型团队，分管院领导为负责人；三是各业务庭团队，业务庭庭长为负责人；四是审判专业团队，对应业务庭副庭长为负责人（见图 3）。每个团队中套嵌 1～6 个固定合议庭。

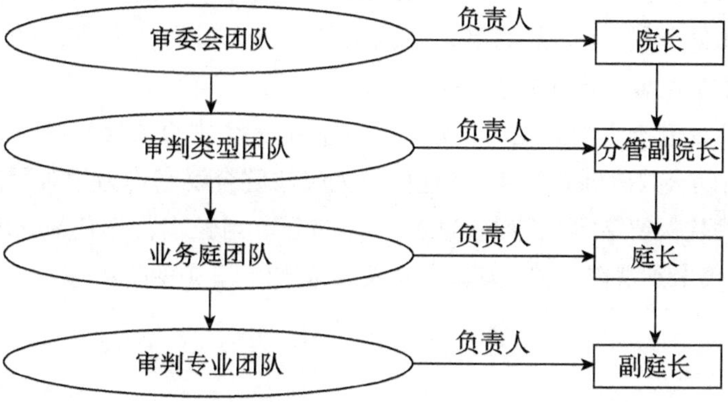

图 3　湖北省 E 中级人民法院审判团队组建模式

---

① 参见刘庆伟：《从形似到形神兼备部分试点法院新型审判团队设置之反思与改进》，载《司法论坛》2017 年第 4 期。

② 参见田源：《未入额法官协助办案机制研究——兼论审判团队办案模式的优化》，载《政法学刊》2016 年（第 33 卷）第 6 期。

四是其他模式。

四川省C中级人民法院:该院12个审判庭共组建50个审判团队,统一使用“3名法官+1名法官助理+1名书记员”的人员配备模式,审判团队均只有一个固定合议庭。

上海E中级人民法院:共82个审判团队,均由“3名法官+N名法官助理+N名书记员”组成(N所代表的数字随着审判需要而调整),实行审判长负责制,院、庭长全部编入团队,其所在团队由院、庭长担任负责人,其他团队选任固定负责人,团队负责人同时担任审判长。

湖南省B中级人民法院:全院共组建12个审判团队,人员配置为“N(N≥3)名法官+1名法官助理+1名书记员”,从全院员额法官中选任23名审判长,从其中再选任12名团队长,形成“团队长+审判长+廉政监察员(由员额法官选任)+其他员额法官+法官助理+书记员”的新型审判团队,形成审判业务、党建工作、纪律作风高度融合模式。

(二)共性体现:中级人民法院审判团队特征简析

一是审判辅助力量配备普遍紧缺。调查发现,法官和法官助理配比从1:1到7:2,大多中级人民法院的法官和助理比例无法达到1:1的理想状态,1名助理需要和2~3名法官同时配合是常态,法官助理数量严重不足;书记员在数量上稍充足,但综合素质能力有待提升。

二是审判团队人员配置大相径庭。有的法院审判庭组建“1+N+1”的团队模式,有的法院组建“3+N+N”的团队模式,还有的组建“6+N+N”或“7+N+N”的团队模式;有的全院审判团队采取一种人员配置方式,有的法院在不同团队中人员配置有所不同。

三是合议庭产生形式相对固定。所调查的9个中级人民法院中,仅北京的1个法院明确合议庭随机产生,其他中级人民法院合议庭均为相对固定,且多数中级人民法院保留审判长建制,这其中大部分审判长实行选任制,由固定人选长期担任;仅个别法院明确“去除审判长管理层级”。(见图4)

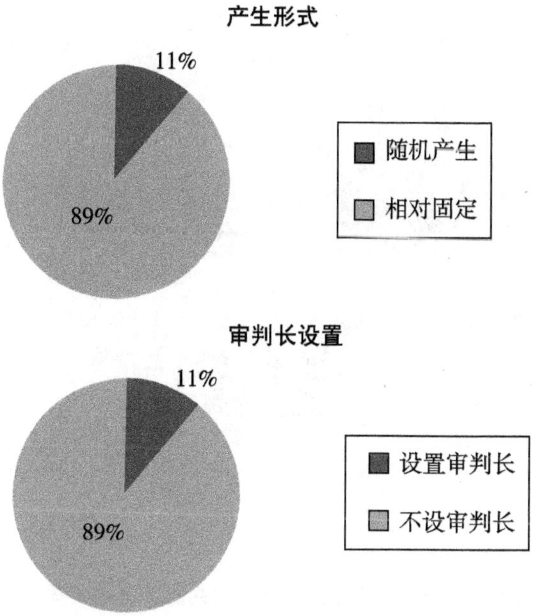

图4　9个中级人民法院合议庭情况

三、现状反思：中级人民法院审判团队现有改革路径与审判团队功能定位的适配难题

（一）现实困境：中级人民法院审判团队现阶段改革路径缺陷分析

司法改革的背景下各中级人民法院推动审判团队建设的热情高涨，但实践中也出现了一些问题，一些是由于制度设计上的缺失，另一些是由于配套措施尚未能落实，还有一些是由于未能充分考虑到中级人民法院特殊审级职能定位。

一是审判团队结构失衡状况严重。如前文所述，大部分中级人民法院审判辅助力量处于紧缺状态，缺少法官助理和书记员，法官就不得不“大材小用”分散精力做一些程序性事务，影响办案效率和效果，也与司法改革法官精英化要求不符。团队在优化审判资源配置上的作用不能充分发挥。

二是审判团队组建模式较为混乱。有的法院在一个审判团队中嵌套两个以上合议庭（见图5），团队内部仍有两个或三个管理层级，未脱离原有科层制结构，很难实现扁平化管理。有的法院组建“1+1+1”的团队来办理需要合议庭审理的案件（见图6），合议庭需要由多个团队组成，不利于高效审理。人员配置尚无明确的判断标准和规范，缺乏明晰的指导原则。

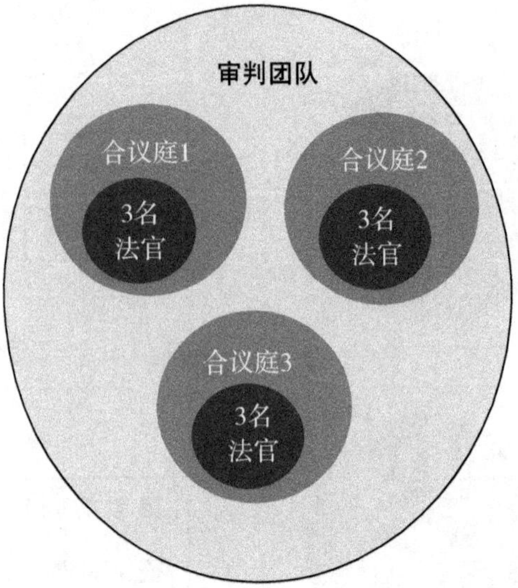

图5　湖北省H中级人民法院审判团队组建模式之一

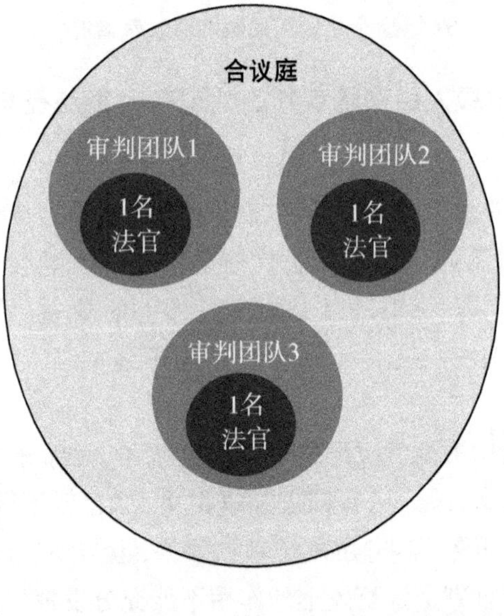

图6　北京市Y中级人民法院审判团队组建模式之一

三是合议庭产生及管理不够规范。中级人民法院由于其审级的特殊性，大部分案件需要合议庭审理，按照《最高人民法院关于落实司法责任制完善审判监督管理机制的意见(试行)》的规定合议庭原则上随机产生[①],但实践中多数中级人民法院出于法官素质不均衡或专业化审理的考虑,无法完全做到随机产生合议庭,而在相对固定的合议庭内也尚未建立明确的交流机制,长期固定的合议庭虽有助于成员培养默契,但容易使法官知识结构局限化、零碎化,也容易滋生腐败,存在一定的廉政风险。[②]

四是审判团队组建未脱离科层制的窠臼。有的法院分别由院长、其他院领导、庭长、副庭长担任审判团队负责人,未脱离原有业务庭的设置格局,团队建设流于形式;有的法院审判长依旧实行传统选任制,形成"团队长→审判长→廉政监察员→员额法官"新管理模式(见图7),与审判团队去行政化,还权于合议庭的理念不符合,反而在原有庭室上增加了管理层级,降低了传达效率。

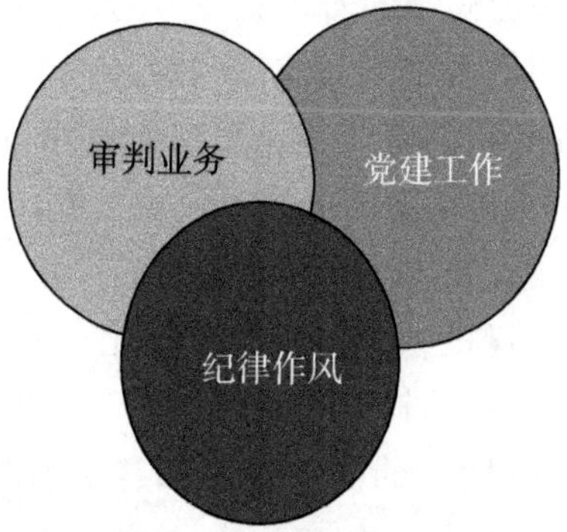

图7 湖南省B中级人民法院管理模式

五是审判团队的自我管理能力参差不齐。有的法院法官均为从业十年以上的资深法官,团队内部基本可实现自我管理,负责人可随机从法官中选任;而有的法院年轻法官较多,缺少管理经验,团队负责人从中产生,虽能应付案件审理,但在团队管理上后继无力,致使团队内部分工混乱、凝聚力不高,反而影响审理效率,并给法官增加了人际关系处理新负担。

六是审判团队整体和成员考评机制有待健全。9个试点法院中有4个中级人民法院出台了审判团队考评办法,其余法院团队考评机制缺位或滞后,甚至对审判团队不进行考评,未能建立团队发展的长效机制,造成审判团队"价值观

① 参见《最高人民法院关于落实司法责任制完善审判监督管理机制的意见(试行)》(法发〔2017〕11号)第4条规定,合议庭原则上应当随机产生。因专业化审判需要组建的相对固定的审判团队和合议庭,人员应当定期交流调整,期限一般不应超过两年。

② 参见李晓磊:《我国合议庭议事规则完善之探究——以"罗伯特议事规则"为镜鉴》,载《全国法院第27届学术讨论会获奖论文集》。

紊乱”,后续力量不足。①

(二)原因解析:中级人民法院审判团队功能价值为何不能完全实现

一是对审判团队组建目的认识不够深刻。对中级人民法院而言,审判团队建设的首要目标是还权于合议庭,其次是推动审判专业化。正是由于对此目的认识不足,导致有的法院在一个审判团队内部套嵌多个合议庭、有的将审判业务庭直接转化为审判团队,有的采取“一刀切”的方法组建团队,而非以专业化审理为目标,围绕法官为中心建立团队。结果出现运行不畅、工作合力不强、忙闲不均等实践难题,甚至将“大行政化”转变为“小行政化”,团队协作优势无法发挥。审判权运行困境尚未破解,又增添新的管理难题。

二是审判团队内部管理权和内设机构行政管理权界限不明。《最高人民法院关于完善人民法院司法责任制的若干意见》中规定审判团队“实行扁平化的管理模式”,赋予了审判团队一定的自我管理权。但实践中这一权利和庭长的管理监督权时有重合,有的审判团队分担了审判庭在分案、核定绩效上的部分权限;有的审判团队甚至还负责党建工作和纪律工作。管理权界限不明导致管理混乱,责任主体无法追踪,反而增大管理压力。

三是审判团队成员配置机制尚需进一步优化。一方面审判辅助力量配备严重不足,另一方面法官与审判辅助力量之间还存在配合不佳、沟通不畅的情况,致使法官的核心作用及团队的协作效果都有所削弱。根据“同素异构”原理,从一种分配状态到另一种状态的变化中,在没有使任何人境况变坏的情况下,使至少一个人变好才能达到提高团队水平的效果②,就审判团队而言,要使法官发挥更核心的作用,那么在审判辅助人员的选择以及考评上法官都应该具有一定的话语权,在人员配置机制上尚需进一步完善。

四是审判团队的审判权和审判管理权融合不恰。审判团队组建后,管理权下放,团队负责人需要统筹好审判执行、分工协作、价值引导等各项工作,对其能力要求实质上超出了办案法官的范畴③。而为了保证团队审判属性最大化,且不增加新的管理层级,最优做法是从团队中法官随机选任负责人,一些资深法官能够胜任此职位,但有的法官缺少行政管理的经验和能力,现阶段的能力素质可尚不能满足扁平化管理的需求,所以有些中级人民法院仍实行审判长选任制或者由院庭长担任负责人,而这种做法又与扁平化管理的原则相悖。

五是审判团队组建时中级人民法院的职能定位未被充分考虑。中级人民

① 张敬新:《司法责任制改革视角下的审判团队建设》,山东大学2017年硕士学位论文,第19页。

② 许湘岳、徐金涛:《团队合作教程》,人民出版社2015年版,第4页。

③ 马渊杰:《司法责任制下审判团队的制度功能及改革路径》,载《法律适用》2016年第11期。

法院基于其"案件指导"的职能定位,组建审判团队更多是专业化审理的需求。有些中级人民法院忽视了这一点,首先是在人员配置上没有充分考虑法官的专业背景及执业领域,导致案件研究成果不高;其次在团队组建上更多遵循法院原有建制,未将专业化审理的需求纳入考虑,团队建设未能促进审判精细化、深入化;最后是在分案机制上,有些法院遵循最高人民法院的要求实行完全随机分案,没有灵活的分案机制导致审判资源不能最大化利用,专业化审判成为空谈。

四、进路探索:推动中级人民法院审判团队改革路径与其功能定位完全适配

(一)进路纲领:审判团队组建中要充分考虑中级人民法院特殊性

一是职能定位的特殊性。中级人民法院在职能上除了解决纠纷外,还负有监督指导下级法院的职责(见图8)。即中级人民法院在审判中要更加注重新型、疑难、复杂案件的处理,需要从中探索具有普遍适用价值的解决方式。因此不同于基层法院更多是通过团队协作提高审判质效考虑而组建团队,中级人民法院组建审判团队更多是基于专业化审判的需要,力图在解决纠纷外进行深入的研究和思考,出台典型案例,解决新型纠纷。比如,北京Y中级人民法院建立金融行政审判团队,北京E中级人民法院建立医疗审判团队,专门审理特殊类型案件,为下级法院解决类似案件提供参考和指导。

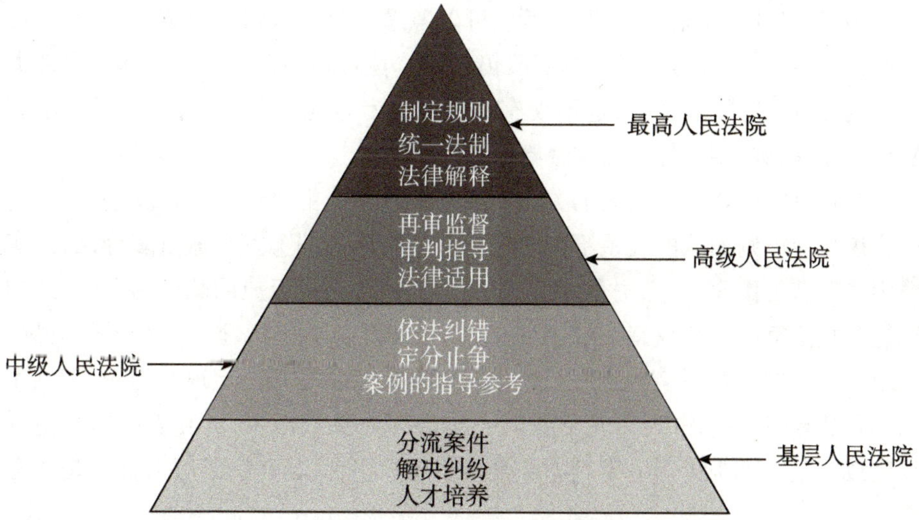

图8 四级法院的审级职能

二是审判组织的特殊性。不同于基层法院"1+1+1"的独任团队模式,中级人民法院基于承接上诉案件的特性以合议庭审理为主,审判团队的组建和运

行必须考虑与合议庭运作机制的兼容和衔接,鉴于现阶段员额法官能力素质尚不均衡,相对固定合议庭的产生有其必然性,只能在加强人员交流和审判监督上加大力度,以规避人员固定所隐含的廉政风险。

三是案件的特殊性。中级人民法院作为上诉法院,所接收的案件具有难度大,新型案件、敏感案件、群体性案件多的特点,因此在分案机制上,为了最大化地利用审判力量,使优质审判人员集中精力去解决相对困难的纠纷,需要探索将指定分案和随机分案结合的灵活分案模式;其次在人员配备上,也要考虑到核心审判力量的加强,审判辅助力量相对于基层法院反而可以减弱。

四是法院规模的特殊性。中级人民法院规模大,法官数量以及受理案件数量较多,在团队组建中一定要考虑到其与审判庭之间关系的处理。在50人以下,案件数量不多的法院为减少管理层级可探索以审判团队取代审判庭的模式,但多数中级人民法院仍需保留审判庭,便于对人员和团队的监督和管理。

(二)探路原则:中级人民法院审判团队组建中需要处理好内外关系

一是审判团队和内设机构关系。首先审判团队不是法院的内设机构,不过团队会内嵌在包含审判职能的内设机构中。其次根据《省以下人民法院内设机构改革试点方案》的改革原则[①],有些中级人民法院直接裁撤审判庭以审判团队取代,笔者认为对于案件数量多、法官人数多、历史包袱重的中级人民法院,为了管理上的便利仍有保留审判庭的必要。根据"帕累托最优"理论,一个团队超过10人就很难实现扁平化管理,所以可以考虑在原有审判庭内组建10人左右的审判团队,审判庭对于部门内团队仍保留监督管理的权力。如果存在案件类别相近的审判庭可以合并,这不仅有利于实现专业化审判,也有利于促进法官知识交流、打破专业局限、促进裁判标准统一。[②]

二是审判团队与合议庭的关系。中级人民法院主要通过合议庭进行审理,故合议庭与审判团队的关系不容忽视。审判团队内部不宜套嵌过多合议庭,实践中一般认为由3~5名法官,配备适量审判辅助人员组成团队较为合适,这样既能防止法官缺位合议庭无法组建,又方便实现扁平化管理。但按照《人民法院组织法》的规定,只有独任庭、合议庭、审判委员会才是法定审判组织,审判团队不是法定审判组织,所以审判团队不能成为司法责任单元,合议庭审判由合议庭成员共同承担责任。审判团队是为了还权于合议庭才组建的,而不是向合

---

① 参见中央机构编制委员会办公室和最高人民法院:《省以下人民法院内设机构改革试点方案》(2016年8月18日印发)第1条"指导思想和原则":应当按照建立设置科学合理、职能划分明确、运行高效顺畅、符合审判机关特点和审判权运行规律的内设机构体系。

② 参见马渊杰:《司法责任制下审判团队的制度功能及改革路径》,载《法律适用》2016年第11期。

议庭"夺权",因此它可以是一个管理单元或者考核单元,但它不能成为司法责任单元,否则就是越俎代庖,在原有审判组织的基础上凭空增加管理层级,既无必要,也与司法责任制目标相悖。

二是审判长与法官的关系。"合议庭的审判活动由审判长主持",①审判长在合议庭中承担着主持合议、维护合议规则的重要职责,因此讨论合议庭不可能脱离审判长。从试点法院来看,大部分中级人民法院在相对固定的合议庭内设置审判长一职,有的由案件承办法官担任,有的选任资深法官担任,有的由审判团队负责人担任(见图9);一部分中级人民法院在随机产生的合议庭内,取消审判长建制,由团队负责人承担相关职责(如北京市E中级人民法院)。笔者认为,特别是在超过3名法官的审判团队内,为了保证合议程序正当有序,审判长的设置是有必要的,但审判长选任制和终身制容易导致审判长负责制,不仅产生新的行政层级,也易使"论资排辈"情况再次发生,与司法改革理念相悖。因此,建议在合议庭中由案件承办法官或者随机选任资深法官担任审判长,仅作为审判实体事项的参与者和程序事项的主持者,无行政管理权,尽量杜绝审判长固定,促使审判长"动态管理、优胜劣汰"。

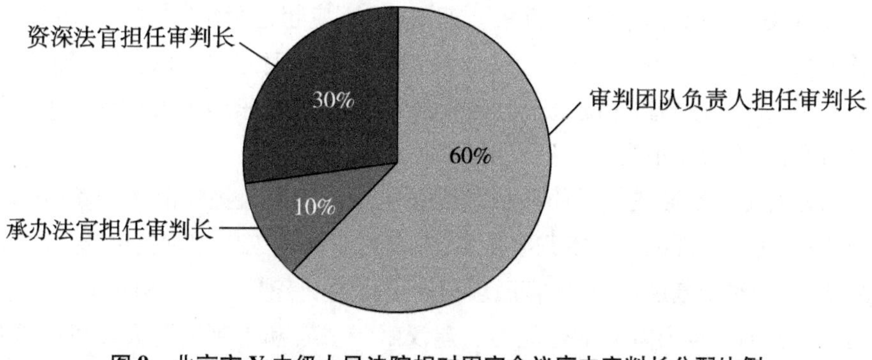

图9 北京市Y中级人民法院相对固定合议庭中审判长分配比例

(三)具体路径:中级人民法院审判团队制度构造的完善建议

中级人民法院审判团队未能充分发挥作用的根源,一是未能充分考虑到中级人民法院的职能定位,使审判团队组建运行与中级人民法院的"指导"职能完全适配;二是对审判团队的组建目的认识不够深入,导致团队建设流于表面,司法责任制无法落实。笔者认为,所有的司法制度都应该为公正高效的审判服务,就中级人民法院而言组建审判团队的首要目标是推动专业化审判,发挥对

① 参见《最高人民法院关于人民法院合议庭工作的若干规定》(法释〔2002〕25号)、《人民法院组织法》第10条、《民事诉讼法》第39~42条。

于基层法院的案件指导作用,把握这点后针对审判团队改革路径的完善提出具体建议。

一是有的放矢,明确审判团队组建标准。首先,中级人民法院基于职能定位,审判团队组建更多是专业化审判的需要,因此案件类型应是团队组建的首要标准。其次,实践经验也说明"一刀切"的方法并不可取,团队组建会受到案件难度、人员配置等各种因素的影响。总体原则就是要以案件类型为导向,结合近年的收案量、结案量对法官和审判辅助人员的工作饱和度进行测算,以此确定哪些领域需要设置团队以及团队的具体数量;再根据法院人才储备、案件难度等情况来确定团队的人员配置比例,确保每个团队都能实现审判资源利用最大化。

二是循序渐进完善合议庭运行模式。首先,中级人民法院的大部分审判团队必然内嵌合议庭,合议庭既是办案的主体也是司法责任主体,因此合议庭的运行决定审判团队是否能够发挥实效。如前文审判团队中不宜嵌套过多的合议庭,以能随机产生合议庭且团队不超过10人为宜。其次,中级人民法院因专业化审判的需要,相对固定的审判团队更为常见,因此更加需要完善人员定期交流机制,建议制定《人员交流方案》,期限以"不应超过两年"为原则[①]。最后,考虑长远发展趋势,当每名法官能力素质趋向于均衡时建议可以在中级人民法院审判团队内部逐步探索随机产生合议庭,甚至可以探索当事人合意产生合议庭的制度,最大限度地实现公平公正。

三是大胆探索形成优质团队成员配备机制。中级人民法院审理案件相对复杂,需要法官处理的核心审判事务多,而审判事务性工作相对较少,因此在人员配备上,相对于基层法院,法官助理和书记员的配备数量可以相对减少,但与此同时要更加注重团队的配合能力。建议赋予法官和审判辅助人员双向选择的权利[②],原则上倡导自愿,同时充分考虑成员在办案能力、知识结构、年龄阅历等方面的因素,做到优势互补,并结合法官助理的培养和发展,进一步探索自主选择和合理安排有机结合的人员配备方式。

四是分类分级设计灵活分案方式。最高人民法院提出审判团队应以随机分案为主,但完全随机分案对中级人民法院的专业化"精准审判"的要求不符。

---

① 参见《最高人民法院关于落实司法责任制完善审判监督管理机制的意见(试行)》(法发〔2017〕11号)第4条规定,合议庭原则上应当随机产生。因专业化审判需要组建的相对固定的审判团队和合议庭,人员应当定期交流调整,期限一般不应超过两年。

② 参见青岛市中级人民法院课题组:《中级法院审判团队配备问题研究》,载《山东审判》2017年第1期。

为确保充分利用中级人民法院的审判资源，发挥案件指导的作用，建议中级人民法院在随机分案的基础上，综合案件类型、繁简程度、专业化分工等因素分类分级灵活分案。初步设想其一是大要案和普通案件分类，将重大、复杂、疑难、社会影响大或者新型案件指定分配给院庭长、审判委员会委员参与的团队，以充分利用他们在审判上的经验和知识储备上的优势；其二是繁简分级，将简易程序案件分给独任法官团队，较复杂的进行下一步分案；其三是专业化和综合案件分类，将金融行政、医疗等专业属性较强的分给对口专业审判团队，剩余的在综合审判团队中再次分配（见图10）。

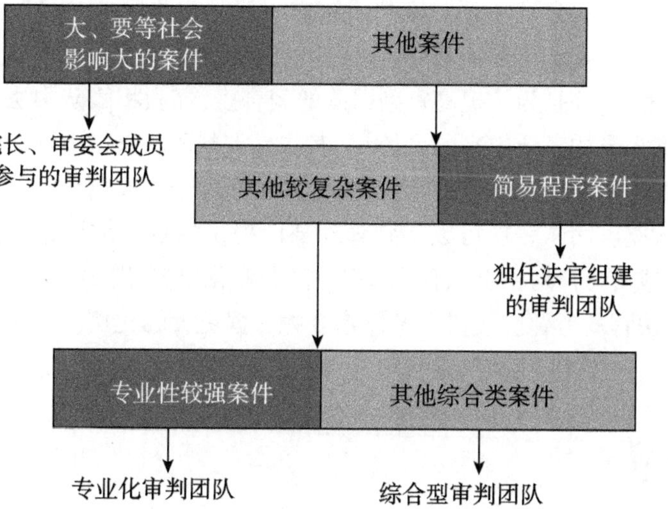

图10　中级人民法院分案流程设计

五是分工明确规范审判团队监督和管理机制。扁平化管理是审判团队制度设计之一，目的是区分审判权、审判管理权、行政管理权，审判权归还给审判组织，审判管理权一部分上收集中行权，另一部分下沉由审判团队自主管理①。首先，下沉的审判管理权就是团队内部监督和管理，由团队负责人进行内部人员调配、审判管理、统一法律适用等工作，另外法官对法官助理和书记员负有监督指导责任。其次，行政管理权则由院庭长行使，是对审判团队外部监督和管理，庭长对庭内所有审判团队有监督管理职责，分管院领导对所分管庭内审判团队的整体运行和法律统一适用发挥监督作用。另外，审判管理部门对团队所办案件的评查，监察部门对于团队成员的廉政督察也必不可少。扁平化管理是

① 参见曹海涛：《司法责任制下基层法院审判团队改革路径的实证研究——以重构传统审判庭架构下资源配置模式为视角》，全国法院系统第二十九届学术讨论会参赛论文。

相对于审判权和一部分审判管理权而言,行政事务管理传统的科层制更有效率,因此对于案件数量、人员数量都较多的中级人民法院,庭室建制仍有必要,但需明确审判团队运行管理工作规范,划定审判权、审判管理权、行政管理权的界限及责任主体,在三者之间找到平衡点,避免因新的权力分配机制出现引发审判权运行出现新的困境。

六是统筹考虑建立科学的审判团队考评机制。中级人民法院人员和案件数量都较多,审判团队的数量也会相对较多,为了在团队之间形成良好的竞争氛围,进一步优化团队运作机制,笔者认为对审判团队进行考评是有必要的。首先是团队成员的分别考评。审判团队中一般分为法官、审判辅助人员两类,法官由法官考评委员会单独考评,建议针对法官助理和书记员也建立单独职务序列,分别考评,并且为了提高审判团队的契合度,探索将团队中法官意见纳入对审判辅助人员的考评中来的途径①。其次是审判团队整体考评。笔者认为团队整体考评不可能脱离成员而存在,故整体考评应分为成员考评综合及团队整体表现两大类。团队表现可以审判管理部门提供的数据结合办案数量和质量进行评价,成员考评对中级人民法院而言,专业化审判团队中法官花费更多的精力,因此法官的考评应在成员考评综合中占据更大的比例。尽量以客观数据为判断依据,减少主观臆断,定性和定量相结合,季度通报和年度评优相结合。

心得体会

灯火阑珊处

——学术论文写作心得

夏明玥

自2016年入院以来,我参与了两届学术论文的写作,第一次参与时处于完全懵懂的状态,仰仗前辈指点教导,逐渐体会写作的快乐;第二次参与写作中越发意识到自己的浅薄,从而去思考,去求教,去自省。也终于意识到学术论文写作不仅仅是撰写一篇文章,更是一个学习的过程,实践的过程,探索的过程。

一、与有肝胆人共事,从无字句处读书——学习

参与学术论文写作是一个学习的过程。首先是学习写作方法。在首次参

① 参见黄伟东:《法官员额制的运行及保障机制研究》,山东大学2016年硕士学位论文。

与学术论文写作时，从前期材料准备到后期总结提升我都知之甚少，但从前辈的做法和文字措辞上，我看到了一个未曾企及的领域，也因此心生向往。其次是学习思考方式。我认为学术论文写作的开端就是要有一双发现问题的眼睛，而问题往往从工作中就能找到，越是和自己息息相关的事项，就越能切中要害的去书写，这也是我在学术论文讨论会上学到的重要一点。最后是学习写作习惯。之前写一些东西我往往都是随心所欲，但经历过两次学术论文讨论会，我发现论文写作是一个严谨的过程，越早开始准备，就越能深入了解，付出更多，收获也更多。

二、路漫漫其修远兮，吾将上下而求索——实践

参与学术论文写作是一个实践的过程。首先是发现问题的敏锐性。正如前文所说有了问题才有论文的开端，在学术论文讨论会上取得优异成绩的前辈曾告诉我，当你带着问题去写作时，文章才会有内在逻辑，因此在平日工作中遇到重难点问题我都尽量随手记录，这些都有可能成为写作的素材，逐步培养自己的敏锐性。其次是文字转化的行动性。从以往的写作经历来看，我常常到了交稿的最后关头感叹时间不够用，觉得还有修改的余地，我认为这都是平时写得太少，有时候无法恰如其分的将自己的想法转化成文字，这一点我自知无法一蹴而就，只有不断练习才有提升的空间。最后是反复修改的自省性。论文初稿完成时总是很有成就感，但其实后续的修改也尤为重要，此次参与讨论会的论文在写作完成后，先是自己修改，后又提交给我处李忠勇处长修改，最后又实时根据审判团队的新的变化形势进行了修改，每一次修改都是一次否定自己再重建自己的过程，在这个过程中，对所研究的问题又会有新的认识。

王国维在《人间词话》中提到"古之成大事业大学问者，必经过三种之境界'昨夜西风凋碧树，独上高楼，望尽天涯路'此第一境也。'衣带渐宽终不悔，为伊消得人憔悴'此第二境也。'众里寻她千百度，蓦然回首，那人却在，灯火阑珊处'此第三境也。"我觉得学术论文的写作也是这样，经历过手足无措、否定自我的第一境，才能激发起严格自律、拾阶而上的第二境，而在此之后的终有一天我们再蓦然回首必能看到那个努力的自已、成长的自己、进步的自己。在学术论文写作中，我发现了自己在学术上的短板，也学会了接受失败，最重要的是我认识到了永葆学习之心的重要意义，也希望大家都能坚持行走在写作这条并不平坦的路上，最终在灯火阑珊处看到那个理想中的自己。

本院优秀论文

探索与超越：论财产性判项履行情况与减刑、假释相关联机制的构建

——基于司法解释语境下统一全国减刑、假释类案办案标准而展开

黄晓丰*

【论文提要】

2012年《最高人民法院关于办理减刑、假释案件具体应用法律若干问题的规定》(以下简称《2012年规定》)初步绘制了财产性判项履行情况与减刑、假释相关联机制(以下简称关联机制)的模型，为各地进一步探索关联机制的构建提供了法律依据。2016年《最高人民法院关于办理减刑、假释案件具体应用法律的规定》(以下简称《2016年规定》)将罪犯财产性判项履行情况的审查置于“可以减刑”的判断内容之一，进一步提升了减刑、假释办理中对于罪犯财判项履行情况审查的重要性。但基于司法解释的功能定位，其无法对关联机制的具体构建、实践方案予以明确，导致了区域性刑罚执行的不公平、不均衡现象长期存在并逐渐加剧。本文主要通过对财产性判项履行与减刑、假释关系演变及实践中有代表性做法的梳理，在明确关联机制构建原则及法律效果基础上，重点从微观操作层面提出了构建关联机制的思路方法，即通过从现行规定的分析，将“可以减刑”的考察因素分为三个部分：第一部分为罪犯入监前的原犯罪情况，包括原犯罪性质和具体情节、社会危害程度、原判刑罚等；第二部分为罪犯交付执行后的一贯表现；第三部分为生效裁判中财产性判项的履行情况。从尊重执行机关改造成果的角度，以均衡为原则，从定量意义上设定三个部分对于减刑幅度的影响均为可以幅度的三分之一；并就罪犯履行能力的判断标准提出了以“地

---

* 黄晓丰，北京市第一中级人民法院清河法庭法官，曾获全国法院系统第二十九届学术讨论会三等奖。

区盗窃罪最低入罪数额标准”“财产性判项最低数额”为判断参数的“两条红线”理论,在此基础上构建了罪犯财产性判项履行多少与获得减刑幅度正相关的计算模型。最终目的是提出一种可以在全国范围内统一适用的关联机制,实现稳定、可持续的制度治理及全国减刑、假释类案办案标准规范化、统一化。

【主要创新观点】

在微观层面探索关联机制的构建:首先,对司法解释规定的“可以减刑”的综合考察因素进行分析,得出“可以减刑”的综合考察因素整体上可以划分为原犯罪情况、服刑改造表现及财产性判项履行情况等三部分,并从“定性”与“定量”两个维度对其进行了分析,提出财产性判项履行情况对减刑幅度的定量影响权重设定为三分之一的观点。其次,关于罪犯履行能力的判断标准,提出了以“地区盗窃罪最低入罪标准”“财产性判项最低数额”为判断参数的“两条红线”理论。最后,通过定性与定量分析相结合的思路,对不予减刑案件予以排除,对可以减刑案件的减刑幅度考量通过财产性判项履行多少与获得减刑幅度正相关的计算模型予以计算的方式,最终确定可以减刑的幅度,以统一实务分歧。

一、演变:财产性判项[①]履行与减刑、假释的关系

(一)毫不相干:相互分离时期

长期以来,法律、司法解释并未明确财产性判项履行情况与减刑、假释的关系,实践中审理减刑、假释主要审查罪犯获得狱内奖励情况,并依据各省会签纪要、实施细则,直接与减刑幅度、是否符合假释条件挂钩。这种履行情况与减刑、假释不关联的局面,不但加剧了财产刑“空判”现象,也不利于全面、客观审查罪犯的悔改表现。2005 年 11 月,时任最高人民法院副院长姜兴长在全国减刑、假释工作座谈会上指出:“‘服法’应当包括自由刑的执行,也包括财产刑的执行……确有证据证明具有执行能力而拒不执行的,则不予减刑、假释”。[②] 此次讲话体现了最高人民法院对此类问题的重视及导向,也为地方探索进一步提供了动力。

---

① 财产性判项这一概念源自《2016 年规定》,在《2012 年规定》中使用的是财产刑、附带民事赔偿义务,各地在《2016 年规定》出台以前,也多沿用《2012 年规定》中的表述。

② 《最高人民法院副院长姜兴长在全国法院减刑、假释工作座谈会上的讲话》,载中华人民共和国最高人民法院刑事审判第一庭、第二庭编:《刑事审判参考》(总第 46 集),法律出版社 2006 年版,第 158 页。

（二）地方探索：部分关联时期

地方先试先行、自下而上的"变革"始于福建省的探索。2005 年 5 月，《福建省高级人民法院减刑、假释工作会议纪要》明确规定对原判决、裁定主文中附加判处财产刑的罪犯，对已执行的或部分执行的和确无能力执行的在减刑幅度上应有所区别，对有能力执行而不执行或提供虚假材料，经查证属实的，应认定不认罪服法，不予减刑。2008 年 8 月，《浙江省办理减刑、假释案件若干规定（试行）》规定罪犯被判处附加财产刑、承担刑事附带民事赔偿责任，有能力履行而拒不履行的，人民法院可认定其不属认罪服法。2009 年 11 月，广东省司法机关出台《关于加强罪犯财产刑执行工作的通知》，规定罪犯财产刑执行情况应当纳入罪犯悔改表现综合考核的范围，作为减刑、假释的重要参考因素，并对财产刑执行与减刑、假释的关系作出了具体规定。综上，地方实践走在了关联机制构建探索的前列，为司法解释相关条款的出台积累丰富了实践经验。

（三）国家层面"觉醒"：认识加深阶段

2009 年 7 月，最高人民法院副院长江必新在全国部分法院减刑、假释工作座谈会上强调："减刑、假释……要重点考虑以下情况：一是财产刑执行情况，既要考虑罪犯的家庭背景和经济情况，又要考虑其自觉执行的态度。二是附带民事诉讼赔偿的履行情况……"[①]2010 年 2 月《最高人民法院关于贯彻宽严相济刑事政策的若干意见》（以下简称《宽严相济刑事政策意见》）中明确要求"确有执行能力而拒不依法积极主动缴付财产执行财产刑或确有履行能力而不积极主动履行附带民事赔偿责任的，在依法减刑、假释时，应当从严掌握。"至此，最高人民法院与地方司法机关就该问题实现了良性互动，针对该问题的提出、规制，相互交织、相互启发、相互促进。

（四）"靴子落地"：关联机制确立

最终在司法解释层面确定关联机制的是《2012 年规定》[②]，以此为契机，各地相继出台了实施细则。《2016 年规定》对于罪犯财产性判项履行与减刑、假释的关联表述虽有调整，但本质上与《2012 年规定》一脉相承，将其纳入"可以减刑"条件进行综合审查。

---

① 宫鸣、黄永维：《最高人民法院关于减刑、假释司法解释理解与适用》，人民法院出版社 2014 年版，第 36 页。

② 《2012 年规定》第 2 条第 3 款规定，罪犯积极执行财产刑和履行附带民事赔偿义务的，可视为有认罪悔罪表现，在减刑、假释时可以从宽掌握；确有执行、履行能力而不执行、不履行的，在减刑、假释时应当从严掌握。

二、争鸣：关联机制构建探索梳理与评析

（一）理论主张

因关联机制构建这一命题属于2000年以来才出现的实务问题，故理论研究尚未形成完善体系。如有观点提出："建议根据财产刑数额大小与罪犯个体情况（如老病残、家庭低保户等）制定分类规则，在体现效率的同时注重公平。"[①]有观点认为"对非因客观原因一直拒绝履行赔偿责任的被判刑人，原则上不应准许减刑、假释"。[②]也有观点提出"未执行或履行法院判决的财产刑、附带民事赔偿、退赃、退赔等法定义务完毕的不得减刑或假释，经法院裁定可以延期缴纳、酌情减少或者免除的除外"[③]。

（二）实践探索

与理论研究相对匮乏相比，实践中各地进行了有益的探索，为构建关联机制提供了宝贵经验。

1. 根据罪犯财产性判项履行比例，规定从严减刑幅度。如2017年《山东省高级人民法院关于办理减刑、假释案件的实施细则》（以下简称《山东细则》）第41条规定全部未履行且不能证实无履行能力的，一般从严3个月；50%以上未履行且不能证实无履行能力的，或全部未履行但能证实无履行能力的，一般从严2个月；不足50%未履行的，或50%以上未履行但能证实无履行能力的，一般从严1个月。在该省某甲中院审理的罪犯林某减刑案中，林某因未履行罚金刑，被从严减刑3个月；某乙中院审理的罪犯周某减刑案中，周某系累犯、确有能力而不履行财产性判项且因暴力犯罪被判处10年以上有期徒刑、4次被判刑，仍对其减刑4个月。[④]

2. 根据罪犯未履行财产性判项的具体情况，每次缩减不超过1个月的减刑幅度。如2017年《江苏省高级人民法院关于办理减刑、假释案件若干具体问题的讨论纪要》（以下简称《江苏纪要》）第13条规定罪犯不履行或者不全部履行财产性判项，减刑时应予从严的，根据其未履行财产性判项的具体情况，每次缩减不超过1个月。在该省某中院审理的罪犯薛某减刑案中，因该犯未履行生效裁判中财产性判项，被从严减刑1个月；该中院审理的罪犯张某减刑案中，因该

---

① 陆建军：《从纳什均衡到利益最大——减刑假释财产刑联动机制的博弈论衡》，载《海南广播电视大学学报》2017年第1期。

② 陈永生：《中国减刑、假释程序之检讨》，载《法商研究》2007年第2期。

③ 傅孟生：《我国减刑假释制度的立法完善研究》，载《中国司法》2015年第11期。

④ (2018)鲁16刑更122号、(2018)鲁03刑更28号刑事裁定书，载中国裁判文书网：http://192.0.101.71/，最后访问日期：2018年4月28日。

犯确有能力而不履行财产性判项,被从严减刑 1 个月。[1] 两个案例罪犯财产性判项履行情况不同,但处理结果却一致。

3. 根据罪犯财产性判项执行、履行比例,确定是否减刑及扣减的幅度。如 2012 年《海南省高级人民法院关于贯彻执行最高院办理减刑、假释案件具体应用法律若干问题的规定的联席会议纪要》规定执行或履行率未达到剩余部分 10% 的,不予减刑;超过剩余部分 10%(含)但不足 40% 的,可在 3 个月以内酌情扣减减刑幅度;超过剩余部分的 40%(含)但不足 60% 的,对其减刑幅度不作调整;超过剩余部分 60%(含)的,可在法定的减刑幅度内酌情增加 3 个月以内减刑幅度……在该省某中院审理的罪犯柯某减刑案中,法院查明柯某被判处罚金 10,000 元,已经履行;继续追缴赃款部分(判决认定结伙劫取他人现金 15 万元),以前减刑缴纳 12,000 元,本次减刑考核期间缴纳 3000 元。[2] 根据罪犯履行数额计算,刚好达到最低履行比例 10%,履行功利性过强,同时对于罪犯是否具有履行能力、狱内消费情况也未审查。

4. 根据罪犯财产性判项执行情况,建立与减刑幅度动态关联的联动机制。如 2017 年《北京市减刑工作规定》第 59 条规定部分履行财产性判项的罪犯,减刑幅度依照本规定相应条款的二分之一(注:只要履行部分,不区分多少,即可获得相应减刑幅度的一半),加上该减刑幅度的二分之一乘以其履行财产性判项的比例确定。在该市某中院审理的罪犯谭某减刑案中,谭某被判处财产性判项总额是 328.6 万元(其中罚金 3 万元,追缴违法所得 325.6 万元),判决时退缴18.25万元,冻结在案 169,075.28 元,服刑期间缴纳 3 万元,监狱考虑该犯的改造表现(4 次违纪,酌减 1 个月),因此呈报减刑刑期是$(9-1)\times1/2+(9-1)\times1/2\times(169,075.28+182,500+30,000)/328.6$ 万≈4 个月(四舍五入),法院采纳了监狱建议。

(三)评析

笔者认为,第一种做法将财产性判项履行情况对于"可以减刑"的影响作了相对保守理解,从司法解释本意出发,如果罪犯确有履行能力而拒不履行的,可不予减刑,而依该规定,似只能在扣减减刑幅度上给予否定评价。第二种做法将每次扣减幅度限于 1 个月,导致无法根据具体案情作出调整,在弱化财产性判项履行情况对于减刑幅度调节作用上相较于前者"走得更远",不利于提高罪

① (2018)苏 05 刑更 84 号、(2018)苏 05 刑更 64 号刑事裁定书,载中国裁判文书网:http://192.0.101.71/,最后访问日期:2018 年 4 月 28 日。

② (2018)琼 01 刑更 36 号刑事裁定书,载中国裁判文书网:http://192.0.101.71/,最后访问日期:2018 年 4 月 28 日。

犯履行积极性,易导致罪犯"两害相较取其轻",为了既得犯罪收益而选择较小的减刑幅度;未区分不履行与不全部履行所体现出的罪犯悔改表现差别,统一从严减刑1个月,显属过宽。第三种做法将执行超过60%而不是全部履行作为从宽减刑的标准,依据不充分,且从宽幅度过大,有放纵之嫌。笔者倾向于最后一种做法,其实现了履行多少与减刑幅度的正关联,能够激发罪犯履行积极性,不足在于罪犯部分履行的情况下,将履行(无论履行多少)对于减刑幅度的影响设想为二分之一,权重过高,忽视了对罪犯原犯罪情况、服刑期间改造表现权重的研究。

综合而言,上述几种做法多少又存在以下几个共性问题:

1. 财产性判项履行与减刑、假释关联适用标准不统一,未能建立履行多少与可减刑幅度之间的动态关联机制,难以形成统一的判断规则。前三种做法直接规定履行比例、履行数额与减刑、假释挂钩,比例、数额的掌握不统一,科学性有待于论证。

2. 未建立罪犯履行能力判断的科学标准。根据司法解释及法律精神,如经查实罪犯确无履行能力的,但狱内改造表现良好的,可正常减刑。建立罪犯履行能力判断标准的意义在于法律不能强人所难,不考虑罪犯实际履行能力而作出的政策、规定,公平性、公正性难以令人信服。只有通过合理规则建立罪犯履行能力判断标准,具体问题具体分析,才能确保罪犯确有履行能力而不履行时,将其认定为不具有悔改表现,对其作出否定评价的公正性。

3. "权责不明",存在举证责任"倒置"倾向,易导致罪犯铤而走险,出现权钱交易,又引发了新的"恶"。基于司法解释对减刑、假释的定位及主流学说观点[①],减刑、假释属于国家对服刑改造较好罪犯的奖励,奖励报请方是执行机关,故执行机关应对其报请承担举证责任,证明其对罪犯履行能力的判断及在此基础上所提出的报请建议。因此,无论从"举证责任",抑或"举证能力"角度,一概要求申辩无履行能力的罪犯提交政府部门出具证明材料是不妥当的,且无论政府部门是否有义务出具证明,罪犯及其家属在"欲求而不满"时易导致新的违法行为发生。如某中院审理罪犯杨某减刑案,该犯为避免判决继续追缴非法所得退赔被害人的部分未能执行影响对其减刑,与狱外亲属串通,找被害人共同

① 参见徐静村:《减刑、假释制度改革若干问题研究》,载《法治研究》2010年第2期;吴宗宪:《论减刑条件的问题与改革》,载《河南社会科学》2010年第4期;袁登明:《减刑适用根本条件的基本元素分析》,载《中国刑事法杂志》2001年第3期等。

编造虚假证据,蒙骗司法机关,后被法院审查发现,最终裁定不予减刑。[①]

三、构建关联机制应坚持的原则及法律效果

(一)原则

1. 以司法解释为依据,坚持合法性原则

所谓合法性原则,是指关联机制的构建必须做到有法可依,这样才能规范运行,并发挥作用。现阶段,可以作为构建关联机制的依据为《2012 年规定》第 2 条第 3 款、《2016 年规定》第 2 条,在刑事政策上有《宽严相济刑事政策意见》。

2. 多方联动,坚持系统论原则

所谓系统论原则,是指对于具有财产性判项而未履行完毕的罪犯,自其被移送执行刑罚起,各机关应当密切配合,各司其职,将各自掌握的罪犯涉财产性判项信息规范的流转于下一办案机关,以作为办案依据。正如有观点主张的,"认定罪犯执行能力可谓系统工程,并非单单依靠某一机关即可完成。因此,建立认定罪犯执行能力的协调和配合机制,以制度形式予以保障,乃当务之急……'联动机制'涉及机关(部门)众多,可谓系统工程"[②]。

3. 公平、均衡原则

所谓公平、均衡原则,是指在运用关联机制处理具体案件时,在其所体现的法律效果上能够最大程度做到具体问题分析,避免"一刀切"的执法方式,能够区分履行与不履行,尤其是履行多与履行少对于减刑、假释影响,实现财产性判项履行情况与可减刑期之间的正向、动态相关,相对实现履行效果的公平、均衡。

(二)法律效果

刑罚执行程序是刑事司法的最后一道关口,如果设计不合理,那么,即使刑事实体法制定得再好,此前的刑事诉讼程序再公正,最终也会因刑罚执行程序的缺陷而功亏一篑。[③] 适用关联机制的法律效果,在宏观上可以有效地解决财产性判项空判、履行难的问题,维护生效裁判权威,维护被害人合法权益。微观法律效果则是可以统一财产性判项履行与减刑、假释的标准、公平适用法律。笔者认为根据司法解释规定,微观层面的法律效果至少包括以下方面:

---

① 具体案情参见(2016)京 01 刑更 23 号刑事裁定书,载中国裁判文书网:http://192.0.101.71/,最后访问日期:2018 年 5 月 25 日。

② 李晓磊:《罪犯执行财产义务与减刑、假释审理联动机制之研究》,载《西南政法大学学报》2016 年(第 18 卷)第 3 期。

③ 林喜芬:《中国减刑程序公平性的实证研究》,载《中国法学》2016 年第 6 期。

1. 确有部分履行能力，且履行部分的，或者具有部分履行能力，未履行的，应当依据其履行情况与减刑幅度之间建立正向相关联系，其中前者与后者在适用上应存在差别。

2. 确有全部履行能力而未全部履行的，可以作出最严厉的否定评价，裁定不予减刑、假释。

3. 确无履行能力的，可以减刑、假释。此种情形下又分为两种情况，其一是有证据证明罪犯确无履行能力；其二是没有证据证明罪犯确有履行能力，此时应当作出有利于罪犯的认定。

四、破局：履行多少与减刑、假释动态、正相关

实务中关于关联机制的构建，多从宏观的机关（部门）分工意义上进行论述①，如刑事审判庭、执行庭应当各司其职，分工配合，笔者亦表示认可。本文探讨的重点在于微观操作层面，如何使关联机制在类案办理中发挥作用。

（一）"假想"前提：以"三分法"为基础

1. 综合考察减刑的各种因素之间并非所有因素都起到定性作用。从司法解释的用语来看，"可以减刑"的各种因素之间似乎只承担着定性功能，既能够决定是否减刑，而对于减刑的幅度，从文字上难以推出适用的标准，这也是以往"唯分是举""唯奖励论"产生的重要原因。而如果对"可以减刑"采用当然解释的方法，则自然包括能否减刑与减刑的幅度。进一步，笔者发现有些因素起定性作用，即直接决定罪犯是否确有悔改表现，能否减刑；有些因素起定量作用，影响减刑幅度。而只有将定性因素、定量因素区分开，我们才能够科学合理的构建并运用关联机制。

2. 定性因素与定量因素的解释、分析。笔者根据现行规定，将"可以减刑"的综合考虑因素分为三部分：第一部分是罪犯入监前的原犯罪情况；第二部分是交付执行后的一贯表现；第三部分是财产性判项履行情况。其中第一部分包括原犯罪性质和具体情节、社会危害程度、原判刑罚等，这些因素在罪犯入监服刑之前基本已经规定，根据刑法关于减刑条件的定义②，应当属于定量因素，即如果罪犯具有第一部分中某项或者某几项消极情节，同时又具有第二、三部分积极情节的，原则上仍可获得减刑，理由在于刑罚执行的目的不仅是惩罚罪犯，

---

① 李晓磊：《罪犯执行财产义务与减刑、假释审理联动机制之研究》，载《西南政法大学学报》2016年(第18卷)第3期；赵新强：《财产刑执行与减刑、假释联动机制探索》，载《人民检察》2014年第15期。

② 根据《刑法》第78条的规定，可以减刑的一般条件是被判处管制、拘役、有期徒刑、无期徒刑的犯罪分子，在执行期间，认真遵守监规，接受教育改造，确有悔改表现。

同时也承载着将罪犯改造为守法公民的教育功能,对于真诚悔罪的罪犯,应给其希望;此外,减刑、假释作为执行机关对罪犯进行监督改造的重要手段,从维护监管秩序角度而言,也应当充分尊重监狱的改造成果,给认罪悔罪的罪犯以减刑的机会。

对于后两个部分,存在一个很有趣的现象,二者可以在定性与定量之间"摆动",即如果罪犯在服刑期间总体表现较好,但存在一定违纪行为的,同时具有第一、三部分积极情节时,可以考虑在减刑幅度上适当从严;反之,罪犯入监后一贯违纪的,即使罪犯具有第一、三部分积极因素,也很难认定其确有悔改表现,因而可以不予减刑。而对于第三部分,亦是如此,即如果罪犯具有部分履行能力而履行部分的,同时具有前两个部分积极情节的,则需依据其履行情况在减刑幅度上适当考量;如果罪犯具有履行能力而拒绝履行的,则可以不予减刑,此时该部分又起到定性的作用。

认识到"可以减刑"的综合考察因素之间上述"质"与"量"互动关系,启发在于:"可以减刑"的三部分考察因素都具有定量作用,其中第一、二部分的定量作用是相对确定的,而第三部分的定量作用则是随着财产性判项履行情况呈现出动态的影响。三个部分对于减刑幅度定量作用的权重,应当保持均衡,作为关联机制建立的假设前提,笔者假设通常情况下三个部分在定量意义上对减刑幅度影响是均等的,设定财产性判项履行情况在定量上对于减刑幅度的影响权重为可以减刑幅度的三分之一,这成为论述微观关联机制的合理假设前提,也是构建具体计算模型的基础。

(二)罪犯履行能力判断标准的建立

1. 现有实践

实务中,通过审查罪犯狱内消费来鉴别罪犯履行能力有以下几种做法:第一,个体审查法。以罪犯所处的管理级别为依据,罪犯月均采买额度超过刑罚执行机关有关采买规定确定的考察级采买金额(因医嘱需要补充营养而增加的采买额度除外),或者拟报请减刑前,罪犯消费卡余额扣除 12 个月考察级采买金额之和尚有余额,罪犯未全部履行财产性判项的,可以视为确有履行能力而不履行。[①] 第二,平均审查法。如某法院在审理罪犯卢某减刑案时,对于检察机关提出的罪犯月消费金额明显高于监狱平均消费水平,表明罪犯确有履行能力的观点予以采纳。此外,该地区法院还有以罪犯在考核周期内存在消费,而财

① 参见《北京市减刑工作规定》第 57 条。

产性判项未履行（未全部履行）的，认定其有部分履行能力。[①] 第三，主观判断方法。如某法院认为罪犯在报请减刑的考核周期内月均消费额达到五六百元以上，属于明显有履行能力（部分履行能力）而拒不履行（尤其是当消费总额已经超过退赔或者罚金数额时）[②]。还有地区规定罪犯服刑期间月均消费在300元以上的，一般认为具有全部财产履行能力。[③]

笔者认为，关于第一种做法，既然监狱对于不同管理级别罪犯的消费额度有明确规定，为何还会出现超标消费现象，令人费解；在罪犯没有履行财产性判项，被害人未得到赔偿情况下，为罪犯预留12个月消费余额的正当性缺乏依据；关于第二种做法，看似较为合理，但以全监狱罪犯月平均消费作为个体消费高低的判断标准，仍无法解决地区不同监狱之间标准不统一的问题；关于第三种做法，以具体的月均消费数额来判定罪犯是否有履行能力，主观倾向过强。

2.“两条红线”判断标准的提出

笔者认为，结合司法实践，考虑到狱内消费的普遍性，以其作为突破口，作为判断罪犯履行能力的参考是合理的。但仅规定罪犯消费超过一定数额，就直接认定其履行能力情况，又稍显片面。对此，选取合适的参照标准作为判断参数，将狱内消费与该参数进行比较，以此确定履行能力的有无、大小，更为科学。在对比参数选择上，考虑到各地经济发展水平差别，笔者建议选择各地区规定的盗窃罪最低入罪数额标准与罪犯被判处的财产性判项最低数额，通过在狱内消费数额与二者之间建立对比关系的方式进行判断，既可关注个案具体情况，又便于统一全国类案的处理标准。

（1）选择地区规定的盗窃罪最低入罪数额标准作为对比参数的合理性。对于盗窃罪最低入罪标准，除司法解释有统一规定外，各地区一般会根据本地经济发展水平、社会治安状况等情况在最高人民法院规定的数额内，确定本地区的执行标准。在相关司法解释颁布后，各地高院一般会对本地区的执行标准作出变通规定，这个变通规定既考虑了地区经济发展，也是对长期司法实践的总

---

① 参见（2017）鄂01刑更监6号刑事裁定等，载中国裁判文书网：http://192.0.101.71/，最后访问日期：2018年3月28日。

② 参见（2016）黔01刑更监3号刑事裁定等，载中国裁判文书网：http://192.0.101.71/，最后访问日期：2018年3月1日。

③ 参见《宁波市中级人民法院关于办理减刑、假释案件相关问题的意见》。

结,具有相当的审慎性。[①] 此外,盗窃罪作为多发、普通刑事犯罪,其直接侵犯了公私财物所有权,对于财产性权益的保护具有普遍的参照意义。对于生效判决确定的财产性判项,也可理解为生效的合法债权,在债务人即罪犯有能力履行而拒不履行的情况下,相当于以消极行为方式直接侵害了债权人的权益,这种侵害与直接实施的盗窃行为,具有一定可比性、相似性。

(2)选择财产性判项最低数额作为对比参数的合理性。罪犯狱内消费达到数项财产性判项最低数额,可以推定罪犯具有部分履行能力,其部分的履行能力即为数项财产性判项中最低数额。理由是基于法律公正、公平与朴素的正义观,罪犯在未履行财产性判项前提下,其用于狱内消费的数额超出了数项财产性判项最低数额,显示了其宁愿将仅有的款项用于消费,也不愿履行最低程度财产性判项的可谴责性。这种值得法律谴责的消极心理状态,是罪犯并非确有悔改表现的重要表现。

(三)关联机制的运用

1. 数值比较阶段

一是盗窃罪最低入罪标准低于数项财产性判项最低数额情形下。(1)罪犯在整个服刑期间的狱内消费(或者狱内消费与消费卡余额之和,下文为论述方便仅以狱内消费指代)超过地区规定的盗窃罪最低入罪数额标准,但低于罪犯数项财产性判项最低数额的,可以认定为罪犯具有部分履行能力,此时如果罪犯未作出任何履行,则属于有部分履行能力而未履行,对其减刑可以直接从幅度上进行扣减。(2)此种情形下,罪犯狱内消费数额同时超过其数项财产性判项最低数额,未作出任何履行的,则可以直接认定为罪犯确有履行能力而不履行,可以从严掌握减刑至不予减刑。(3)如果罪犯狱内消费低于地区规定的盗窃罪最低入罪数额标准的,一般可以认定罪犯暂无履行能力,可以正常减刑。

举例1:某地区规定盗窃罪“数额较大”的入罪标准是2000元以上,罪犯被判处的财产性判项中有罚金1万元,追缴3800元,而罪犯狱内消费为3500元的,可认定为仅具有部分履行能力,如其未履行,可从严掌握减刑幅度;如其消费3900元,属于确有履行能力,未履行的,可不予减刑;反之如其消费了1900元,属于暂无履行能力,即便未履行,因同时低于地区盗窃罪的最低入罪数额标准及财产性判项最低项,可以正常减刑。

① 如2013年4月“两高”出台司法解释,规定盗窃公私财物价值1000元至3000元以上的应认定为《刑法》第264条规定的数额较大。2013年6月,北京高院经过请示“两高”,规定北京市办理盗窃刑事案件“数额较大”的认定标准为2000元以上;浙江高院与高检院联合通知,规定浙江省认定“数额较大”的标准为3000元以上。

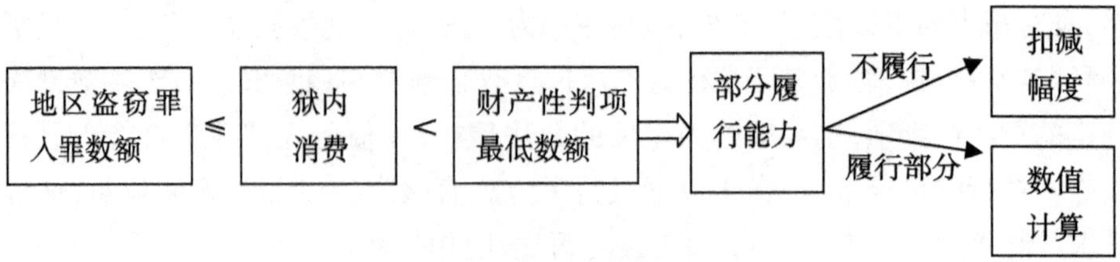

图1 数值比较阶段的关联机制运用

二是财产性判项最低数额低于盗窃罪最低入罪数额标准情形下。如果罪犯在整个服刑期间的狱内消费超过罪犯财产性判项最低数额的,可以认定为罪犯确有履行能力,处理同上。

举例2:某地区规定盗窃罪“数额较大”的入罪标准是3000元以上,罪犯被判处的财产性判项中有罚金1万元,追缴1800元,而罪犯狱内消费为2900元的,如其未履行的,可以不予减刑;如其履行的数额不低于其消费数额的,则可以按照履行比例进入数值计算环节。

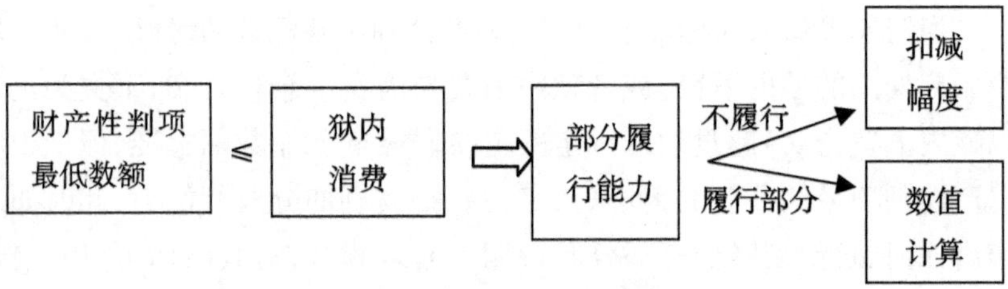

图2 数值比较阶段的关联机制运用

2. 数值计算阶段

仍以例1说明,如罪犯狱内消费3900元,履行3900元的,则需在其履行金额与财产性判项金额之间运用正向相关进行计算,以此来确定履行多少对于减刑幅度的影响,此时即可运用上文讨论的“三分法”进行计算。

具体计算上,前文已经论述定量意义上可将财产性判项履行情况在整个减刑综合考察因素中权重设置为三分之一,如罪犯本次减刑正常幅度是9个月,罪犯具有第一、二部分积极因素,则其首先可以获得三分之二的减刑幅度即6个月。另外三分之一即3个月的额度需要结合其履行情况作为动态调节手段来使用,计算公示为:1/3×正常幅度×(履行数额÷财产性判项总额)。经计算,其履行部分财产性判项对应的减刑幅度是3个月×(3900元÷13,800元)≈0.8478个月,四舍五入为1个月,则该犯本次减刑可减刑期为7个月。

结　语

正如苏力先生所言:“追求制度改革的成败的因素有很多,但是很重要的一点就是需要从制度的角度来理解解决问题,也就是说应当注重从‘制度的进路’出发,而不是仅限于‘人的进路’。”①通过“三分法”确定“可以减刑”的综合考察因素对于减刑幅度的影响权重均为三分之一,可以在罪犯原罪情况、服刑表现及财产性判项履行对于减刑幅度的影响之间保持大体平衡,也为全国统一适用提供了思路。由于研究样本、研究方法及笔者学识有限,本文所探索的关联机制仅是抛砖引玉,期望引起更多学者和法律实务者对此领域的研究关注,聚集更多的真知灼见,推动减刑、假释类案处理的统一。

心得体会

心得体会

黄晓丰

进入法院工作以来,不觉间已八年有余,在这期间经历了三个审判部门,有缘的是每个部门的工作内容都包含减刑、假释案件的审理,因此有机会见证了减刑、假释司法解释在2012年、2014年及2016年的修订及完善,也有幸参与了北京市减刑、假释办案细则、办案规范的制定工作,可以说,减刑、假释审判工作,无论在实体处理上,还是审理程序规范上,均取得了变革性的进步,这项工作的规范化、专业化水平逐渐得到了提高。本文的写作初衷源于减刑、假释司法解释对罪犯认罪悔罪表现、“可以减刑”条件的修订,相较于以往考察罪犯认罪悔罪以狱内改造表现为主,新司法解释明确规定了“可以减刑”的综合考虑因素分为三个部分:第一部分是罪犯入监前的原犯罪情况,如原犯罪的性质和具体情节、社会危害程度;第二部分是罪犯在交付执行后的一贯表现;第三部分是财产性判项履行情况,进一步细化了减刑、假释的办案标准,提升了减刑、假释办理中对于罪犯财判项履行情况审查的重要性。本文系统梳理了罪犯财产性判项履行与减刑、假释的关系演变、构建关联机制的理论主张及实践做法,并予以相应评述,在对“可以减刑”的综合因素进行定性与定量分析的基础上,提出

① 参见苏力:《道路通向城市——转型中国的法治》,法律出版社2004年版,第197～199页。

了以罪犯履行能力判断标准的建立为前提的罪犯履行财产性判项情况与减刑、假释动态、正相关的关联机制,并详细论述了关联机制在司法实践中的运行。衷心希望本文的撰写,能够起到抛砖引玉的效应,进一步引起学者对于减刑、假释领域的研究关注,提高该领域理论研究指导审判实践的水平。

警察鉴定人出庭作证之困局及破解

——以庭审实质化为视角的分析

韩卓然　肖　潇*

【论文提要】

刑事案件鉴定人出庭作证对于推进刑事庭审实质化具有重要意义。但是，我国的鉴定人出庭作证制度存在规则空白及不尽合理之处，鉴定人不出庭的情况较为严重，其中警察鉴定人出庭难的问题尤为突出。

本文共分为四个部分。第一部分对2017年全国法院涉及鉴定人出庭的刑事案件裁判文书进行梳理，发现警察鉴定人出庭存在比例极低、主要依赖辩方推动、成为补正瑕疵的替代手段等问题，得出出庭制度困局的根本症结在于出庭难的结论。第二部分阐明警察鉴定人出庭的依据，从推进庭审实质化的应有之义、帮助法官查明案件事实的必要之举和紧扣刑事诉讼目标任务的关键之策三个方面进行了必要性分析。第三部分剖析造成警察鉴定人出庭困局的五大成因，即警察与鉴定人的身份冲突、权利保障与惩戒规则的双双缺位、法官对效率与质量的难以取舍、法官对必要与不必的独断裁量以及庭审发问与回答策略的普遍匮乏。第四部分提出破解警察鉴定人出庭困局的具体思路，包括树立法治理念、建立决策规则、设立压力规则、创新动力规则和规范庭审规则五个层面。

【主要创新观点】

本文的主要创新观点体现在以下几个方面：

一是研究领域创新。理论界与实务界针对鉴定人出庭进行的研究很多，但

---

* 韩卓然，北京市第一中级人民法院教培处法官助理，曾获全国法院系统第二十六届学术讨论会优秀奖；肖潇，北京市第一中级人民法院监察室法官助理。

是专门针对警察鉴定人进行的研究几乎没有。本文聚焦警察鉴定人出庭作证的制度困局,从更细微的角度入手,填补了警察鉴定人出庭研究的理论空白。

二是研究方法创新。本文通过对全国法院裁判文书进行检索,以涉及鉴定人出庭的文书为样本进行分析,将警察鉴定人出庭作证中存在的问题以更加直观、准确的方式展现出来。

三是理论依据创新。本文紧扣以庭审为中心的诉讼制度改革要求,以庭审实质化为依据,对警察鉴定人出庭的必要性进行了分析。

四是制度构建创新。本文从树立法治理念、建立决策规则、设立压力规则、创新动力规则、规范庭审规则五个方面,对警察鉴定人出庭制度进行了重新构建。

引 言

鉴定人不出庭,是造成我国刑事庭审虚化的重要原因。为了推动鉴定人出庭,2012年修订的《刑事诉讼法》和2017年出台的“三项规程”都作出了突破性的制度设计,但是部分规定并未完全做到对症下药,鉴定人出庭难的问题仍然较为突出。由于刑事诉讼侦查活动的特殊性,绝大部分案件都有警察鉴定人参与其中,然而警察鉴定人出庭的情况尤为不理想。只有解决好警察鉴定人出庭难的问题,才能打开鉴定人群体出庭难的突破口,推动实现庭审实质化进程。

一、现状探析:我国警察鉴定人出庭作证之困局

笔者以“2017年”“刑事案件”“鉴定人出庭”为关键词在中国裁判文书网进行检索,共搜索到全国法院2017年鉴定人出庭刑事案件的裁判文书156件,剔除无效案件及重复性案件[①]后,鉴定人实际出庭的刑事案件共有153件。[②] 笔者以上述153件案件的文书为样本进行分析后,发现刑事案件警察鉴定人出庭存在以下问题。

(一)警察鉴定人出庭比例极低

在全部样本案件中,可以确认警察鉴定人出庭的案件共有52件,[③]占比

① 无效案件是指文书仅提及“鉴定人出庭”,但实际未通知鉴定人出庭的案件,此类案件有1件。重复性案件是指同时检索出一审和二审两份文书,但实为同一个案件,此类案件有2件。

② 除了检索出的153件案件,可能有其他部分案件,尽管法院通知了鉴定人出庭,但是因涉及国家秘密、个人隐私、商业秘密或者未成年人等因素,裁判文书没有上网。本文所作研究,仅以现有能检索出的案件为样本。

③ 其中包括警察鉴定人与社会鉴定机构的鉴定人共同出庭的情况。样本案件中,另有17份文书因表述原因,无法辨别出庭作证的鉴定人是否隶属于公安机关,故不计入警察鉴定人出庭作证的总数。

33.99%。笔者经在人民法院大数据管理和服务平台查询,[①]2017年,全国法院新收刑事案件1,861,200件,旧存117,427件,与庞大的案件基数相比,鉴定人出庭的案件仅有百余件,而警察鉴定人出庭的案件更是不足百件,出庭比例仍在超低位运行。

(二)警察鉴定人出庭主要依赖辩方推动

在全部样本案件中,有多达130个案件的辩护人明确对鉴定意见提出异议,[②]并最终推动启动了鉴定人出庭程序,其中有4件案件最终宣告被告人无罪。在警察鉴定人出庭的52件案件中,亦能明显看出辩方在程序启动中的推动作用。其中有50个案件的辩护人或被告人明确对鉴定意见提出异议,并申请法庭通知警察鉴定人出庭。[③] 法庭在辩方未对鉴定意见提出异议的情况下,通知警察鉴定人出庭的案件仅有2件。[④] 这一情况,昭示出辩方在增强庭审实体对抗、促进实现公平正义层面所发挥出的重要作用。但是,公诉人、诉讼代理人在推动鉴定人出庭作证方面显现出弱化倾向,且在审判实践中,仍能看到大量尽管辩方对鉴定意见提出异议,但法庭经审查认为并无通知鉴定人出庭必要的情况,这也与前文所述鉴定人出庭比例极低的结论相符,折射出法庭在决定是否启动鉴定人出庭程序时的谨慎态度。

(三)将警察鉴定人出庭作为补正瑕疵替代手段的现象突出

在全部样本案件中,有8个案件的文书未载明对鉴定意见提出异议的主体,有1个案件的诉讼当事人未对鉴定意见提出异议,但是合议庭仍然通知了鉴定人出庭作证。对相关文书的表述进行分析后发现,此类情形的出现,主要是因为合议庭在庭前审查案卷过程中,发现鉴定意见在形式上存有瑕疵,故通过让鉴定人当庭作出说明,对瑕疵进行补正,提高鉴定意见的采信"合法性"。警察鉴定人出庭案件也存在同样的问题。如此一来,警察鉴定人出庭便沦为了补正鉴定意见瑕疵的替代手段,其形式意义多于内容意义,与鉴定人出庭作证制度的设计初衷不相契合。

笔者在对样本案件进行分析的过程中,还发现警察鉴定人出庭案件存在以

---

① 载 http://192.1.36.52:9099/sffx-zzpt/index/index.html,最后访问日期:2018年5月11日。

② 其中包括辩护人与公诉人、辩护人与被害人家属均对鉴定意见提出异议的情况。

③ 其中包括1个案件,控方与辩方同时对鉴定意见提出异议。

④ 其中一件为被害人对鉴定意见提出异议,另一件则没有诉讼参与人对鉴定意见提出异议,此种做法有违刑事诉讼法的规定,本文不再赘述。

下特点:一是一审案件占比极高;[①]二是普通刑事案件占比极高;[②]三是案件地域分布不均衡。[③] 另外,还存在裁判文书表述论证存在较大缺陷及警察鉴定人出庭效果差异较大等问题。笔者认为,警察鉴定人出庭制度的困局,最明显的表象和最大的症结仍是出庭难,只有破解这一难题,才能进一步提升警察鉴定人出庭作证质量,真正实现警察鉴定人出庭的制度价值。

二、依据追问:警察鉴定人出庭作证的必要性分析

(一)政策要求:警察鉴定人出庭是推进庭审实质化的应有之义

党的十八届四中全会通过的《中共中央关于全面推进依法治国若干重大问题的决定》指出,"要推进以审判为中心的诉讼制度改革……完善证人、鉴定人出庭制度,保证庭审在查明事实、认定证据、保护诉权、公正裁判中发挥决定性作用。"以审判为中心的诉讼制度改革对庭审实质化提出了明确要求,即诉讼证据出示在法庭、案件事实查明在法庭、诉辩意见发表在法庭、裁判结果形成在法庭,推动鉴定人出庭正是推进庭审实质化的应有之义:唯有提升鉴定人特别是警察鉴定人的出庭率,推动更多关键鉴定人当庭发表意见、接受质询,才能真正贯彻直接言词原则和证据裁判原则,引导侦诉机关与审判机关共同推动刑事诉讼从"侦查为中心"向"庭审为中心"、从"审卷"向"审人"转变。

(二)域外借鉴:警察鉴定人出庭是帮助法庭查明案件事实的必要之举

由于司法制度的差别,各国关于警察鉴定人的规定各不相同,但从对鉴定人出庭的制度设计,足以看出对此的重视。域外的鉴定人出庭模式大致可以分为两种:英美法系的专家证人模式和大陆法系的司法鉴定人模式。尽管两种模式的表现形式存在差异,但在目标追求上却殊途同归:即通过推动鉴定人出庭,帮助裁判者查明案件事实。[④] 由于两种模式均存在一定缺陷,两大法系相互借鉴融合的趋势越发明显,但是无论采用何种模式,通过推动鉴定人出庭,帮助法庭准确认定案件事实的目标追求都不曾发生变化。

---

① 警察鉴定人出庭案件中,共有一审案件48件(其中经过发回重审的一审案件1件),二审案件4件,一审案件占比达到92.3%。

② 警察鉴定人出庭案件中,共有普通刑事案件51件,职务与经济犯罪案件1件。普通刑事案件中,故意伤害案、交通肇事案占到绝大多数。

③ 全部153件样本案件分布于我国29个省市自治区。其中,四川省共有23件,吉林省共有11件,山西省、湖北省各有10件,有7个省市自治区少于3件,海南、西藏、甘肃、陕西四省区没有鉴定人出庭案件。警察鉴定人出庭案件的分布与全部样本案件的分布基本一致。

④ 详见表1。

表1 两大法系鉴定人出庭模式的对比

比较内容		英美法系	大陆法系
出庭模式		专家证人模式	司法鉴定人模式
基本理念	诉讼模式	当事人主义 （强调当事人的意志利益）	职权主义 （强调国家的职权责任）
	法官定位	被动“看门人” （依当事人申请，为陪审团认定事实提供必要的指引）	主动发现者 （依法官职权，主动调查和认定事实）
	鉴定人的定位	当事人的证人 （通常由当事人聘请并付费，为当事人的诉讼主张提供支持，具有利益倾向性）	法官的助手 （通常由法官选任并由国家付费，弥补法官在专业问题上知识和经验的不足，为法官作出事实认定提供帮助，具有客观中立性）
	事实真相的发现	间接性 （通过参与庭审对抗交锋，间接协助陪审团揭示偏见、评估证据、发现真实）	直接性 （受法官指挥，向法官提交鉴定意见，直接协助法官查明案件事实真相）
决策规则	出庭的启动权	法官和当事人共享 （由法官依职权任命，或者由当事人聘请）	法官主导 （由法官依职权启动，或者由当事人提出申请并经法官同意）
	出庭情形	一律出庭	规定可以不出庭的例外情形
压力规则	鉴定意见	一律拒却进入法庭	一般否定证据能力
	鉴定人	多种惩戒并行 （对己方的违约责任，对对方的侵权责任，以及所属行业团体内部的纪律处分）	财产性惩戒为主 （由法官要求承担产生的费用，并科处罚款）
动力规则	人身保护	主要由检察机关和警察局共同负责	主要由警察局负责
	费用给付	谁启动，谁给付	一般由国家给付 （台湾地区规定职务行为者不得请求费用）
庭审规则	举证方式	出庭作证 （依据传闻证据规则）	出庭作证 （依据直接言词原则）
	质证方式	交叉询问 （依照“主询问—反询问—复主询问”的固定顺序推进）	轮替询问 （由法官指挥当事人发问，或者依职权直接发问）

续表

比较内容		英美法系	大陆法系
出庭模式		专家证人模式	司法鉴定人模式
制度缺陷	立场倾向	利益倾向性 (作为当事人的证人,不可避免地倾向于一方立场)	中立性缺失 (由法官选任、指挥,容易受到法官意志的影响)
	平等武装	控辩实力不均 (经济实力强的当事人能聘请更有经验的专家证人,对陪审团施加更大影响)	控辩对抗不足 (质证对抗性较弱,且辩方通常缺乏足够的专业素养,难以与鉴定人有效对抗)
	其他	诉讼效率减损 (专家证人的大量使用,造成严重的诉讼迟延)	法官过于依赖 (从专门的鉴定人名册中产生,由法官选任、指挥,因此法官容易过于依赖)

(三)现实需要:警察鉴定人出庭是紧扣刑事诉讼目标任务的关键之策

刑事诉讼活动的最终目的在于惩治犯罪、保障人权。我国的刑事诉讼存在“案卷笔录中心主义”的特点。[①] 大量鉴定人不出庭作证,对鉴定活动中存在的问题多由公安机关出具书面说明予以补正,导致法庭审判沦为对侦查卷宗的形式性审查和确认过程,未能形成对侦诉活动的有效引导和制约。呼格吉勒图案、张氏叔侄案等冤错案件无一不证明:在关键鉴定意见存疑的情况下,法庭没有通知鉴定人到庭说明情况,成为冤错案件发生的重要原因,也最终导致刑事诉讼“保障无罪的人不受法律追究”的目标落空。实践中,刑事法官审理“定放两难”案件时,在惩治犯罪与保障人权之间的抉择更为艰难。这些案件的控方证据处于“确实、充分”的边缘,只有通过让鉴定人到庭说明情况、接受质询,才能帮助法官准确认定事实,确保让有罪的人得到惩罚,让无罪的人不被追究。

三、原因探究:警察鉴定人出庭作证困境的成因检视

(一)警察与鉴定人的辨别:鉴定人的身份分析

警察鉴定人是我国现有司法体制下的特殊职业群体,既隶属于公安机关,又从事职业鉴定工作,具有警察与鉴定人的双重身份。警察鉴定人出庭难,往

① 陈瑞华:《论侦查中心主义》,载《政法论坛》2017 年第 2 期。

往能在背后看到警察身份的影响。从个人来看,警察鉴定人对以鉴定人的身份出庭较为不适应。有的鉴定人习惯了国家机关工作人员的警察身份,对于出庭作证并接受各方(尤其是辩方)质询,尚未做好心理准备。从整体来看,公安机关协助配合警察鉴定人出庭的意愿也不强。笔者所在B市法院对应的公安机关内部明确规定,警察鉴定人出庭,必须经过该局法制部门批准。笔者所在法院就经常遇到因市局法制部门不批准,警察鉴定人无法出庭的情况。① 在多次沟通会商过程中,B市公安机关虽在不断缩小对于警察鉴定人出庭的限制,但是鉴定人出庭,仍需报行政领导同意。这与社会鉴定机构的鉴定人出庭形成了鲜明对比。② 在以庭审为中心的司法理念尚未深入的情况下,鉴定人基于职业素养产生的出庭意愿,受制于"警察"身份而难以实现,既可能导致警察鉴定人形成多一事不如少一事的惯性思维,也令法院望洋兴叹,在迈向以庭审为中心目标的征程中步履缓慢。

(二)权利与义务的匹配:警察鉴定人出庭的动力分析

现有立法对警察鉴定人的人身保护规定尚显粗疏。司法解释将法院的人身保护措施限缩为不公开鉴定人的个人信息、不暴露鉴定人的外貌声音,而将禁止特定人员接触、对人身和住宅采取专门性保护措施排除在外,造成了实质上的自我免责,增加了鉴定人的安全顾虑。③

无惩戒则无义务。对于警察鉴定人无正当理由拒不到庭的情况,法律后果主要有两项:一是鉴定意见不得作为定案的根据。但是此款规定的违反后果需由法院承担,对鉴定人并无不利影响。二是对鉴定人进行行政性惩戒。④ 但是,相关规范性文件对于"正当理由"的具体情形,进行正当性判定的主体,法院能否强制公安机关对鉴定人进行处罚等均未明确,惩戒的有效性存疑。

由此可见,警察鉴定人出庭的权利保障与不到庭的惩戒措施双双缺位,警察鉴定人出庭动力必然不足。这也使法官认为警察鉴定人有必要出庭作证时,更多表现出的是法律同行之间的诚挚"邀请",而不是以庭审为中心的权威"通知"。角色的错位为警察鉴定人拒不到庭埋下了隐患。

---

① 此种情况一般集中在当事人对鉴定意见反映强烈,存在不稳定因素的案件。据笔者了解,此种规定在外地公安机关也不鲜见。

② 据笔者了解,社会鉴定机构的鉴定人出庭,只需向该鉴定机构支付相应费用即可。

③ 由于警察鉴定人出庭为职务行为,不得另行请求费用,故本文对费用问题不作讨论。

④ 如《公安机关鉴定人登记管理办法》第18条第4款规定,对无正当理由拒绝出庭作证的警察鉴定人予以注销鉴定资格。此外,《最高人民法院、司法部关于建立司法鉴定管理与使用衔接机制的意见》《司法鉴定程序通则》以及北京、天津、湖北、辽宁、安徽等地司法机关联合发布的规范性文件中,也均有类似规定。

(三)效率与质量的取舍:法官业绩考评的制度分析

警察鉴定人出庭必然导致司法资源攀升,并在很大程度上影响司法效率。在庭前准备环节,排期开庭需兼顾每一个诉讼参与人的时间安排,每增加一名诉讼参与人,排期开庭时间的难度都将相应增加。[①] 在法庭调查环节,鉴定人出庭需要完成核实身份、释明权利义务、承诺并签字确认等一系列程序,并接受多轮询问,往往耗时甚巨。在当前的法院考评体系中,用以衡量法官业绩最直观的指标是结案数量和结案效率,面对收案与结案的双重压力,只要案件不因个人原因被改判或发回重审,法官必然倾向于在效率与质量之间进行取舍时更加偏重效率。更重要的是,通知警察鉴定人出庭,有时并不必然对案件质量起到促进作用,反而可能因鉴定人当庭未能有效回应控辩双方的提问,导致定案难度增大,认定事实偏差,出现效率与质量的"双输"。这就使法官对于警察鉴定人出庭不"欲"亦不"能",当对鉴定意见怀有疑问时,法官更希望通过庭外咨询鉴定人的方式消除疑惑。

(四)必要与不必的衡量:法官决策的意愿分析

鉴定人出庭必要性审查规则的粗疏,也为法官决策的恣意提供了空间。根据《刑事诉讼法》的规定,鉴定人必须出庭的条件为"公诉人、当事人或者辩护人、诉讼代理人对鉴定意见有异议"且"人民法院认为鉴定人有必要出庭"。实践中,诉讼参与人对鉴定意见存有疑问的情况并不鲜见,真正对于鉴定人出庭起决定性作用的其实是法官的必要性审查。然而,立法既未正向规定鉴定人"有必要"出庭的情形,亦未反向列举鉴定人"无必要"出庭的理由,这就赋予了法官独断决定鉴定人出庭与否的超强权力。约束规则出现真空地带,导致法官在衡量必要与不必的过程中,更多依靠自己的意愿进行决策,效率与质量的取舍也就顺理成章地成为了打破平衡的砝码。

(五)发问与回答的交锋:庭审质证环节的策略分析

前述分析中,法官与警察鉴定人更多表现出的是不"欲",而在庭审实质化推进过程中,控辩审三方与警察鉴定人更多表现出的都是"欲"而不"能",无论是发问,还是作答,都普遍缺乏策略,让警察鉴定人出庭成为了走形式走过场,也在一定程度上让控辩审三方和警察鉴定人产生了畏难情绪,固守在卷宗审查的阵地之中。

---

① 在《人民陪审员法》颁布实施后,大量刑事案件需组成七人合议庭进行审判,在排期开庭过程中,还需再考虑四名人民陪审员的日程安排,无疑更增大了排期开庭的难度。

表 2　控辩审三方发问策略缺失的表现及分析

问题	成因	表现
1. 发问的有效性不强	司法鉴定的专业性较强，必然对业外人员形成知识壁垒	①对基础性的专业术语存在认识偏差，热衷于要求鉴定人进行释明，使质证异化为一场鉴定常识普及课
		②将发问的焦点集中于鉴定资质等形式性内容，而忽略了鉴定检材是否同一、鉴定程序是否合规、分析论证是否严密等实质性问题
		③对鉴定人的回应是否合理缺乏准确判断，无法进行更深层次的针对性提问
2. 发问的合理性存疑	控辩审各方均缺乏对交叉询问规则的熟练掌握，在发问时可能存在不当诱导	①无中生有，即封闭性问题所涉事实为编造，无法得到鉴定人在主询问中所作任何陈述的支持①
		②偷梁换柱，即封闭性问题所涉事实为篡改，将鉴定人在主询问中所作陈述 A 偷换为陈述 B②
		③真假杂糅，即在封闭性问题中有事实 A、事实 B 等多项事实，其中事实 A 可对应鉴定人在主询问中所作陈述 A，而事实 B 为无中生有或偷梁换柱③

表 3　鉴定人作答策略缺失的表现及分析

问题	成因及表现
1. 客观上，有效作答的能力还不强	①出庭经验不足，对法庭环境和质证程序较陌生，因此产生紧张不适的情绪，影响了思考的连贯性和表达的准确性
	②对实体法规定和法律专业术语缺乏了解，难以将对鉴定意见的解释说明转化为容易被控辩审三方理解的法律表达
	③对于发问缺乏回应策略，能够通过提出异议化解不当发问者极少，大部分对于合议庭和公诉人的发问尚能作答，但对于辩护人提出的“刁钻”问题无法应对，甚至掉入辩护人的发问陷阱

---

①　例如，在笔者所在法院曾经组织的一场模拟庭审中，辩护人向警察鉴定人发问：“你是从送检人手里直接拿到的样品，是吗？”如果该鉴定人是依规从公安机关内部专门负责受理委托鉴定工作的人员手中拿到的样品，那么辩护人发问为编造事实。

②　例如，在上述庭审中，鉴定人曾与送检人简单沟通过案情，如果辩护人发问：“送检人向你详细描述过案情和侦查倾向，是吗？”那么辩护人发问为篡改事实。

③　例如，在上述庭审中，如果辩护人发问：“你从送检人手里直接拿到样品的时候，你们曾经简单沟通过案情，是吗？”此问包含“从送检人手里直接拿到样品”和“与送检人简单沟通过案情”两个事实，前一事实为编造，后一事实为真，要求鉴定人笼统回答，即为真假杂糅。

续表

<table>
<tr><th>问题</th><th colspan="2">成因及表现</th></tr>
<tr><td rowspan="4">2. 主观上,配合作答的积极性不高</td><td colspan="2">①拒绝作答</td></tr>
<tr><td colspan="2">②虚假作答</td></tr>
<tr><td rowspan="2">③不当作答</td><td>A. 照本宣科,即简单重复鉴定意见中的结论,而疏于对鉴定过程、方法等进行必要的解释说明,既难以充分解决发问者的疑问,也弱化了鉴定人出庭的意义①</td></tr>
<tr><td>B. 答非所问,即试图通过语言技巧绕开问题,回避正面作答,尤其是在鉴定活动确实存在不规范时,这既未能正确履行出庭作证的职责,也无助于法官对关键事实的认定②</td></tr>
</table>

四、对策探索:推动警察鉴定人出庭的制度构建

破解警察鉴定人出庭作证之困局,既需要在主观上形成以审判为中心的法治共识,也需要在客观上完善警察鉴定人出庭的具体规则。

(一)树立法治理念:从侦查中心向审判中心转变

侦诉审律鉴需要共同树立以审判为中心的法治理念,培育对警察鉴定人出庭必要性的普遍认同。首先,要扭转司法机关流水线型诉讼作业方式的思维惯性,认识到侦查和审查起诉活动只是审判活动的准备程序,必须“始终围绕审判程序进行”③并接受庭审检验,保证庭审在审查证据、认定事实上发挥决定性作用,实现鉴定意见出示、审查、采信在法庭。其次,要扭转以侦查笔录为中心的法庭调查理念,避免以鉴定机构出具的情况说明代替警察鉴定人出庭作证,真正贯彻直接言词规则,保障当事人的对质权利。最后,要扭转警察鉴定人属于权力执行者的理念,明确侦控机关的举证责任,让警察鉴定人在诉讼活动中回归“鉴定人”的本职角色,并克服抵触、不适的心理难关,积极接受控辩双方发问,协助法官审查认定事实。

(二)建立决策规则:从超强独断向必要裁量转变

合理约束法官关于必要性审查的超强独断权,可以通过正向明确法定出庭的情形、反向设定酌定不出庭的情形来实现。

---

① 例如,在上述庭审中,鉴定人曾与送检人简单沟通过案情,如果辩护人发问:“送检人向你详细描述过案情和侦查倾向,是吗?”那么辩护人发问为篡改事实。

② 例如,在笔者所在法院曾经审理的一起案件中,辩护人向警察鉴定人发问:“在尸检过程中,是否能够确认具体的死亡时间?”鉴定人作答:“鉴定是有委托事项的,如果没有委托鉴定死亡时间,这项是不做的。”这种刻意避而不答的做法,即为答非所问。

③ 《最高人民法院关于全面深化人民法院改革的意见》(法发〔2015〕3 号)。

1. 法定出庭情形的设定

法定出庭情形的设定，应当重点考虑两个因素：疑难和重大。参考部分省市的规定，可以将“疑难”情形归纳为“鉴定意见的内容或形成过程存在模糊、矛盾之处，需要鉴定人出庭解释或补正，以帮助法官形成内心确信”[①]。而对于具有较大社会影响力的重大案件，因广受关注，也应纳入必须出庭的范围，以回应公众关切，并充分发挥庭审的普法教育功能，逐步在全社会树立起庭审中心的法治观念。

综合前述分析，可以将法定出庭的案件范围明确为：一是对同一委托事项存在多份鉴定意见，且鉴定意见之间内容差异较大，难以判断取舍的案件；二是鉴定意见的内容不明确，或者与在案其他证据存在矛盾的案件；三是诉讼参与人对鉴定意见中检材的可鉴定条件、鉴定的依据、论证分析的过程有较大争议，或者对鉴定程序的合法合规性提出异议的案件；四是鉴定意见对于认定事实或者定罪量刑具有重要作用，非经鉴定人出庭无法令诉讼参与人信服的案件；五是具有较大社会影响力的重大案件；六是人民法院认为鉴定人有必要出庭作证的其他案件。[②]

2. 酌定不出庭情形的设定

对于确有特殊理由的，经法官审查决定，也可以准许鉴定人不出庭，[③]但应当严格限制不出庭的事由，以昭示不出庭仅为不得已而为之的例外规定。具体而言，可将不出庭的事由限定在不能抗拒、无法避免的客观情形：一是鉴定人死亡、身患严重疾病或者行动极为不便的；二是鉴定人路途极为遥远、交通极为不便的；三是鉴定人出庭作证可能影响关联案件侦查，或者泄露侦查工作秘密的；四是鉴定人出庭作证可能危及本人及近亲属人身安全，采取保护措施不足以消除危险的；五是鉴定人有不能抗拒、无法避免的其他正当理由。同时，在相关事由解除后，法官应当重新进行必要性审查认定。

（三）设立压力规则：从疏于制约向有效惩戒转变

对于鉴定人非因酌定不出庭的情形拒不出庭的，除对鉴定意见不予采信外，还应当细化现有的行政性惩戒方式，并借鉴大陆法系的财产性惩戒措施，[④]

① 参见北京市、天津市、浙江省、安徽省、辽宁省等地司法机关联合发布的规范性文件。

② 关于重大案件的范围，可以以刑事诉讼法规定的由中级以上法院审理的一审案件为基础，兼顾案件的社会影响力进行综合判断。

③ 如《德国刑事诉讼法典》第223条、第251条明确了庭外询问鉴定人以及宣读庭前询问笔录的情形。

④ 如《德国刑事诉讼法典》第77条和我国台湾地区“刑事诉讼法”第178条、第199条均规定对拒不出庭的鉴定人可以要求承担因不出庭产生的费用及科以罚款。

以确保鉴定人实际承担不利后果。首先,法院应当及时将鉴定人无合理理由拒不出庭的情况以司法建议的形式通报公安机关,公安机关须按照规定对鉴定人予以相应处理,并在作出处理决定后及时将结果反馈至法院。[①] 其次,法院应当定期向公安机关反馈鉴定人的出庭情况,推动公安机关将出庭作证工作纳入鉴定人的业绩考核范围,对拒绝出庭作证的,扣减考核分数或者降低考核档次。最后,对于因鉴定人拒不出庭而产生的费用,比如重新鉴定的费用,法院有权要求鉴定人承担,并对其科处与产生费用同等数额的罚金。另有观点认为,法院可以直接对鉴定人采取强制到庭、训诫、拘留等人身性惩戒手段。[②] 本文认为,采取人身性惩戒手段与比例原则不符,也容易引起侦诉机关质疑反弹,故可以通过重新鉴定并通知新的鉴定人出庭,实现与原鉴定人出庭同样的效果。

(四)创新动力规则:从缺乏意愿向激励驱动转变

为了增强鉴定人的出庭意愿,必须消除其对于人身安全和经验不足的两重顾虑。

1. 关于人身保护

应当明确法院提供保护的时间范围为审判阶段;空间范围则需要区分庭上和庭外两个场域,其中,庭上保护由法院负责,庭外保护则可借鉴域外经验和我国部分地方法院的做法,[③]由警察具体落实。具体规定为:鉴定人提出保护请求或者公诉机关提出保护建议的,法院应当立即审查,并在3日内作出决定,确有必要的,应当立即采取保护措施;法院认为有必要的,也可以直接决定采取保护措施。对于庭外保护措施,法院应当与公安机关法制部门对接,由公安机关具体落实,并及时向法院反馈。

2. 关于出庭准备

首先,应当强化共识,就鉴定人出庭的必要性与公安机关提前沟通、争取支持,避免发生因公安机关不同意而导致鉴定人无法出庭的情况。其次,应当联合办训,通过定期派出业务专家授课讲解、联合开展座谈会研讨交流、邀请鉴定人参加庭审观摩以及组织模拟法庭等方式,帮助鉴定人熟悉庭审程序、学习出庭技巧。最后,应当细化《出庭通知书》的内容,如申请鉴定人出庭的主体和理由、法官作出决定的依据、需要鉴定人出庭说明的事项以及需要携带的法规文

① 需要注意,司法建议并不具有法律强制力,是否执行主要取决于公安机关的意愿。因此,相较于庭后出具司法建议,做好庭前的沟通工作更有益于实务。参见樊崇义:《庭审实质化与证据制度的完善》,载《证据科学》2016年(第24卷)第3期。

② 胡铭:《鉴定人出庭与专家辅助人角色定位之实证研究》,载《法学研究》2014年第4期。

③ 参见北京市、安徽省、天津市、浙江省等地司法机关联合发布的规范性文件。

件、鉴定记录材料等,以指导鉴定人进行有针对性的准备工作。此外,法院在反馈鉴定人出庭情况时,还应提示公安机关对积极出庭作证的鉴定人给予考评奖励,让鉴定人真正实现从瞻前顾后不敢出庭,到精神饱满乐于出庭的转变。

(五)规范庭审规则:从轮替询问向交叉询问转变

为对鉴定人进行有针对性、高质高效的询问,提升庭审的实质化水平,有必要构建符合我国实际的交叉询问规则。

1. 合理保留法官的指挥权

首先,法官的主动发问权应当居于补充性、而非主导性地位。我国刑事诉讼具有职权主义的特点,法官主动发问有助于发现事实真相,缓和控辩武装的不对等局面。但是《人民法院办理刑事案件第一审普通程序法庭调查规程(试行)》(以下简称《调查规程》)赋予法官主导询问的权力,这就可能弱化控辩双方的主体地位和对质权利,与先举证、后质证的调查顺序不相适应,也有损于法官不偏不倚的形象。因此宜调整为,法官认为必要时,可以在控辩双方发问之后,对鉴定人进行补充性询问。其次,法官改变发问顺序应当基于合理理由。《调查规程》还规定,法官有权安排申请方(异议方)先问,这就违背了举证方先主询问、异议方后反询问的质证逻辑。例外情形是,鉴定人的陈述对举证方不利,此时鉴定人转化为举证方的敌意证人,则改由申请方率先发问方为合理。

2. 初步设计发问和作答规则

首先,有必要引入诱导性发问规则。诱导性发问是交叉询问的精髓,[①]《调查规程》沿袭了一律禁止诱导性发问的规定,违背了交叉询问的运行原理。因此,应当允许在反询问中对鉴定意见进行诱导性发问,但是必须避免滥用,这就需要将前文所述的无中生有、偷梁换柱、真假杂糅等不当诱导性发问的情形纳入禁止性发问规则。

其次,应当对作答规则进行细化。第一,对于拒绝作答的,由法官进行判断,对于不合理的提问,及时予以制止;对于合理的提问,应当要求鉴定人必须作答,如果鉴定人坚持不予作答,对认定鉴定意见产生影响的,则对鉴定意见不予采信。第二,对于虚假作答的,应当对鉴定意见不予采信,同时将相关情况书面通报公安机关的法制部门,并视严重程度决定是否追究鉴定人伪证罪的法律责任。第三,对于不当作答的,应当纳入违反作答规则的情形,赋予控辩双方提出异议的权利,并由法官及时制止和进行必要的指导,从而真正暴露问题、揭示

---

① 张保生:《证据制度的完善是实现审判中心的前提》,载《法律适用》2015 年第 12 期;类似观点见顾永忠:《庭审实质化与交叉询问制度——以〈人民法院办理刑事案件第一审普通程序法庭调查规程(试行)〉为视角》,载《法律适用》2018 年第 1 期。

真实,并倒逼公安机关改进侦查取证工作。

结　语

要从根本上解决警察鉴定人出庭难的问题,既有赖于从宏观层面调整控辩审三方诉讼构造、改革案卷笔录移送制度,也离不开从微观层面完善警察鉴定人出庭的具体规则。通过各个层面共同推进,使关键警察鉴定人出庭成为常态,真正发挥审判特别是庭审在刑事诉讼中的决定性作用,实现法庭审判的程序公正和案件裁判的实体公正,提升司法形象和司法公信力。

附件:

警察鉴定人出庭作证若干意见(建议稿)

为推进以审判为中心的刑事诉讼制度改革,落实刑事庭审实质化要求,规范警察鉴定人出庭作证程序,根据《中华人民共和国刑事诉讼法》《最高人民法院关于适用〈中华人民共和国刑事诉讼法〉的解释》《人民法院办理刑事案件第一审普通程序法庭调查规程(试行)》的规定,提出以下意见。

第一条　【出庭作证的主体】本意见所称的鉴定人,是指依法取得鉴定人资格,并被公安机关鉴定机构聘任,从事检验鉴定工作的专业技术人员。

第二条　【出庭作证的法定情形】具有下列情形之一,公诉人、当事人或者辩护人、诉讼代理人对鉴定意见有异议,人民法院认为有必要的,鉴定人应当出庭作证:

(一)对同一委托事项存在多份鉴定意见,且鉴定意见之间内容差异较大,难以判断取舍的;

(二)鉴定意见的内容不明确,或者与在案其他证据存在矛盾的;

(三)诉讼参与人对鉴定意见中检材的可鉴定条件、鉴定的依据、论证分析的过程有较大争议,或者对鉴定程序的合法合规性提出异议的;

(四)鉴定意见对于认定事实或者定罪量刑具有重要作用,非经鉴定人出庭无法令诉讼参与人信服的;

(五)具有较大社会影响力的重大案件;

(六)人民法院认为鉴定人有必要出庭作证的其他情形。

第三条　【可以不出庭作证的情形】具有下列情形之一,由县级以上公安机关出具书面意见,经人民法院准许,鉴定人可以不出庭作证:

(一)鉴定人死亡、身患严重疾病或者行动极为不便的;

(二)鉴定人路途极为遥远、交通极为不便的;

(三)鉴定人出庭作证可能影响关联案件侦查,或者泄露侦查工作秘密的;

(四)鉴定人出庭作证可能危及本人及近亲属人身安全,采取保护措施不足以消除危险的;

(五)鉴定人有不能抗拒、无法避免的其他正当理由。

在案件审理过程中，县级以上公安机关应当对不能出庭的鉴定人进行关注，对于不出庭作证的事由消除的，应当及时通报人民法院，人民法院可以根据案件审理的情况，决定是否重新通知鉴定人出庭作证。

第四条　【出庭作证的申请】公诉人、当事人或者辩护人、诉讼代理人申请鉴定人出庭作证的，应当向人民法院提交书面申请，载明拟申请出庭作证的鉴定人姓名、工作单位、申请理由及拟作证事项等；人民法院可以根据必要性审查的需要，要求申请人补充有关材料。

第五条　【出庭作证的决定】公诉人、当事人或者辩护人、诉讼代理人提出书面申请的，人民法院应当在收到申请书之日起三日内进行必要性审查，并决定是否同意；人民法院认为有必要的，也可以自行决定通知鉴定人出庭作证。

第六条　【出庭作证的通知】人民法院决定通知鉴定人出庭作证的，应当在开庭前五日向公安机关法制部门送达《协助通知警察鉴定人出庭作证函》，内容应当包括：

（一）鉴定人的姓名、工作单位以及联系方式；

（二）案件编号以及鉴定文书编号；

（三）开庭时间、地点、法院联系人以及联系方式；

（四）申请鉴定人出庭的主体和理由；

（五）人民法院作出决定的依据；

（六）需要鉴定人出庭说明的事项；

（七）需要鉴定人携带的法规文件、鉴定记录等资料；

（八）其他需要说明的事项和要求。

第七条　【出庭作证的协调】公安机关法制部门收到《协助通知警察鉴定人出庭作证函》后，应当通知、督促鉴定人出庭作证。

对于鉴定人确有合理理由无法出庭作证的，公安机关法制部门应当及时向人民法院出具书面意见，人民法院可以根据案件情况决定延期审理、重新鉴定或者通过视频等方式作证。

第八条　【拒不出庭的惩戒】经人民法院通知，依法应当出庭的鉴定人未出庭作证的，鉴定意见不得作为定案的根据。

鉴定人无合理理由拒不出庭的，人民法院应当通过司法建议的方式向公安机关法制部门通报，公安机关应当按照规定对鉴定人予以相应处理，并在作出处理决定后及时向人民法院反馈；人民法院有权要求鉴定人承担因其拒不出庭而产生的费用，并对其科处与产生费用同等数额的罚金。

第九条　【出庭作证的反馈】人民法院应当定期向公安机关法制部门反馈鉴定人的出庭情况。

公安机关应当将出庭作证工作纳入鉴定人的业绩考核范围，对积极出庭作证的，给予考评奖励；对无合理理由拒不出庭作证的，扣减考核分数或者降低考核档次。

第十条　【出庭保护的决定】鉴定人因出庭作证，本人或者近亲属的人身安全面临危险的，鉴定人可以提出保护请求，公诉人也可以提出保护建议，人民法院应当在三日内进行审查并作出决定；对于情况紧急的，人民法院应当立即进行审查并作出决定；人民法院认为有必要采取保护措施的,也可以直接作出决定。

第十一条 【出庭保护的落实】对于决定采取不公开真实姓名、住宅和工作单位等个人信息等保护措施的,人民法院应当在开庭前核实鉴定人身份,对鉴定人如实作证的保证书不得公开,并在判决书、裁定书等法律文书中使用化名等代替其个人信息。

对于决定采取不暴露外貌、真实声音等保护措施的,人民法院应当为鉴定人提供专门的等候区域以及具有屏蔽效果的通道、席位、作证设备。

对于决定采取禁止特定的人员接触、对人身和住宅采取专门性保护措施及其他庭外保护措施的,人民法院在认为必要时,应当向公安机关法制部门送达《协助保护警察鉴定人函》,载明需要保护的鉴定人及其近亲属的姓名、工作单位、家庭住址、联系方式、保护理由、保护措施、保护期限、法院联系人以及联系方式等;公安机关法制部门收到函后,应当负责协调具体的责任部门落实,并及时向人民法院反馈。

第十二条 【出庭作证的准备】鉴定人到庭后,法庭应当当庭核实其身份、与当事人以及本案的关系,审查鉴定人的专业资质,并告知其有关作证的权利义务和法律责任。

鉴定人作证前,应当保证向法庭如实说明鉴定意见,并在保证书上签字。

第十三条 【出庭作证的程序】鉴定人出庭后,应当先向法庭陈述鉴定意见,再由公诉方进行主询问;公诉方发问完毕后,辩护方也可以进行反询问。法庭认为鉴定人的陈述对公诉方不利时,也可以决定先由辩护方进行主询问。控辩双方发问完毕后,法庭可以就与鉴定意见有关的专门性问题,对鉴定人进行补充性发问。

第十四条 【不当发问的规则】控辩一方发问内容与案件事实无关或者发问方式不当,违反发问规则的,对方可以提出异议,发问方应当说明发问理由,并由法庭根据情况决定予以支持或者驳回;具有下列情形之一的,法庭也可以直接予以制止:

(一)发问内容与鉴定意见无关的;

(二)发问内容涉及国家秘密、侦查秘密、商业秘密或者个人隐私的;

(三)在主询问中采用诱导方式发问,或者在反询问中存在不当诱导情形的;

(四)威胁鉴定人或者损害鉴定人人格尊严的;

(五)其他不当发问的情形。

第十五条 【不当回答的规则】鉴定人拒绝作答的,法庭应当根据情况进行判明,对于提问不合理的,及时予以制止;对于提问合理的,要求鉴定人必须作答,因鉴定人不予作答,对认定鉴定意见产生影响的,鉴定意见不得作为定案的根据。

鉴定人虚假作答的,鉴定意见不得作为定案的根据;必要时,人民法院应当将相关情况以书面形式通报公安机关法制部门,并视严重程度决定是否追究鉴定人作伪证的法律责任。

鉴定人不当作答的,控辩双方可以提出异议,鉴定人应当说明作答理由,并由法庭根据情况决定予以支持或者驳回;法庭也可以直接予以制止,并对鉴定人进行必要的指导。

第十六条 【出庭作证的公开】人民法院应当在裁判文书中全面、如实记载鉴定人出庭作证的申请、决定、通知、实际出庭作证的内容和鉴定意见采信的情况等。

裁判文书中未依规公开鉴定人出庭作证的相关事项,导致发生涉诉信访或者造成不良社会影响的,应当按照瑕疵案件的认定程序进行处理,并根据情节轻重向办案人员追究责任。

心得体会

心得体会

韩卓然

我与肖潇合作参加了第三十届学术论文比赛，撰写的论文有幸被我院推送参加全市法院评选，虽然未能更进一步，取得突出成绩，但是于我而言，此次参赛既是梳理实践经验，消除困惑疑问的难得机会，也是增强理论素养，锻炼思维能力的宝贵经历。

在写作过程中，我对学术研究有了更多认识：

学术研究是寻找"真"问题的过程。爱因斯坦曾经说过："提出问题比解决问题更本质、更重要。因为真正提出问题需要找到问题的关键和要害。"学术研究同样如此，只有找到了真问题，开展的研究才有价值，撰写的论文才能有质量保证。如果不了解审判实践，寻找问题时容易出现纸上谈兵想当然的情况；如果在实践中发现了问题，却不知道理论、立法已经给出了圆满的解决方案，那么发现的问题也同样不是真问题。要想找到"真"问题，就必须大量阅读文献资料，深入了解审判实践，为破题攻关做好铺垫。

学术研究是收集"大"数据的过程。开展调查研究，需要用一定的数据做支撑，才能把问题看透彻，把破题方向找准确。在论文撰写过程中，我们检索了全国法院2017年涉及鉴定人出庭的全部156份刑事裁判文书，并从26个方面提取文书中的关键信息用以进行分析，梳理出警察鉴定人出庭存在的四个特点和三个问题，为开展更加扎实、深入的原因分析奠定了坚实基础。

学术研究是探索"新"路径的过程。"人惟求旧，物惟求新；新也者，天下事物之美称也。而文章一道，较之他物，尤加倍焉。"李渔一语，道出了文章对于"新"的格外追求。学术论文作为文章的一种，自然也不例外。追求出新，并不是一味标新立异，而是要在逻辑自洽、合乎理论、立足实践的基础上，或者给出新的观点，或者打造新的结构，或者采用新的视角，或者结合新的领域，从而探索出与前人不同的新路径。在这一点上，我个人需要加强的地方仍有很多，要在以后的学习中继续学习提高。

在论文撰写过程中，刑庭前辈给予了许多无私指点，研究室同志反馈了专家的修改建议，对于我的成长提高大有裨益，在此一并表示感谢！

诗性判决:对"零度修辞"的检视与修正

——以传播学三要素为分析向度

蒋　慧　刘雅璠*

【论文提要】

我国裁判文书说理论证一般以消极性修辞为主,强调文字的"谦抑性表达",但各地涌现出越来越多带有法官主体情感表达的"个性判决",对文书说理传统产生冲击。实践界对此现象多有讨论,但未形成统一的认识,而学术界更是对此类判决的出现鲜有研究。笔者将这类诗性判决作为研究的对象,探讨其存在价值与适用空间。

本文主要分为四部分。第一部分通过两份不准予离婚判决文书说理部分的对比研究,引出诗性判决的内涵外延界定,并触发诗性判决中"零度以上修辞"与传统判决中"零度修辞"之间的紧张关系。第二部分引入传播学的信息论模型,将裁判者、裁判文书和社会大众三个本体要素共同构建起该基本模型,从域内历史浸透与域外法系融合下的情感讯息论述载体要素,从法官个性表达与主体情感差异下的诗性编码论述信源要素,从"冤情申诉"诉讼心态下的讯息期待论述信宿要素,进而全面阐述诗性判决的存在可行性。第三部分通过修辞格作用于积极性修辞,后者作用于说理论证,后者作用于诗性判决,而诗性判决传播给社会大众的完整作用机理,按照流程把握原则,对上述四个环节予以原则性限缩,通过合正当性、合融贯性、合必要性以及合接受性以研究确定诗性判决的适用界野。第四部分则是将诗性判决置于整个司法环境之下,讨论诗性判决的适用所必须廓清的阻隔因素,真正将诗性判决的作用予以发挥。

* 蒋慧,北京市第一中级人民法院申诉审查庭法官助理;刘雅璠,北京市第一中级人民法院民二庭法官助理。

【主要创新观点】

概念界定之创新:针对带有法官个人情感、运用积极性修辞格的文书说理方式的研究是目前学术界的一块未垦之地,本文将研究对象聚焦于此类判决,并借助法官主体思维中"理性的逻辑世界"和"诗性的修辞世界"的界分,对诗性判决的内涵外延予以界定,对此赋予概念定义。

研究模型之创新:成功引入传播学的信息论模型,将裁判者、裁判文书和社会大众三个本体要素共同构建起该基本模型,从域内历史浸透与域外法系融合下的情感讯息论述载体要素,从法官个性表达与主体情感差异下的诗性编码论述信源要素,从"冤情申诉"诉讼心态下的讯息期待论述信宿要素,进而全面阐述诗性判决的存在可行性。

在研究司法环境和谐对于诗性判决适用的意义时,成功引入纽科姆提出的"A－B－X"传播理论模型,阐述司法认知和谐的环境对于诗性判决适用的重要价值。

研究结论之创新:目前学界对诗性判决是否存有适用价值鲜有研究,实践界对此多有争议,但未有深入研究亦未有有效的结论。本文在解决诗性判决适用可行性的问题后,通过展现诗性判决适用的完整作用机理,通过合正当性、合融贯性、合必要性以及合接受性这四性的原则性限缩,从而确定了诗性判决的适用界野,对诗性判决在司法实践中如何准确有效的适用具有一定的参考价值。

> 拥有一颗炙热的心并不是默许你在法律写作中情感横溢,但是我们得承认:真诚的表达你的情感对你大有裨益。
>
> ——布莱恩·A.加纳

引　言

裁判文书说理机制改革伴随一轮一轮的司法体制改革,其始终是推动司法审判质效提升的基石。受大陆法系的司法传统浸润,我国裁判文书说理论证基本以"谦抑性表达"为表达原则,然而随裁判文书说理性内在要求的提升,各地涌现出越来越多带有法官主体情感表达的"个性判决",与我们惯有的裁判文书说理"零度修辞"产生冲击。实践界对此现象多有讨论,但未形成统一的认识,而学术界更是对此类判决的出现鲜有研究。笔者认为此类判决带来的思考,包括其内涵外延、适用之必要性及存在空间等问题均有待探讨论证。

一、问题窥探:诗性判决殊相引发的思考

[判决 1]:本院认为,夫妻双方应共同珍惜维护家庭生活。许某、刘某自主结婚,应有一定的感情基础。双方应珍惜现有的婚姻生活及夫妻感情,对家庭承担起应有的责任,彼此调整沟通方式,加强沟通,互相关心,共同努力完善家庭关系。现刘某愿意努力并维持夫妻关系,本院应不准许离婚。①

[判决 2]:本院认为,原、被告从同学至夫妻,是一段美的历程:“众里寻他千百度,蓦然回首,那人却在,灯火阑珊处(辛弃疾诗词)”令人欣赏和感动。没有各自性格差异,能擦出如此美妙火花?生活平淡,夫妻相背,甚至吵架,令人不悦,是生活常态:苦乐相辅相成。享受婚姻快乐与承受生活苦痛是人人必修功课。本院能够理解被告“为儿子着想”的母爱情感,此时原、被告的生活要事应该是合力拉扯儿子成人,而完整的家庭才能使儿童身心健康成长。儿子是原、被告生活的根本和方向,应珍惜养育过程,切勿轻率断绝婚姻,以免年老追悔……判决如下:不准予原告陈某甲与被告陆某离婚。②

上述两段文字均系法院关于不准予离婚判决文书的说理部分,即是法官阐述论证观点的核心部分。通过上述两段文书说理的对比,不难发现两份判决虽均作出了不准予离婚的判决,但行文风格、修辞手法明显有异。相比于判决 1 中谦抑性文字的表达,判决 2 中采取了引用、反问等积极性的写作手法。事实上,随着裁判文书改革探索的演进,呈现出越来越多“诗情画意”的裁判文书,部分甚至受到社会大众的热议,如重庆市巴南区人民法院某离婚判决将《圣经·马太福音》中的话引用入判决③,再如江苏省无锡市中级人民法院在首例冷冻胚胎继承案判决书中抒情的话语④。

我国目前的裁判文书写作惯有采取的是一种消极性修辞。所谓消极性修辞指的是以提高语言表达准确性、可读性为目的的修辞手法,侧重于客观的表达⑤,如判决 1 中的语言风格,无论从论述夫妻双方是否具备感情基础,抑或夫

---

① 详见北京市海淀区人民法院(2015)海民初字第 16724 号判决书。

② 详见广东省广州市南沙区人民法院(2014)穗南法南民初字第 115 号判决书。

③ 详见重庆市巴南区人民法院(2016)渝 0113 民初 404 号判决书。该判决写道:“为什么看到你弟兄眼中有刺,却不想自己眼中有梁木呢。你自己眼中有梁木,怎能对你兄弟说,容我去掉你眼中的刺呢。你这假冒伪善的人,先去掉自己眼中的梁木,然后才能看得清楚,以去掉你兄弟眼中的刺。——《圣经·马太福音》。”正人先正己。人在追求美好婚姻生活的同时,要多看到自身的缺点和不足,才不至于觉得自己完全正确。

④ 详见江苏省无锡市中级人民法院(2014)锡民终字第 01235 号判决书。该判决写道:“白发人送黑发人,乃人生至悲之事,更何况暮年遽丧独子、独女!……其父母承欢膝下、纵享天伦之乐不再。”

⑤ 李秀芳:《构建法律修辞学理论体系奏议》,载《山东社会科学》2013 年第 1 期。

妻双方是否具有维系婚姻可能,都系从客观中立的文字风格予以表达。对此类不带有任何感情色彩的纯中性的语言表达方式,我们可称为“零度修辞”。而反观上述提及的其他判决,采取了夸张、引用、设问、反问等的修辞格,该语言风格已经突破了消极性修辞,转为一种积极性修辞,即以提高语言表达渲染力和感染力为目的的修辞手法,侧重于情感表达[①]。对此我们亦可称为“零度以上修辞”。文字表达体现的是写作者的思维模式,是思维通过文字输出的一种形式展现。按照谢晖先生的观点,法官在判案时存在于两个世界中,即“理性的逻辑世界”和“诗性的修辞世界”,这两个世界所对应的思维模式分别为逻辑思维和诗性思维[②]。逻辑思维的概念不言而喻,所谓诗性思维则指的是“运用想象力将主观情感过渡到客观事物上,使客观事物成为主观情感的载体,从而创造出一个心物合融的主观境界。”[③]这种诗性思维区分于逻辑思维之最大不同,即在于前者系主观情感的表达,后者系理性经验的陈述。

结合上文,笔者认为法官运用自身的诗性思维,通过文字输出获得的形式展现就是积极性修辞,而这种带有积极性修辞的裁判文书目前学界和理论界均未给出明确的概念界定,有定义为“诗意判决”“情意判决”“情感表达”等。笔者认为,对任何事物的研究与探索的前提应是对其概念的界定,在此基础上厘清内涵与外延。结合上述论述,带有积极性修辞(亦可称为“零度以上修辞”)的裁判文书是一种法官诗性思维的体现,从主客观相一致的原则出发,该类裁判文书不妨定义为“诗性判决”,即通过比喻、引用、反问等修辞格和辞趣,运用积极性修辞手法,表达法官的主观情感的一种裁判文书。[④] 这种诗性判决本身到底是对法律文书理性逻辑的冲撞阻遏,还是对法律文书惯有之“零度修辞”的修正熔融,下文将从传播学三要素对诗性判决的存在必要性进行分析。

二、理性审度:基于传播学三要素对诗性判决的检视

裁判文书是记载人民法院审理案件过程和结果的载体,亦是向社会大众展现法官论证说理的客观形式,裁判文书的展现可以理解为一种传播行为,即法官将案件审理过程和结果,特别是论证说理过程以特定的载体传播给特定当事人和社会大众。按照传播学中的信息论模型,信源通过编码产生讯息,讯息附

---

① 李秀芳:《构建法律修辞学理论体系奏议》,载《山东社会科学》2013 年第 1 期。

② 该观点系谢晖教授的观点,详见谢晖:《诗性、修辞与法律价值预设》,载《现代法学》2012 年第 5 期。

③ 林雪铃:《以启发诗性思维为导向的新诗教学设计》,载《文传学报》2009 年第 8 期。

④ 需要指出的是,“诗性判决”定义中的“判决”系广义上的裁判文书,应包含判决书、裁定书等文书形式。

着在特定的载体之上传递给信宿,信宿通过解码获取讯息的同时将解码结果反馈给信源。[①] 具体模型如图 1 所示。

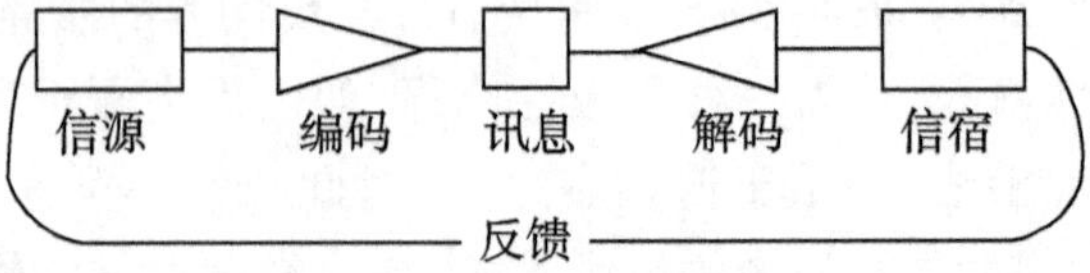

图 1 信息论模型

按照该传播学的经典模型,书写裁判文书的裁判者是信源本身,其通过书写裁判文书完成编码活动,其论证思考过程与结果均系编码行为,其所传播的信息则附着于裁判文书中。而信宿即社会大众,通过各自对裁判文书中的讯息进行解码,各自获取相应的信息,并通过一定的反馈机制将解码结果反馈给信源,即裁判者。可以得出,裁判文书的制作和公开本身即是一个信息传播行为,符合信息论模型的构建。具体模型如图 2 所示。在该模型中,裁判者、裁判文书和社会大众三个本体要素共同构建起了信息传播的基本模型。

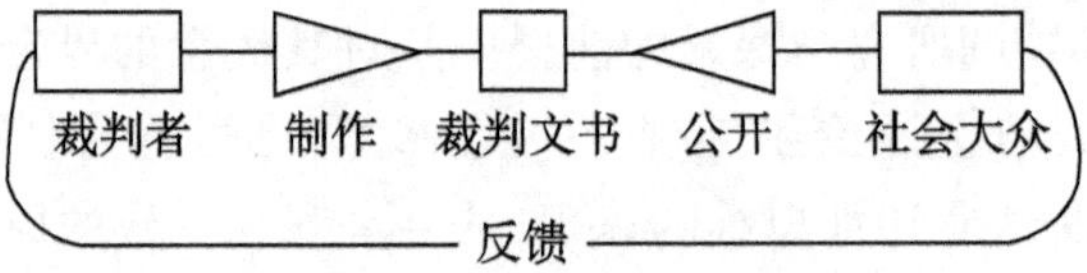

图 2 裁判文书传播模型

无论裁判文书采取消极性修辞亦或积极性修辞,裁判文书的传播都不应亦不可能摆脱上述构建的传播模型。对采用积极性修辞的诗性判决之必要性分析,亦理应放在该传播模型中进行考究,从信源(裁判者)、讯息载体(裁判文书)和信宿(社会大众)三个向度出发透析。

(一)载体要素:域内历史浸透与域外法系融合下的情感讯息

1. 我国"内法外儒"传统文化催生文书的情感表达

梁治平在《法辩》一书中说过,"中国社会是身份社会和伦理法律的结合,法律的制定和运行需要顾及到人们的利益和情感。"[②]我国古代先秦时期,以儒家思想为主流思想,在风俗、礼法和司法等认知上,均受到儒家思想的影响。随秦汉之后,法家思想逐渐占据上风,但儒家的思想仍占有重要位置,进而形成了

---

① [美]威尔伯·施拉姆、威廉·波特:《传播学概论》(第 2 版),何道宽译,中国人民大学出版社 2010 年版,第 226～227 页。

② 梁治平:《法辩:中国法的过去、现在与未来》,中国政法大学出版社 2002 年版,第 116～117 页。

“内法外儒”的传统文化。儒家思想以仁、义、礼、智、信为核心体系,体现了对道德和情感的诉求。而“外儒”这两个字恰恰表明,即是非情感化的法律,还是需要用情感加以整饰和平衡,①以此,古代的司法作为制度设计,亦体现出“内法内儒”的传统文化特征。《名公书判清明集》中收录了我国宋朝大量判词,举一胡名公的判词为例:

吴保随直上幕,不告而归,其罪固不可容恕。原其逃归之故,却系奔母之丧。古之孝子,行役则瞻望母,出使则思将母,今吴保因差出在外,母卧病则不得侍其医药,疾革则不得启其手足,闻讣之日,方寸之乱,不言可知,见星而舍,犹以为缓,尚何暇于谒告哉!……然则吴保之最,提干必能以情宥之矣。

以上分析,我国传统儒家文化中关于情理的观念已经渗透到司法实践中,古代大量的判词采取了积极性的修辞表达,将情感通过判词予以表达。因此,从域内历史分析,诗性判决有其存在的传统文化土壤,裁判文书作为传播载体本身亦对情感表达的讯息保留有传播余地和空间。

2. 域外法系的冲击与交互导致裁判文书写作风格的融合

随着大陆法系国家日益追求判例的价值,英美法系国家成文法典颁布增多,很多迹象表明,两大法系的法律渊源正在逐步接近。具体到司法领域,两大法系国家在审理案件过程中亦因法系价值的冲突交互产生一定的融合效果。我国传统法律体系在受到成文法系的影响下,注重逻辑性和规则性的审判,在裁判文书写作上亦强调谦抑性。然而随着两大法系的不断交融,尤其在日益频繁的司法交流过程中,英美法系的衡平法体系不可避免地影响了我国司法裁判文书的写作。

而英美法系中特别强调裁判文书的说理论证,其中法官亦会将自身对当事人的情感充分表达在裁判文书中。如英国北安普顿皇家刑事法庭在2016年9月15日曾审理一起Claire Riley和Susan Aucott的恶犬伤人案,该判决在运用法理对二被告罪行和各自应承担的罪责进行阐述的同时,从情感表达出发,结合从轻情节和二被告身体健康以及二被告的懊悔责任等因素出发,作出了综合评判,翻译摘抄如下:

“你(Claire Riley)品行良好,还相对年轻。你很懊悔,且已经遭受了失去女儿的不幸。……我考虑到以下情况:你最近再次怀孕,你的预产期在明年春天……监禁几乎总是会干扰家庭生活,但这种干扰必须适当,以平衡干扰与刑罚的两者之间的关系。你(Susan Aucott)明显遭受了当场失去外孙女的悲痛和

① 徐忠明:《诉诸情感:明清中国司法的心态模式》,载《学术研究》2009年第1期。

创伤,并对所发生的事怀有负罪感。伤害已经造成,你的懊悔感加重了这些事情对你整个家庭的影响。"①

以上判词体现了英美法系司法判决的基本面相,在论述相关审判依据时多系积极性修辞,系诗性判决的体现。而我国随着法系融合与交互,"零度修辞"的裁判文书写作不可避免受到冲击和挑战。

(二)信源要素:法官个性表达与主体情感差异下的诗性编码

1."审理者裁判,裁判者负责"原则下的法官个性呈现

2016年,《最高人民法院关于完善人民法院司法责任制改革的若干意见》(以下简称《意见》)中提出把"让审理者裁判、由裁判者负责"作为司法责任制改革的重要目标。伴随于此,《意见》还对审判流程、院庭长审批案件制度作出了相关规范性指导。2017年《最高人民法院关于落实司法责任制完善审判监督管理机制的意见(试行)》则明确规定,"除审判委员会讨论决定的案件外,院庭长对其未直接参加审理案件的裁判文书不再进行审核签发,也不得以口头指示、旁听合议、文书送阅等方式变相审批案件"。从上述规范性文件出发,法官在审理案件时在较大程度上挣脱了行政枷锁,更多赋予法官主观能动性。这一变化充分体现在裁判文书的制作中。笔者就改革前后关于裁判文书写作时的主观考量随机采访了所在B市某中级人民法院的30名法官,以下为结果统计。② 从以下结果可以得知,在一定程度上解除审判行政枷锁的情况下,法官对裁判文书的"创作欲"被激发,积极性修辞表达的诗性判决存在编码意义上的存在空间。

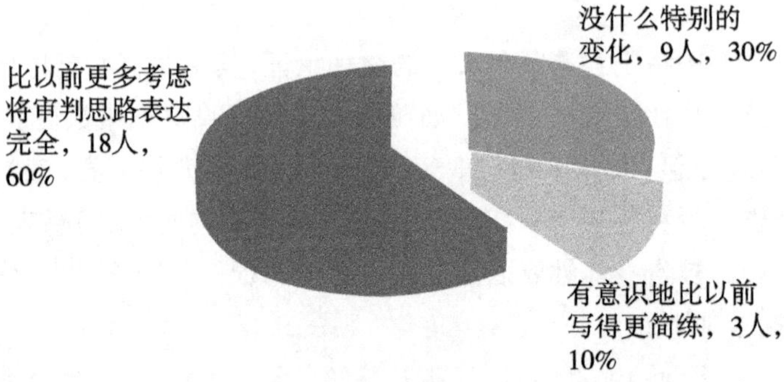

图3　调查结果

① "Northampton Crown Court, R - v - Claire Riley and Susan Aucott",判决书,载http://www.judiciary.uk/judgments/sentencing-remarks-of-mrs-justice-carry-r-v-susan-aucott-and-claire-riley/,最后访问日期:2018年6月6日。

② 为体现统计的准确性,该30名员额法官包括男性和女性,并覆盖各年龄阶段。

2. 主体性思维导致的情感分化必然

传统的观点认为,审判是根据三段论方法即大前提(规则)——小前提(事实)——结论(判决),经过逻辑推理作出的。然而司法裁判是一个主体性思维的过程,这体现在法官的情绪、感情和习惯等都有可能会对审理思维产生影响。美国法学家、法官叶罗姆·纽·弗兰克的研究表明,法官审理案件得出的结论可能很多时候来源于法官的“预感(hunch)”。法官的判断不是先从前提开始而得出结论的,而是先形成一个模糊的结论,然后再从这个结论出发,试图找到证实结论的前提。而法官的这种预感又是由各种刺激产生的。最后弗兰克把司法判决概括为几个公式:传统的公式是:R(Rule,法律规则)×F(Fact,事实)=D(Decision,判决),现实的公式是:S(Stimulus,刺激)×P(Personality,个性)=D(Decision,判决)。虽然弗兰克的观点属于美国现实主义观点,其观点本身未必完全符合我国司法审判中法官的审判思维。但是其主张法官的特点、性情和习惯等因素对法官针对刺激所产生的预感必然受影响的观点,仍具有借鉴意义。任何人都是理性与非理性的结合体,法官不是殊体,其也不例外。在此种情况下,主体性思维必然导致的是情感分化,这种分化部分法官体现在裁判文书上,形成了诗性判决。而部分法官则因各种考虑未在裁判文书中体现出来,形成了隐形的诗性判决。

(三)信宿要素:“冤情申诉”诉讼心态下的信息期待

上文已经分析,我国传统文化中包含了“情感本位”的文化结构,这种文化结构直接导致了社会大众对于司法诉讼活动时的“申诉冤情”的诉讼心态。这主要源于我国封建统治时期跨度时间长,民众基本认同皇权政治的统治思想,随着社会形态的演进和司法制度的完善,大众这种“冤情申诉”的诉讼心态并没有随之而消亡。从诉讼过程中来看,最能体现当事人诉讼心态的诉讼文书就是起诉书或上诉状等诉状类材料。通过抽样调查发现,在社会大众写作的诉讼文书的字里行间,充满了情感(自然情感与道德情感)的积极性修辞表达。以下选取三个在没有代理人,而由当事人自行参诉案件的二审上诉书中的积极性修辞语句。

表1 上诉书节选

民事上诉书	上诉书节选
上诉书1	“因为这个案子,我患上了严重的精神抑郁,原本可以过上幸福快乐的生活,但是现在一切都毁了,这个案子对我就像一个噩梦。”
上诉书2	“原审法院对延误还车罚金语焉不详,故意规避该问题,以此扰乱视听,这是赤裸裸的选择性审判!请问一审法院法官,你对得起胸前的法徽吗?”

续表

民事上诉书	上诉书节选
上诉书 3	"'让每一个公民在司法案件中感受到公平正义',这不是一句口号,应该落实在你们的行动中,请法官秉持正义,公平审理。"

通过以上上诉书用语的分析,不难发现,我国社会大众对于诉讼仍然抱持一种"冤情申诉"的诉讼心态,其诉讼材料中向法官传达出一种情感表达,从传播学的信息传播角度分析,这些当事人向法官传播的都是一种积极性的情感,这种信息传播导致其对信息受体,即法官有种信息期待,即希望法官也能向其传达一种情感表达。

三、路径塑构:明晰诗性判决适用的界野

通过上述三个向度的分析,诗性判决有其存在的必要性与合理性。但司法实践中,社会大众对部分诗性判决的评价并非一致好评。例如,本文判决 2 中将辛弃疾的词引用入判决的作法,笔者在"知乎"上发现,就"如何看待这样的诗意判决书"的提问,55 名网友作出了回答,其中 26 名网友给出了负面评价,有的认为"这样的判决说明法官本人不讲法",有的认为"判决书代表的是法律,而不是诗情画意的法官个人",还有人则认为"从来没见到过判决还能这么写"。如果将法官书写诗性判决比喻成一段美丽的舞姿,那么司法活动本身的性质决定了我们应当为其加上枷锁,即我们要寻求诗性判决的存在合理性空间,为诗性判决的适用明晰边界。

诗性判决通过公开传播至社会大众,其内部有一个完整的作用机理,其作用的最小单位和最初端口系修辞格,引用、比喻、夸张等修辞格的运用组合形成了积极性修辞,而积极性修辞结合其他的表达论证方式共同构成了说理部分,而说理部分加之事实查明、当事人身份信息等其余部分则构成了诗性判决,该诗性判决最终作用于社会大众。欲研究诗性判决的适用界野,按照流程把控原则,我们应将上述环节都予以原则性限缩,以此明确诗性判决的适用余地(见图 4)。

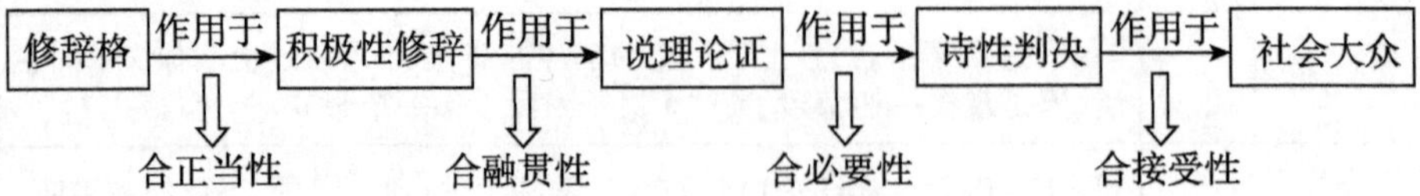

图 4　诗性判决适用原则

(一)合正当性

修辞格的组合形成了积极性修辞,在裁判文书的大背景下,修辞格的运用应当以裁判文书写作的正当性为原则,不符合裁判文书写作要求的修辞格形式不应当被法官运用在文书说理之中。鉴于裁判文书是记载人民法院审理案件过程和结果的载体,其具有宣告价值,在说理论证过程中应当以命题的形式出现,积极性的修辞虽然采取情感的表达方式,但仍摆脱不了以修辞命题的形式表达观点。因此,裁判文书的修辞格应当以陈述句的形式出现,而不能以疑问的形式出现。如“法官真的是正义的天平吗?”尽管这个句式运用了比喻的修辞格,但是如果没有对设问作出进一步的回答,无法形成一个命题,亦不符合裁判文书的说理原则。此外,一些祈使句,如“法律啊,带给我正义,带给我光明吧!”这个句式将法律拟人化了,运用了一定的修辞格形成了积极性修辞,但是该句式只是文字者对法律的一种期待和憧憬,并不是对“法律能够带来正义和光明”的一种判断,因而无法成为一个命题,不符合裁判文书写作的规范。因此,在修辞格的选择上,应严格把握修辞命题的原则,使之合乎裁判文书的正当性原则。

(二)合融贯性

积极性修辞和消极性修辞共同作用形成了裁判文书的说理论证部分。典型的司法活动在本质上一定是法官在法理和情理之间的“目光往返流盼”过程,是法官在法律和事实之间的交涉博弈过程,是法官在服从法律和创造规范之间的艰难选择过程。① 因此,运用积极性修辞增强说理的前提必须是在法律规范的逻辑性论证之外,仍存有论证空白,需要用情感表达加以填补。而这种情感表达的修辞命题与逻辑性论证命题之间应当相互一致,相互支持,没有明显的矛盾存在,共同服务于说理论证。或者可以说,积极性修辞对于说理论证的作用主要体现在通过情理来圆润规范、修补法律。例如,2014 年江苏省无锡市中级人民法院审理的我国首例冷冻胚胎继承案,在现行法律对胚胎的法律权属没有作出明确规定的情况下,法院将情感明确作为确定涉案胚胎相关权益归属的因素,同时结合特殊利益保护、公序良俗的法律原则,逐一进行论述,其中“白发人送黑发人,乃人生至悲之事,更何况暮年遽丧独子、独女!”“留下来的胚胎,则成为双方家族血脉的唯一载体,承载着哀思寄托、精神慰藉、情感抚慰等人格利益。”②等的积极性修辞表述,在填补法律规范空白方面起到了重要作用,使该判决达到了“情法一元”的效果。

---

① 谢晖:《法治思维中的情理和法理》,载《重庆理工大学学报》(社会科学版)2015 年第 9 期。

② 详见江苏省无锡市中级人民法院(2014)锡民终字第 01235 号判决书。

(三)合必要性

采取了积极性修辞的说理论证在理论上固然能起到“情法一元”的效果,但如上文所述,在实践中社会大众对此的观感并非完全褒义,不少人甚至认为“把法理说明白就行了,没必要这么诗情画意。”这就涉及采取积极性修辞的说理论证在司法实践中对于案件的适用范围问题。从司法资源的角度来看,案多人少的矛盾将一直长期存在,如果要求法官对每个案件都达到“情法一元”的效果显然是不符合法经济学的。《人民法院第四个五年改革纲要(2014—2018)》提出,“根据不同审级和案件类型,实现裁判文书的繁简分流”,以此确定了司法案件审理的“繁简分流”导向。对于部分双方之间矛盾争议较小、案情明晰简单,法官通过简单的法律适用即能起到定分止争的作用,则无须采取积极性修辞强化论证效果。从案件类型来看,目前诗性判决适用多发领域在于婚姻家庭纠纷案件中,因法律规范较为原则,留待法官内心确认的相关事实较多,因此积极性修辞对于判决论证说理具有较高的补强空间。而对于大部分商事案件,因所涉纠纷多脱离人身依附性和亲属性,仅系财产权权益的调整,情感化表达对此缺乏应有的论证必要空间,对该类案件应视情况慎用积极性修辞的论证说理。

(四)合接受性

裁判文书的制作和公开作为一种传播行为,根据定位理论,其应以受众为中心,以满足受众对信息的需求为传播定位点。因此,诗性判决无论辞藻多么华丽,论证多么精彩,其最终的依归必然是社会大众对其的接受度。而社会大众因传播需求、文化层次等的差异,必然导致了其对诗性判决接受度的差异。因此在司法实践中,诗性判决的适用不能固化,应区分受众,区别适用。受众的传播需求决定了诗性判决的适用范围,对于将司法审判完全作为纠纷解决的终局性机制,没有情感传播的当事人,其对情感反馈没有传播需求,对该纠纷的裁判文书制作则可以秉持以事实为依据,以法律为准绳的原则,减少诗性判决的适用,以免产生画蛇添足之感。此外,受众的文化层次亦决定了诗性判决的表达深度。对不同文化程度的受众,修辞作为一种说服技术,应以说服目的作为最终的导向。如采用辛弃疾诗词的诗性判决,如果当事人系文化程度较低的个人,其无法对该诗性判决进行有效的解码,容易提高对该判决的不接受度。

四、外部优化:清除诗性判决适用的阻隔因素

诗性判决作为裁判文书的一种,其不可能独善其身或自成体系,其必然是处于整个司法环境之下,裁判文书的制作者即法官亦处在法院机构人事管理之下,因此诗性判决的适用受制于整个司法大背景。对其中的相关阻隔因素笔者

认为有必要予以廓清,从而清除障碍,真正将诗性判决的作用予以发挥。

(一)促进司法认知和谐,建立文书正向引导

裁判文书的制作虽系某个裁判者的具体活动,但裁判文书具备司法审查效力,代表的是整个法院,甚至是整个司法机关。如社会大众对司法活动本身认知存有误解,对诗性判决亦很难正确解码。按照纽科姆提出的"A－B－X"模型,①我们在裁判文书、司法机关和社会大众可以建立一个对称关系,如图5所示。

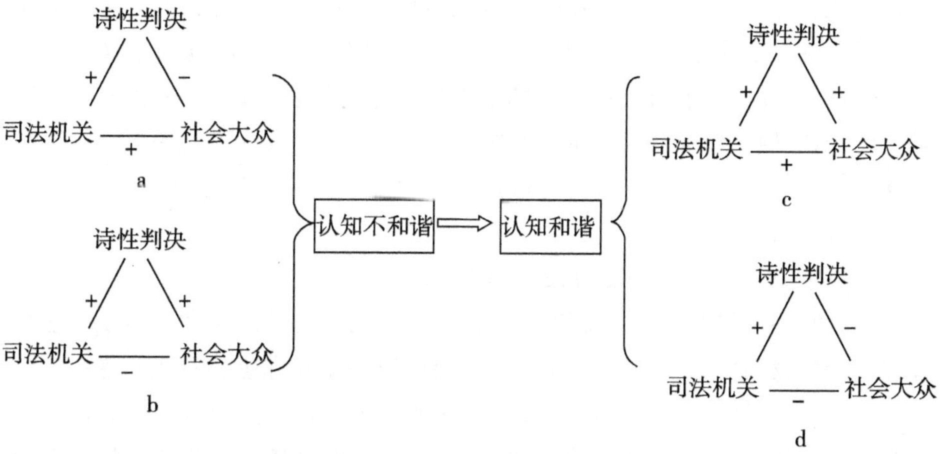

图5　"A－B－X"模型

图5a和图5b都是两种认知不和谐的模式,在图5a中,司法机关和社会大众关系交好,但司法机关喜好诗性判决,社会大众不喜好诗性判决,致使对称关系失去平衡,同样在图5b中,司法机关和社会大众关系交恶,但双方对诗性判决的意见却一致,那么必然导致他们的关系失去平衡。由于促使实现平衡、对称的内在张力影响,社会大众和司法机关必须改变对待彼此的态度,或者改变对诗性判决的态度,以此达到认知和谐,图5d是司法机关和社会大众交恶,一方喜好诗性判决,另一方厌恶诗性判决。这种认知和谐虽然达到了理论上的模型和谐,但显然不符合司法审判的价值追求。图5c的和谐才是我们应当追求的认知和谐模型,即司法机关和社会大众互相交好,双方均喜好诗性判决。要促成这样的认知和谐,关键在于须保持社会大众与司法机关的交好态度。司法机关应树立正确的公权力形象,不断促进社会大众对司法机关的认同感,强化

① [美]威尔伯·施拉姆、威廉·波特:《传播学概论》(第2版),何道宽译,中国人民大学出版社2010年版,第202页。

社会大众对司法机关的认知和谐,从而净化诗性判决的认知环境。

(二)转变审判价值预设,搭建协商契约模式

诗性判决存在的必要性在于判决说理论证运用积极性修辞,通过表达法官的主观情感,引起情感共鸣和交互,从而达到说服的目的。从以上分析不难发现,诗性判决本身体现了一种社会契约的审判价值预设,即审判不是一种压制性的价值选择,而是一种接受性的价值选择,社会大众对审判活动的接受度成为重要的考量因素。而这种审判价值选择需要构建起一个自治—协商性强契约模式①,在这种契约模式中代表社会的公民和代表国家的司法机关通过交涉和传播完成合作共赢。这种协商契约模式在司法审判中的建立与最高人民法院所倡导的"让人民群众在每一个司法案件中感受到公平正义"的目的系不谋而合的,而这种审判价值预设的转变亦使得诗性判决存在留有空间。因此,在司法秩序建立、审判价值预设等方面应加强协商契约模式的建立,以文书说理强化说服目的为抓手。

(三)推动法官创作热情,构建说理激励机制

裁判文书写作是一个主观能动性很强的工作,优秀的裁判文书展现了法官严密的逻辑,亦凝结了法官深厚的功底。诗性判决本身如上文所述应在把握合正当性、合融贯性、合必要性以及合接受性的原则,对情理进行细腻的分析,从而使得判决具有说服力,为公众所接受。因此,法官对诗性判决的创作热情应当通过制度性引导予以激发,对采用积极性修辞展现说理论证水平取得较好效果的法官应当予以奖励,有利于促进裁判文书说理的良性循环。自20世纪90年代起,最高人民法院开展优秀裁判文书的评选活动,并定期编撰《人民法院案例选》《审判案例要览》等书籍,有利促进了法官裁判文书说理的创作热情。但目前的激励机制仍不够,仍需在法官考核和晋升中将裁判文书说理能力作为重要标准之一。建议在选拔员额法官及职务晋升过程中,增强文书说理能力的考察,量化考核标准,明确裁判文书说理论证的激励导向,造就法官重视文书说理能力提升、愿意破图"零度修辞"的主观心态,最大限度地激发法官文书写作的创造力与积极性。

结　语

中国的法治建设固然需要理性智慧和逻辑思维的发展和引导,而对修辞智慧和情感思维的关注,则体现了一个国家法治建设的黏性与柔软度。笔者以

① 谢晖:《论法律价值与制度修辞》,载《河南大学学报》(社会科学版)2017年第1期。

为,诗性判决无法取代我国惯有的裁判文书“谦抑性表达”原则,但是让诗性判决在合适的案件中以合适的修辞方式表达展现,则应是司法改革中裁判文书说理改革圆润丰满的一笔。

心得体会

从“诗性判决”说开去

蒋　慧　刘雅播

在日常审判工作中,我接触到的大量案件都是离婚纠纷、继承纠纷等婚姻家庭类纠纷。这些案件的判决有些寥寥数语,用词精练,而有些则采用一种积极的修辞手法作为论理,表露出了法官的个人情感。突破了法律文书惯有的“谦抑性表达”的这类“诗性判决”,其存在的理论基础是何?其正当性缘何?其社会可接受性又如何?这大概就是我本篇学术论文写作的思考基础了。

抛开学术论文不谈,单就“诗性判决”本身而言,可能很多法官和法官助理都或多或少有过这样的困扰,那就是判决写作时的语言把握。有时想要通过更积极地组织语言把问题说清楚,把论理更完善。而在论述已经扎实了之后,对于案件所体现出来的一些“非法律”的问题,如纠纷双方之间不必要的误解,婚姻双方忽视的一些品德等,也希望通过这一纸判决去消解和传达。而有时还未下笔,诸多其他因素的考量和顾虑往往又会使我们将上述这些文字默默咽进肚子里。

我想,要解决这个困扰,根本上还是要解决两个前提问题,那就是判决书的本质是什么?以及我们写判决的初衷和依归又是什么?我个人认为,从上层建筑本身的角度,抛开司法与政治的诸多牵连不论,司法审判的目的无疑就是定分止争,如果世界上再也没有纷争与异见,那也就无须司法审判了,当然社会也就停止进步了。而判决书的本质就是为了服务司法审判定纷止争功能的一种书面载体。因此,我们写判决的初衷和依归就是为了更好达到定分止争的功能。因此,判决书绝非阐述判决结果和原因这么简单,当然也绝非法官吐露个人情感,表达主观立场的“日记本”。衡量积极性修辞适用是否妥当的标准则在于是否合正当性、合融贯性、合必要性以及合接受性。

回到这篇论文,我觉得写作论文对我最大的收获远不是成文本身,而是对平时审判工作思考的一种升华与提炼,一种思考探索本身带来的愉悦与通透。我想,如果从这个角度来讲,好像学术论文也就不那么“面目可憎”了,写作的过程也就不会“衣带渐宽”了。

论在我国刑事诉讼中建立内心确信原则

吕　晶*

【论文提要】

本论文是对内心确信原则在我国刑事诉讼中的必要性、正当性和可行性所做的理论探讨。文章主要介绍了内心确信的概念及其历史渊源;我国刑事诉讼中建立内心确信原则的必要性;内心确信原则在司法实践中的几种表现;对内心确信原则的制约与限制。

通过分析和论证,笔者得出这样的结论:在我国现有的刑事诉讼体制下,应该确立内心确信原则,这对于完善我国的司法独立制度和司法公正是大有裨益的,也是契合我国目前司法改革内在逻辑要求和实质的。

当然,由于历史及认识分歧等原因,在我国刑事诉讼制度中真正确立内心确信原则,还将经历一个漫长而曲折的过程,这不仅需要法学家提出建设性的意见,更付诸法律实践者长时间的努力。

【主要创新观点】

内心确信原则作为一项证据审查判断标准和证据制度,起源较早,并且已被当代大陆法系国家确认为证据裁判的一般原则。但对该原则和制度的利弊、优劣和是否应在我国刑事诉讼中予以确立的争论,始终存在分歧的声音。本文从内心确信原则的含义及历史发展着手,引出论题,明确提出笔者的观点,即应在我国刑事诉讼中建立内心确信原则。文章的主要创新在于,并未对于内心确信原则的发展、渊源及国内外比较研究进行理论上的堆砌和重复,而是紧密结合审判实践中的典型、疑难案例,从笔者长期从事刑事审判实务工作的经验出发,以我国当前的司法改革的内在要求为基石,总结刑事案件审理中存在的相关问题、难题,并以此作为论据,对于在我国刑事诉讼中建立内心确信原则的必

---

* 吕晶,北京市第一中级人民法院刑二庭法官,曾获全国法院系统第二十七届学术讨论会二等奖。

要性、正当性进行论证,从而提出解决对策,达到理论与实践相结合、用理论破解审判实务难题、指导审判实践的终极目标。

内心确信又称为“自由心证”,是西方资本主义国家从 18 世纪就建立起来并一直沿用至今的一项诉讼证据制度。但是,这项制度在我国始终未能得到确立和承认,而且理论界也一直将其作为批判的对象,内心确信原则几乎成了唯心主义和主观臆断的代名词。但是,笔者在多年从事刑事审判工作的过程中,对此却一直持有不同观点。我们认为在当前的刑事审判工作中,法官审查判断证据不仅存在而且也需要一定程度的内心确信,从而有效地解决实践中出现的具体问题,维护法律的公平与正义。因此,笔者将试从以下几个方面,对我国建立并完善内心确信原则的必要性及现实性作一些肤浅的探讨。

一、内心确信原则的概念及其历史渊源

内心确信原则是最早源于欧洲大陆法系国家的一项重要的证据制度,日本法学家又将其翻译为充满佛法色彩的词汇:“自由心证”[①]。从学理上解释,内心确信就是指证据的取舍和证明力的大小,以及案件事实的认定,均由法官根据自己的良心、理性自由判断,从而形成确信的一种证据制度。[②]

但是,笔者认为“自由心证”这种译法是欠妥的,因为一旦把“心证”与“自由”联系起来,就难免带有浓厚的唯心主义色彩,容易给人以随意妄断的误解,因此,还是将这种证据制度简单地称为内心确信更为贴切。其内容主要是指法官对于各种证据的证明力,可以根据自己所形成的内心确信进行自由判断,而不必遵循固定的证据规则。

内心确信原则最初是作为封建法定证据制度的对立面而出现的。为了反对封建君主专制,促进资本主义的发展,1790 年法国议员杜波尔向宪法会议提交了一项革新草案,第一次提出了废除法定证据制度,代之以建立内心确信证据制度。经过激烈的辩论,法国宪法会议于 1791 年 1 月 18 日终于通过了杜波尔的草案,正式宣布“法官有把自己的内心确信作为判决的唯一根据的义务”[③],这一原则在 1808 年又被写入《法兰西刑事诉讼法典》,并被现行的《法国刑事诉讼法典》所继承和完善。该法第 353 条规定:“法律并不考虑法官通过何种途径达成内心确信;法律并不要求他们必须追求充分和足够的证据;法律只

① 何家弘:《证据学论丛》(第 1 卷),中国检察出版社 2000 年版,第 121 页。

② 陈一云:《证据学》,中国人民大学出版社 1991 年版,第 29 页。

③ 陈一云:《证据学》,中国人民大学出版社 1991 年版,第 31 页。

要求他们心平气和、精神集中，凭自己的诚实和良心，依靠自己的理智，根据有罪证据和辩护理由，形成印象，作出判断。法律只向他们提出一个问题，你是否已形成内心确信？这是他们的全部职责所在。"①这一规定被许多法学家们称为"自由心证"的古典公式。

继法国之后，欧洲各国纷纷通过立法，将这一原则确定下来。如现行《德国刑事诉讼法》第二百六十一条规定："对证据调查的结果，由法庭根据它在审理的全过程中建立起来的内心确信而决定。"②这一表述比法国刑事诉讼法规定得更精练、更准确。内心确信原则不仅在欧洲大陆法系国家广泛适用，而且在英美法系国家也是法官审查判断证据所要普遍遵循的准则。尽管英美法系存在一些形式主义的证据规则，但这些规则只涉及对证据可采性的规定，而对证据证明力的判断，还是要由法官在"排除合理怀疑"之后自由裁量。内心确信原则对亚洲也产生了深刻的影响，日本从明治维新时期就确立了自由心证原则，现行《日本刑事诉讼法》第三百一十八条规定："证据的证明力，由法官自由判断。"③这也是至今对自由心证所作出的最简明、最精练的定义。

同时，内心确信原则并非完全是资产阶级国家的专利。以社会主义法律意识为指导的苏联刑事诉讼法，也同样确立了内心确信制度。1922 年《苏俄刑事诉讼法典》就明确规定："法院不受任何形式证据的拘束，对于案内一切证据所做的判断，一律由审判员根据建立在综合考虑案件一切情况的基础上形成的内心确信来进行。"④

以上对内心确信原则历史发展的回顾，就是要说明这一证据制度经过世界各国长期的司法实践，已经得到全面的确立与完善，并且至今仍发挥着重要的作用，这是一个我们不得不承认的现实。认识到这一点，将对我们正确认识和评价内心确信原则具有重要的意义。

二、我国刑事诉讼中建立内心确信原则的必要性

多年以来，无论是学术界还是实践部门，对内心确信原则在认识上似乎一直存在误区，因而不愿意加以深入的探讨。然而，笔者认为，在当前的司法实践中，承认并确立内心确信原则的重要地位是非常必要的，原因主要有以下几点：

---

① 《法国刑事诉讼法典》，余叔通、谢朝华译，中国政法大学出版社 1997 年版，第 132 页。

② 《德国刑事诉讼法典》，李昌珂译，中国政法大学出版社 1995 年版，第 106 页。

③ 《日本刑事诉讼法》，宋英辉译，中国政法大学出版社 2000 年版，第 73 页。

④ 陈一云：《证据学》，中国人民大学出版社 1991 年版，第 48 页。

(一)对证据的审查与判断是法官的一种主观意志活动

内心确信主要是针对审查判断证据而言。众所周知,证据是一切诉讼活动的核心,是确认案件客观事实的基础。但是,我们应当看到,证据不可能完全重现已经过去的事实,它所能确认的常常只是全部事实之中的几个片段,需要法官通过一系列思维和判断活动将它们联系起来,形成一个有机的整体,从而达到最大限度地重现客观事实的目的。建立内心确信首先是因为证据思维的性质本身具有主观性。历史事实不可逆的性质使证据思维必然是一种回溯思维,并以经验上合理的可接受性作为事实判断的标准。① 这个过程实际上是一个认识的过程,也就是形成内心确信的过程。无论案件如何复杂多变,这个过程都是客观存在的,是不以人的意志为转移的,承认这一点就是对客观事实的尊重。那种以存在决定意识为由,否认法官在判断证据时所必然经历的主观认识过程的观点,无异于像法定证据制度一样,将法官再次变成证据的奴隶,这既违背客观事实,也违背历史发展的潮流。况且,"以一种外在的、客观的证明要求来对法官的事实裁判活动进行审查,也不具有最起码的可操作性,容易造成不同法官认识上的混乱"。②

(二)有利于确立法官的权威及贯彻"审判中心"原则

承认法官对证据的内心确信,就等于承认法官对他所承办案件的绝对权威,这符合当前我国刑事诉讼法关于强化合议庭职能的改革趋势。在过去纠问式的诉讼体制下,合议庭实际上只是完成庭审程序的一个组织而已,它所提出的定罪量刑意见,可以轻易地被庭长、院长所更改。而庭长、院长并没有参加庭审,他们对证据所建立的内心确信完全是凭承办人的描述或案卷材料的记载,因而才出现我们国家所特有的审而不判、判而不审的现象,使审判效率与公正性大受影响。实行控辩式审判方式改革后,合议庭的职能虽然得到了强化,但由于法官(包括人民陪审员)在运用证据认定案件事实方面没有自由裁量权,因此其所形成的判决仍然要受到院庭长、审委会以及上级法院的左右,使其难以发挥真正的作用。如果我们能够建立并完善内心确信制度,就会在赋予法官独立行使审判权的同时,极大地提高庭审在整个诉讼活动中的地位,形成一切以庭审为中心,一切以合议庭为中心的原则,从而确保刑事诉讼的公正与效率。

"审判中心"原则作为刑事司法改革的重要内容,在司法实践中体现为直接

① 龙宗智:《刑事印证证明新探》,载《法学研究》2017 年第 2 期。

② 陈瑞华:《刑事证明标准中主客观要素的关系》,载《中国法学》2014 年第 3 期。

言词原则的落实。要想真正构建起以审判为中心的诉讼制度，就必须彻底抛弃"案卷笔录中心主义"的做法，保障事实与理由只能在法庭上形成。[①] 书面审理在证明上对应着印证证明，言词审理在证明上对应着内心确信。内心确信强调的是经过法庭上充分的举证质证和交叉询问，法官凭借对证据的直接感知来加以判断，而印证关注的是证据锁链的客观性和可检验性，自然要依赖反复的书面审理。由此可见，内心确信是直接言词原则和审判中心主义的必然要求。

(三)有利于解决实践中存在的疑难问题

凡是从事过刑事审判实践的人都知道，每个案件的事实和证据千差万别，而且也并非每个案件都证据完整而充分。特别是在那些疑难案件中，合议庭常常对证据的证明标准、方法及效力产生不同认识。由于没有确立对证据的内心确信原则，因此这种分歧与疑义一旦产生，就会使合议庭陷入进退两难的境地，从而难以准确认定案件事实，这是当前造成案件久拖不决的一个主要原因。例如，笔者所承办的一起盗窃案，现场只提取了被告人张某的一枚指纹，而公安机关在调取这一关键证据时，又没有严格履行法律规定的程序，因而合议庭对如何定案产生了分歧。经过反复的研究、讨论，合议庭成员最终打消了顾虑，并达成了这样的共识，即在排除警方有意陷害被告人的前提下，被告人无法对其指纹出现在被盗现场这一事实作出合理的解释。尽管警方在调取和固定该证据的过程中有不当之处，但法官仍有理由确信该指纹能够成为证明其实施了盗窃行为的依据。这就是排除或然性的一种内心确信，如果不依据这种内心确信，这个案件就只能在各种或然性的迷宫中无谓地徘徊。

(四)有利于推进控辩式审判方式改革

在纠问式审判方式中，法官担负着追究、揭露犯罪的职能，控诉证据在开庭前由法官掌握，在庭审中由法官出示，因此，在这种毫无公平与对抗可言的情况下，法官根本不需要对自己出示的证据进行内心确信。但是，在控辩式审判方式下，情况就有了根本的不同。庭审主要是控辩双方对抗的舞台，法官只是处于居中裁判的地位，他的主要任务就是对控辩双方提交的证据进行审查与判断，从而正确地认定案件事实，这个时候就离不开内心确信。建立并完善内心确信原则，在赋予法官对定案的权威的同时，又能够激励控辩双方尽心竭力地收集、充实己方证据，求得法官对自己所主张事实的确信，从而由此赢得诉讼。

既然内心确信原则在实践中具有十分积极的意义，那么为什么在理论界始

---

① 蔡元培：《论印证与心证之融合——印证模式的漏洞及其弥补》，载《法律科学》(西北政法大学学报)2016年第3期。

终难以得到承认,在实际工作中又难以得到有效的运用呢,笔者认为这里面主要存在两个方面的问题。

首先是诉讼理念上的差异。无论是内心确信还是自由心证,都不过是审查判断证据证明力的一种规则,如果将这一诉讼规则上升到意识形态以及阶级属性的高度来探讨,就难免会走进一种误区。翻开各个大专院校的法律专业教材,我们就会发现,内心确信或自由心证已经成为资产阶级和唯心主义的特有产物,这就使我们很难以冷静、客观的角度来判断内心确信所具有的价值和意义。实际上,内心确信原则的存在是人类认识活动的结果,正如专家所言:“自由心证原则是客观规律的必然要求,不论你承认与否,你都无法改变它。因此,根本不存在是否承认自由心证原则的问题,问题仅仅在于如何贯彻它。”①

其次是法律认识上的差异。我们总认为刑事诉讼法至今没有从书面上确立内心确信原则,因此在实践中适用这一原则便缺乏法律依据。其实,通过考察自由心证的历史发展情况,我们已经可以看出,内心确信是作为封建法定证据制度的对立面而出现的,而法定证据制度最主要的特点,就是预先规定各种证据的证明力和判断证据的规则,并且要求法官严格按照这些规则来确认案件事实。但是,翻开我们国家的刑事诉讼法,就会发现其中从没有设立任何具体运用证据的标准和规则,其所确立的仅仅是诸如“证据必须经过查证属实,才能作为定案的依据”等抽象的原则,以及与证据证明力无关的一些内容。既然没有标准,就说明判断证据是灵活的,是不被法律所禁止的,否则我们的案件就没有一件能够审理终结。

由此可见,由于历史的原因以及各种外在因素的影响,在我国要建立并完善内心确信制度,必将经历一个漫长而曲折的过程。

三、内心确信原则在司法实践中的几种表现

尽管在理论界以及司法实践中,都不承认内心确信原则,但笔者在多年的审判实践中深刻感受到,无论在过去还是现在,我们的法官在审判活动中经常会运用内心确信原则来断案,并积累了一些宝贵的经验,为维护司法公正,保障社会稳定发挥了重要的作用。其具体表现在以下几个方面:

(一)对同案犯供述的内心确信

同案犯供述能否互为证据的问题,在理论界和实践部门中一直都存在较大争议。仅有被告人口供,没有其他证据,不能认定被告人有罪,这是现代意义的

① 汪建成、孙远:《自由心证新论》,载何家弘主编:《证据学论丛》(第1卷)。

刑事诉讼法所普遍确立的一项原则。但是在实践中,却常常出现没有其他证据,但却有多个同案犯供述能够相互印证某种犯罪事实存在的案件。如公安机关从被告人甲、乙、丙的临时住处搜查出一部高级照相机,经过审查,三被告人均供认系前日在某地抢劫所得。但侦查人员到案发当地派出所调查,却未发现有事主报案。在这种情况下,检察院仍以抢劫罪对三被告人提起公诉,其主要依据就是三名被告人的多次供述能够相互印证,从而证实抢劫事实的存在。这时候,甲、乙、丙三人已经不是相互孤立的被告,而是一种互为证人的关系。类似这样的案件,在司法实践中可谓屡见不鲜。对于英美法系国家来说,被告人不能成为起诉方的证人是一项证据规则,其实际意义就是指:任何共同被告人,均不能为起诉一方提供不利于另一被告人的证据。[①] 但是,在我们国家的刑事诉讼法中,并没有这种限制性规则,因此审判人员只要认为同案犯供述稳定、可靠,且取得该供述的来源合法,就可以作为形成内心确信的依据。

(二)对孤证的内心确信

所谓孤证,就是我们常说的"一对一"证据,这也是实践中令司法机关十分头痛的问题。孤证常常出现在排斥第三方在场的案件中,如强奸、受贿、贩毒等,但其他案件也会出现类似问题。从一般证据规则上来说,仅凭孤证是不能定案的。但如果实践中真的这么掌握,那么无异于鼓励和纵容被告人抗拒审查。因此,在出现孤证的情况下,法官常常是综合考虑案件的实际情况,依据自己所形成的内心确信,对证据的证明力作出理性的判断。例如,笔者在审理毒品犯罪案件中,就经常遇到犯罪嫌疑人与警察形成一对一的情况。举一个实例说明,被告人张某于2000年7月的一天,在海淀区魏公村附近伺机向过往行人贩毒时,适遇警察抓捕。张某在与其他多名犯罪嫌疑人一起逃跑的过程中,将一小包毒品海洛因扔到街边的房顶上,被追赶其的民警赵某发现。赵某将被告人张某抓获后,又从房顶上起获了用塑料袋包裹的海洛因,但张某却始终拒不承认。在这个案件中,民警与张某形成了一对一。合议庭经评议,认为民警赵某的证言是可信的。这并不是因为有其他新的证据能够印证其证言的真实性,而是因为考虑到民警赵某与被告人素不相识;案发当日被抓获的贩毒嫌疑人也不止张某一人,在排除有意栽赃陷害的可能之后,警察特权身份与职责足以令合议庭确信其证言的真实。相反,在一些受贿案件中,由于行贿人与受贿人之间往往存在利害关系,在没有补强证据的情况下,合议庭就不能轻易地依据单方陈述来形成被告人有罪的内心确信。

① 陈一云:《证据学》,中国人民大学出版社1991年版,第41页。

(三)对间接证据的内心确信

司法实践中,由于缺乏直接证据而依据间接证据定案的情况并不少见。笔者认为,依据间接证据定案的过程,实际上就是一个形成内心确信的过程。有这样一个非常典型的案例:被害人刘某与被告人陈某的妻子有不正当两性关系,被陈某发现,双方遂产生矛盾。一日,刘某在自家楼道中被一不明身份的男子持刀扎成重伤。后经公安机关侦查,发现凶手系受李某的雇佣。李某归案后,又交代其是受好友陈某之托,雇人教训被害人刘某,为陈某出气,但是陈某对此却坚决予以否认。为了支持指控,公诉机关向法庭提交了一系列间接证据,用以佐证李某口供的真实性。比如,被告人陈某与李某系多年好友;李某及凶手与被害人素不相识,却了解其住址和电话号码;陈某与被害人原系同学,手中掌握有通讯录;从电信部门调取的通话记录,证实陈某在案发前后曾频繁与李某联系;案发之后,李某逃往外地,陈某曾赶去与其会面,并给付李某1万元人民币;陈某的妻子及被害人均承认双方有不正当两性关系等。所有这些间接证据,如果彼此独立地去分析,确实不足以让法官形成陈某有罪的内心确信。但是,一旦将它们联系起来,就会发现被告人李某对陈某指使其作案的供述,从不同侧面间接地得到了证据支持。当法庭用合乎逻辑与理性的思维,对全案事实及证据加以判断时,就会产生这样的内心确信,即李某的供述是合乎情理的,它比陈某的无罪辩解更接近于客观真实。作出这种判断,就是国家赋予法官所特有的权利,也是内心确信原则的具体运用。

(四)对非法取得证据的内心确信

在大多数实行内心确信原则的国家,都限制或禁止非法取得证据进入诉讼,并成为法官形成内心确信的依据。如意大利刑事诉讼法规定,法官不能依靠非法取得的证据或其他违法证据(如通过测谎器或麻醉分析方法获得的证据)形成内心确信。[①] 但是,这一规定不能绝对化。在我国的司法实践中,确实存在证据确凿,能够充分证明犯罪事实存在,但其形式或来源有不尽合法之处的情况。如犯意引诱、未调取书证原件等,从公正执法的角度出发,对违法取得证据能否作为形成内心确信的依据,我们一贯采用具体问题具体分析的灵活处置办法。例如,物证与书证的客观性及稳定性较强,只要法官查明其内容是真实的,且与案件事实存在客观、必然的联系,即使调取或者固定该证据的形式不合法,也不能加以排除;而对于用刑讯逼供等严重违法方式取得的证据,即便内容再真实,也不能作为定案的依据。因此,综合全案客观事实而决定违法证据

① 汪建成、孙远:《自由心证新论》,载何家弘主编:《证据学论丛》(第1卷)。

的取舍，也是法官运用内心确信原则定案的一个方面。

四、对内心确信原则的制约与限制

由于内心确信是法官的一种抽象的主观意志活动，其界限与尺度不可能有固定的标准，确实难以把握。因此，为了保证法官对证据进行内心确信的公正性与合理性，就有必要对内心确信作出一定的限制，防止该原则被滥用。

（一）内心确信必须建立在对全案证据的综合判断基础之上

首先应当明确，内心确信不是脱离证据的盲目推理。一提起内心确信，似乎总让人与脱离客观实际的推理联系起来。实际上，从各国刑事诉讼法对内心确信所作的规定来看，内心确信从来就不是随心所欲的。属于大陆法系的《德国刑事诉讼法》第二百六十一条规定："对证据调查的结果，由法庭根据它在审理的全过程中建立起来的内心确信而决定。"这里所指的确信，显然不是毫无依据的臆断，而是必须依据明智推理，建立在对证据结果之完全、充分、无相互矛盾地使用之上的合理确认。[①] 作为英美法系代表的美国刑事诉讼法，则是从另一个角度规定，检察官的证据必须能够证明到"超越合理怀疑"的程度，就是使听审的陪审员在经过谨慎的判断之后，仍然在内心确信被告人就是罪犯，才能够认定被告人有罪。[②] 由此可见，无论是英美法系还是大陆法系国家，都没有把内心确信与证据相分离而使其绝对化。在我国的刑事诉讼中，也一直贯彻以事实为根据，以法律为准绳；重证据，重调查研究的原则。这实际上就是在确认，对证据全面、客观地分析与判断是法官形成内心确信的决定性因素。

（二）内心确信必须服从于"无罪推定"原则

"无罪推定"与"内心确信"一样，都是建立在客观事实基础之上的主观活动，英美法系国家称之为"排除合理怀疑"。在存在无罪推定的情况下，只要没有反证，无论法官内心如何确信，都必须认定推定的事实；"无罪推定"最重要的作用就是将证明被告人犯罪的责任交给控方。法官在运用内心确信原则定案时，不能因为控方证据证明力不足，而要求被告人提出相应的反证。这种错误认识在实践中也经常能够遇到。如我们在判决书中常常这样写道："被告人虽然对控方某某指控或证据提出异议，但不能举出相应的证据佐证其观点，故法庭不予采信"。因此，基于这种转嫁举证责任的错误认识，法庭就对控方本来缺乏证明力的证据建立了内心确信，这显然是不公正的。我国修订后的《刑事诉

---

① 德国奥格斯堡大学教授赫尔曼："《德国刑事诉讼法典》中译本引言"一文。

② 李义冠：《美国刑事审判制度》，法律出版社 1999 年版，第 15 页。

讼法》第十二条明确规定,“未经人民法院依法判决,对任何人都不得确定有罪”,这个规定实际上就是吸收了西方国家无罪推定原则的精神。除了巨额财产不明来源等个别罪之外,[①]被告人不负有证明自己无罪的责任。对法官来说,当控方证据的证明能力软弱到要根据被告人是否提供反证才能确定的情况下,即使其内心确信控方证据的真实性,他也不能依据这种确信定案。

(三)限制自白证据的证明力

在前面笔者曾经提到,同案犯供述在一定条件下,可以成为法官建立内心确信的依据。但是,这一原则不能同时及于被告人的口供,或者称自白。日本刑事诉讼法对此作出了较为完备的规定,值得我们借鉴。该法第三百一十九条第二款规定:“无论是否被告人在公审庭上的自白,当该自白是对其本人不利的唯一证据时,不得认定被告人有罪。”[②]也就是说,仅有被告人口供时,法官就不得自由判断,除非有补强证据,否则即便法官依据口供确信被告人有罪,也不能据此作出有罪判决。这个规定实际上与我国《刑事诉讼法》第五十三条的精神是一致的。在实践中,我们常常见到法官依据供证吻合部分来定案,就是体现了这种保护被告人合法权益的谨慎态度。例如,在盗窃犯罪案件中,被告人的供述与失主的陈述往往相去甚远。有时,被告人承认的盗窃数额会大于失主报失,在这种情况下,即使被告人的供述是出于其真诚悔罪的意思表示,且有可能更符合客观事实,法庭也不会认定超出的部分,这实际上就意味着法官在任何情况下,都不能形成这种使被告人成为证明自己有罪唯一证据的内心确信。

(四)法官应始终保持居中裁判的地位

为了使法官能够冷静、全面地对事实和证据形成理性的、正确的内心确信,就应当保证法庭调查证据是以当事人的活动为主,并为当事人提供争辩证据证明力的机会,而法官则必须始终处于居中裁判的位置。因此,内心确信原则只有在控辩式审判方式下才能够得到充分的运用,就是说法官不应参与调取任何证明被告人有罪或者无罪的证据,即便是对有关证据的补强也不行。尽管我国修订后的刑事诉讼法规定法庭具有调查、核实证据的权利,但笔者认为对这项权利应当进行适当的限制。因为在实践中,这项权利已有被法庭无意间扩大化了的趋势。有时,控方和辩方出于某种考虑,常常向法庭提供一些有缺陷的证据,并依赖于法院进行庭外调查与核实。如有的公诉人向法庭提交的证人证言内容模棱两可,不知所云;有的证人不愿意向律师提供证言,却愿意接受法院的

---

① 设立该罪名的政治意义远远大于其法律意义,因此其对于内心确信原则的适用不具有典型性。

② 《日本刑事诉讼法》,宋英辉译,中国政法大学出版社2000年版,第73页。

询问。出于结案的考虑,法院也经常主动参与进来,以致法院对证人所作的询问笔录,不知是该属于控方证据还是辩方证据,不知在庭审中该以何种方式出示,从而处于一种非常尴尬的境地。但是,更重要的损失还在于,这种主动参与会影响法官在对案件事实和证据形成内心确信时的客观公正性,并有可能引导审判人员作出错误的判断。

(五)法官形成内心确信的过程必须公开

由于内心确信是法官的一种抽象思维活动,因此其形成确信的过程是否合理、公正,外人确实难以了解。所以有人认为,内心确信不能得到有效的监督,就为法官主观擅断大开方便之门。其实,落实这种监督的办法很简单,那就是通过裁判文书将法官形成内心确信的过程公开化,并形成一种制度。这种制约机制已为世界许多国家所采用,如法国刑事诉讼法规定,法官必须对其决定作出解释,法官仅仅列出所依赖的证据清单而不解释每一份证据的分量是不够的。[①] 可见,这种公开判决理由的机制不是为了让旁人评论法官依内心确信所认定的事实是否正确,而是要说明法官在形成某种内心确信的过程中,完全遵守了法律规定的正当程序,因而其结论必然是公正的。当前,我们也正在进行裁判文书改革,其核心内容正是强调判决书要注重说理,尤其是对控、辩双方所提交的证据是否采信,必须阐明理由。这个过程,实际上就是阐明法官内心确信的过程,这无疑是对内心确信原则进行监督与制约的一个有效途径。

结 语

对于内心确信原则的争论在我国法学理论界和法律实务界中由来已久。通过本文的论述,能够较为清晰地了解内心确信原则的概念、起源、发展的历史及其适应历史发展潮流的优势所在。可以说,建立内心确信原则,在我国的刑事诉讼体制中是有其必要性的,它的存在和发展既能让法官发挥主观能动性,保持司法的独立,又能促进我国司法体制改革和法制建设。建立内心确信原则的关键是如何把握好"自由"的尺度——如何保障法官裁判权力的正当行使,也即对内心确信原则进行必要的制约和限制。诚然,如何在立法上建立一套适合我国的内心确信原则,也许将是法律实务工作者仍需长期努力的方向。

① 汪建成、孙远:《自由心证新论》,载何家弘主编:《证据学论丛》(第1卷)。

心得体会

论文获奖心得体会

吕 晶

多年的法律专业学习和案件审理实务工作培养了我边学习、边思考,边工作、边总结的习惯,在努力建立较为成熟的法学思维体系的基础上,将随着社会政治经济发展不断更新的法学理论与审判实践相结合,同时对工作中积累的审判素材进行收集、归纳,进而展开实证研究,使审判与调研二者形成良性循环,相互促进。对于论文写作与调研,我有以下几点心得体会:

首先,要谈"三个不要":不要对调研写作能力妄自菲薄,审判工作的积累潜移默化的提升着我们的能力。审判工作要面临法律、法规、解释的不断更新,我们在不断碾碎旧记忆、替换新标准的实践中积累越来越多,也就有了更多发现问题的机会。不要以写不好作为不愿动笔的理由,工作的积累给予了我们丰富的素材,工作的职责也要求我们必须研究清楚在工作中遇到的每一个问题。不要把调研写作当作任务,调研的成果应当成为审判工作的遵循和努力的方向。可以说调研是强迫思考,是当我们发现实践中的问题时静下心来辨析的过程。一提起调研就说没时间,写了也是当作任务东拼西凑,这就很容易脱离司法实际、缺少对鲜活案例和具体情况的分析。法官的调研应当是有感而发,论文写作、研究和审判工作本就是相互促进的关系。不要忽视外界信息对发现敝帚自珍,交流探讨是打开视野的有效途径。为避免为了调研而调研、先有结论后补数据的情况发生,除了保证讨论的问题产生于实际工作中,了解前沿讯息、相互交流探讨同样重要,相互启发下能够发现不少值得深思的问题,进而形成调研文章。

其次,我个人总结了三个选题原则:一是选题要小。若以万字篇幅撰写"无罪推定原则""论死刑存废"这样的文章,既与我们的身份不相符,也难以说清这些问题。"以小见大"才易于控制和把握,才能言之有物。但同时,不能只见树木不见森林,把个案的审理报告一粘了事,这肯定不行。二是选题要实。写调研就是要实实在在,反映审判工作中遇到的问题。尽可能避免写太过深奥的理论、资料不好找的问题或政治性敏感的话题。如若好高骛远,立场把握不好,不仅起不到引导实践的作用,还可能会引发一些政治性、方向性的问题。三是选题要新。"新"往往意味着要有前瞻性,这需要我们处处留心、勤于思考,对许多问题要熟视“有”睹。

调研是最好的思辨。最后,让我引用美国法学家彼得·德恩里科说过的一句话:“人们渴望在国家法制中发现并创造正义的可能性,这种渴望就是人们研习法律的动力。”正是这种渴望推动着我们思辨不止,在不断提高审判工作质效的道路上共同前行。

越轨与回归:未成年人案件刑事和解制度的探索与构建

——以程序适用失范为出发点

石楚楚　郑丹敏*

【论文提要】

我国目前尚未构建起独立的未成年人案件刑事和解制度,而实践中出于各类原因,在办理未成年人刑事和解案件时,确实需要有别于成年人案件的一些处理方式。对未成年人给予特殊保护,是世界各国公认的司法理念,因此各国都设置了特殊的司法模式和制度。但由于我国现行立法并未对未成年人案件刑事和解做出特别规定,导致实践中存在程序适用不规范、和解形式不统一、自由裁量权缺乏指引等乱象。因此,有必要构建起我国独立的未成年人案件刑事和解程序,以保障未成年犯罪嫌疑人、被告人的权益,让他们在越轨之后得以快速回归社会,当然也兼顾被害人的利益,让受损的各方关系得到平衡性修复。

本文结合笔者的司法实践经验,并以北京市某基层法院近十年审理的所有涉少刑事案件共521件为分析样本,总结出构建未成年人刑事和解制度应当着力解决的问题,草拟了《〈中华人民共和国刑事诉讼法〉相关条文修订的合理化建议》及《关于审理未成年人刑事案件适用和解程序的意见(建议稿)》。对未成年人刑事和解程序的适用范围和条件、主持者、参与主体、和解协议书的内容和形式、赔偿标准、从宽标准做出明确规定,并增设悔罪评估、加害方与被害方的沟通程序,新增社会惩戒措施、刑附民调解与刑事和解的连通程序,最大限度地实现未成年人刑事和解制度应当具备的修复受损的社会关系、促进未成年人越轨后回归社会等功能和作用。

* 石楚楚,北京市第一中级人民法院未成年人案件综合审判庭法官助理;郑丹敏,福建省福州市晋安区人民法院立案庭法官助理。

【主要创新观点】

1. 整理某法院近十年521件涉少刑事案件，并结合审判实践，总结出我国当前在未成年人案件适用刑事和解过程中存在法外和解、调解与和解混同、自由裁量权缺乏指引、量刑影响不统一等典型问题。

2. 比较研究以美国、法国为代表性的域外刑事和解制度，挖掘并吸收最值得我国借鉴的沟通程序、社会惩戒措施等有助于和解制度功能及作用发挥最大化的精华内容。

3. 以未成年人特殊司法理念和刑诉制度改革基本原则为指导，草拟《〈中华人民共和国刑事诉讼法〉相关条文修订的合理化建议》及《关于审理未成年人刑事案件适用和解程序的意见（建议稿）》（见附件），提出扩大未成年人刑事和解的适用范围、限缩程序的主持主体、细化和解具体程序、明确从宽标准幅度，并提出应增设悔罪评估、加害方与被害方的沟通程序、刑附民调解与刑事和解的连通程序及相关社会惩戒措施。

引　言

随着刑事和解的诞生，当下社会对未成年人案件适用刑事和解的期待与日俱增。办理未成年人案件所追求的司法理念，与成年人案件相比具有本质的差异，“教育为主、惩罚为辅”的审理原则赋予了未成年人刑事诉讼特别程序存在的必要性。因此，未成年人案件刑事和解程序也应当进行特别规定，充分考虑未成年人刑事案件的特殊属性。

首先，办理未成年人案件时，应当充分保护未成年犯罪嫌疑人、被告人的隐私，刑事和解参与主体不能过度随意和无限扩张，尤其是对主持者应当有所要求。其次，“教育为主、惩罚为辅”的原则和“教育、感化、挽救”的方针，理应带来对未成年行为人平等的教育和保护，因而，未成年人刑事和解的适用范围应有所拓展。最后，未成年人案件中存在法定代理人、合适成年人等多样角色，参与主体的构成较成年人更为复杂，从而更需要严谨、健全的刑事和解程序。

然而，我国现行刑事和解立法并未对未成年人案件做出差异性规定，无法满足未成年人刑事案件的特殊要求。也正是因为特殊立法的缺失，导致司法实践中出现了诸多乱象。笔者统计了近十年北京市某基层法院的判决数据，涉少刑事案件共有521件，达成和解的45件，约占8.7%；自2013年新刑事诉讼法实施以后，共有123件，达成和解的23件，占比达18.7%。可见近年来涉少案件刑事和解的比例大幅提升。但由于立法不完善、法律适用不统一，造成未成年人案件刑事和解的适用范围与立法背离，和解程序、形式不规范，赔偿标准混乱,自由裁量权行使无措等乱象。因此构建未成年人案件的刑事和解制度具有强烈的实践驱力。

未成年行为人有着身心不成熟,易受教育、感化、改造等特点,再加上家庭、学校及社会对未成年人犯罪均负有不可推卸的责任,社会大众及被害方普遍对未成年人怀有更大的宽容度,对未成年人适用特别程序进行特殊保护符合国际少年司法的发展趋势,构建未成年人案件刑事和解制度具有更典型的个案修复意义、更广泛的社会情感基础及推动我国少年司法制度发展的深远意义。这涉及未成年人越轨后的回归,要充分认识到未成年人刑事审判中特殊程序的必要性和重要性,规范未成年人案件刑事和解制度设计,保障该制度的有力落地,进一步实现对未成年人的特殊保护、全面保护、综合保护。

一、现实考察:我国未成年人案件刑事和解制度适用的现状与问题

(一)规范层面:未成年人案件刑事和解特别立法缺失

相比成年人案件,未成年人案件刑事和解具有特殊属性。少年的特殊保护,意味着成人与孩子在法律意义上是质的区别,用成人司法标准来处置少年法律事务是一种居高临下、以强凌弱的粗暴。[①] 但遗憾的是,现有法规并未对未成年人案件的刑事和解程序作区别性规定。2013 年 1 月 1 日起施行的《中华人民共和国刑事诉讼法》新增特别程序一编,单章规定当事人和解的公诉案件诉讼程序,标志着刑事和解制度正式登上中国大陆的法律舞台,迈出私法自治影响公诉案件的第一步。2017 年 11 月 8 日最高人民检察院颁布《关于建立未成年人检察工作评价机制的意见(试行)》,提及要将包括刑事和解制度在内的"特别程序落实情况"作为"科学设置未成年人检查工作的评价内容"的一个方面。虽然现有立法已明确将刑事和解作为一项特别程序规定,但并未完全体现未成年人案件的特殊属性。未成年人案件刑事和解是一项关涉当事人切身利益以及未成年人特殊保护的特别程序,如果不能在立法上做出高屋建瓴的统一规定,势必会进一步加剧实践的无序,难以应对现实需要。

进一步,未成年人案件刑事和解后如何影响量刑也有待明确。2017 年 4 月 1 日起新修实施的《最高人民法院关于常见犯罪的量刑指导意见》明确规定,对于当事人根据《刑事诉讼法》第二百七十七条达成刑事和解协议的,综合考虑犯罪性质、赔偿数额、赔礼道歉以及真诚悔罪等情况,可以减少基准刑的 50% 以下;犯罪较轻的,可以减少基准刑的 50% 以上或者依法免除处罚。虽然这一规

---

① 皮艺军:《中国少年司法理念与实践的对接》,载《青少年犯罪问题》2010 年第 6 期。

定明确了和解对量刑可以产生的影响，以及综合因素下可减少的量刑幅度，但是具体到个案以什么标准决定从轻处罚、减轻处罚以及免除处罚，则因审判者而异。同时，此量刑指导意见还规定，对于积极赔偿被害人经济损失并取得谅解的，综合考虑犯罪性质、赔偿数额、赔偿能力以及认罪、悔罪程度等情况，可以减少基准刑的40%以下；积极赔偿但没有取得谅解的，可以减少基准刑的30%以下；尽管没有赔偿，但取得谅解的，可以减少基准刑的20%以下。但是对加害人并没有给被害人造成经济损失的调解，是否足以影响量刑以及如何影响则为空白。更糟糕的是不存在附带民事诉讼基础的调解在司法实践中并不少见，必须直面。附民调解及法外调解效力模糊，但其又在内容上与刑事和解趋同，必然会产生问题。首先，对加害人不公平，调解成功作为一项酌定量刑情节，相比刑事和解作为法定量刑情节，理论上，对最后量刑的影响较弱，即使审理者在量刑时不做考虑也无可厚非。其次，如果对加害人适用了等同于刑事和解的效力，但又未严格落实刑事和解的程序要求，则会削弱刑事和解制度的功能。

（二）实践层面：未成年人案件刑事和解司法乱象梳理

为了更客观地认识未成年人案件适用刑事和解所呈现的特点和问题，笔者收集到北京市某基层法院近十年适用刑事和解的未成年人犯罪案件共31件，通过统计，发现以下特点：

第一，刑事和解的案由较为集中，以故意伤害（致人轻伤）、寻衅滋事为主，也包括盗窃、抢劫、非法拘禁等。① 具体罪名分布见图1。

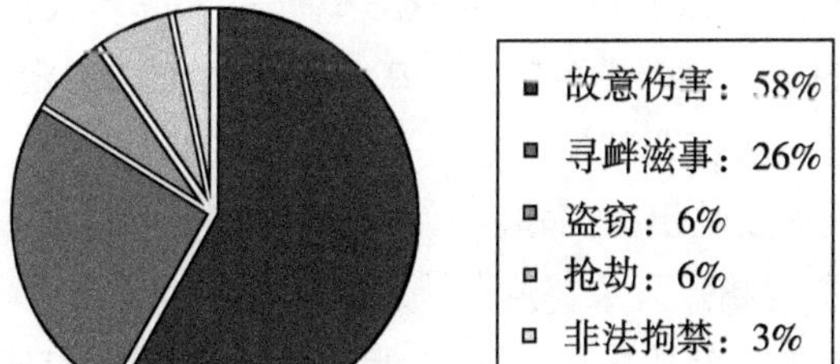

图1　2008年4月至2018年4月北京市某基层法院未成年人案件刑事和解罪名分布

① 由于未成年人案件不公开，笔者只能通过内网检索的方式，选取上传数量较多的北京市某基层法院，收集了十年来，该院有和解内容的未成年人案件共45件，剔除被害人是未成年人及分案处理等情况，被告人为未成年人的案件共31件。

第二,和解方式以自行和解或调解为主,仅有 9 件明确列明是法院主持达成和解。

第三,刑事和解的内容以赔偿经济损失为主,占比高达 97%,仅有 1 件盗窃案件以退赔的方式获得被害人谅解。

第四,从判处结果来看,所有案件均获得了从宽处罚,71% 的案件从轻处罚,19% 的案件减轻处罚,高达 90% 的案件适用了缓刑。

通过统计分析,发现未成年人案件适用刑事和解存在以下问题:

1. “调解”与“和解”的混淆和等同

在所统计的 31 件未成年人刑事和解案件中,有 42% 的案件是以调解协议的方式达成和解,审理者在判决的行文中常常在事实查明或本院认为部分使用“双方达成和解协议”的表述,在 2013 年 1 月 1 日以后作出的判决中,有 10 起案件明确引用了《刑事诉讼法》第 277 条、第 279 条等关于刑事和解的法条,这其中有高达 70% 的案件在判决的证据部分,列明的是调解协议。由此可见,实践中有相当一部分案例是通过形成“调解协议”的方式达成刑事和解。更有 3 篇文书在判决中直接引用了关于刑事和解的法条,但是判决通篇却未出现“和解”二字。可见办理涉少案件时,审理者还并未严格区分“调解”和“和解”,甚至一定程度上进行了混同。

2. 适用范围的实然状态对现行规定的背离

根据刑事诉讼法的规定,刑事和解的适用范围被严格限制为因民间纠纷引起,涉嫌侵犯公民的人身权利、民主权利罪,侵犯财产罪的案件,或渎职犯罪以外的过失犯罪案件。但从统计分析的数据来看,在未成年人犯罪刑事和解案件中占比高达 26% 的案由寻衅滋事却并不属于刑事诉讼法规定的刑事和解范围,呈现出适用范围上司法实践的实然状态与现行规定的背离。而这仅是北京市一个基层法院的数据反映出的问题。

3. 法外“调解”“和解”现象普遍

笔者又统计了北京市某基层法院 74 起被害人以调解或直接谅解的方式对加害人进行谅解的未成年人刑事案件。经对比发现除协议名称不一致,双方达成的关于赔偿损失、谅解,要求对被告人从宽处罚等的协议内容与刑事和解中的内容如出一辙。具体对比情况见表 1。

表1 2008年4月~2018年4月北京市某基层法院未成年人刑事和解与谅解案件对比

	和解(共31件)	谅解(共74件)
经济赔偿比例	97%	91%
被害人谅解比例	100%	100%
适用缓刑比例	90%	65%
从轻处罚比例	71%	77%
减轻处罚比例	19%	23%

在案由分布方面,同样以故意伤害与寻衅滋事为主,但寻衅滋事占比反超故意伤害,新增聚众斗殴、强奸、强制猥亵等案由。具体分布情况见图2。而像寻衅滋事、聚众斗殴、强奸、强制猥亵、强制侮辱妇女等案由,甚至并不属于刑事附带民事诉讼调解的范畴。可见在实践当中有相当一部分案件是以调解和谅解之名行刑事和解之实,法外刑事和解、调解现象普遍。

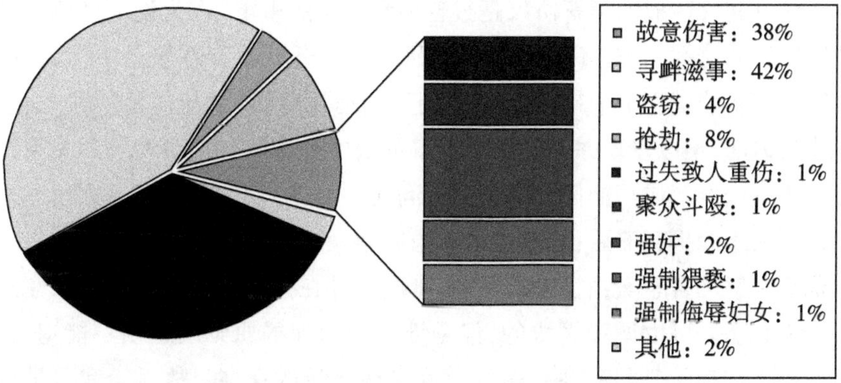

图2 2008年4月~2018年4月北京市某基层法院未成年人刑事谅解案件罪名分布

4. 未成年行为人的意志易遭忽视

未成年人由于不具有独立的经济能力,在和解意愿和赔偿能力方面表现得较为被动,在和解过程中,常常是由其父母作为法定代理人与辩护人一起承担起和解申请启动者及主要参与者的身份。未成年人的父母往往直接决定赔偿数额和方式,最后形成的和解协议也大多采用事后补签或直接送达的方式让未成年行为人知悉,其主观意志和能动性常常遭到忽视。

二、原因分析:剖析未成年人案件刑事和解制度构建的障碍与困境

(一)制度移植初期遭遇本土化障碍

1. 理论研究不深入:刑事和解与相关概念尚未厘清

刑事和解作为一项舶来品,在引进过程中,难免水土不服,遭遇本土化障碍,这是未成年人和成年人刑事案件的共性问题。其一便是理论研究不深入,在概念层面上未将刑事和解与调解等厘清。刑事和解是指在刑事诉讼程序运行过程中,被害人和加害人(被告人或犯罪嫌疑人)以认罪、赔偿、道歉等方式达成谅解以后,国家专门机关不再追究加害人刑事责任或者对其从轻处罚的一种案件处理方式。[①] 调解是指在法院的主持下,通过说服、劝导使双方当事人就民事权利义务或个人间的矛盾、利益冲突达成协议,从而解决纠纷。原则上来说在非自诉案件及无刑附民的情况下,刑事案件中不存在调解之说。而刑事和解针对的是特定公诉案件,双方当事人协商的对象也不限于个体间的利益冲突。但在一些文章中,和解、调解互相替代、混用的做法并不少见,甚至有人用"附带民事诉讼中调解达成的和解协议是很普遍和正常的事情"作为论证刑事和解被超范围适用的论据[②]。这不仅导致理论研究从一开始就存在概念不清的问题,更会阻碍在实践层面上准确认定各个制度的适用范围,致使规范的科学化、细致化步伐迟滞,难以发现并回答附带民事诉讼中的调解与刑事和解的关系以及附带民事诉讼调解成功如何影响量刑等问题。

2. 司法理念更新滞后:契约自由在未成年人刑事案件中的慎用

刑事和解蕴含着契约自由的思想,本质上是在公诉案件中引入个人意志因素。个人私益是可以调和妥协的,但是涉及价值观的原则问题则不能退让,而刑事案件因为涉及公共利益一般不允许私法自治的存在。故对于我国的刑事和解制度,国内学者普遍持保守态度,认为应注意不能照搬照抄英美法系中的刑事和解或诉辩交易。尤其是在未成年人案件中,由于未成年人的意志能力本身就需要法定代理人或合适成年人进行补强,对于契约自由思想的适用就更加保守。但同时也应当认识到,犯罪既是损害公共利益的行为,更是直接侵害被害人私益的行为,出于损害补偿以及为未成年行为人提供犯罪弥补机会的考虑,应允许被害方与加害方就赔偿部分通过自由协商的方式达成合意。

---

① 陈光中:《刑事和解的理论基础及其与司法适用》,载《人民检察》2006 年第 5 期。

② 赵靓:《刑事和解陷入"花钱买刑"的困境反思》,载《西北大学学报》(哲学社会科学版)2016 年 5 月。

(二)"立法保守"与"和解期待"的冲突困境

刑事和解2002年发轫于北京市朝阳区人民检察院制定的《轻伤案件处理程序实施规则》[①],2005年朝阳区人民法院率先开启庭外刑事和解的实践[②],到2013年《刑事诉讼法》中正式规定刑事和解制度,我国刑事和解的立法之路的步伐并不缓慢,然而还是略显谨小慎微。现行立法下,刑事和解的适用范围以轻罪、过失犯罪为主,限制过大,明显与实践中广泛存在的刑事和解期待相冲突。

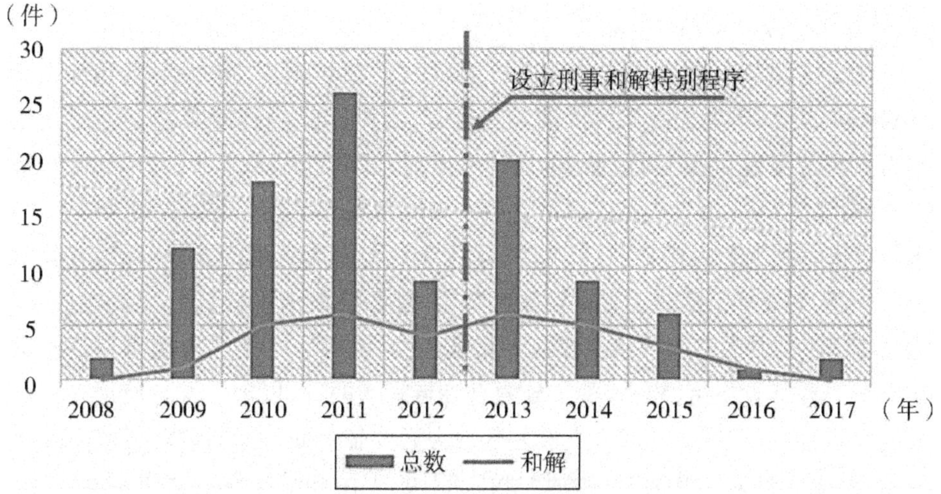

图3　北京市某基层法院近十年未成年人刑事和解、谅解案件分布

通过对北京市某基层法院近十年来未成年人案件刑事和解与其他谅解案件的整合分析,发现在绝大多数年份里,未成年人案件刑事和解在所有达成谅解的案件中占比均未过半,虽然在2013年新刑事诉讼法施行后,占比情况有所提升,但仍然无法完全覆盖现实需求。具体分布情况见图3。

(三)制度缺失引起自由裁量权行使无措

由于刑事诉讼法严格限制了刑事和解的范围,难以回应实践中未成年犯罪行为人及其他当事人对刑事和解范围扩张的期待,司法人员无法抑制加害方与被害方进行协商、赔偿、谅解的需求和行为,只有被迫接受。再加上《关于常见犯罪的量刑指导意见》中规定,对于积极赔偿被害人经济损失并取得谅解的,可

① 李红彬:《刑事和解入法后的现状与应对——以Y市中院和10个基层法院审理的92件一审判决书为样本的实证分析》,载《法律适用》2014年第4期。

② 桑东辉:《和谐社会语境下的刑事和解——对北京朝阳区法院将庭外和解引入刑事案件的思考》,载《学术交流》2006年7月。

以从轻处罚,审判人员便顺水推舟,将法定范围外的赔偿损失、取得谅解进行模糊化处理,作为酌定从轻处罚的情节,并有保留地做出从轻、减轻处罚的判决,但显然审判人员还尚不能回答到底在何种程度上从轻处罚。在刑事诉讼中,应当是"法无授权即禁止",但面对刑事和解制度实质扩张的客观事实,司法人员却无力禁止,同时又将自己置之于立法空白导致的量刑困境。

三、域外经验:物之来处必有可鉴之材

(一)美国的 VOM 模式

在美国,ADR(替代性纠纷解决机制)中的 VOM 模式(victim - offender - mediation)与我国的刑事和解制度较为接近。1994 年,美国律师协会正式支持被害人与加害人和解,建议全国的法院采用。[①]《美国统一和解法》对 VOM 作出了具体规定:第一,VOM 模式适用对象以未成年罪犯为主,VOM 对犯罪类型的接纳度高,除了轻罪,特定条件下还可适用于法定刑为死刑的重罪。第二,适用阶段广泛,包括公诉前、审判前甚至定罪后,且各阶段的案件数量基本持平,定罪后 VOM 达成的和解协议主要作为量刑的参考。第三,主体与模式,VOM 由有关组织和解员主持,VOM 模式分为直接与间接两种,以被告人与被害人面对面的交流为主,和解员与双方当事人分别沟通为辅。面对面的和解形式为圆桌会议,由双方当事人及亲友、律师等联席座谈,先由和解员对案情作基本陈述,而后被害人描述自我感受并提出各种损失的赔偿方案,各方协商后,最终达成和解协议。成功的和解协议被视为双方之间的一份合同,受合同法保护,若被告人违反,被害人可以直接向法院提起诉讼。

美国的 VOM 模式最早只运用在未成年人犯罪案件中,随后拓宽至成年人案件,如今未对二者作区别性规定,忽视了未成年人应享有的特殊程序保护,可能欠妥。但依然有值得我国借鉴的经验:第一,未成年人案件适用刑事和解的前提应当是认罪悔罪。我国现行立法对刑事和解适用的前提条件仍以金钱赔偿为主要考察标准,而制度设计的初衷在于犯罪人的真心悔罪。因此,这正是我国在完善未成年人刑事和解制度时亟须补充的部分,如何设计才能让少年罪犯真心悔悟继而回归社会。VOM 的优点恰在于其注重强调面对面交流和被告人悔过的态度,以双方的对话、协商及最后的共识,作为受损社会关系修复的踏板,重视被害人的情感体验,也会考察被告人的悔过态度,而不是单纯以赔偿为

---

① 胡铭:《论刑事和解的理念基础——浙江枫桥经验与美国 VOR 模式之比较》,载《浙江社会科学》2010 年第 9 期。

主线。第二,未成年人刑事和解应注意过程的保密性。我国目前对此未作明确规定,VOM 模式倡导的保密原则值得借鉴,即各方在和解结束后,需签署一份保密协定,对和解过程中当事人的隐私信息进行保密,这有利于保护未成年行为人和受害人的合法权益。

(二)法国的未成年人刑事调解制度[①]

20 世纪 90 年代,为"法庭堵塞"所困扰的法国也开始探索公诉替代措施,主要体现在《法国刑事诉讼法典》的第 41 －1、41 －2 条以及专门针对未成年人出台的《第 45 －174 号裁定》。法国的公诉替代措施包括:重申法律义务、在专门机构参加实习培训、刑事调解、刑事和解等。其中第 41 －1 条的第 5 点是法国刑事调解的主要法律依据,内容为在各方同意的情形下,在被告人与被害人之间介入第三方调解,如果调解成功,则检察官或其委派的调解员会对此作一个官方笔录,并经各方当事人签字后各自留存副本。它具有以下特点:第一,调解主体包括专业人士和普通志愿者[②],可以是法人如调解中心、律协、被害人援助协会等,也可以是自然人如退休的警察等。第二,案件类型主要是因家庭纠纷引起的犯罪或情节轻微的财物损害案件。第三,双方当事人达成调解协议后产生公诉中止的效果,在协议履行过程中,被害人若发现被告人不遵守协议,可与调解人联系,公诉机关根据被告人的态度决定是启动公诉程序还是刑事和解程序。

从法国近十年的数据来看,公诉替代措施为法院的案件分流做出了重大贡献,也平衡了多方利益,修复受损的社会关系,很好地帮助未成年人在培训后回归社会。我国可借鉴的经验有:第一,针对不同犯罪类型施以不同的惩戒措施,可以被纳入我国未成年人案件刑事和解制度中来,含有教育培训性质的惩戒措施更有助于少年犯的再次回归。第二,中立且发展成熟的调解主体,可以缓解我国案多人少的压力。将法国经验与我国审判实践相结合,创设以办案人员为主、第三方和解组织为辅的未成年人刑事和解主持程序。第三,应当设计调解失败的后置程序和调解成功的执行、监督与回转等。

四、完善之道:我国未成年人刑事案件和解制度的构建

(一)主持者的限缩:以主持者的权威确保和解结果的公正

现行法虽规定当事人可以自行和解或申请法院主持和解,但在未成年人案

① 也有学者译为刑事和解,本文采用学界普遍的译法,将被告人与被害人之间的和解译为刑事调解,将公诉机关与被告人之间的和解译为刑事和解。

② 罗结珍:《法国刑事诉讼法中的刑事调解与刑事和解》,载《法学杂志》2008 年第 3 期。

件中应排除自行和解的适用。因为未成年人案件具有特殊性,被害人亦多为未成年人,这就涉及未成年人的隐私和其他权益保护,若允许自行和解,可能会因双方在社会地位、经济基础、法律资源等方面的能力不对称而导致和解有失公允,也可能因自行和解过程中双方的博弈引起事态扩大,造成舆论影响,不利于未成年人的隐私保护和回归社会。

因此,未成年人刑事和解的主持工作应以公检法办案人员为主、特邀和解员为辅,保证和解过程主持者的中立性与结果的公正性。特邀和解员由办案人员结合具体案件从第三方和解组织中指定,第三方和解组织由共青团、律协、妇联、心理协会等组织的专业人士和关心未成年人成长的志愿人员组成,通过严格的选拔和培训机制,保证特邀和解员发挥协助评估行为人悔罪态度、被害人心理状态等实质作用。

(二)适用范围的扩张:以未成年人特殊保护为中心兼顾被害人利益

在适用范围上,未成年人刑事案件的和解范围应大于成年人刑事案件。首先,刑事和解背后所蕴含的修复受损的社会关系、促进越轨行为人回归的理念与对犯罪的未成年人实行"教育、感化、挽救"的方针、坚持"教育为主、惩罚为辅"的原则一脉相承,符合对未成年人特殊保护的司法理念。其次,未成年人犯罪是个体原因和社会因素的混合结果,社会也有义务和责任给不幸越轨的未成年人一个平等的改过自新、重新生长的机会。最后,刑事和解既关涉未成年人的重新回归,更涉及被害人的切身利益。对未成年人刑事案件和解范围的过于限制,会剥夺被害人获得平等补偿的权利。

因此,为使所有未成年犯罪嫌疑人、被告人获得平等的从宽处罚的机会,以及所有案件的被害人获得平等的补偿权益,应将未成年人刑事和解适用的案件类型扩展至所有存在被害人的案件。和解并不意味着免除刑罚,即使在重罪案件中和解成功亦只是从宽处罚的条件之一。依和解对应的幅度进行定罪量刑,既能实现重罪案件中对未成年罪犯的惩罚,又能体现对未成年被告人和被害人公平的双重利益保护。

(三)程序设计的完善:以特色程序促进刑事和解制度的功能发挥

1. 和解的启动

加害方与被害方对刑事和解享有平等的启动权。未成年被告人本人及其法定代理人均有权提出刑事和解的申请。在一方提出刑事和解的申请后,人民法院需征求对方意见,经对方同意后,可进入下一程序。但若未成年被告人愿意和解,而其父母不愿配合,应当视不同的案件情况由主审法官决定是否启动和解。如果赔偿数额较大,未成年人没有偿付能力,则必须以其父母同意和解为前提，但如果可以通过赔礼道歉、履行相应社会义务、赔偿较低金额等未成年人力所能及的方式实现和解，则法院仍应考虑启动刑事和解程序保护未成年人的权益。

2. 增设加害方与被害方的沟通程序

刑事和解的内涵中包括未成年被告人悔过、被害人谅解、达成赔偿协议、社会关系恢复等要素，为了满足上述要素，必须增设加害方与被害方沟通程序，只有通过双方的陈述、沟通，加害方才能深刻感受到自己的行为给对方、给社会造成的损失和伤害，并真诚悔悟；被害方才能了解对方是否真诚认罪、悔罪，才有可能发自内心地原谅对方，被破坏的信赖感、被打碎的安全感、被损害的社会关系才有可能被修复。出于诉讼经济考虑，沟通程序可在双方对赔偿数额、赔礼道歉方式等达成初步合意之后，再提上日程，尽量避免因双方过早接触而进一步激化矛盾。为保证未成年行为人悔罪更加真诚深入，除当面口头道歉外，应强制其在办案人员的监督下，撰写书面道歉信。

3. 创建刑附民调解与刑事和解的连通程序

为了解决附带民事诉讼中的调解与刑事和解的关系以及附民调解成功如何影响量刑等问题，建议创建二者的连通程序。刑附民的调解与刑事和解的内容在赔偿损失、被害人谅解等方面均表现出高度相似性，但刑事和解内涵更为丰富、多元。对于刑附民的案件，若调解成功，同时符合被告人真诚悔罪的，可以转入刑事和解程序，共享刑事和解程序的法律效果，为被害方和加害方争取利益最大化。

4. 注重和解协议的监督程序

为了避免未成年人案件刑事和解流于金钱换取刑罚的绝对形式，应当加强监督程序的设计。首先，为避免因加害方与被害方信息不对称、应诉能力过于悬殊而降低刑事和解质量，应保障每个案件的和解程序均有专业、中立的办案人员和第三方和解组织人员在场，居中主持。其次，对于在前一诉讼阶段达成刑事和解的，后一阶段的司法人员仍应对和解的自愿性、赔偿数额、悔罪态度等进行审查。

（四）法律效果的明确：以量刑法定指引审判人员自由裁量权的行使

1. 刑事和解的法律效果

达成刑事和解，依法可以对未成年被告人从宽处罚，主要体现在审查起诉和审判量刑阶段。在审查起诉阶段，若为轻罪，则公诉机关可以作出附条件不起诉决定；若非轻罪，则应在提起公诉时，向法院递交从宽处罚建议书，具体幅度比照审判的量刑幅度确定。在达成刑事和解协议后综合考虑犯罪的情节和性质、犯罪时的年龄、是否初犯、累犯、悔罪程度、被害人谅解等情况,其中犯罪较轻的,可以免除处罚或适用非监禁刑,但应附加适用社会惩戒措施。采用改变其人格、使其重新融入社会、适用防止其再次实施犯罪行为的教育和矫正措施以代替传统的刑罚手段,是少年司法制度保护理念的重要体现①;犯罪性质严重或无法即时履行协议的,可以结合未成年人犯罪时的年龄等因素在40%~80%确定从宽量刑幅度;犯罪情节特别严重,应当判处无期徒刑的,可以考虑在有期徒刑十五年以下量刑。

2. 刑事和解的执行监督

我国立法在设计时侧重考虑制度的建立和过程机制,有时会忽视制度的执行和监督等后续问题,而这之于刑事案件至关重要。若未成年行为人表现出的真诚悔罪只是权宜之计,被免除刑罚或适用缓刑后又继续违法,法律怎能容其逍遥法外。因此,应设立跟踪追查等机制,依托社区矫正的人力平台,定期考察未成年犯是否表现良好,若有不良反馈,经调查确实存在且情节严重的,应撤销缓刑,收监执行。若在刑罚执行过程中,有违和解协议的,则应从严减刑、假释。

结　语

"少年强,则中国强"。设立未成年人刑事和解程序,让误入歧途的青少年认识到越轨行为的严重性,洗心革面,并给予他们重新出发的机会,这是国家和社会所乐见的。在法律允许的范围内,积极促成符合条件的未成年人案件的刑事和解,让受损的社会关系得到最大限度地修复,一举多得。谨以此文抛砖引玉,期待我国未成年人案件刑事和解制度的诞生!

附件:

《中华人民共和国刑事诉讼法》
相关条文修订的合理化建议(建议稿)

第五编第一章"未成年人刑事案件诉讼程序"新增四个条文,置于现有条文第二百七十四条之后,后面条文依次顺延。

第二百七十五条　【适用范围和条件】在办理未成年人刑事案件过程中,符合下列条件的,公安机关、人民检察院、人民法院应当组织未成年犯罪嫌疑人、被告人及其法定代理人与被害人双方进行和解:

---

① 于国旦、苏明月:《论少年司法制度的基本理念》,载《中国政治青年学院学报》2013年第6期。

(一)案件事实清楚,证据确实、充分;

(二)未成年犯罪嫌疑人、被告人真诚悔罪;

(三)经充分沟通协商,通过赔偿损失或赔礼道歉等方式,未成年犯罪嫌疑人、被告人取得被害人的谅解,被害人死亡的,应取得被害人近亲属的谅解;

(四)未成年犯罪嫌疑人、被告人及其法定代理人或被害人一方提出申请,且经对方同意的。

第二百七十六条 【和解协议书】双方当事人的和解在公安机关、人民检察院、人民法院主持下进行,和解成功的应当制作和解协议书,双方当事人同时签署保密承诺书。

共青团、妇联、工会、未成年人保护组织、人民调解组织、基层自治组织、当事人所在单位或者同事、未成年人所在学校老师等组织或者个人参与和解过程的,也应当签署保密承诺书。

第二百七十七条 【法律效果】双方当事人达成和解的未成年人刑事案件,情节显著轻微、危害不大的,经被害人同意,公安机关可以撤销案件;人民检察院可以作出附条件不起诉决定;人民法院可以适用非监禁刑,不需要判处刑罚的,可以免除刑事处罚。

对达成和解的其他情形的未成年人刑事案件,公安机关可以向人民检察院提出从宽处理的建议;人民检察院可以向人民法院提出从轻或减轻处罚的量刑意见;人民法院可以依法分别对被告人予以从轻或减轻处罚。

第二百七十八条 【刑事和解的监督】人民检察院应当对公安机关主持制作的和解协议书的自愿性、合法性、真实性,进行审查;人民法院应当对公安机关、人民检察院主持制作的和解协议书的自愿性、合法性、真实性,进行审查;二审人民法院应当对一审人民法院主持制作的和解协议书的自愿性、合法性、真实性进行审查。

对被附条件不起诉、适用非监禁刑或免除刑事处罚的未成年人,人民检察院或人民法院应当定期开展回访考察、跟踪帮教工作,及时掌握未成年人的思想动态,检查、督促、落实社会帮教措施,确保刑事和解的法律效果和社会效果。

《关于审理未成年人刑事案件适用和解程序的意见》(建议稿)

为正确适用未成年人刑事案件和解程序,贯彻“教育为主,惩罚为辅”的原则,促使未成年越轨行为人回归社会,同时保障被害人的合法权益,根据《中华人民共和国刑事诉讼法》、《中华人民共和国未成年人保护法》等法律法规,结合司法实践经验,就审理未成年人刑事案件适用和解程序制定本意见。

第一条 【基本定义】本意见所称未成年人刑事案件指犯罪嫌疑人、被告人实施被指控的犯罪时已满十四周岁不满十八周岁的案件,未成年犯罪嫌疑人、被告人是指在案件发生时已满十四周岁不满十八周岁的行为人。

第二条 【参与主体】公安机关、人民检察院、人民法院组织和解时,应当通知未成年犯罪嫌疑人、被告人的法定代理人到场;法定代理人下落不明且未成年犯罪嫌疑人、被告人和解时已满十八周岁,可以由其单独参加和解。

被害人的近亲属可以参加和解,被害人系无民事行为能力人或限制行为能力人的,应当通知其法定代理人到场,被害人死亡的,由近亲属代为和解。

第三条　【特邀和解员】根据案件情况,公安机关、人民检察院、人民法院可以邀请熟悉未成年人身心特点、善于做未成年人思想教育工作的共青团、妇联、工会、心理协会等组织的专业人士作为特邀和解员协助法院进行和解。

第四条　【和解协议书】和解协议书应当包括以下内容:

(一)双方当事人的身份情况;

(二)未成年犯罪嫌疑人、被告人承认的基本事实及认罪悔罪情况;

(三)赔礼道歉的形式及内容、赔偿损失的数额、方式等;

(四)被害人或其近亲属对未成年犯罪嫌疑人、被告人进行了谅解,已提起附带民事诉讼的,应当撤回附带民事诉讼,请求或者同意对未成年犯罪嫌疑人、被告人从宽处罚;

(五)表明双方和解具有自愿性、合法性及真实性。

和解协议书应当由双方当事人和主持人员签名,主持人员为公安机关、人民检察院、人民法院的办案人员,有特邀和解员在场协助的,特邀和解员也应当签名。

和解协议书一式四份,未成年犯罪嫌疑人、被告人及其法定代理人与被害人各持一份,另一份交办案机关附卷备查。

对和解协议书中的相关内容,双方当事人特别要求保密的,应当在签署保密承诺书时一并予以明确。

第五条　【悔罪评估】在和解过程中,为查明未成年被告人真诚悔罪的态度,公安机关、人民检察院、人民法院认为必要时,可以邀请在青少年犯罪心理等方面具有专门知识的人到场,通过询问、沟通等方式,协助对被告人的悔罪态度进行评估认定。

第六条　【沟通程序】公安机关、人民检察院、人民法院在确定启动和解程序后,应当在恰当时候安排双方当事人同场进行沟通协商。

沟通程序在办案人员的主持下进行,特邀和解员在旁协助,双方当事人按下列顺序分别进行个人陈述及意见交换。

(一)未成年犯罪嫌疑人、被告人应重点陈述个人成长经历、犯罪动机、认罪悔罪等情况,法定代理人可以补充陈述;

(二)被害人或其近亲属陈述因未成年人犯罪嫌疑人、被告人的行为遭受到的经济损失、精神损害以及心理状态等情况;

(三)针对前两项的陈述,双方当事人各自发表意见及看法。

经充分沟通协商后,办案人员组织双方当事人确定和解方案,并制作和解协议书。

第七条　【赔偿标准】和解协议内容涉及金钱赔偿、补偿的,应根据案件具体情况,并结合被害人实际经济损失、为治疗和康复支出的合理费用、因误工减少的收入以及未成年犯罪嫌疑人、被告人及其法定代理人的收入情况等综合考虑,避免赔偿数额过分高于或低于正常标准。

第八条　【赔礼道歉】未成年犯罪嫌疑人、被告人应以书面的形式向被害人或其近亲属赔礼道歉。为保护未成年犯罪嫌疑人、被告人的隐私，赔礼道歉应当限定在一定范围内，不得以向全社会公开的方式进行。

第九条 【听取意见】对双方当事人达成和解的情节显著轻微、危害不大的未成年人案件，公安机关决定撤销案件、人民检察院决定附条件不起诉或人民法院适用非监禁刑或者免除刑事处罚的，应当分别听取被害人或其近亲属、未成年犯罪嫌疑人、被告人及其法定代理人的意见，并征得被害人或其近亲属的同意。

第十条 【社会惩戒措施】对因达成和解而被附条件不起诉、适用非监禁刑或免除刑事处罚的未成年犯罪嫌疑人、被告人，应当在一定期限内，接受矫治和教育。

矫治和教育包括在社区、公共机构、公益组织从事义务劳动或志愿活动，或在职业技术学校等专门机构参加实习培训等社会惩戒措施。

第十一条 【从宽标准】人民法院在对已达成和解的未成年被告人量刑时，应当综合考虑犯罪的情节和性质、犯罪时的年龄、是否初犯、偶犯、累犯、悔罪程度、被害人谅解等情况，予以从轻或减轻处罚。

（一）对于犯罪时已满十四周岁不满十六周岁的未成年人达成和解的，可以减少基准刑的60% ~80%；

（二）对于犯罪时已满十六周岁不满十八周岁的未成年人达成和解的，可以减少基准刑的40% ~60%。

对一审期间未达成和解，在二审期间达成和解的案件，结合未达成和解的原因，人民法院认为确有必要的，可以在原审人民法院确定的刑罚幅度基础上酌情调整。

第十二条 【刑附民的连通】未成年犯罪嫌疑人、被告人与被害人针对附带民事诉讼达成调解意向的，公安机关、人民检察院、人民法院应当进一步组织双方当事人进行沟通协商，询问双方是否具有和解意愿，符合和解条件的，应当适用和解程序。

双方达成和解后被害人应当撤回附带民事诉讼。在共同犯罪分案处理的情况下，被害人已与其他成年同案人达成整体和解，撤回附带民事诉讼或不提起附带民事诉讼的，视为对未成年犯罪嫌疑人、被告人一并撤回附带民事诉讼或不提起附带民事诉讼。

公安机关、人民检察院、人民法院在办理案件过程中，应当对前两款的内容和法律后果进行释明。

第十三条 【共同犯罪的和解】在共同犯罪的情况下，应当允许被害人与各犯罪嫌疑人、被告人分别进行和解，包括分案处理的情形。

在共同犯罪的情况下，被害人已与同案成年人（包括另案处理的情形）达成和解的，应当询问被害人是否同意与未成年犯罪嫌疑人、被告人和解，被害人同意的，应当组织双方当事人进行和解；被害人不同意的，综合考虑案件的性质、后果、社会危害程度及未成年被告人在共同犯罪中的作用、认罪悔罪等情节，人民法院可以对未成年被告人在减少基准刑20%以下的范围内从轻处罚。

第十四条 【自诉案件的和解】未成年人犯罪的自诉案件，双方当事人同意的，也可进行和解，适用本意见的有关内容。

第十五条　【和解反悔】对和解协议书已经履行的未成年人案件,双方当事人一方或均反悔的,人民法院一般不予支持,有证据证明和解协议书有违自愿性、合法性、真实性的除外。

第十六条　【和解监督】人民检察院、人民法院对和解协议书的自愿性、合法性、真实性进行审查时,若发现和解协议书存在有违自愿性、合法性、真实性的情形,则应认定和解协议书无效。

二审期间,人民法院发现一审人民法院认定或主持制作的和解协议书存在有违自愿性、合法性、真实性的情形,且影响量刑的,应当发回重审。

第十七条　【其他】本意见未进行特别规定的,按照当事人和解的公诉案件诉讼程序进行。

心得体会

写作是不断追问的过程

石楚楚

进入法院的两年时间,一直在接触少年刑事审判的工作,在平时的谈话、提讯、案件审判工作中总会有这样或那样的疑问。有些疑问,产生于实践经验不足,经前辈点拨,可瞬间通透。有些疑问,或由于法律规定不明或由于法、情、理的冲突,经苦思冥想和同事讨论也未必能得结果或结果不一。而恰恰是这些问题,值得一写,值得追问。或许最后写成的文章,不见得能在大赛中获奖,但一定是现阶段对自己最好的回答。

在对司法实践的追问中,获得创作主题。在办理未成年人刑事案件的过程中,有感于被害人谅解案件中出现的法律规定不完善、司法适用不统一等问题,进而不断追问为什么,怎么办,逐渐形成此次的写作主题。有了主题之后,又需要不断的追问,捕捉记录思维的火花,全方位梳理实践中存在的问题,针对性地寻找问题存在的根源,从而能有的放矢,提出言之有物的解决方案。

在不断的追问中,收获与他人的智慧碰撞。本次参加学术讨论会的文章是与他人的合作文章,在写作的过程中,难免会遇到观点分歧、表达习惯不统一的问题,我们就在一次次的邮件交流、音视频通话中,互相说服、互相追问,再重整观点、统一表达,甚至推翻之前的结构。前前后后修改了四五次,才形成最终的论文结构。

在不断的追问中,获得对自己的肯定。从发起到成文,每写一篇文章可能都会经历踌躇满志、彷徨迷茫的阶段,有的时候自己对自己的质疑甚至能在瞬间击垮继续完成文章的斗志,但对每一次疑问的回答,又总能一点点地积聚起信心,仿佛离黑暗中的灯塔又近了一步。再坚持下去,又会重复质疑、追问、茅塞顿开的过程,正是在这一次次否定之否定的循环中,不断接近最合理的结论。

法学的写作不同于自然科学实验,苦苦探寻出的,未必是一条有如牛顿定律那般放之四海皆准的真理。但只要是用心铸造的文章,都是一次对自身疑问的解答,都是对自己的肯定。尽管现在的写作水平有限,但只要坚持,坚持去追问,坚持去积累,总会有量变引起质变的那一天。比起是否获奖,自身的成长更能让人脚踏实地。

诉讼效率与实体公正：完善认罪认罚从宽制度的思考

——兼评《刑事诉讼法修正案(草案)》

宋 莉*

【论文提要】

认罪认罚从宽制度有助于化解“案多人少”困境，促进刑事案件繁简分流，科学配置司法资源。自认罪认罚从宽制度改革试点以来，一些试点地区存在对核心问题的形式化审查、将认罪认罚等同于认罪协商、程序和权利的简化等实践误区。出现这些误区的根本原因是对认罪认罚从宽制度中诉讼效率与实体正义关系的认识错误与定位不清。认罪认罚从宽制度作为一项兼具实体规范与程序规范的综合法律制度，诉讼效率只是其直接价值追求，最终的价值目标仍应是赋予犯罪嫌疑人、被告人以实体上的公正。因此，应当有重点地从严实体标准、规范认罪认罚程序。《刑事诉讼法修正案(草案)》拟将试点改革的成果、经验和做法以法律的形式固定下来，为认罪认罚从宽制度提供法律依据，应坚持对关键性问题的科学设计，进一步明确对自愿性的实质审查，严格犯罪证明标准，加强对被追诉者的核心权利的保护和救济，科学设定“辩诉协商”规则，统一认罪认罚具结书的制式。

【主要创新观点】

采用实证分析方法，通过总结分析认罪认罚案件裁判文书和各地试点工作成果，指出当前试点改革实践中存在的误区和危害后果。采用价值分析方法，从理论上论证了认罪认罚从宽制度中诉讼效率与实体正义的价值运行的应然逻辑，指出在认罪认罚制度中，诉讼效率只是其直接价值追求，最终的价值目标

* 宋莉，北京市第一中级人民法院未成年人案件综合审判庭法官助理。

仍应是赋予犯罪嫌疑人、被告人以实体上的公正。实证研究与价值分析相结合,提出对认罪认罚从宽试点中关键争议问题的观点和改进对策,结合《刑事诉讼法修正案(草案)》中对相关问题的规定,提出草案的改进方案,并尝试修改拟定部分法律条文、拟定《认罪认罚具结书》制式格式。

"法律的生命在于公正"。

2016年7月,中央全面深化改革领导小组会议审议通过了《关于认罪认罚从宽制度改革试点方案》,认罪认罚从宽制度试点在北京等18个地区开展。试点工作所依据的主要法律规范是《关于在部分地区开展刑事案件认罪认罚从宽制度试点工作的办法》(以下简称《试点办法》),其中对认罪认罚从宽制度的概念、适用范围、要求、原则、程序、审限等问题进行了规定。2018年4月,《刑事诉讼法修正案(草案)》(以下简称《修正案(草案)》)正式提请审议,其中包含十余条认罪认罚从宽制度的规定。

试点工作开始后,理论和实务界已有诸多探讨和实践,认罪认罚从宽制度也即将被写入法律。及时认识和解决该制度探索中出现的误区和争议,能够有效促进科学、高效的制度设计,发挥认罪认罚从宽制度的实践作用。

一、问题发现:认罪认罚从宽制度的实践误区

(一)认罪认罚从宽=核心问题的形式化审查?

《试点办法》第十五条规定,人民法院审理认罪认罚案件,应当审查两个核心要素,即认罪认罚的自愿性以及具结书的真实性、合法性。针对这一问题,笔者从中国裁判文书网以"认罪认罚从宽"为关键词,以"2017年""刑事一审案件"为检索条件,共检索出裁判文书6853份[①]。笔者从上述文书中筛选出北京、天津、辽宁、上海、江苏、浙江、山东、河南、河北、湖南、重庆、陕西共计1000份判决书进行了统计,结果如下:

---

① 数据来源:中国裁判文书网,最后访问日期:2018年4月25日。

1. 对“认罪认罚自愿性”的表述

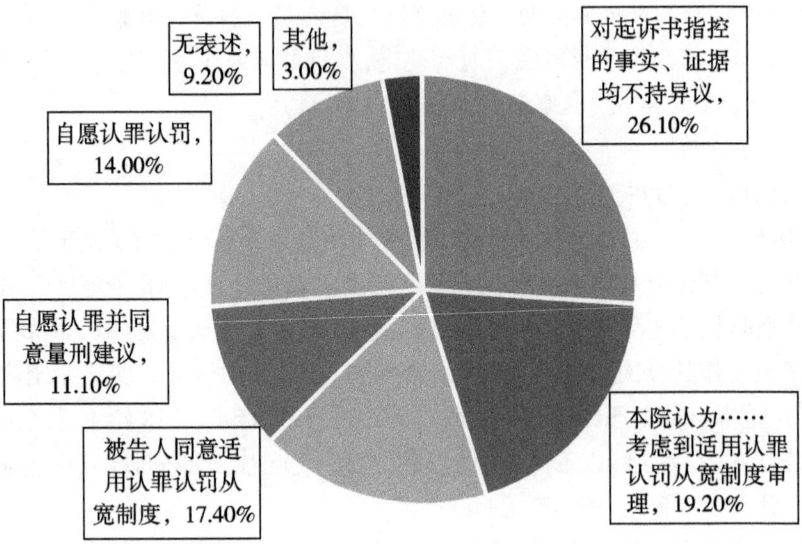

图 1　认罪认罚自愿性表述统计

2. 对“具结书真实性、合法性”的表述

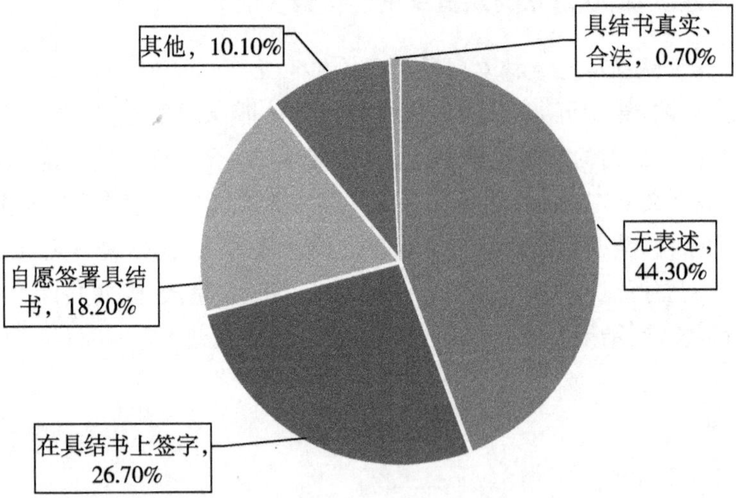

图 2　具结书真实性、合法性表述统计

仅从公开的裁判文书来看，法院对于“认罪认罚自愿性”和“具结书真实性、合法性”两个关键要素的审查是不足的，对上述核心问题的审查趋于形式化。在自愿性审查上，五成以上的判决书回避了对“自愿”的正面描述，表述为对公诉机关指控的事实和证据"无异议"或"无辩解",把被告人对异议权的消极放弃等同于"自愿认罪",一部分判决不对自愿性进行评价或简单表述为"考虑到该案适用认罪认罚从宽制度"。在具结书方面,44%的判决书对被告人签署具结书的情况不表述,40%以上判决书以审查签署的自愿性替代了对具结书本身真实性、合法性的审查。在1000份判决书中,仅有7份文书中明确提到了"被告人签署的具结书真实、合法"。

诚然,刑事判决书中的文字表述仅能反映法院审查案件的一方面,对关键问题是否进行了实质性审查还应在个案中考察。但裁判文书作为反映法院司法过程、接受社会监督的载体,能侧面反映的问题是:当前法院在审查被告人认罪认罚自愿性时,更倾向于回避对自愿性、真实合法性的正面表述,而是把被告人放弃辩解异议"视为自愿",自愿签署"视为真实合法"。判决书中的表述看似是语言习惯问题,实际是法院对实质性问题审查的刻意回避,反映了审判程序中对核心问题的审查是有所欠缺的,亦反映了司法对上述问题的重视不足。

(二)认罪认罚从宽 = 辩诉交易?

《试点办法》和《修正案(草案)》均回避了对辩诉协商或量刑协商的直接规定,亦未做禁止性规定。一些学者主张结合我国的司法现状,借鉴英美法系辩诉交易模式推行认罪协商制度,①经认罪协商的案件将可能突破现行法律规定的量刑范围。在制度试点工作中,已有部分地区司法机关推行了认罪协商或类似制度。

表1 部分认罪认罚从宽制度试点地区措施

所在省份	制度名称	协商前	协商后	效果
福建省②	认罪协商	判处三年以上四年以下有期徒刑	有期徒刑三年,适用缓刑	适用缓刑
福建省③	认罪量刑协商	对寻衅滋事罪罪名有异议,适用普通程序	适用简易程序,法庭审理用时八分钟,以寻衅滋事罪判处有期徒刑九个月	认罪,缩短庭审时间,简化庭审程序

① 郭志媛:《认罪认罚从宽制度的理论解析与改革前瞻》,载《法律适用》2017年第19期。

② 陈颖颖:《福建省南靖县检察院推行认罪协商制度成效显著》,载 http://www.jcrb.com/procuratorate/jcpd/201707/t20170718_1777259.html,最后访问日期:2018年4月25日。

③ 林扬阳:《量刑也可以"讨价还价"》,载 http://roll.sohu.com/20160418/n444681821.shtml,最后访问日期:2018年4月25日。

续表

所在省份	制度名称	协商前	协商后	效果
北京市①	认罪协商	拘役一个月零十日至三个月,并处罚金	拘役一个月零五日,罚金人民币三千元	提高司法效率,体现从宽精神
浙江省②	认罪协商	有期徒刑一年以上	有期徒刑六个月,缓刑一年	量刑减轻,适用缓刑
浙江省③	认罪协商	被告人对盗窃罪有辩解,不肯认罪	盗窃罪,有期徒刑十个月,并处罚金 2000 元	主动认罪,从宽处理

据统计,目前各地推行的认罪协商的效果有:一是庭审程序的简化和庭审效率的极大提高,有的案件从依法应适用普通程序直接转为适用简易程序;二是被追诉者量刑的大幅度降低,有的案件从判处三年以上四年以下有期徒刑直接降低为适用缓刑;三是化解控辩双方对案件的分歧,被追诉者起初对犯罪事实和罪名有辩解、有异议,经认罪协商后认罪认罚。

从效果看,提高庭审效率、落实量刑从宽的目的得到了体现。但也存在一些问题:一是减轻量刑的幅度参差。虽然大部分认罪协商的量刑减轻幅度在10% ~30%,但也存在减轻幅度畸高的情况,突破了《刑法》《刑事诉讼法》及相关司法解释所规定的量刑幅度规则。二是可协商范围的错误扩大。如被追诉者原本对罪名、犯罪事实有异议,经认罪协商后承认了犯罪事实,接受了起诉罪名,并经简易程序被判决。还有的认罪协商范围突破了量刑幅度,成为了促使被追诉者认罪的"诱饵"。

(三)认罪认罚从宽 = 程序与权利的双重简化?

《试点办法》和《修正案(草案)》均对速裁程序中当事人的权利进行了较大幅度克减,规定可不进行法庭调查、法庭辩论,当庭宣判,被告人不服适用速裁程序的一审判决提起上诉的可不开庭审理。从实践看,速裁程序极大提高了刑事案件审理的效率,例如一些地方法院适用速裁程序后,每件案件开庭时间缩

① 李万祥:《北京朝阳区检察院:首推"认罪协商"机制助力刑事速裁程序适用比率》,载 http://www.ce.cn/xwzx/gnsz/gdxw/201601/27/t20160127_8592804.shtml,最后访问日期:2018 年 4 月 25 日。

② 王春:《鹿城检察首尝认罪认罚量刑协商制度》,载 http://www.legaldaily.com.cn/judicial/content/2016 -06/30/content_6696302.htm,最后访问日期:2018 年 4 月 25 日。

③ 金磊、温萱、岳思轩:《温州检察机关首尝"认罪协商"机制量刑或可从轻》,载 http://news.66wz.com/system/2016/04/26/104809585.shtml,最后访问日期:2018 年 4 月 25 日。

短到5~10分钟,两个小时可审理12个案件。[①] 在此基础上,一些实践者呼吁进一步拓宽速裁程序的适用条件,比照民事速裁机制实行一审终审,以更好地发挥提高司法效率的目标。[②]

在时间成本上,由于被告人已经认罪认罚,再适用严格的法庭程序已无必要,也与刑事案件"繁简分流"的趋势相悖。但刑事审判是国家对犯罪者人身自由的处分,是罪与非罪、重罪与轻罪的判断,其程序要求远高于民事案件。目前以5~10分钟的时间审结一起刑事案件,实际上是削减了对事实和证据的审查,对被告人的程序权利保障也必然减弱。我国的刑事诉讼程序已经相当简化,在现有改革和实践的思路上,继续一味地依靠压缩庭审时间、减让程序时间、克减被告人权利,并不能达到预期的效果,反而有滋生冤假错案的风险。

二、理论探索:诉讼效率与实体公正的价值及运行逻辑

公正和效率是刑事诉讼的两大价值目标,其中实体法强调公正,程序法则强调效率。认罪认罚从宽制度作为兼具程序法与实体法性质的综合法律制度,蕴含着对公正与效率的共同追求。但在司法资源总量有限的条件下,公正与效率往往难以兼顾,甚至是此消彼长的。目前认罪认罚从宽制度实践中存在的误区与偏离,本质原因是对诉讼效率与实体正义价值的定位不清、认识不足。有人认为认罪认罚从宽制度的核心本质是效率,[③]有人认为赋予被追诉者实体公正是认罪认罚从宽制度的首要目标。[④] 笔者认为,司法的生命在于公正。虽然认罪认罚从宽制度是应解决"案多人少"问题需求而生的,但诉讼效率只能是其直接价值追求,最终的目标仍应是赋予被追诉者以实体上的公正审判。

(一)认罪认罚从宽制度的程序价值

认罪认罚从宽制度的程序价值在于效率,即通过适用该制度,单位案件可以得到更快速的审理,司法机关可以在单位时间内处理更多的案件。

---

① 《相城法院推进刑事速裁提升审判效率》,载 http://www.js.xinhuanet.com/2017-11/13/c_1121948373.htm,最后访问日期:2018年4月25日。

② 《刑事速裁一审终审呼声渐高》,载 http://legal.people.com.cn/n/2015/1102/c188502-27763706.html,最后访问日期:2018年4月25日。

③ 秦文宗:《认罪认罚从宽制度的效率实质及其实现机制》,载《华东政法大学学报》2017年第4期。

④ 左卫民:《认罪认罚何以从宽:误区与正解——反思效率优先的改革主张》,载《法学研究》2017年第3期。

当前我国严重暴力犯罪案件数量不断减少,但盗窃等轻罪案件数量持续增长。多年来,刑事犯罪总量始终处于高位。[①] 刑事案件数量的持续增长与员额制改革背景下刑事办案法官人数的减少形成鲜明对比,"案多人少"成为亟待破解的难题,而刑事案件的繁简分流则是破题之关键,刑事速裁程序试点和认罪认罚从宽制度试点应运而生。可以理解,应司法实践需要产生的制度,必定更侧重化解实践问题。因而该制度在产生之初,就被赋予了"繁简分流、优化司法资源配置"的使命。

试点中,对于认罪认罚案件,检察机关审查起诉平均用时26天,人民法院15日内审结的占83.5%。适用速裁程序审结的占68.5%,适用简易程序审结的占24.9%。[②] 认罪认罚从宽制度的适用,将案件从审查起诉到审结宣判的时间进一步缩短,90%以上的案件适用速裁程序或简易程序审结。可以说,就认罪认罚从宽制度目前的适用效果,已经实现了该制度的诉讼效率价值。

(二)认罪认罚从宽制度的实体价值

认罪认罚从宽制度的实体价值在于公正。这主要是针对犯罪嫌疑人、被告人的公正。理想的实体公正应该是被追诉者的权利得到全面的保护和尊重,犯罪行为与刑事责任、刑罚相适应,且被追诉者在整个司法程序中得到程度适当的教育和惩戒,达到犯罪预防的目的。

长期以来,我国始终坚持"坦白从宽"、宽严相济的刑事政策。在量刑上对自愿认罪悔罪的被告人从宽处理,是现代刑事司法制度的必然要求,既体现了罪责刑相适应的原则,也是司法鼓励认罪悔过、预防再犯的重要措施。认罪认罚从宽制度继承了坦白从宽,更是对宽严相济刑事政策的延伸和发展,该制度不仅包含了"宽",更明确了对哪些人从宽、如何从宽的问题,并进一步将刑事速裁程序融合其中,为认罪协商的产生开辟了空间。

(三)程序价值与实体价值的运行逻辑

我们必须认识到一个事实,即对诉讼效率的过度追求,将面临产生更多强迫认罪、花钱买刑案件的风险。笔者认为,认罪认罚从宽制度中,程序价值与实体价值的关系应该按照以下逻辑运行:诉讼效率是直接目标,是从司法者的角度对法律制度的作用作出的外在评价。而实体公正则应当成为认罪认罚从宽

---

① 孙谦:《刑案认罪认罚从宽制度试点工作九大问题要注意》,载 http://www.jcrb.com/gongsupindao/FXTX/201702/t20170208_1713961.html,最后访问日期:2018年4月26日。

② 参见周强院长在第十二届全国人民代表大会常务委员会第三十一次会议上所作《最高人民法院、最高人民检察院关于在部分地区开展刑事案件认罪认罚从宽制度试点工作情况的中期报告》。

制度的最终目标及核心内涵,是整个社会对法律制度的作用作出的评价,"公正"亦应当成为该制度的最终落脚点。程序的效率化并不是该制度的基本内核,而只是这一制度的附随效果,至多是一个从属性目标。①

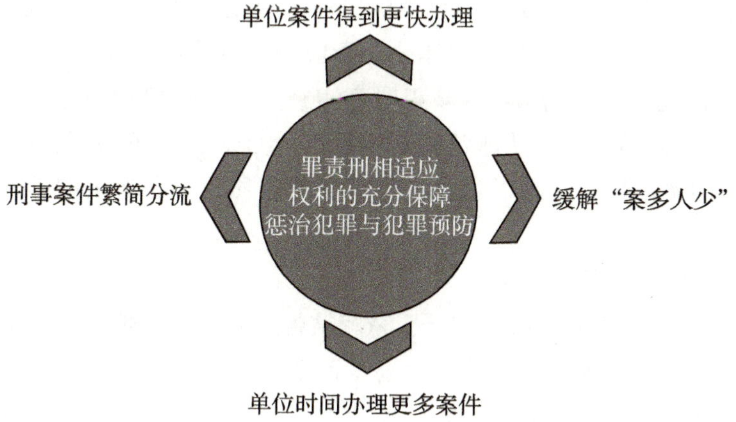

图3 程序价值与实体价值的运行逻辑

司法程序越严密、越全面,被告人的权利就越能得到更好的保护,但这必须要以牺牲诉讼效率为代价。对被告人的权利赋予和权利保护越少,滋生冤假错案的概率就越高。目前,90%以上自愿认罪认罚的被告人是在刑事速裁程序、简易程序中接受审判的,犯罪从侦查、起诉到案件审结的时间已经大大缩短。可以说,认罪认罚从宽制度所追求的诉讼效率目标已经高度实现。但是,在被简化的程序中,被告人的质证权、辩论权等权利本身已经受到了不同程度的简化和削弱。为了不让对效率的追求牺牲更多实体正义,对于被告人实体权利的保护、对认罪认罚案件实体内容的审查应当受到更高程度的重视。

三、实现进路:"严"以实体,"范"以程序

在认罪认罚从宽制度完善中,任何关于实体、程序的"宽"与"严"、"简"与"繁"的选择问题,实体正义都有"一票否决权",不能因追求诉讼效率的提高而以牺牲实体正义为代价,也不能以侵害被追诉者权利或滋生冤假错案为代价。确保认罪认罚从宽制度发展和完善的正确方向之核心是坚持对实体问题的严格把握和对程序问题的规范处理,《刑事诉讼法》的修订亦应当以此为

① 左卫民:《认罪认罚何以从宽:误区与正解——反思效率优先的改革主张》,载《法学研究》2017年第3期。

核心。

(一)实体公正之“严”

实体公正是司法公正的核心体现,也应成为国家司法的最终目标。就认罪认罚案件而言,在程序高度效率化的条件下,传统实体公正的要素难以面面俱到。笔者认为,认罪认罚案件实体公正所应坚持的底线在于:被追诉者是自愿、真实地供述了犯罪事实,且该犯罪事实经严格审查已构成犯罪。满足上述条件,对被追诉者适用认罪认罚从宽制度才是对其公正、有利的。上述条件所对应的实体核心应是供述自愿性审查的实质化和犯罪证明标准的严格化。

1. 供述自愿性审查实质化

认罪认罚案件定罪和量刑都严重依赖被告人的有罪供述,其中供述的自愿性是案件审理的关键。如前所述,目前裁判者以无异议、无辩解等消极评价取代自愿性审查的做法是不可取的。

在认罪认罚案件中,“自愿”一方面要求被追诉者在供述时有机会表达自由意志,即其对犯罪事实的供述和具结悔过是在不受任何外界干扰下自由作出的;另一方面要求被追诉者在供述时具有预见性,即其在供述之前已经知道供述可能导致被追诉、定罪、从宽等一切后果。法官应直接讯问被告人、查看侦查机关和检察机关审讯录像、询问辩护人或值班律师见证情况及意见,在刑事速裁程序中,应用至少50%以上的时间对上述问题进行审查。此外,审查的方式、结果均应以简洁的语言在裁判文书中予以记载,以督促法官审查上述要素的全面性和实质性。在这方面,未来的发展趋势应是逐步建立自愿性审查专门程序,作为认罪认罚案件的必经程序嵌入审理中。

2. 犯罪证明标准严格化

《修正案(草案)》未对认罪认罚案件的犯罪证明标准进行单独的规定。在语义逻辑上,这意味着认罪认罚和刑事速裁案件均应遵循“案件事实清楚,证据确实、充分”的证明标准。从司法实践来看,基于认罪认罚案件严重依赖被追诉者供述这一特点,如果盲目降低犯罪标准,也会增加错案、冤案的比率。

但认罪认罚从宽制度毕竟兼顾着高效、快捷的功能使命,且审判是基于被追诉者的自愿供述和具结悔过,那么对犯罪证明标准也不需要“锱铢必较”。笔者认为,在坚持“事实清楚、证据确实充分”的前提下,可不必做到所有事实清楚、所有证据确实充分,而只达到“关键事实”清楚,“关键证据”确实充分即可。所谓“关键事实”,是作为指控罪名犯罪构成要件的事实;所谓“关键证据”,是据以定案的证据。需要注意的是,即便是在适用速裁程序审理的案件中,庭审中对犯罪事实和证据的审查环节也绝不可过于简化甚至取消,法官无法仅仅依靠讯问笔录、被告人供述及具结悔过书就形成"内心确信",速裁程序中应有至少30% ~40%时间用于审查犯罪事实及证据,特别是据以认定罪与非罪、此罪与彼罪、重罪与轻罪时所依赖的事实与证据。

(二)诉讼效率之"范"

诉讼效率是认罪认罚从宽制度追求的重要目标之一。为了避免"欲速则不达",在追求快、简的同时,应科学设定程序简化的底线,既要加强法律对被追诉者的保护,也要制约司法机关的权力行使。

1. 被追诉者核心诉讼权利的保留与救济

对诉讼效率的追求所导致的实体正义的减让不可避免。虽然《试点办法》和《修正案(草案)》均认可了刑事速裁程序中被告人的权利克减,但这种减让不应是无限度的,既要严格保留核心诉讼权利,又要为权利提供充分救济途径。

一是保障被追诉者获得律师帮助、辩护的权利。被追诉者有权在侦查、起诉、审判中的所有环节得到法律帮助。《修正案(草案)》第四条明确了辩护人、法律援助律师、值班律师的全覆盖要求。但第十五条变更了《试点办法》中关于签署具结书应当有辩护人或值班律师在场的要求,修改为应当在辩护人在场的情况下签署具结书,这有悖法律帮助"全覆盖"的要求。在认罪认罚案件中,被追诉者委托辩护人的概率较低,值班律师承担了大部分法律帮助、在场见证职能。具结书作为审判环节的重要证据,要求辩护人和值班律师在场是对被追诉者权利的强制保护。在委托辩护率不高的情况下,如果不把值班律师的见证职责纳入法律规定,会导致一部分被追诉者失去法律保护,也给法院审查具结书签署情况增加了难度。

二是赋予被追诉者认罪认罚的程序反悔权。认罪认罚从宽制度允许被追诉者选择认罪认罚、不认罪认罚,也可以选择在认罪认罚后反悔撤销。被追诉者反悔撤回权,应视为其在程序中的初次权利救济。《修正案(草案)》增加第二百二十六条:"人民法院在审理过程中,发现有被告人违背意愿认罪认罚、被告人否认指控的犯罪事实或者其他不宜适用速裁程序审理的情形的,应当按照本章第一节的规定重新审理。"该条可视为在刑事速裁程序中赋予被告人程序反悔权。而就适用简易程序的认罪认罚案件而言,应与《最高人民法院关于执行〈中华人民共和国刑事诉讼法〉若干问题的解释》第二百二十九条关于"公诉案件被告人当庭翻供,对于起诉指控的犯罪事实予以否认的"应由简易程序转普通程序的规定相衔接,确保被追诉者认罪认罚反悔权在简易程序案件中亦得到明文保护。为了确保反悔撤回权的正确使用,应当对权利的行使时间、行使次数进行一定限制,允许被追诉者最晚于庭审结束前提出,且一旦行使该权利,即应适用普通程序审理,不允许再次适用认罪认罚从宽制度。就立法条文而言,为保证《修正案(草案)》“速裁程序”专章的内容统一性,不宜再规定简易程序,故可以通过司法解释方式拟定条文:“适用简易程序审理的认罪认罚案件,法院在庭审结束前发现有被告人违背意愿认罪认罚、否认指控的犯罪事实的,应当决定中止审理,并按照第一审普通程序重新审理,重新审理时不得适用认罪认罚从宽制度。”

2. “辩诉协商”的科学化

《修正案(草案)》明确了人民检察院审查案件,应当讯问犯罪嫌疑人,听取犯罪嫌疑人、辩护人对犯罪事实、罪名、法律适用、从轻、从宽处罚建议、审理程序适用的意见。在这一规定中,“辩诉协商”初见雏形。通过听取意见和充分的沟通,辩诉双方能就量刑达成合意,不仅能使犯罪嫌疑人尽早了解量刑政策、幅度从而更主动地认罪认罚,也能保证犯罪嫌疑人在审判阶段自愿接受法院判决①。因此,“诉辩协商”并非不可用,而是应在法律的规范下通过科学的制度设计促使其发挥正面作用。

笔者认为,“辩诉协商”发挥积极作用的关键在于形成对公诉机关权力的制约,防止“花钱买刑”“权钱交易”出现。具体来说,一要划定“辩诉协商”的适用范围,即犯罪事实清楚、证据确实充分,犯罪嫌疑人自愿认罪的案件可适用,认罪在先,协商在后,严禁以协商方式“引诱”犯罪嫌疑人认罪;二要规定可“协商”的范围,即辩诉双方只能对量刑问题进行协商,禁止对罪名、罪数的协商;三要保障犯罪嫌疑人的权利,包括值班律师、辩护人应在场、协商前应明确告知其享有的诉讼权利和认罪认罚可能导致的法律后果;四要杜绝“无筹码协商”,即只有在犯罪嫌疑人做出了积极取得被害人谅解、和解、经济赔偿、赔礼道歉等行为时,才有量刑协商的机会,尽量杜绝对只认罪但不积极悔罪的犯罪嫌疑人适用量刑协商。

在立法方面,建议拟定条文:“人民检察院审查案件,应当询问犯罪嫌疑人,告知其享有的诉讼权利和认罪认罚可能导致的法律后果;对于犯罪事实清楚、证据确实充分,犯罪嫌疑人自愿认罪、积极悔罪的案件,可在值班律师或辩护人在场时,与犯罪嫌疑人、辩护人就量刑部分进行协商;量刑协商应充分考虑犯罪嫌疑人赔礼道歉、取得被害人谅解、与被害人和解、进行经济赔偿情况等。”

---

① 朱孝清:《认罪认罚从宽制度的几个问题》,载《法治研究》2016 年第 5 期。

3. 认罪认罚具结书的制式化

《试点办法》中有五处提到了"具结书"一词,《修正案(草案)》有四处提到"认罪认罚具结书"一词。上述文件虽然均未明确说明具结书在审判阶段是否能作为证据使用,但从《试点办法》第十五条、《修正案(草案)》第十九条关于法院应审查认罪认罚具结书内容的真实性、合法性的规定来看,认罪认罚具结书应当作为审判阶段定罪量刑的重要证据,其甚至可能取代传统的询问笔录的作用与功能。鉴于认罪认罚具结书对定罪量刑的重要影响,及法律对认罪认罚具结书正式性、合法性的实质性审查要求,应对该文书载明的内容、格式体例进行统一设计,既能够避免因具结书内容不完整、不规范而导致的证据失效问题,也能够促进司法标准统一,规范司法行为。《修正案(草案)》目前未规定认罪认罚具结书应载明的内容、格式,建议增加条文予以规定(后附拟定制式)。

笔者认为,鉴于对认罪认罚具结书真实性、合法性进行实质审查的要求以及其在定罪量刑中发挥的证据作用,认罪认罚具结书应达到完整、全面、规范的要求,应包含至少三方面的信息,一是被追诉者的基本身份信息,用以明确认罪认罚的主体资格。二是自认内容,包括对犯罪事实、罪名、量刑、程序适用的认可,这部分是具结书的核心,是据以定罪量刑的最重要依据。三是权利知悉与承诺,应完整记载认罪认罚前权利及法律后果的告知情况、被追诉者知晓权利、承诺、自愿签署情况以及签署具结书时相关人员的见证情况,这部分能反映认罪认罚、量刑协商过程,既可以辅助法院在审判阶段对具结书真实性、合法性的实质审查,也是对被追诉者权利的强制保护。

示例:

认罪认罚具结书

一、犯罪嫌疑人/被告人身份信息

本人姓名________,性别________,民族________,出生日期________年____月____日,职业____________,户籍所在地________________,现羁押地____________,身份证号码____________________。

二、权利知悉

本人已知晓并理解在__________________(罪名)一案中,在(侦查/起诉/审判)阶段享有的诉讼权利和认罪认罚可能导致的法律后果。现本人在(辩护人/值班律师)在场见证下自愿签署认罪认罚具结书,自愿同意适用认罪认罚从宽制度。

三、认罪认罚内容

1. 本人自愿认可____________________(时间及犯罪事实)。

2. 本人自愿认可公诉机关指控我犯____________(罪名)。

3. 本人自愿接受公诉机关提出的____________(量刑建议)。

4. 本人自愿同意在审判阶段适用____________(程序)。

四、承诺

1. 本人承诺____________(对被害人赔礼道歉、经济赔偿,进行和解、调解等)。

2. 本人承诺在(侦查/起诉/审判)阶段所供述罪行真实、完整、全面。

五、声明

1. 本人系自愿认罪并签署《认罪认罚从宽具结书》,期间未受到任何暴力、威胁或其他非法形式的控制、影响。

2. 本人声明除《认罪认罚从宽具结书》第三项所载明的认罪认罚内容外,本人未获得(侦查机关/起诉机关/审判机关或其工作人员)其他任何形式的承诺。

本人________,已理解、认可并自愿签署《认罪认罚具结书》的全部内容,本人承诺上述内容真实、完整、准确。

姓名:________ 日期:________

辩护人/值班律师声明:

本人在________(犯罪嫌疑人/被告人姓名)____________(罪名)一案中担任____________(犯罪嫌疑人/被告人姓名)辩护人/值班律师,在场见证____________(犯罪嫌疑人/被告人姓名)阅读并签署《认罪认罚具结书》,证明其系自愿签署《认罪认罚具结书》。

辩护人/值班律师:________ 日期:________

结 语

任何一项法律制度的生命都在于公正。随着认罪认罚试点的结束以及该制度被纳入法律框架,其在实体上的严密性和程序上的规范性应当被强调和重视起来。目前《试点办法》和《修正案(草案)》对认罪认罚在实体和程序上的规范、指引还只停留在较为零散的法律条文和对关键问题的规定上,距离形成体系完整、运行规范的认罪认罚从宽制度仍有很长的路要走。对该制度的理论研究和实践经验均应成为法律制定的重要参考依据。随着《刑事诉讼法》的再次修订,未来应当将这一制度进行独立设计,并在不断实践与修正的过程中形成一项新的刑事制度格局。

心得体会

在积累和沉淀中进步

宋 莉

学术研讨会论文重在理论与实践的融合,要学习探索一个有研究价值且根据现有的实践经验有能力研究的课题,并且通过不断地积累和沉淀,学会将对相关法学理论的理解融入问题解决中,是我们需要解决的首要问题。

我们常说日常积累与沉淀之重要,那么积累需要积什么?其实,只要是在一线办案,就会有日常工作中的小故事、零碎的思考。把这些体会与感悟写下来,不需要华丽的语言,也不需要艰涩的理论,只需要把案件中的创新、随感、叙事、案例记录下来,长此以往,聚沙成塔,终会形成自己的知识储备库,有了这些量的积累,将会成为我们日后写作坚实的地基,为学术论文的写作积累丰富的素材。在每一个案件中,我们都会有所反思,有所收获。但是单一的案例是不足以写成论文的,论文中相关的理论支撑,不是假大空,而是要来源于真实的案件。

一篇优秀论文的写成,既要有自身亲历的一线工作经验,又要有丰富的理论指导,且需要不断钻研,反复思考推敲、论证的精神。只有这样,一篇论文才能有灵魂,有意义。说到底,论文的写作要有大量的积累,从积累中提炼出自己的想法与观点。在真正的写作工作开始之后,结合自己掌握及论证需要的理论,不断修正,不断跳出论文来审视自己的观点,用批判的精神看待相关问题,就一定能够写出有价值的文章。

作为实践经验还不足的我们,这次学术研讨会论文从选题到写作完成,让我明白一篇有价值的学术论文一定是从积累中收获灵感,再从积累中提炼观点。当感觉论文无从下笔时,试着将每个看似简单的案件做精做细、深入思考,就一定能够从中发现不一样的世界。

基于5W2H分析法：审判辅助事务社会化工作模式研究

任　静*

【论文提要】

随着司法改革的不断深入，以法官为中心的法院人员分类管理制度改革逐步深入推进，如何构建以法官为中心、以服务审判工作为重心的审判辅助事务管理制度成为关键所在。最高人民法院2015年2月颁布的《关于全面深化人民法院改革的意见——人民法院第四个五年改革纲要(2014—2018)》(以下简称《四五改革纲要》)指出，要通过向社会购买服务，优化审判辅助人员结构、加强审判辅助力量建设。这既是法院进一步落实人员分类管理改革要求的重要环节，也是深入推进落实司法责任制的重要举措。实践中，有些法院积极展开了探索和实践，取得了一定成效，但大多数法院多是以"点""线"展开，缺乏对辅助事务社会化管理整体性、系统性的分析。本文借用适用于决策和执行性措施领域的"5W2H"分析法，对审判辅助事务社会化管理进行系统性发问，寻求适应新时期法院工作要求的审判辅助事务社会化工作模式的合理切入方法。

【主要创新观点】

一是对辅助事务社会化管理整体性、系统性的分析。本文借用适用于决策和执行性措施领域的"5W2H"分析法，对审判辅助事务社会化管理进行系统性发问，寻求适应新时期法院工作要求的审判辅助事务社会化工作模式的合理切入方法。

二是从改革目的来看，法院根据实际需要，整合利用社会资源，通过购买社

---

* 任静，北京市第一中级人民法院干部处法官助理。

会服务将部分审判辅助事务实行分离或外包,为法院瘦身,为法官减压,极大地提高了审判数量、质量、效率和效果,不仅顺应了发展的趋势,更符合司法责任制改革目的。

三是在制度设计上,把审判辅助事务工作经历作为聘用制审判辅助人员职业路径发展的重要考量。加强与司法公证机构、律师协会等法律相关社会组织的合作。充分利用现有法律职业社会力量,与其他社会组织一起共同培育"供给市场",培养适合法院人员分类管理特点的审判辅助人员队伍力量。

一、引言

随着司法改革的不断深入,以法官为中心的法院人员分类管理制度改革逐步深入推进,如何构建以法官为中心、以服务审判工作为重心的审判辅助事务管理制度成为关键所在。最高人民法院2015年2月颁布的《关于全面深化人民法院改革的意见——人民法院第四个五年改革纲要(2014—2018)》(以下简称《四五改革纲要》)指出,要通过向社会购买服务,优化审判辅助人员结构、加强审判辅助力量建设。这既是法院进一步落实人员分类管理改革要求的重要环节,也是深入推进落实司法责任制的重要举措。实践中,有些法院积极展开了探索和实践,取得了一定成效,但大多数法院多是以"点""线"展开,缺乏对辅助事务社会化管理整体性、系统性的分析。本文借用适用于决策和执行性措施领域的"5W2H"分析法①,对审判辅助事务社会化管理进行系统性发问,寻求适应新时期法院工作要求的审判辅助事务社会化工作模式的合理切入方法。

图1 审判辅助事务社会化"5W2H分析"关系

① "5W2H"分析法又叫七问分析法,是"二战"中美国陆军兵器修理部首创。简单、方便,易于理解、使用,富有启发意义,广泛用于企业管理和技术活动,对于决策和执行性的活动措施也非常有帮助,也有助于弥补考虑问题的疏漏。

二、为什么社会化(WHY)——审判辅助事务社会化改革目标

(一)分类管理——由混合模式到分离模式

混合模式是指对审判事务及辅助事务不作细致区分的分工模式，其主要特点是，审判事务及辅助事务中的大部分事务集中由法官承担。相反，分离模式，是指对审判事务、辅助事务的各项内容进行细致区分，其主要特点是不仅将审判事务与辅助事务进行区分，而且进一步将审判事务内部的不同内容及辅助事务的不同内容进行区分，将之配置给法官、辅助法官、辅助官员及各种不同辅助人员承担。[①] 从人员管理来看，法院改革历程整体遵循审判核心事务和审判辅助事务从混合向分离转变的趋势[②]。1999 年最高人民法院《人民法院第一个五年改革纲要》提出“建立科学的案件审判流程管理制度”，把人员分类管理改革作为司法体制和工作机制改革的突破口，建立书记员单独职务序列，在部分地区试点法官助理制度；2005 年，最高人民法院《四五改革纲要》强调“坚持以法官为中心、以服务审判工作为重心，建立分类科学、结构合理、分工明确、保障有力的法院人员管理制度”，逐步展开员额法官、审判辅助人员、司法行政人员分类管理制度改革。从最初的书记员单独职务序列、法官助理试点到现在的司法人员三类人员分类管理，“职责划分”和“分类管理”为历次改革的重点。员额制改革后，为保证员额法官专心办案，不分心于大量辅助性事务，审判核心事务和审判辅助事务的分离成为审判辅助管理模式探寻的关键因素。

(二)分工合作——由大包大揽到分离外包

社会化(Socialization)即打破政府权力运行大包大揽的“单位化”“行政化”，整合利用社会资源，将部分政府事务分离外包。“分离外包”体现了分工合作理论的深刻内涵。本轮司法改革中，中央对法官、审判辅助人员和司法行政人员各自在政法行政编内的占比进行了明确[③]。法官员额制后，法官的总体数量减少，案件数量没有减少，反而大幅增加[④]。在法院编制数量短期内难以改变的情况下，很多法院都面临着审判辅助人员短缺的问题。从制度设计来看，法院根据实际需要，整合利用社会资源，通过购买社会服务将部分审判辅助事务

---

① 邹碧华:《审判事务的分工与法官辅助人员的配置探讨》，载《法律适用》2002 年第 6 期。

② 陈陟云:《法院人员分类管理改革研究》，人民法院出版社 2014 年版，第 88 页。

③ 《2015 司法改革细则》:法官 39%，审判辅助人员 46%，司法行政人员 15%，载 http://mip.yjbys.com/607888.html，最后访问时间:2018 年 3 月 28 日。

④ 按照最高人民法院周强院长 2018 年工作报告，2013 ~ 2017 年，全国地方各级法院受理案件 8896.7 万件，审结执结案件 8598.4 万件，分别比前五年上升 58.6% 和 55.6%。

实行分离或外包,为法院瘦身,为法官减压,极大地提高了审判数量、质量、效率和效果,不仅顺应了发展的趋势,更符合司法责任制改革目的。

(三)集约管理——由单一碎片到系统整合

集约化原为经济学术语,是提高效益效率的一种形式。集约化治理理论是现代各国各地探索开展的管理方式改革,是现代企业组织提高效率的普遍选择。① 通过整合碎片化的管理方式,重构组织结构,集约工作资源,有效提升工作绩效。2015年《最高人民法院关于全面深化人民法院改革的意见》(法发〔2015〕3号)在"推动法院人员分类管理制度改革"中明确规定:"推进审判辅助事务集中管理。"从审判辅助事务服务对象来看,对审判辅助事务进行集中管理,对外可为当事人提供"一站式"服务。如由诉讼服务中心集中行使诉讼引导、立案登记、诉讼费收缴、查询咨询、材料收转、信访接待等多项功能,让当事人"走进一个厅,事务一站清"②;对内,可对法院内部权力分配、资源整合的结构性改造,保障法官专注审判。如对部分书记员、送达员等进行集中管理,把送达、保全、排期开庭、卷宗整理、归档等非审判性事务从法官的工作中剥离出来,集中到诉讼服务中心由专人负责,让法官专注案件审理,使办案效率大大提高。

三、对什么进行社会化(WHAT)——审判辅助事务社会化的对象

从审判辅助事务社会化改革目标来看,审判社会化的对象需要从"可分离""可分工""可集约"的审判辅助事务来进行分析。

(一)第一层次:法院事务"三分法"

审判核心事务、审判辅助事务、司法行政事务相分离是人员分类改革背景下法院事务分类的普遍特征。③ 首先是审判核心事务和审判辅助事务之间的区分,二者的区别标准在于是否需要高度的法律判断并且能够产生确定效力或既

---

① 20世纪90年代,继西方发达国家英国、澳大利亚以及新西兰等盎格鲁—撒克逊国家率先发起"整体政府"改革之后,美国、加拿大等国也加入到了这场协作性公共管理改革与探索的行列,并成为全球范围内治理变革的策源地。王余生、陈越:《碎片化与整体性:综合行政执法改革路径创新研究》,载《天津行政学院学报》2016年第6期。

② 姜立恒、潘自强:《"案多人少"背景下的审判辅助事务集中管理——以诉讼服务中心的"洛阳模式"为视角》,载《人民法治》2016年第5期。

③ 当前,对法院事务的分类中,还普遍存在一种"二分法"观点,即"审判事务"和"非审判事务",其中,审判事务包括核心审判事务和辅助审判事务,非审判事务又称为司法行政事务。李静:《法院"事务—人员—程序"配置的逻辑与改革》,载《第28届最高人民法院学术讨论会获奖论文集》,第276~284页。

判力。[①] 审判核心事务只能由法官行使,主要包括认定事实、适用法律、司法裁断、诉讼程序指挥等内容。实践中,核心审判事务主要围绕个案审理与裁判的核心活动设置,包括调解、庭审、诉讼指挥、合议、判决等工作。审判辅助事务主要是指在案件处理过程中,仅具有一定的专业化要求,具有程序性、重复性且不具有司法判断,对操作者法律素养要求不高的事务,通常可以交给司法辅助人员来处理。审判辅助事务因辅助审判衍生,但不介入或干预案件实体审理和裁判。司法行政事务在各国家(地区)概念外延基本一致,包括行政类及审判与行政交叉类,指为实现司法职能所需的行政管理,如统计管理、人事监督、财务后勤保障等。[②] 本人主要基于上述"三分法"对其中的"审判辅助事务"的社会化进行探讨,司法行政事务暂不予讨论。

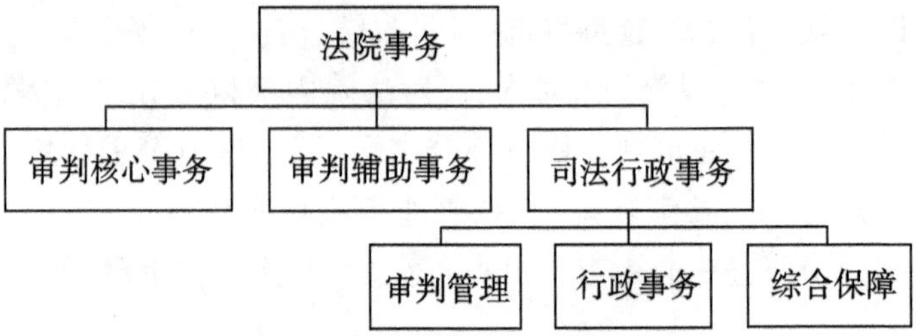

图 2　法院事务组成结构

(二)第二层次:审判辅助事务的复杂性

相较审判核心事务主要围绕法律专业判断进行,审判辅助事务更具多样性和复杂性。审判辅助事务围绕案件审理与裁判进行,分为专业性与事务性辅助事务。[③] 二者的区分标准为:具体事务的处理是否需要相应的司法专业能力。专业性审判辅助事务主要体现为对法官诉讼指挥权的辅助及对诉讼程序的促进事项,包括诉讼保全、诉前调解等具备一定专业要求的程序性事务,以及提供判例与学说参考的研究型事务,这些事务均需一定司法专业知识。纯事务性审判辅助事务包括送达、庭审记录、结案归档等专业性较低的事务。目前暂无文件对审判辅助事务的内涵、外延进行明确规定。法院人员分类改革后,审判辅助事务主要由法官助理、书记员等承担。因此,本人从法官助理、书记员的职责规定来探索审判辅助事务外延。对于法官助理的职责,《最高人民法院关于完

① 傅郁林:《以职能权责界定为基础的审判人员分类改革》,载《现代法学》2015 年第 4 期。

② 邹碧华:《审判事务的分工与法官辅助人员的配置探讨》,载《法律适用》2002 年第 12 期。

③ 李静:《法院"事务—人员—程序"配置的逻辑与改革》,载《第 28 届最高人民法院学术讨论会获奖论文集》,第 276～284 页。

善人民法院司法责任制的若干意见》规定了7项①,《人民法院书记员管理办法(试行)》较概括地规定了书记员职责,共5项。②

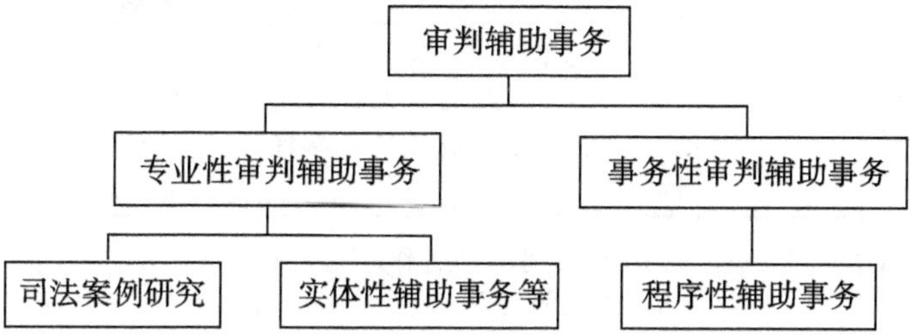

图3 审判辅助事务结构

（三）第三层次：审判辅助事务可社会化分析

《最高人民法院关于全面深化人民法院改革的意见》和《四五改革纲要》分别提出审判辅助事务集约化、社会化的要求,但没有明确规定哪些事务可以社会化。如前所述,审判辅助事务工作涵盖的范围比较广泛,既有与审判核心工作直接相关的案件法律问题研究、审查诉讼材料、草拟裁判文书等法律专业水平要求较高的事务,也有鉴定、评估、拍卖、财产保全等与审判工作关联性较强的工作;还有送达、记录、案卷整理归档、诉讼费收退等程序性工作。这些业务需根据与审判核心业务的关联程度和对当事人权利义务的影响,决定是否外包以及外包的形式。一些法院在实践中已开始探索辅助业务外包。

表1 法院审判辅助事务可社会化分析

事务项目	性质	是否可社会化购买	是否可集中管理
案件研究、草拟文书、审查诉讼材料、协助调解等	法律研究型辅助事务,与个案审判核心事务直接相关,直接涉及当事人权利义务	否	否

① 法官助理在法官的指导下履行以下职责:(1)审查诉讼材料,协助法官组织庭前证据交换;(2)协助法官组织庭前调解,草拟调解文书;(3)受法官委托或者协助法官依法办理财产保全和证据保全措施等;(4)受法官指派,办理委托鉴定、评估等工作;(5)根据法官的要求,准备与案件审理相关的参考资料,研究案件涉及的相关法律问题;(6)在法官的指导下草拟裁判文书;(7)完成法官交办的其他审判辅助性工作。

② 书记员履行以下职责:(1)办理庭前准备过程中的事务性工作;(2)检查开庭时诉讼参与人的出庭情况,宣布法庭纪律;(3)担任案件审理过程中的记录工作;(4)整理、装订、归档案卷材料;(5)完成法官交办的其他事务性工作。

续表

事务项目	性质	是否可社会化购买	是否可集中管理
财产保全、证据保全、委托鉴定、拍卖等	事务性辅助事务,与个案审判事务相关,涉及当事人权利义务,一般需与其他社会组织合作	是	是
记录、送达、整卷归档等程序性工作	程序性审判辅助工作,不涉及当事人权利义务	是	是

表 2　法院购买社会服务实践

事务项目	服务外包形式	管理形式
案件法律问题研究	尚无	—
草拟裁判文书	尚无	—
审查诉讼材料	尚无	—
协助调解	尚无	—
财产保全、证据保全	与银行合作建立查控指挥中心	集中
委托鉴定、评估、拍卖等	专人负责;外包给第三方鉴定机构、拍卖机构	集中
庭前准备:联系当事人、安排庭审时间等	专人负责	集中
庭审记录	专人负责	集中
诉讼材料收转	专人负责	集中
案卷整理、装订、归档	专人负责	集中
文书送达、司法专邮	专人负责;与邮政机构合作	集中
诉讼费收退	银行派驻人员	集中

四、模式分析:审判辅助事务社会化工作模式的系统性分析

(一)谁来承担社会化事务(WHO)

从承接主体来看,有事业单位等非营利性组织,也有企业等营利性组织。有的法院通过公开向社会组织招标的形式实现事务社会化,社会组织通过竞标与法院签订外包合同,参加竞标单位一般为企业等营利性社会组织,签订合同前与法院之间相互独立,法院可通过招标比对服务质量、市场反馈、收费标准等

进行择优选择[①]。有的法院通过协同合作方式与公证机构、国有企业、学校等社会组织签订合同,如厦门市思明区法院与厦门市鹭江公证处合作试点送达、调解、取证、保全、执行等审判辅助业务与公证的全面对接及信息化建设;上海市二中院通过与上实集团、上海外国语职业学院签订合作协议,试点审判辅助事务剥离与集约化管理[②]。

(二)怎么进行社会化(HOW)

从购买方式来看,有的将辅助事务打包外包[③]给其他社会组织,有的将辅助事务委托给其他社会组织,有的通过协作方式与其他社会组织共同完成。有的法院将某项或几项审判辅助事务打包,外包给其他社会组织,如某法院通过公开招标方式将案件归档卷的数字化处理工作外包给专业的公司来完成[④];有的法院将审判辅助事务委托给其他社会组织完成,如法院与中国邮政EMS合作,建立集约化的送达管理系统,委托中国邮政EMS完成文书送达[⑤];有的法院与其他社会组织成立协作中心,将部分辅助工作交由协作中心共同协作完成,如法院与公证机构共建诉讼与公证司法辅助事务新模式,成立"诉讼与公证协同创新服务中心",由法院负责法律指导和整体工作流程设计,公证机构派驻公证人员在调解、辅助送达、辅助执行等审判辅助事务中具体开展工作。[⑥]

(三)在哪里进行社会化(WHERE)

主要呈现为"协同管理""集中管理""流程管理"几个特点。在与承接辅助事务的社会组织协作管理的过程中,有的法院创设了"剥而不离"的协作配合机制,通过信息化软件等确保辅助事务人员和事务进程能够即时反馈至法官或法

① 《中山市第一人民法院审判辅助综合事务性工作项目公开招标公告》,载政府采购信息网:http://www.caigou2003.com/tender/notice/2118450html,最后访问日期:2018年3月28日。

② 《配合司法体制综合配套改革,上实服务拓展司法审判辅助业务》,载上实发展网:http://www.sidlgroup.com/News_View.aspx? News_id=235,最后访问日期:2018年3月28日。

③ 承揽合同,根据《中华人民共和国合同法》第十五章第二百五十一条第一款对承揽合同的定义为:"承揽人按照定作人的要求完成工作,交付工作成果,定作人给付报酬的合同。"业务外包合同则一般指将某项业务活动、流程或功能的管理与执行责任转移给外部的服务供应商,以便提高效率和绩效。从性质上来看,外包合同具有承揽合同的性质。

④ 《四川省成都市锦江区人民法院速录及档案归档等审判辅助事务外包服务采购项目公开招标结果公告》,载采招网,招标频道:http://www.bidcenter.com.cn/newscontent-40558066-4.html,最后访问日期:2018年3月28日。

⑤ 《法院打造审判"流水线"法官从全能"民工"变身"指挥官"》,载腾讯网:http://gd.qq.com/a/20170818/031433.htm,最后访问日期:2018年2月28日。

⑥ 《诉讼与公证协同创新"厦门模式"持续深入推广司法高效群众获益》,载央广网:http://www.sohu.com/a/212095000_362042,最后访问日期:2018年3月28日。

官助理,实现“剥而不离”的协作配合和全程可控,如成都锦江区法院①;有的法院通过与承接组织共同成立创新型诉讼服务中心,通过诉讼服务中心共同推进辅助事务社会化,如厦门市思明区法院;有的法院设立专门的外包工作场所,制定详细的管理规则,强化监管,实现审判辅助事务的集中办理、集中管理,如成都金牛区法院②;有的法院将多项辅助性事务施行外包,制定详细的操作规范,对审判、执行辅助事务建立标准化的流程,与法官的核心审判事务共同组成一条“生产线”,如中山第一法院。

五、现状反思:聘用制审判辅助事务社会化实践中存在的问题

总体来看,目前法院以“工作内容”为核心的工作项目社会化工作模式在全国尚未全面铺开,仅部分地方法院进行了探索。目前实践中还需要再进一步提炼有益工作经验,挖掘创新工作模式,解决审判辅助事务社会化推进过程中出现的问题:

一是未对审判辅助事务进行类型化管理和区分。对于哪些辅助事务可以作为社会购买的对象,不同法院有不同的认识,从实践中来看,各试点法院辅助事务社会化的范围出现了参差不齐的现象,有的“大刀阔斧”地全方位改革,有的“谨小慎微”地选择一项或几项进行改革。对于某类审判辅助事务应选择哪一种社会购买方式也存在不同的认识,同一项辅助事务,有的选择委托方式,有的选择协作方式,有的选择外包方式,对辅助事务社会化社会服务购买方式的最优选择还在探索中。

二是相关制度规范不够健全完善。2013 年,国务院办公厅制定《关于政府向社会力量购买服务的指导意见》,明确了政府购买社会服务的基本原则、购买主体、承接主体、购买内容、购买机制等要素。2015 年最高人民法院提出要通过向社会购买服务,优化审判辅助人员结构、加强审判辅助力量建设。对于政府购买社会服务的相关规定是否适用于法院审判辅助事务社会化,由于审判活动的特殊性,法院购买社会服务的承接主体、购买方式、购买内容等是否具有特殊要求需要进一步明确。

三是辅助事务社会化对其他社会组织的专业资质,对法院工作的精细化、信息化提出更高要求。从实践来看,由于审判活动的特殊性,审判辅助事务交

① 《推进审判辅助事务社会化剥离外包实现审判资源配置转型升级》,载锦江法院网:http://www.jjfy.gov.cn,最后访问日期:2018 年 3 月 28 日。

② 《借力社会化服务为核心审判助力》,载成都金牛区法院网:http://www.cdjnfy.gov.cn/detail.asp? id =713,最后访问日期:2018 年 3 月 28 日。

由社会力量完成的过程中一方面需要社会组织提供更专业化的服务,对其他社会组织的专业资质提出更高要求;另一方面需要法院进一步细化辅助事务操作规范,加强监管,提高事务完成结果的准确性和公平性。

四是与法院现有审判辅助人员的衔接问题尚不明确。目前,以“人”为核心和以“工作内容”为核心的社会化工作模式并存于法院,探索试点审判辅助事务工作内容社会化的法院中往往还聘有聘用制书记员、审判辅助人员。同时,法院审判辅助序列人员除聘用制人员外,还有在编法官助理。随着审判辅助事务工作内容社会化的推进,法院将面临行政编法官助理的培养机制和审判辅助事务社会化如何衔接,聘用制书记员、审判辅助人员的工作职责与法院辅助事务承接社会组织如何分工协作,未来聘用制书记员、审判辅助人员的发展方向等问题。

六、模式优化:完善审判辅助事务社会化工作模式的策略选择

(一)深入分类分析,有效利用各类审判辅助事务社会化工作模式的优势

最高人民法院《四五改革纲要》已经明确通过探索以购买社会化服务的方式,优化审判辅助人员结构分类,拓宽审判辅助人员的来源渠道。分类来说,以“人”为核心和以“工作内容”为核心的审判辅助事务社会化工作模式各有优势。如以“人”为核心的社会化工作模式,具有使用管理灵活的特点,法院可通过对聘用制人员进行整合管理,法官与辅助人员互相配合,构建固定审判团队,此种方式比较适合于案件比较少的边远地区法院或中、高级法院;以“工作内容”为核心的社会化工作模式,具有集约化、专业化、流程化等特点,法院可将大量审判辅助事务与审判核心事务相互剥离,进行集中化、流程化管理,此种方式比较适合于案件比较多的发达地区基层法院。法院可对两类工作模式进行适用性、操作性、优劣势分析,选择适合自身法院工作需要的工作模式。

(二)细化审判辅助工作内容,与聘书、聘辅、在编法官助理分工协作,形成工作合力

从法院购买社会服务的实践来看,社会服务购买模式始终以“人”和以“工作内容”为核心而展开,两种方式开展的基础均有赖于对审判辅助事务的细化分类。因此,在区分审判核心事务和审判辅助事务的前提下,必须对审判辅助事务进行细分。审判辅助事务可分为专业性审判辅助事务,指需要经过特殊法律专业训练的人员方可完成的事务,如法律文书起草、庭审中的专业性辅助事务,和一般性审判辅助事务,指除专业性审判辅助事务之外,辅助审判业务的各类审判辅助事务,处理一般性审判辅助事务不需要经过特殊的法律专业训练,

如庭审记录类、卷宗归档类等。在此分类的基础上,法院应完善三个分类协作。一是“人”的分类协作。法院现有在编法官助理、聘用制书记员、审判辅助人员的来源、专业水平、发展方向等均不同,法院可针对人员特点、专业能力等对三类辅助人员进行合理分工,如在编法官助理要么是具有较为丰富审判经验的未入额法官,要么是具有扎实法学功底的大学毕业生,且一般为法院未来法官的后备力量,可由他们来承担专业性审判辅助事务。二是“工作内容”的分类协作。一般性审判辅助事务可以通过项目社会化途径从审判辅助事务中剥离,但是从上文来看,项目社会化购买方式并不唯一,哪些事务适合外包方式、哪些事务适合委托方式、哪些事务适合通过协作方式完成,需要我们对一般性审判辅助事务进行进一步细化分类。三是“人”与“工作内容”的分类协作。立足于法院现有在编法官助理、聘用制书记员和审判辅助人员的队伍组成特点,对于审判辅助事务的社会化推进,法院可制定有针对性的差别化职责清单,确保法院现有各类人员的职责和承担辅助项目的其他社会组织各归其位、各尽其责、防止缺位、错位。

(三)完善制度规范,建立法院购买社会服务的运行机制和管理制度

法院向其他社会组织购买社会服务是一项创新型工作机制,但有些法院一直踌躇不前,一方面是因为法律法规、指导性文件的缺失,缺乏操作方向和借鉴蓝本;另一方面在于各地法院审判实践情况不一,随意性较大,效果参差不齐,给法院审判工作带来较大的不稳定性和风险性。因此,有必要完善相关的管理制度和机制,应对法院购买社会服务的购买方式、运作流程、资质审查、管理机制等一系列规范性文件的补充制定,为法院购买社会服务提供制度保障,预防法院和其他社会组织在购买社会服务和提供社会服务过程中偏离正确的轨道,促使购买行为达到预期目的。

(四)建立完善配套措施,提高法院工作精细化、专业化、信息化水平,为审判辅助事务社会化结果提供保障

由于审判活动的专业化、准确性、公平性的要求,借助社会力量办理审判辅助事务工作的过程中,需要法院进一步加强监管,确保事务的完成水平。一方面应对审判辅助事务制定操作规范。法院可制定详细的操作手册,社会组织等事务承接社会力量可严格遵循操作手册办理辅助事务,保证诉讼程序中的每一个过程和节点都有有章可循的标准,通过对流程节点的标准化管理,确保最终结果的可控性和准确性。另一方面需加强对社会化审判辅助事务进展状况的监督管理。法院可利用信息化优势,设计辅助性软件,借助信息化手段将承接辅助事务的组织对辅助事务的办理流程和办理结果实时反馈给法官或法官助

理,实现辅助事务"剥而不离"的协作配合和全程可控。

（五）构建法律职业共同体,提升审判辅助事务社会化的生命力

一是把审判辅助事务工作经历作为聘用制审判辅助人员职业路径发展的重要考量。如争取将审判辅助事务工作经历视为实习律师经历,具有审判辅助事务经历满一年以上的,经培训合格的,可直接获得律师职业资格,从法律职业共同体角度思考审判辅助事务社会化管理制度的生命力问题,提升对这一工作经历的认同度,同时给法院现有聘用制书记员、审判辅助人员提供一条未来转型、发展的路径选择。二是加强与司法公证机构、律师协会等法律相关社会组织的合作。现实中,具体针对人民法院社会服务的购买市场并不成熟,审判辅助事务服务承接组织无论从数量还是从质量上均未形成充分的竞争性,能够成为具有资质的服务供给主体数量有限,需要法院充分利用现有法律职业社会力量,与其他社会组织一起共同培育"供给市场",培养适合法院人员分类管理特点的审判辅助人员队伍力量。

心得体会

心得体会

任　静

调研是工作的开始,也是工作的继续。在政治部的工作中,尤其是新时代司法改革的大背景下,工作过程中遇到的问题很多,有很多改革性工作的展开亟须我们调研推进。自入院工作以来,陆陆续续写了几篇调研报告和论文,回看以前撰写论文和报告的过程,最大的困难莫不是面对需要解决的问题,不知道从哪里入手,不知道怎么去分析问题、解决问题,最终的结果便是写出来的文章分析不够、深度不够、实践性也不足,对实际工作中解决问题助益并不大。为此,也会反复问自己"自己缺的是什么",缺的应该是在实践中深入分析问题的习惯。比如,深入推进人员分类管理改革是当前司法体制综合配套改革的重要部分,改革推进过程中有很多问题需要加以解决。但改革中每一步莫不是严格按照司法政策要求进行,政策性很强,从静态进行分析会有一种"无政策"即"无法解决"的感觉,但是每一项政策实际上都是动态的,会涉及新旧政策的衔接问题、也会面临法院工作未来发展问题,需要充分调研。调研源于实践,也将归于实践。因此,需要在工作实践中慢慢养成深挖问题的习惯。总体来看,写作过

程中虽目前所挖问题尚浅,所写文章也一定程度上存在浮于表面的问题,但写作过程中也在逐渐培养自己分析问题的习惯,有所收获。

调研重点在开始,关键在坚持。不积小流,无以成江河。虽然论文写得次数不多,但每次都会遇到“无从下手”的问题。究其原因,莫过于积累不够。政治部干部处一直以来都有调查研究“传帮带”的传统,在传授的调研方法中,积累调研素材,一是要密切关注党和国家对于政法工作尤其法院工作的有关要求,了解法院工作动态;二是要密切关注最高人民法院以及北京市高级人民法院的有关工作动向,了解上级机关对于我院相关工作的要求;三是要密切关注我院和各部门的工作动向,了解相关工作的开展情况,把握我院的工作重点和方向;四是要善于通过网络形式了解其他省市法院机关工作开展情况,了解其他法院工作成果。一方面,有利于我们的调研文章保准正确的方向;另一方面,有利于我们进一步发现问题,分析问题,解决问题。尤其是在工作的过程中,既要做好常规工作,又要抽时间进行积累、调研,如何在有限的时间内完成一项调研需要较大地毅力和耐心。滴水穿石,写作的过程是“痛并快乐”的过程,因此,“工作再忙”也要抽空看“几篇文章”,“放下手机”转而写“几行文字”,提高能力,也磨炼心智。

探寻黄金分割点:司法权“二元属性”界分下的财政支出制度建构研究

宁　韬　仇芳芳*

【论文提要】

党的十八届三中全会提出要改革司法管理体制,推动省以下地方法院人财物统一管理。近五年来,各地将省级统管人财物的改革,作为司法机关人财物管理方式最终走向中央统管的先行步骤或缓冲阶段,但在运行过程中遭遇极大阻力。面对此一问题,本文从司法财政支出制度的逻辑起点——司法权的事权属性入手,在对理论和现实进行总结反思的基础上,将司法权划分为审判权与司法行政事务管理权,进而通过理论分析、域外分析、实证分析的方法,将司法权的事权属性进行“二元划分”,认为司法权兼有中央事权和地方事权的性质。并以此为基,完善了“中央和省级共同保障、中央财政加大保障力度”司法财政支出制度的理论根基,并在综合考虑我国国情、历史维度、财政角度、法经济学基本理论的情形下,提出了构建司法财政支出制度应当具体考量的七种因素,最终尝试搭建了未来司法财政支出制度的架构,草拟初步路径方案,以期对我国司法财政制度的改革完善提供些许参考意见。

【主要创新观点】

1. 本文综合采用实证分析、理论建模、效率成本范式等多种分析方法,对我国司法财政支出制度的运行现状进行归纳总结,对拟构建的初步方案进行论证。

2. 本文对司法权事权属性进行了逻辑界定,认为合理的逻辑脉络为司法权本质上是判断权和裁量权,而审判权是中央事权,故而“司法权从根本上说是中

---

* 宁韬,北京市第一中级人民法院研究室法官助理,曾获全国法院系统第二十九届学术讨论会三等奖;仇芳芳,北京市第一中级人民法院未成年人案件综合审判庭法官助理。

央事权”。

3. 本文对司法权属性进行了“二元划分”论证。通过对中央改革文件的理性分析,得出司法权包括审判权与司法行政事务管理权的二元划分结论。

4. 本文以二元划分为基础,论证司法权包含中央事权和地方事权两种属性,进而论证司法权的支出责任应当兼顾双重属性。

5. 通过梳理域外法院支出责任划分模型,归纳分析了我国司法财政支出制度设计中应当考量的七个因素,并分别论证合理性与可行性。

6. 本文明确了“事权与支出责任相对应”“央省并管”“分类保障”等符合国家治理现代化要求的司法财政改革制度构想。随附的建议稿,一方面为省级以下地方法院人财物统一管理体制中的支出责任改革提出可供参考的改革方案,另一方面对现阶段试点出现的现实问题做出制度回应,以期使改革方案更加有效、有用、有度。

引　言

党的十八届三中全会作出《中共中央关于全面深化改革若干重大问题的决定》,提出改革司法管理体制,推动省以下地方法院人财物统一管理。习近平总书记在中央政法工作会议上发表重要讲话强调:“司法权从根本上说是中央事权。”基于此,近五年来,各地将省级统管人财物的改革,作为司法机关人财物管理方式最终走向中央统管的先行步骤或缓冲阶段。财权须与事权[①]相对应,不言自明。然而省级财政支出的改革思路在理论上无法与从根本上说是“中央事权”的司法权属性相匹配,运行中也遭遇极大阻力。由此笔者反思,如何理解司法权与中央事权?事权与财政支出制度在司法领域内如何自洽?在中国国情下构建司法财政支出制度应当考量哪些具体因素?如何回应改革试点中已经面临的问题?本文正是基于上述考虑,拟从司法权的“二分属性”切入,在重新界定司法权事权属性的前提下,对未来司法财政支出制度的架构与路径方案提出初步思考。

一、改革反思:对现有司法财政支出制度无法顺畅运行的思考

(一)基础理论反思:对“司法权是中央事权”的检视

在中国现行的体制下,法院系统在公共财政资金的分配上始终未能掌握实

① 事权,简言之就是指一级政府应当承担的提供公共服务的职责和任务。换句话说,就是各级政府的职能作用定位、范围、重点和边界。

质性的话语权，[①]由此必然导致基层法院始终难以摆脱地方党政机关的影响。自2013年推行的司法体制改革，以司法“去行政化”“去地方化”为基本制度框架，触动了一系列我国司法制度较深层次的问题，可见改革决策者确保审判机关依法独立公正行使审判权的决心。然而作为四项基础性改革任务之一的“省以下地方法院人财物统一管理”却在推进过程中屡屡受阻。最高人民法院2017年关于四项基础改革的整体情况通报中指出，“在财物管理方面，由于我国经济社会发展不平衡，各地司法保障水平差别较大，我们坚持从实际出发，因地制宜，不强求步调一致，目前，吉林、安徽、湖北、广东、海南、青海等省份实行省级统一管理，有的省份则暂时还是以地市为单位实行统一管理。”[②]也从一定程度上承认依照现在中国国情很难实现计划中的省级统管，更离中央统管的“终极目标”相去甚远。

究其原因，首先在于司法体制改革的“理论基础”尚待商榷。“司法权是判断权和裁量权”“司法权是中央事权”，这是新一轮人民法院司法体制改革的两个重要理论基础。[③] 由此为基础构建的“省以下地方法院人财物统一管理”制度出现了理论及实践无法自洽的问题。

（二）运行现状反思：中国现阶段国情是否允许中央统管的财政支出制度？

一是“存异难求同”：地区经济的差异性难以保障财政支出程度的统一性。我国地大物博，地区经济差异巨大，无论是20世纪90年代中期的“收支两条线”改革，2002年以来的“政法经费保障体制”建设，还是2009年确立的“明确责任、分类负担、收支脱钩、全额保障”体制，都旨在加大中央和省级对政法机关的财政投入力度，缩小地区之间法院经费上的差异。长期以来，地方法院经费以同级财政支出为主要来源是不争的事实。目前也没有改革文件对中央与省级政府的支出比例作出规定，地区经济发展水平不同必然导致各省财政对于法院经费支出的差异性，难以统一规划。

二是“牵发动全身”：司法与财政机关衔接机制仍需完善。试点改革拟将地方的司法财政支出收归省级统管，但是具体由哪个部门负责具体运作，并未有明确规定。目前，有的试点省份在省财政部建立政法中心，与法院对接。[④] 但涉及预算编制、审核、执行与监督权限与责任如何划分仍需明确。还有部分省将

① 左卫民：《中国基层法院财政制度实证研究》，载《中国法学》2015年第1期。

② 《最高法院通报司法责任制等4项基础性改革情况》，载 http://www.chinacourt.org/article/detail/2017/07/id/2908362.shtml，最后访问日期：2018年6月8日。

③ 李少平：《人民法院深化司法体制改革的理论与实践》，载《中国应用法学》2017年第5期。

④ 根据目前公开资料，云南、青海等省份采用这种方式。

所有基层法院统一调整为一级预算单位,由省级财政部门统管。① 而将县市级法院支出责任上移至省级财政部门,势必大大增加相关工作量,单靠法院一家显然难以完成,需要行政机关的配套支持,改革难度可想而知。

三是"知易却行难":"去地方化"的同时仍需避免"垂直管理"。虽然改革决策者、制度设计者一直强调"省以下地方法院人财物统一管理并非法院内部的'垂直管理',不是将上下级法院在审判业务上的监督指导关系变成'领导关系'。"②但是,省高院在汇总、安排、决定下级法院经费情况时所拥有的权利,不可避免地会加重下级法院对上级法院的依赖,如何克服这种依赖,也需在制度层面加以设计考量。

四是"下药需对症":统管本身的缺陷仍需正视。实践中已经试点省级统管的省份,不同程度上存在经费审判灵活性差、时效性差、保障水平有所降低、财政预算项目不能充分满足司法工作实际需要等一系列问题;而未完成省级统管的省份,主要原因在于历史遗留问题无法短期内根除,如资产存在权属争议无法上划、财政保障体系无法健全等。这些统管制度本身带来的缺陷也应当在制度设计时需要充分考虑,尽力减少。

二、黄金分割的逻辑起点:司法权事权属性的重新界定

事权与财权应当相适应,毋庸赘述。笔者认为,司法财政支出责任划分的逻辑起点应当是对司法权事权属性的准确界定。

(一)厘清根本:司法权的根本是审判权

当前,许多关于司法权事权属性的争论,忽略了"审判权系司法权的根本"这一基本概念,从而得出"司法权就是中央事权"的结论,这是理解上的偏差。笔者认为合理的逻辑脉络是司法权本质上是判断权和裁量权,而审判权是中央事权,故而"司法权从根本上说是中央事权"。人民法院作为国家的审判机关,其根本职能系进行案件审判,依法履行审判职权,一方面"对外",在法院主持下,当事人及其他诉讼参与人共同参加完成庭审的过程;另一方面"对内",合议庭或审委会完成案件合议决策的过程。

其实,"司法权从根本上说是中央事权"的出发点在于认为审判权应当独立于行政权,避免地方干预司法办案、地方保护主义等隐患。司法机关应当遵循法律法规和法定程序进行裁判,裁判标准应当更加统一,裁判结果应当更加可

---

① 此种模式以上海为代表。

② 何帆:《法院人财物统管并非"垂直理"》,载 http://cdfy.chinacourt.org/article/detail/2014/09/id/1448258.shtml,最后访问日期:2018年5月17日。

预测，更加独立和公正。上述论点是从司法权中的审判权部分对事权属性进行了分析界定，但是司法权仅是审判权吗？

（二）二元划分：司法权包括审判权和司法行政事务管理权

美国大法官沃伦·伯格曾言：“法院需要行政管理，这种管理是承担日益繁重审判事务的法官无法提供的。我们需要由具备专业知识的人员组成的管理组织去处理行政事务，以保证法官有足够的精力专注于他们的主要职责——审判。”①放之我国，司法活动同样包含着司法裁判和司法行政事务管理两个方面。党的十八届四中全会《关于依法治国若干重大问题的决定》提出，“探索实行法院、检察院司法行政事务管理权和审判权、检察权相分离。”《人民法院第二个五年改革纲要（2004—2008）》中，也提及人民法院的司法活动除审判组织与审判人员之外，还包括司法行政事务与管理制度。② 司法体制改革无法将司法行政事务管理活动从司法活动中完全剥离出去，司法改革所要面对和解决的问题恰恰在于如何重新处理审判权与司法行政事务管理权的关系，做到“让审理者裁判，让裁判者负责。”③

关于司法权的内涵划分，还有一种观点，认为应当将行使审判监控管理的职权称之为监督权，与审判权和行政权并列成为司法权的“三权分离”。④ 对此，笔者持有异议。笔者认为，首先对于审判监督管理权，目前没有理论学说和权威表述。上文引述的中央文件中，也多是将司法权划分为审判权与司法行政事务管理权。其次根据《中共中央关于全面深化改革若干重大问题的决定》，要“优化司法职权配置，健全司法权力分工负责、互相配合、互相制约机制，加强和规范对司法活动的法律监督和社会监督。”审级监督、审判监督本身就属于审判权，除此之外对法院司法活动的监督（包括对审判权监督和对司法行政事务管理权监督）都应当是独立于司法活动的法律监督和社会监督，不应当属于司法

---

① The Court Administrator: A Guide And Manual, National Association For Court Management, Jar. 2011, p. 2.

② 蒋惠岭：《关于二五改革纲要的几个问题》，载《法律适用》2006 年第 8 期。

③ 《人民法院第二个五年改革纲要（2004—2008）》：“……29. 建立健全审判管理组织制度，明确审判管理职责，建立并细化与案件审理、审判权行使直接相关事项的管理办法，改善管理方式，建立案件审判、审判管理、司法政务管理、司法人事管理之间的协调机制，提高审判工作的质量与效率。……”案件审判与审判管理、司法政务管理、司法人事管理明显是并列关系，而审判管理、司法政务管理、司法人事管理正是本文所认为的司法行政事务管理权的组成部分。审判管理是那些与审判案件直接相关的事务的管理，如案件流程管理、案件质量和效率管理（绩效评估）等；司法政务管理包括案件审理案件和法院的运转提供支持和服务的活动，如办公设施、经费保障、后勤事务等；司法人事管理包括法官管理、辅助人员管理、行政人员管理等。蒋惠岭：《关于二五改革纲要的几个问题》，载《法律适用》2006 年第 8 期。

④ 李秀霞：《三权分离：完善司法权运行机制的途径》，载《法学》2014 年第 4 期。

权的范畴。

综上,笔者认为司法权应当包括审判权和司法行政事务管理权,而当下对于司法权属性争论的最大矛盾在于没有区分二者的事权属性。

(三)重新界定:司法权包含中央、地方事权两种属性

关于中央与地方事权划分的理论,似无统一规定,在对域外事权划分作简单梳理后,可以得出相对标准。

表 1　域外中央与地方事权划分情况简介①

国家	中央与地方事权划分
美国	支出责任有明确的分工,每级政府有权力决定自己的支出。 联邦政府负责其他项目包括国际事务、一般科技、农业、司法管理以及一般政府项目支出。
日本	中央政府的事权主要有:国防、外交、司法、货币等涉及整个国家的事权。 地方政府的事权包括:社会福利、医疗卫生、治安等基础设施建设。
英国	在现代英国法律制度中,中央与地方分权的学说归结为"委托说"。地方政府的权力皆源自中央的授权。 地方政府根据中央授权享有立法权、行政权、执行权、维护公共安全的权力,执行全国性职务的权力、财政权等。
德国	联邦拥有大部分的立法权,而州则拥有绝大部分的司法权和行政权。 联邦的事权主要有:外交事务、社会保险、武装部队的建立和投入使用、联邦国防军的管理、核能、空中交通、铁路、邮政和电信、联邦银行、联邦水道、联邦公路。 州政府的事权主要有:本州的行政事务、财务管理、环境保护、卫生健康事业和保险设施建设、法律事务和司法管理。

通过分析归纳,中央与地方事权划分的标准在于中央主要负责国家稳定、宏观调控等与国家整体利益相关的事项或必须以国家名义才能行使的权力。地方主要负责本地区经济社会事务等与辖区居民有关的事权,并保持中央政令在本地畅通。将该标准细化,中央事权的行使虽无具体统一的模式,但大抵上按照行使事权的机构由中央设立,负责人员由中央任命,经费由中央财政保障的模式运行。

目前,关于司法权事权属性论争基本都是以司法权某一部分的属性定义司法权的全部属性,结合图 1 具体分析。

① 参见陈正华:《中央与地方分权的法律经济学研究》,中央民族大学 2007 年博士学位论文。

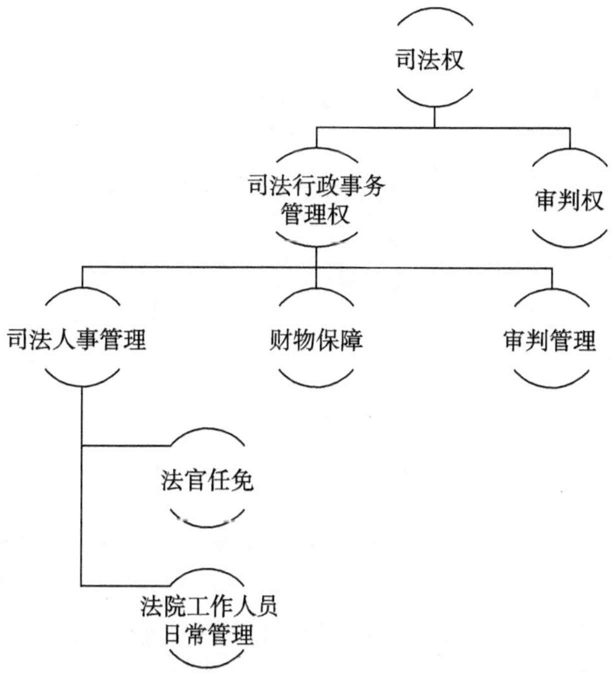

图1　司法权划分

将上文所述的事权划分标准投射到司法领域，在机构上，我国地方法院虽然按照行政区划设置，但地方法院是国家设立在地方的审判机关，并非“地方的”附属部门。① 但长期以来司法行政事务管理权包括人财物的管理，无法与审判权的中央事权属性相对应。从各地法官遴选（惩戒）委员会的高院设置，到跨行政区划法院管辖权的高院决定，都表明将司法权统一界定为中央事权存在理论和现实困境。

笔者认为，审判权是中央事权，而司法行政事务管理权具有双重属性。组织人事中的法官任免属于国家赋权，中央、地方各级人民代表大会及常委会均可实现法官进行审理活动的合法性；法院工作人员日常管理、审判管理事务属于法院的自主活动；财物保障长期以来主要是地方事权，兼具中央事权部分。特别需要强调的是，民主集中制下的各级人民代表大会制度与行政区划层级、人民法院审级之间，外观上有高度的相似性，但各自的基础是迥然不同的。这

① 何帆：《法院人财物统管并非“垂直管理”》，载 http://cdfy.chinacourt.org/article/detail/2014/09/id/1448258.shtml，最后访问日期：2018年5月17日。

也是当下关于司法权属性争论不止的误区之一。①

法官任免（审判权赋权）	支出责任（行政区划层级）	审判职能（审级）
全国人大及常委会	中央财政	最高人民法院
地方各级人大及常委会	地方财政	地方各级人民法院

图 2　权力分级、行政层级与审级的横向比较

司法行政事务管理权相较于审判权，属于从属性、保障性、相对分立性的权属，且审判权与司法行政事务管理权因为“人”这一要素而紧密联系——法官作为案件的实际审理者使用国家和人民赋予的审判权进行案件审理活动，同时司法行政事务管理权决定了法官的产生、管理、经费保障、其他支持等方面。“人”这一核心要素导致了审判权的中央事权属性与司法行政事务管理权中地方事权内容的必然冲突。然而，也正是因为“人”这一要素，审判权与司法行政事务管理权不可能完全的独立和分离。

综上，笔者认为宪法法律并未否定司法行政事务管理权的地方事权属性，将司法权的事权属性一分为二也不违反理论和国际惯例，不必缄口不言。相反，如此“二分属性”的界定，有助于厘清中央与地方的司法财政支出责任。

三、黄金分割点与斐波那契数列：理想模型与现实国情的考量因素

（一）理想与现实之差：司法财政支出实践中的双重事权属性与理想中的中央事权属性

传统而言，司法财政支出制度主要包括同级地方财政预算拨付、中央财政转移支付、国债投资资金、中央补助人民法院办案专款、中央补助死刑二审开庭专用装备经费、省级财政转移支付、法院省级补助资金。② 其中既包括承担基础

① 目前跨行政区划中院的设立正是对这一传统层级的突破，是落实中央有关“探索建立与行政辖区相分离的法院”的积极探索。

② 湖北省高级人民法院课题组：《改革与完善人民法院经费保障体制的调研报告》，载《人民司法》2009 年第 9 期。

性支出保障的地方财政拨付预算,也包括了多元形式的中央财政补助。未改革前,绝大部分省市法院支出责任以地方财政为中心,占比均超过了73%,高值甚至超过90%。[①] 有学者指出,地方政府财政部门是法院财政的直接控制者,尤其是自1999年始以部门预算、政府采购、国库集中收付等制度设计为重点的控制取向型公共财政改革进一步强化了政府财政部门对于法院的优势地位。[②] 可以说,长期以来,我国司法财政支出制度具有双重属性,既涉及中央事权,也有地方事权部分,依比例而言主要是地方事权。

实际上,司法财政支出制度与普通行政机关的财政支出制度并没有本质区别,同样是体现服务和保障的理念。司法财政支出制度决定了法官及其他司法工作人员的工资、奖金、公积金、社会保险(俗称“人头费”)以及法院的选址、基建、日常办公开支、司法款项的收支两线等。

与审判权的中央事权属性相对应,最大限度地实现依法独立行使审判权、脱离司法“地方化”的理想状态,是司法财物保障统归中央事权,各级人民法院的司法财政支出均由中央财政负责,但这在目前国情下几乎无法实现。以税制改革之前的国税系统类比,尽管国税统归中央财政,但国税征收除了中央税,还包括相当比例的中央地方共享税;在支出方面,省级以下国税系统的部分经费也需要地方财政的支持。同理,将司法财政支出定性为中央事权,由中央财政承担单一支出责任,必然引发与现实内容相冲突的情况。

基于以上论断,在构建相对应的财政支出责任时,要尽可能地找到中央与地方二者的黄金分割点。过分集中统一容易导致地方灵活性、自主性、积极性欠缺;而地方主动性过高又会在某种程度上导致规则的统一程度低,如何在二者之间平衡出必要张力,是下文所要探讨的主要内容。在构建具体制度前,必须坚持从我国具体国情出发,同相关联的制度相适应、相配套。而这每一项因素的考虑综合,恰恰是无限接近黄金分割点的“斐波那契数列”。[③]

(二)他山之石:域外法院支出责任划分模型简介

通过对域外法院财政支出责任划分模式进行横向比较后,可以发现基本呈现“两种类型、四种模式”,第一种类型是中央财政统管,主要代表包括最高人民

---

① 湖北省高级人民法院课题组:《改革与完善人民法院经费保障体制的调研报告》,载《人民司法》2009年第9期。

② 左卫民:《中国基层法院财政制度实证研究》,载《中国法学》2015年第1期。

③ 众所周知,黄金分割点是理想的最佳划分点,但由于它是一个无限不循环的无理数,并不能方便而直接地运用到实践中。由此相对应的“斐波那契数列”,是找寻黄金分割点最简单的方式。该数列越向后相邻两数相除,结果越接近黄金分割点,且该数列每一项数字都是自然数,故而频繁地运用于生活的各个方面。

法院统一负责管理的日本和我国台湾地区,以及由中央政府成立专门机构负责法院经费管理的英国。第二种类型是由中央财政和州财政分别管理,主要代表是美国和德国。

表 2　域外法院财政支出责任划分模式简介①

中央财政统管			区分中央财政、州财政管理	
最高人民法院统一负责管理		设专门部门负责	法院负责管理	司法部负责管理运作
日本	我国台湾地区	英国	美国	德国
法院经费的管理由最高人民法院事务部总局负责,预算经国会批准后由最高人民法院事务部总局严格执行。	三级法院的经费由"中央政府"统一保障,由司法院统一实施管理。行政院对法院编制的预算只能提出加注意见,不能删除减少内容。	全国法院经费由中央政府成立的宪政事务部统一负责,宪政事务部下设皇家法院司全面负责预算。预算草案批准后,财政部将经费拨付给皇家法院司。皇家法院司通过其在各司法行政区的机构负责具体的拨付管理事项。	联邦法院经费由联邦最高法院集中编制、国会统一审批。国会批准后,由联邦最高法院分配预算经费。 州法院经费主要由各州财政部门统一提供。州最高法院根据下级法院提出的经费预算请求,制定全州法院的财政计划。州法院经费经议会审批后,再往下级法院分配经费。也有少数州是仅由同级地方政府提供经费或者是由州财政和地方财政共同提供经费。②	联邦法院经费事务由联邦司法部管理,州法院的经费由州司法部管理,不受州以下地方政府干预、管理。 联邦法院每年年初向司法部报送经费预算草案,预算草案通过后,联邦财政部将经费拨付给联邦司法部,由司法部具体负责经费的运作管理。 州法院的经费由州高等法院于每年年初提出三级法院预算草案报送州司法部,经费直接交于州政府按照预算方案执行,不再经由州以下政府管理。

通过域外梳理,单一制国家更多采用中央统管的方式,这也是很多学者认为我国应当构建中央统管的司法财政支出制度的重要理由之一。但笔者认为,域外经验的梳理不仅仅是为中央或地方财政支出提供依据,单一制和联邦制并不必然作为选择某一财政支出的依据。我们更应当看到域外法院的司法财政支出制度所注重的法定性和统一性,经费保障均有宪法法律做支撑。此外,域外法院几乎多采用法院或专门机构进行经费的预算、管理工作,尽力摆脱地方

① 参见张霖:《改革我国法院经费保障体制的探索》,西南政法大学法学院 2010 年硕士学位论文;姚文晋:《法院财务管理法制化研究》,内蒙古大学法学院 2017 年硕士学位论文。

② 参见陈春梅:《美国法院经费制度的特色》,载《人民法院报》2015 年 11 月 20 日,第 8 版。

政府的控制和影响,这对构建我国的司法财政支出制度有着借鉴意义。

（三）斐波那契数列:构建我国财政支出模型时应当考量因素

结合改革试点中凸显出来的问题,笔者认为,在设计司法财政支出制度时,至少应当考虑以下七个因素。

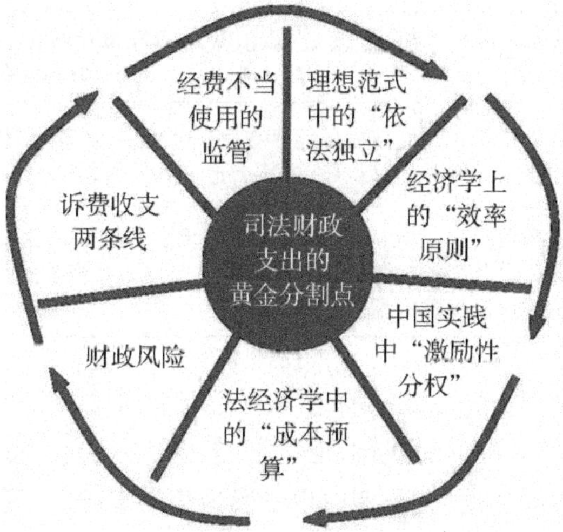

图3　中央与地方司法财政划分应当考虑的因素

表3　考虑因素详细解说

考量因素	详细解释
理想范式①中的依法独立	人民法院依法独立行使审判权,既是此次改革的核心之意,更是现代司法理论体系的基础。在进行制度设计时,应当以此作为首要考虑因素,并为下一步的制度发展提供充分空间。 财政支出作为支持、保障内容,不能超越依法独立的基础地位。
经济学上的效率原则	我国各级法院已超3500个,现阶段,由同一个主体履行核算、审批、管理等支出责任,将带来不可估计的工作量,不可能在一个财政年度有效完成所有的工作任务,无法常规性地编制与审查各个法院的财政预算或决算。
我国历史上的激励性分权	我国历史实践表明,适度划分中央与地方事权,有利于调动各方积极性。一方面,减轻了中央负担,维护了中央权威;另一方面,也保证了工作效率与发展积极性。

① 范式是指一个共同体成员所共享的信仰、价值、技术等的集合,指常规科学所赖以运作的理论基础和实践规范,是从事某一科学的研究者群体所共同遵从的世界观和行为方式。

续表

考量因素	详细解释
法经济学中的成本预算	如果司法活动采用唯一的支出责任主体,那理论上应当适用同一核算标准。但对于中国司法需求发展不平衡的现状,并不利于有效成本预算。经济发展不均衡带来的案件数量、人员配置差异客观存在。①
财政风险	即便将地方财政的全部人员都预想为"理性人",仍不可能避免出现失误,因此支出责任的制度设计中需要考虑增加层级以应对风险的概率和大小。
收支两条线中诉讼费用流转	诉讼费在案件终结后可能存在返还的问题,从曾经只需要通过地方财政同级返还变为上移返还,可能会造成返还的延迟,增加当事人的诉累。
对经费不合理使用的监督规制	经费使用中,存在不合理情况。需要在司法财政制度设计中,构建相应的监督及制约机制。既包含法院本身对于经费的不合理使用,也有财政机关消极保障的情形。②

在上述因素中,理想范式中的依法独立是与审判权的中央事权属性相对应的,应当作为财政支出模型的基础,换言之,应当转变目前司法财政支出中同级地方财政为主的固有模式,充分考虑现阶段国情的基础上,逐步向顶层事权靠拢。而现阶段的重要国情就是,从经济学的效率出发,无法在短时间内由同一主体在一个财政年度内完成全国各级法院的支出责任承担,而在省级层面探索是可行的。我国的司法需求发展不平衡,在省级层面而言,东西部、沿海与内陆、南北方的人口与经济差异引起的司法案件差异均客观存在。从激励性分权的历史经验、诉讼费用流转、监督规制等方面可以得出,适度将司法支出责任放到省级统管,有利于中央权威、工作效率和发展积极性。

四、黄金分割点的探寻路径:司法活动财政改革制度初构想

限于理论水平、实践经验以及思考视角,本文难以超出现有知识结构,找出最贴合中国当下司法和财政实践的"黄金分割点",笔者尽可能将对黄金分割点

---

① 根据最高人民法院最新统计数据,2018 年第一季度,全国法院共有 12.26 万名员额法官,人均新收案件 54.16 件。其中重庆、北京、上海 3 市法院人均收案超过 90 件,浙江、江苏、河南、广东、天津、贵州、山东、宁夏 8 省(区、市)法院人均新收案件数超过全国人均新收案件数。《最高法:第一季度全国法院结案率同比增加 4.02%》,载 http://www.chinapeace.gov.cn/2018-05/08/content_11462544.htm,最后访问日期:2018 年 5 月 8 日。

② 例如,部分市县,特别是中西部贫困地区的市县,在收到中央和省级政法转移支付资金后,有的只拨付部分资金,并不完全拨付;有的用来冲抵同级预算;有的用来安排应由同级财政落实的公用经费,在达到公用经费最低保障标准后即不再安排,出现"中央进、地方退"的挤出效应。唐虎梅、李学升、杨阳、郭丰:《人民法院经费保障体制改革情况调研报告》,载《人民司法》2013 年第 21 期。

的探寻路径做详细描绘。笔者认为，在做我国司法财政支出制度的整体设计时，要服务国家治理现代化的努力方向，适应中央对地方的纵向权力控制、地方党政和法院之间的横向分工的需要，并最终有利于实现司法体制改革的“依法独立行使审判权”的目标。在此整体支撑的基础下，做如下初设：

（一）引导原则

一是通过立法明确改革司法财政支出制度。建立省以下地方法院经费由“中央和省级共同保障、中央财政加大保障力度”[①]新格局。省以下地方法院财物统一由省级以上管理，所需经费由中央和省级财政按照经费分类保障的责任，共同负担。高级人民法院经费由省级财政保障，计划单列市比照省级，专门法院参照省以下法院管理和保障。中央和省级财政保障应当不得低于改革前的支出和增长水平，保证各级法院正常支出运转。

二是必须明确两级保障责任，划定各自权责范围。考虑将法院支出划分为人员经费、日常运行公用经费、审判业务经费（含办案业务经费和业务装备经费）、基础设施建设经费以及基础设施维修经费五类。[②] 根据司法权的“二元属性”，分列如下：

表 4　事权与支出责任对应

<table>
<tr><th colspan="2">事权属性</th><th>支出类项</th><th>支出责任</th></tr>
<tr><td colspan="2">审判权（中央事权）</td><td>审判业务经费</td><td>中央财政</td></tr>
<tr><td rowspan="4">司法行政事务管理权</td><td>司法人事管理（地方事权）</td><td>人员经费</td><td>省级财政</td></tr>
<tr><td rowspan="2">财物保障（双重事权）</td><td>基础设施建设经费</td><td>中央财政</td></tr>
<tr><td>基础设施维修经费</td><td>省级财政</td></tr>
<tr><td>审判管理（地方事权）</td><td>日常运行公用经费</td><td>省级财政</td></tr>
</table>

三是合理改建职能部门，强化统一管理职责。考虑将财政支出责任由法院和省级财政部门共同承担，避免任何一方掌控财权而引发的“法院垂直管理论”或“司法地方化”。由法院成立专门机构具体负责支出申报、内部审批以及使用监管。由省级财政部门负责审核法院预算，合理支出。

① 唐虎梅：《推动省以下地方法院财物统一管理改革研究》，载《中国法学会审判理论研究会 2014 年年会暨全面深化司法改革促进司法公正理论研讨会论文集》2014 年 10 月 15 日。

② 唐虎梅：《推动省以下地方法院财物统一管理改革研究》，载《中国法学会审判理论研究会 2014 年年会暨全面深化司法改革促进司法公正理论研讨会论文集》2014 年 10 月 15 日，第 671 页。

(二)具体设想

笔者在此部分拟对改革试点中存在的部分问题进行有限回应,制度设计初步方案详见附件。

一是避免"垂直管理",省级及以下各级法院分别独立进行中央经费和地方经费核算。各级法院均由专职财务机构或人员,在每个财政年度开始时,以上一财政年度的经费支出为基础,同时考虑下一个财政年度需要调整的经费项目以及通货膨胀率、情势合理变化等因素,草拟本院的中央经费和地方经费预算编制请求。

二是"央省"统一管理,高级人民法院汇总其审级辖区内各法院经费预算报告,形成本省或自治区、直辖市人民法院经费预算方案,最高人民法院形成中央经费预算方案。高级人民法院对于下级法院报告中的司法统计因素真实性、准确性进行检查;对其中预算变化巨大,且未详细述明经费用途及使用计划的,要求该院在一定期限内做出合理解释说明,并要求其增补其报告内容,但高级人民法院无权对下级法院的预算报告项目进行调整。方案形成后,由高级人民法院专职财务机构将地方预算内容整理成省级地方财政预算方案报省级财政机构,将中央预算内容整理成省级中央财政预算方案报最高人民法院。最高人民法院将中央预算内容整理形成中央预算方案,报中央财政机构。

三是分级审核,中央财政对最高人民法院报送的中央经费预算方案进行审核,省级财务机构对高级人民法院报送的经费预算方案进行审核。中央财政除保证最高人民法院财政预算外,同时负责最高人民法院报送的全国各级法院中央财政经费支出,主要用于审判业务经费和基础设施建设经费。此项经费还用于各省因为特殊原因,如政策调整、重大自然灾害等,造成的司法经费缺口。此项经费由高级人民法院形成预算报告,报送最高人民法院核实,由最高人民法院专职财务机构报送中央财政审批下发。省级财务机构认为预算方案中省级及以下各法院的经费预算数额符合法律法规及实际需求,则对经费预算方案决定批准通过。

四是在保证司法机关独立行使裁判权基础上,引入国家权力机构干预。省级财务机构如认为预算方案中核算有误,应当提出意见,要求所涉法院重新核算。所涉法院收到财务机构所提意见,认为确需重新核算的,在重新核算后直接报送省级财务机构,并同时向财务机构和高级人民法院专职财务机构做出书面说明。所涉法院收到意见后认为不需要重新核算的,或者所涉法院重新核算后省级财政机构仍然认为有误的,由高级人民法院向省级人大常委会提出异议。省级人大常委会组成工作组,听取所涉法院预算汇报和解释法院预算经费的使用计划,由工作组做出决定。

五是双重监督,审计部门、最高人民法院共同对支出使用情况进行监督。各级法院的同级国家审计部门,负责对财政年度内司法经费的审计监督。各级国家审计部门依法履行审计职能,财政年度审计结束后形成同级审计报告,同时报送同级人民代表大会及常务委员会,和上级国家审计部门。省级国家审计部门形成省级法院审计报告,对其中违法、违规行为依法处置。在正常的国家审计监督之外,最高人民法院与中央财政部门对经费使用情况进行双重监督。

六是增强财政保障和完善经费灵活性、时效性,追加经费由省级财政先行垫付,根据实际使用类别由中央财政或省级财政分别承担。在辖区案件数量激增或者出现其他影响法院经费使用的重大情况时,所涉法院向省级财政机构报请追加经费。由省级财政机构与高级人民法院共同抽调专人组成调查小组,对所涉法院的经费情况进行审查。对确需追加的,依照有关规定予以追加。无论需要追加的经费属于何种类别,均由省级财政先行垫付,垫付后再依据相关程序甄别支出责任。

七是保证诉讼费用流转顺畅,诉讼费用、罚没纳入省级财政统一管理。各级法院与省级财政之间实行季度划收。每季度末,省级财政部门划收辖区内各级法院的诉讼费用和罚没,并返额本院50%的金额作为诉费周转金。此部分单独列明,单独管理,不作为财政预算。

结　语

党的十九大明确提出"建立权责清晰、财力协调、区域均衡的中央和地方财政关系"的要求。司法作为一项特殊的社会公共事务,既应当以自身属性为标准建立符合现代化发展规律的财政制度,也应与当下中国的政治体制、经济发展等配套制度相适应,满足社会发展的总体需求。

附:

最高人民法院关于司法财政支出制度的改革方案(建议稿)

为优化职权配置,完善司法体制,充分保障人民法院依法独立行使审判权,根据宪法、法律、行政法规和新时代中国特色社会主义思想,制定本方案,改革人民法院财务管理体制,明确司法财政支出责任。

一、基本原则

1.统一管理,两级保障。

建立省以下地方法院经费由"中央和省级共同保障、中央财政加大保障力度"新格局。

省以下地方法院财物统一由省级以上管理,所需经费由中央和省级财政按照经费分类保障的责任,共同负担。

2. 明确权责,规范管理。

由法院成立专门机构具体负责支出申报、内部审批以及使用监管。由财政部门负责审核法院预算,合理支出。

二、省级司法经费运行制度

3. 省级及以下各级法院提出经费请求。

(1)在每个财政年度,各省级及以下各级人民法院分别独立进行经费核算。

(2)各级法院均由专职财务机构或人员,以上一财政年度的经费支出为基础,同时考虑下一个财政年度需要调整或者增加的经费项目,以及通货膨胀率、情势合理变化等因素,按照审判业务经费、人员经费、基础设施建设经费、基础设施维修经费、日常运行公用经费等草拟本法院的预算编制请求。

(3)各级法院的经费预算草案由本院的决策组织讨论通过,形成本院经费预算报告。预算报告中应当包括该院上一年度受案数量、案件类型情况、辖区范围等司法统计因素。

4. 高级人民法院编制省级经费预算方案与本省、自治区、直辖市的中央经费预算方案。

(1)高级人民法院专职财务机构汇总其审级辖区内各法院经费预算报告,与高级人民法院的经费预算方案整合,形成本省或自治区、直辖市人民法院经费预算方案,以及本省或自治区、直辖市的中央经费预算方案。

(2)高级人民法院对于下级法院报告中的司法统计因素真实性、准确性进行检查;对其中预算变化巨大,且未详细述明经费用途及使用计划的,可以要求该法院在一定期限内做出合理解释说明,并要求其增补其报告内容。但高级人民法院无权对下级法院的预算报告项目进行调整,只能如实将各法院内容汇总在预算方案中。

5. 方案形成后,高级人民法院专职财务机构分别将省级经费预算方案报省级财政机构,将本省或自治区、直辖市的中央经费预算方案报最高人民法院。

6. 省级财务机构对高级人民法院报送的省级经费预算方案进行审核。

(1)省级财务机构认为预算方案中各法院的经费预算数额符合法律法规及实际需求,则对经费预算方案决定批准通过。

(2)省级财务机构如认为预算方案中核算有误,则应当提出意见,要求所涉法院重新核算。

(3)所涉法院收到省级财务机构所提意见,认为确需重新核算的,在重新核算后直接报送省级财务机构,并同时向省级财务机构和高级人民法院专职财务机构做出书面说明。

(4)所涉法院收到意见后认为不需要重新核算的,或者所涉法院重新核算后省级财政机构仍然认为有误的,由高级人民法院向省级人大常委会提出异议。省级人大常委会组成工作组,听取所涉法院预算汇报和解释法院预算经费的使用计划,由工作组做出决定。

三、中央司法经费运行制度

7. 最高人民法院专职财务机构在每个财政年度进行本院经费核算。

8. 最高人民法院专职财务机构汇总各高级法院中央经费预算报告，与最高人民法院的经费预算方案整合，形成司法中央经费预算方案。

9. 方案形成后，最高人民法院专职财务机构将中央司法经费预算方案报中央财政机构。

四、经费追加

10. 在辖区案件数量激增或者出现其他影响法院经费使用的重大情况时，所涉法院向省级财政机构报请追加经费。

11. 由省级财政机构与高级人民法院共同抽调专人组成调查小组，对所涉法院的经费情况进行审查。对确需追加的，依照有关规定予以追加。如发现存在费用使用不合理，违规使用，或者其他违法违纪行为时，决定不予追加，并追究相关人员的责任。

12. 无论需要追加的经费属于何种类别，均由省级财政先行垫付，垫付后再依据相关程序甄别支出责任。

13. 中央和省级财政在最高人民法院和省级人民法院的财政预算中，均安排一定比例的预留经费用于预算追加。

五、诉费周转金

14. 省级及以下各级人民法院的诉讼费用、罚没纳入省级财政统一管理。

15. 省级及以下各级人民法院与省级财政之间实行季度划收。每季度末，省级财政部门划收辖区内各级法院的诉讼费用和罚没，并返额本院50%的金额作为诉费周转金。此部分单独列明，单独管理，不作为财政预算。

六、监督制约

16. 由各级法院的同级国家审计部门，负责对财政年度内司法经费的审计监督。

各级国家审计部门依法履行审计职能，财政年度审计结束后形成同级审计报告，同时报送同级人民代表大会及常务委员会，和上级国家审计部门。省级国家审计部门形成省级法院审计报告，对其中违法、违规行为依法处置。

17. 在正常的国家审计监督之外，最高人民法院与中央财政部门对经费使用情况进行双重监督。

心得体会

研究的世界充满了快乐与争吵

宁　韬　仇芳芳

入院八年，两个小伙伴共同经历了这新一轮司法改革的起起落落，从一起入院初入职场的青涩生疏，到独立办案互促互进的比肩成长，再到面对改革变化遭遇阵痛的相拥前行，一路走来。在面对司法改革带来的角色转换时，我们都曾经迷茫过,到底什么才是我们成长的见证?

一开始,我们都没有答案,在慢慢的调整中,在琐碎的争执中,我们达成了惊人的一致——小伙伴,我们一块儿写点自己真正想写的东西吧!就是这样,才有了今年的这个题目,说实话,选择这个题目,最初真的是想改革的落地肯定离不开人财物的管理,我俩一致认为这个问题没什么人研究,属于司法改革大热门的"灯下黑",相较于其他大类应该比较容易成文。

等真正开始下笔,才意识到现实冷冰冰的给了我俩一道厚厚的大铁门——越是落地的政策越是难研究,越是没人写的题目越是不好写!然而,两个不服输的女青年,怀抱着天秤座独有的倔强和耿直,一路相互批判争吵,一路彼此鼓励打气,不断地立论、推翻、重建、修改。填满这个漫长研究过程的,是上百个争吵的午餐时间,是几个 G 的睡前微信互动,是我们写到酣畅淋漓时的喜悦和快乐,是最终完成的平静与满足。

对于这篇文章,我们不敢说它的成文有多么严谨,却亦已在我们现有的理论水平下竭尽所能,虽然最终没能获得非常理想的成绩,但我们并没有气馁。正如我们都特别喜欢的那位因为"两朵乌云"而被误解的开尔文勋爵所说的:"在失败中必然存在一些悲伤,但是在对科学的追求中,本身包含的必要努力带来很多愉快的斗争,这就使科学家避免了苦闷,而且或许还会使他在日常工作中相当快乐。"我们俩不是科学家,却也在司法理论研究的小路上对这种快乐侥幸有感一二。研究的过程与结果,都是我们成长的见证,这些不仅是年岁的叠加,更是对法治理想的内心笃定与信念坚持,砥砺前行,自有山河,与君共勉。

检视与重构:直辖市人民法庭改革实证探析

——兼论法院内设机构改革的职能定位

崔丹妮　孟　强　王启亮*

【论文提要】

深化司法体制综合配套改革,推动司法体制改革与政法口机构职能改革相结合,是当前政法改革工作的基本导向。这意味着以往线性改革模式下"纳入"或"未纳入"改革范围的逻辑,在"改革互联"时代产生了普遍的联系,诸如未纳入内设机构改革范畴的人民法庭改革,恰恰成为内设机构改革不可忽视的一环。本文以实证方式对直辖市人民法庭设置的问题、成因及改革的路径进行了研究。通过法院间外部比对与法院内部情况比对,得出B市人民法庭具有"两多一少"的特点,即数量多、法官多、案件少,"机构—人—案件"之间矛盾关系凸显,在宏观上远不能满足人民群众对司法审判事业不断增长的新要求;在中观上已经不能紧跟法院整体案件增长的形势;在微观上造成了法官忙闲不均,其工作量存在巨大差异。据此,可引申出人民法庭设置标准上的不尽统一、设置人员上的最低限制、设置数量上的只增不减、设置职能上的变通异化。在改革进路上,从人民法庭的职能、性质与司法实践出发确立了人民法庭的现实价值属性,重新树立人民法庭设置考量的外部因素与内部因素,确立了人民法庭立与撤的标准:人民法庭的设置需要由高级法院顶层设计、重新定位、统筹统设;设立整合乡村人民法庭、撤销转制城区人民法庭,兼顾专业化审判和智慧法庭建设需求,从管辖和职能划分上对人民法庭与基础性审判庭进行综合调控,不断深化探索人民法庭的法治工作定位。

---

* 崔丹妮,北京市第一中级人民法院审判管理办公室法官助理;孟强,北京市通州区人民法院执行庭副庭长,曾获全国法院系统学术讨论会三等奖;王启亮,中共北京市委政法委执法监督处,曾获全国法院系统学术讨论会一、二、三等奖。

【主要创新观点】

一是以实证研究统辖全文观点。鉴于人民法庭建设是实践性极强的研究领域,本文采取了以实证带动关系分析、继而反馈实证的研究方法,确保研究成果精准地适用于人民法官改革实际。其中,采用定量计算与定性分析相结合的方法,重树人民法庭设置考量的外部因素与内部因素,确立了人民法庭立与撤的标准。

二是创新处理了人民法庭改革与法院内设机构改革的关系。在司法体制综合配套改革背景下,摒弃了基层法院的人民法庭不纳入本轮内设机构改革范围,则可以不对人民法庭机构职能进行研究的错误观点,相反,在改革互联思维下,积极探索人民法庭改革对于法院机构职能改革的现实意义,从管辖和职能划分上对人民法庭与基础性审判庭进行综合调控。

三是改变了以数量论数量的改革模式,推动以职能定位研究人民法庭数量设置及人案关系调整。在改革目标导向上,应遵循司法责任制改革后司法权力运行机制的新形态、新规律,将数量整合和职能优化结合起来,防止脱离职能谈整合、脱离功能谈数量。

四是探索提出了直辖市法院人民法庭改革的可行性方案。即人民法庭的设置由高级法院顶层设计、重新定位、统筹统设。设立整合乡村人民法庭、撤销转制城区人民法庭,减少人民法庭的个数;将撤并后的人民法庭转为审判庭,发展专业化审判,分流案件压力。

引　言

目前,全国3000多个基层法院共计建成人民法庭10,162个①,审理各类案件年均240万件,占全国法院一审诉讼案件的三分之一②,在解决社会纠纷、促进区域综合治理中发挥了重要作用。纵观人民法庭的发展历程,其总体数量、管辖范围不断调整,审理案件及解决纠纷的能力持续提升,但回归到人民法庭在整个司法体系中的定位与功能,其本质上仍是与社会直接联系、回应社会需求的最基层司法。在内设机构改革语境下,尽管中央编办、最高人民法院于2018年6月1日印发的《关于积极推进省以下人民法院内设机构改革工作的通知》,明确了基层法院的人民法庭不纳入内设机构改革范围,但“不纳入”不等于

---

① 戴建志:《人民法庭建设的理论框架——写在第三次全国人民法庭工作会议闭幕之际》,载《人民司法》2014年第15期。

② 国务院新闻办:《中国的司法改革》(白皮书),2012年10月9日发表。

"无须全盘考虑",更不应单纯地理解为人民法庭对内设机构改革的退出;反之,在司法体制综合配套改革乃至政法改革的框架下,优化基层法院的机构职能改革,合理调整和再分配司法领域资源,恰恰需要人民法庭这个中国特色社会主义司法的微小单元结构深度"参与"。实践中,各地人民法庭往往存在不同地理区位及发展状况千差万别的现象,为了将因地域差别而导致的人民法庭差异性限缩于一定的研究范畴,本文将人民法庭研究定位于直辖市的特殊框架下,以B直辖市8个基层法院的46个人民法庭为样本,在检视问题、分析成因、重新定位的基础上,探索重构直辖市人民法庭的改革进路。

表1 样本法院及所在行政区的基本情况

样本法院	审判机构数			所在行政区	辖区基本情况①		
	审判庭(个)	人民法庭(个)	合计(个)		面积(km^2)	常住人口数(万人)②	街道/地区/乡镇
CY法院	15	8	23	CY区(城区)	470.8	385.6	19个地区、24个街道
HD法院	16	7	23	HD区(城区)	431	359.3	22街道、7个镇
FT法院	17	6	23	FT区(城区)	306	225.5	14个街道办事处、2个地区办事处、3个乡、2个镇
TZ法院	13	5	18	TZ区(副中心)	912	142.8	4个街道、10个镇、1个民族乡
XC法院	17	1	18	XC区(城区)	51	125.9	15个街道
FS法院	14	6	20	FS区(郊区)	1994	109.6	8个街道、14个镇、6个乡
CP法院	14	6	20	CP区(郊区)	1352	201	8个街道、4个地区、14个镇
DX法院	13	7	20	DX区(郊区)	1040	156	8个街道、5个地区、9个镇

① 辖区基本情况来自百度百科内容,2018年6月7日查询。

② DX区的常住人口数的统计节点为2015年;其他区的常住人口数的统计节点为2016年。

一、实证检视:B直辖市法院人民法庭设置的现实问题

(一)外部比对:各法院人民法庭之间差异显著

从受案类型上看,人民法庭受理的案件类型多元,案由纷繁多样。从样本法院的情况来看,法庭受理的案件类型以民商事案件为主,具体案由不一。但B市Y中院QH法庭受理的案件类型包括辖区内的刑事、民事、商事案件,也包括执行案件,另还有该地区监狱移送的减刑假释案件。

从结案数据上看,各法院法庭结案数量差异巨大。从整体上看,城区法庭与郊区法庭、郊区法庭之间的结案数量差异显著:HD法院、DX法院各有7个法庭,但2017年两院法庭结案相差14,891件;FS法院、CP法院各有6个人民法庭,其法庭结案相差7400件。从局部观察,各法院人民法庭平均结案、法官人均结案差距明显:2017年CP法院法庭平均结案1279件,高出FS法院同指标1倍;CY－5法庭法官年人均结案1503件,而FS－1法庭仅为67.75件,两者相差达22倍。另外,将各法院人民法庭的结案数量与其法庭数量进行比对,发现结案数与机构数之间不存在比例关系或正向关系。

表2 样本法院2017年度结案情况①

样本法院	法庭数量(个)	人民法庭结案数(件)	人民法庭平均结案数(件)
CY法院	8	49,964	7138
HD法院	7	26,053	3722
FT法院	6	10,994	1832
TZ法院	5	9611	1922
XC法院	1	10,444	10,444
FS法院	6	3731	622
CP法院	6	7675	1279
DX法院	7	11,162	1595

从设置数量上看,各法院法庭数量波动较大。城区XC法院仅有1个法庭,而CY法院有8个法庭。从法庭管理的区域面积和辖区人口来看,郊区FS法院、CP法院的法庭管理的范围最大。而XC法院的法庭管理的常住人口最多,

① 本文所用数据,如无特殊说明,均来自B市高院司法统计系统。

达到125.9万人。人民法庭设置不均衡,与辖区面积、人口情况等不匹配。

表3　样本法院人民法庭基本情况

样本法院	人民法庭数(个)	辖区基本情况		人民法庭辖区面积平均值(平方公里)	人口:人民法庭(万人)
		辖区面积(平方公里)	常住人口数(万人)		
CY 法院	8	470.8	385.6	58.9	48.2
HD 法院	7	431	359.3	61.6	51.3
FT 法院	6	306	225.5	51.0	37.6
TZ 法院	5	912	142.8	182.4	28.6
XC 法院	1	51	125.9	51.0	125.9
FS 法院	6	1994	109.6	332.3	18.3
CP 法院	6	1352	201	225.3	33.5
DX 法院	7	1040	156	148.6	22.3

(二)内部检视:法院内人民法庭之间差异显著

目前B市法庭主要审理辖区内的民商事一审案件,因此,本文主要将样本法院的人民法庭与民事审判庭进行比对:

从机构数量上看,法庭与审判庭相比,数量较多。除XC法院仅有1个法庭外,有5个样本法院的法庭数量超过审判庭。城区内,法庭与审判庭的比例约为1:1;郊区外,法庭与审判庭的比例约为1.3:1。从审判机构的整体设置上看,法庭所占比例也较大。除XC法院外,其他各院法庭所占全部审判机构的比例均超过25%,其中DX法院法庭占比高达35%。

从结案数据上看,一是同一法院各法庭的结案数量差异较大。从2017年结案数据上看,CY-5法庭结案最多,达22,546件,CY-7法庭结案最少,仅有3309件,两者相差6.8倍;DX-1法庭的结案数量是DX-7法庭的4.22倍。二是法庭的结案数量远远少于审判庭的结案数量。2017年FS法院法庭结案仅3731件,远低于审判庭21,327件的结案数。即便是法庭占比最大的DX法院,其法庭结案也仅占全部民商事案件结案的44.5%。三是大部分法庭的年平均结案数远低于审判庭。2017年,FS-1法庭结案仅为276件,远低于审判庭的622件。四是大部分法庭的法官人均结案远低于同法院的法官人均结案。有4家样本法院的法庭法官人均结案显著低于全院平均值。五是同一法院不同法庭的法官人均结案数也有巨大的差异。2017年CY-5法庭法官人均结案是CY-7法庭的4.55倍;FS-3法庭法官人均结案是FS-1法庭的2.2倍。同一法院不同法庭在法官人均结案上产生了巨大的差异,体现出各法庭法官工作量的严重不均衡。

表 4　样本法院人民法庭机构数量及 2017 年度结案情况

样本法院	人民法庭数(个)	民事审判庭数量(个)	人民法庭与民事审判庭数量比例(%)	人民法庭占全部审判机构的比例(%)	人民法庭结案数(件)	民商事审判庭结案数(件)	人民法庭结案占比(%)
CY 法院	7	6	1.2	34.8	49,964	40,177	55.4
HD 法院	7	8	0.9	30.4	26,053	33,630	43.7
FT 法院	6	8	0.8	26.1	10,994	25,282	30.3
TZ 法院①	5	5	1.0	27.8	9611	36,744	20.7
XC 法院	1	8	0.1	5.6	10,444	28,957	26.5
FS 法院	6	5	1.2	30.0	3731	21,327	14.9
CP 法院	6	5	1.2	30.0	7675	13,462	36.3
DX 法院	7	5	1.4	35.0	11,162	13,907	44.5

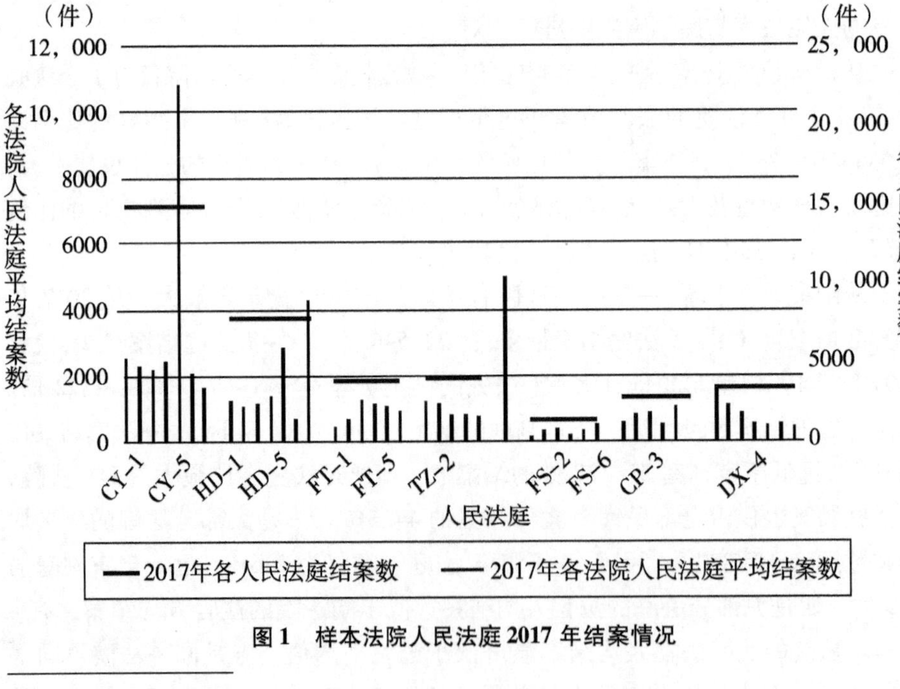

图 1　样本法院人民法庭 2017 年结案情况

① 法院原为郊区法院,2016 年 TZ 区被确立为城市副中心后,TZ 区经济建设迅猛发展,TZ 法院案件量急剧上升;其在地域上处于城乡结合位置。

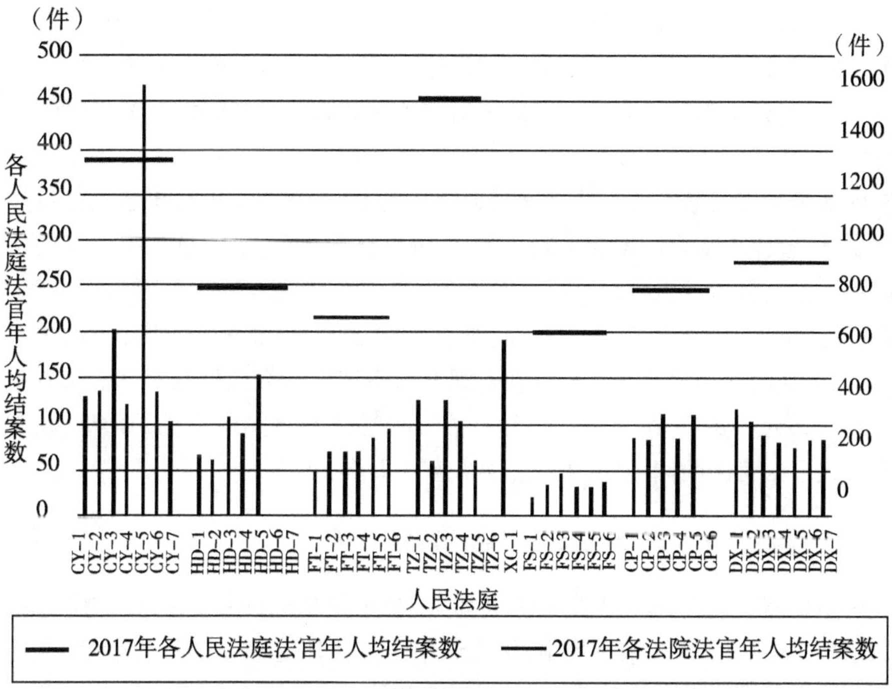

图 2　样本法院人民法庭 2017 年法官人均结案情况

从人员配置上看,法庭的人员配置较为整齐,法官人数较多。CY 法院 7 个法庭共有法官 79 人,占该院民事法官总数的 48.8%;平均每个法庭有 11.3 名法官;TZ 法院 5 个法庭共有法官 35 人,占该院民事法官总数的 64.8%;平均每个人民法庭有 7 名法官。

表 5　样本法院人民法庭、民商事审判庭法官数量情况

样本法院	人民法庭法官人数(个)	人民法庭数量(个)	人民法庭法官平均数(个)	人民法庭员额法官人数占民商事员额法官比例(%)
CY 法院	79	7	11.3	48.8
HD 法院	252	7	7.4	38.0
FT 法院	46	6	7.7	38.7
TZ 法院	35	5	7.0	64.8
XC 法院	17	1	17.0	12.2
FS 法院	33	6	5.5	49.3
CP 法院	25	6	4.2	37.9
DX 法院	37	7	5.3	42.5

综上,通过比对不同法院人民法庭的受案类型、结案数量、设置情况,发现B市人民法庭受案类型多元,各法院人民法庭整体、同一法院各人民法庭的结案数量差异巨大,人民法庭的设置数量与辖区面积、人口分布等情况不尽匹配。此外,还发现法庭的结案数量与法庭数量不成比例关系或正向关系。通过比对法院内部审判庭与法庭的设置数量、结案数量与人员情况,发现B市法庭设置数量多、但整体上法庭结案较审判庭少,法庭的法官人数较多,这导致法庭的法官人均结案显著低于该院法官的人均结案。B市人民法庭具有“两多一少”的特点,即数量多、法官多、案件少,一定程度上揭示了“机构—人—案件”的关系分歧,人民法庭的布局与数量设置在宏观上远不能满足人民群众对司法审判事业不断增长的新要求,在中观上已经不能紧跟法院整体案件增长的形势,在微观上造成了法官的忙闲不均,工作量存在巨大差异。

二、原因解构:人民法庭设置问题的因果分析

科学设置人民法庭对于提升办案质效、减少机构内耗具有积极作用,在衡量“机构—人—案件”关系过程中,机构调整是人民法庭改革的管理表征,职能优化才是人民法庭改革的价值内核,脱离职能谈整合、脱离功能谈数量,无异于无源之水、无本之木。因此,本文以职能定位为主线,对人民法庭设置的上述问题进行因果分析。

(一)设置标准上的不尽统一

设置人民法庭,应当坚持两便原则,根据案件数量、区域大小、人口分布、交通条件、经济社会发展状况和有利于审判资源的合理配置等情况,决定人民法庭的具体设置、选址和管辖范围。而这六种因素对人民法庭的设置所带来的影响方向和影响程度不一。但人民法庭的设置总体上应当向城乡结合地区或乡村倾斜。从B市样本法院的情况来看,主要城区基层法院与郊区基层法院的人民法庭数量大体相近,为6~7个,远高于远郊区县,如B市MY法院、YQ法院[①]的人民法庭3~4个的数量值,城区法庭数量较多,没有完全体现出两便的原则。

(二)设置人员上的最低限制

法庭设立应当具备一定的条件,按照《关于人民法庭若干问题的规定》(1999年),法庭需要“至少有三名以上的法官、一名以上书记员,有条件的地方,可配备司法警察”。在《关于全面加强人民法庭工作的决定》(2005年)中,

---

① B市MY法院有4个人民法庭;YQ法院有3个人民法庭。

又增加了"年受理案件数量一般不低于二百件"。由于规定上设置了"3 +1 +200"的底线,使乡村与城市的法庭都陷入了空心化的窘境,主要表现为:一是乡村法庭绝对案少人少,受案类型单一,审判人员、案件数量都无法满足"3 +1 +200"的基本要求;二是城市法庭相对案少人多。一方面,有部分法庭受案数量过少。2017 年 CP -6 法庭仅结案 15 件;另有 B 市 MY 法院的 4 个法庭 2017 年结案均不足 200 件。另一方面,尽管大部分法庭的建设符合底线要求,但其受案数量远无法满足 3 名员额法官基本工作量的要求,进一步加剧了法庭与其他审判庭之间法官工作不均衡的矛盾。

(三)设置数量上的只增不减

从法庭的数量变化来看,不论是样本法院的法庭还是 B 市其他法院的法庭,都呈现不可逆的增长态势,且法庭数量"只增不减",无整合无撤并。尽管最高人民法院要求城市市区、基层法院所在的城镇不再新设法庭。但从 B 市实际情况来看,城区的 HD 法院于 2013 年新设 1 个法庭,新设的法庭距其法院仅有 120 米;后于 2017 年又新设 2 个法庭,法庭的数量已达 7 个之多。TZ 法院也于 2016 年增设了 1 个法庭,目前下设 5 个法庭。

(四)设置职能上的变通异化

在人民法院四个五年改革纲要中,均涉及法庭改革问题。尽管最高人民法院曾要求撤并"专业法庭",后续也多次强调要按照"三个面向、两个便利①"原则,合理设置法庭,强化法庭的各项建设,但仍有一些法院在原有制度划定的空间内尝试进行了一些改革,如以法庭的机构和人员编制为基础,设置专业化审判庭。XC -1 法庭就已改成为金融案件专业审判庭。有观点认为"人民法庭功能定位上的伸缩空间是很大的,其可以定位为速裁(主要审理简易程序案件),也可根据地方案件受理情况定位为专门法庭审理某一类别的案件。"②

表 6　人民法院四个五年改革纲要中涉及人民法庭改革的内容

文件	相关条款	内容要点
一五改革纲要 (1999 ~2003 年)	27	1. 人民法庭设置的"两便原则"; 2. 人民法庭的人员配置;撤并、建立、重组人民法庭; 3. 清理、调整、撤并不符条件的人民法庭、"专业法庭"; 4. 2000 年底前,撤销城市市辖区的人民法庭。

① "三个面向"即"面向群众、面向农村、面向基层";"两便"即"便于当事人进行诉讼,便于人民法院审判案件"。

② 李鑫、马静华:《中国司法改革的微观考察——以人民法庭为中心》,载《华侨大学学报》(哲学社会科学版)2016 年第 3 期。

续表

文件	相关条款	内容要点
二五改革纲要(2004～2008年)	28	1. 改革完善人民法庭工作机制; 2. 加强人民法庭管理和物质保障; 3. 提高人民法庭司法水平。
三五改革纲要(2009～2013年)	19、29	1. 提升人民法庭法官职级; 2. 建设多元纠纷解决机制。
四五改革纲要(2014～2018年)	44	1. 优化人民法庭布局; 2. 完善人民法庭立案机制; 3. 优化人民法庭人员构成; 4. 推进人员交流。

综上,通过对B市人民法庭问题的因果分析,最终可以归因于扁平化管理和专业化建设的关系。扁平化是通过减少管理层级,以平行化的审判单元形成司法权力依法独立运行的组织建构。专业化是立足于现代社会矛盾复杂化、纠纷类型多元化及社会分工精细化特征,由专门法院、专业化法庭、专业化合议庭、专业法官等主体,对特定类型的案件进行的专门化审判活动。按照2018年中央政法工作会议精神,应坚持在专业化建设基础上实行扁平化管理,专业化法庭可基于现有审判庭或人民法庭进行新设或改造,专业化合议庭和法官可作为专业化建设的最小单元,鉴于专业化建设具有多层次特征,扁平化管理并不等同于去机构化,应充分考虑司法权力运行和监督管理的客观需要。但回归到问题的反面,如果不加节制地将法庭直接设置为专业化审判庭则可能导致职能的变通与异化,需要考虑人民法庭的基本职能与专业化审判的辩证关系:一则法庭的基本职能是审判或执行案件、进行调解等,以地域管辖原则来确定受案,案件类型覆盖刑、民、执行,这与专业化审判庭以民商事案件中的某一类或几类案由确定受案,强化专业审判、统一法律适用的职能定位显然不同。二则法庭设置的重要目的之一是兼顾司法资源分布均衡,重点是保证住在交通不便之地的老百姓在需要维护其正当权益时,国家能够及时提供司法服务。专业审判庭显然无法达到法庭便捷诉讼的设置目的。因此,人民法庭设置与专业化审判的关系尽管可以调和,但应设置科学的改革标准及评价指标体系,从而最大限度地保持人民法庭的职能定位,防止人民法庭成为被动承接内设机构精简整合的“无底洞”。

三、定位重构:直辖市人民法庭的改革进路

(一)人民法庭职能、性质的再定位

1. 人民法庭的职能

在最高人民法院的相关规定[①]中,人民法庭的任务有4项,即审理和执行案件、指导人民调解委员会工作、办理其他事项。但时至20年后的今日,法庭的职能早已远远超出前述的4项范围,进行了全面的整合与扩大。结合B市实践,城市法庭的职能主要包括:(1)立案受理;(2)审判工作,主要是民事审判工作;(3)案件调解;(4)信访接待及参与社会综合治理、维护社会稳定;(5)法治宣传与法治教育;(6)指导调解工作。另一部分人民法庭还在办理执行案件与减刑假释案件等。其中第(1)项至第(3)项为人民法庭的基本职能,具有不可替代性;第(4)项至第(6)项则与基层法院其他部门的职能工作存在交叉,存在职能有待统一的问题。其中,第(4)项承担涉诉信访工作、畅通社会公众维权的渠道、为行政机关、社会公众提供政策及法律方面的咨询的职能与法院信访办的职能有交叉,建议由信访办统一负责。如B市Y中院内设QH、TH两个人民法庭,在涉诉信访工作上采取分立原则:在审在执案件的涉诉信访工作由承办案件庭室化解处置;已结案件的涉诉信访问题由信访办统一处置。第(5)项法庭承担法律文化传播的职能实际上多由院办公室或新闻外宣部门承担。去年,B市SJS法院尝试在新闻宣传岗招收新闻传播类人才承担法院的法治宣传、形象建设,进而实现“让专业的人,来做专业的事”,法院司法公信得到显著提升。

2. 人民法庭的性质

人民法庭具有人民性。人民法庭离人民群众最近,打通了司法机关连接人民群众的“最后一公里”,“弥合了司法与社会之间的距离”。[②] 法庭工作体现的是司法为民的宗旨,这是社会主义司法价值的核心,这一点在乡村法庭上体现得尤为突出。“法官既要以便民的原则来维护稳定,还要以得力的手段来树立和维护政府的权威”,要追求法律效果与社会效果以及情理法三者的完美统一。[③] 人民法庭具有基础性。法庭是基层法院的派出机构,是最小的常设审判

① 参见《最高人民法院关于人民法庭若干问题的规定》(法发〔1999〕20号)第六条:人民法庭的任务有:(1)审理民事案件和刑事自诉案件,有条件的地方,可以审理经济案件;(2)办理本庭审理案件的执行事项;(3)指导人民调解委员会的工作;(4)办理基层人民法院交办的其他事项。

② [以]巴克拉:《民主国家的法官》,毕洪海译,法律出版社2011年版,第15页。

③ 高其才:《乡土社会中的人民法庭》,载《法律适用》2015年第6期。

机构,是基层中的基层。法庭承担具体而微的工作,处理细小琐碎的案件,同时在司法实践中贯彻审判活动的原则和理念,是司法结构体系中不可动摇的基石。目前,全国已建成10,162个法庭,绝大多数分布在乡村,它们坚持三个面向的原则,每年处理数以万计"家长里短"的传统型纠纷,承担起乡村治理与社区治理的重担。尽管人民法庭还存在着审判中"重实体、重结果、轻程序、轻过程"、法官审判倚重的更多是自己的司法经验等而令法律人士看起来不那么"依法"等问题,尽管人民法庭所具有的"便利当事人诉讼、便利法院审判"的特点在社会经济高速发展、交通体系便捷、互联网技术发达的今天已经看起来不那么突出,但由于人民法庭审判与调解的基本职能不可替代,加上其在社会主义法治体系中具有的人民性、基础性特征,人民法庭在时下的今天,仍有其存在的正面积极价值。

(二)城市人民法庭设置标准的再考量

从法庭的基本设置标准即外部因素与法庭自身功能的可替代性即内部因素分别出发,以"定性+定量"分析相结合的方式研究城市法庭设置。

1. 外部因素对城市法庭设置位置及数量的影响

如前所述,对法庭设置产生影响的外部因素包括案件数量、区域大小、人口分布、交通条件、经济社会发展状况,随着网络技术的发展,还包括法院提供的"互联网+诉讼服务体系"。根据案件数量的多少、辖区的大小、人口的多少、交通的便捷程度、经济社会发展的状况与诉讼服务体系建设情况,分为多/大/较弱/便捷、较多/较大/较高/较为便捷、较少/小/高/非常便捷三个等级,依次按照3、2、1分计算。对于人口这个因素,将其分为常住人口与流动人口来进行讨论,也分为相应的三个等级,分别按照1.5、1、0.5来计分。其中案件数量、辖区大小、人口数量为正向影响因子,交通便捷程度、经济社会发展状况、诉讼服务体系建设为逆向影响因子。交通便捷程度高,节约了当事人的交通成本,设立单一的基层法院可行性强,不会为当事人享受司法服务设置交通障碍。经济社会发展水平高,会产生两种结果:一是商事案件高发,案件复杂,涉及的经济利益较大。这种案件往往不能像传统民事案件借由调解来解决,而需要专业化审判庭从程序与实体上进行全面的审理,统一法律的适用尺度。二是当事人对司法公正、公平往往有更高的要求和期待,而人民法庭的乡土司法模式已然不能满足当事人不断增长的新要求。诉讼服务体系建设水平高,当事人能自行完成立案、查询、送达,甚至可以利用手机软件参与"微审判""微调解"。

表7　B市人民法庭设置的外部因素分析

项目	中心城区 XC 区	主要城区 CY 区	城乡结合 TZ 区	乡村地区 MY 县
案件数量(3)	较多 +2	多 +3	多 +3	较少 +1
辖区面积(3)	小 +1	较大 +2	大 +3	大 +3
人口数量(3)	常住人口较多 +1 流动人口多 +1.5	常住人口多 +1.5 流动人口多 +1.5	常住人口较多 +1 流动人口多 +1.5	常住人口较少 +0.5 流动人口较少 +0.5
经济社会发展情况(3)	经济社会发展水平高 +1	经济社会发展水平高 +1	经济社会发展水平较高 +2	经济社会发展水平相对较弱 +3
交通设施(3)	非常便捷 +1	非常便捷 +1	较为便捷 +2	便捷 +3
“互联网 + 诉讼”服务体系(3)	水平高 +1	水平高 +1	水平高 +1	水平较高 +2
得分	8.5	11	13.5	13
结论	不设置人民法庭;案件由法院直接审理	不设置人民法庭,案件由法院直接审理;针对民事案件占比较大的特点,合理设置建设民商事专业化审判庭	在城乡结合地区设置一定数量的人民法庭	在远离县城的偏远地区设立人民法庭,并加强巡回审判,满足偏远地区当事人的司法需求

综上,在经济发展水平较高、人口密集、流动人口多的城乡结合地区,可设置一定数量的法庭;对于人口数量少且分布不均、区域面积广大的远郊区县,可以在远离法院的偏远地区建设一定数量的法庭。如果法庭受理的案件数量较少,可以不受乡、镇等行政区划的限制,在较大范围内集中设置一个法庭,同时加强区域内的巡回审判。

2. 内部因素对城市法庭人员配置的影响

影响人民法庭人员设置的因素有很多,包括设施条件、工作任务、司法能力等。经过多年建设,B市人民法庭在基础设施上的差异不大,影响人民法庭人员设置的核心因素就是工作任务。因此,本文通过梳理法庭工作任务这一重要因子,来确定法庭人员配置方案。在剥离了法庭的可替代性职能、分析过技术替代解决方案后发现,法庭的基本工作任务是立案、审判与调解,法官助理在其中承担了大量的工作。因此,在人员需求上,除了要以案件数为基准确定法官人数、保证最基础的合议庭建制外,还应适当增加法官助理的配置数量。

表 8 人民法庭的人员配置分析

人民法庭工作任务	职能替代	技术替代	履职人员
立案受理		网上立案、移动终端立案、跨域立案	法官助理
审判工作		视频审判、网络送达等	法官、法官助理、书记员、司法警察
案件调解		网上调解、移动终端调解等	法官、法官助理①
信访及综治	法院信访办		
法治宣传教育	法院外宣部门	融媒体宣传教育 融媒体司法公开	
调解工作指导	法院办公室		
诉讼服务	法院诉服办	“互联网 + 诉讼”服务体系	
行政事务		网上办公与签章	法官、法官助理、书记员、司法警察

(三)直辖市人民法庭立撤并转的辩证关系

1. 总体思路:理顺关系、统筹统设

理顺人民法庭与审判庭的职能关系。《人民法院组织法》赋予了法院根据部门法设立审判庭的合法性。但从 B 市法院来看,除了刑事、民事、行政审判庭外,还有以地域管辖为原则受理案件的人民法庭;有根据当事人身份而赋予特殊管辖的专业审判庭,如少年家事案件审判庭;有审理普通民事案件以外案件的专业审判庭,这些专业化审判庭在受案之时享有“优先权”,客观上导致了案件分流,这也是法庭案件数量减少的原因之一。

突出顶层设计思路。最高人民法院在《关于切实践行司法为民大力加强公正司法不断提高司法公信力的若干意见》中要求:“统筹考虑、合理布设人民法庭。”随后,四五改革纲要提出了“优化人民法庭布局、优化人民法庭人员构成”的改革要求。鉴于改革需要不断自发重新分配或合理调整司法资源,且基层法院主动裁撤合并法庭的动力不足,建议由高级人民法院统筹统设人民法庭,强化对司法区域内法庭设置的顶层设计,同步协调人财物关系。

---

① 按照新一轮司法改革的要求,案件调解是法官助理的基本工作任务之一。

2. 重构理路:精准定位、立撤并转

在偏远、交通不便的地区设立法庭是以投入国家司法成本来降低当事人的司法成本,体现的正是为民司法与便民司法的宗旨。但城区法庭与法院、法庭之间的距离较近,当事人在法院或法庭诉讼的司法成本基本相同,如 HD 法院 HD -5 法庭距其法院仅有 120 米,CY 法院的 7 个派出法庭之间的平均距离约为 10 公里。此时,再设置法庭,显然不能再以投入国家的司法成本来降低当事人的司法成本。对此,一则应综合考虑辖区面积、人口分布、案件情况、交通成本等在城乡接合部、相对偏远的地区按照实际需要重新布局设立人民法庭。可以将多个案少人少的法庭进行跨区域的整合重构,同时利用乡镇司法所、人民调解室等建设巡回审判点,加强巡回审判。二则对于没有切实发挥基础作用的城区法庭,可以改造为容纳一个或多个专业领域的专业化人民法庭。对于职能已经变通为专业审判庭的法庭,可以报经高级法院审批后,保持机构和人员编制,从事专业审判或速裁工作,以满足经济增长和社会变革所带来的司法需求。

3. 配套计路:优化人员、提升技术

在法庭人员配置上,按照案件数量、地域因素、经济社会发展程度等现实差异因素,确定法庭的审判团队与其他人员的配置。根据法庭的工作任务,加大对法官助理的配置比例,尝试构建"1 + N + 1"的审判团队。根据人员相对较少的状况,法庭适宜采用扁平化的管理方式。具体而言,可探索建立法官在法庭与审判庭之间定期交流的机制;将法庭作为法官助理的培养基地、定期轮岗;尝试招录法庭所在地居民担任法官助理、书记员、司法警察,以提升队伍的稳定性。

在智慧法院建设上,应强化法庭自身的技术建设,着力发展信息化审判管理、信息化行政办公,提高内部人员的工作效率。同步发展建设"互联网 + 诉讼服务体系",着力发展技术手段,建设信息平台,便利当事人,提升法庭外部诉讼服务水平。这需要高级法院的统一规划、部署与建设。

结　语

人民法庭的职能定位在相当程度上决定了其已不限于司法本体规律,需要从司法治理向社会治理的纵深面,从扁平化向专业化的特殊面,考虑机构职能设置及运行问题。现阶段,直辖市人民法庭有其存在的现实价值,需要在市级统筹的框架下,综合考虑案件数量、区域大小、人口分布、交通条件、经济社会发展状况、诉讼服务体系建设等外部因素和法庭工作任务等内部因素,设立整合乡村法庭、撤销转制城区法庭,兼顾专业化审判和智慧法庭建设需求,从管辖和职能划分上对人民法庭与基础性审判庭进行综合调控,不断深化探索人民法庭的法治工作定位。

心得体会

写论文是个勤快活儿

崔丹妮

来法院工作这么多年,诚实地说,我不是个勤快的好同志,对于法院审判执行工作中存在的难点、热点及问题,总是看得多、想得多,但落实在纸面上的文字可谓少之又少。另外,在工作中总是从调研实证的角度出发,直接寻求建立和完善解决问题的可行性方案或路径,而对法学理论、经管模型运用能力不强。但在论文写作、尤其是法院学术论文讨论会的论文写作中,必须融会贯通经济学、管理学、统计学、法学等理论,并将其综合运用于分析现状或是解决问题。因此,在这里谈不上有经验与大家共享,只能简要说说自己在这方面工作中仍存在的问题,自鉴共鉴之,望与大家共勉。

在我看来,写论文是个勤快活儿,必定得勤于发现、勤于思考、勤于动笔,也就是眼勤、脑勤、手勤。更重要的是,别给自己偷懒的借口,如工作忙碌、案件太多、调研压力太大。咱们身边的调研写作高手与专家们无不是争分夺秒、无时无刻紧抓学习不放松的楷模。所以说,年轻人,能否解决面对的所有困难,取决于我们下定的决心。只要愿写,就能够出品高质量的文章。

在这里,勤于发现有两层意思:一是勤于阅读。阅读大量相关领域的学术文章,充分了解目前最新的问题、观点、动态,做到心中有数、落笔不慌。二是勤于发现。在法院,无论是审判执行还是管理改革都是实践性很强的工作,在运行过程中会不断遇到新的疑惑、新的问题,这就需要我们具备敏锐发现的慧眼,捕捉到宏观全面或是微观细小的问题,抓住实质核心进行剖析,进而握准研究方向。

勤于思考是指多加强对问题的系统分析思考与深度分析思考。往往在调研中我们发现了问题,但对问题的分析或是浮于表面、浅尝辄止,或是就事论事、拘于一隅;所提出的方案对策要么系统性不足、要么可行性不强。在这方面可以尝试使用思维导图来帮助分析建模。纵观近年来获奖的学术论文,在这方面都作出了全局性、系统性的分析论证,这些文章是新入门选手的最佳学习范本。

勤于动笔是指及时记录下学习体会、思考所得,并形成一种积累的习惯,为的是能够在灵光乍现之时,抓得住亮点。手机中各类云笔记 APP 是帮助我们随时随地记录心得的好帮手。在写学术论文之时,我们经常感到力不从心、无处下笔,归根结底还是积累不够,而这非一日之功,还需朝夕点滴努力才是。

碎碎念了这么多,化作一句话:祝愿所有写论文的同志们都能取得好成绩!

依托自然语言处理技术构建类案检索模型

——以股东知情权纠纷为例

闵 雪 苑 珊*

【论文提要】

类案检索在实务中有着重要作用,《最高人民法院司法责任制实施意见(试行)》中明确将“类案与关联案件检索”设置为审判流程中的一个环节。类案检索在为法官提供审判思路,指导裁判方向,并进一步助力统一裁判尺度方面有着不可或缺的作用。现有的类案检索机制包括平台自动推送和人工自主检索两种,但普遍存在推送案例准确不够,与法官需求不匹配以及检索随意性强,效率较低、结果不稳定等不足。通过分析上述不足及其成因,本文试图借助人工智能和计算机领域的一些前沿技术,探索构建新类型的类案检索模型。具体而言,通过借助自然语言处理技术对海量裁判文书进行解构,并使用分词方法将裁判文书从若干句子表示转换成词语表示,然后基于词频和词语权重的不同,提取文本关键词,给裁判文书贴上能够表征其基本案件事实和争议焦点的“标签”;之后系统重复运用上述规则确定待决案件检索关键词,并由法官根据审判经验进行调整,选定最终检索词;最后通过主题分布统计模型,根据检索词对裁判文书进行相似度计算,将相似度较高的文书作为推荐结果集,帮助法官准确便捷地找到与自己案件具有高相似度的裁判文书。为对上述模型进行进一步的解释和验证,本文最后一部分以股东知情权纠纷为例,选取其中一个典型案例为待决案件,对模型进行了实践考证。希望通过本文的探索,为类案检索系统的改进提供灵感和助力,同时增强审判人员对该系统的理解和认同,激发其使用并参与改善类案检索系统的积极性。

---

* 闵雪,北京市第一中级人民法院行政庭法官助理;苑珊,北京市第一中级人民法院民三庭法官助理,曾获全国法院系统第二十九届学术讨论会二等奖。

【主要创新观点】

1. 本文是跨学科论文,综合运用了法学、计算机学和语言学学科的理论与技术构建新类型的类案检索模型。尝试对自然语言处理前沿技术如何有效运用于类案检索领域进行说明,通过基本概念介绍、文书段落举例、典型案例验证等方法,打破学科界限,增强审判人员对类案检索智能系统技术的理解和认同。

2. 本文对类案检索系统在实践中的运用进行了全面梳理,区分为平台自动推送和人工自主检索两种形态,并据此深入分析类案检索实践存在的问题及原因。

3. 从价值选择的层面剖析审判者智慧与机器智能之间的关系,从而把握类案检索系统发展的必然趋势。

4. 本文重视对类案检索模型的步骤、设计规则说明,尝试把跨学科的技术转化为具有可操作性的规则,并运用案例对各个环节进行验证,强化审判人员对类案检索原理的理解,为其有效使用检索系统打下基础,同时为其反馈意见、优化系统提供可能性。

5. 本文使用自然语言处理中的分词、词频及加权技术提取裁判文书标签,提高标签标记文书的准确性。使用主题分布概率模型对文书进行相似度计算及排序,提高效率,便捷审判人员使用检索结果。在多个环节提供人工介入的渠道,方便审判人员纠正机器对待决案件理解的偏差、及时调整检索结果。

2017 年 8 月 1 日起施行的《最高人民法院司法责任制实施意见(试行)》(以下简称《实施意见》)将“类案与关联案件检索”设置为审判流程中的一个环节,明确承办法官在审理案件时,应当依托办案平台、档案系统、中国裁判文书网、法信等,对最高人民法院已经审结或正在审理的类案与关联案件进行全面检索,并制作检索报告,分情形作出处理。其中类案检索①既属于法律问题,亦是技术问题。所谓法律问题,是指类案检索的设立目的为助力法官寻找与待决案件相同或类似的案件,并提供审判思路,指导裁判方向,从而为进一步统一裁判尺度提供指引;所谓技术问题,则是指只有大数据技术和人工智能发展到一定程度,才有实现从海量司法数据中高效准确检索类案的可能性。基于对现有类案检索系统的简要考察分析,可知目前主要存在检索或推送类案精度不高、与审判人员需求不匹配等问题,导致无法切实满足审判实践需要,审判人员使

① 由于关联案件定义比较模糊,故不作为本文的讨论重点,本文主要对类案检索及相关问题展开讨论。

用意愿不高。本文试图借助人工智能和计算机领域的技术,探索构建新类型的类案检索模型,并以股东知情权纠纷为例对该模型进行解释和验证,希望能通过本文探索对类案检索系统创新有所裨益。

一、现状:类案检索在实务中的探索应用

类案检索在实践中主要有两种形态:一是平台自动推送,二是人工自主检索。

(一)平台自动推送

《实施意见》施行以来,最高人民法院及各地法院都在积极开发类案自动推送系统,主要工作机制为:依据现有裁判文书建立数据库,解构文书并“贴标签”;之后系统根据随案生成电子卷宗中的起诉状自动提取待决案件的标签,与现有裁判文书所贴标签比对匹配,进行类案推送。[①]

以最高人民法院的类案智能推送系统为例,该系统于 2018 年 1 月 5 日正式上线运行,其构建了案情事实、争议焦点、法律适用等要素的语义画像,在精准度方面做到了全案由文书数据整体推送准确率超过 60%,[②]高效辅助法官从海量历史案件中发现相似案例。

(二)人工自主检索

人工自主检索系法官通过自主选取或输入关键词,找到与待决案件类似的案例。自主检索平台主要包括中国裁判文书网、法信类案检索、无讼案例等。

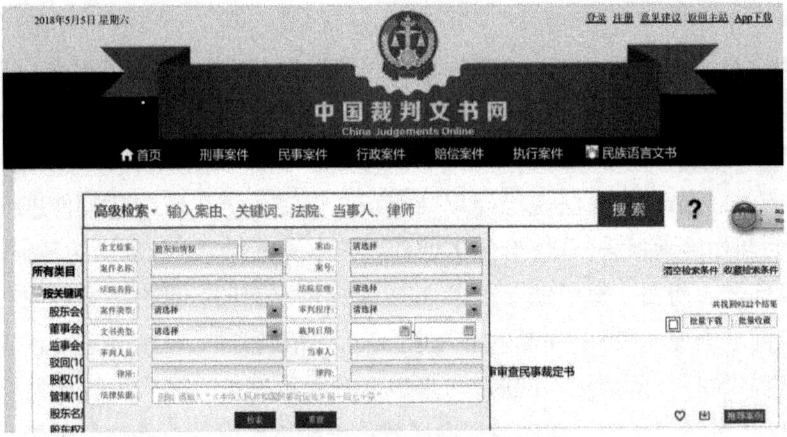

图 1　中国裁判文书网检索界面

① 左卫民:《如何通过人工智能实现类案类判》,载《中国法律评论》2018 年第 2 期。
② 左卫民:《如何通过人工智能实现类案类判》,载《中国法律评论》2018 年第 2 期。

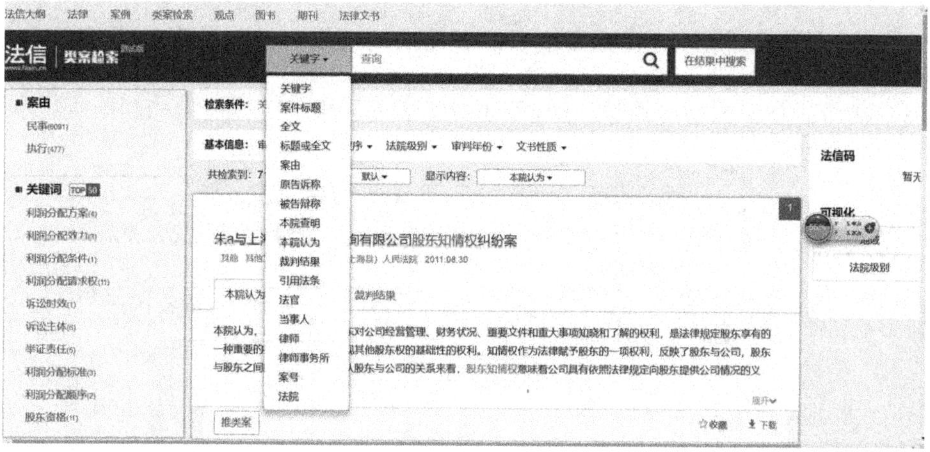

图 2　法信类案检索界面

除传统用关键词作为检索依据，商业公司也通过借鉴域外法律数据库检索技术不断创新检索的思路和方法。天同律师事务所推出了定位为“类案裁判规则检索体系”的天同码，其借鉴英美国家“钥匙码”的案例编码方式，由专业人员对原始裁判文书进行重新加工，从每个案例中抽象出法律问题作为标题，并提取该案例的关键词作为标签。使用天同码需要检索人先总结待决案件争议焦点，根据关键词查找与争议焦点最为相似的天同码标题，进而找到该标题描述法律问题对应的案例。

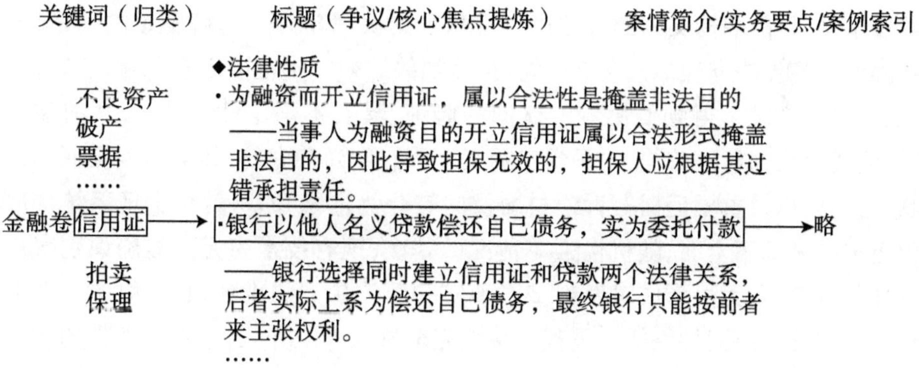

图 3　天同码检索思路示意①

① 枝辉、蒋勇：《天同码：中国商事诉讼裁判规则》，法律出版社 2016 年版，第 C115 页。

二、问题及成因:当前类案检索系统无法解决准确性与效率的矛盾

(一)推送案例的准确性不够,与法官需求不匹配

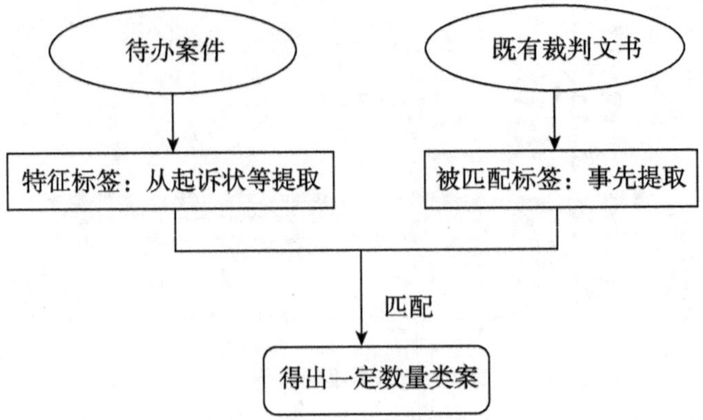

图4　目前平台自动推送原理

如图4所示,平台自动推送实质上是针对待决案件端(前端)与海量文书端(后端)两端标签的自动提取与自动匹配,这种用计算机语言和规则描述文书进而高效匹配类案的推送模式是人工智能发展的趋势,但现有技术条件下更多还是一种理想状态。鉴于目前对自动推送系统工作机制的说明和研究材料较少,基于本文研究,其推送准确性不够的原因包括:第一,从后端来看,因囿于技术发展水平,目前解构文书的方法中存在机器对文书学习和理解不足的问题,导致提取标签无法准确标记文书。同时,后端的结构规则也因不透明导致其科学性、全面性亦没有得到使用者的认同和验证,具有不确定性。第二,从前端来看,问题更为明显。首先,电子卷宗随案生成制度尚待完善,如果不能保证起诉状、答辩状以及重要证据等诉讼材料及时转化为电子卷宗,就会出现系统提取关键词的来源不全面、随机性强等情况。其次,现有技术尚无法准确识别案件的核心区分点,无法形成对案件基本事实和争议焦点的判断,其提取的关键词亦无法表征待决案件特征。因现有系统完全排除人工介入,法官对案件的整体判断与价值取向无法通过有效渠道反应,由此推送的匹配案例当然也无法满足法官办案需求。第三,前端和后端除了各自于提取标签环节存在的问题外,还存在两端规则不同、侧重点不同进而导致匹配类案不准确的问题。

(二)检索随意性强,导致效率较低、结果不稳定

人工自主检索一般采用关键词检索方法,法官选择输入关键词多基于个人的经验和对案件的理解,不用遵循输入规则,具有一定的随意性,易导致检索结

果不稳定。如果法官输入的关键词较少或者不具有典型性,会导致搜索出大量案例,尽管通过改进检索方法(比如将关键词限定或排除在特定段落)可以将案例数量限缩,但法官需要参考的类案仍面临着过量的问题,数百个案例摆在法官面前,却无法判断每个案例与待决案件的相似程度。另外,如果按照天同码的规则采用法律问题检索方法,那就意味着要用人工对裁判文书进行编辑,无法适用对海量文书进行类案检索的情况。

具体分析上述问题的成因:第一,不同的法官提取关键词的能力不同,在其无法准确描述自己所需关键词,或者因为汉语"一词多义""一意多词"情况,检索平台就不能准确查找法官需要的类案。第二,被检索的海量案例未经解构或编辑,未对其关键事实和争议焦点贴标签,导致虽然检索到的案例包含使用者输入的关键词,但该关键词并非一定为该案例的核心问题,甚至只在全文中出现一次或者只在某一方当事人观点中出现,对于待决案件的参考价值不大。第三,现有的检索系统只能以使用者输入的检索词是否在全文中出现过作为检索结果,缺乏一种科学合理的方法对检索结果进行相似度或推荐度排序,需要使用者自己逐篇阅读、判断、选择,降低检索效率。

三、出路:构建以自然语言处理为基础的类案检索模型

(一)价值选择:用人的经验完善机器智能

鉴于现有类案检索系统所存在的问题,结合司法实践的需要,本文认为运用人工智能系统提取标签标记案例并进行相似度匹配是类案检索系统的应有之义,同时考虑到目前技术发展水平,机器智能无法完全取代法官对案件的判断和理解,必须给智能系统自主判断提供人工介入的途径。如果能够实现人的经验智慧对机器智能的有效修正,就可以在类案检索系统中做到效率与准确度兼顾。此外,还需要厘清智能系统的处理"规则"问题。一方面,在构建类案检索系统模型时,要在充分理解类案概念的基础上设计机器自动提取标签的规则,要对规则予以充分说明、论证,以获得审判人员的充分理解。另一方面,应认清机器规则与人类逻辑的差异,机器学习到一定阶段后会有自己的逻辑和标准,或许会超脱于现有法律实践中的所有规则,但正是存在这种人类无法理解的逻辑,才有了机器能够高效处理海量裁判文书的可能性。

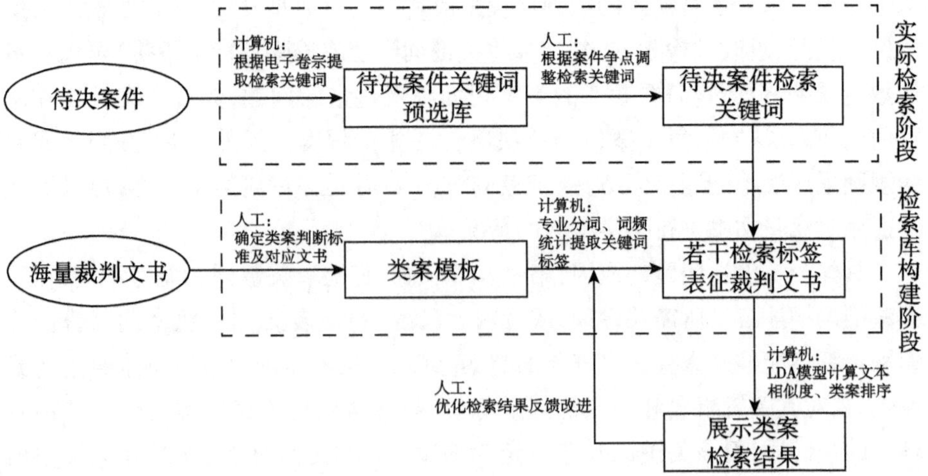

图5 本文类案检索方案流程

(二)概念厘清:类案的判断标准

在介绍如何构建类案检索模型之前,有必要明确什么是类似案例、如何识别类案。为了更好地探究何为类似案例,可以采取反向推理的思维方式。在司法活动中,当法官需要运用案例对待决案件进行论证说理时,实际上是一条由具体到具体的逻辑路线,即通过比较判例与待决案件之间的相同点和不同点,运用类比推理的方式,将案例中隐含的裁判规则运用于后案之中。最高人民法院印发的《〈关于案例指导工作的规定〉实施细则》第9条规定:"各级人民法院正在审理的案件,在基本案情和法律适用方面,与最高人民法院发布的指导性案例相类似的,应当参照相关指导性案例的裁判要点作出裁判",根据该规定,在基本案情方面,首要识别的应为"要件事实",即案件事实的实质性构成要件;在法律适用层面,则主要考量案件的法律争议焦点。① 因最高人民法院的指导性案例已经通过总结"裁判要点"将案件的法律争议焦点进行释明,故在检索类案时可以从案情和法律适用两方面着手。但是,在本文涉及的类案检索中,被检索案例基数庞大,缺乏法律争点的统一释明,故在寻找类案时,无法明确地将法律争点与基本事实进行区分。为了实现方便快捷的检索,本文不予区分法律与事实问题,统一放在检索条件之中。而为能全面体现案件的特点,从多角度进行相同点与不同点的比对,检索条件的选取既应考虑要件事实部分,又需兼

① 贺荣主编:《尊重司法规律与刑事法律适用研究——全国法院第27届学术讨论会获奖论文集》,人民法院出版社2016年版,第383页。

顾法律适用部分,同时,当事人的诉辩意见中亦会反映出案件的争点。故在确定检索条件时,本文将从当事人"诉辩主张"部分开始,涵盖查明事实部分,至"本院认为"部分截止。

(三)建模尝试:引入自然语言处理技术构建类案检索模型

为在海量裁判文书中检索出待决案件的类案,本文引入了自然语言处理技术。自然语言处理是语言学和计算机学结合的产物,它的研究方向是让计算机理解自然语言,并可通过自然语言和人进行沟通。本文拟借助自然语言处理技术对裁判文书进行解构,将裁判文书从若干句子表示转换成词语表示,然后基于词频和词语权重的不同,提取文书关键词,给裁判文书贴上能够表征其基本案件事实和争议焦点的"标签";之后系统运用上述规则推送待决案件检索关键词,再由法官根据审判经验进行调整,选定最终检索词;最后通过主题分布统计模型,根据检索词对裁判文书进行相似度计算,将相似度较高的文书作为推荐结果集,帮助法官便捷准确地找到与自己案件具有高相似度的裁判文书。具体环节为:

1. 提取被检索裁判文书"标签"

(1)分词技术拆解裁判文书

中文分词是提取标签最基础的环节。"词是最小的能够独立活动的有意义的语言成分"①,中文词语分析是中文信息处理的基础与关键。首先,使用日常用语库进行分词,比如将"我爱北京"分成"我/爱/北京"。但裁判文书多使用法律专业术语,比如"不正当目的""股份合作制企业",如果仅根据日常用语库,可能会被分为"不正当/目的""股份/合作制/企业"而失去了专业术语本身所表征的特殊含义。故需引入法律专业词库,将词库中含有的词语自动识别为一词而不再进行分词。其次,还要剔除停用词②,包括与审判程序有关但与案件事实无关的词,如"一审判决""诉讼"等。③ 下面以北京安通博瑞铁路器材有限公司与李哲博股东知情权纠纷二审民事判决书④中的一段内容为例进行说明:

李哲博是否为安通博瑞公司的真实股东,安通博瑞公司尚不清楚,李哲博也未向安通博瑞公司提交过任何证据。李哲博认为自己是挂名股东,不是安通

① 刘小宇:《基于语义理解的中文常问问答系统的研究》,大连理工大学2006年硕士学位论文。

② 停用词,是指"电脑检索中的虚字、非检索用字",一般是出现频率很高,但没有实际意义,对文书检索也没有帮助的词,主要包括语气助词、副词、介词、连词等。参见华林森:《中文文本情感分类研究》,重庆大学2014年硕士学位论文。

③ 目前在互联网上可以获取"哈工大停用词词库""四川大学机器学习智能实验室停用词库""百度停用词表"等各种停用词表,但尚未有裁判文书需要的特殊停用词库,本文通过人工剔除特殊停用词。

④ (案例)详见北京市第二中级人民法院(2018)京02民终532号二审民事判决书。

博瑞公司真正股东,如果李哲博的委托代理人是真实股东,该委托代理人恢复股东身份后可以自行请求查看安通博瑞公司资料。李哲博主张自己是安通博瑞公司的挂名股东,其委托与安通博瑞公司存在诸多纠纷的范文苑及其丈夫陈国锦查询安通博瑞公司经营保密资料,具有恶意目的,而且范文苑、陈国锦还查封了安通博瑞公司的部分资产,李哲博明显是滥用股东身份及地位与第三人恶意串通损害公司利益,具有不正当目的。

未加入法律专业词库、未剔除停用词库的结果:

[“安通”“股东”“公司”“挂名”“委托”“代理人”“恶意”“身份”“资料”“目的”“串通”“查封”“具有”“滥用”“查询”“保密”“纠纷”“正当”“提交”“查看”“证据”“请求”“损害”“丈夫”“利益”“主张”“清楚”“恢复”“经营”“是否”“地位”“资产”“明显”“存在”“部分”“认为”]

加入法律专业词库、未剔除停用词的结果:

[“安通”“公司”“股东”“挂名股东”“委托”“代理人”“恶意”“身份”“第三人”“不正当目的”“资料”“串通”“查封”“具有”“滥用”“查询”“保密”“纠纷”“提交”“查看”“请求”“损害”“丈夫”“利益”“主张”“清楚”“目的”“恢复”“经营”“是否”“地位”“资产”“明显”“存在”“部分”“认为”]

加入法律专业词库并剔除停用词的结果:

[“股东”“挂名股东”“委托”“代理人”“恶意”“身份”“第三人”“不正当目的”“串通”“查封”“滥用”“保密”“恢复”“地位”“资产”]

(2)基于词频技术提取海量文书标签

①高频词与自定义词频

词频指的是某一个给定词语在文书中出现的次数。高频词即在文书中出现次数较多的词语。在分词步骤之后,根据词频对一篇文书的所有词语进行排序,选择排序在前四十的词语作为文书高频词。但同时考虑到,有些词语词频较低但有重要作用,可能被排除在高频词之外,故需要给这类词自定义词频,使其出现在高频词中。本文以陈建国、林河城股东知情权纠纷二审民事判决书①为例,通过高频词与自定义词频方法,提出到该文书的标签:

查阅、股东、知情权、会议记录、复制、财务会计、股权转让、股东会、监事会、凭证、不正当目的、记账、转让、正当性、书面、会计、前置程序、登记、入账、转让款、账簿、签名

① (案例)详见广东省惠州市中级人民法院(2017)粤13民终763号二审民事判决书。

②运用 TF - IDF 技术提取裁判文书标签

TF - IDF(Term Frequency - Inverse Document Frequency，词频—逆文件频率)是一种用于资讯检索探勘的常用加权技术，用以评估一字词对于一个文件集或一个语料库[1]中的某份文件的重要程度。引用到检索类案的领域，其原理就是：如果一个词在一篇裁判文书中出现的次数越多，同时在所有裁判文书中出现的次数越少，就越能代表该文书。

以陈建国、林河城股东知情权纠纷民事判决书[2]为例，同时以数据库中全部1271 篇案例作为语料库[3]对该判决书的标签词汇进行 TF - IDF 计算，根据权重重新进行排序，最终得到该篇文书的"标签"：

正当性、前置程序、登记、签名、账簿、转让款、监事会、转让、凭证、会计、书面、知情权、会议记录、入账、不正当目的、股东会、股权转让、财务会计、复制、股东、记账、查阅

2. 明确待决案件检索词

该步骤中首先需明确系统拟处理文档的来源和范围。在技术尚未充分发展时，仍需法官对案件事实和当事人诉辩主张及争议焦点进行梳理，并将上述整理成文档，作为确定关键词的基础文档。随着智慧法院建设的深入，可依据案件系统中自动生成的起诉状、答辩状等作为基础文档进行提取。

明确关键词包括系统自动确定和人工干预两步。系统自动确定为不存在人工干预的情况下，由计算机利用第一步的分词模型自动提取关键词。但如前文所述，因关键词由计算机按照设定模型自行确定，在涉及个案处理时，易出现关键词的提取以及匹配与意欲解决的焦点问题不符的情况，此时，需由检索者发挥自主意识，进行人工干预。

若系统确定的关键词中没有搜索者需要的关键词，而该关键词对于待决问题必不可少，便可引入强制搜索。比如在搜索股东行使知情权的查阅范围是否包括会计凭证这一问题时，会计凭证便可作为强制搜索型关键词。与此相对应，有的关键词因词频过高，反而在检索系统里权重比值低，导致实际上可有可无，如公司、股权、股东等，这类词汇几乎出现在每一篇股东知情权案例之中，对于这些词汇可以进行人工删除，确保关键词更有针对性。而对于挂名股东、代

① 语料库：所有被检索文本组成的集合。这里特指海量裁判文书经过中文分词，停用词筛选等操作后形成的以词为组成单位的规范文本集合。载 http://en.wikipedia.org/wiki/Text_corpus，最后访问日期：2018 年 5 月 30 日。

② （案例）详见广东省惠州市中级人民法院(2017)粤 13 民终 763 号二审民事判决书。

③ 本文检索案例来源：中国裁判文书网下载全国范围内案由为股东知情权纠纷，年限为 2014 ~ 2018 年的二审生效判决，共 1271 篇。

持、会计账簿、查阅范围等词汇,因为其更具针对性,故其权重比本身就会偏高,因此在人工确定关键词时,应尽可能使用更具针对性的词汇。

3. 适用 LDA 模型[①]分析文书并获取类案

给后端裁判文书贴好标签之后,仍需进一步对文书进行分析,运用主题分布概率模型将裁判文书按照计算机指定的不同主题进行抽象描述,后依据待决案件检索词对海量文书进行相似度计算。

首先,将裁判文书中出现过的不重复词语建立为"词库"并编号;其次,对每篇文书的关键词组进行词语到编号的转换;最后,将所有文书及其关键词编号组,带入 LDA 模型进行分类。以北京安通博瑞铁路器材有限公司与李哲博的二审案件[②]为例,经过 LDA 主题模型分类后,该案例文档可以由一系列的主题分布来表示。

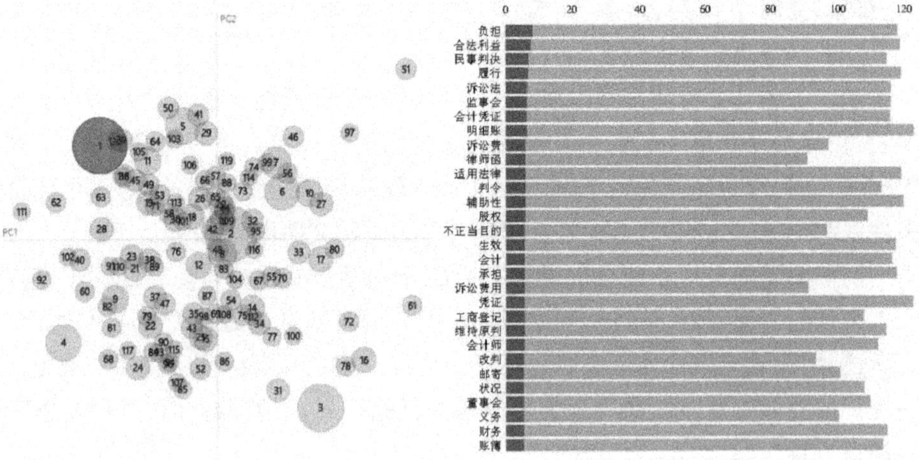

图 6　主题 1 与关键词的主题分布

图 6 表示该案项下主题 1 及该主题下词语的权值分布。

① LDA 全名为隐含狄利克雷分布(Latent Dirichlet Allocation),是在机器学习和自然语言处理等领域用来在一系列文档中发现抽象主题的统计模型。载 https://en.wikipedia.org/wiki/Latent_Dirichlet_allocation,最后访问日期:2018 年 5 月 30 日。

② (案例)详见北京市第二中级人民法院(2018)京 02 民终 532 号二审判决书。

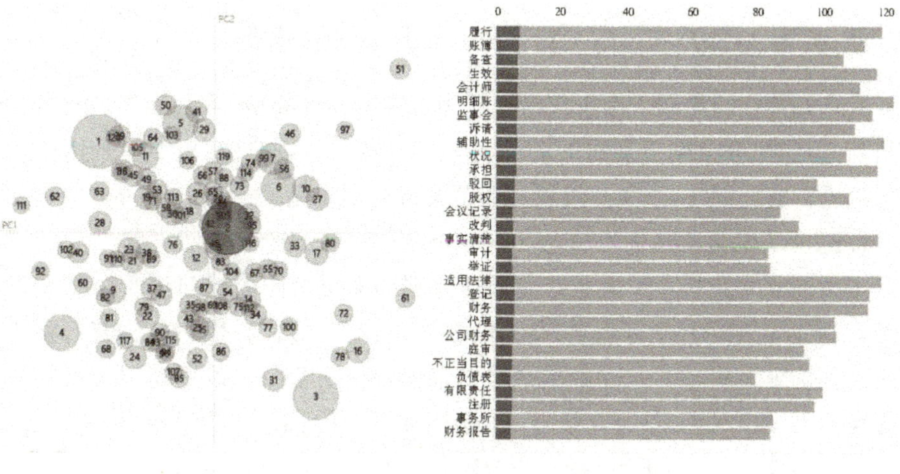

图 7　主题 2 与关键词的主题分布

图 7 为该案项下主题 2 的词语权值分布,通过对比可以发现主题 1 和主题 2 存在词语交叉的现象,这样同样的词语可以被归类到不同的主题,通过这样的安排就可以解决“一词多义”的问题。而不同的词但词义类似,如“财务”“公司财务”都被分配到了同一主题,这又能够解决“一义多词”的问题。

通过上述标签提取方法,该案标签为“挂名股东、代持、股权、转让、公司法、查阅、范围、原始凭证、会计凭证、账簿、不正当目的、恶意、串通、损害、委托、专业、辅助、公司章程、在场”。可得“不正当目的”“会计凭证”在 LDA 主题模型中被分配到主题 1 中,其他关键词则被分配到其余主题,计算其主题概率分布为 P_1。海量文书端的所有文书都能够计算出概率分布,计为 $P_2, P_3, P_4, P_5, P_6 \dots P_x$。再输入待决案件的检索词,同样方法可计算出其概率分布为 Q,最后通过 Q 与海量文书的主题概率分布进行相似度计算,并对相似度进行从大到小排序。数值最大对应的文书即为最相似文书。

4. 引入人工干预,进行权值更改

检索结果界面中会显示比例条,反馈关键词在每个分类项下的权值,若对权重不满意,还可以对待检索的关键词权值进行手动更改。比如在股东知情权案例中,既涉及挂名股东是否有权行使股东知情权,亦涉及该股东是否存在不正当目的,通过检索,得出的案例与第二个问题更加匹配,鲜少涉及第一个问题亦或涉及不多,此时便可以通过提高第一个问题项下关键词的权重,如将挂名股东、代持、股权、转让、公司法的权重提高,相应的不正当目的、恶意、滥用、串通、损害的权重变会下降,此时得出的案例中将更多回应第一个问题。

四、实践:以股东知情权纠纷为例验证类案检索模型

股东知情权纠纷属于商事纠纷中较为常见的案件类型,且因其案情通常较为清晰,但法律争点偏于多样化,更利于检索的模拟,故本文拟以股东知情权纠纷为例进行实践操作,进一步解释和验证类案检索模型。

(一)待决案件关键词的确定

本文选取的待决案件为北京安通博瑞铁路器材有限公司与李哲博的二审案件[①],因本案实际上已有生效判决,故在通过计算机选定检索关键词时,将待检索文档确定为从当事人诉辩主张至二审审理查明部分。适用模型得出案件关键词如下:股东、查阅、会计账簿、公司法、委托、挂名股东、知情权、代持、股东会、恶意、会议记录、不正当目的、股权转让、股权、凭证、财务会计、账簿、串通、滥用、记账、保密、复制、公司章程、原始凭证、会计凭证、工商登记、损害。

进一步通过人工分析,可知双方的法律争点有以下四点:(1)"挂名股东"是否有权行使股东知情权;(2)股东不正当目的的判断;(3)股东知情权的查阅范围是否包括会计凭证;(4)《最高人民法院关于适用〈中华人民共和国公司法〉若干问题的规定(四)》(以下简称《公司法解释四》)出台后,委托专业第三人辅助行使查阅权的具体限制。关键事实包括以下几点:(1)该股东系公司在工商登记机关登记的股东;(2)该股东与股权出让人均向法院明确表示双方之间系真实的股权转让关系,不存在股权代持关系;(3)公司法及其司法解释未对名义股东的股东知情权作出限制性规定;(4)公司主张该股东意图滥用股东地位,与委托人恶意串通,损害公司合法利益,具有不正当目的,但缺乏证据支持;(5)会计凭证包括原始凭证和记账凭证,会计账簿则必须以经过审核的会计凭证为依据,该股东请求查阅的范围包括会计凭证;(6)在该股东在场的情况下,可以由会计师等专业第三人辅助股东行使查阅权。

根据上述法律争点与关键事实的分析,进一步对上述方法确定的关键词进行调整,首先,删除针对性较弱且与本案事实关联性较低的词汇,比如股东、查阅、知情权、股东会、账簿、复制、工商登记、记账。其次,因本案涉及公司账簿的查阅范围以及委托专业第三人辅助行使查阅权的具体限制,故在关键词中加入查阅范围、专业、辅助、在场等词汇,以保证该两个问题能够在检索范围之中。总结得出能够表征该案特征的关键词如下:挂名股东、代持、股权、转让、公司法、查阅范围、会计账簿、会计凭证、原始凭证、不正当目的、恶意、滥用、串通、损

---

① (案例)详见北京市第二中级人民法院(2018)京02民终532号二审判决书。

害、委托、专业、辅助、公司章程、在场。之后,将上述关键词带入 LDA 模型进行搜索,以求检索得到与本案最为接近的案件,即类似案例。

(二)推送案例分析

适用该模型进行检索,除却待决案件本身之外①,陈建国、林河城股东知情权纠纷二审民事判决书②列在推荐搜索列表的第一位,其与待决案件的相似值为0.64。分析该案可以发现其回应了待决案件的三个法律争点,包括:(1)关于"挂名股东"行使股东知情权的问题:该案中显示若公司章程和工商登记信息均载明该股东为公司股东,在公司无其他反证的情况下,应认定其为公司股东,股东知情权是股东的应有权利,股东有权行使该权利;(2)关于正当目的的判断问题:公司以股东查阅会计账簿有不正当目的为由予以拒绝的,必须要有合理根据,否则无法得到支持;(3)关于查阅范围是否包括会计凭证:会计账簿本身包括原始财会凭证和票据,他们是最直接、充分地反映公司真实经营管理情况的信息资料,因此,会计凭证包括原始凭证和记账凭证应当作为会计账簿的附件入账备查。关于第四个问题,该篇案例并没有进行回应,但囿于该问题为《公司法解释四》出台后实践中才遇到,而经搜索,现有数据库中针对《公司法解释四》的相关案件少于10件,故该问题缺乏运用本模型进行检索推送的必要性,对于该问题不再单独进行搜索。

通过分析上述回应情况,第1点与第2点与待决案件拟处理方式基本一致,且说理较为明确,故可以作为待决案件的参考依据,但第3点,即其对于查阅范围的处理与待决案件拟处理方式不一致,故针对该问题,将进一步进行单独检索。

(三)具体问题专项检索

专项检索第一步依然是确定关键词,针对查阅范围这一法律争点并结合其涉及的案件事实,重新规划确定关键词为:查阅范围、原始凭证、记账凭证、会计凭证、会计账簿。此处应说明一点,因在本文检索模型中,案例关键词的提取为全文提取,而该问题仅系针对单独问题的回应展开,故在搜索时,应对关键词的权重进行调整,并适度加入强制搜索。具体到本次检索,因该法律争点回应的为会计凭证是否应纳入查阅范围,故在检索时将会计凭证列入强制检索,并相应提高其他关键词的权重。

① 因本文选取的待决案件亦处于数据库中,故依据关键词检索后得出的案例相似值最高即为该案件本身。

② (案例)详见广东省惠州市中级人民法院(2017)粤13民终763号二审判决书。

9 - 乐视影业(北京)有限公司与北京思伟股权投资管理中心(有限合伙)股东知情权纠纷二审民事判决书——选择词汇与该文本相似度0.502294

35 - 首创龙基科技有限公司与九九实业股份有限公司股东知情权纠纷二审民事判决书——选择词汇与该文本相似度0.465801

23 - 郑传湘与湖北泰发房地产开发有限公司股东知情权纠纷一案二审民事判——选择词汇与该文本相似度0.450772

11 - 福建天福酒店有限责任公司、陈勇股东知情权纠纷二审民事判决书——选择词汇与该文本相似度0.434727

3 - 吴发贵与益阳嘉好房地产开发有限公司股东知情权纠纷二审民事判决书——选择词汇与该文本相似度0.425392

29 - 代永亮、蒋伟等与武汉新五心服务管理股份有限公司股东知情权纠纷二审民事判决书——选择词汇与该文本相似度0.416585

1 - 刘子江与天津市环路公路设施有限责任公司股东知情权纠纷二审民事判决书——选择词汇与该文本相似度0.415058

24 - 上诉人南京苏博文化传媒有限公司与被上诉人蒋豪娟股东知情权一案的民事判决书——选择词汇与该文本相似度0.414286

35 - 王玉贞与山东鲁润佳和伟业进出口有限公司股东知情权纠纷二审民事判决书——选择词汇与该文本相似度0.407178

24 - 李召云与山东夏丰种业有限公司股东知情权纠纷二审民事判决书——选择词汇与该文本相似度0.406360

图8 专项检索结果

图8中检索结果与带决案件的相似度并不是特别高,其原因主要在于案涉检索模型系针对案件全文进行关键词提取,本次只针对其中某一问题,故相似指数较低。

上述检索结果的回应情况:

序号	案号	当事人	地域	层级	查阅范围是否包括会计凭证	是否有相关论理
1	(2017)湘民终542号	吴发贵与益阳嘉好房地产开发有限公司	湖南	高院	包含	有
2	(2018)京03民终1465号	乐视影业(北京)有限公司;北京思伟股权投资管理中心(有限合伙)	北京	中院	包含	有

续表

序号	案号	当事人	地域	层级	查阅范围是否包括会计凭证	是否有相关论理
3	(2016)京02民终2451号	首创龙基科技有限公司与九九实业股份有限公司	北京	中院	包含	有
4	(2016)京02民终2451号	郑传湘与湖北泰发房地产开发有限公司	北京	中院	包含	有
5	(2017)闽01民终5032号	福建天福大酒店有限责任公司与陈勇	福建	中院	包含	有
6	(2016)鄂01民终6491号	代永亮、蒋伟等与武汉新五心服务管理股份有限公司	湖北	中院	包含	有
7	(2016)津02民终4252号	刘子江与天津市环路公路设施有限责任公司	天津	中院	包含	无
8	(2016)苏01民终2414号	南京苏博文化传媒有限公司与被上诉人蒋蒙娟	江苏	中院	包含	无
9	(2017)鲁01民终6808号	王玉贞与山东鲁润佳和伟业进出口有限公司	山东	中院	包含	有
10	(2016)鲁14民终1803号	李召云与山东夏丰种业有限公司	山东	中院	包含	有

综合考量上述案例，上述案例拟搜索的待决问题均有回应，上述案例的样本的范围较为广泛，且既包括高级法院案例，亦有同地区法院的案例，故具有较高的采信力。经过分析，上述10件案例中认为股东的查阅范围应包含会计凭证，并多数给与较为详细的论理分析。鉴于上述案例的结论均与本案拟处理结论不符，参照该结果，在分析本案该项法律争点时，应认真参考学习上述案例，尤其是对针对其中论理较为充分的案例，需根据要件事实的相同点与不同点，谨慎裁判。

心得体会

用写作拓展生命的宽度

闵 雪 苑 珊

小时候,老师告诉我们,生命不在于长度而在于宽度。长大了,没有人督促我们读书复习、没有大考小考监测成绩变化、没有升学就业压力,人反而很容易对时间的流逝变得麻木。我们为什么要撰写学术论文?也许是把它当作一次期中评测,也许是把它当作一段旅程的标记,督促自己思考、总结、探索,用写作的方法为人生拓展宽度、增加高度、挖掘深度。

撰写论文,需要有问题意识,深入研究日常工作背后的"真问题"。寻找"真问题"就像沙里淘金,首先要把所有问题收集起来,再经常性地进行筛选,通过查案例、学理论、向他人请教解决问题,最后留下那些穷尽各种手段也没有答案的便是金子般珍贵的"真问题"。笔者选择研究类案检索作为文章主题,便是源于日常问题的积累。为了保障裁判文书质量、保持裁判尺度统一,法官助理经常需要对类案进行检索,但如何检索目前尚没有指导方法和统一标准。笔者咨询了资深审判员、青年法官助理,发现大家的检索方法各具特色,对同一个案子选取的检索关键词也各不相同,检索结果亦缺乏可预期性。后笔者通过咨询法律检索网站从业者、查阅专业文章,最终确定类案检索问题是法官及助理在审判工作中经常遇到、又没有较好应对方法的"真问题"。

撰写论文,需要有好奇精神,善用跨学科方法探索综合解决方案。好奇心是人类天性中宝贵的品质,现代科技也给了我们更多机会去获取不同领域的知识,不断扩宽视野。解决审判领域中的疑难问题,正需要我们跳出专业范畴的局限,利用其他学科知识为解决旧问题提供新思路。笔者在撰写论文过程中,深入研究了自然语言处理学科中的分词、加权等技术,从审判人员角度理解技术原理并提出优化方案,综合运用了法学、计算机学和语言学的理论与技术构建了新类型的类案检索模型。遗憾的是,该模型的可行性较难得到有效验证。笔者会继续研究类案检索问题,不断优化模型,同时借助计算机学科从业者的帮助,实现一定程度的成果转化。

论文写作,路漫漫其修远兮,希望我们都能不忘初心,上下求索,用写作拓展生命的宽度。

突破“案情类似”标准：类案检索与规则适用机制探究

——兼论类案检索报告的生成模式

黄慧婧*

【论文提要】

本文从《最高人民法院司法责任制实施意见(试行)》在司法实践适用中产生的问题及存在的不足出发,总结出类案检索与规则适用仍存在类案检索随意、类案检索范围模糊、择取类案标准单一随机及类案规则适用不确定等问题,进一步指出问题根源在于类案规则定位模糊、类案标准不明、类案识别思维欠缺及类案适用规范缺失。本文提出,为解决上述问题,应明确类案规则的定位及类案的识别标准:类案规则的定位及效力应按照最高人民法院指导性案例、本院类案及其他法院类案进行区分;类案识别标准应囊括案件主要事实类似、争议焦点类似及案件判理与裁判规则可迁移性等多种情形。在此基础上,本文提出类案检索与规则适用的规范性机制,并为类案与关联案件检索报告的制作规范提供了思路:首先,应对检索对象作出区分,明确检索目的是类案裁判规则抑或裁判尺度;其次,综合考虑当事人、案由、诉讼标的、案件事实、争议焦点及适用法条等检索要素划定类案范围;再次,需对类案规则进行合理总结,其中应包括请求权基础要件性事实或争议焦点相关的要件性事实、裁判结论及规则赖以形成的价值判断基础;最后,将类案规则中的请求权基础要件性事实与本案中的案件事实进行比对,如完全一致则以适用类案规则为原则、以背弃为例外,如不完全一致则应以背弃类案规则为原则,但承办法官如果认为类案规则赖以形成的价值判断基础可迁移于待决案件,也可予以适用。此外,适用与背弃类案规则的机制及后果应根据类案规则的定位及效力区分而有所区别。

---

* 黄慧婧,北京市第一中级人民法院民二庭法官助理。

【主要创新观点】

1. 本文通过问卷调查分析的方式总结出《最高人民法院司法责任制实施意见(试行)》在司法实践适用时尚存在类案检索随意、类案检索范围模糊、择取类案标准单一随机及类案规则适用不确定等问题,进一步指出问题根源在于类案规则定位模糊、类案标准不明、类案识别思维欠缺及类案适用规范缺失。

2. 本文基于对类案标准的分析研究,提出类案识别标准不应仅限于案件主要事实类似,还应囊括争议焦点类似及案件判理与裁判规则可迁移性等标准。

3. 基于类案识别标准,本文提出合理归纳的类案规则除应包含请求权基础要件性事实或争议焦点相关的要件性事实及裁判结论外,还应包含规则赖以形成的价值判断基础。

4. 本文就类案检索与规则适用构建了规范性机制,具体包括锁定检索对象、划定类案范围、总结类案规则及类案规则适用四个步骤。

5. 根据全文的论述和分析,基于现有规定,本文针对类案检索与规则适用的完善起草了相应的建议稿,并就类案与关联案件检索报告的构成及内容提出了建议。

类案同判是法官依法行使审判权的内在要求,也是当事人衡量司法公平与正义的直观标准。近年来,最高人民法院对于发挥审判案例在统一裁判尺度方面的作用十分重视,从2005年《人民法院第二个五年改革纲要》,到2010年《最高人民法院关于案例指导工作的规定》及2015年实施细则,指导性案例的相关规定逐步完善。2017年7月31日,《最高人民法院司法责任制实施意见(试行)》(以下简称《实施意见》)颁布,其中针对类案检索及类案规则①作出了具体规定。②

即便如此,当前类案在统一司法裁判尺度方面发挥的作用仍显不足。本文从《实施意见》在司法实践中的适用出发,试图构建类案检索与规则适用的规范

① 为便于讨论,本文将类案与关联案件中形成的裁判规则与尺度统称为类案规则。

② 其中"审判流程"部分规定,承办法官需进行类案与关联案件检索并制作类案与关联案件检索报告,并根据下述不同情形进行相应的处理:(1)拟作出的裁判结果与本院同类生效案件裁判尺度一致的,在合议庭评议中作出说明后即可制作、签署裁判文书;(2)在办理新类型案件中,拟作出的裁判结果将形成新的裁判尺度的,应当提交专业法官会议讨论,由院庭长决定或建议提交审判委员会讨论;(3)拟作出的裁判结果将改变本院同类生效案件裁判尺度的,应当报请庭长召集专业法官会议研究,就相关法律适用问题进行梳理后,呈报院长提交审判委员会讨论;(4)发现本院同类生效案件裁判尺度存在重大差异的,报请庭长研究后通报审判管理办公室,由审判管理办公室配合相关审判业务庭室对法律适用问题进行梳理后,呈报院长提交审判委员会讨论。

性机制,以期为实现“同案同判”提供可操作的合理方案。

一、问题表象:类案检索与类案规则适用失范

《实施意见》虽就类案检索与规则适用作出了具体规定,但在司法实践中的适用不尽如人意,尚存如下问题:

(一)是否进行类案检索仍显随意

《实施意见》出台之前,并无法官需进行类案检索的相关规定;该意见出台之后,实施效果也不容乐观。针对类案检索的情况,笔者制作并向70名法官与法官助理发放了调查问卷。面对“过去一年您进行过多少次类案检索”这一问题,调查结果如下:

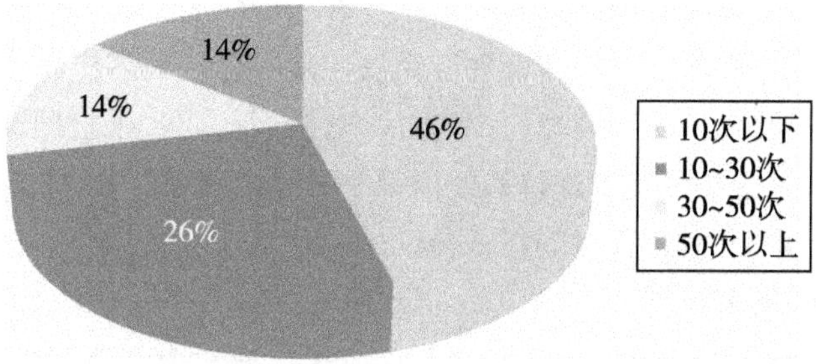

图1 过去一年您进行过多少次类案检索

调查显示,高达46%的受访者选择10次以下,选择30~50次及50次以上的受访者均仅占14%。

对于本院判决,可以通过内部规范及法官会议等途径便捷地统一裁判尺度,因此对本院类案进行检索的情况较少;而其他法院作出的类案裁判又不具明确效力,法官及助理并无检索的动力。调查发现,法官及法官助理在处理下述类型的案件时倾向于进行类案检索:(1)本院受理的一方当事人相同的关联案件;(2)新类型或疑难案件。在其他案件中,法官进行类案检索的积极性较低。总体而言,类案检索并未落实到每一件案件中,是否进行类案检索仍显随意。

(二)类案检索范围模糊

在进行类案检索的具体操作过程中,检索范围也不尽一致,存在模糊性。针对本院类案而言,影响检索范围的因素主要是裁判时间。所有受访者均表示,裁判时间是其进行类案检索时考量的因素,但具体设定的时间范围不同。

针对非本院类案,影响检索范围的因素还包括:

1. 检索平台

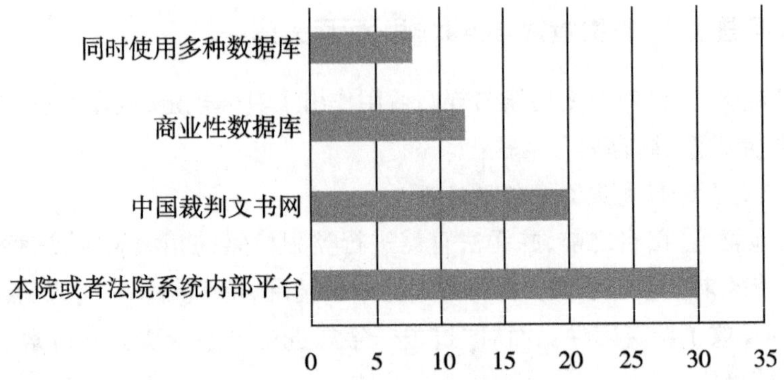

图 2　您使用何种平台进行类案检索

调查问卷反映,法官与法官助理使用的检索平台呈现多样化状态。

如图 2 所示,出于便利考虑(如数据库案件数量多少,平台网速流畅度等),多数受访者选择在本院或者法院系统内部平台搜索类案。整体来看,受访者选择的检索平台并不一致,这可能影响检索出的类案范围。

2. 案例地域、审级

针对搜索案例的地域,存在仅搜索本地区与搜索全国范围内案例的区别,选择仅搜索本地区的人员占比达 71%,其余人员选择查看全国范围内代表性地区(如北上广深)的裁判;在搜索案例的审级方面,31% 的受访者表示会留意裁判法院的审级,其余则表示选择搜索所有审级法院的案例。

由此可见,对于是否全面考虑上述因素以及如何考虑上述因素均可能存在分歧,故而不同人员进行类案检索的范围存在差异,得出的类案检索报告也就难以一致。

(三)择取类案标准单一、随机

《实施意见》并未对择取类案的标准作出规定。调查发现,法官及助理对类案的择取呈现出较大的主观性。法官及助理多聚焦于案件事实是否与本案相似,至于达到何种程度为相似,则凭主观认识而定。83% 的受访者表示以案由或事实性关键词作为检索的关键要素,仅有 17% 的受访者表示在案由及事实性因素外还会考虑争议焦点的相似性。可见,类案择取标准呈现出单一性、随机性。

(四)类案规则适用不确定

针对是否适用类案规则,本院能够通过内部规范及法官会议等途径得到统一,在需突破原有规则及形成新的规则时,往往会遵循一定的流程提交法官会议乃至审判委员会讨论,这与《实施意见》中的指引一致。相较而言,适用其他法院形成的类案规则的确定性则较低。即便存在较为统一的类案规则,法官也可能以本案与类案不同为由拒绝适用,而此种区别的规则尚不统一,导致当事人无法预测类案规则能否适用。

此外,适用类案规则的方式亦不明确。能否在裁判文书中直接引入类案形成的规则,抑或类案规则仅是支持法官形成内心论证的有力论据,以及背弃类案规则应受到何种限制、承担何种后果等,法律及司法实践中对此亦无统一的规定或做法。

综上所述,尽管《实施意见》已颁布近一年,但其中未规定类案的标准及检索机制,而且仅涉及本院同类生效案件,故类案在统一裁判尺度方面的作用仍受到极大限制。相较于本院类案,其他法院类案规则的适用更显失范。而且,即便进行了类案检索,不同人员制作出的类案检索报告也可能大相径庭,无法实现类案同判的初衷。

二、追本溯源:类案检索与规则适用失范的成因

就类案检索与类案规则适用中呈现的上述问题,究其原因,在于下述几点:

(一)类案规则在我国司法中的定位存疑

作为成文法国家,我国审判实践中众多案例形成的规则应当如何定位,不无疑问。鉴于成文法先天自带的抽象性、滞后性及我国各地经济社会发展不平衡、司法人员水平参差不齐等特殊国情,实践中已出现了“判例自发性运用现象”①。但我国的司法机构并无创设法律的权力,且除最高人民法院之外也无解释法律的权力,适用类案中形成的规则存在理论上的限制。类案规则在我国司法中的定位不明,这导致类案检索义务的生成缺乏基础。从内部而言,类案规则并非正式法源,法官并无在所有案件中均进行类案检索、考量类案规则的主观动力;从外部而言,尚未形成进行类案监督的长效性机制,同案不同判并不会招致相应的责任承担。

(二)类案的标准不明

如同世界上并无两片完全相同的树叶,司法实践中也并无两个完全相同的案件。类案的界定不仅涉及客观性的事实比对,更融合了主观性价值判断,这导致类案的标准不明,因此审判人员检索类案时范围模糊,在检索案件的地域、审级及裁判时间方面也存在差异,进而在择取类案时呈现出较大的随意性。明

① 顾培东:《判例自发性运用现象的生成与效应》,载《法学研究》2018 年第 2 期。

确类案标准并在此基础上构建类案识别的机制,方能指引审判人员与诉讼主体寻找到适当、有力的类案,构建类案规则比对的平台,切实发挥类案在统一裁判尺度方面的作用。

(三)类案识别的思维训练欠缺

我国司法审判人员长期接受成文法系统中法律适用的思维训练,对于发端于判例法体系中的类案识别较为陌生。对于类案的比对识别,既存在案件细节均需一致的严苛标准,也存在案件事实大致一致的宽松尺度。前者导致类案识别的范围过窄,甚至不存在应受约束的类案规则;后者则导致类案识别的范围过宽,可能限制对案件的合理裁判及审判规则的创新发展。此种类案识别技术的欠缺,也是导致类案检索失范的重要因素。

(四)类案规则的适用规范缺位

针对类案中总结提取的规则如何适用,并无可操作的具体规定。首先,针对遵循抑或背弃类案规则,以及二者引发的相应处理机制,未有统一明确的规范。虽然《实施意见》中对于遵循和背弃类案规则进行了规定,但上述意见仅限于本院类案形成的裁判尺度,适用范围有限。其次,类案规则是否应在裁判文书中予以说明,或是通过内部报告的形式予以记载,有待研究。就此,《实施意见》亦未有明确的规定。

三、正本清源:类案机制理论性问题的澄清

通过前文分析可以看出,要构建适合我国司法实践的类案机制,首先需要解决下述两点问题:一是类案规则在我国司法中的定位与效力,二是类案的识别与区分标准。

(一)明确类案规则的定位与效力

根据类案裁判作出法院的不同,其定位及效力应有所区分。

1.最高人民法院指导性案例——基于权威性产生事实上的拘束力

《最高人民法院关于案例指导工作的规定》将指导性案例的效力定位于“应当参照”。指导性案例具有权威性,不仅体现在其发布主体为最高人民法院,还体现在案例本身所体现的在法律的解释、丰富和发展方面所具有的学术、法理上的权威性。[①] 基于此种权威性,其应具有“事实上的拘束力”,即本级和下级法院“必须”充分注意并顾及,如明显背离并造成裁判不公,将面临司法管理和案件质量评查方面负面评价的危险,案件也将依照法定程序被撤销、改判或者

① 张琪:《试论指导性案例的“指导性”》,载《法制与社会发展》2007年第6期。

被再审改判等。[①] 裁判文书说理部分中可以引用指导性案例,如果不适用则应在裁判文书中说明其理由。此种定位既能契合当前我国立法和司法的现状,又能实现指导性案例功能的最大发挥。

2. 本院类案——基于最低限度裁判尺度统一产生的约束力

除了指导性案例之外,本院作出的类案也应具有较高层级的约束力。《实施意见》即是对承办法官检索本院类案的义务作出的规定。此种约束力来自最低限度的裁判尺度统一标准,即同一法院作出的类似判决不应相互抵触。笔者认为,除了《实施意见》规定的内容之外,本院类案的约束力还应体现在,违反本院类案规则的案件也应遭受司法管理和案件评查负面评价的危险,可依法定程序被撤销或改判。

3. 其他法院类案——基于说服力产生的参考效力

除上述两种之外的其他法院类案均不具有强制约束力。法官搜索此类类案并认同的原因主要在于其说服力,即类案规则的价值通过协助法官形成内心论证这一"隐形"方式发挥。因此,此种类案系基于说服力而具有参考效力。但是,为了切实发挥类案在统一裁判尺度方面的作用,应对此种参考效力进行具象化的说明和限制。当类案已经形成较为统一的裁判规则和尺度时,承办法官应对此种类案规则加以注意。遵循类案规则便在评议中加以说明,背弃类案规则则应进行分析说明。承办法官需将类案规则不适用于本案的内心论证在合议庭评议过程中予以说明并在卷宗中予以记载,构成论证其判决合理性的基础。虽然背弃此类案件的类案规则并不会直接导致被撤销、改判,但未对论证过程进行说明可能导致裁判结果被认定为合理性不足。即此类案件的参考力体现在证成裁判合理性的正向依据,未对背弃类案规则进行论证或论证不合理虽然不是对裁判给予负面评价的决定性因素,但应构成负面评价的考量因素之一。

针对上级法院类案的效力是否应有别于其他法院的问题,由于上级法院具有直接的审级监督权力,实践中法官对上级法院的类案会自觉予以遵守。虽然如此,对上级法院判决与其他法院判决效力予以区分并不具有法律或法理上的基础,反而不利于基层法院根据实际案情作出适当的判断。因此,不应对上级法院类案的效力进行单独区分。

(二)界定类案的识别标准

明确相似案件的界定及识别标准是类案检索的第一步。类案识别与检索

① 胡云腾、于同志:《案例指导制度若干重大疑难争议问题研究》,载《法学研究》2008 年第 6 期。

应始终处于互动的状态。相似性判断本身即带有主观性,在界定类案的识别标准时不应仅关注案件事实方面的精确相似。具体而言,符合下述条件的均应属于类案:

1. 案件主要事实类似

案件事实具有相似性,则两案无疑属于类似案件。但案件事实往往包含许多法律判断中不具价值的细枝末节,此处需比对的应是法律事实。进一步而言,比对的应是构成请求权基础的要件性事实。如果推导出某一案件的裁判结论需具备若干要件性事实,且待决案件也同时具备此种要件性事实,那么此二案件便构成案件事实上的类似。判断案件主要事实是否类似,则可以从当事人、案由、诉讼标的、诉讼请求等多方面入手。

2. 争议焦点类似

在某些情形下,承办法官可能仅需就某一争议焦点如何处理参考类案。例如,待决案件虽为机动车交通事故责任纠纷,但当事人争议的焦点仅限于在缺乏医嘱的情况下能否支持营养费的问题。此时,搜索的类案不应以案件事实类似为标准,而应从争议焦点类似的标准入手,才能更加准确地锁定类案规则。因此,争议焦点类似也应包含在类似案件的识别标准当中。

3. 案件判理与裁判规则具有可迁移性

一般而言,应首先识别出符合类似标准的案件,而后再判断类案规则能否适用,但检索过程中可能会发现案件事实虽不完全一致、案件判理与裁判规则仍可迁移于当前待决案件的案例,或者说两个案件都从属于某个共同的道德或政策原则①。此时,也可通过结论反向肯定两案具有相似性②。例如,如果推导出某一案件的裁判结论需具备要件性事实A、B、C,虽然待决案件仅具备A、B,但承办法官认为此种裁判规则及其背后的价值判断可迁移于本案,仍然可以将两者视为类似案件。可迁移性判断标准的启示在于,在进行案件检索时,不应盲目、机械地适用案件事实一致的标准,应适当扩大范围,将可能构成类似的案件均纳入考量。

四、对症下药:类案检索与类案规则适用的具体机制构建

基于上述对类案规则定位及类案识别标准的分析,结合《实施意见》已作出的规定,可通过下述思路构建类案检索与类案规则适用的规范性机制;同时,还

① 李桂林:《论普通法的类比推理》,载《法律方法》2009年第1期。

② 张骐:《论寻找指导性案例的方法以审判经验为基础》,载《中外法学》2009年第3期。

可照此思路制作一份全面的类案与关联案件检索报告。

(一)区分类案检索对象

案例的意义应在于对法律争议问题的规则性示范作用,而非对事实争议问题的裁量性示范作用①。据此,类案检索的对象可分为裁判规则与裁判尺度两个方面,检索时侧重的因素也应据此有别。

1. 裁判规则

裁判规则即是指当事人的诉求能否支持及其背后的判理。此时,时间及地域因素产生的影响较小(新法颁布时除外),主要需考虑类案的效力及其规则的合理性。

2. 裁判尺度

裁判尺度主要涉及具体标准的认定,如民事案件中精神损害抚慰金的金额。虽然承办法官依法享有自由裁量权,但此种权力也应受原则性、基本性的裁判尺度约束。由于当前我国仍然存在的地域差异及社会发展水平的不断提升,在检索类案的裁判尺度时,应对时间及地域因素予以关注。

(二)确定类案检索范围与要素

1. 划定检索范围

在确定检索范围时应根据不同层级类案效力的高低,按照最高人民法院指导性案例、本院类案、其他案件的顺序进行检索。

确定检索范围时应予考虑的因素包括:裁判地域、裁判时间、是否存在专业化审判法院、案件影响力等。如果涉及新法适用或不同立法间矛盾的,应考虑裁判时间与相关立法的关联性;如果存在对某类案件进行专业化审判的法院或因较常处理某类案件而具有专业化审判知识的法院(如杭州法院在审理网络购物合同纠纷时经验颇多),则应对此类法院的类案予以关注;此外,社会影响力较大的类案公众关注度与知晓度较高,也应纳入检索范围。同时,还应根据上述因素影响的大小,调整使用的检索平台。

2. 确定检索要素

在划定的检索范围内,基于类案识别标准,可以下列要素为导向检索类案:

(1)当事人

以当事人为要素进行检索,可以快速找到是否存在类案或关联案件。如物业服务合同纠纷中物业公司起诉了多名业主,则应注意是否存在针对该小区的已生效判决。

① 参见林喜芬:《美国法院遵循先例的运行机制及启示》,载《比较法研究》2015年第2期。

（2）案由

案由可谓是寻找类案的捷径，但案由的确定可能不尽准确，例如，列为概括性案由的案件可能存在应被归入细分案由的情形，故利用案由要素时还应结合案件事实进行甄别。

（3）诉讼标的

诉讼标的相同的案件较有可能构成类案。需注意，诉讼请求与诉讼标的密切相关，相近或相反的诉讼请求背后均可能存在类似的诉讼标的。

（4）案件事实

在比对案件事实时，不仅应考察请求权基础要件性事实是否相似，基于案件判理与裁判规则可迁移性标准，对于要件性事实不完全一致的案例也应进行识别，防止因僵硬适用案件主要事实类似标准导致的类案遗漏。有时，以若干细节事实性关键词为导向也可快速找到类案。

（5）争议焦点

寻找争议焦点类似的类案时可忽略案情全貌，仅查找判决中呈现的争议焦点。指导性案例等配套有案情摘要、争议焦点或裁判规则总结，可以加以利用。

（6）适用法条

通过案件事实或争议焦点寻找类案时，需要阅读大部分裁判文书的内容才能得出结论。有时，以裁判文书适用的法条为切入点，也能锁定类案的范围，而且更为快捷方便。

（三）合理归纳类案规则

在类案检索完成后、类案规则适用前，还需进行类案规则的提取归纳。一套归纳合理的裁判规则应为下述样式：

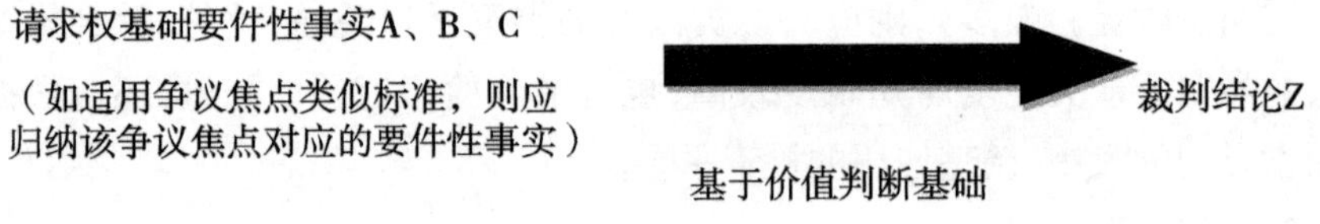

图3　合理的裁判规则样式

如图 3 所示，将构成请求权基础的要件性事实纳入类案规则，能够准确地划定类案规则的具体形态，避免过度抽象或关键事实的遗漏。同时，结合前文分析，价值判断也应在类案规则中予以体现。对案件相似性的判断在根本上取决于以价值判断为基础的正当性证明方面的思考和结论[①]，故对规则适用存在

① 张骐：《论寻找指导性案例的方法以审判经验为基础》，载《中外法学》2009 年第 3 期。

关键性影响的正当性与合理性分析也是不可或缺的。

(四)适用或背弃类案规则

1. 适用方式

对类案规则的适用包括对类案规则的遵循或者背弃。考量类案规则适用的过程大致如下:

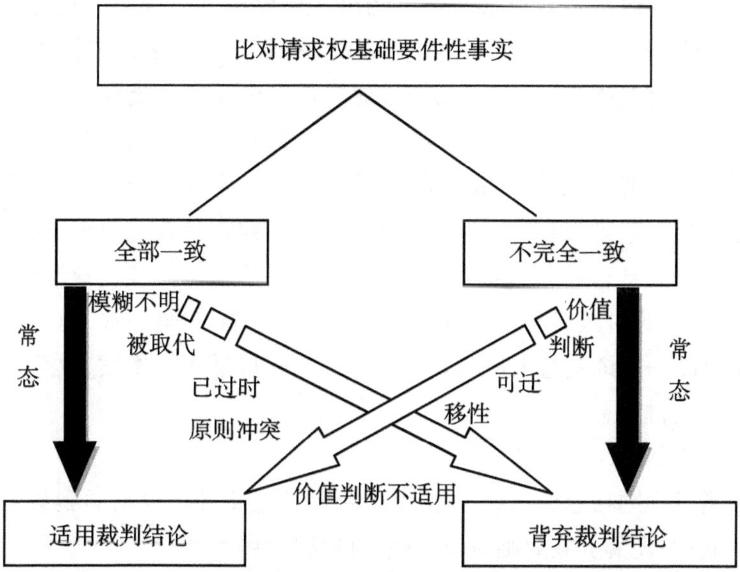

图 4 考量类案规则适用

如图 4 所示,首先应比对归纳后的类案规则中的请求权基础要件性事实与本案中的案件事实,可能出现两种情况:本案完全覆盖类案规则要件性事实(完全一致)及未覆盖全部要件性事实(不完全一致)。

在完全一致的情况下,应以适用类案规则为原则、以背弃为例外。一般而言,待决案件应适用类案规则的裁判结论;如果承办法官认为待决案件不应适用裁判结论,则应作出论证说明。背弃裁判结论的情形包括:(1)类案规则本身存在模糊与不明之处;(2)类案规则已为新法所取代;(3)类案规则已不符合当下社会发展情况;(4)类案规则与法律原则相冲突;(5)作为类案规则基础的价值判断依据不适用于待决案件,此种价值判断可以是类案规则意欲维护的利益、社会发展目标或是道德考量①。如果类案规则并不统一,承办法官也应就选择其中一种类案规则或另行形成新的裁判规则进行分析说明。

---

① 李桂林:《论普通法的类比推理》,载《法律方法》2009 年第 1 期。

在不完全一致的情况下,应以背弃类案规则为原则、以适用为例外。通常,待决案件不应受类案规则的约束;作为例外,承办法官如认为类案规则赖以形成的价值判断基础可迁移于待决案件,即类案规则意图维护的利益、社会发展目标或是道德考量也应适用于待决案件中,则承办法官在论证说明后可在待决案件中适用类案的裁判结论。

以不当得利纠纷中的利息返还为例对上述分析予以说明。通过检索总结出如下类案规则:如符合受损、获益、因果关系、获益缺乏法律依据以及受益人明知其获益缺乏法律依据等五个要件,则受益人应返还所受利益的相应利息;其背后的价值判断为行为人应为其过失负责,其应为自身的“恶意”承担造成的损失。经与待决案件比对,可能存在如下情形:(1)要件完全符合,则应判令受益人返还利息;(2)符合前四个要件,但受益人不知晓其获益缺乏法律依据,则不应判令返还利息;(3)符合前四个要件,受益人不知晓其获益缺乏法律依据,但其应当知晓,此时虽然与类案规则的要件性事实不完全一致,但类案规则背后的价值判断——即受益人应为其过失负责——应适用于本案,故仍应适用类案规则判令支付利息。

2. 具体机制

基于类案规则在定位和效力方面的层级,应按下述顺序对类案规则适用进行考量,顺位在先的类案规则应具有效力的优先性。

(1)最高人民法院指导性案例形成的类案规则

基于此类裁判规则的事实上的拘束力,承办法官应予以遵循并在裁判文书说理部分加以引用,其应对指导性案例与待决案件的相似性及适用裁判规则的合理性进行阐述。如果承办法官认为不应适用指导性案例规则,应提交法官会议研究、提交审判委员会讨论,并报请最高人民法院。径行背弃指导性案例确定的裁判规则或尺度的,构成评定差错案件及案件被改判的决定性因素。

(2)本院类案规则

为保证最低限度的裁判尺度的统一,承办法官应遵循本院的类案规则。按照《实施意见》已对适用或背弃本院类案规则作出了规定,未遵循上述程序要求径行选择背弃类案规则的裁判应被认定为差错案件。

(3)其他法院类案规则

基于此类类案规则的参考效力,在已形成较为统一的类案规则时,承办法官如认为应予适用,则应在案件评议过程中予以说明并将合议庭评议意见进行记载;如其认为不应适用,则除了进行上述说明及记载外,合议庭成员应就能否适用此类类案规则发表明确意见,最终以合议庭评议结果为准。未就类案规则的适用进行明确分析说明的,在案件评查过程中被评定为差错案件的风险应相应提高。

结　语

要让人民群众在每一个案件中都感受到公平正义,实现类案同判势在必行;但是,如果类案同判存在滥用,个案正义反而会受到危害,因此,一套合理、完善的类案机制不可或缺。本文为类案检索与规则适用以及类案检索报告的制作提供了思路。需要看到,类案检索与规则适用的发展离不开数据库完善、类案思维训练等配套措施的跟进。在机制建立的基础上,提高案例发布的及时性、应用的便利性并培养法官应用类案规则的习惯[①],才能切实发挥类案规则在统一裁判尺度、保障司法公平正义的价值和作用。

附:

关于类案检索与类案规则适用规范的建议稿

第一条　承办法官在所有案件中均需进行类案与关联案件检索并制作检索报告。

第二条　检索报告应包含下述内容:

1. 检索目的及对象;

2. 检索时间;

3. 检索平台及检索范围,包括案件地域、裁判法院、裁判时间、具有影响力的类案判决等;

4. 检索要素,包括当事人、案由、诉讼标的、案件事实、争议焦点、适用法条等;

5. 检索结论及其数据支撑,检索结论应为包括请求权基础要件性事实、裁判结论及价值判断基础在内的裁判规则;

6. 适用或背弃类案规则的论证;

7. 是否适用类案规则的结论;

8. 其他必要内容。

第三条　在完成类案规则的归纳后,应将类案规则中的请求权基础要件性事实与待决案件事实进行比对。如完全一致,则应适用类案裁判规则,但存在下述情形的除外:

1. 类案规则本身存在模糊与不明之处;

2. 类案规则已为新法所取代;

3. 类案规则已不符合当下社会发展情况;

4. 类案规则与法律原则相冲突;

---

① 夏锦文、吴春峰:《法官在判例指导制度中的需求》,载《法学》2010 年第 8 期。

5. 作为类案规则基础的价值判断不适用于待决案件;

6. 存在其他足以推翻类案规则适用的情形。

第四条　如果类案规则中的请求权基础要件性事实与待决案件事实不完全一致,则不应适用类案规则,但类案规则赖以形成的价值判断可适用于待决案件的除外。承办法官应对此种可适用性加以说明。

第五条　应按下述规定就类案规则的适用作出处理:

1. 针对最高人民法院指导性案例确定的裁判规则,承办法官应予以遵循,并在裁判文书说理部分针对指导性案例与待决案件的相似性及适用裁判规则的合理性进行阐述,如认为不应适用,应层报最高人民法院批准;

2. 针对本院类案规则,依照《最高人民法院司法责任制实施意见(试行)》的规定执行;

3. 针对其他类案裁判,在已形成较为统一的裁判规则或存在多种裁判规则时,承办法官应在案件评议过程中对适用与否或选择适用何种规则进行说明,合议庭成员应就能否适用发表明确意见。

第六条　未履行第五条第一项、第二项规定作出的裁判,可依照法定程序被撤销、改判或者被再审改判;未履行第五条第三项规定作出的裁判,应在综合考虑后认定是否应被撤销、改判或者被再审改判。

心得体会

厚积以致远

——学术论文写作有感

黄慧婧

不积跬步无以至千里,不积小流无以成江海。学术论文写作正是这句话的最好明证。通过几次以来参与学术论文比赛的经历,我越发感受到积累对于学术论文写作的重要性。在看似简短的论文篇幅中,足以反映作者平时积累的深度与广度。如果能做一位注重积累的"有心人",那么写出高质量的学术论文便是水到渠成。

一是积累选题素材。有一个好的选题,论文写作便已成功了一半。临时抱佛脚的"海淘式"选题,依靠的只能是运气,成功率可想而知。与每年都获奖颇丰的赵小军法官交流后,我才发现差距在选题这个起跑线上就已拉开。从小军姐传授的经验中我了解到,她花在选题上的时间并不比实际动笔写作的时间要少,在选题时她会将平时审判工作中遇到的疑难问题一一拿出来分析,比较不同选题现有的研究程度与可写性。可见,没有日常工作中的积累,便无法在选题时做到游刃有余,写出的论文成果也难以脱颖而出。

二是积累思辨能力。有了好的选题作为基础,接下来最重要的便是文章的脉络架构。将文章的框架搭建得合理牢固,才能谈文章内容的丰富与充盈。没有经过思辨斟酌的提纲,可能面临逻辑不畅、深度不足或格局过窄等种种问题。我感受到,思辨能力的积累与提升,一是可以借助对法学方法论或是哲学性的抽象思维类书籍的阅读,二是可以伴随审判工作的实践得以实现。学术论文写作与审判工作一脉相承,在每一个案件中方法论与论证思维的运用都是不可或缺的,因此论文写作与审判工作实在是相辅相成的。

三是积累写作功力。学术论文的写作功力也是需要积累的,最简单、最有效的办法是勤于动笔。写作是将思路捋顺进而以适当文字准确予以展现的过程。我个人的体会是,写得少时,内心纵有千万种思绪仍旧找不到适当的词汇和形式表达;写得多时,文字反而能自然而然地从笔尖流淌而出。可见勤动笔对于写作功力提升的重要性。此外,增进学术文章的阅读也是提升写作功力的有效途径。正所谓,读书破万卷,下笔如有神。期刊、公众号以及获奖论文集等都是我们学习的资源库,通过这些途径增进学术文章的阅读,对写作能力的提升必定大有裨益。

论排除非法证据说理的完善

——以《严格排除非法证据规定》实施以来全国1825篇裁判文书为样本

李忠勇　李筱珊　赵　松*

【论文提要】

《严格排除非法证据规定》第36条对非法证据说理提出了明确要求，为我们进一步强化排除非法证据说理提供了依据。从记载、说理、引导这三个裁判文书基本功能的实现看，在裁判文书中强化对排除非法证据相关内容的说理，一方面，为我们了解该项规则的实施提供了窗口，有助于我们了解法官处理非法证据的过程、结果及理由，提高裁判的正当性和可接受性；另一方面，将非法证据问题写入裁判文书，客观上有助于监督法官依法严格适用非法证据排除规则，倒逼侦查机关强化人权保障意识，进一步提高取证的质量和水平，对于非法证据排除规则的深入实施具有推动和保障作用。

经对《严格排除非法证据规定》实施以来全国1825篇裁判文书进行分析，发现目前排除非法证据说理中普遍存在记载不完整、回应针对性不强、论述逻辑不清晰、表述不够严谨等问题，原因在于对于排除非法证据制度的价值把握不深刻、重要性认识不足、概念理解不到位、属性定位不准、激励保障机制不健全等，应通过进一步增强排除非法证据说理的意识、把握其独特价值、准确界定非法证据的概念及属性、明确不同类型及层级裁判文书的说理重点、加强针对性说理、厘清申请人与公诉机关的举证责任、落实激励保障机制等措施，进一步提升排除非法证据的说理水平，切实推动排除非法证据规则的深入实施。

---

* 李忠勇，北京市第一中级人民法院干部处副处长，曾获全国法院系统第二十一届学术讨论会三等奖、第二十四届学术讨论会一等奖；李筱珊，北京市第一中级人民法院干部处法官助理；赵松，北京市第一中级人民法院干部处法官助理。

【主要创新观点】

一是强化排除非法证据说理对于非法证据排除规则的深入实施具有推动和保障作用,应予充分重视。

二是强化排除非法证据说理,应紧紧围绕记载、说理、引导这三个裁判文书的基本功能来展开,在深入分析影响三个功能实现原因的基础上,寻求提升说理水平的路径。

三是强化排除非法证据说理,应以《严格排除非法证据规定》的颁布实施为契机,以《严格排除非法证据规定》第 36 条的规定为依据,在深刻认识非法证据排除的价值、明确非法证据的证据能力属性的基础上,有重点、分类别、分步骤推进。

引　言

"正义要实现,而且要以看得见的方式实现"。2017 年"两高三部"《关于办理刑事案件严格排除非法证据若干问题的规定》(以下简称《严格排除非法证据规定》)第 36 条规定,"人民法院对证据收集合法性的审查、调查结论,应当在裁判文书中写明,并说明理由"。这是我国首次在司法解释层面[①]明确规定法院应当将证据合法性审查的相关内容写入裁判文书,这既是对法官撰写裁判文书提出的要求,同时也为非法证据排除规则进入裁判文书提供了依据[②],具有很强的理论和实践意义。

从记载、说理、引导这三个裁判文书基本功能的实现来看,就记载功能而言,在裁判文书中全面记载非法证据的申请、启动、调查、排除等内容,有助于诉讼参与人、社会公众了解法院适用排除非法证据规则的过程,消除疑虑,增强判决的正当性和可接受性;就说理功能而言,在全面记载非法证据相关调查情况的基础上,针对当事人排除非法证据的申请进行针对性的回应,有助于当事人了解法官拒绝或采纳排除非法证据申请的理由及依据,作出接受裁判结果或进一步寻求救济的决定,及早定分止争;就引导功能而言,将法院适用非法证据排除规则的过程、理由及结果写入裁判文书,有助于向公众告知法院对于非法证据的明确态度,引导公安机关合法取证、引导公诉机关严格审查证据合法性、引导民

① 《严格排除非法证据规定》系由最高人民法院、最高人民检察院、公安部、国家安全部、司法部联合出台,不属于严格意义上的司法解释,但其实际作用不亚于司法解释,故本文将其定位为司法解释层面的规定。

② 最高人民法院 2018 年 6 月 1 日发布的《关于加强和规范裁判文书释法说理的指导意见》进一步明确了排除非法证据说理问题。

众强化权利意识和法律意识,从而促进公安执法能力和社会法治水平的提升。

总之,在裁判文书中强化对排除非法证据相关内容的说理,一方面,为我们了解该项规则的实施提供窗口,有助于我们全面深入了解法官处理非法证据的过程及结果,提高裁判的正当性和可接受性;另一方面,将非法证据问题写入裁判文书,客观上有助于监督法官依法严格适用非法证据排除规则,倒逼侦查机关强化人权保障意识,进一步提高取证的质量和水平,对于非法证据排除规则的深入实施具有推动和保障作用。为此,我们以《严格排除非法证据规定》颁布施行以来中国裁判文书网中 1825 篇裁判文书为样本,对全国各级法院落实排除非法证据说理的相关情况进行分析,以期进一步提升排除非法证据的说理水平,推动非法证据排除规则的深入实施。

一、非法证据排除说理的现状

在中国裁判文书网,键入检索方式为“高级检索”、检索范围为“全文”、检索词为“非法证据”、日期为“2017 年 6 月 27 日至 2018 年 5 月 3 日”,共检索到 1825 篇裁判文书[①],情况如下:

第一,中级人民法院裁判文书的数量多、比重相对较大。各层级法院适用非法证据的数量及所占适用非法证据规则案件的比例为:最高人民法院 6 篇,占0.3%;高级人民法院 172 篇,占 9.4%;中级人民法院 844 篇,占 46.2%;基层人民法院 803 篇,占44.0%。这表明,在绝对数量上中级人民法院适用非法证据规则的案件最多,基层人民法院次之,两者之间差距不大,中基层法院是适用非法证据排除规则最多的法院。

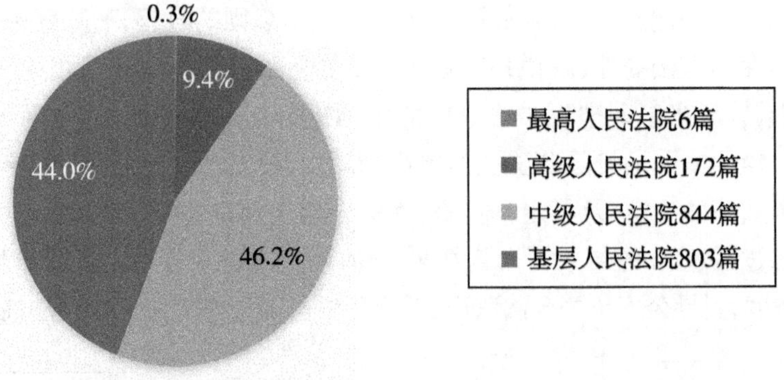

图 1　各层级法院适用非法证据排除规则案件的数量及占比

---

① 鉴于中国裁判文书网文书更新较为频繁,本文样本数据检索时间截至 2018 年 5 月 4 日。

各层级法院适用排除非法证据规则的案件在其所审理的刑事案件中的比例为：最高人民法院 1.12%；高级人民法院 1.1%；中级人民法院（不包含减刑假释案件）0.9%；基层人民法院 0.01%。法院层级越高，适用非法证据排除规则案件所占刑事案件的比重越大。

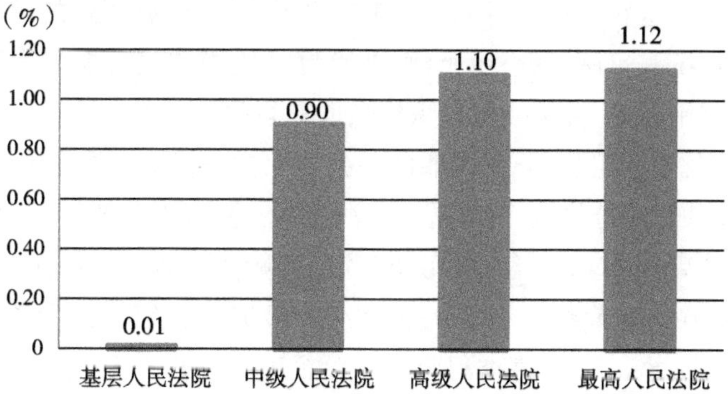

图 2　各层级法院适用非法证据排除规则的案件占刑事案件总数的比例

第二，裁判文书的数量与区域经济发展水平的高低没有必然联系。在数量上，广东省以 191 篇居全国之首，四川、江苏、云南、吉林分列 2 ~ 5 位；西藏、天津、海南、上海、宁夏为适用非法证据排除规则最少的五个省（市、自治区）。

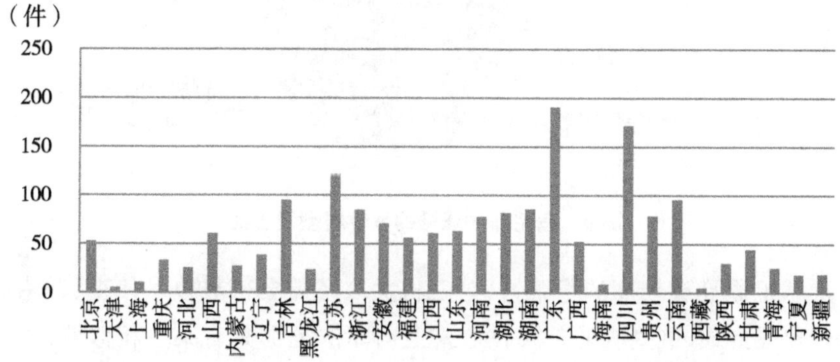

图 3　各省市法院适用排除非法证据规则的案件数量

广东、江苏属国内经济发达地区当毫无疑问，四川、云南、吉林的经济发展水平在全国并不领先，而上海的经济发展水平一直雄踞前列，与其在排除非法证据方面的排名不成比例。从上述统计中，我们不能直接得出“经济发展水平高—获得律师帮助多—非法证据适用多”的结论。① 非法证据排除规则的适用除受经济发展状况影响外，还受区域案件特点、人权保障意识、公安取证能力、司法改革推进落实情况等因素影响。云南之所以多，与其毒品案件数量多、比重大有关；吉林作为首批司法改革试点省份，改革较早，关于人权保障方面的探索较多。四川一直在进行刑事证据领域的改革和探索，有较好的运用排除非法证据规则的传统和氛围。此外，上海、北京等地适用非法证据排除规则少与当地公安取证水平较高、证据规则意识较强也有关系。

第三，涉及毒品犯罪、职务犯罪的裁判文书数量多。与毒品犯罪相关的裁判文书 495 篇，位居首位，占所有适用非法证据排除规则案件的 27.1%；与职务犯罪相关的裁判文书 438 篇(贪污 267 篇，受贿 134 篇，挪用公款 37 篇)，占 24.0%；诈骗类犯罪裁判文书 273 篇，约占 15.0%；盗窃类犯罪裁判文书 175 篇，占 9.6%；故意杀人、伤害类犯罪裁判文书 101 篇，占 5.5%；其他类犯罪裁判文书 343 篇，占 18.8%。

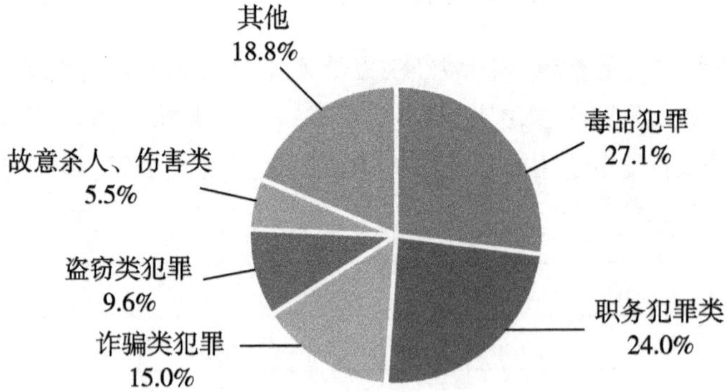

图 4　适用非法证据的案件类型及占比

毒品犯罪具有较高的隐蔽性，公安机关取证需要依靠技术侦查、诱惑侦查等特殊取证方式，这些取证方式在形式上与非法证据具有某些相似性，司法实践中，被告人多以技术侦查违法，存在引诱、欺骗等为理由申请排除证据，以达到不承担刑事责任或减轻处罚的目的。职务类犯罪案件的主体一般具有较高的文化水平，权利意识和社会地位较高，对于法律政策较为熟悉，获得高质量律师帮助的能力比其他被告人要强，申请非法证据排除的数量一直以来都很高。在这类案件中，被告人多以受到威胁、欺骗、疲劳审讯、违反法定程序等为由申

① 在这一点上，笔者与易延友教授的观点存在差异。参见易延友：《非法证据排除的中国范式》，载《中国社会科学》2016 年第 1 期。

请排除,以受到刑讯逼供为由申请排除证据的并不多见。故意杀人、故意伤害等暴力犯罪,绝对数量虽然不多,但考虑到这类案件可能适用死刑,历来是法官审查判断证据的重点。对于此类案件,无论被告人是否提出申请,法官都需要对排除非法证据规则予以释明,依职权主动审查。

第四,以判决书形式对非法证据问题予以明确的占多数。从裁判文书的类型上看,在 1825 份裁判文书中,判决书 1024 篇,约占 56%;裁定书 645 篇,约占 35%;通知书 156 篇,约占 9%。

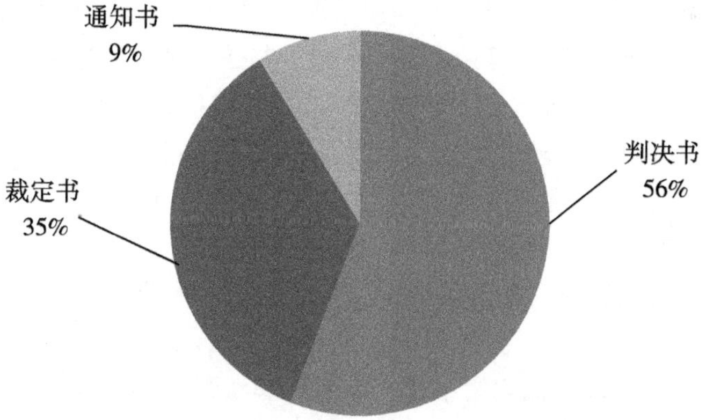

图 5　对非法证据予以明确的文书种类及占比

一般而言,判决书对于证据、事实和法律适用的记载最为全面,主要适用于经一审审理并作出实体裁判的案件以及经二审审理改判的案件;裁定书主要适用于经二审审理维持原判以及对于程序性事项的处理决定,其记载事项不如判决书全面;通知书主要适用于驳回当事人申请再审的案件,篇幅一般较短,仅针对当事人申诉事项进行回应,对案件事实和法律问题一般不展开论述。

第五,记载方式有重点记载和全面记载两种。第一种,严格按照《严格排除非法证据规定》第 36 条规定,重点记载对于证据合法性审查、调查的结论性意见以及得出证据为非法或合法的结论及理由,其他相关工作不予记载。第二种,除了重点记载《严格排除非法证据规定》第 36 条规定的内容外,还全面记载法院履行非法证据排除告知义务的情况等相关内容。目前,大部分裁判文书采取的是第一种记载方式,约占全部裁判文书的 99%。采取第二种方式记载的裁判文书不到 1%,主要集中在北京一中院等个别地方法院的一审判决书中。

二、存在的问题

裁判文书作为阐释法律、表述裁判结果、彰显司法正义的重要载体,其制作、发布和使用是人民法院工作的重要组成部分,也是法官履行工作职责的主要体现。以记载、说理、引导三个裁判文书基本功能为标尺进行观察,目前存在的主要问题是:

第一,形式上,对于排除非法证据问题的论述不规范不统一。主要表现为:一是对被告人及其辩护人提出的排除非法证据申请不予回应,未在裁判文书中记载相关内容,对于排除申请如何处理语焉不详。此种情况在2010年《两个证据规定》实施之前较为常见,究其原因主要是当时的法律对于非法证据排除问题规定不明确,实践中法官难以处理便采取了回避式处理。在目前的实践中,这种处理的方式已不多见,但并未完全绝迹。二是对排除非法证据申请的处理过程记载不全面,仅告知结果。对于被告人及其辩护人提出申请后,法官是否进行了审查,如何审查,理由是什么等没有针对性回应。三是对于排除非法证据是否需要引用相关法条,有的引了,大部分没有引。四是对于被告人及其辩护人提出排除非法证据申请后又撤回的,有的法院写了,有的没写。五是在告知排除非法证据权利问题是否需要写入裁判文书方面,有的法院写了①,大部分法院没有写。

第二,结构上,现行裁判文书样式没有为非法证据等证据能力问题的论述提供相应位置。虽然按照《严格排除非法证据规定》第36条规定,非法证据排除的适用情况应写入裁判文书,但是对于具体如何表述没有进一步规定。在目前的裁判文书结构中,关于证据问题的评价一般放在裁判文书的正文部分,通常的论述结构是以“经审理查明……”开头确定事实,紧接着通过“上述事实有以下经庭审质证的证据予以证实”过渡之后,法官将作为定案依据的证据依次排列开来。实践中,对于启动了排除非法证据程序的,非法证据问题一般放在“本院认为”之前,在控辩意见的辩驳部分进行评判;对于没有启动的,有的在本院认为之前和其他问题一起进行评判,有的放在本院认为部分评判。非法证据排除问题未在现行裁判文书格式中拥有固定的一席之地,论述的随意性较大,不够集中明确,裁判文书的记载、说理、引导作用未能充分发挥,对于排除非法证据规则实施的保障和促进作用有限。

第三,内容上,回应的针对性不强、论理不足。一是普遍存在侧重从证据本身是否真实进行论述,而忽视从证据合法性角度进行回应的情况。这种问题甚至在最高人民法院作出的驳回申诉通知书中都存在,如在其一篇驳回申诉通知书中如此表述:“……没有提出排除非法证据的申请,且多名被告人当庭认罪并

① 最高人民法院部分裁判文书以及北京市第一中级人民法院等少部分地方法院的裁判文书中。

认可在侦查机关供述的真实性。"[①]二是缺乏类型化的回应。在一些裁判文书中,也没有区分启动排除程序后非法证据是否排除。对于未启动排除程序的案件,存在忽视或没有从程序上论证申请是否符合启动条件的问题;对于启动排除程序但未排除非法证据的案件,存在论证公诉方证据合法性不够,回应过于简单的问题;对于排除非法证据的案件,同样存在论述证据非法的理由过于简单,未能充分说理的问题。

第四,论述上,不够严谨科学,甚至存在违反立法精神的情况。突出表现在三个方面:一是对于非法证据的界定不准确,将一般违法证据作为非法证据处理,如将理论上有争议,但法律上未明确规定的技术侦查、诱惑侦查等作为非法证据处理;二是将证据能力问题与证明力问题混为一谈,普遍存在从证明力角度论述非法证据问题的情况,在论述过程中将关注的重点放在证据是否真实可靠上,对于证据取证手段是否合法不予关注或关注不够;三是个别裁判文书存在论述举证责任错误的问题,在一篇裁判文书中,对于辩护人提出的排除非法证据申请,法官是这样回应的:"辩护人虽提出公安机关存在篡改笔录、诱供、套供,应排除非法证据,但没有提出证据予以证明……"

第五,效果上,缺少具有引领示范作用的经典性裁判文书。《两个证据规定》颁布实施以后,提起非法证据,人们不再谈虎色变,非法证据排除规则的适用逐步活跃,有一定的适用数量。但总体上看,真正排除的很少,排除关键证据的更少,因排除非法证据而判决被告人无罪的少之又少。在非法证据问题上,能不排,就不排;能少排,不多排的现象还存在,与之相对应,在裁判文书中,只做不说,能不说就不说,能少说不多说,大部分裁判文书不能完整反映非法证据的处理过程,缺乏记载全面、论述充分、逻辑清晰、具有代表性和指导性的典型裁判文书。

三、原因分析

第一,对于非法证据排除的人权保障价值认识不够深刻。在现代法治国家,查明案件真相并不是刑事诉讼的唯一目标。尽管在整体上,发现案件事实真相仍然是刑事诉讼最主要的目标,但正如德国联邦上诉法院在1960年的一个案件判决中所指出的,"不惜任何代价来调查案件真相并不是刑事诉讼法的原则"。[②] 这表现为,一方面,司法机关发现案件真相的行为要受到一定的限制,

---

① (2017)最高法刑申473号。

② [德]托马斯·魏特根:《德国刑事诉讼程序》,岳礼玲、温小洁译,中国政法大学出版社2004年版,第187页。

在调查取证过程中要兼顾被告人人权保障、规范政府执法行为等外在政策目标;另一方面,对于不符合外在政策目标要求收集的非法证据,即使具有证明力,也会被排除。在认定和处理过程中,必须从保障人权、维护司法公正、提高司法公信力的高度来认识和评价非法证据,从取证行为是否符合人权保障等价值要求的角度来评判,不受证据本身是否真实的影响。

第二,对于非法证据问题的证据能力属性定位不准。证据要转化为定案的根据包含着两项基本的资格要求:一是证明力,二是证据能力。证明力又包含客观性和关联性两项内容,是证据法对证据材料在事实和逻辑上所提出的要求,证据具有客观性并与案件待证事实具有关联性,就具有证明力。"证据能力,亦称证据资格,或称证据适格性,是指具有可为严格证明系争的实体法律事实之资料的能力。易言之,即某种资料具有可作为证据之能力"。[①] 认定证据材料具有证据能力是对其证明力进行进一步判断的前提,法官应先认定证据有无证据能力,唯有未经禁止适用且已经合法调查的证据数据(取得证据能力),才能自由评价其证明力。非法证据属于证据能力问题,对于非法证据的认定和处理属于确定证据资格有无的问题,在裁判文书中要着重阐释取证合法与否,一般不涉及证明力问题。[②]

第三,对于非法证据排除说理的重要性认识不足。我国非法证据排除规则首次在司法解释层面确立是在1998年。自此以后,随着人权保障观念的逐步深入人心,历经2010年《两个证据规定》和2012年《刑事诉讼法》的修改,该项规则逐步细化完善。但对于法官审查判断非法证据的过程是否需要写入裁判文书,在《严格排除非法证据规定》之前,相关的法律和司法解释一直没有明确规定,实践中对此问题也没有引起足够重视,导致很少在裁判文书中对于非法证据审查判断进行详尽论述。即便在《严格排除非法证据规定》颁布之后,受惯性思维、考核奖励机制、涉诉信访压力等因素影响,裁判文书中说理不全面、不充分的问题仍然存在,导致一方面当事人、律师和公众对于法院是否启动以及如何具体实施相关程序无从了解,引起不必要的猜疑,影响了判决的公正性和可接受性;另一方面,法官关于非法证据判断的"心证"未能详尽公开,使非法证据规则在规范侦查机关取证、引导当事人正确运用规则方面的作用受到了影响。

第四,对于我国非法证据概念的理解不够深刻到位。明确我国法律及司法

---

① 林山田:《刑事诉讼法》,台北,三民书局1990年版,第204页。

② 在非法实物证据认定处理中考虑到了证据证明力问题,但实践中非法实物证据排除适用较少。

解释关于非法证据的内涵和外延，是强化非法证据说理的前提。按照《严格排除非法证据规定》的规定，非法证据包括两类：一类是非法实物证据，即收集物证、书证不符合法定程序，可能严重影响司法公正且不能补救或作出合理解释的；另一类是非法言词证据，包括采用刑讯逼供方法取得的供述及重复性供述，采用威胁方法取得的供述，采用非法限制人身自由方法取得的供述，采用非法收集的证人证言和被害人陈述。《严格排除非法证据规定》对于非法证据的界定较之以往的规定更加准确和全面，但对于采用引诱、技术侦查等实践中常用的取证行为如何评价并没有明确规定。对于这类证据如何界定，学术界和实务界的认识还未统一，受西方国家尤其是英美司法实践以及学说的影响，主张以非法证据处理的还占较大比重。实践中，被告人及其辩护人往往寄希望于通过非法证据排除程序解决此类问题，一定程度上造成了非法证据排除申请的泛化。理论认识的分歧导致法官在说理时存在一定的顾虑，一定程度上影响了说理的针对性和透彻性。

第五，对于非法证据排除说理的激励保障机制不足。一是法律层面关于非法证据说理的规定还不够明确。按照《最高人民法院关于适用〈中华人民共和国刑事诉讼法〉的解释》第 97 条的规定，"人民法院向被告人及其辩护人送达起诉书副本时，应当告知其申请非法证据排除的时间……"《严格排除非法证据规则》第 36 条规定，裁判文书中应说明排除非法证据规则适应情况的结论和理由。对于权利释明，庭前会议中有关讨论情况等是否需要写没有明确规定。二是实践层面对于排除非法证据说理的探索时间较短，相关案件的积累和对于说理规律机制的研究不够，没有形成较为系统的操纵性规范。三是考评层面，相应的正反向说理激励机制没有建立。裁判文书中关于排除非法证据说理尚未成为考核评价法官业绩的指标，法官在办案过程中面临着办案压力和案件当事人涉诉信访的压力，基于言多必失的心理和出于趋利避害的考虑，法官主动说理的动力不足。

四、对策建议

第一，充分认识排除非法证据说理的重要意义。裁判文书说理，事关审判权的严格规范行使，事关司法责任制的全面落实，事关裁判文书定分止争功能的发挥，事关司法公信力的不断提升，是人民法院从内部增加的倒逼司法公正的“加压器”,是以“让人感觉到的方式”来呈现司法公正的重要环节和关键载体。[①] 强化排除非法证据说理是裁判文书说理的重要方面,对于人民法院正确适用非法证据排除规则、落实司法责任、促进裁判公开公正、提升司法公信力具有重要意义。

第二,深刻把握非法证据排除规则的独特价值。提高排除非法证据说理水平,首先需要从思想上对排除非法证据规则的价值予以明确。非法证据排除规则旨在通过排除刑讯逼供等严重侵犯被告人基本权利收集的证据,来保障被告人的基本人权,预防和规制警察的非法取证行为,其关注的是取证手段和程序是否合法,而不是证据本身是否客观真实。如果说,对于证据客观性和关联性的关注主要是为了查明案件事实真相,准确地打击犯罪,那么,排除非法证据,则强调以文明的方式打击犯罪,即使是真实的证据,如果取证非法也要排除,不能适用。在这一点上,非法证据排除规则与查明案件事实有时并不一致,有时甚至会存在激烈冲突,必须从人权保障和司法文明的角度去理解非法证据,指导裁判文书制作。

第三,明确排除非法证据说理的重点内容。强化排除非法证据说理,应严格按照《关于加强和规范裁判文书释法说理的指导意见》要求,着力在阐明事理、释明法理、讲明情理和讲究文理四个方面下工夫。阐明事理,即对于刑事被告人及其辩护人提出排除非法证据申请的,裁判文书应当说明是否对证据收集的合法性进行调查、证据是否排除及其理由,展示案件处理的客观性、公正性和准确性;释明法理,即说明裁判所依据的法律规范以及适用法律规范的理由;讲明情理,即体现法理情相协调,符合社会主流价值观;讲究文理,即语言规范,表达准确,逻辑清晰,合理运用说理技巧,增强说理效果。

第四,依法准确界定并处理非法证据问题。裁判文书作为法院审理案件过程中形成的司法文书,其制作和说理必须严格依据法律规定,客观展示法律对于非法证据的立场、规定和要求,体现立法原意,而不能离开法律规定作主观的,甚至与法律规定或法律规定的原则精神不相一致的论述。法官应严格在刑事诉讼法及相关司法解释规定的范围之内,认定非法证据,适用非法证据排除规则,除法律及司法解释有明确规定为非法证据者外,其他证据问题(如以引诱、欺骗等方法收集供述的合法性问题、毒树之果等)均不属于非法证据,不能在非法证据语境下解决。

---

① 李少平:《新时代裁判文书释法说理改革的功能定位及其重点聚焦》,载《人民法院报》2018 年 6 月 13 日,第 5 版。

第五，强化不同类型非法证据的针对性说理。法律对于非法实物证据和非法言词证据是否排除的关注点存在差异，裁判文书说理也应根据具体情况有所侧重。对于非法言词证据，只要查明是非法手段取得即应排除，论述应围绕以下几个方面展开：一是权利告知的表述；二是当事人的启动申请；三是对于启动申请的审核（所提申请是否属于非法证据排除规则适用范围，是否提供了相应的线索或材料）；四是公诉方关于证据合法性的证明情况（提供的证据情况，相关证据佐证情况）；五是法院审查的结论及理由。对于实物证据，首先要补救，只有在补救不能且严重影响司法公正时才排除，说理的重点应放在收集证据是否违法；如果违法，违法收集证据的行为是否严重影响司法公正；如果违法且可能严重影响司法公正，是否进行了补救及解释，补救或解释的效果如何等方面。

第六，厘清申请人与公诉机关的不同举证责任。申请排除非法证据的申请人应承担初步举证责任，即提供“相关线索或材料”证明可能存在非法取证情形，使法官对取证的合法性产生合理怀疑。对于申请人的初步举证责任，“要求不宜过高，只要能够大致说出非法取证的时间、地点、行为人、方式、内容等情况即可”。[①] 而证明取证合法的责任应由公诉方承担，公诉方须提供证据证明取证合法，消除法官对取证合法性的疑虑。申请人不承当最终证明证据非法或合法的责任，不能将初步举证责任与说服责任混为一谈。

第七，明确不同类型裁判文书说理的侧重点。裁判文书的类型不同，对于证据事实问题的说理也不同。按照《严格排除非法证据规定》第38条规定，除非有正当理由，否则非法证据排除的申请一般都应在一审程序中提出，这就意味着，绝大多数非法证据问题的处理程序及结果都需要在一审判决书中予以明确，一审关于非法证据问题的认定和处理是后续程序的基础。一审是适用非法证据排除规则的主要审级和关键阶段。在一审裁判文书中，详细记载所有与排除非法证据相关的程序和实体事项，有助于保护被告人合法权利和排除非法证据规则的深入落实。对于二审裁定书，首先应围绕被告人一审是否提出排除申请以及法院是否予以处理，二审是否具有提起排除非法证据申请的事实及理由等展开。只有符合申请条件的，才涉及实体问题；对于驳回申诉通知书，既应围绕原审适用非法证据排除的情况，被告人本人是否提出过排除申请，申请人是否提出新的线索或材料等程序性事项来展开，还应从实体上对证据合法性问题予以明确回应。

---

① 施鹏鹏：《庭审实质化改革的核心争议及后续完善——以“三项规程”及其适用报告为主要分析对象》，载《法律适用》2018年第1期。

第八,着力加强中级法院和重点案件裁判文书的说理。中级人民法院无论是适用排除非法证据规则案件的数量,还是适用排除非法证据案件占刑事案件的比重都比较大,从其审级职能、审理案件的类型和在整个法院体系中所处的地位看,在适用排除非法证据规则和强化裁判文书说理中居于承上启下的关键环节,是提升排除非法证据说理水平的关键层级。此外,还应针对性加强毒品犯罪类案件和职务犯罪类案件裁判文书的说理,对于毒品犯罪案件,关键是清晰界定非法证据的概念,将不属于非法证据的问题排除在非法证据规则适用范围之外;对于职务类犯罪案件,关键是要把法律政策的规定予以详细说明。对于适用死刑案件,则务求细致、全面审查,排除一切合理怀疑。

第九,明确在裁判文书中论述非法证据问题的方式。裁判文书中应当完整、集中论述对于非法证据问题的处理过程及认定结论。鉴于非法证据问题属于证据能力问题,在一审裁判文书交代诉讼权利部分应将交代排除申请权利告知情况列明。对于提出申请的,应在裁判文书"经审理查明"部分之前就非法证据排除相关问题予以明确,把申请的提出、涉及的证据、审查的过程及最终的结论等问题讲清楚。即使不将非法证据问题在"经审理查明"之前进行论述,至少也应在裁判文书"本院认为"部分之前将该问题论述清楚。对于其他类型裁判文书,可根据工作实际需要,在大体遵循上述体例的基础上,结合审查重点适当调整。

第十,落实裁判文书说理的激励保障机制。一是考核机制,将法官运用排除非法证据规则说理的情况纳入法官绩效考评,作为法官职务等级晋升和评优评先的重要依据。二是指引机制,省级以上人民法院定期发布排除非法证据优秀典型裁判文书,对排除非法证据说理的形式、结构进行规范,对不同类型、审级裁判文书说理的重点进行指引,使各级法院在排除非法证据说理时能够有范本可供参考。三是评价机制,将排除非法证据说理纳入裁判文书质量评估体系和评价机制,定期组织裁判文书释法说理评查活动,评选发布优秀裁判文书,通报批评瑕疵裁判文书。四是评查机制,将排除非法证据说理作为裁判文书质量评查的重要内容。

心得体会

参加学术论文讨论活动的四点体会

李忠勇

文章千古事，得失寸心知。本次参加全国法院第三十届学术讨论会，虽囿于时间、精力、能力所限，最终报送的论文仍然较为粗糙、不少地方仍存较大改进空间，但也算尽己所能，几易其稿，甚至标题也多次进行了修订。谨在此汇报四点体会：

一是解决实际问题是论文写作的动力源泉。经对《严格排除非法证据规定》实施以来全国1825篇裁判文书进行分析，发现目前排除非法证据说理中普遍存在回应针对性不强、论述逻辑不清晰等问题，我们认为通过进一步增强排除非法证据说理的意识、准确界定非法证据的概念及属性、明确不同类型及层级裁判文书的说理重点、加强针对性说理等措施，能够进一步提升排除非法证据的说理水平，切实推动排除非法证据规则的深入实施。

二是多读书、勤思考、敢下笔是论文成形的保障。多读书才能形成必要的知识储备，勤思考才能有鉴别，敢下笔才能保障论文及时成形。在研读与论文主题相关的书籍、文章的过程中，多看看各位学术大咖、不同文章作者对同一问题的观点、论述，认真思考其中的优劣得失，及时下笔记录自己的所思所得，才能使文章积小流以成江海，并做到言之有物、有的放矢。

三是应合理关注论文的形式与内容。文章的灵魂是活的思想，是对于问题的深刻反思和由此而自然推导出的结论方案。文章的形式为内容服务，把想要表达的内容、观点说清楚是首要的；在此前提下，有针对性地改善文章的表述形式、提升美感。

四是点的突破重要，面的带动更重要。有同人判断，现在的学术讨论会已经不再是个人单打独斗的时代了，讲求的是团队作战。通过由点及面的带动作用，由部分经验丰富的参赛“老手”带动一批新人积极参与到学术讨论会中，必将对我们的调研工作与审判执行中心工作起到极大的推动作用；如果与人才队伍的培养更为紧密地结合起来，也定能开出绚丽的花，结出丰硕的果。我院的中层干部很多都有参赛获奖的经历，这已经客观地证明了学术讨论会对于人才培养、队伍建设的推动作用。

纠纷解决方式选择的成本收益分析

——构建及完善多元化纠纷解决机制的微观视角

徐　冰*

【论文提要】

本文以当事人对于纠纷解决方式的选择行为为出发点，通过引入法律经济分析的成本收益理论，展现多元化纠纷解决机制运行现状，分析成因、揭示客观规律并提出改进措施。

第一部分在对多元化纠纷解决机制改革方向作出宏观概述后，通过数据展现诉讼、商业仲裁、人民调解、劳动仲裁这四种主要纠纷解决方式的运行状况，指出现阶段多元化纠纷解决体系尚未实现良性互动，仍存在体系薄弱，案件分流不畅等问题，在该部分的最后明确了本文的研究角度和研究方法。

第二部分重点阐释在当事人选择纠纷解决方式时的影响因素，即成本收益对于当事人追求公平正义的驱动。当事人会在衡量私人成本与私人收益的基础上，以追求成本最小化收益最大化为原则选择纠纷解决方式。另外，该部分还对本文语境下的成本、收益等相关概念进行了界定和分类。

第三部分与第四部分是本文的重点。第三部分按照显性成本与隐性成本的分类，分别对本文所涉四种主要纠纷解决方式进行了对比。从如何发挥三种非诉纠纷解决方式对于诉讼的分流作用为出发点，依商业仲裁、劳动仲裁、人民调解与诉讼之间不同的衔接关系，得出不同的研究方向和侧重点。在此基础上，文章第四部分基于成本收益分析，分别对调解成功条件、商业仲裁选择条件、劳动仲裁终局条件构建了科学合理的数学模型，以具体量化的方式明确影响条件成立的因素及其作用方向。

在得出三项选择模型的基础上，本文第五部分分别以诉讼成本、诉讼标的、

* 徐冰，北京市第一中级人民法院民一庭法官，曾获全国法院系统第二十二届学术讨论会优秀奖。

胜诉概率对与模型结果的作用方向为依据，在现行诉讼制度以及多元化纠纷改革总体框架内，提出了五项具体可操作的改进措施，以期能够通过制度设计、程序保障等措施引导当事人理性选择与纠纷最相适应的解决方式，最终实现多元化纠纷解决机制的良性互动。

【主要创新观点】

多元纠纷化解多年来都是司法改革的重要任务，从顶层设计到司法实践均多有讨论，且在推进过程中多有创新。但当前对于多元化纠纷解决机制的研究，多集中在制度构建、程序衔接等宏观应然的层面，对于当事人作为纠纷解决程序使用主体的主观作用有所忽视。

本文的创新体现在以下三方面：

一是在研究角度方面，本文选取了个案中当事人面对不同纠纷解决方式时的选择决策过程为视角，从微观实然的层面展现当前多元化纠纷解决机制的运行状况，并揭示当前局面形成的背后客观规律。

二是在研究方法方面，本文借助了法经济学理论。从法律经济分析的核心概念“选择”出发，以成本收益对当事人选择行为的驱动为基本原理。本文选取诉讼、商业仲裁、劳动仲裁、人民调解这四种主要的纠纷解决方式，在对不同程序的私人成本进行对比的基础上，分析当事人在诉讼与非诉程序之间具体选择行为的主要影响因素。

三是在研究结果方面，本文基于法经济学分析方法，得出了调解成功模型：$(Pp - Pd)J < 2(C - S)$；商业仲裁选择模型：$Pp > 1 - C/2S$；劳动仲裁的终局模型：$Pp(J - J') < Ca + 10(1 - Pp)$，以具体量化的方式明确其他纠纷解决方式对于诉讼的替代条件。在此项理论依据的基础上，依据不同变量对于模型结果的作用方向，对于如何增进其他纠纷解决方式对诉讼的替代或与诉讼件的对接，提出具体、有操作性且具有理论依据的改进措施。

前　言

多元化纠纷解决机制的落地生根，在宏观层面固然需要“国家主导、司法推动、社会参与、多元并举、法治保障”多措并举。从微观层面观察，当事人作为纠纷解决方式的使用者，其对于不同纠纷解决方式的认同程度、决策选择，对于多元化纠纷解决机制的运行影响亦不容忽视。

一、多元化纠纷解决机制的宏观图景

(一)多元化纠纷解决机制的探索方向

党的十八届四中全会提出“完善调解、仲裁、行政裁决、行政复议、诉讼等有机衔接、相互协调的多元化纠纷解决机制”;五中全会提出要构建全民共建共享的社会治理格局。中央的系列战略部署为多元化纠纷解决体系建设完成了地位升华、制度升华和理论升华。[①] 中办、国办印发的《关于完善矛盾纠纷多元化解机制的意见》指出,法院在改革中的定位是“发挥司法在矛盾纠纷多元化解机制中的引领、推动和保障作用,建立健全诉讼与非诉讼相衔接的矛盾纠纷解决机制”。最高人民法院制定的《关于人民法院进一步深化多元化纠纷解决机制改革的意见》(以下简称《意见》),即是对推动多元化纠纷解决机制法治化进程,构建多元化纠纷解决体系所作的探索和实践。

依据《意见》,法院一方面应通过诉调对接、繁简分流、调审分离等制度实现诉讼程序内的灵活转换和有序衔接;另一方面通过平台建设、特邀调解、司法确认等手段,加强诉讼与调解、仲裁、公证等非诉程序之间的有机衔接,同时促进非诉渠道之间的资源共享与互动。其中,诉讼与调解(人民调解、商业调解、行政调解、司法调解等)、仲裁(商业仲裁、劳动仲裁、农村土地承包仲裁等)不同纠纷解决方式之间的有效衔接和联动,是实现纠纷解决多元化的重中之重。但在设计制度、完善程序的同时不应忘记,将不同的矛盾纠纷引入不同的渠道,实现调解、仲裁等程序对于诉讼案件的“分流”,只是实现多元化纠纷解决的手段,而构建多元化纠纷解决体系的目的,在于方便民众接近正义,为当事人提供灵活多样、方便有效、富有人性关怀的多种纠纷解决渠道。当事人作为纠纷解决的主体、纠纷解决方式的使用者,他们的感受和选择决定了某一纠纷解决方式的存在价值和发展前景。

(二)主要纠纷解决方式的实证考察

各领域的统计数据显示:全国各级地方法院共有员额法官 119,771 名,2017 年审执结案件 2275.4 万件,较 2016 年上升 15.08%。[②] 全国共有 76.6 万个人民调解委员会,366.9 万名人民调解员,其中专职调解员 49.7 万人,2017 年化解矛盾纠纷 900 万件。[③] 全国劳动人事争议仲裁机构 3005 个,共有仲裁员

---

① 李少平:《努力构建具有中国特色的多元化纠纷解决体系》,载《人民法院报》2016 年 7 月 6 日。

② 《最高人民法院工作报告》,载《人民日报》2017 年 3 月 20 日、2018 年 3 月 26 日。

③ 《司法部聚焦“人民调解员队伍建设”新闻发布会》,载 http://www.xinhuanet.com/legal/2018-04/27/c_129860870.htm,最后访问日期:2018 年 5 月 1 日。

2.37 万人,其中专职仲裁员 1.41 万人,2017 年共办结劳动人事案件 157.5 万件,调解成功率 67.9%,终局裁决 11.1 万件,占裁决案件的 33.1%。① 2016 年,全国商事仲裁机构 251 个,共受理案件 208,545 件,比上年增长 52%。② 粗略计算可知,2017 年全国法官人均结案 189.98 件。对于人民调解和劳动仲裁机构,若仅考虑专职调解员和仲裁员,人均结案分别为 18.11 件和 111.7 件,如果把兼职调解员、仲裁员纳入统计范围,则人均结案数分别为 2.5 件和 66.46 件。商事仲裁以每个机构为单位,平均年度结案为 830.86 件。

以上数据能够反映出民事诉讼、人民调解、劳动仲裁、商业仲裁这四种主要纠纷解决方式的宏观运行状况:法院承载的纠纷解决任务远远高于其他方式,员额法官的工作强度和压力也居高不下。多元化纠纷解决机制并未如设计所期,实现诉讼与非诉之间的良性互动,反而显现出非诉纠纷解决机制作用薄弱、案件分流不畅的问题。

另外,数据也反映出当前社会环境下当事人对不同纠纷解决方式的认同程度。多元化纠纷解决机制的宏观图景,是由个案纠纷中的当事人基于自身利益考量作出的选择汇集而成。从当事人选择的微观视角进行观察,有助于明确选择行为的影响因素,进而揭示宏观图景的形成规律。

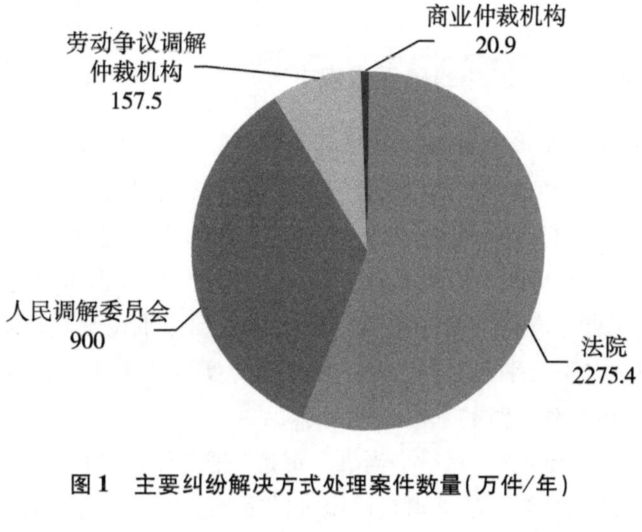

图 1　主要纠纷解决方式处理案件数量(万件/年)

---

① 人力资源和社会保障部:《2017 年度人力资源和社会保障事业发展统计公报》,载 http://www.mohrss.gov.cn/ghcws/BHCSWgongzuodongtai/201805/W020180521568486691826.pdf,最后访问日期:2018 年 6 月 1 日。

② 《中国国际商事仲裁年度报告(2016)》,载 http://www.ccpit.org/Contents/Channel_4131/2017/0928/885598/content_885598.htm,最后访问日期:2018 年 5 月 1 日。

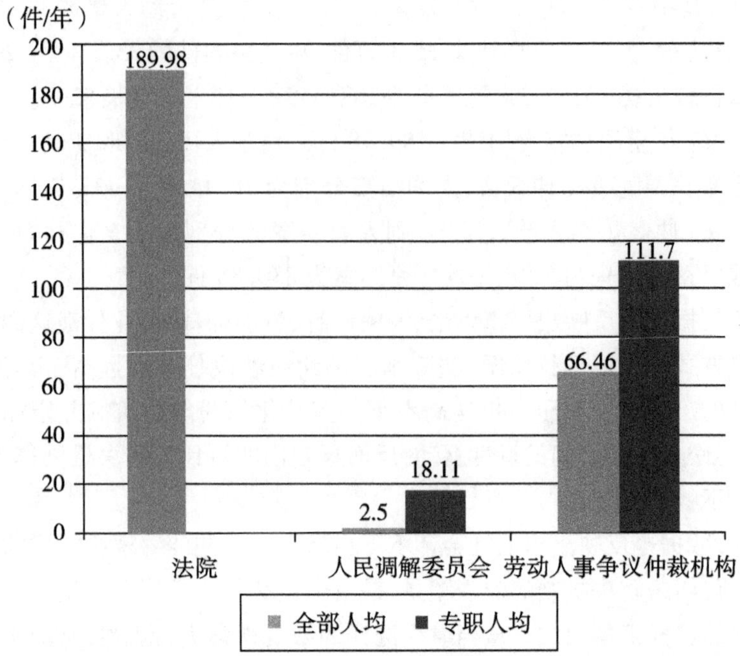

图 2 人均处理案件数量

二、纠纷解决方式选择的微观图像

(一)公平正义与成本收益

站在法学领域观察,当事人提起诉讼或选择其他纠纷解决方式的动机,均是为了实现内心所期待的公平正义。公平正义作为法学理论的核心概念,是法律制度最为重要的价值取向,也是社会治理的目标之一。习近平总书记提出的以“努力让人民群众在每一个司法案件中都感受到公平正义”作为司法机关的工作目标,即是对于公平正义价值的最好注解。实现公平正义、救济受损权利,是当事人寻求纠纷解决时的基本心理需求。

站在经济学领域观察,每一个当事人都是“理性人”,具有理性、会思索而且自利。每个理性人都会设法追求自己最大的福祉。出于理性和自利本性,当事人对公平正义的追求,必然会为成本与收益所驱动和制约。波斯纳法官的名言“对于公平正义的追求,不能无视代价”,揭示出我们要在法学的公平正义与经济学的成本收益间搭建起桥梁。

公平正义与成本收益这两组看似不相干的概念,是影响当事人选择纠纷解决方式最为重要的因素组合。

1. 公平正义与私人成本

若将纠纷解决活动看成公平正义的生产过程，则该生产必然消耗一定的资源，即公平正义的生产成本。成本作为经济学最基础的概念之一，依据不同的标准可以对成本做出不同角度的分类。该成本以负担主体为标准可分为公共成本和私人成本。公共成本指国家为解决私人纠纷而设置纠纷解决系统所投入和消耗的资金、设备、人员等资源，[①]私人成本则指由寻求纠纷解决的个人支付的全部费用。国家为生产正义设置了诉讼、调解、仲裁、信访等多种方式。因制度目的、程序设计的区别，不同方式中个案消耗的公共成本必然不同。鼓励当事人选择公共成本最小的纠纷解决方式，有利于社会财富最大化，是顶层设计必须考虑的问题。但当事人从自利本性出发，仅会衡量私人成本进行选择，而不会在意其选择结果是否消耗了更少的公共资源。

2. 公平正义与私人收益

法院不可能依据“公平正义”作出个案裁判，当事人亦不可能将“公平正义”作为诉讼请求提出。公平正义实现于每一个案件中对具体权利的保护、损失的填补。对国家而言，当事人选择恰当的方式解决纠纷可以修复社会关系、构建良好的社会秩序和经济环境，不同的纠纷解决方式会带来不同的外部收益。但对每个当事人而言，公平正义体现为其预期私人收益的实现程度，是否增进了社会的总体福祉通常不会影响当事人的获得感。

可见，在公平正义有多种实现方式的情况下，当事人会衡量私人成本与私人收益，以追求成本最小化收益最大化为原则进行选择。

（二）私人成本构成

借鉴微观经济学中对于生产成本的划分，纠纷解决中当事人的私人成本可进一步分为显性成本与隐性成本。[②] 显性成本是指，当事人为了解决纠纷而向法院、仲裁、调解机构、律师等以货币方式支出的费用；隐性成本则是指当事人投入的其已经拥有的、无须另行实际货币支出的成本，如时间、劳动、社会评价等。

在现有关于诉讼成本构成的研究中，多将机会成本作为与时间、劳动等相并列的、隐性成本的具体组成部分对待。[③] 应当明确，机会成本作为经济学的重要概念，与隐性成本、显性成本并非同一标准下的分类，更不是隐性成本下位的

---

① 傅郁林：《诉讼费用的性质与诉讼成本的承担》，载《北大法律评论》第4卷第1辑。

② 高鸿业：《西方经济学》，中国人民大学出版社2014年版，第122～123页。

③ 参见徐昕：《论私力救济》，广西师范大学出版社2015年版，第138页；赵毅宇：《法院调解的成本收益分析》，湘潭大学2017年硕士学位论文。

具体类型。经济学中的成本,即显性成本和隐性成本都指的是机会意义上的成本,是指由于资源使用于某一方面而不能用于其他方面时所放弃的最大收益。①因此,在经济分析的语境下讨论成本,不仅要考虑当事人的金钱、劳动等成本的支出,还要衡量因选择某种纠纷解决方式而丧失的其他选择,以及其他选择所可能获得的最大收益。机会成本概念的外延,更接近全部显性成本与隐性成本的总和。澄清机会成本的概念,对于分析当事人选择的诱因不无裨益。

三、主要纠纷解决方式的成本分析

(一)显性成本

1. 诉讼程序

诉讼中当事人的显性成本为整个诉讼程序中的全部货币支出,具体包括三部分:

(1)诉讼费用。依据2007年4月起施行的《诉讼费用交纳办法》(以下简称《办法》),诉讼费用包括案件受理费、申请费、证人鉴定人等诉讼辅助人员在法院指定日期出庭发生的交通费、住宿费等开销和补贴。案件受理费区分财产案件、离婚案件侵权案件等非财产案件、知识产权案件、劳动争议案件和行政案件有不同的收费标准。其中,收费标准最高的普通财产案件,依诉讼标的数额按比例分段累计交纳,收费标准最低的劳动争议案件收取10元/件。当事人依据《办法》中规定的负担原则以及对于自己胜诉概率的预期,可以基本准确地估算自己需负担的诉讼费用数额。

(2)代理费用。代理费用在诉讼成本中所占比重越来越大。近年来,部分省市相继取消律师收费的政府指导价,全面实行市场调节价。② 媒体数据显示,律师收费在2017年已经达到平均每小时2788元。③ 因《办法》并未规定代理费用,故这一重要的诉讼成本不属于我国诉讼费用制度所调整的范围。关于代理费用的负担,散见于《最高人民法院关于适用〈中华人民共和国合同法〉若干问题的解释(一)》第26条、《最高人民法院关于审理著作权民事纠纷案件适用法律若干问题的解释》第26条、《最高人民法院关于审理商标民事纠纷案件适用法律若干问题的解释》第17条等不同领域的条款中。在不属于上述范围且当事人没有约定的情况下,法院对于要求赔偿代理费用的诉讼请求,多以缺乏法

① [美]波斯纳:《法律的经济分析》,法律出版社2012年版,第7页。
② 参见北京市司法局:《关于全面放开我市律师法律服务收费的通知》等。
③ 《中国律师事务所费率调查》,载《商法》2017年12月13日。

律依据为由不予支持。①

（3）其他辅助费用。包含在诉讼过程中发生的其他货币支出，如当事人、代理人支出的食宿费、交通费、通信费、复印费等。有观点认为诉讼成本中还应包含依法不应负担但确实存在的制度外支出。② 本文认为，法外成本可能会产生收益，但会受到法官是否依法行使职权、代理人是否从中谋利等多种不确定因素影响，无法纳入成本收益分析的范围，故本文不考虑法外成本。

2. 商业仲裁

商业仲裁属于解决纠纷的民间渠道，其运行成本基本由当事人承担，减轻了公共财政支出和纳税人负担。依据《仲裁委员会仲裁收费办法》，当事人向仲裁委员会交纳的费用包括案件受理费和案件处理费两部分。案件受理费用于给付仲裁员报酬、维持仲裁委员会正常运转。案件处理费包含仲裁员出差、开庭而支出的食宿费、交通费以及其他辅助费用。尽管各仲裁委员会的规则都规定，败诉方应当补偿胜诉方因办理案件而支出的合理费用，即理论上可在当事人之间分配全部私人成本，胜诉一方所得补偿比例高于诉讼程序。但从整体来看，当事人的显性成本无疑较诉讼更高。

本文选取中国国际经济贸易仲裁委员会（以下简称贸仲）、北京仲裁委员会（以下简称北仲）、广州仲裁委员会（以下简称广仲）三家仲裁机构，对于不同机构的收费情况进行横向比较，同时与诉讼的案件受理费进行纵向比较。③ 通过表1、图3可见，诉讼标的相同的情况下，仲裁收费明显高于诉讼。对于100万元以下的小标的案件，仲裁收费相对于案件受理费的倍数关系更为明显。

表1 仲裁与诉讼收费对比

收费（元） \ 标的额（万元）		20	50	100	200	500	1000
贸仲	受理费	7550	13,550	18,550	23,550	38,550	63,550
	处理费	6000	12,000	19,500	24,500	38,000	58,000
	合计（相对诉讼费倍数）	13,550（3.15）	25,550（2.90）	38,050（2.76）	48,050（2.11）	76,550（1.64）	121,550（1.49）

① 参见福建省泉州市人民法院（2018）闽05民终1717号民事判决书，陕西省咸阳市人民法院（2018）陕04民终552号民事判决书等。

② 参见方流芳：《民事诉讼收费考》，载《中国社会科学》1999年第3期。

③ 仅以国内案件进行比较。涉外案件的仲裁收费明显高于国内案件。

续表

收费(元) \ 标的额(万元)		20	50	100	200	500	1000
北仲	受理费	7550	13,550	18,550	21,550	30,550	45,550
	处理费	5000	11,000	16,000	20,000	32,000	47,000
	合计(相对诉讼费倍数)	12,550 (2.92)	24,550 (2.79)	34,550 (2.50)	41,550 (1.82)	62,550 (1.34)	92,550 (1.13)
广仲	受理费	7550	13,550	18,550	23,550	38,550	63,550
	处理费	2270	4070	5570	7070	11,570	17,070
	合计(相对诉讼费倍数)	9820 (2.28)	17,620 (2.00)	24,120 (1.75)	30,620 (1.34)	50,120 (1.07)	80,620 (0.98)
诉讼费		4300	8800	13,800	22,800	46,800	81,800

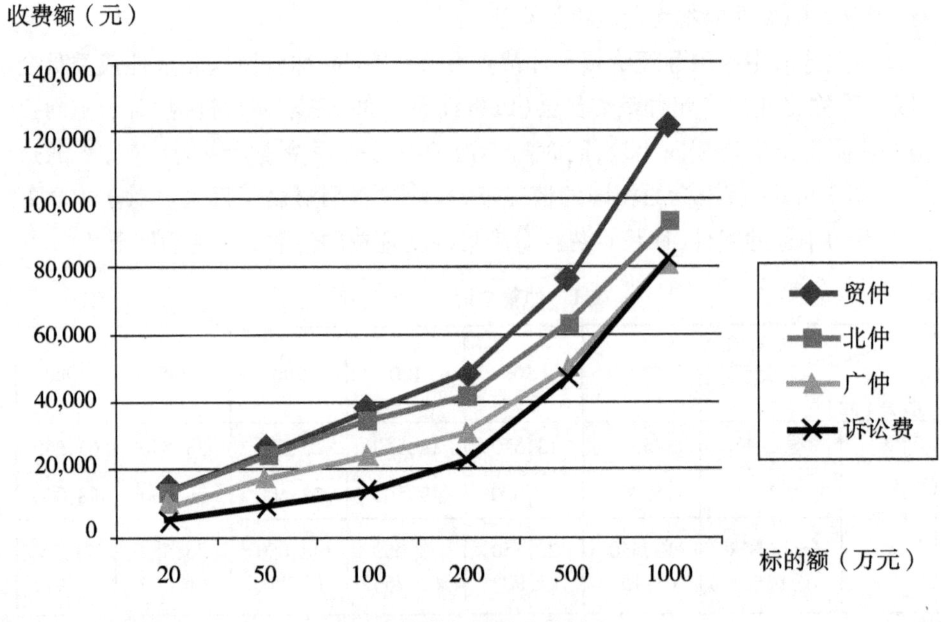

图 3　仲裁与诉讼收费对比

3. 劳动仲裁

《劳动争议调解仲裁法》第 53 条规定，劳动争议仲裁不收费。劳动争议仲裁委员会的经费由财政予以保障。根据该法确定的“一裁两审”机制，劳动仲裁属于劳动争议终局解决的必经途径，是提起诉讼的前置程序。因此尽管当事人在劳动仲裁中的显性成本通常保持在较低水平,但与诉讼不具有可比性。

4. 人民调解

《人民调解法》第4条规定,人民调解委员会调解民间纠纷,不收取任何费用。在人民调解委员会调解过程中,当事人聘请代理人的概率和花费相比诉讼程序均明显较低。在辅助性费用方面,由于人民调解委员数量多、分布广,距离当事人居住中心更近,当事人获取人民调解所花费的食宿、交通等费用也会显著降低。因此,人民调解中当事人的显性成本相较于诉讼而言明显较低。

(二)隐性成本

1. 诉讼程序

(1)时间成本。"迟到的正义非正义",时间成本无疑是最重要的隐性成本。需要说明,诉讼的时间成本与审理周期有关,但不能简单地以审理周期来衡量。所谓时间成本也不是指经过的时间,而是指将时间这一资源用于此项活动而不能用于其他活动,所失去的可能获得的收益。原因在于,任何活动甚至不进行任何活动均会伴有时间流逝,时间的流逝不可控,其价值在于被利用以产生收益。此外,诉讼中的时间并非当事人投入的资源,除了必须的诉讼活动外,当事人在诉讼进行中仍可以投入其他工作产生收益。因此,应当计为时间成本的并不是单纯的诉讼耗时,而是因为诉讼时间超出预期导致利益实现的延误,即"诉讼贴现"。①

(2)人力成本。是指当事人从在诉讼程序中投入的劳动和精力。主要包含准备文书、调查取证、参与立案、庭审等诉讼活动投入的劳动和承担的精神压力。

(3)伦理成本。是指在当前尚存在"和为贵"传统、追求"无讼"理想的社会环境下,因选择诉讼以及诉讼的公开性等特点,当事人可能受到的伦理道德的负面评价。

2. 商业仲裁

仲裁相对于诉讼最主要的优势在于效率和一裁终局的确定性,避免了两审终审、终审不终等诉讼特有的烦琐和拖延。来自贸仲的数据表明,在不区分是否涉外的前提下,一半案件在组成仲裁庭后143天审结。从更广泛的角度来看,伦敦国际仲裁院的平均结案时间为20个月。斯德哥尔摩商会仲裁院超过一半的案件审理时间在6~12个月。② 考虑到商业仲裁的案件多为大宗货物买卖、服务、投资等商事纠纷,在时间成本方面仲裁较诉讼具有优势。

---

① 陈慰星:《民事诉讼当事人行为选择的法经济分析》,社会科学文献出版社2015年版,第166页。

② 《中国国际商事仲裁年度报告2015》。

伦理成本方面仲裁也略低于诉讼。首先,案件的商事特点决定了仲裁涉及伦理道德评价的因素较少,当事人对于伦理评价通常不敏感。其次,仲裁程序具有保密性,不公开审理和裁决,有利于当事人保护商业秘密和商业信誉。最后,仲裁也有注重和解和调解的倾向。2016 年仲裁裁决的 201,600 件案件中,调解和解结案的数量占收案总数的 58% 。①

3. 劳动仲裁

劳动仲裁属于诉讼的前置程序。在劳动仲裁中投入时间、精力等隐性成本,对当事人而言与其在诉讼中可能获得的收益相关。故对于劳动仲裁隐性成本的探讨,重点亦不在于与诉讼的对比,而在于揭示成本与预期收益之间的关系。

4. 人民调解

人民调解以当事人合意为中心,最显著的特征即为灵活便捷。首先,调解不存在诉讼中从立案到审理、判决、上诉、申诉等法定程序必须的程序“空转”时间。其次,对于不适宜调解的案件,由于人民调解缺乏压制手段,双方当事人均可以自由选择停止调解进而选择其他纠纷解决方式,因此在法院调解中存在的多次调解仍无法达成协议的现象,在人民调解中出现的概率更低。因此,人民调解能够较大幅度降低因时间过长带来的机会成本损失。

此外,参与人民调解的精神压力通常较诉讼更小,人力成本与时间投入同步降低。由于更符合息诉、无讼的道德传统,能够带给当事人更正面的社会评价,人民调解的伦理成本明显小于诉讼。

可见,若能够达成调解协议,可以大幅降低隐性成本。但若无法达成协议,则此过程中的投入将成为沉没成本,造成当事人成本和社会资源的浪费。

结论:

1. 在“或裁或审”模式下,相同案件进入商业仲裁所需的显性成本明显高于诉讼,但仲裁在效率、当事人关系修复等隐性成本方面具有优势。故仲裁对于对效率要求高、对费用支出不敏感的较大标的额的商事案件有较大吸引力。

2. 在“仲裁前置”模式下,劳动仲裁与劳动争议诉讼之间不存在尽量提高当事人对劳动仲裁的选择,从而减少诉讼案件的问题。应当探讨的问题是,如何提高终局裁决的比例、改善仲裁和诉讼衔接等问题,以使更多地劳动争议终局地解决在诉讼程序之外。

---

① 《中国国际商事仲裁年度报告(2016)》,载 http://www.ccpit.org/Contents/Channel_4131/2017/0928/885598/content_885598.htm,最后访问日期:2018 年 5 月 1 日。

3. 在“自由选择”模式下,调解可以作为诉讼的替代终局化解矛盾,亦可能成为诉讼的前置,调解不成后再进入诉讼。在调解成功的情况下,无论单方面还是整体,人民调解所需成本都显著小于诉讼。故对于人民调解的讨论重点应当在于如何提高调解成功比例,使人民调解更多地成为最终解决纠纷的方式。

四、基于成本收益的当事人选择模型

如何充分发挥多元化纠纷解决机制功能的宏观问题,在本文的讨论范围内可转化为如何利用诉讼与其他三种纠纷化解方式之间不同的衔接关系,使更多的案件通过非诉途径得到确定的解决。本文从不同角度构建成本收益模型,找出影响纠纷解决方式选择的主要因素。

(一)调解成功模型

调解成功的必要条件是调解方案对双方当事人都是有利的。在不考虑风险对于当事人心理影响的情况下,调解成功的条件为,原告在诉讼中的预期收益 < 调解方案 < 被告在诉讼中的预期损失。

1. 基础模型

波斯纳法官曾给出了著名的关于和解的双边垄断模型:$P_pJ - C + S < P_dJ + C - S$。

整理后为:$(P_p - P_d)J < 2(C - S)$[①]　　(1)

P_p:原告内心的胜诉概率;P_d:被告内心的原告胜诉概率;J:原告诉讼标的;C:诉讼个人成本;S:和解个人成本。

举例说明:设原告的请求为得到赔偿 1 万元($J = 10000$),其对自己胜诉有 8 成把握($P_p = 80\%$),被告也认为原告 8 成可能胜诉($P_d = 80\%$)。诉讼个人成本双方各负担 2000 元($C = 2000$),和解个人成本各负担 500 元($S = 500$)。

原告的预期收益为:$P_pJ - C = 8000 - 2000 = 6000$,被告的预期损失为:$P_dJ + C = 8000 + 2000 = 10000$。

当和解需要双方各花费 500 元时,原告只有在该 500 元能够通过和解获得补偿的情况下,才会选择和解而非诉讼,即原告的和解要求为:高于($P_pJ - C + S$)6500 元;而被告也只在该 500 元能够从和解中得到弥补的情况下才愿意接受和解,即“最低和解要约将随和解成本为原告上调和为被告下调”,[②]被告和解要约为:低于($P_dJ + C - S$)9500 元。当和解方案 $\in (6500, 9500)$ 时,和解可

① [美]波斯纳:《法律的经济分析》,法律出版社 2012 年版,第 821 ~ 826 页。

② [美]波斯纳:《法律的经济分析》,法律出版社 2012 年版,第 821 ~ 826 页。

能成功。

由公式$(P_p - P_d)J < 2(C - S)$可得出以下结论:

(1)诉讼标的是影响调解的因素。其他量不变时,诉讼标的越大,不等式左侧越大,不等式成立的可能性越小,即调解的可能性越小;反之,标的小的案件调解的可能性大。这一结论符合司法实践中的直观感受。

(2)原告的胜诉概率预期与被告对原告的胜诉概率预期的差值越小越有利于调解的达成。当双方对于原告胜诉的概率预期相同时$(P_p - P_d = 0)$,或双方对于诉讼前景都感到悲观时(P_p小而P_d大,$P_p - P_d < 0$),调解容易实现。

(3)诉讼成本与调解成本的差值$(C - S)$越大,调解越可能实现。而且,$C - S$的数值,是决定调解空间最重要的因素。即使相对于法院调解,当减半收取的案件受理费大于和解成本时$(C/2 > S)$,仍有人民调解发挥作用的空间。

2. 对基础模型的补充

基础模型仅考虑了显性成本,即$C = DC$的情况。现将隐性成本OC纳入成本范围,即$C = DC + OC$,$S = DS + OS$,公式4.1将变化为:

$(P_p - P_d)J < 2[(DC + OC) - (DS + OS)]$

由于诉讼的隐性成本大于调解的隐性成本,即$OC > OS$,则有$(DC + OC) - (DS + OS) > DC - DS$

因此,考虑隐性成本使不等式右侧增大,且诉讼的隐性成本与调解的隐性成本的差值越大,调解的可能性就越大。当事人对于社会评价敏感、具有保密要求或对效率要求高等因素,均有助于促使调解达成。

(二)商业仲裁选择模型

商业仲裁中,胜诉方的全部私人成本在理论上均能得到补偿。假设原告的胜诉率为100%,若原告选择仲裁,其可以获得的收益$P = J$;而选择诉讼的收益$P' = J - C$。因此,若原告对于自己的胜诉概率有十足的信心,无论诉讼标的多么微小,其都会选择仲裁来保护权利。

但同时,由于仲裁中败诉方需要赔偿对方的全部个人成本,故败诉方在诉讼中的损失$D = J + C$(案件受理费+败诉方个人成本),而在仲裁程序中,$D' = J + S$(仲裁收费+双方个人成本之和)。即使忽略诉讼与仲裁收费的差距,显然仍有$D < D'$。即相同案件的败诉方在仲裁中所受损失要大于诉讼。因此,胜诉概率会对原告的选择产生显著影响。设原告胜诉率为P_p,败诉率为$1 - P_p$,此时:

诉讼的预期收益为$P = P_pJ - C$

仲裁的预期收益为$P' = P_p(J + S) - S - (1 - P_p)S$

要求 $P' > P$，即 $P_p(J+S) - S - (1-P_p)S > P_pJ - C$

整理后可得：$P_p > 1 - C/2S$ (2)

由该公式可以得到以下结论：

(1)当诉讼的个人成本 C 与仲裁的个人成本 S 基本相等的情况下，当原告的胜诉概率大于 50% 时，原告选择仲裁所获收益大于诉讼收益。对于风险厌恶型的原告，只有在胜诉概率更高的情况下才有动力选择仲裁。

(2)C 与 S 的比值越大，原告选择仲裁方式所要求的启动值，即原告胜诉概率越低。反之，诉讼的私人成本相对于仲裁越低的情况，原告需要更高的胜诉概率才愿意选择仲裁。

(3)考虑隐性成本的影响，仲裁在时间、保密等隐性成本方面优于诉讼程序，有 $OC > OS$，$DC + OC/2(DS + OS) > C/2S$。即仲裁的启动条件对于对隐性成本敏感的当事人会更为宽松。

(三)劳动仲裁终局模型

在劳动仲裁裁决后是否提起诉讼，是对于是否继续寻求救济的选择，类似于在一审后选择是否提起上诉。在这个选择中起到决定作用的，是提起诉讼的预期收益与成本之间的关系。

假设劳动者的诉讼请求为 J，劳动仲裁支持劳动者诉讼请求的数额为 J'，劳动者在诉讼中支出的案件受理费以外的私人成本为 C_a，那么劳动者胜诉时的收益为 $(J - J') - C_a$；在败诉时的损失为 $C_a + 10$。

假设原告的胜诉率为 P_p，那么其预期收益为：

$P_p(J - J') - C_a - 10(1 - P_p)$；

不提起诉讼和上诉的条件为：$P_p(J - J') - C_a - 10(1 - P_p) < 0$

整理后可得：$P_p(J - J') < C_a + 10(1 - P_p)$ (3)

由公式该可以得出以下结论：

(1)因劳动争议纠纷的案件受理费过于低廉，$10(1 - P_p) \leq 10$，该项成本对劳动者可以忽略不计。案件受理费以外的私人成本 C_a，如代理费、食宿费、交通费等，是劳动者决定是否提起诉讼的重要因素。

(2)由于对方的私人成本在诉讼中不予补偿，且劳动者可以较为准确的预计并控制 C_a 的数额。故在劳动者看来，胜诉固然可以获得预期收益；即使败诉，损失 $C_a + 10$ 亦非难以承受。同时，无论胜诉与否，其均可以迫使对方损失与 C_a 基本相当的私人成本。因此，即使原告的胜诉概率为 0，其个人成本与通过起诉可以给对方造成的损失基本相当，其仍有动力提起诉讼。

五、完善多元化纠纷解决机制的启示

基于成本收益分析,本文得出了三个模型:

调解成功模型:$(P_p - P_d)J < 2(C - S)$

商业仲裁选择模型:$P_p > 1 - C/2S$

劳动仲裁终局模型:$P_p(J - J') < C_a + 10(1 - P_p)$

可以看出,诉讼成本、胜诉概率、诉讼标的等因素对于当事人选择纠纷解决方式的影响显著。对于如何完善多元化纠纷解决机制,从不同因素的作用效果出发,可得出以下导向性启示。

(一)发挥诉讼费用的积极调节作用

三个模型中,诉讼成本均是影响当事人选择的反向因素。即诉讼成本越高,其他纠纷解决方式成功的概率就越大。目前诉讼门槛过低已成为共识,[①]诉讼费用低于商业仲裁、行政裁决、甚至部分民间调解机构的收费,[②]不利于引导当事人选择其他纠纷解决方式。

这一结论似乎是对供需定律这一基本经济学规律的重复表达,即价格上升则需求下降。但诉讼作为国家强制力保障的争议解决机制,收费标准受到国家经济发展程度、司法制度设计、社会风气导向等多种因素影响,非经立法层面的全面考量不足以品评。本文在不涉及总体诉讼费率调整的前提下,仍有以下两点建议:

1. 适当提高劳动争议案件的受理费。低廉的案件受理费确实保障了劳动者能够以较低的成本获取正义。对于劳动者而言,仅需要支出 10 元即可让法院对自己的案件再次审理,无疑增加了其对于得到正义的确信。但是,由于败诉方不承担对方的私人成本,导致当事人胜诉与败诉的成本之差仅为可以忽略不计的 10 元案件受理费。而无论胜负,起诉均可以使对方损失与己大致相当的诉讼成本,增加对方的成本某种意义上也意味着自己的胜利。在如此低成本高收益的情况下,胜诉概率、诉讼标的等因素,均不能成为影响当事人决定是否起诉或上诉的有效因素,诉讼成本过低是造成终局裁决率低、上诉率高的重要原因之一。[③]

---

① 泰州市中级人民法院课题组:《矛盾纠纷多元化解机制的实践困境与路径探析》,载《中国应用法学》2017 年第 3 期。

② 上海经贸商事调解中心收费办法,北京多元调解发展促进会调解规则等。

③ 人力资源和社会保障部:《2017 年度人力资源和社会保障事业发展统计公报》,载 http://www.mohrss.gov.cn/ghcws/BHCSWgongzuodongtai/201805/W020180521568486691826.pdf,最后访问日期:2018 年 6 月 1 日,2016 年、2017 年度的终局裁决率分别为 28.4%、33.1%。

本文认为，基于方便劳动者维权的立场，案件受理费至少应当提高到与当事人的其他私人成本相同数量级的程度。即在败诉的情况下，当事人要承担的全部私人成本会显著高于其将对方拖入诉讼而给对方带来的损失，原告才会更为理性谨慎地对待起诉、上诉的权利。

2. 在诉讼费用中适当涵盖代理费及辅助费用。将胜诉方的全部私人成本纳入诉讼费用调整，可以在案件受理费保持不变的前提下，有效提高胜诉方的补偿比例和败诉方的诉讼成本。一方面，诉讼成本的提高将影响当事人对于纠纷解决方式的选择，促使当事人选择调解、仲裁等非诉方式；另一方面也能够有效遏制滥用诉权和虚假诉讼的行为。将代理费、误工费、差旅费等易于认定的费用纳入可分担的私人诉讼成本，符合国际立法通例。①

值得关注的是，《意见》第38条、《最高人民法院关于进一步推进案件繁简分流优化司法资源配置的若干意见》第22条均提出了发挥诉讼费、律师费对于调节当事人诉讼行为杠杆作用的意见，显然顶层设计已经意识到诉讼成本对于当事人选择纠纷解决方式的重要影响。在已有意见的基础上，尚需进一步推动立法，对代理费用的分担，和解、调解等减免诉讼费的合理事由，加重不当诉讼行为的负担责任等问题，从更高位阶层面作出可操作性的规定。

（二）诉调衔接的细化措施

1. 针对特定案件设置强制前置调解

从公式4.1可知，诉讼标的小、调解成本小且当事人对于隐性成本敏感的案件，调解成功的可能性最大。因此，对于《意见》第27条提出的调解前置程序，可依上述标准确定探索适用的案件类型。对于诉讼标的在一定数额以下、当事人双方在同一个社会区域内活动的家事、物业、相邻关系案件，因纠纷发生地点距双方当事人均较近，可以便捷地获取调解，且能否修复社会关系对于当事人影响更大，预期收益与成本之间的关系可在更大的程度上促成调解，故可对符合上述条件的类型案件探索设立强制调解前置程序。对于《意见》中列明的其他类型案件，可在尊重当事人意愿的前提下进行诉前调解。

2. 加强对纠纷解决方式选择的引导

诉前调解中，要注重从当事人的立场出发释明非诉调解在降低个人成本、修复社会关系方面，商业仲裁在补偿比例高、隐性成本低等方面的特点，以及公证、行政裁决等其他非诉纠纷解决方式在成本收益方面的优势，引导当事人选择与纠纷最适应的解决方式。立案后，应按照调审分离、繁简分流等程序设计，

① 傅郁林：《诉讼费用的性质与诉讼成本的承担》，载《北大法律评论》第4卷第1辑。

针对不同的纠纷尽快引导当事人选择最佳诉讼程序。对于诉讼标的较大、当事人对于诉讼成本不敏感的商事案件等,在经充分释明当事人明确表达意愿后,不宜反复调解,应及时转入审判程序进行审理。

3. 调解中重视对事实的确定

在理论上,双方当事人对于原告的胜诉概率预期一致时,调解条件成就。因此,在调解中查明案件事实,及时公开双方证据,让当事人在信息对称公开的环境下进行调解,能够使双方对原告的胜诉概率预期趋于一致,提高调解成功的可能性。同时,在查明事实、分清是非的前提下进行调解,也能够提高双方当事人对于"公平正义"的获得感,有助于增强调解的权威性和履行成功概率。此外,在调解程序注重查明案件事实,固定无争议事实,总结归纳争议事实,能够在后续审理程序中大幅节约司法资源。因此,在任何一种调解程序,特别是诉外调解中,均应当重视通过及时充分的信息公开来查明案件事实。

法院对于诉调衔接的引领和推动作用,应具体体现为通过诉讼程序的规范性、终局性来带动调解机制的构建和完善。因此,在培训调解人员、规范调解程序、健全调解制度的过程中,应当注重将诉讼中的有益做法向调解移植。例如,可将证据交换、当事人会议等诉讼程序引入调解,以查明案件事实,实现双方当事人信息有效沟通。

心得体会

从心而行

徐　冰

参加每年一度的学术讨论会是春播夏耕,秋收冬藏的轮回。尽管这片土地上的产出通常不可准确预期,但却能寻找到最朴素的公平。只要肯付出努力,每个人都可以拓宽自己知识的边界,挖掘自己思想的深度,享受被灵感突袭的惊喜。每年交出一篇严肃认真的学术论文,也会成为自己一路走来的忠实记录。

为了端正态度,继续投身学术讨论会事业,下面几点是我对自己的要求,愿与大家分享:

一、不忘法治中国的初心

学术写作是一项辛苦的工作,而坚持对法治中国的信仰能够让人无惧辛苦，始终保持对学术研究的兴趣。相信每一名法官，想到通过自己的工作和努力，能够在每一个案件中使原本模糊的公平正义以清晰的面目示人，都会产生一种自我的高度认同。而应用理论研究与审判工作一样，是推进司法能力提升的重要内容。如何透过个案阅读社会矛盾？在类案中能够抽象出哪些共性问题？如何提出符合社会规律和司法规律的解决方案？是否还能够对社会制度或法律体系的完善有所建树？一名卓有成效的法官，应当在实践与思考的相互促进中不断进步，再用自己的成长来守护实现法治中国的初心。

二、保持对未知的好奇心

居里夫人说，"好奇心是学者的第一美德"。对于未知的好奇，驱使我们一探究竟。每一次学术讨论会，都是满足自己好奇心的好机会。一线办案法官，理应对法院的案件数量最为敏感，法院的案件数量在启动多元化纠纷解决机制改革十多年来为何不降反升？在制度设计的过程中，是否充分考虑了制度使用者的感受？为了获取一个满意的答案，我在本次学术讨论会中选择了多元化纠纷解决机制完善这一较为陌生的主题。在写作的过程中，我对于多元纠纷化解制度的运行状况有了基本了解，为了研究如何引导当事人在权衡利害得失之后主动选择调解、仲裁等替代性纠纷解决机制，我学习了部分法经济学的知识。尽管最终给出的解决方案仍十分粗浅，但是整个学习的过程让我感到充实和满足。

三、付出学术研究的真心

通过这几年对于学术讨论会的参与，我深切地感受到，能够在法院讨论会中脱颖而出取得好成绩是需要有真功夫的。翻阅历次的获奖文章，其中一定能够发现对中国的司法实践的深入思考，对应用法学研究的有益探索。一篇优秀的论文仅仅靠一个灵光乍现的瞬间是不够的，要把功夫下在平时，认真踏实读书，勤于思考总结，甘于为了学术研究贡献自己的闲暇。只有在深厚积累的基础上，抓住一个偶然的火花，才会必然照亮出一篇好文章。

法院内设机构改革与人员分类管理协调性问题探究

——基于法院职能定位与细化的综合考量

李筱珊　鞠　伟*

【论文提要】

法院内设机构改革和人员分类管理是司法体制改革的两个重要方面，联系密切，可以说内设机构改革是人员分类管理基础之上的进一步深化。目前，人员分类管理改革成效明显，但内设机构改革尚处于试点阶段，而且试点法院在进行内设机构改革探索的过程中，并未充分将人员分类管理精准匹配，二者紧密性不足，存在潜在矛盾，深化内设机构改革困境重重。针对两项改革协调性不强的问题，本文以法院职能定位为切入点，以法院机构设置、人员编制为着力点，深入探求内设机构改革与人员分类管理结合点，力求为内设机构改革提供新思路。

【主要创新观点】

1. 法院内设机构设置和人员配置是基于法院整体的职能，本文首先进一步厘清法院职能，奠定了研究基础，为两项改革的深化奠定了基础。

2. 本文进一步指出了影响内设机构改革和人员配置的症结性问题，并提出了具体的建议。

《省以下人民法院内设机构改革试点方案》指出，要“建立以审判工作为中心的机构设置模式和人员配置方式”，坚持“统筹推进原则”，做到“司法责任

---

* 李筱珊，北京市第一中级人民法院干部处法官助理；鞠伟，北京市第一中级人民法院干部处法官助理。

制、法官员额制、审判辅助人员管理制度等改革有效衔接、同步推进”。法院内设机构是具体职能实现的重要载体，也是人员分类管理改革能够进一步落实的关键之处。现阶段，试点法院本着“适当整合机构，减少管理层级”的原则，取得了一系列值得借鉴的有益成果；人员分类管理，尤其是司法责任制的不断强化，员额法官晋升遴选正在逐批有序进行。二者本应同步推进，但实际正如平行的车轨，互不相交。而内设机构的改革必然涉及人员的调整及职责的重新分配，如何合理推进内设机构改革，以求最大化职能发挥及最优化人员分类，是目前值得关注的一个问题。

一、沿波讨源：法院职能的逻辑梳理

法院组织理论，乃规定审判机关之组织、任务分配、人事及活动基本规则之理论，系法院组织及活动具有重要性及整体共通性问题的一般性规则。[①] 涉及内设机构改革和人员分类管理，并非一蹴而就，需要层层推进。单从法院而言，要紧扣职能定位，并以此为核心，带动其他各项改革的逐步落实。

（一）基本职能：审判职能和司法行政职能

法院组织有两个基本目标，直接目标是处理提交其管辖的事务，另一目标是为保证完成审判事务，需要有效管理法院运行中的自身事务。[②] 审判中心职能，对外作为中立第三方，客观审理案件；司法行政职能，对内加强自身建设，确保审判职能的发挥。法院的审判职能是毋庸置疑的，我国《宪法》明确规定，法院是国家的审判机关，《法院组织法》进一步明确，国家的审判权由各级法院行使。而对于司法行政职能则有不同的观点。我国台湾地区学说认为，法院行政系指法院之全部行政行为，也就是使审判任务得以实践所需之事物及人事要件，包括行政软体、硬体诸事务，法官及法院职权薪俸或调动等人事事务以及司法行政监督等。[③] 美国法院的司法行政事务包括行政类及审判与行政交叉类。[④] 日本法院组织理论中的司法行政指为实现司法职能所需的行政管理，如法院财务、法官人事及对法官的行政监督制度等。[⑤]

（二）职能界定：基本职能的理顺

司法体制改革后，法院审判中心职能进一步明确，审判权的行使主体进一

① 姜世明：《法院组织法》，新学林出版股份有限公司2012年版。

② 于秀艳等编译：《美国法官制度与法院组织标准》，人民法院出版社2008年版。

③ 姜世明：《法院组织法》，新学林出版股份有限公司2012年版。

④ 邹碧华：《审判事务的分工与法官辅助人员的配置探讨》，载《法律适用》2002年第12期。

⑤ 李旺：《日本司法行政的特点与司法改革新动向》，载《清华法治论衡》2000年第1期。

步限缩,审判职能的狭义界定是清晰的,但围绕审判中心职能的广义审判职能的界定却显得模糊,尤其是与司法行政职能出现交叉的时候,往往不能清晰区分,影响内设机构改革和人员分类管理,如图 1 所示。

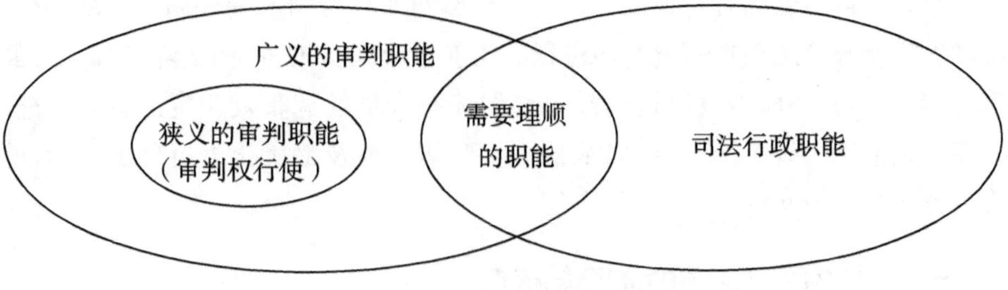

图 1　法院职能的划分

我们可以通过四个《法院五年改革纲要》,来明确法院总体职能。"一五"纲要指出,全面实行立审分立、审执分立、审监分立的制度,强调人民法院内部审判部门和司法行政管理部门人员比例和合理配置。"二五"纲要指出,执行权中解决实体争议的执行裁决权属于审判权的范畴,在司法行政的基础上确立了外延较为广泛的管理权,涵盖司法审判管理、审判流程管理、司法政务管理和司法人事管理等方面的内容。"三五"纲要指出,在法院内部职权的配置问题上提出以审判权和执行权为中心,并着重强化了审判管理的地位和作用;将执行权细分为执行裁决权和执行实施权两类。"四五"纲要指出,在审判权力运行机制上提出以审判权为核心、以审判监督权和审判管理权为保障的运行机制,在司法行政事务管理问题上提出探索法院司法行政事务管理权和审判权的相对分离。

可以得知,从横向诉讼进程上来看,有立案职能、审判职能、执行职能;从纵向单一阶段来看,立案职能又可分为不予受理裁决职能、登记受理职能,审判职能又可分为审判权行使职能、审判监督职能、审判管理职能,执行职能又可分为执行裁决职能、执行实施职能。其中不予受理裁决权职能和执行裁决权职能,由审判人员行使,实际上是审判权行使职能,如图 2 所示。

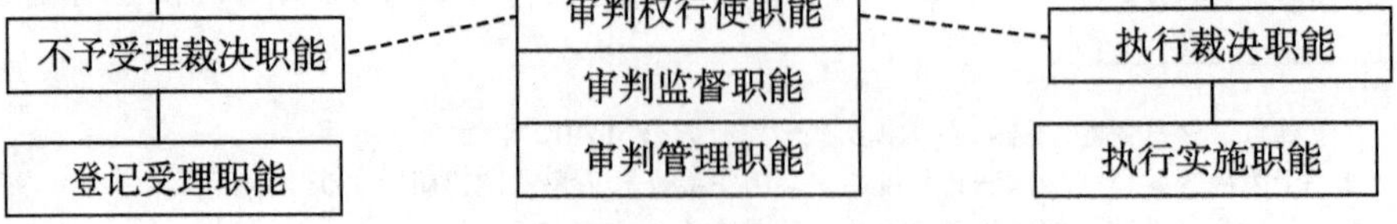

图 2　审判工作的横向纵向职能

从图 2 可以看出,狭义的审判职能包括不予受理裁决职能、审判权行使职能、执行裁决职能;广义的审判职能还包括登记受理职能、审判监督职能、审判管理职能,按照司法体制改革三类人员分类管理的框架,广义的审判职能也可以称为审判辅助职能。至于执行实施职能界定比较模糊,需要进一步明确。对于裁判效果的实现,不同于普通的审判辅助,更偏向于司法行政。执行性是司法行政权的重要特征,司法行政权的执行性既指执行与司法行政有关的一般性的法律、法规、规章,也包括执行法院已生效的判决和裁定。判决裁定的执行具有确定性、主动性、命令性和强制性的行政特点,属于比较典型的具体行政行为。判决和裁定的执行权并不是司法裁判权的合理延伸,在性质上更接近于行政权。从这个意义上讲,执行权属于司法行政权的范畴。①

在理顺审判职能的基础之上,进一步界定司法行政职能,可以明确,司法行政职能是法院对人、财、物等与审判不直接相关的事务性工作进行管理的职能,不参与审判工作的具体程序。司法行政职能主要来源于法律和行政指令,法院人员分类管理改革完成之后,该职能的行使主体为司法行政人员,其职能特征为层级性和附属性。司法行政职能具体而言是指人事管理、基础建设、财务管理、后勤管理等职能。②

(三)职能细化:政工纪检部门职能的独特性

党的十八大以后,中央在加强党的建设、干部监督、纪检体制改革等方面出台了一系列的新规定,对管理队伍提出了更高更严的要求。在当前全面从严治党要求下,党管干部原则进一步深化,法院在编人员的身份首先是干部、其次是公务员、再次是法官。政工纪检部门严格意义上是党的机构,其职能不同于审判职能、审判辅助职能、司法行政职能,其不同之处在于,审判辅助职能和司法行政职能是纯法院事务,去行政化是实现以服务审判工作为重心的前提条件,而政工纪检是无法“去行政化”的,因为法院作为国家机关的性质没有变,员额法官作为普通公务员的身份没有变。政工纪检部门承担职能具有独特性,只能加强,不可削弱,需要单独点明,在进行内设机构改革和人员分类管理的时候单独考虑。

(四)模型构建:法院职能的立体化

从上述分析可以看出,法院职能可以分为四个方面,即审判职能、审判辅助职能、司法行政职能、政工纪检职能。思维逻辑上,先考虑占法院整体职能比重

---

① 刘武俊:《司法行政权的界说及其合理配置》,载《中共四川省委党校学报》2003 年第 1 期。

② 胡雅妮、程立武:《关于以权力五元划分为依据推进人民法院内设机构改革的调研》,载《人民法院内设机构改革问题研讨会获奖论文集》。

最大的审判职能范围;剥离之后,考虑占法院整体职能比重次之的审判辅助职能范围;再剥离之后,考虑占法院整体职能比重最小的司法行政职能范围;政工纪检部门的职能单列;整体上成“漏斗状”细化法院职能,如图 3 所示。

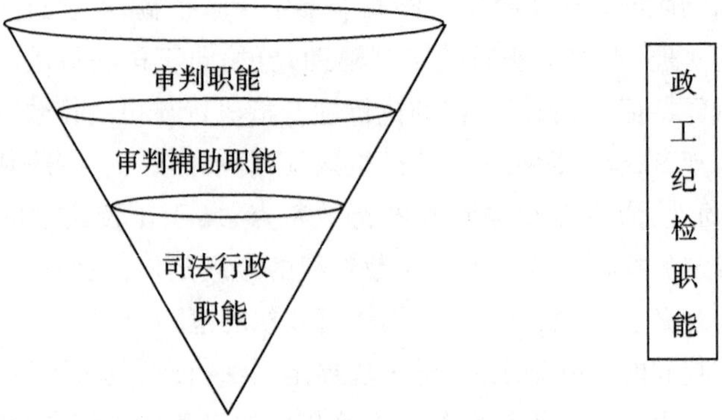

图 3　法院职能的立体化模型

(五)意义阐述:点亮改革的灯塔

以两项基本职能为出发点,法院内设机构可以分为两类,即审判业务部门和综合职能部门,人员可以进一步细分为三类,即法官、审判辅助人员、司法行政人员。各项职能的发挥依赖于内设机构的设置,更依赖于每一机构的人员合理配置。只有机构设置与人员配置相协调,才能提高效率,发挥最大功能。

二、着眼当前:目前取得的成果和存在的问题

随着四项基础性改革的逐步落实,人员分类管理问题逐渐明晰,与之相对应的机构设置问题亟须解决。综观改革现状,有成果,可以丰富改革思路;亦有不足,需要进一步完善。

(一)内设机构改革的几种模式

试点法院探索出形式多样的内设机构改革路径,本文通过对资料进行论证分析,将各种探索总结为如下三种模式。

1. 平台搭建型。即参照政府政务综合管理组织体制进行改革,具有职能大、领域宽、机构少的特征。具体到法院,就是在现有内设机构的基础之上,构建工作平台,各个平台对原有部门职能进行高度概括、内化,实现扁平化管理。此种方式可以实现人员的集中,避免机构设置和人员配置不成比例、人浮于事的情况。在业务部门,主要体现在根据大的审判领域设置审判庭,不再细化专业审判庭;在综合部门,主要体现在集中现有综合职能部门的职能,减少内设机构设置。试点法院中,在业务部门和综合部门同时进行平台搭建改革的主要是

人数较少,案件数量较少的基层法院。例如,江西省赣州市安远县人民法院 61 人,原有内设机构 13 个。改革后内设机构减少为 5 个,审判业务部门划分为刑事、立案和民刑、综合审判三大审判工作部,综合职能部门划分为执行(警务)工作部、党政工作部两大部。①

对于人数较多、案件压力较大的法院,审判业务庭设置较为完善的,内设机构改革主要体现在综合职能部门方面。如北京市西城区人民法院成立综合服务保障办公室,将原有的 15 个综合职能部门,精简配置为干部管理部、审判事务部、党群宣传部和行政保障部"四大部门",职能涵盖审判管理、调研宣传、干部管理、队伍建设、机关管理、对外联络、党团事务等。②

2. 整合型。采取整合模式的内设机构改革是指相近职能内设机构的整合或者多个内设机构相似职能"流转"到一个内设机构。其特点就是原有内设机构的裁撤或者原有内设机构部分职能的裁撤。如吉林省长春市朝阳区人民法院撤并原有的 12 个审判业务庭室,设立诉讼服务、速裁、刑事审判、民事审判、行政审判、审判监督、执行 7 个审判业务中心,内设 16 个审判、执行团队,实行扁平化管理,设立审判管理办公室、信息技术办公室、信访办公室 3 个综合审判业务机构,整合原有的 7 个非审判业务机构,撤并书记员管理科、宣教科、财务科 3 个综合部门,整合设置政治处、调研室、办公室、司法警察大队 4 个部门,按照有关规定保留机关党委、监察室,改革后的整体内设机构将由 24 个减并为 21 个。③

3. 新设型。新设型法院主要是指此轮司法改革启动后新成立的法院。这类法院没有人员、案件等历史包袱,内设机构的三定方案本身就是按照司改精神设计的。如北京市知识产权法院和北京市第四中级人民法院。

北京知识产权法院设立案庭、审判一庭、审判二庭、审判三庭、审监庭 5 个业务庭,技术调查室、司法警察支队 2 个司法辅助机构,设立综合办公室作为全院统一的综合行政机构。④

北京市第四中级人民法院有 10 个内设机构,其中设置立案、刑事、民商事、行政、审判监督、执行局 6 个审判业务庭,法警支队、司法服务办公室 2 个审判

① 吴清平:《安远法院内设机构改革:"13 个庭室"变身"5 个工作部"》,载江西法院网,http://jxfy.chinacourt.org/article/detail/2017/04/id/2742081.shtml,最后访问日期:2018 年 3 月 9 日。

② 《北京市西城区人民法院扎实推进综合职能部门"大部制"改革的情况报告》。

③ 《长春市中级人民法院关于司法体制改革推进情况的介绍》。

④ 胡雅妮、程立武、王薇:《以审判为重心的法院职能整合与机构设置——以法院权力的三元划分为基础》,载《尊重司法规律与刑事法律适用研究——全国法院第 27 届学术讨论会获奖论文集(全 2 册)》(第 1 版),人民法院出版社 2016 年版。

辅助部门,综合行政办公室、监察室 2 个司法行政部门。除编办批复的内设机构外,四中院着力构建以平台建设为抓手的扁平化管理模式,依托法官委员会、审判委员会、司法服务办公室、综合行政办公室构建法官执业综合管理平台、审判业务综合管理平台、司法服务综合管理平台、队伍综合管理保障平台,四大平台进一步减少了内部管理层级,法院各项工作进入系统化、一体化谋划与安排。①

(二)试点法院内设机构改革模式分析

三种不同的模式为内设机构改革提供了有益借鉴,但也存在不足之处。

1. 存在问题。试点法院的改革通过整合管理职能、撤并内设机构、缩减管理层级等方式,在一定程度上实现了法院审判权和行政权的相对分离,为构建职能清晰、精简高效的法院内设机构体系作出了有益探索,在取得阶段性成就的同时,我们也要看到,当前法院内设机构改革还存在一定的问题。

(1)部门职能整合趋于形式,机构内在运行仍沿袭传统。虽然各试点法院采取了不同的架构、形式,但大多内容并没有涉及实质,原有的机构无非是换一种名称存在,或者是整合到更高的平台。原有的机构设置不变,职能定位不变,职级待遇不变,容易导致平台设置形同虚设,或者人为增加管理层级,背离扁平化管理目标。平台搭建改革只有真正裁撤掉原有的基层架构,重新搭建起领域宽、职能广的真平台,才能有效地缩减机构层级与数量,提高效率。

(2)试点改革没有考虑人员分类管理,缺乏协调推进的规划。内设机构改革和人员分类管理是一个硬币的两个面,二者结合构成硬币整体,也只有二者统筹谋划才能顺畅落实改革的要求。目前,试点法院的内设机构改革只是单方面考虑,未能将人员分类管理融入,表面上看似合理,实际落实起来可能困难重重、存在阻力,短期内达到预期目标较为困难。

(3)新设法院具有特殊性,其模式不具备可复制性。按照司改精神新成立的跨区域、跨行政区划法院、知产法院内设机构数量少,在改革上比较灵活。没有人员历史包袱,没有科层制的束缚,便于扁平化管理;不存在打破既有权力体系的阻碍和阻力。普通法院内设机构大多经历了扩张的过程,人员包袱重,并以历史的惯性在内部机构体系中不断沿袭和巩固,通过自我革新的方式打破现存的体系框架存在极大的难度。而对法院既有的内设机构做出根本性、全面性改革必然会随之带来领导职务的重新配置和法院人员的大量分流,故在试点中

① 吴在存:《以平台建设为抓手构建人民法院扁平化管理新模式》,载《跨行政区划法院改革的探索与实践》(2016 年卷)(第 1 版),法律出版社 2016 年版。

鲜有成功的案例。

2. 原因分析。内设机构改革要紧紧围绕服务审判工作,之所以会出现上述问题,有两个方面的主要原因:一是思想认识不足,对司法体制改革中内设机构改革的意旨理解不到位;二是具体实践未能结合实际情况,为了改革而改革。具体而言有如下几个方面的内容。

(1)试点改革的立足点出现偏差,对改革核心认识不足。中央在《试点改革通知》中指出,要"以审判工作为中心,建立设置科学合理、职能划分明确、运行高效顺畅,符合审判机关特点和审判权运行规律的内设机构体系"。因此,内设机构扁平化改革的核心是以审判为中心的职能优化,内设机构的聚合和裁撤只是表面形式,判断内设机构扁平化改革成功与否的标准应是改革核心是否实现。如果认识不到这一层面,那么改革再多都不会有成效,只能浮于表面而不能深入。

(2)对于内设机构扁平化改革与其他改革制度的关系理解不到位。《通知》中指出,内设机构改革要遵循统筹推进原则,与司法责任制、法官员额制、审判辅助人员管理制度等改革有效衔接、同步推进。内设机构改革应该是建立在四项基础性改革之上,属于深化性改革,如果四项基础性改革没有得到落实,那么内设机构扁平化改革将是无源之水,无本之木。目前法院在内设机构改革的进程中,缺乏人员分类管理的考量,很多法院对本院人员的基本情况没有一个充足认识,单纯地进行内设机构扁平化改革,不免会导致机构设置和人员配置的脱节。

(3)没有认清行政机关与法院内设机构改革的区别。试点法院在内设机构的设置依据和具体构建方式上,基本处于分别摸索、各行其是的状态,缺乏明确的指导原则和构建标准,在进行内设机构改革时往往会不经意间模仿乃至抄袭行政机关内设机构改革的模式,殊不知,行政机关内设机构的改革与法院是有区别的。一是在机构数量上,每一级行政机关的内设机构数量要远远多于法院,机构职能重叠问题比较突出;法院内设机构相对精简,只是要理顺审判部门与综合部门的关系,审判业务祛除行政化,综合部门优化设置。二是在上下级关系上,行政机关注重政策的上传下达、改革的一致性,所以国务院内设机构改革后,下级机关会参照国务院的内设机构设置做出相应调整,原则上不存在上下级机构设置不一致情况;而不同审级承担的职能不同决定了在业务对口的前提下,上下级法院的机构设置不要求完全一致。三是在职能要求上,行政机关各内设机构注重各司其职,职责划分明确;法院的改革是以服务审判工作为中心的,机构的设置应当围绕法官,服务法官,并突出法官在审判管理中的地位。

(三)内设机构改革和人员分类管理的线性关联度

基于法院职能划分,两项改革的结合点,或者说矛盾的症结,并不在于内设机构本身的减少,而在于减少之后的人员编制如何调整,因此,需要进行深入分析,找准改革关键点,切实推进两项改革。

以某中级人民法院为例,编办核定内设机构30个,其中审判业务部门20个,综合职能部门10个。从法律职务来看,各类人员共有678人,其中,法官151人,司法辅助人员201人,司法行政人员82人,事业编人员32人(主要从事司法行政相关工作),聘用制人员212人(主要从事审判辅助相关工作)。从行政职务来看,局级干部(领导职务、非领导职务)共有11人,中层干部(正副处职)共有70人,非领导干部共有385人。

内设机构改革对三类人员的影响需要综合考虑每类人员的法律职务和行政职务,尤其是中层领导干部职务问题,需要区别对待。如直辖市中院的庭长是员额法官,但单纯从其行政级别是正处职的角度考虑,其更多的是行使行政管理权,可以将其划为司法行政人员;内设机构改革对于其员额法官的身份不会产生影响,但由于行政编制的调整,却可能会影响其作为司法行政人员行政职务的变化。北京大学陈瑞华教授就认为,庭长职务的配置正面临正当性危机,通过举例横琴法院及葫芦岛中院的审判权运行机制改革,提出实行司法责任制之后,庭长已经没有设置的合法地位。[①] 以此类推,审判辅助人员受到的影响次之,员额法官受到的影响最小,如图4所示。

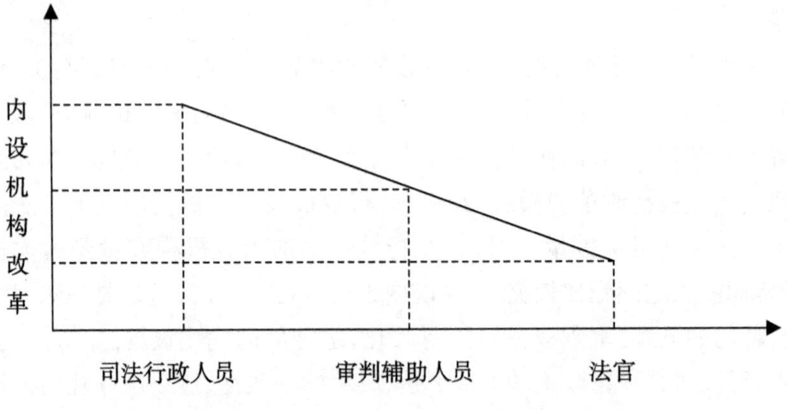

图4　内设机构改革与人员分类管理的关系

① 陈瑞华:《法院改革的中国经验》,载《政法论坛》2016年第4期。

三、回归初心：两项改革深入契合落实的建议

结合上述分析，法院内设机构改革和人员分类管理应相互协调、统筹推进，基于四项职能划分，形成整体合力，确保改革要求的精准落实。法院必须从周围环境中获取生存所需资源，通过内部行政机制进行合理配置，才能实现组织目标——审判目的。①

（一）内设机构改革应当处理好的几个关系

1. 要处理好试点探索与司法体制改革统筹推进的关系，有序推进试点探索工作。根据中央的相关精神，内设机构改革在基层人民法院先行试点。改革条件比较成熟的高级、中级人民法院可在编办部门的指导下，结合实际进行探索。机构的设置应当考虑上通下达，特别是要做到对上衔接沟通清晰。在现有机构编制和领导职数不变的前提下，如果不考虑上下级改革情况而进行有深度的试点改革，容易导致对上不通，对下不畅。试点法院应当在调研深入，论证全面的基础上，分步设计，审慎推进。除个别切实需要调整的机构外，不应过度对内设机构进行整合裁撤。处理好试点改革与统筹推进的关系，保证内设机构改革的全面性。

2. 要处理好机构法定原则与落实上级机关精神的关系，把握好内设机构改革的平衡点。内设机构扁平化改革应当在现行法律框架内、现行的机构架构内推进，主要依照人民法院组织法、三大诉讼法等法律规定及编办的相关管理规定。内设机构的数量与规模不应超出编办的规定，专业审判庭的设置应当注重审判工作的专业性，综合部门的设置应当辨析非审判工作的必要性。职责明确，分工明晰，科学合理地进行机构设置。

3. 要处理好局部实施与综合配套改革的关系，抓好各项改革措施落实。在此轮司法改革中，除内设机构扁平化改革外，还有司法责任制、司法人员分类管理、健全法律职业保障制度、推动人财物省级统一管理四项基础性改革以及司法管辖制度改革、建立排除司法干扰的制度、人民陪审员制度改革等多项内容，他们之间紧密相联，彼此影响，有的具有牵一发而动全身的意义。内设机构改革无法仅仅通过内设机构改革来实现，特别是审判业务部门还需要新型审判团队的组建，员额退出机制的建立，司法责任制中主体责任的落实、信息化建设等其他配套改革齐头并进，需要大力推进综合配套改革破除单领域改革的缺陷，

① 汪峰、翟万勇、肖锋：《法院职权优化配置之前提：法院审判权与法院行政管理权的适度分离》，载《法制与社会》2011年第2期。

破除单项改革存在碎片化、单项化等症结。

4. 要区分好审判执行部门与综合职能部门的关系,确保正确落实相关改革精神。当前司法体制环境下,审判权与法院行政管理权关系密切,法院离开司法行政管理,审判职权难以实现;如果司法行政管理权过分扩张,则对审判权构成威胁。[①] 综合考量法院辖区人口、法院受理案件特色,在确定法院内设机构扁平化改革方案时应当严格按照中央改革精神,按照区分审判业务庭与综合职能部门的改革思路,避免“一刀切”式地整合裁撤。

5. 要处理好优化职能配置与信息化建设的关系,促进审判体系和审判能力现代化。没有信息化就没有现代化,无论是业务部门审判质效的提升还是综合部门全面高效服务保障的实现,都需要信息化建设的助力。要打破过往依靠人海战术,简单粗暴地增加各部门人数的做法,坚持全力推进审判执行工作的智能化支持。信息化建设应当坚持目标导向、问题导向、需求导向,从更好地服务法官办案、服务群众诉讼、服务司法管理方面提升内设机构工作质效,实现法院核心业务网上办理、线上线下业务办理无缝对接、电子卷宗随案同步生成应用、法官全流程网上智能办案、审判管理人员网上精准监管。

(二)具体建议

按照审判、审判辅助、司法行政、政工纪检四项职能搭建内设机构改革框架,将三类人员充实到四项职能搭建的框架中去,打破两项改革存在的潜在屏障,切实做到协调一致。同时,要加强审判管理,这已成为当今世界司法发展的重要趋势,未来法院的审判管理职能定位应该是服务审判的专业化管理。[②]

1. 审判职能——注重司法责任制的落实。审判业务部门内设机构改革,其目的在于落实三类人员分类改革后司法责任制的落实。狭义的角度而言,也就是要落实员额制后入额法官的案件质量终身责任制,进一步而言就是落实“让审理者裁判,由裁判者负责”的要求,取消院庭长纵向“案件”审批权。归结而言就是,审批权下移,有权亦有责;裁判需慎重,用权要谨慎;追责必精准,枉法零容忍。保证每位法官审理案件时的独立性,增强法官的职业荣誉感,加强法官的司法责任心;并且确保在案件出现重大失误的时候能够精准追究相关法官责任,避免出现相互推诿、责任不清情况。

因此,审判业务部门的内设机构改革,重在司法责任制的落实,从扁平化管理的角度而言,即横向上扩大管理幅度,注重审判团队、综合审判庭建设;纵向

---

① 蔡美鸿:《从横琴法院的视角谈司法审判与司法行政的关系》,载蔡美鸿主编:《横琴新区司法改革模式》,法律出版社2016年版。

② 刘澍:《中国法院审判管理改革的结构性调整》,载《北京社会科学》2016年第3期。

上取消庭长、副庭长案件审批权。

2. 审判辅助职能——注重事务性工作的处理。审判辅助职能对于狭义审判职能的发挥具有重要意义。在内设机构改革过程中,其定位应该是审判事务性工作的全权处理,对应审判辅助人员的调整,同时,也是法官后备人选的重要培养平台。

3. 司法行政职能——整合撤并高效服务审判。对于综合职能部门的内设机构改革,主要是横向上的"整合、撤并"。新一轮司法体制改革,对于法院内设机构设置而言,应当遵循以审判活动为中心、以法官为中心的原则。① 因此,相对于上述审判业务部门注重司法责任的落实以贯彻审判中心的理念而言,综合部门要突出服务审判的职能导向,其内设机构的改革也要围绕这一目标。

4. 政工纪检职能——重在抓实党风廉政建设。将政工纪检职能单独考量,设置专门的机构,可以更好地落实全面从严治党的要求。政工纪检职能虽然区别于司法行政职能,但部门成员按照三类人员分类改革的要求,应为司法行政人员。

(三)模式构建

内设机构改革的重点,并不单纯在于机构的整合,而在于人员的调整,尤其是涉及中层领导行政职务的调整。三类人员分类改革后,审判业务部门的中层领导往往既是法官,行使审判权,属于单独职务序列;又有行政职务,行使管理权,严格意义上属于司法行政人员。一定程度上而言,这是内设机构改革和人员分类管理的关键结合点,也是内设机构改革过程中所必须考虑的人员调整问题,如图5所示。

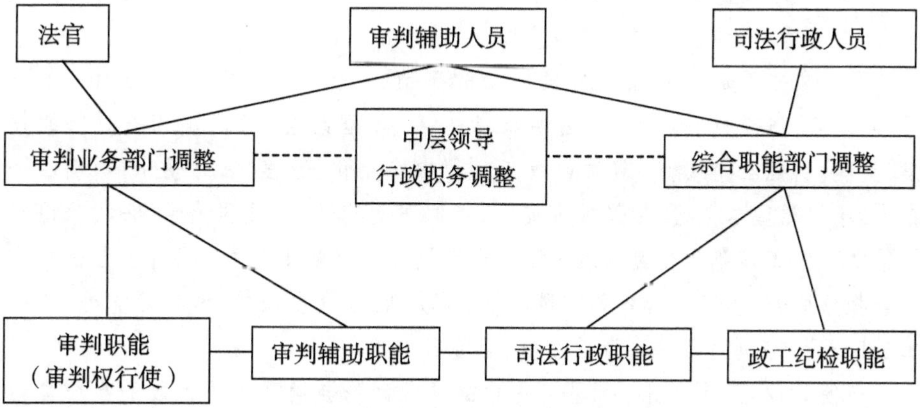

图5　内设机构改革与人员调整的模型设想

① 杨雄:《法院内部组织制度改革研究》,载《社会科学家》2007年第2期。

结　语

法院职能可以划分为审判职能、审判辅助职能、司法行政职能、政工纪检职能四项,内设机构改革和人员分类管理是具体落实这四项职能的着力点,要厘清职能界限,明确职能关系,充分认识人员分类管理对内设机构改革的重要性,强化二者协调性。对于内设机构改革进程中涉及的人员调整问题,尤其是涉及中层干部任职的症结性问题,要紧紧围绕审判中心职能的发挥,综合考虑其他三项职能的设置,妥善进行编制调整,切实做到法院职能最优化。

心得体会

法院学术讨论会的魅力

李筱珊　鞠　伟

今日,当自己再次阅读这篇文章,感触良多。未参与学术讨论会之前,对她是陌生的,心中有些许期待,又有些许对于未知的惶恐;而参与之后,心中却是爱恨交加,有些不知所措。我想,这种感觉就是法院学术讨论会的魅力之所在,她的魅力就在于深思熟虑后的融会贯通、下笔有神;在于反复修改中的痛苦雕琢、不断打磨;在于绞尽脑汁后的豁然开朗、柳暗花明;在于最终定稿时的赏心悦目、心满意足。凤凰涅槃,提升自我。

写论文并不是一件让人特别开心的事情,过程比较艰辛。要明确一个目标,即论点;明确两个重点,即通篇布局的谋划(框架结构)以及相关材料的收集、整理;明确三个要点,即材料收集过程中要点化、流程化、可视化;明确四个查询,即问题基本现状、相关规定要求、相似案例梳理、相关理论学说;明确论文框架之下充实各部分要遵循的"五个同步",即分标题要紧扣题目,各部分内容要紧扣分标题,各部分内容要有逻辑性、层次性,全文要简练,语言要优美。"一二三四五"原则坚持下来,青丝白发,若隐若现。

即便如此,三十年来,一届又一届的学术讨论会涌现出了无数的高质量论文,浩如烟海,灿若星辰,为推动国家的法治进程贡献了法院人的智慧,而这种精神正在代代传承。作为法院一员,要主动传承这种精神,通过主动的参与学术讨论会去感受她的魅力。或许参与的初衷并不遂愿,或许参与的过程并不顺心,或许参与的结果并不如意,但,在这种高手过招的平台上展示自我,参与了就有所得。并且要在这种展示自我的过程中不断沉淀自我,厚积薄发。

细想,有时自己仅仅是忙于“忙”的表象,而实际上读完一本书并没有想象中的那么耗时。学术讨论会让自己明白了,其实静下心来,空闲的时间并不少,缺少的只是捕捉她的心。着笔写作,从形式到内容到思想,一步步地锤炼,一步步地升华,一步步地探索并发现新的未知领域;惊喜于新奇世界,惶恐于才疏学浅,徜徉于书山学海。秉承这样一种学无止境的心态,在法院学术讨论会中不断提升自我。

枫桥经验指引下社区调解机制改革研究

——以B市S区为分析样本

陈博闻　郝孟琦*

【论文提要】

处于转型时期的我国,社会的矛盾与冲突更加多元与剧烈,单位社会的解体和社区体制的形成,更造成了这些矛盾与冲突便开始向社区集中。我国的社区调解制度正是在这种局面下出现的,并成为了化解社区纠纷、实现社会正义的"第一道防线",也是枫桥经验在民事纠纷解决领域中的重要体现。

第一部分,以对B市S区纠纷解决机制实证研究为起点,发现社区调解机制并没有在S区起到应有的作用,导致当事人无奈选择诉讼,人民法院在案件压力下显得独臂难支。

第二部分,是对产生这一现状的三大原因的分析,即案件数量增多与缺乏非诉解决纠纷引导的矛盾、人民群众法律意识提高与基层法律服务工作者专业知识匮乏的矛盾、纠纷解决的联动性要求与纠纷解决机构"各自为战"的矛盾。

第三部分,主要是对枫桥经验的介绍。枫桥经验脱胎于计划经济时代,创新发展于社会主义市场经济时代,具有丰富的理论内涵与指导意义,能为解决S区社区调解的三大矛盾提供解决方案,且与S区的发展有着天然的契合性,所以借鉴枫桥经验,改革S区的社区调解机制,将是S区人民法院未来克服司法资源供需矛盾的可行对策之一。

第四部分,结合枫桥经验,基于人民法院的视角,规范与重构S区社区调解机制。具体做法主要包括内外兼修加强引导,提升社区调解工作人员素质,实现各纠纷解决机构互联互通三个方面。

---

* 陈博闻,北京市第一中级人民法院清河法庭法官助理;郝孟琦,北京市第一中级人民法院机关党办干部。

【主要创新观点】

本文的创新观点如下:

首先,在研究方法上,对S区人民法院、当事人、社区三个角度的纠纷解决情况进行了详尽的实证分析。

其次,借鉴了枫桥经验这一内涵丰富且随着时代发展不断创新的社会治理经验作为理论指引。

最后,基于人民法院引导者、评价者、受益者的视角,结合枫桥经验,从人财物支持、加强对接与宣传等方面,为社区调解机制的未来发展之路提出了具体的方案。

社区调解,顾名思义,乃是在中国基层社区,由民众依靠自身力量来调处纠纷、解决社会矛盾,来达到维持基层社会秩序之治理目标①。当下中国正处于社会转型急剧的变动期,注重法、情、理相结合的社区调解作为一种变通性的"法外治理"②,理应在化解社区纠纷、实现社会正义的防线中扮演着排头兵的重要角色。然而,现代都市中社区调解机制是否起到了其应有的重要作用?是否有需要改进的地方?笔者拟以B市S区为样本,进行实证分析。

一、问题导向:B市S区纠纷解决机制实证研究

B区S市存在的现实困境主要有:

1. 人民法院:案多人少,独臂难支

2017年S区法院共结案31,401件,人均结案407.8件,是全市法院人均结案数的近2倍,案多人少,法官工作压力巨大。其中全年共办结的民事案件占案件总量的67%。

表1 B市法院系统及S区法院2017年度结案量统计

	总结案量	一线法官人数	人均结案数
B市	774,445	3335	232.2
S区法院	31,401	77	407.8

① 申剑敏、陈周旺:《"法外治理":社区调解与中国基层社会的非正式控制》,载《上海行政学院学报》2011年第5期。

② [日]滋贺秀三:《明清时期的民事审判与民间契约》,王亚新等译,法律出版社1998年版,第34~38页。

截至 2018 年 5 月 3 日,S 区人民法院当年新收案 18,838 件,其中排行前五的案由集中在合同纠纷、以民间借贷为主的债权纠纷,以机动车交通事故为主的侵权纠纷,以分家析产为主的婚姻家庭纠纷,以及与辖区企业相关的劳动人事纠纷当中,重大敏感案件仅有 1 件,由此可见 S 区 93% 的纠纷多为传统民事纠纷,绝大多数可由社区调解机制先行解决。

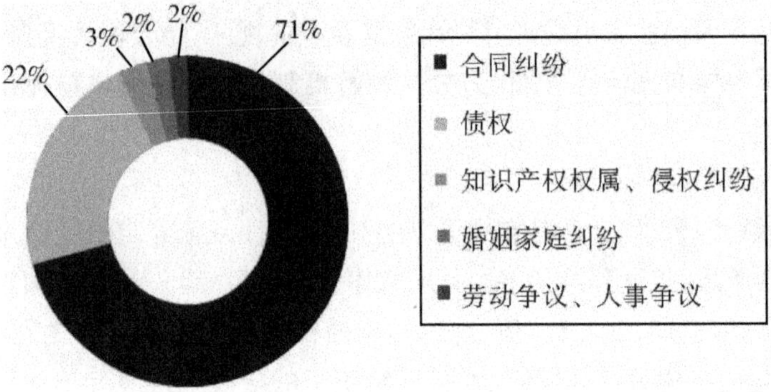

图 1　2018 年 S 区人民法院民事案件收案量排名前五的案由统计

2. 当事人:诉讼——并非最优但却无奈的选择

首先,诉讼具有天然的对抗性。人趋利避害的本能会使双方当事人在庭审过程中彼此对立,易导致纠纷激化、关系恶化,带来的负面影响可能远大于原始纠纷。

其次,当事人一旦选择通过诉讼程序解决,便面临着漫长的等待。应然层面,根据《民事诉讼法》的相关规定,依照简易程序审理的案件审限是 90 天,而普通一审程序的审限则是 180 天;实然层面,如图 2 所示,2017 年 S 区人民法院案件平均办结用时 99.33 天,其中所办结的民事案件中,将超审限的为 10,858 件、已超审限的为 598 件、无审限的 28 件,共占办结案件总数的 50%。案多人少的现实情况、复杂烦琐的诉讼程序,以及为了保证案件实体公正所进行的大量调查取证,都导致案件排期久、审理周期长。纠纷的久拖不决,易造成矛盾冲突的累积升级。

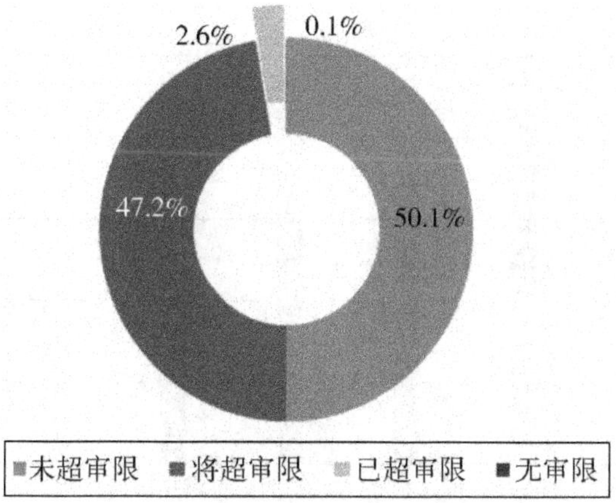

图2　S区人民法院案件审理期限统计

最后,当事人除了诉讼又难以找到其他替代性纠纷解决办法。我国民事领域现行的非诉纠纷解决机制主要有仲裁、劳动争议仲裁等裁决程序,以及民间社会组织调解、行会调解、行政调解以及司法调解等协商性程序,但在家长里短的传统民事纠纷解决过程中却缺乏可操作性:当事人很少提前约定仲裁或签订仲裁协议;产生的纠纷类型往往又不属于行会调解、行政调解等专业性调解机构的管辖范围;社区调解机制的建设水平又参差不齐,当事人难以在家门口解决问题,只好将矛盾上移至人民法院。

3. 社区:社区调解机构设置不健全

当下中国社区调解的主要机构就是人民调解委员会①。S区下辖9个街道,共132个社区,经笔者统计,所有的9个街道都在街道一级设立了人民调解委员会,但社区一级的人民调解委员会数量就显得参差不齐了。

如图3所示,首先,S区的132个社区中,设立社区级人民调解委员会的仅有27个,占比仅为20.5%,且GN街道、JDJ街道的辖区内一个设立于社区中的人民调解委员会都没有,显然欠缺合理性。此外,由于没有统一的人民调解委员会名录,当事人难以就近找到社区纠纷解决机构,不利于纠纷的就地化解。

① 瞿琨:《非诉讼纠纷解决机制的价值再分析与发展路径探讨——兼论社区调解制度的完善》,载《上海大学学报》(社会科学版)2007年第3期。

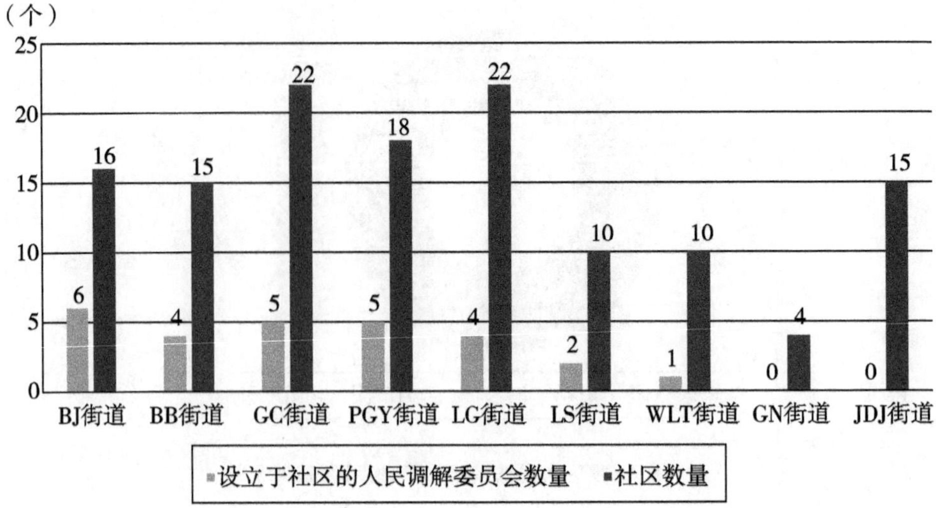

图 3　S 区各街道社区级人民调解委员会的设立情况统计

其次,各社区现行的社区调解机制尚不规范,缺乏相关知识的培训和专业性指导,无法应对新时代背景下社区内出现的新型纠纷;一些社区调解工作人员只注重“面子”,不注意分析当事人纠纷产生的“里子”,虽然表面上似乎解决了纷争,但问题的症结却并没有解开,导致反悔率高,不得不反复调解,实际效果不尽如人意。

最后,各社区人民调解委员会与法院等对接渠道不畅,一方面,纠纷化解成功后出具的调解协议,必须由当事人亲自前往法院进行确认才具有强制执行力,而无法通过网络互联互通进行快速的确认,效率较低,与“便利当事人”的现代民事司法程序理念有违。另一方面,即便纠纷没有成功化解,人民调解委员会已进行了大量的情况摸排工作,对纠纷的来龙去脉有较充分的了解,却没有相应的程序与人民法院及时对接,导致人民法院不得不再次进行事实争议情况的调查,这显然有违效率原则。

综上所述,社区调解机制并没有在 S 区起到应有的重要作用,导致当事人无奈选择诉讼,人民法院在案件压力下显得独臂难支。

二、追根溯源:三大矛盾导致社区调解机制运行不佳

(一)案件数量增多与缺乏非诉解决纠纷引导的矛盾

截至 2017 年,S 区辖区面积 86 平方千米,常住人口 61.6 万人,人口密度

7162 人/平方千米，是 B 市常住人口密度的近 6 倍[①]，人口密度大[②]导致各类纠纷总量较大，类型庞杂。S 区在 2017 年坚持拆建并举，切实落实疏解整治促提升，集中攻克了 25 个重点难点，整治了 547 个大杂院，拆除违法建设 390.8 万平方米，超过了过去 20 年的拆违总量。[③] 大力度整治辖区内部环境的同时，也带来民事纠纷洪流。

然而，人民法院在面对巨大压力时，主要通过构建专门的立案调解室、速裁审判庭或审判团队等内部方式提升审判效率，却忽视了外部路径的助力，在诉讼服务工作中对社区调解等非诉纠纷解决机制缺乏引导和宣传，没有帮助其走进公众视野、获得群众的支持和信任。[④] 案多人少与忽视宣传引导的矛盾，致使一些简单的传统民事纠纷没有化解在基层，社区调解的前沿阵地作用被虚置。

（二）人民群众法律意识提高与基层法律服务工作者专业知识匮乏的矛盾

近年来，随着全面推进依法治国战略的实施，建设社会主义法治国家的步伐日益加快，普法宣传、送法进社区活动逐年增多，人民群众的法律意识进一步增强，当纠纷发生后，大多数人选择通过法律的手段维护自己的权利。然而囿于法制宣传工作的普适与浅显，人民群众民事实体与程序法律常识仍较为匮乏，在民事交往过程中留存证据意识薄弱，前期处置不甚得当，无法自行通过协商化解纠纷；所在社区要么没有纠纷调处机构，要么调处机构工作人员缺乏有针对性的培训，法律知识储备不足，据笔者的调研，S 区各人民调解委员会的人员主要以兼职社区工作人员、本社区居民以及志愿者组成，基本均没有从事法律行业的专业背景，难以胜任较为复杂纠纷的解决。人民群众日益增长的法律服务需求与基层法律服务工作者专业知识的匮乏，形成了鲜明的矛盾，导致当事人不得不将矛盾上移，诉诸法院。

（三）纠纷解决的联动性要求与社区调解机构“各自为战”的矛盾

矛盾从萌芽到发生再到激化，往往有着漫长的过程，相关事实的查明可能需要追溯若干年以前，涉及人员、部门众多，甚至具有一定的时代特殊性。这就需要法院、公安派出所、社区和其他有关机构相互配合，互联互通。然而在纠纷解决的实践中，首先在制度层面没有形成统一的具有指导性的规范，导致社区调解机构对纠纷解决的机制了解不深不透，不能高效化解纠纷；其次各个社区

---

① 截至 2017 年年末，B 市常住人口密度为 1323 人/平方千米。

② 人口密度大于 100 人/平方千米为人口密集区。

③ 资料来自 2018 年 S 区人民政府工作报告。

④ 据笔者的调研，一些群众前来法院诉讼时根本就不知道其所在社区或社区有人民调解组织。

调解机构内部没有上下联动,[①]与其他相关政府部门也不存在有效沟通协作的平台和机制,难以形成系统性的合力。各自为战自然导致基层群众纠纷解决机制难以发挥应有的作用。

综上所述,由于案件数量增多与缺乏非诉解决纠纷引导的矛盾、人民群众法律意识提高与基层法律服务工作者专业知识匮乏的矛盾、纠纷解决的联动性要求与纠纷解决机构"各自为战"的矛盾,社区调解这一纠纷解决的前沿阵地并没有发挥应有的作用,人民法院作为社会公平正义的最后一道防线,承担了过多的纠纷解决的压力。

三、路径选择:借鉴枫桥经验进行社区调解机制改革的合理性分析

枫桥经验形成于 20 世纪 60 年代,立足我国国情社情,充分调动人民群众中参与社会治理的积极性,蕴含了丰富的法治思维。笔者认为,枫桥经验可以为 S 区社区调解机制的改革提供指引。

(一)借鉴枫桥经验有助于缓解人民法院案多人少的压力

首先,S 区属于典型的城市地区,九个街道中的八个均有十个以上的成熟社区,这与枫桥镇的人口、规模等社情非常相似。其次,S 区法院受理的案件中,有大量是涉及分家析产、民间借贷、相邻关系的传统民事纠纷,这些矛盾本身就适宜发动人民群众自行化解,况且"枫桥经验"在处理这些纠纷时早已形成了成熟的工作模式,比如"四前""四心"工作法,完全可以直接进行借鉴。最后,S 区曾经是 B 市最重要的重工业区之一,整个区域的建设规划都围绕着 SG 集团及其附属企业进行,人口主要以该企业的产业工人为主,虽然 2011 年该集团已经基本搬迁至临近的 T 市,但依旧还有大量的集团员工和家属居住在 S 区,邻里之间仍较为熟识,所以与 B 市其他城区不同,"熟人社会"将继续在 S 区的纠纷解决中扮演重要的角色。枫桥经验作为起源于熟人社会的基层群众自治经验,在 S 区显然具有发展的土壤。枫桥经验组织发动群众,用群众自己的力量,通过商谈沟通,将纠纷化解于基层,其实就反映着"从对抗对决走向对话协商,从胜负决斗走向争取双赢"的时代变化[②],是商谈主义的"中国化",也是当代中国式能动司法的最好体现之一。由此可见,充分贯彻枫桥经验,将大量纠纷提前化解

---

① 比如社区级人民调解组织与所属的街道级调解机构没有有效的反馈、沟通机制;街道级的人民调解组织与其他专业性的调解组织也没有有效的协作、分流机制,导致诸如医疗纠纷、劳动纠纷本应由专业调解组织受理的案件在进入设立于街道的人民调解组织后,无法得到及时有效的处理。

② 范愉:《非诉讼纠纷解决机制(ADR)与法治的可持续发展——纠纷解决与 ADR 研究的方法与理念》,载《法制现代化研究》(第九卷)。

在基层,显然有助于缓解人民法院案多人少的压力。

枫桥经验从实质上体现了民事诉讼中的协同主义理论①,以实质上终结纠纷为目标,强调人民法院、社区调解人、纠纷当事人的协同关系,要求与纠纷相关的各方相互配合,尽可能实现纠纷的和谐解决②,所以枫桥经验是立足群众的、社区中的协同主义,对加强人民法院非诉纠纷解决的引导工作,有着重要的指导意义。由此可见,借鉴枫桥经验有助于缓解案多人少与缺乏非诉解决纠纷引导的矛盾。

(二)借鉴枫桥经验有助于加强社区调解组织的队伍建设

枫桥经验重视调解队伍建设。首先,枫桥镇的各级调解组织的主任一般由村党支部书记或居委会书记兼任,而且把好用人关,在聘用治调人员时以村镇小组或居委会为基础,把素质好、业务能力强的村民居民代表充实到综治调解组织中来。其次,枫桥镇每年都由公安、司法、法庭等部门针对当地矛盾纠纷的特点,开展经常性的业务指导和法律辅导,从而不断提高治调干部的业务素质和调解水平。③ 此外,枫桥镇还通过表彰先进,发放岗位津贴,对长期工作的治安调解员发放慰问金等形式,鼓励有经验的治保调解员积极奉献,认真工作在调解第一线。由此可见,借鉴枫桥经验有助于加强社区调解组织的队伍建设,吸引更多有能力、高素质的工作人员奉献在一线,并在干中学,在学中干,进一步提高专业知识水平,从而缓解人民群众法律意识提高与基层法律服务工作者专业知识匮乏的矛盾。

(三)借鉴枫桥经验有助于加强社区调解机构的协调互通

枫桥经验建立健全了“部门联动、村镇联动、调解与审判联动”的工作机制。通过部门联动,加强综治组织间的横向联系与配合。通过村镇联动,加强镇、社区和村三级综治组织的互动。通过调解与审判联动加强了法庭与人民调解组织之间的联系,形成了矛盾纠纷处理中的合力。由此可见,借鉴枫桥经验“三联动”工作机制,将大大加强 S 区社区调解机构与政府部门、人民法院等的沟通协调,更好地服务人民群众。

综上所述,枫桥经验归根结底是一种发动群众,自主化解社会矛盾的制度,与 S 区的实际发展状况有较多契合点,必将在 S 区未来的社区调解改革中起到

① “协同主义”最早由德国学者贝特曼于 1972 年在民事诉讼理论中使用,其强调法院、当事人三方的协同关系,要求所有参与者协同诉讼。参见王福华:《民事诉讼协同主义:在理想和现实之间》,载《现代法学》2006 年第 11 期。

② 高一飞、梁振彪:《能动与协同:社区法官制度的东莞模式》,载《现代法学》2011 年第 11 期。

③ 王秋杰、刘子川:《“枫桥经验”语境下大调解机制的完善》,载《广州市公安管理干部学院学报》2013 年第 23 期。

重要的指引作用。

四、革故鼎新:社区调解机制的规范与重构

(一)人民法院在社区调解机制构建中的角色定位

1. 引导者

人民法院的工作人员接触纠纷类型复杂多样,专业知识过硬,经验丰富。因此在社区调解机制的构建中,人民法院要扮演好引导者的角色,一方面,在人员筛选、程序构建、系统培训等方面充分发挥优势,加强指导,提供经验;另一方面,在诉讼服务接待中也要加强引导意识,协助当事人在家门口的社区调解机构解决纠纷。

2. 评价者

一方面,人民法院要对社区调解机构的工作实效建立评估监督机制。将辖区内诉前调解的案件进行台账式管理,督促各基层调解机构建立一案一卷制度,由人民法院统一对其进行综合监督评查①。另一方面,通过《诉前调解工作满意度调查表》,对调解的程序、效率、结果及调解员的工作作风、能力等各方面进行调查,并设置意见栏②,收集社区居民角度对社区调解工作实效的评价,从而及时发现问题,积极整改。

3. 受益者

社区调解机制规范构建后,其一,大量简单民事纠纷化解在社区,一定程度上减轻了法院的诉累和法官办案压力,"案多人少"的现实困境得到改善;其二,与社区调解机构对接工作的顺畅,可以避免大量重复劳动,减轻诉讼服务工作的压力,提高调解协议确认与执行工作的效率;其三,社区专人负责和积极参与庭审,有利于相关事实的查明,能够及时安抚当事人的情绪。可见,人民法院将成为最大的受益者之一。

(二)构建规范化社区调解机制的具体措施

1. 内外兼修,破解缺乏非诉解决纠纷引导难题

根据上文论述,造成社区调解机制运行不佳的首要原因,就是案件量增多与缺乏非诉解决纠纷引导的矛盾。结合枫桥经验的典型做法,笔者拟从加强机构内部建设、注重外部宣传和创新调解方式三方面入手,提出以下具体措施:

---

① 评查的内容有如下几类:调解纠纷总数、调解成功总数及成功率、人均调解成功案件数、平均调解案件时长、调解后反悔情况和执行情况等。

② 陈辽敏:《创新性多元纠纷解决机制的构建与发展——以浙江省杭州市西湖区人民法院为例》,载《中国应用法学》2017年第3期。

(1)苦练内功:助推社区调解机构设置合理化

借鉴浙江等地进行的"网格化管理"的新探索,人民法院应根据人口及纠纷数量,协助合理设置社区调解组织①,并协助街道与同级政府部门及有关单位协调,利用居民委员会或社区活动中心,设立专门的调解工作室,这也是枫桥经验中化解民事纠纷的重要举措之一②,从而构建以社区为依托的纠纷调解网,实现"居民—社区—调解委员会"间的一一对应,保证人民群众能在家门口化解矛盾,达到案件分流和纠纷就地解决的理想效果。

(2)外树形象:注重宣传引导,使社区调解深入人心

一方面,对于优秀社区调解机构和个人,人民法院可通过诉讼服务大厅、官方自媒体平台进行宣传报道,社区街道也可通过展板、广播、电视等方式进行公开宣传,从而加深当地居民对社区调解机制的了解和信任;另一方面,人民法院立案窗口的干警要做好分流引导工作,就传统民事纠纷,告知当事人可以选择在社区进行调解,并就社区调解的效果进行简要介绍,减少因当事人不知道、不了解社区调解而导致的大量案件涌入法院的情况发生。此外,告知过程中要注意把握适度原则和当事人自愿原则,避免因方法不当引发新的误会。

(3)创新方式:探索建立人民法院委托社区调解机制

针对我国民事诉讼制度中规定的六类需要前置调解的事项③,可以探索建立人民法院委托调解机制:第一,从查证难度,纠纷复杂程度等方面入手建立考评机制,以月为单位,由人民法院诉讼服务办公室对社区调解机构的工作成效进行考核,相关结果在S区政府和法院的官网上进行公示。第二,以案件调解质效为依据,给予社区调解机构一定补贴:对于法院收案前社区自行调解的案件,根据案件调解记录以及事后回访的效果,由辖区法院诉讼服务办公室给予适度的奖励性补贴;对于法院收案后、立案前委派或立案后委托社区进行调解的,参考《北京法院行业性专业性调解案件补贴办法(试行)》按照对应标准按件给予补贴。考核和补贴双管齐下,一方面调动社区调解机构的积极性,从内部提升其业务水平与工作质效;另一方面增进人民群众的了解和信任,从外部强化其选择社区调解的意愿,内外发力,切实促进将纠纷化解在社区,缓解人民法院的工作压力。

---

① 如果人多案多,则考虑在一个社区中设立专门的人民调解组织;如果人、案数量相对较少,则可三至四个社区合设一个人民调解组织。

② 枫桥镇每个社区、每个村委会,甚至大型企业内部都设立了调解工作站。

③ 婚姻家庭纠纷和继承纠纷、劳务合同纠纷、宅基地和相邻关系纠纷、合伙协议纠纷、交通事故和工伤事故引起的权利义务关系明确的损害赔偿纠纷、诉讼标的额较小的纠纷。

2. 三位一体,全面提升社区调解人员综合素质

(1)加强人员筛选,把好队伍建设第一关

社区调解制度的核心机制是信任①,与正式法律制度不同,社区调解作为法外治理,体现的是一种人治②,选取最熟悉社区的人,居民们最信任的人参加社区的综合治理,也是枫桥经验的应有之义。因此,人民法院要严把人员筛选关,主要考量以下几个因素:①年龄:社区调解员主要侧重于50岁以上退休居民,他们大多具有丰富的社会经验,对于各种纠纷产生的症结能够做到心中有数,且有时间有精力为社区的和谐稳定做出贡献。同时,适当增加30岁左右、学习能力较强、能熟练使用电子办公程序的人员,一方面他们可以负责解决青年社区居民的矛盾纠纷③,另一方面还能够负责处理日常事务性工作、信息宣传工作等。②社区调解员的经常居住地尽可能在本社区之内,且应至少要在本社区居住7年以上,因为老居民的社区的人情世故较为了解,更容易开展工作。③教育程度:考虑不同时期教育发展水平差异,35周岁及以上的调解人员要求高中以上文化水平,35周岁以下调解人员要求大专及以上文化水平。此外,还要注意调解人员性别配置的合理性。

(2)强化专业培训,探索建立成熟的社区调解员教育培训机制

首先,收集、分析社区内多发的纠纷类型,广泛征求社区调解人员的培训需求,据以确定全年的培训计划。其次,注重培训常态化建设,打造一周一交流,一月一讲座,季度一考核的系统化培训模式,保障培训能够切实满足社区解决机构的需求。再次,在原来的开讲座、讲法规等传统培训方式之上,增设网络课堂、旁听庭审和模拟调解等灵活的新形式。复次,人民法院要根据每年在审判工作中出现的新问题,或最新颁行的法律法规、司法解释,及时更新培训内容。此外,对于社区内新出现的,或数量多而解决困难的纠纷,社区调解机构要及时与法院沟通联系,使人民法院的培训更有针对性④。最后,对各社区调解机构的优秀调解方式方法及时进行固化,结合枫桥经验矛盾就地解决的合理内核,形成可参考的样本,通过公众号推送、学习资料下发等多种途径向辖区推广。

---

① 瞿琨:《社区调解制度的法社会学思考——从社区调解人的行动入手的研究》,载《政治与法律》2008年第6期。

② 黄宗智:《民事审判与民间调解》,中国社会科学出版社1998年版,第2页。

③ 同龄人在人生观、价值观,教育背景等问题上有较多的共同点,更容易获得彼此的认同,一定程度上有利于调解工作的开展。至于工作形式,可通过专职、兼职、志愿者等方式灵活掌握。

④ 培训不仅仅针对人民调解机构的工作人员,也可以向普通社区居民开放,从而更好提升"人民法院进社区"的普法宣传效果,进一步增强法院与人民群众的联系,这也是"枫桥经验"充分依靠和发动群众的应有之义。

(3)强调发挥人民陪审员作用,构建陪审员和调解员双向流通机制

S区的辖区内不仅有基层法院,还有B市的第一中级人民法院,所以人民陪审员的数量较B市其他区域为多[①],且人民陪审员多为“60”后与“70”后,社会阅历丰富,无论从法律专业知识、个人素质技能、纠纷调处经验还是社会责任感等多个方面,有着无可比拟的优越性,鉴此,可以将S区辖区内的人民陪审员分配至各社区调解机构[②],这样不仅能够充分发扬人民陪审员的个人优势,还可以发挥传帮带作用,提高社区调解机构人员的整体工作水平。此外,社区内符合人民陪审员条件的优秀人民调解员,完全可以被吸纳为人民陪审员。这样就能打通人民陪审员与人民调解员之间的双向流通渠道,从而实现人才资源合理利用。

综上,人民法院要从人员筛选、专业培训和发挥人民陪审员作用三方面着手,协助全面提升社区调解人员综合素质,着力破解人民群众法律意识提高与基层法律服务工作者专业知识匮乏的矛盾,建立一支覆盖年龄段广泛、性别配置合理、文化水平层次较高、专业能力过硬的社区调解人员队伍。

3. 上下联动,实现各纠纷解决机构间的互联互通

第一,人民法院可以依托互联网平台,在社区街道、公安派出所、法院之间构建多元化的纠纷化解体系,在各层级实现对接,将基层矛盾尽早核实,互联网+时代的枫桥经验也早已把纠纷解决资料的互联互通作为工作的重点之一。第二,借鉴新时代枫桥经验,建立法院与基层调解组织上下流通的调解审判资料数据库,定时汇总调解工作资料,供各级社区调解组织参考,并通过加强调解工作中的说理,让当事人明白类似案件的处理结果,从而有利于矛盾疏导[③]。第三,对在社区调解组织达成的调解协议,辖区法院可依当事人的申请,直接通过互联网电子签章系统,及时做出确认该调解协议有效的裁定书,或直接根据协议做出调解书,更好地维护当事人的合法权益[④]。第四,在调解过程中要全程留痕,对于调查、求证后已经确认的事实要及时固定、联网上传,这样前期所做的大量工作可以在进入诉讼程序后,给法院提供参考。此外,社区调解员要树立责任意识,全程陪同,全程负责,当社区调解失败,当事人诉诸法院后,曾负责处理该纠纷的调解人员,可作为最了解具体情况的中立第三方,在庭前谈话和庭

① S区人民法院在册人民陪审员有111人,B市第一中级法院的在册人民陪审员有104人。

② 分配方式可按照经常居住地或工作单位所在地等,但要注意分配的动态平衡。

③ 杨燮蛟、劳纯丽:《大数据时代发展“枫桥经验”的探索》,载《浙江大学学报》(社会科学版)第16卷第4期。

④ 根据《民事诉讼法》的规定,只有经人民法院确认的调解协议,或者人民法院出具的调解书,才具有强制执行的效力。

审质证过程中,将案件所涉及的各种事实依据、证据材料提供给法院,经司法确认之后认定其法律效力。这样承办法官就能站在前人的肩膀上,迅速对案件产生合理的心证,避免因重复工作延长审理周期,从而切实高效地化解矛盾。

结　语

S区的社区调解机制由于调解机构设置不合理并缺乏案件分流引导、调解员普遍素质不高、缺乏沟通协作平台,难以形成合力,无法在纠纷化解中扮演其理应承担的重要角色。人民法院作为社区调解机制改革的引导、评价与受益者,应借鉴枫桥经验,内外兼修,从加强社区调解引导、全面提升工作人员素质、实现纠纷解决机构间的互联互通三个方面,改革社区调解机制,从而真正实现纠纷的就地解决。

心得体会

从校门到院门,我的写作研究路

陈博闻

参加工作仅一年有余,所撰文章就能入选我院的优秀论文集,倍感荣幸。从校园到单位,从理论的象牙塔到司法的实践,研究写作一直在持续,却悄然发生着变化。

从单纯论理到实证分析。在学校时写文章往往注重理论推导与逻辑演绎,为数不多的实证研究只能倚仗稳定性不高的裁判文书网;参加工作后,得益于智慧法院的建设,整个北京法院系统的组织架构、人员构成、收结案情况、案由统计等均能迅速得到检索,加上自己的办案经验,实证研究素材非常丰富,曾经在学校里不成熟的思考忽然能够得到实践数据的印证,实证分析中遇到的问题在理论上却似乎没有完善的解决方案,实践与理论的碰撞,自然产生了大量可供深入研究的选题。

从学生视角到法院视角关注法治发展。学生时代的论文往往着重立法论,提出的建议难以落到实处。随着身份的转变,现如今看问题已然站在法院的立场之上。遇到实践中的瑕疵能够冷静分析,提出的解决方案也直接针对司法实践,研究领域也从曾经的民事诉讼体系逐渐拓展到司法制度与司法改革。我相信,司法不仅是我的事业,更是一种艺术,从法院视角关注法治发展,将会有更大的天地。

从单打独斗到注重团队协作。法院的日常工作是烦琐而充实的,可调研写作往往需要大量的资料积累与实证分析,在多篇征文论文和参与最高人民法院重点课题的写作时,我发现良好的团队协作,不仅能分担压力,提高研究的效率,而且能够产生思维碰撞的火花,提升研究成果的质量。本文也是团队协作的产物,在此,要感谢第二作者郝孟琦在实证分析、论理写作及修改完善时提出的诸多宝贵意见。

"梓匠轮舆,能与人规矩,不能使人巧"。写作纵使需要那么一些才华,终究还是需要多练习和打磨的。学术研究总是一个漫长而艰辛的过程,保持读书的勤奋、保持思考的持续、保持动笔的习惯,厚积而薄发,总会有成果的闪光。到那时再蓦然回首,必定充实而愉悦。

我想,无论作为学生,还是法院人,在法学研究的道路上,我都会一直努力。

法官人身权利保障机制进路探析

王　爽*

【论文提要】

当前,法官人身权利保障作为法官职业保障的重要内容,已经引起社会的广泛关注。法官人身权利、特别是人身安全,在近些年来却并无显著改善,这其中固然有法律发挥不够完善的宏观因素,也有法院内部阻碍法官人身权利维护的微观因素。本文旨在分析论证为何以及如何在司法背景下对我国法官人身权利保障机制实行有效改进。

文章共分三个部分。第一部分主要阐述了法官人身权利保障所面临的两个问题:一是现有法律保护规定难以落到实处,法官人身权利保护名义化特点凸显;二是针对法官饱受困扰的潜在或间接的侵害缺乏法律保护,法官人身权利保护呈现空洞化问题。第二部分以PEST分析法具体分析了法官人身权利保护的具体困难,试图找出影响法官人身权利保障落到实处的真正障碍。第三部分主要通过SWOT矩阵分析法,阐明破解法官人身保障困境的改进措施。

【主要创新观点】

第一,以亲历者和调研访谈的优势,引入PEST分析法,试图全面分析并真正发现法官人身权利保护难以落实的主要因素。

第二,从法官权利保障的现实出发,分别从SO、WO、ST、WT四个角度,提出破解法官人身保障困境的方向和具体方法路径,具有一定的可行性。

引　言

本轮司法改革中,法官的职业保障已经被提上议程。作为职业保障中最为

---

* 王爽,北京市第一中级人民法院组宣处(机关党办)法官助理。

基础的组成部分，如何保障法官的人身权利应当成为上层改革者重点关注的问题。无论从频频见诸报端伤害法官的暴力事件①，还是当前司法环境下基层一线法官的集体感受，种种迹象表明，法官的人身权利保障事实上是"说起来重要，做起来不要"，因各种原因审判一线对于侵害法官人身权利的行为不愿制裁、不敢制裁，相关保护规定实际被架空，法官权益处于长期被漠视的状态。为此，本文结合B市某中级人民法院167名入额法官的客观实际为例，通过实证分析、抽样调研访谈等形式，分析法官人身保护问题落实不力的深层次原因，以期找到法官人身安全保障的可行路径。

一、实证考察：法官人身权利保护存在名义化和空洞化问题

人身权利，是指与人身相联系或不可分离的、没有直接财产内容的权利，也称为人身非财产权。法官的人身权利②，顾名思义，即法官所享有的、与法官人身不可分离的、没有直接财产内容的权利。从一般意义上来讲，法官的人身权利主要指的是生命权、健康权、身体权、名誉权、姓名权、肖像权、隐私权、人身自由权以及一般人格权③。从当前的司法实践来看，法官人身权利保护存在以下两个方面的突出问题：

（一）名义化：现有法律保护规定难以落到实处

《中共中央关于全面推进依法治国若干重大问题的决定》中，确认了"法律的生命力在于实施，法律的权威也在于实施"这一命题。笔者所在中级法院现共有入额法官167名，为了解审判一线入额法官因正当履职而遭受人身侵害的基本概况，笔者分别在刑事、民事、商事、行政、执行、综合（包括申诉审查、审判监督、立案）等一线业务部门随机访谈了5名、共计30名法官，就是否采用法律规定的手段制裁不法侵害行为的情况进行统计，反馈结果显示，现有法律尽管为法官人身权利的保障提供了多种救济手段，但实际上适用情况却不容乐观：

---

① 比如，2015年9月，湖北省十堰市中级人民法院四名法官遭袭；2016年2月，北京市昌平区人民法院马彩云法官遇害；2017年1月，广西壮族自治区陆川县人民法院傅明生法官遇害；2017年2月，江苏省沭阳县人民法院周龙法官遭袭。

② 法院的所有司法工作人员都应当享有人身权利，法官作为司法工作人员更具有典型性和代表性，故本文讨论法官的人身权利保护，也包含着对法院其他司法人员如法官助理、书记员等的人身权利保护，此外不单独列明。

③ 参见《我国法官人格权保护研究》。

表1　30名审判一线法官制裁人身侵害行为的情况统计

部门(人)	口头警告、训诫	责令退出法庭	罚款	司法拘留	扰乱法庭秩序罪	追究当事人其他刑事责任	适用治安管理处罚条例
民事(5)	3	1	0	0	0	0	0
刑事(5)	2	0	0	0	0	0	0
商事(5)	1	0	0	0	0	0	0
行政(5)	4	0	0	0	0	0	0
执行(5)	2	0	0	0	0	0	0
综合(5)	2	0	0	0	0	0	0

《法官法》宣誓意味强,缺乏可操作性。《法官法》是专门针对法官这一群体进行管理、约束和保障的法律。经过四次修改,在五十三个条文中,保障法官人身权利仅有第八条第五款①这一项内容。这一款笼统地指明法官享有人身、财产和住所安全,缺乏实施细则,仅有宣誓意味,无法在实践中得到有效适用。

刑事法律对保护法官人身安全的作用有限。我国《刑法》并未对于法官这一群体给予特殊保护,侵害法官的人身权利适用普通罪名与规定,比如故意杀人罪、故意伤害罪,此外一般还有针对职务行为的妨害公务罪和扰乱法庭秩序罪。对于法庭之外的人身侵害,还可以适用侮辱罪、诽谤罪等。其中,除故意伤害、故意杀人等极端恶性事件外,妨害公务罪适用范围仅局限于“以暴力、威胁或者其他方法阻碍司法工作人员执行职务的行为”,对法官及其近亲属的恐吓、威胁、跟踪、骚扰、伤害等行为,没有相应制裁办法;扰乱法庭秩序罪仍是公诉犯罪,法院无权径行判决②,且适用率极低③;侮辱罪、诽谤罪由于举证难、救济机制不畅通等原因,实践中几乎没有适用。《治安管理处罚法》一方面处罚措施力度较轻,另一方面由于当事人闹的是法院而不是公安,公安侦查主动性不足,在现实中同样没有得到有效及时的应用。

民事法律保护力度不足且适用极少。《民事诉讼法》第十章妨害民事诉讼

① 参见《中华人民共和国法官法》第8条第5款法官享有“人身、财产和住所安全受法律保护”。

② 具体内容可参见何帆:《今夜,让我们谈谈如何保护司法者》,载《方圆》2016年第5期。

③ 笔者检索裁判文书网,发现自2013年至2018年,B市适用《刑法修正案》第309条扰乱法庭秩序罪的案例为2例,这两起案件中,被告人都存在殴打法院工作人员,肆意毁坏法院财物,严重藐视法庭威严的情节。

的强制措施中对法官的人身权利保护有所涉及[①]。法官在遇到因正当履职而遭受人身侵害时，按照民事诉讼法的规定主要可以依法采取以下几种惩戒措施：(1)口头警告、训诫、责令退出法庭；(2)罚款；(3)司法拘留。据了解实践中口头警告、训诫和责令退出法庭适用情况相对较多，而后两者较少。笔者在裁判文书网中检索到，自2013年至2015年，B市因适用拘留、罚款而申请行政复议和国家赔偿案件为3件，虽数据统计并不全面，但据笔者的调研走访，实践中适用罚款[②]、司法拘留[③]等手段的情况也较为少见。

各种规定、办法指导意义较强，但缺乏体系性。最高人民法院发布的《关于完善人民法院司法责任制的若干意见》，中办、国办联合印发的《关于保护司法人员依法履行法定职责规定》，最高人民法院出台的《人民法院落实〈保护司法人员依法履行法定职责规定〉的实施办法》和《关于及时处置危害人民法院法官及其他工作人员人身安全行为的指导意见》，细化了法律的规定，在法官人身保护方面的确具有很强的指导意义，但颇有"头痛医头脚痛医脚"的意味，相对零散，缺乏体系性，部分规定仅为内部所知，对社会公众不具有震慑力和规范作用。

(二)空洞化：潜在或间接的侵害没有保护手段

通过对审判部门法官的调研访谈，笔者发现针对法官的人身侵害基本符合以下规律：风险较高、恶性程度较大的侵害事件却不太可能发生，但风险较低、潜在或间接的侵害行为则很有可能发生。具体如表2所示：

表2　一线法官受到侵害的恶性程度与发生的可能性之间的关系

发生可能性的等级	较高	Ⅳ重大	Ⅳ重大	Ⅳ重大	Ⅳ重大
	高	Ⅲ中等	Ⅲ中等	Ⅲ中等	Ⅳ重大
	中	Ⅱ轻微	Ⅱ轻微	Ⅲ中等	Ⅳ重大
	低	Ⅰ低	Ⅱ轻微	Ⅲ中等	Ⅳ重大
		灾难性	重要	中等	较小
	侵害行为的恶性程度				
	风险等级　Ⅰ低　Ⅱ轻微　Ⅲ中等　Ⅳ重大				

① 参见《中华人民共和国民事诉讼法》第111条。

② 因当事人存在伪造证据等情节适用罚款的情况存在，但是因当事人在法庭上妨害民事诉讼、侵害法官人身权利而罚款的基本上没有。

③ 以笔者所在的法院为例，近5年来因侵害法官人身权利而适用司法拘留的案件数为零。

表 2 反映出,以故意杀人、故意伤害等极度恶劣手段侵害法官人身权利的行为发生的可能性极低,所以实际上引起社会广泛关注的杀害法官行为风险等级较低;采取殴打、扣押等其他方法妨碍法官履行职务、围堵法院,拦截执法车辆等威胁法官人身安全等行为发生的可能性为中等,其风险等级也为中等;而一线法官司空见惯的侵害行为,如多次或连续骚扰、采取跟踪等候尾随拦截等方式侵扰法官及其近亲属、扬言报复法官及其近亲属、以申诉信访名义采取无故滞留、自杀自残等手段给法官施加压力、谩骂侮辱诽谤诬告法官等行为,虽危害性没有上述两种高,但因发生的可能性极高,实际上属于对广大一线法官最为危险的侵害。目前,罪域这类侵害,有两个突出问题无法解决:

第一,威胁、跟踪、扬言报复等行为因仅具有风险性而无法规制。这类行为是否发生、何时发生具有不确定性,给法官心理切实地施加了极大压力和恐慌感。但由于我国法律特别是刑法对侵害法官行为认定与普通公民无异,对于潜在的威胁束手无策[①]。与此同时,受到人力、成本的限制,法官人身安全的保护范围和力度非常有限,对于办公、审判场所之外的人身权利保障几乎完全无法覆盖。这类切实对法官造成严重伤害的潜在风险,只能任由涉事法官独自承受。

第二,游离于法律程序之外的涉诉信访为法官办案带来极大压力。在维护社会稳定的背景下,社会上很多人试图通过"问题化"压力机制和"流氓化"要赖机制获得好处[②],枉顾法律的安定性和司法的终局性的反复闹访、缠讼行为,为办案法官带来各方面的巨大压力。而涉诉信访因未纳入法律的轨道,得以对法官正常履职肆意干扰和侵害,却没有违法成本。

二、追本溯源:干扰法官人身权利保障落到实处的真正障碍

PEST 分析法是管理学中对于外部环境进行分析的一种基本工具,它通过政治(Politics)、经济(Economic)、社会(Society)和技术(Technology)四个视角从总体上进行分析,并评价这些因素对组织战略目标和战略制定的影响[③]。笔者试图以这四个视角为指导,分析干扰法官人身权利保障落到实处的真正障碍所在。

---

① 以笔者所在法院为例,近一年来,两起案件的当事人长期蹲点守候在法官上下班出入的门口,给涉事法官造成极大心理压力和恐慌。无论是法院安保部门还是公安机关,虽对当事人进行了劝诫,但因当事人没有现实的伤害法官行为,除了谈话训诫、说服教育等手段,没有任何有力举措。

② 参见徐昕、田璐:《法院执行中的暴力抗法:1983－2009》,载《2011 年(第九届)"中国法经济学论坛"论文集》。

③ 参见秦勇:《管理学理论、方法与实践》,清华大学出版社 2013 年版。

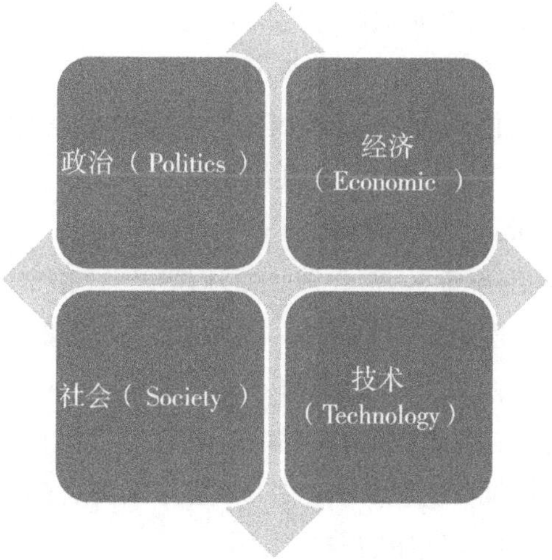

图1　PEST分析法

（一）政治（politics）因素分析

从外部来看，社会维稳导向在一定程度上制约了司法刚性。转型时期的中国，社会矛盾冲突也在客观上进一步加剧。法院作为司法机关，在一定程度上承担了维护社会稳定、消解矛盾的“维稳器”角色。在稳定压倒一切的导向下，司法裁判在某种程度上是不具有终局效力的。对于生效的裁判，除申请再审外，当事人还可以无限制地提起申诉、涉诉信访。“大闹大解决、小闹小解决、不闹不解决”的不良导向，激励更多人通过对法官诬告、申诉信访、缠讼骚扰等手段进行施压，以获取利益。求稳的思路则姑息了这种做法。

从内部来看，领导求“稳”的倾向消解了法官维权的积极性。一方面，根据法院承担的政治角色，以及社会舆论的大环境，法院必须谨小慎微，谨慎发声，法院领导对于侵害法官个人人身权利的事件，更愿意从维护稳定大局的视角出发，大事化小，小事化了，而不愿意主动惩戒当事人，陷入多做多错、引发紧急舆情事件的旋涡之中。基于此，法院领导在审判法官有关司法拘留、罚款的申请上，不会审批通过；另一方面，当前司法理念下，法官的角色不仅是法律人，还是政治人和人民公仆[①]。法院内部对法官“有罪推定”的隐秘思想仍然存在。至今仍有观点仍认为，某法官受到侮辱谩骂、威胁跟踪等人身侵害，首要解决的不是如何惩戒侵害行为，而是应先查证涉事法官是否在案件有不当行为[②]，因此受

① 法律人的角色要求法官依法作出公正裁判，政治人的角色要求法官积极学习党的政策、方针、路线，参加上级组织的各种活动；人民公仆的角色要求法官承担社会帮扶、道路清理、法制宣传等职责。参见杨旺益：《当前司法理念下法官人身权益保障问题研究》，兰州大学2016年硕士学位论文。

② 据笔者了解，北京市昌平区人民法院马彩云法官遇害事件发生后，法院内部第一时间所做的工作是连夜调阅该案件一审、二审的卷宗，审查该案实体和程序上是否存在问题。

侵害的法官不但未能对当事人采取惩戒措施,反而先要向纪检监察部门作出解释说明,并对举报、控告的当事人进行安抚劝解。在法官需要自证清白的环境下,部分法官也有"爱面子"的心态,不仅不会主动拿起法律武器维护自身合法权益,反而更倾向于选择忍气吞声,大事化小。

(二)经济(Economic)因素分析

惩戒侵害需经过层层审批,极大地加重了法官维权的时间和精力成本。刑事犯罪一般情节严重、程序复杂,实践中启动困难,治安管理处罚条例依赖于公安机关的主动作为,故两者的适用率都不高。被寄予厚望的民事诉讼强制措施,较有刚性的制裁措施仅剩司法拘留和罚款,而二者因内部审批程序烦琐、需要层层上报,且耗时较长,耗费精力较大,严重分散法官的时间和精力价值,极大加重了法官维权成本,实践中也鲜少适用。

法官人身权利保护机制的不健全为法官维权带来额外制度性困难。现有法律和规定办法,如"两办"和最高人民法院先后出台的相关保护举措,对于处理即时性、紧急性的侵害法官人身安全的行为确有帮助,但对于危急程度低、仅有潜在威胁的人身侵害,则并无有效的应对之策。实际上,侵害法官人身安全的预防和控制机制的缺失,为法官维权带来了额外制度性困难。

系统内部对惩戒侵害法官人身安全行为的支持力度不足,动摇法官维权的决心。法院部分领导认为,法官的人身侵害可以大事化小,小事化了。多做当事人工作就能轻易予以化解,没有必要动用强制措施。这种内部不重视、拒绝对涉事法官提供有力的支持和保障的思想环境,极大地动摇了法官主动维权的勇气和决心,出于惧怕报复的心理,多数法官选择隐忍、退让。

(三)社会(Society)因素分析

转型时期司法公信力不足。当今经济社会结构发生深刻变化,社会治理体系也随之转型。在这一时期,社会结构与利益的分配失衡、法制建设的滞后、道德规范的失落、社会诚信缺乏,使转型时期的社会冲突和社会不公日益突出①。司法公信力的不足还体现为公众对司法的善意和支持不足。近年来一些案件被公众关注和发掘后迅速转化为公共事件,进而引发对司法的公共信任危机。基于各种原因,部分当事人将对社会的不满和愤懑转嫁到法院和法官身上,甚至选择对法官实施暴力。

整个社会缺乏程序观念、法制意识淡薄。中国社会历来存在"重实体、轻程

① 参见徐昕、田璐:《法院执行中的暴力抗法:1983－2009》,载《2011年(第九届)"中国法经济学论坛"论文集》。

序”的观念，关注实体多过于程序，关注结果多过于过程。部分公众评价司法是否有权威，建立在司法在具体案件中是否作出了利己的裁判的基础上①，因此某些时候，即便是公正的裁判，也很难得到败诉方的理解和认可。此外，法制观念的淡漠也变相激励了以暴力手段威胁法官获取诉讼利益、暴力侵害法官发泄不满的行为。

（四）技术（Technology）因素分析

立法层面，缺乏对潜在或间接的侵害法官人身权利的保护手段。我国现有法律并没有对法官加以特别保护，这导致法官群体切实地承受了因为特殊职业而引发的侮辱、诽谤、恶意闹访、扬言报复等无形伤害，但救济渠道寥寥。此外，已有立法更关注诉讼过程中的法官人身权利的保护②，但实践中，侵害行为发生于裁判做出后远多于诉讼过程中③。这种保护机制与侵害行为的错位，更加重了法官寻求救济的困难。

司法层面，罚款和司法拘留的适用面临技术难题。就罚款而言，民事诉讼法对妨碍民事诉讼有关罚款的规定酌定区间较大④，在当前的司法环境中，法院倾向于采取审慎的态度，极少适用罚款的制裁措施。从技术层面来讲，没有足够的先例，仅凭法官自由裁量，法官在确定合理罚款数额上的自信和勇气不足。此外，适用司法拘留面临两个机制性难题：其一，内部审批流程过于复杂。民事诉讼法规定司法拘留必须经过院长批准。事实上，在法院内部申请对当事人进行司法拘留的流程是相当烦琐的，需要经过法官—庭领导—主管副院长—院长的层层审批，在这一过程中，监察室、申诉信访部门、法警部门等都需要介入研究，极易引起法官的畏难情绪；其二，与公安部门的联动不畅。司法拘留由人民法院交公安机关看管。由于法院与公安机关属于“两家系统”，二者之间缺乏完善的对接机制，公安机关对于司法拘留的配合性和积极性不高。同时，出于怕

---

① 社会转型时期往往会出现既有规则丧失，新的规则建立不起来，社会成员不受规则约束情形，导致所谓“无公德的个人之兴起”，这种摆脱了传统伦理束缚的个人往往表现出一种极端功利化的自我中心取向，在一味伸张个人权利的同时拒绝履行自己的义务。参见阎云翔：《私人生活的变革：一个中国村庄的爱情家庭与亲密关系（1949－1999）》，龚小夏译，上海书店出版社2006年版。

② 例如，扰乱法庭秩序罪、妨害公务罪、妨害民事诉讼强制措施等，均主要规范法庭上的侵害行为。

③ 从司法审判来看，当事人对法官人身威胁、侮辱谩骂、诬告等侵害的行为主要集中发生在两个阶段：一是诉讼过程中。在诉讼中，当事人试图对法官施加压力，进而达到自己的诉讼目的。同时，这一阶段由于裁判尚未作出，部分当事人希望得到有利于自身的裁判，往往相对收敛，侵害程度也较低；二是在裁判作出后。这一阶段当事人已经收到裁判文书，在得知诉讼结果偏离自身诉讼预期的情况下，除了向纪检监察部门控告、申诉、信访等行为外，还采取辱骂、威胁、寻衅滋事、跟踪威胁、网上散播谣言等多重手段表达不满，甚至发生侵害法官生命安全的极端恶性事件。

④ 根据民事诉讼法规定，对于个人的罚款金额，为人民币十万元以下，对单位的罚款金额，为人民币五万元以上一百万元以下。

麻烦和怕承担责任等原因,一旦在司法拘留前体检出当事人有任何不适,看守所一般拒绝接收。如法院自行在本院拘留,则缺乏场所和人力,承办法官更需全程在场陪同,确保被拘留人员的安全。这是司法拘留在实践中鲜少适用的根本原因。

三、破解难题:以 SWOT 矩阵分析法破解法官人身保障困境

SWOT 分析,即态势分析,是将与研究对象密切相关的各种主要内部优势(S)、劣势(W)和外部的机会(O)和威胁(T)等通过分析,一一列举出来,并依照矩阵形式排列,然后用系统分析的思想,把各种因素相互匹配进行分析,从而得出一系列决策性的结论①。其中,SO 战略是充分利用和发展事物的优势;WO 战略是克服事物的劣势,寻找发展机会;ST 战略是运用事物的优势,减少受到外部威胁的可能;WT 战略是制定防御计划,防止外部威胁。

为破解当前法官人身权利保障困境,笔者将相关因素内容进行整合,填入矩阵,如图 2 所示:

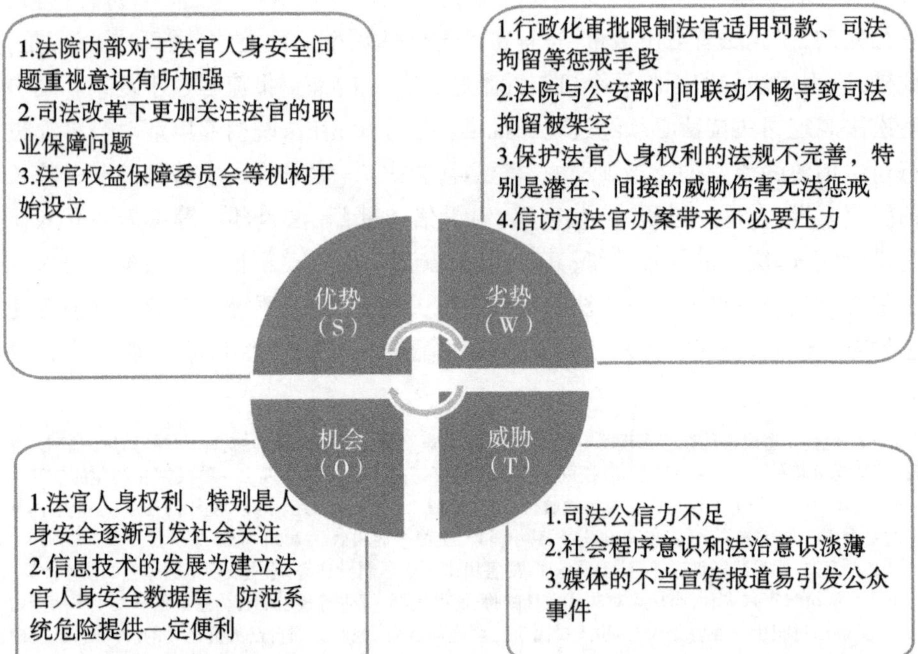

图 2

① 参见宋继承、潘建伟:《企业战略决策中 SWOT 模型的不足与改进》,载《中南财经政法大学学报》2010 年 1 月。

(一)SO 战略:探索多渠道法官人身权利保障方式

重新认识保障法官人身权利的必要性和紧迫性。以本轮司法改革法官责任制和加强法官职业保障为契机,发挥法院对维护法官人身权利的组织保障和支持作用。首先,在法院领导绩效考核中加入对保障法官人身权利的内容,特别是针对威胁、谩骂、扬言报复、诬告陷害法官等行为,领导要高度重视,主动作为,积极联络相关部门化解风险,支持法官通过司法拘留、罚款等手段惩治侵害行为。其次,建立法官、检察官因受不实举报、诬告陷害的澄清机制,建议网站报刊连续刊登,直到彻底清除不良影响为止,成本完全由违法者承担①。

建立健全法官权益保障委员会机制,尽快制定完善法官权益保障委员会的工作细则,明确法官受到人身侵害后寻求救济的途径、程序和时限,使法官权益保障委员会发挥法官正常履职的保护伞功能,在保障法官人身安全、提升法官职业尊荣感和获得感方面发挥作用。

利用大数据技术和智慧法院的推进,建立法官人身安全的数据分析系统,通过对侵害法官行为的全程留痕、数据共享,分析规律进而评估和识别加害人,准确进行预测警告。同时,这类技术的应用有效统计了法官受到伤害的准确数据为写入法院年度工作报告,引起各方重视,争取政法委、公安、检察机关的支持提供依据。

(二)WO 战略:机制上破除阻碍法官人身权利保障的樊篱

完善有关法律法规。首先,扩大法官人身权利保护的范畴,破解现有规定的保护局限于法庭上、诉讼中的困境;其次,针对威胁恐吓法官、以其他方法威胁法官人身安全、公然侮辱或者捏造事实诽谤法官、跟踪骚扰或者在住宅、办公场所周边恶意逗留、多次发送侮辱、恐吓或者其他信息,干扰法官正常生活、偷窥、偷拍、窃听、散布隐私法官隐私等行为,设立专门的罪责与刑罚以填补法律空白。

畅通适用罚款、司法拘留的渠道。一是进一步简化规范法院领导审批罚款和司法拘留的程序。如果法官受到当事人持续的、紧迫的侵害,可根据案件的情节、侵害的严重程度,赋予法官一定的自由裁量权,在一定金额内的罚款,庭领导和院长仅需做形式审查即可。建议对个人 3 万元以下、对企业 5 万 ~ 10 万元的罚款,部门领导和院领导仅需做程序性审核即可;对个人 3 万元以上 7 万元以下、对企业 10 万元以上 50 万元以下罚款,由部门领导和主管院领导进行实质性审核,院长仅作程序性审核;对个人 7 万 ~ 10 万元、对企业 50 万元以上

① 参见何帆:《今夜,让我们谈谈如何保护司法者》,载《方圆》2016 年第 5 期。

100 万元以下的罚款,按照程序由各级领导进行实质性审核。此外,由于根据不同类型案件的具体情况,审批应当在 15 天至 1 个月以内完成,以保证制裁侵害的实效性和震慑效果。二是增进与检察院、公安局及其他党政机关的联动和协调,健全侵害法官人身安全的预防、处置和追责机制。进一步明确地方党委、政府、公安机关、检察机关等配合法院惩治暴力侵害法官人身安全行为的责任,履行法定职责不力或者不履行职责的,直接追究主管人员和其他直接责任人员的党纪、政纪责任甚至法律责任。就司法拘留的适用,法院需要与公安机关建立完善的对接机制,防止因看守所不配合或者拒不履行义务而架空司法拘留这一惩戒手段。

(三)ST 战略:培育维护法官人身权利的氛围

1. 不再将信访因素作为法官考核的指标。在法院评优评先、业绩考核排名时,科学设置法官的业绩评价机制,避免将信访压力不当地转化为法官个人办案压力。此外,建议将涉诉信访纳入法律程序之中,建立涉诉信访的终结机制。对于符合条件的信访案件进行公开复查听证,通过听证会公开、透明、公正地处理涉法信访,经详细的辩论程序、甚至公开评议后形成听证结论,改变过去当面接谈、阅卷调查、个别驳回、事后各执一词的行政性处理方式。

2. 明确纪检监察部门的职能和界限。纪检监察部门一方面要正当履职,维护司法的廉洁性;另一方面对于法官正当履职应给予基本的信任和保护,杜绝以往"有罪推定"的不良思想,在处理举报、控告法官问题时加强甄别,依法支持、保障法官的正当履职,分担法官应付当事人恶意控告的工作量,对于明显无理由或者是故意虚假举报等情形,简化内部解释说明的程序。

(四)WT 战略:倡导建立尊重法官、崇尚法治的良好导向

1. 注意做好正面宣传引导。一方面,通过法院自身的微博、微信以及官网等媒体主动发声,加大对制裁暴力侵害法官人身安全方面的宣传、报道力度,对发生暴力抗法的事件以及对事件的处理结果,要通过新闻媒体曝光,将扰乱法庭秩序、辱骂殴打法官、冲击法庭的当事人公之于众,使有暴力抗法想法的当事人心存畏惧,通过正当途径反映诉求。另一方面,除与《人民法院报》《法制日报》等法院官方媒体合作外,加强与社会新闻类为主的门户网站、知名媒体的合作力度,通过更大的平台和媒介扩大影响力和受众范围,引导当事人通过正当渠道寻求司法救济。

2. 加强法制宣传教育,培育程序正义观念。加强法制宣传教育,提升民众的法制意识。观念的培育首先从司法机关和司法人员入手。在司法过程中,法官应严格依照法律程序公正审理案件,尊重当事人的诉讼权利,平等对待当事

人;树立公正司和能动司法理念,积极与当事人进行沟通,充分了解原因,有针对性地释法明理,帮助其分析利害,并适时地予以引导教育,消除当事人的抵触、对立情绪;树立服务型司法的理念,回应民众正当的权利保障需求,真正以司法为民形象和行动树立司法权威,增进民众对司法机关的信赖和理解。

心得体会

最美的风景在路上

王　爽

对法院干警来说,一年一度的学术论文大赛既是一场学术角逐,也是一次自我总结和提升。在每日的琐碎工作中培养发现问题的能力,探索解决问题的办法,并在反复的修改完善中体会“推翻—重建—推翻”的迷茫,走过“否定—肯定—否定”的路程,是一次艰辛的“修炼”,更是一段注定意义非凡的旅程。

关注到法官人身权利保障这个问题,不仅是因为自己在业务工作中曾有着深切的体会,也源于与同事、同行交流中感知到的集体感受。在推动司法改革各项配套制度机制逐步完善的今天,法官群体(包括法官助理、书记员)的自身诉求,特别是最为基本的人身权利,正在或多或少地承受着不可言说的侵害。互联网时代,热点事件随时都可能发酵,虽然这带来社会信息的极大繁荣,但也造成了网络空间中的众声喧哗、泥沙俱下。尽管外部舆论短时间内难以扭转,但法官人身权利保障这一问题,在法院系统内部有必要得到高度重视,并且从制度机制上加以推动解决。从这一点上,我认为这个选题还是具有一定的实用价值,并且值得进一步跟踪最新政策规定,跟进研究后续实际运行的效果。

回顾过去,笔者认为更重要的意义是在如何总结谋新。新的一年已经来临,新的学术论文比赛大幕也即将拉开。在“春耕”之际,回望奋斗的初心与历程,于成败中体悟,于思考中升华,然后,进一步谋划春华的愿景,坚定秋实的信念。

司法的舆论之困：符号视域中的舆论案件应对机理研究

——以“辱母案”为切入点

王国庆[*]

【论文提要】

当前,一些涉及司法的舆情案件深深地刺痛着法律人的神经。在司法改革的大背景下,这些舆情案件显得“不合时宜”。司法如何应对舆论从没有像今天这样引起我们的强烈关注,而其中的一个很重要的原因就在于,新媒体时代,信息传播的方式发生了深刻变化。信息在今天已经借助现代传媒变得多样化、零散化、去中心化,社会不同阶层通过符号运用言说其阶层化的价值观念,其冲突深刻而复杂。诚然,通过司法的自我治愈当然是解决司法舆论之围的重要措施,但我们无法忽视的是,“符号帝国”中,符号传播早已成为影响人们认知以及人们借以建构事实的重要工具。因此,从符号学的角度观察舆论案件足以成为我们解决该问题的另一新的视界。

本文中,笔者正是借助符号学这一工具,以影响深远的“辱母案”为切入点,探寻出舆论案件形成、发酵、爆发等过程中值得我们注意并应及时予以引导的符号现象,并对司法在今后与公众沟通中提出相应的对策机制。

笔者认为,如果运用符号学对“辱母案”舆情的现象进行观察,我们发现,导致舆论爆发和泛滥的主要原因有以下几种:(1)司法传统叙事与新媒体时代叙事风格存在冲突,判决诉说能力不足。(2)受制于元语言背景和“伴随文本执着”,司法单独难以应对。(3)在“符号衍义”的过程中,公权力机关缺乏有效手段中断衍义并实现意图定位。(4)司法对符号传播中的自然化和普遍化倾向认识不足,必须加强对语境场的转换。由此,我们在破解司法的舆论之围过程中,

* 王国庆,北京市第一中级人民法院团河法庭法官。

一定要关注司法传统叙事结构、元语言背景和伴随文本、符号衍义以及语境场等符号传播因素。具体来讲,一是改变司法传统叙事风格,建立司法与公众之间的有效沟通。二是要以创建语境场为核心,构建司法权威的元语言体系。三是建立与意见领袖的良性沟通机制,创立优势伴随文本。四是设立司法的专业机构,让舆论处理回归专业路径。建议出台相关措施加强对媒体、意见领袖等涉司法舆论的表达限制。

最后,笔者需要说明的是,利用符号并非掩饰自身的不足,消解舆论亦非忽视司法与民意的良性互动,因为我们内心时刻保持着清醒:固然司法工作满意度最终取决于自身权威的建立,但沟通商谈的技术,却也须臾不可或缺。

【主要创新观点】

第一,从当前学术研究的切入点看,学者多将其视角设定在如何有效培植司法权威以及司法权如何恰当运行方面来阐释司法与舆论关系。但笔者认为,该进路并不足以单一应对司法的舆论之围,我们必须运用新的方法,而这一方法就是符号学的分析进路。

第二,从符号学的观点,司法在当前主要呈现的问题是,司法传统叙事张力不足,与新时代新传媒特点相比,诉说能力不足。司法忽视语境场的建立,个案中缺乏有效的元语言支撑和重量级的伴随文本。在舆论传播过程中,司法缺乏有效手段中断“符号衍义”过程并实现意图定位。司法对符号传播中的自然化和普遍化倾向认识不足,对语境场的转换任重而道远。

第三,建立与公众的沟通机制,一定要关注司法传统叙事结构、元语言背景和伴随文本、符号衍义以及语境场等符号传播因素。具体措施:(1)要破除形式理性的单纯逻辑叙述,让法律立足于生活世界,要追求案件事实的“宽屏化”,增强判决的“可视性”,从而改变司法传统叙事风格,建立司法与公众之间的有效沟通。(2)司法宣传要注重普遍化机制的建立,最高人民法院应关注类案整理,锱铢积累恒定的司法价值观念,从而以创建语境场为核心,构建司法权威的元语言体系。(3)建立并维护与意见领袖的良好互动机制,考虑设立司法顾问委员会等,从而建立与意见领袖的良性沟通机制,创立优势伴随文本。(4)建议设立专业机构,让舆论处理回归专业路径。(5)建议出台相关措施加强对媒体、意见领袖等涉司法舆论的表达限制。

人是使用符号的动物。

——[德]恩斯特·卡西尔

引 言

当下,一些争议案件屡屡引发汹涌的舆论浪潮,司法机关因其中立地位而无法完全的自我辩护。这一不利的局面在传媒的手段、广度、深度已发生深刻变化的今天愈演愈烈。有学者不无担忧地说道:“对刚刚树立起的司法权威,法院有责任进行存量保护,不能放任个案掀起的舆情对还不稳固的司法权威造成损害。”[①]故而,“对个案舆情如履薄冰的防范,实在是置身于历史时空拐点的中国法院不能推卸的责任”。[②] 然而,冷静的思索,之所以出现这样一种令人担忧的局面,除了司法自身的问题之外,还有一个很重要的原因便是,舆论在今天已经借助现代传媒变得复杂化、去中心化,社会不同阶层通过符号言说其阶层化的不同价值观念。价值观念的多元化势必导致公众对裁判的接受出现分立。由此,置于舆论中心的司法机构即便积极发声,也很难仅仅通过单纯的“说”来满足公众,而“如何说”“说什么”,在今天传媒时代似乎显得格外重要。

符号学研究告诉我们,对符号的解释取决于符号文本自身以及建立在符号文本之上的多重的元语言背景,它根植于社会文化层面。而应对舆论,必须要考虑元语言背景下的解释方法。只有考虑到元语言层面,才有可能在司法技术的微观层面和应对舆论的宏观层面取得一定的平衡。为此,我们需要符号学的思维和方法。故而,笔者在本文中尝试从符号学这一涉及本体、认知的新视域出发,以影响深远的舆情案件为分析对象,探寻出舆论案件形成、发酵、爆发等过程中值得我们注意并应及时予以引导的符号现象,并对司法在今后与公众沟通中提出相应的对策机制。

一、检视:“辱母案”的“制胜”缘由

(一)案件舆情回放

2016 年,吴学占等人因高利贷未还清对苏银霞母子二人进行了长时间的言语和行动侮辱,于欢在情绪激动的情况下刺伤 4 名催债人,造成 1 人死亡多人受伤的严重后果。后聊城中院判余欢故意伤害罪名成立,处以无期徒刑。2017 年 3 月 23 日,南方周末刊载《刺死辱母者》一文,但未能引起公众热论。之后,

---

① 徐阳:《“舆情再审”:司法决策的困境与出路》,载《中国法学》2012 年第 2 期。

② 徐阳:《“舆情再审”:司法决策的困境与出路》,载《中国法学》2012 年第 2 期。

凤凰网、网易新闻分别将原标题更名为《山东:1 名涉黑人员当儿子面侮辱其母 1 人被刺死》和《母亲欠债遭 11 人凌辱儿子目睹后刺死 1 人被判无期》,更名后的标题更为直接,获得了一定传播量。25 日,微信公众号“南方周末”再次刊载《刺死辱母者》一文,该文以朋友圈为中心,辐射全网。就微博观察,3 月 23 日至 29 日,由中国青年报主持的微博话题“刺死辱母者被判无期”居新浪微博社会榜第一位,达到 4.6 亿次阅读,28.9 万讨论的量级。① 截至 4 月 26 日 22 时,据统计有 2352 篇微信文章、4702 条微博、3972 篇网上新闻,微博上与之相关的话题阅读量更是多达 7 亿。② 至此,法院、检察院、公安机关、传统媒体、新媒体、意见领袖、普通网民纷纷登场,一场被称为全民的舆论“狂欢”拉开序幕。

(二)“辱母案”舆论制胜缘由检视

虽然该案件舆论涉及的广度和深度近年罕见,但从传播角度讲,该案的舆论演变依然经历了“网络爆料—社会化媒体扩大—公众人物助推升温—传统媒体介入强化议题—官方机构作出反应—事情得到解决、舆论议题沉淀”这一传统的舆论变化过程。③ 因此具有极强的代表性,笔者对该案舆情现象作如下梳理:

第一,“语境场”对司法先天不利。

在社会转型期,公权力与个体权利的冲突往往成为舆论焦点,进而形成“语境场”。因司法长期积累的一些弊病逐渐被权利觉醒的人们发掘,个别冤假错案深深刺痛着怀有朴素正义的善良公众,再借助媒体的吸睛报道,使公众对司法不信任的氛围得以形成、强化。虽然该事件是因个案引起,但由于“语境场”早已被公众的不信任所建构,故而,一篇报道会迅速契合公众的心理需求,引发“后真相”效应。④

第二,媒体议题设置导致“框架共鸣”。

思维框架是人们或组织对某事件解释与思考的基本结构。媒体议题的设置是否会产生“框架共鸣”,“与其思想动员过程中对主流社会价值心态的回应

---

① 参见《山东聊城于欢案(即辱母案)舆情分析》,载 http://blog.sina.com.cn/s/blog_8edb62330102x7sw.html。

② 赵娜:《以“刺死辱母者案”为例分析热点舆情演变机制》,载《中国报业》2017 年第 8 期(下)。

③ 孙夏卿:《“刺死辱母者案”事件的舆论演变过程》,载《新闻研究导刊》2017 年第 9 期。

④ “后真相”是牛津字典 2016 年选出的年度代表词,意思为:诉诸情感与信仰比客观事实更能影响民意。人们愿意相信件事,与其情感面、需求面有着非常大的关系,即人们倾向于相信自己相信的。转引自孙夏卿:《“刺死辱母者案”事件的舆论演变过程》,载《新闻研究导刊》2017 年第 9 期。

能力高度相关。”[①]近年来,从“彭宇案”、“大学生掏鸟窝获刑案”到“劝阻吸烟猝死案”等舆情来看,新闻媒体在舆论的生成和推动上“功不可没”。其在议题设置上均将法律与道德伦理的冲突作为有效切入口,从而引发普通公众的内心共鸣。“辱母案”中,南方周末等媒体通过“辱母”“凌辱”“高利贷”“瑟瑟发抖”等符号设置,将议题圈进伦理道德范畴,显然很好地促成框架共鸣,引发爆炸效应。

第三,“意见领袖”主导舆论发展。

在美国社会学家P. F. 拉扎斯菲尔德提出的两极模式中,强调了舆论领袖衔接大众媒体和受众的重要性。[②] 从本案看,舆论的爆发和推动即是作为媒体机构的“意见领袖”所为。排名前九的意见领袖中有7个是粉丝量超过2千万的媒体用户,他们用各自巨大的粉丝影响力推动了相关事件的微博传播。[③] 除此之外,作为公知大V的个人意见领袖也发挥着举足轻重的作用。与此同时,意见领袖对舆论发展所起的作用也有不同。比如,人民网发表评论《客观理性看待“辱母杀人案”》,将舆论朝理性的方向上扭转,而腾讯新闻发文《律师:男子刺死当众辱母者被判无期,难以服人!》却有着舆论审判的嫌疑。个人领袖方面,作家易中天和财经媒体人罗昌平的评论在微信上广泛传播,很快刷屏(见图1)。甚至一些法学顶级专家,在未能亲历审判和阅卷的基础上,断定一审错判、不公正,对舆论发展不无影响。

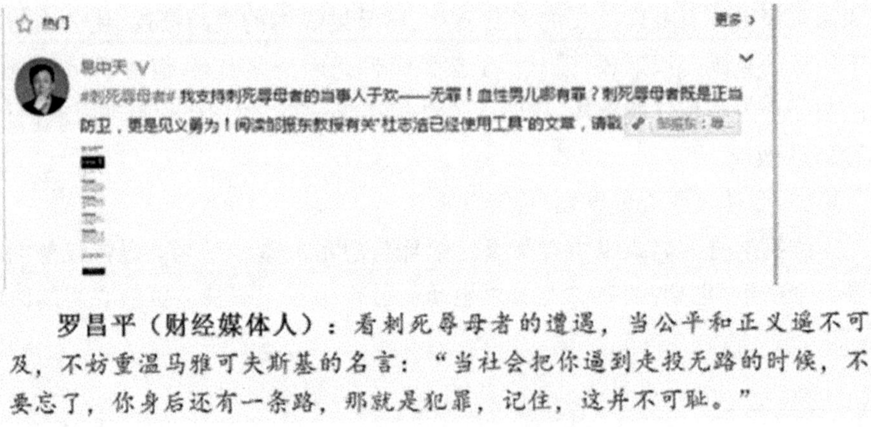

图1　易中天与罗昌平微博截图

① 杨江华:《舆情反转事件的传播要素及成因》,载《青年研究》2015年第6期。
② 赵娜:《以“刺死辱母者案”为例分析热点舆情演变机制》,载《中国报业》2017年第8期(下)。
③ 《透过大数据看于欢案二审的公众视线焦点》,载http://www.sohu.com/a/147329413_499808。

第四,不当言论引起的次生舆论导致事态扩大。

群情激愤之时,@济南公安官微在25日晚上却发布不当微博言论,使网友的不满情绪再次爆发。网友@Lexi小姐自在如风回复:“是在暗指你们是大巴,群众是驴吗?”在网友本就对警察在该案中的不作为大为愤怒之时,这样的言论必定加深了公众对本案处理的不信任,再次助燃了公众对司法判断“荒谬”“冷血”的激愤。显然,相关的官媒并没有意识到语境场下自己行为的界限,显示出一些机关在与公众的沟通技术上极其不专业。(见图2)

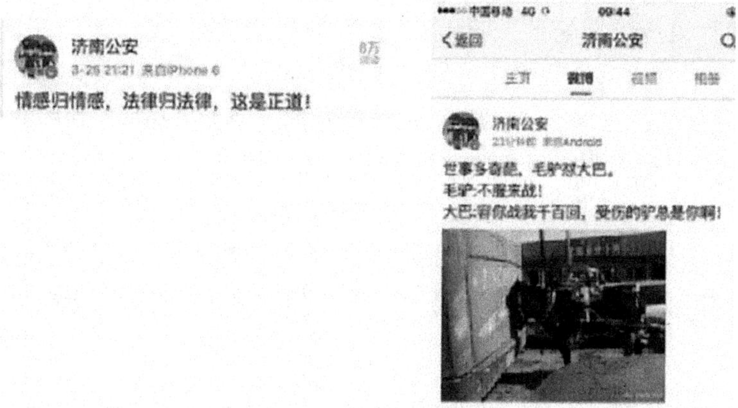

图2 济南公安官微截图

第五,司法应对有限,舆论传播热情高涨。

一起关涉司法的舆论形成有其深层原因,但在表现上不外乎事实认定、情理法交错等。本次舆情中,公众普遍发起对警察、法院的强烈谴责与声讨,弱势与强势主体之间的矛盾迅速激化。此时,权威主流媒体迅速跟进,不断地披露更多事实与细节,“为广大网友参与话题讨论时提供了全面的事实基础,从而有效地缩小了社会矛盾,将社会心态向理性的发展方向进行引导”。[①] 但是,法院作为舆论中心,却鲜有作为。甚至在媒体报道的细节与判决书出现不一致时,司法仍然应对不足,导致舆情进一步扩大弥漫。从舆论干预效果来看,最高人民检察院赢得广泛赞誉,而聊城官方评价较低,山东省高级人民法院则中规中矩,响应时间稍显滞后。[②]

① 参见《于欢案舆论背后的社会心态及媒体引导研究》,载 http://media.people.com.cn/n1/2018/0205/c416774-29806543-2.html。

② 参见《山东聊城于欢案(即辱母案)舆情分析》,载 http://blog.sina.com.cn/s/blog_8edb62330102x7sw.html。

二、方法:符号视域中的舆论深层传播机制研究

(一)视域:符号与符号世界

哲学家海德格尔认为,语言是人"存在的家"。从语言符号的角度理解,海德格尔显然认识到了人是运用符号进行思维并建构世界的这一重要特征。"世界不等于语言,但世界只能在语言中以及语言之经纬的同意和不同意声中得到表述。"①而在当代,人类也早已超越了基本的符号运用,发展到"以符号增值为社会资本积累新来源的消费时代",②"身处于后工业时代的我们的生活,身处于后现象代语境的我们的文化,乃至我们的社会关系,都已经被彻底符号化了。"③人们周围充斥着大量的符号,品牌作为符号的社会意义已经超越了商品本身,新闻媒介注重标题的吸睛度,内容的真实度却无关痛痒。快餐化时代,人们极力使用、创造新的符号宣传自我,将符号运用到极致。一宗普通的刑事案件,以正当防卫作为讨论框架和以"辱母"作为讨论框架,其达到的符号效果是不可想象的。因而,面对舆论的我们如果忘记了符号,那就意味着丧失了前沿阵地。

符号是"被认为携带意义的感知"。④ 一般意义上,符号的传播过程如图 3 所示:

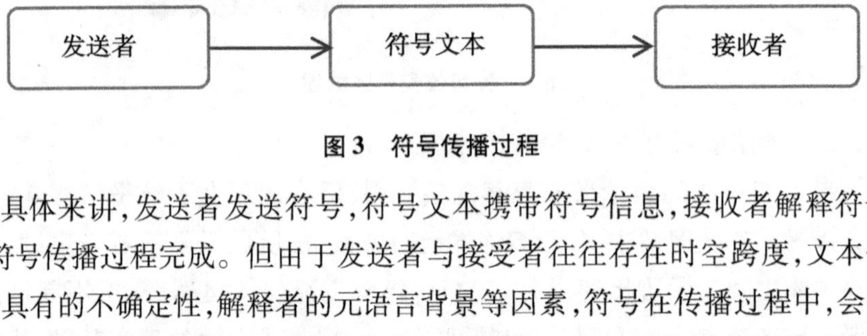

图 3 符号传播过程

具体来讲,发送者发送符号,符号文本携带符号信息,接收者解释符号信息,符号传播过程完成。但由于发送者与接受者往往存在时空跨度,文本信息本身具有的不确定性,解释者的元语言背景等因素,符号在传播过程中,会导致发送者与接受者,发送者与文本,文本与接受者三方之间的复杂关系。我们关注符号,其实就是要关注符号传播中的复杂关系和规律。

(二)舆论的深层传播机制研究

在这样一起影响深远的舆论案件中,如果审视背后的深层结构,我们会发现,一起舆论的爆发和传播一定有其符号规律可循。

---

① [法]米哈伊尔·苏波特尼克:《言语行为哲学》,史忠义译,天津人民出版社 2003 年版,第 246 页。转引自傅敬民:《布迪厄符号权力理论评介》,载《上海大学学报》(社会科学版)2010 年第 6 期。

② 隋岩:《符号中国》,中国人民大学出版社 2014 年版,第 3 页。

③ 隋岩:《符号中国》,中国人民大学出版社 2014 年版,第 3 页。

④ 赵毅衡:《符号学原理与推演》,南京大学出版社 2016 年版,第 1 页。

1. 司法传统叙事与新媒体时代叙事风格存在冲突，导致文本诉说能力不足

新媒体时代，人们获取资讯的宽度、广度发生了深刻变化。网络传媒信息的海量性、分散性、多向性、兼容性等特征，造成人类处理信息方式变化。那些精细、深度阅读已经被碎片化、肤浅化的阅读方式替代。真正受到青睐的是那些迎合人们猎奇心理，能够迅速吸睛的资讯。网络传媒发达带来另一个问题是，“媒体数量的庞大和媒体平台的扩张建立，迫使媒体去中心化，加快了信息爆炸的速度和信息碎片化的分裂过程，于是受众再一次被细分，形成大众—小众—分众的分类过程”。[①] 任何一个网民作为单子都可以设定议题，如果议题迎合了公众的猎奇心理被迅速吸睛，则很有可能被筛选为公共议题，进而爆发舆情。而传统上司法叙事是建立在单向一对一之上的高度文本化信息，其无法逾越以文字符号表达信息的界限，从而丧失多媒体交流所可能产生的“内心共鸣”。通过对“辱母案”一审判决的审查，我们发现，尽管一审法院对正当防卫的认定已作出阐释，但因解释者将伦理作为背景对判决进行延伸解释，故而导致一审判决的合理化程度被严重削减。与媒体声情并茂、图文结合的大肆渲染相比，判决书在诉说自己的能力上显然不足。

2. 符号解释的元语言背景和“伴随文本执着”现象，堵塞了司法有效沟通的场域

元语言是与对象语言相对的一组概念，“我们用元语言来谈论对象语言，用元语言来解释和分析对象语言即被讨论的语言的特性，而元语言的核心概念是对对象语言的分析、解释、描写等。”[②]赵毅恒教授认为，元语言在构成上可分成三类：[③]一是社会文化的语境元语言；二是解释者的能力元语言；三是文本本身的自携带元语言。采用不同的元语言，就可能导致同层次元语言之间的冲突，进而导致“解释旋涡”。此时需要介入评价机制作为元语言的元语言（元元语言），但评价机制之间仍然会出现冲突，最终导致“评价旋涡”，演化成为意识形态冲突，如图4所示：

---

① 隋岩：《符号中国》，中国人民大学出版社2014年版，第150页。

② 如果用汉语来分析、讨论英语，汉语是元语言，而英语就是对象语言。如果用日常语言来解释逻辑语言，日常语言就是元语言，而逻辑语言是对象语言。参见钱冠连：《语言哲学翻译论——兼论工具性语言扩展式》，载《中国翻译》2003年第9期。

③ 社会文化的语境元语言是文本与社会的诸种关系，引出文化对信息的处理方式。“彭宇案”“辱母案”中，公众解释判决文本时首先受到就是社会文化语境元语言影响，公众认可的是“人性善”“母亲不可犯”传统道德伦理。解释者的能力元语言来自解释者的社会性成长经历。一些案件中公众对判决书的不理解，其实也是其法律能力元语言欠缺导致的。文本本身的自携带元语言，例如裁判文书，由于体裁所限，要求人们必须用法律技术语言去诠释。关于元语言构成，参见赵毅衡：《符号学原理与推演》，南京大学出版社2016年版，第219~238页。

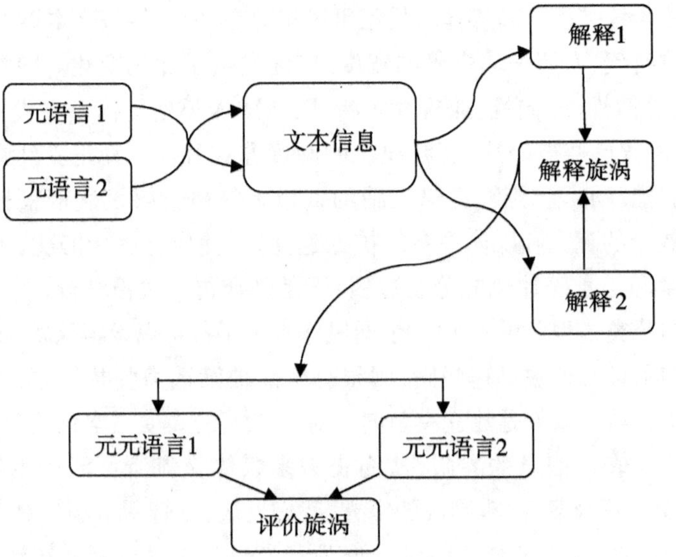

图4　不同元语言导致的评价冲突

影响解释者解释的另一问题是伴随文本。[①] 伴随文本就是那些随同符号文本共同影响解释者的附加因素,它可以成为解释者解释时的元语言背景进而影响意义的生成变化(见图 5)。在伴随文本影响解释的过程中,还会出现一种“伴随文本执着”现象,即“伴随文本可能喧宾夺主,甚至接管了符号接受者的解释努力”。[②]

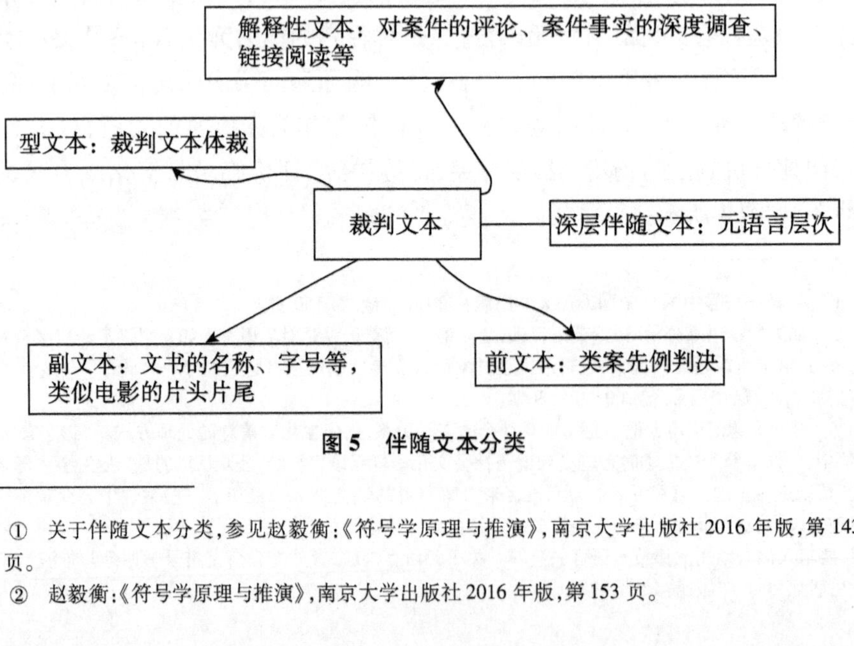

图5　伴随文本分类

---

① 关于伴随文本分类,参见赵毅衡:《符号学原理与推演》,南京大学出版社 2016 年版,第 143 ~ 155 页。

② 赵毅衡:《符号学原理与推演》,南京大学出版社 2016 年版,第 153 页。

本次舆论中,媒体一开始便将“辱母”等符号与判决结合起来,制造元语言冲突,其目的就是要利用普通公众的社会文化的语境元语言对案件事实进行重新建构,而司法腐败、冤假错案、对公权力的不信任等又作为另一种语境元语言,即图表所示的深层伴随文本,迅速唤起公众记忆。在舆情发展中,权威媒体的不断深入解读、网络知名大V等意见领袖甚至法学专家对案件的诠释,形成了强有力的解释性伴随文本。在碎片化的时代,只要他们的评论与公众的心理契合,很快就被当作“真理”一般膜拜,产生出“伴随文本执着”现象。在这场舆论之战中,在出现元语言冲突时,司法机关没有发挥自己的力量,在伦理与法律的元语言解释冲突中巧妙转移评价方向,尽可能制造分量较重的附随文本以扭转局面,导致舆论单向性的急速扩张蔓延。

3. 在“符号衍义”的过程中,司法缺乏有效手段中断衍义过程并实现意图定点

“人类的所有活动都是一种符号化的思维和行动,人在符号化的行为中建构着知识和文化,建构着符号化的社会。”[①]正由于这个积极建构的倾向,才让人们面对符号时产生无限延义和分岔衍义的规律。[②] 符号的无限衍义如图6所示:

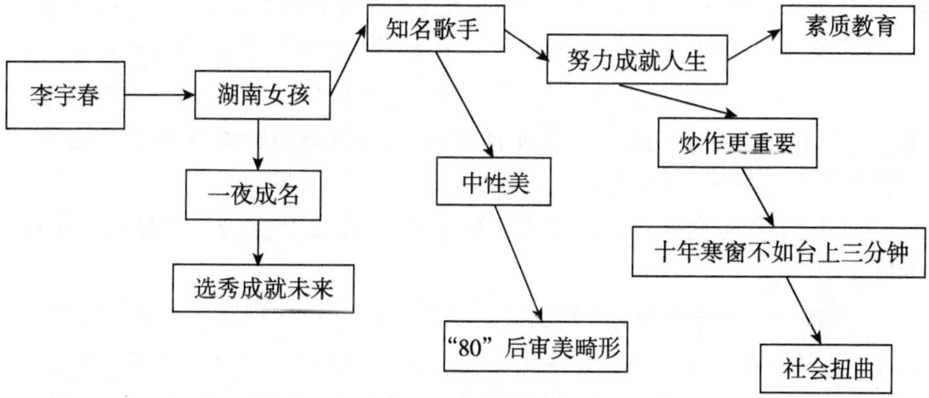

图6　符号的无限延义

符号衍义过程广泛存在社会舆论的发展中,比如,对一件案件,从判决的文义出发,解释过程往往形成了从认为判决错误,过渡到“法官法盲”,再到“暗箱

① 吕红周:《符号·语言·人——语言符号学引论》,南开大学出版社2016年版,第143页。

② 赵毅恒教授认为,对象是符号文本直接指明的部分,而解释项是需要再次解释。解释项不仅是能够延伸到另一个符号过程,解释项必须用另一个符号才能表达自己。这就是说,符号的意义本身就是无限延义的过程,不用衍义就无法讨论意义,意义本身就是演绎。所谓分岔衍义意味着同一个解释者,也会在不同时间、不同场合、不同心态下,在同一符号中读出不同意义,朝着不同方向延伸。以上参见赵毅衡:《符号学原理与推演》,南京大学出版社2016年版,第102、105页。

操作”,再到“司法腐败”,甚至肆意辱骂法官、诋毁社会制度等一系列的衍义特征。符号传播的这种特征也就提示我们在面对舆论时,应该时刻关注舆论演化的方向,果断让自己的意图定点实现并终结衍义过程。

在“辱母案”传播过程中,南方周末第一次进行了符号衍义,将一宗普通刑事案件进行了伦理化的解读,引起了公众对伦理价值的思考。但随后,随着细节问题的逐步暴露,舆论发生转向,开始聚焦企业家群体、借贷原因,有网友公开质疑警察“黑吃黑”、有人抛出山东公安的背后借贷产业链,借贷人的黑历史等。符号衍义、分叉衍义同时存在且渐渐脱离了案件本身。在这一衍义过程中,济南公安本应及时发声,阻断这些公开质疑,表明自己的立场,但无奈却以“毛驴怼大巴”这样的不当言论,点燃网友怒火,是“否定”还是“认可”? 意图定位失败,必然陷入舆论旋涡。

值得深思的是,在这场舆论战中,法院官媒表现疲软。法律与伦理是一个古老而常新的话题,作为个案,法院本可以通过主动发声,积极设置议题,将舆论带入法律元语言空间,进而转移公共恶劣评价,但一审、二审法院均受制于法院中立角色,未体现出任何舆论应对意图。从符号角度讲,任何符号都携带意义,但是符号载体却可能是“空白”。“此时无声胜有声”“音乐中的休止”等,解释者面对的都是空白符号,故而“网络环境下的舆论传播,各种符号压力之下当事人假如沉默不语,其意义就容易走向遗散,导致复杂的解读,从而给自己带来不利影响。”[①]也即在符号的无限衍义中可能使自身愈加被动。

4. 司法对符号传播中的自然化和普遍化倾向认识不足,对语境场的转换任重道远

“自然化机制与普遍化机制的共同运作就是符号产生意义的深层机制,所谓自然化机制就是使偶然性事件看起来是必然的事实,而普遍化机制就是使个别现象获得普遍意义。”[②]而其基本方式就是利用符号的隐喻与换喻关系。[③] 通过隐喻,一种意义被遮蔽而另一种意义被显现出来,经过符号传播,使这种替代产生自然化的感觉,公众感觉确实如此。而通过换喻,将已经自然化的隐喻通过整体与部分之间的关联推广开来,产生普遍化效果。近年来,一些冤假错案

① 李红、董天策:《网络环境下的舆论召唤——“故宫窃案”的符号学分析》,载《新闻大学》2011 年第 3 期。

② 隋岩:《符号中国》,中国人民大学出版社 2014 年版,第 60 页。

③ 隐喻是指两个符号在某种语境中具有相似特征时,可以相互替换,比如将玫瑰花代替爱情。换喻,是两个符号之间有实质相关性,这种相关性可以表现为自然逻辑延伸,也可表现为整体与部分的关系等。比如用中国航天的成就换喻中国当代的科技实力。关于隐喻和换喻,参见隋岩:《符号中国》,中国人民大学出版社 2014 年版,第 39 ~ 59 页。

被媒体发掘,公众解读无限衍义。当下,又因一些个案在复杂利益的平衡中稍显不当,被媒体抓住大肆渲染。甚至,一些媒体采用吸睛的符号,将本来正常处理的案件因为其符号运用而显得极不公正,社会影响极差。笔者以“法院竟”三个字在百度新闻搜索,结果如图 7 所示:

图 7　百度搜索截图

一个“竟”字,在当下语境中还能如何解释呢?笔者认为,在“辱母案”等一系列案件中,媒体自觉不自觉地将案件的处理与违法、违背伦理、“暗箱操作”、司法腐败等因素联系起来,通过多媒体的现代化传播,与公众取得情感共鸣并使公共深信不疑。此时,司法与非正义的自然机制得以建立。而后,通过每一起案件不加克制的舆论吸睛,就会在公众心中产生司法不公的普遍化心理。斯图亚特·霍尔曾一针见血地指出,社会的“一致舆论”“普遍赞同”并不是原本就存在于大众之中,而是传媒生产出来的。[①] 例如,我们只要看到“脑白金”,就会想到“送礼就送脑白金”! 这就是普遍化“一致舆论”的效应。这种效应产生了一种奇特的语境场,该语境场作为文化的一部分显然代表了公众某种元语言

① 隋岩:《符号中国》,中国人民大学出版社 2014 年版,第 85 页。

体系,并作为其解释的背景因素。“辱母案”舆论的爆发,从网友的愤怒和对司法攻击的量能上,再次印证了语境场的存在,因为多数人表层意识中已经认定了司法不公的现实,“本案必定错误”。司法对语境场的转换需要借助符号规律积极作为且任重道远。

三、解困:司法舆论之困的治理

马克·范·胡克将司法本身的沟通过程划分为五个层级。① (见图8)

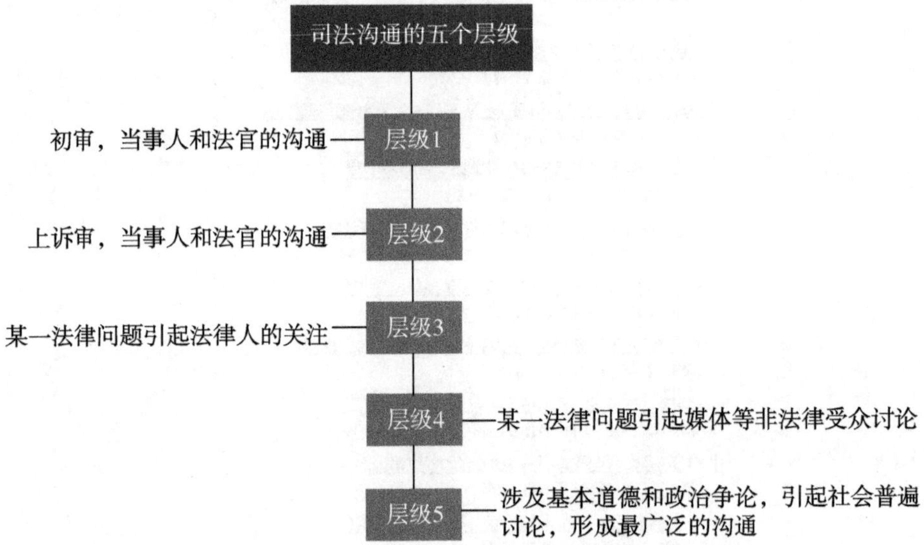

图8　马克·范·胡克的司法沟通五层级

但这几个层级并非机械割裂,尤其在今天多媒体时代,任何一种低层级的沟通都可能引发成最广泛的沟通,而无论何种层级,我们均发现沟通的效果与司法传统叙事结构、元语言背景和伴随文本、符号衍义以及语境场等符号传播因素密切相关。因此,解决司法舆论之困,应围绕上述因素系统性地设计面对舆论的应对机制。

(一)改变司法传统叙事风格,建立司法与公众之间的有效沟通

1.破除形式理性的单纯逻辑叙述,让法律立足于生活世界

法律的现代化就是形式理性的相对完备化。但形式理性的副产品必然带来司法与民意的冲突。形式合理性的法治特质赋予司法两种品质:一是司法专

① 徐骏:《网络传播与司法叙事:以公众为中心的司法话语模式变革》,载《学术论坛》2017年第4期。

业性,它立足于专业复杂的知识体系之上;二是司法的自治性,它摒弃外界干扰,以程序性资源供给为手段而展开理性论断。[①] 这与基于感性、基于碎片化信息来源的公众判断有截然不同。但是,形式理性本身亦有其不足之处,作为对现实的抽象仅在规则层面具有实在性,却不能完全映射现实生活。这就需要对不完全、不确定的、评价冲突的符号规则进行解释并诠释法律适用缘由。沈德咏大法官强调要重视"边际事实"的独特价值,其实质就是要让规则在生活世界中变得鲜活起来。只有立足于生活世界,在利益衡量的基础上作出适当的解释后,法律适用才会最大限度争取公众的理解。

2. 追求案件事实的"宽屏化",增强判决的"可视性"

判决属于高文本符号,通过文字符号予以表达。而现代多媒体传播不仅通过文字,而是将影像、音乐、评论等附加一体,成为吸引受众,引起受众共鸣的重要因素。在符号学中,现代多媒体的传播属于"渠道"[②]丰富类型,而裁判文书的渠道较为单一。但尽管如此,我们仍可以通过符号设置,增强文书的"画面感"与"可视性",而核心就取决于对事实的全面认定。当下,一些裁判文书往往仅载明核心事实,对一些不便言说、不易言说的事实闭口不谈。由此,割裂了当事人以及读者对事实和判断的前后连贯性以及情感连续性解释,正因为出现表达"空白",解释才会"自由放飞"! 例如,在"辱母案"判决书中,一审法院对一些事实采取了模糊化处理,民警接警后是否存在不作为、是否阻止了非法拘禁行为语焉不详,而且"使用了并非严谨的刑法概念——'冲突'一词诠释被告人与讨债人之间发生的事实而回避了应有的细节描述。"[③]导致舆论质疑事实发生的过程。

(二)以创建语境场为核心,构建司法权威的元语言体系

语境场是由元语言建构的,司法必须清楚认识这一点。心理学亦表明,一旦形成倾向性的偏颇认识,人们会将瑕疵放大,进而得出以偏概全的结论。"网络环境下舆论的生成,不但是在争夺符号和叙事,更是在争夺元语言。"[④]

---

① [法]米哈伊尔·苏波特尼克:《言语行为哲学》,史忠义译,天津人民出版社 2003 年版,第 246 页。转引自傅敬民:《布迪厄符号权力理论评介》,载《上海大学学报》(社会科学版)2010 年第 6 期。

② 渠道是根据接受者的感知器官来分的,有视觉、听觉、嗅觉、触觉、味觉五类。对渠道的融合,会发生通感效应,让接受者深有体会。比如,"尖利的笑声",将听觉与触觉融合在一起,强化人们对符号的感受。参见赵毅衡:《符号学原理与推演》,南京大学出版社 2016 年版,第 122 页。

③ 郑晓英:《司法权威与公众法律信任关系阐析》,载《湖北社会科学》2017 年第 10 期。

④ 李红、董天策:《网络环境下的舆论召唤——"故宫窃案"的符号学分析》,载《新闻大学》2011 年第 3 期。

1. 司法宣传要注重普遍化机制的建立

诚如学者所言,“司法裁判是传承文化、弘扬道德的重要手段,因此要特别注意到社会道德诉求及其背后深层次的价值判断,要做到法安天下、德润人心”。[①] 作为司法机关,对价值观念宣传的最好方法无异于通过典型案件例示。司法在今后的宣传中,应注重运用基于隐喻和换喻的自然化和普遍化机制,着意刻画“经典案例—法官—法官群体—司法制度”之间的普遍化联系,塑造司法的整体形象。不宜将经典案例与法官个体过于紧密联系,以让公众产生“个体化”理解的倾向,或者过于刻画法官群体“优秀—非优秀”之间的对立。

2. 最高人民法院应关注类案整理,锱铢积累恒定的司法价值观念

类型化案件整理在矫正司法恣意以及传达司法价值方面有着极大的作用。最高人民法院应通过类案整理并及时发布,向社会明确传达司法判断的价值选择,逐渐形成社会认同的语境氛围。同时,一旦出现舆论案件,我们即可以通过类案说明,将争议案件局限于个案范围之内,以有效避免公众对司法的整体评价的恶化。

3. 注重宣传的意图定点实现

当前,社会诚信危机现象严重,一些败诉当事人恶意转移财产的情况屡屡出现,引起社会大众的不满。近几年,全国法院以解决执行难问题为抓手,突出对“老赖”的打击力度,全面宣传司法执行力度,赢得社会广泛称赞。这不仅让公众看到了个案执行法官的努力,并通过个案看到了司法普遍整个作为,更让公众感受到了司法价值的回归,意图定点圆满实现,可资借鉴。

(三)建立与意见领袖的良性沟通机制,创立优势伴随文本

从上文论述可知,伴随文本影响着公众对符号的解释,法院在这场舆论战中表现平平,重要的原因就是欠缺有力度的伴随文本。在“符号帝国”时代,司法一定要找到宣传自己、影响公众的符号代言者。

1. 建立并维护与意见领袖的良好互动机制,邀请意见领袖、网络大V等通过庭审观摩、个案跟踪等,深度介入司法工作,以强化对司法工作全方位、深层次的理解。通过法官会议等形式,邀请意见领袖参与,从社会、传播等各个角度寻找司法与公众的契合点,让意见领袖感受到司法民主真正践行的魅力和荣耀。一旦出现社会舆论时,法院就可通过意见领袖的及时介入,传达优势伴随文本,降低或者缓解司法压力。

---

① 朱新林:《司法舆情应对的五大定律》,载 http://www.gmw.cn/xueshu/2018-02/23/content_27768118.htm。

2. 可考虑设立司法顾问委员会,将法学以及其他社会科学优秀的专家学者吸收在内,为疑难案件的解决提供论证思路,克服法官一定程度上的理论和视域缺陷,增强案件的专业化特质。另外,司法可以在出现解释旋涡以及评价旋涡时,通过专业领域的技术支持,把握元语言规范,为舆论争议提供较为客观的思路和评价方向,进而促成议题的有益讨论,减轻对司法的舆论压力。

(四)设立司法的专业机构,让舆论处理回归专业路径

符号构建了人类的整体认知世界,因而有时真理往往不在于说出什么,重要的是如何言说。怎么表达、表达什么早已不像说话那么简单以至于任何人均可胜任。因此,司法机关应该设立专业机构,选聘专业人员从事舆论公关工作,对舆论爆发时的框架问题,比如属于法律适用还是伦理道德,对舆论发展过程中的评论性伴随文本走向,对符号衍义过程中的出现的新的"噪点"等通过专业技术加以引导,让舆论朝着良性的方向发展。就在笔者查阅本文资料时,有关涉"鸿毛药酒"异地抓捕事件被舆论吵吵的沸沸扬扬。公众除了对"鸿毛药酒"本身产品质疑之外,还有对凉城公安机关异地抓捕行为的指责,认为凉城公安机关公权力行使不当,成为当地企业的保护伞。应该说,公众的质疑是有道理的,毕竟公器私用贻害无穷。凉城公安机关作为该舆论核心,应该及时回应舆论关切。从符号学角度,官方必须指明本次抓捕的依据是什么?其受理的刑事案件是否符合相关规定?如果合法合规,公众也会理解。但是凉城公安机关却以简单通报草草了事(见图9)。

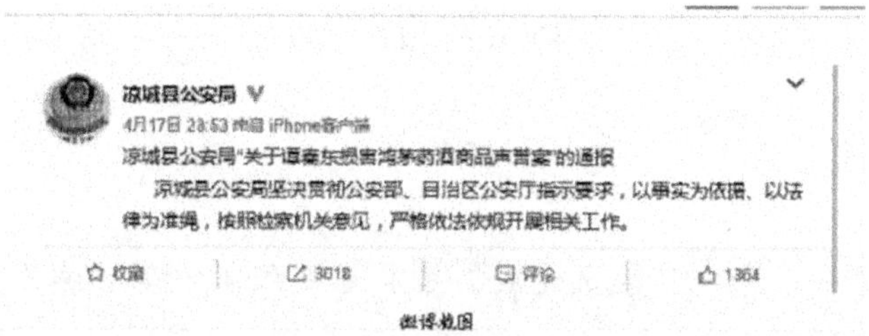

图9　凉城公安官微截图

这样的通报使舆论处理的意图定位难以实现。法制网舆情检测中心发文《医生吐槽鸿毛药酒被跨省抓捕舆情处置不能止于通报表态》[①]就是对这一舆论应对措施的批评。由此可见,让舆论处理回归专业路径十分必要。

① 转引自法制网舆情检测中心,载 http://www.yuqing.legaldaily.com.cn/opinion/index.php/post/index/poid/4275。

(五)建议出台相关措施加强对媒体、意见领袖等涉司法舆论的表达限制

在“辱母案”的舆论过程中,一些媒体公然进行“舆论审判”“舆论定调”,一些媒体盲目跟风,进行不实报道,对舆论影响较大。一些法学专家对未决案件公然发表不适当言论。一些网络意见领袖置自己的社会责任于不顾,煽动网民情绪,火上浇油。司法制度的良性运转是每一个现代公民的期望,但是维护基本司法秩序的稳定也是每一个现代公民的义务,言论自由有其适当的界限,应该遵从基本的准则。笔者建议,应加强对媒体、意见领袖的表达限制,可以考虑在立法层面上禁止判决未生效前发表影响司法独立审判的不当言论。判决生效后,作为公共产品,自然要接受社会各个方面的监督与评判自不待言。

结　语

综上所述,在新媒体时代,“碎片化”与“去中心化”已经成为现实,会用符号、善用符号规律应对舆论是符号世界中我们必须重视的一项工作。当然,利用符号并非掩饰自身的不足,消解舆论亦非忽视司法与民意的良性互动,因为我们内心时刻保持着清醒:固然司法工作满意度最终取决于自身权威的建立,但沟通商谈的技术,却也须臾不可或缺。

心得体会

认真对待写作

王国庆

写作有很多目的。但是,无论我们寻求何种目的,把写作作为积淀,作为塑造我们思想的有效手段是万不能忽视的。有很多人喜欢阅读但却轻视写作,大家或多或少地认为:只要充分阅读,量的累积就会引起质的变化。然而,事实并非如此。这其中一个重要的原因在于,现代阅读所获得的知识大多具有“碎片化”的特征,而且从接受形式上,阅读本身是一种“文本—吸收”的被动式输入过程。如果我们以追求知识和思想的形成及效用为目的,这种被动式的输入过程并不完整,对知识的再认识以及对诸多阅读素材的凝练才是思想形成的关键,而达到这种目的最为可靠的方法就是写作。王泽鉴教授曾经讲到,台湾的同学在图书馆中大都在阅读,但是美国图书馆中,学生们没有人看书,所有人都在写作,“因为写才能让你深刻”。写作的重要性可见一斑。

这些年来,自己利用工作之余读了很多法律或者法律之外的书籍。在分析一些法律问题时,有时确实能体会到“阅读的力量”。刹那间的“灵光一现”,其实都是平时累积的素材的再现。说幸福也好,说享受也好,那种快乐的感觉实在难以言表。然而,当我抓住那些一现而过的素材并对它进行更深一步的追问时,突然发现自己其实很无知。因为那些素材背后所隐藏的理论问题往往深不可测。知道那些素材仅仅是多了一种谈资,关键是无法形成有效的分析工具处理具体的理论问题。就其原因,我认为主要是缺乏写作。也就是说,没有将自己通过阅读所获得的素材真正养凝练成自己的思想。大家都说书到用时方恨少,其实,即便读太多的书,但如果你轻视写作,所得到的东西要么有限,要么不够深刻。

论文缘起于过去一两年对符号学理论的吸收。对于这么一门很有可能成为所有科学共同方法论的理论,自己以前知之甚少,但对于现代西方哲学的兴趣让我突然对语言与符号有了一丝体悟。人活在符号世界中,符号的问题就是意义的问题,人是追寻意义的动物,所以人须臾离不开符号。只有把握住符号及其规律或许才能破解当下面临的一些问题。于是,我选择了舆论案件传播中的符号问题牛刀小试。或许并不成功,但就如上述,写作让我凝练住了一些符号学中的知识,让那些素材成了真正属于我的东西。从这个意义上说,写作完就已经成功了!

如果一定要拿出一些东西和大家分享,我想了想,还是这句话吧:认真对待写作,“因为写才能让你深刻”。

落实庭审实质化视野下庭前会议实效性问题研究

——基于庭前会议规程的分析

廖清顺　刘　璐*

【论文提要】

新《刑事诉讼法》第182条第2款规定："在开庭以前，审判人员可以召集公诉人、当事人和辩护人、诉讼代理人，对回避、出庭证人名单、非法证据排除等与审判相关的问题，了解情况，听取意见。"①由此可以看出庭前会议的主要功能价值，最高人民法院最新出台的"三项规程"，也对庭前会议的具体操作做出了更为细致的规定。对于庭前会议启动的方式、适用的案件类型、参与庭前会议的主体、处理事项的范围等均有着更加系统的规定。庭前会议作为归纳争议焦点、保障庭审顺利有序进行、提高庭审质量的有效的制度设计，在刑事案件的审判过程中发挥着十分关键的作用，尤其是针对案卷材料较多、争议焦点较多、案件当事人较多等较为复杂的案件，庭前会议的功能和作用就更加明显地发挥出来了。然而庭前会议在实践中也存在着许许多多的问题，包括但不限于庭前会议处理事项的界限不明确、庭前会议走形式、庭前会议实质化导致庭审虚化等一系列问题。② 庭前会议归根结底是一个庭前的准备程序，是服务于法庭审判工作的，庭前会议的过分扩张会导致庭审的形式化，影响最终的庭审质量。这一系列问题的核心就是如何理清庭前会议与刑事庭审之间的关系，构建更加合理和完善的庭前会议和刑事庭审的有序衔接机制，保障庭前会议功能价值的实现，提高庭前会议的实效。笔者将会从庭前会议的功能价值以及落实庭审实质

---

* 廖清顺，北京市第一中级人民法院刑一庭法官助理；刘璐，北京市第一中级人民法院清河法庭法官，曾获全国法院系统第二十一届学术讨论会二等奖、全国法院系统第二十七届学术讨论会三等奖。

① 张旗：《庭前会议制度的效力完善刍议》，载《法治与社会》2014年第4期。

② 施鹏鹏：《庭审实质化改革的核心争议及后续完善——以"三项规程"及其适用报告为主要分析对象》，载《法律适用》2018年第1期。

化的角度来对庭前会议的实效发挥做出实证化的研究,尤其是从庭前会议处理事项的范围、召开的程序、参与主体、庭前会议处理结果的效力等多个方面进行研究,对比"三项规程"关于庭前会议的相关规定,分析其中存在的问题,尤其是在司法实践中存在的突出问题,推进庭前会议制度的进一步完善,针对庭前会议功能发挥提出更加合理的建议。

【主要创新观点】

目前,庭前会议的研究主要是针对庭前会议的总体设计以及庭前会议召开的主要意义等展开,针对回归庭前会议主要功能作用在实践层面的问题缺乏比较系统的研究,包括庭前会议与庭审之间如何有效衔接,庭前会议主持者以及参与主体、处理结果的效力、庭前会议实践中存在的最为突出的问题等。① 虽然"三项规程"对于庭前会议进行了相对比较详细的规定,但是在司法实践中仍然存在许多的问题,这些规定仍然存在一些不足之处,需要根据实践的需要进一步完善,进一步提高可操作性,推动庭前会议制度的不断完善和功能作用的合理发挥。本文主要通过实证研究的方式来探究庭前会议功能价值的发挥,庭前会议有没有真正地发挥到了解情况、听取意见的作用,有没有真正地提高庭审的效率,这些问题通过庭前会议召开的情况比例、庭前会议处理事项的范围、庭前会议参与主体、庭前会议主要适用的情形等问题的分析和总结就能够得出一定的结论。

最高人民法院"三项规程"中针对庭前会议进行了规定,明确了庭前会议召开的一系列的程序和步骤,许多问题也更加的细化。但是一些规定在实践中也存在一些难题,尤其是针对庭前会议参与主体,由于大部分刑事案件的被告人都处在羁押状态,被告人参与庭前会议存在着现实的困难,庭前会议在现实的司法实践中往往会对实体性问题进行处理,从而导致了庭审功能的虚化,有时候也会走向另外一个极端,庭前会议中仅仅是了解情况,对于出现的一些程序性问题仍然留待庭审时解决,从而导致庭审效率降低。② 另外针对三项规程提出的三种启动方式,现实的司法实践中法院往往作为程序启动的主要力量,控辩双方对于启动该程序的积极性不高。对于庭前会议报告的形式和效力也没

① 施鹏鹏:《庭审实质化改革的核心争议及后续完善——以"三项规程"及其适用报告为主要分析对象》,载《法律适用》2018 年第 1 期。

② 吉冠浩:《论庭前会议功能失范之成因——从庭前会议决定的效力切入》,载《当代法学》2016 年第 1 期。

有进行规定,这个报告和庭前会议笔录有什么区别,必要性有多大,都是需要我们进一步研究的内容。

本文主要通过实证化的研究,总结实践环节庭前会议在多大程度上发挥应有的功能,并且针对目前庭前会议规定中出现的问题以及实践中发现的最为突出的问题提出更加合理化的意见和建议,最后形成一个司法解释建议稿性质的材料,为庭前会议流程的系统完善及其功能作用发挥提供借鉴和支持。

一、问题的提出

司法实践过程中,庭审程序常因辩方申请回避、控辩双方证据突袭、申请新的证人出庭、申请非法证据排除等原因而中断,造成诉讼拖延,严重影响庭审效率与质量。为了更好地实现集中审理,将那些影响庭审顺畅进行的程序性事项能够在庭审前予以处理,2012年修改后的新《刑事诉讼法》第182条第2款规定:"在开庭以前,审判人员可以召集公诉人、当事人和辩护人、诉讼代理人,对回避、出庭证人名单、非法证据排除等与审判相关的问题,了解情况,听取意见。"这一规定标志着我国在刑事诉讼中确立了庭前会议程序。①

刑事诉讼法以及包括"三项规程"在内的相关的司法解释都对庭前会议进行了规定。明确了庭前会议是庭前的准备程序,其主要功能是提高庭审效率,保障庭审的质量。但是针对庭前会议应当处理的事项,刑事诉讼法和相关的司法解释并没有具体范围、处理结果的效力、庭前会议与庭审有效衔接、庭前会议的启动程序等进行比较明确和细致的规定,由于缺乏系统的理论和相关机制的构建,从而导致司法实践中出现一系列的问题。

庭前会议制度在实施过程中之所以出现一系列的问题,其中一项主要原因就是没有很好地厘清庭前会议与庭审之间的关系。庭前会议是落实庭审实质化的必要步骤,庭审的实质化是对庭前会议成果的进一步总结和升华。体现庭审的"实体指引"与庭前的"程序控制"作用,发挥庭前会议实体准备与程序控制的功能。"实体指引"意味着就要围绕"庭审中心",发挥庭前程序的辅助实体功能,提炼诉讼争议焦点,避免庭审反复纠缠于无实际争议或比较细枝末节的实体问题,最终实现集中审理与庭审的实质化;所谓"程序控制"指的是强调庭前准备程序的自主价值,按照"程序争议优于实体审理"的诉讼原理,将程序问题从庭审程序中剥离出来,着力于在庭前独立、彻底解决程序申请或异议,有效回应诉讼双方之程序诉求。总而言之,通过庭审之"反向指引"与庭前之"正

① 叶青:《审判中心模式下庭前会议程序的再造研究》,载《贵州民族大学学报》2016年第5期。

向制约”汇聚制度合力,构建差别有序、重点突出、层次分明的刑事审判程序体系,是为落实庭审实质化以及实现“审判中心”的应有之义。①

落实庭审实质化是司法改革的一项非常重要的内容,也是庭前会议的主要的功能所在。庭前会议作为庭前准备程序的重要的一个方面,目的是更好地服务于刑事庭审,庭前会议通过对于程序性问题的处理、总结和归纳庭审的主要争点,抓住庭审重点,从而提高庭审效率,保障庭审的顺畅有序进行。庭前会议的功能边界需要进行一个合理的界定,如果庭前会议仅仅是了解情况、听取意见,而没有对一些程序性的事项进行有效的处理,或者说庭前会议没有真正发挥提高庭审效率的功能,那么就会导致庭前会议严重虚化,庭前会议的价值就得不到应有的体现;如果庭前会议过分扩张,对于实体问题也进行审查处理,就属于庭前会议功能的“溢出”,这就会导致庭审无法发挥出应有的作用,庭审就容易形式化。因此庭前会议的功能应当进行合理的界定,既不能过分虚化,也不能过分地扩张其作用和功能,要达到一个基本的平衡。②

当前对于庭前会议的研究也是比较充分的,主要是针对庭前会议具体操作流程以及庭前会议开展过程中出现的问题,通过对相关论文的梳理,笔者发现,庭前会议在具体的司法实践中主要存在庭前会议处理结果的效力以及庭前会议过程中被告人的权益保障等问题,主要的理念就是在保障庭审实质化的前提下充分发挥庭前会议的功能作用。

针对庭前会议在实践中出现的问题,可以从一系列的实证数据中进行分析,查找出这些问题的主要原因,并且根据分析的情况,提供有针对性的更加合理的庭前会议改革方案。

二、庭前会议功能发挥现状的实证化分析——调查问卷及相关资料分析

笔者作为刑事审判人员,在具体的实践中也了解和参与了一些庭前会议的工作,遇到的主要是被告人及其辩护人的意见较大或者被告人人数较多等情况。从接触和调查的案件来看,通过裁判文书网查阅相关案例以及通过调查本院刑庭开展庭前会议的情况,庭前会议的启动90%以上是根据法官的自由裁量权,认为有必要开展庭前会议的时候予以开展的,启动的渠道非常单一,尤其是没有被告人一方申请或者检察机关建议这些比较多元的启动方式,导致了实践

① 汪海燕:《庭前会议制度若干问题研究——以“审判中心”为视角》,载《中国政法大学学报》2016年第5期。

② 魏晓娜:《庭前会议功能之“缺省”与“溢出”——以审判为中心的考察》,载《苏州大学学报》2016年第1期。

中这两方参与庭前会议的积极性不高,也使庭前会议的效果大打折扣。另外,通过分析调出的近几年的八十余份庭前会议提纲以及庭前会议的笔录,庭前会议的主持者往往是案件的承办法官,这样会使承办法官在开庭之前就对案件的相关问题进行审查,这也会导致一系列的问题,经过对比庭前会议记录和庭审的相关记录发现,在庭前会议上已经没有异议的,在庭审的过程中有相当一部分重复提出这样的申请,并且庭审也进行了重复审查,这就导致了庭审的拖延,从而庭前会议保障庭审效率、促进集中统一审理的功能也大打折扣。另外,在抽取的样本中,发现90%以上的庭前会议是由承办法官主持,有将近90%的庭前会议是由法官根据情况启动的,公诉人和辩护人的申请比较少。

另外,根据对相关裁判文书和记录的分析,笔者发现庭前会议处理结果的效力没有得到相应的体现,庭前会议往往仅仅是走了一个过场,没有具体解决实际问题。在庭前会议上确定的事项,庭审时仍然可以提出,并且需要进一步审查,继而导致庭审的效率进一步降低。庭前会议上公诉机关出示的证据双方不存在异议的,在庭审的时候应当简化出示。庭前会议参与主体往往是控辩双方,刑事案件的被害人及其代理人要不要参加?被告人要不要参加?这个问题在实践中存在多种多样的处理方式,从抽取的庭前会议记录可以了解80%以上的刑事案件庭前会议没有被告人以及被害人一方参与,刑事诉讼法对于庭前会议的参与主体进行了比较开放型的规定,用了“可以”而不是“应当”,这就导致在实践中出现的许多问题,由于在向被告人发放起诉书的时候,也需要询问其关于申请证人出庭、申请重新鉴定、申请非法证据排除等问题的意见,而当时其还并未了解案件证据材料的全貌,因此这个时候其了解的情况是初步的。辩护律师阅卷之后向其传达案件的证据情况其才能最终全方位了解证据情况。① 这就提出了一个问题,如果被告人在庭前没有了解案件的全部情况,尤其是针对不愿聘请律师又不接受法律援助辩护的被告人,参与庭前会议是其在庭前了解指控事实和证据的重要的途径。

针对庭前会议,笔者也查阅了大量相关的论文资料,通过分析,发现大部分的论文重点强调的是庭前会议相关的较为粗疏的规定以及实践中存在的一些问题,这些文章有一些是纯理论方面的探讨,主要是在以审判为中心的诉讼制度改革的大背景下进行的理论上的探讨,针对庭前会议处理的事项的范围进行的分析,主要包括庭前会议应当仅仅处理程序性事项,不能涉及实体问题的裁量,因为庭前会议仅仅是庭前的准备程序,在正式庭审之前不能够对实体性问

---

① 左卫民:《未完成的变革——刑事庭前会议实证研究》,载《中外法学》2015年第2期。

题有所触及，这是实现庭审实质化的必然要求，也是符合庭前会议的制度设计的初衷；另外，还有一种观点认为，庭前会议不应当仅仅局限在“了解情况，听取意见”，因为庭前会议还有一个非常重要的功能，即提高庭审效率，保障集中审理，防止出现庭审中断等意外因素，同时庭前会议可以归纳争议焦点，进行证据开示等，这些都能很好地提高庭审的效率，如果庭前会议不解决任何实体性的问题，对于庭审没有实质性的影响，不能够发挥作用，那么庭前会议的功能就会丧失，法官、公诉人以及辩护人开展和参与庭前会议的积极性也会大打折扣。[①]关于庭前会议处理结果的效力以及庭前会议是不是完全不能涉及实体性问题的裁决或者处理，笔者认为这个要根据情况，并不是所有的实体问题都不能在庭前会议上出现，比如说证据开示，归纳争议焦点，在庭审阶段可以对没有异议的证据简化出示，对于非法证据排除的申请可以进行初步的调查核实，如果能够在庭前会议上针对非法证据进行有效的调查，就可以给出比较合理的处理结果，并且在正式的庭审阶段进行宣读和确认。[②] 由于非法证据排除涉及很多的问题，需要进一步的调查，如果庭前会议上不能够予以解决，也能够在庭前进行准备，提高庭审的效率。针对学术界以及司法实务界共同关心的庭前会议出现的问题，笔者进行了进一步的归纳和总结，并且通过对于实务案例的分析和提炼以及相关法律规定的情况，认为主要是包括以下几个方面的问题：

1. 庭前会议召开的比例较低，并且庭前会议启动的程序仍然比较单一。

2. 庭前会议处理事项的范围仍然不够明确，对于庭前会议缺乏更加明确的功能定位。

3. 关于庭前会议参与主体仍然存在一些问题（例如，被告人参与庭前会议的问题、被害人及其代理人参与庭前会议的问题、庭前会议是否可以处理民事和解等这类问题）。

4. 关于“三项规程”中提出的庭前会议报告的效力以及庭前会议报告与庭前会议笔录之间的关系，功能是不是存在重叠。

5. 如何促进庭前会议与刑事庭审的有序衔接，充分发挥庭审的实质作用，庭前会议的实际功能有没有真正发挥？

以上仅仅是对所有出现的问题的一个简要概括，属于重点问题，需要进一步予以解决，也是许多司法工作者在具体的司法实践中遇到的比较突出的一些问题，笔者将会针对这些问题，进一步分析这些问题出现的主要原因，通过原因

① 陈卫东、杜磊：《庭前会议制度的规范建构与制度适用——兼评〈刑事诉讼法〉第182条第2款之规定》，载《浙江社会科学》2012年第11期。

② 陈子楠、杨宇冠：《非法证据在庭前会议中的排除方式研究》，载《南京社会科学》2015年第3期。

分析来明确庭前会议改革和发展的完善思路。并且通过对一系列问题的分析，也能够更好地为刑事庭审程序改革提供方案，进一步推动以审判为中心的刑事诉讼制度改革。

三、庭前会议相关问题出现的成因分析

本文前一部分，笔者通过调查问卷、文书检索、资料收集等多种方式针对庭前会议制度的立法发展、理论争议、实践现状等多个方面进行了分析，从中总结和提炼出了庭前会议制度面临的一些主要的问题，并且对于这些问题也进行了初步的分析，本部分将会从司法实践需要、功能发挥等方面对这些问题进行进一步的分析，找出这些问题出现的主要原因，为更加具有针对性的对策措施的提出提供基础和理论支持。

针对庭前会议在实践中召开的比例较低，启动的程序较为单一的问题，笔者经过研究和分析，认为主要的原因是，在实践中，公诉人和辩护方提出召开庭前会议的申请或者建议比较少，其主要取决于承办法官的意愿或者说取决于法官的自由裁量。"三项规程"进一步规定了庭前会议召开的启动方式，主要包括：法官依职权启动、公诉人建议召开、辩护人以及被告人申请召开等，然而回归到司法实践中，我们可以看出，在启动方式上仍旧是承办法官主导。其中主要的原因是法律和相关的司法解释没有明确的规定启动方式具体的操作，或者说公诉人以及辩护人一方提出召开庭前会议时，法院如何进行有效的审查，召开的主要的标准比较模糊和笼统。另外，在刑事诉讼中，被告人的知情权之保障是其有效行使诉讼权利的前提与保证。而庭前会议的程序内容与运行结果直接影响被告人在诉讼程序中的基本利益，故法院在召开庭前会议之前，应当通过送达权利告知书等方式确保被告人知悉其在庭前会议中的诉讼权利。[①]

召开庭前会议之前应当征询被告人的意见以及相关的诉讼参与人的意见、在权利告知层面保障控辩双方这方面的权利，另外，庭前会议的形式化也会导致控辩双方提出申请或建议缺乏动力，这些因素都会导致司法实践中该问题的产生。另外一个主要原因是庭前会议也需要进行比较充分的准备，需要协调控辩双方以及相关的诉讼参与人的时间，但是，由于庭前会议仅仅是了解情况，听取意见，对于庭前会议上提出的问题无法形成比较固定的材料或者决定，实际效力比较差。在庭前会议上能够解决的问题非常少，甚至许多程序性的问题也会很难得出比较确定性的结论，许多问题仍然需要等到庭审阶段进行进一步的

① 闵春雷、贾志强：《庭前会议制度适用问题研究》，载《法律适用》2013年第6期。

解决,这就会导致庭前会议的形式化,再加上刑事诉讼法以及相关的司法解释并没有对庭前会议决定事项或者说处理的事项给出比较统一的意见,导致了在司法实践中庭前会议处理的事项纷繁复杂,法官往往很难把握这样的一个尺度,因此召开庭前会议的积极性就会大打折扣,因为无论是召开还是不召开庭前会议,最终的调查和结论的得出都是需要在庭审中进行,庭前会议并没有真正地发挥提高庭审效率、保障庭审质量的作用和功能。①

关于庭前会议处理事项这方面出现的问题,主要是对相关事项没有更加明确的描述。尤其是对庭前会议可以处理的实体性问题的描述没有足够明确,例如实体问题处理到什么样的程度?哪些实体性问题可以在庭前作出初步的处理?这些都没有具体规定,仅仅是给出了比较开放性的规定。笔者认为这个问题,应当对实体性问题进行详细的列举,因为庭前会议仅仅是涉及部分实体问题,针对部分实体问题规定庭前会议的处理流程以及在庭前会议上对实体问题处理的程度,比如说,证据开示,仅仅了解控辩双方对于证据的主要的争议或者审查证据的合法性,并不对犯罪事实以及定罪量刑相关的核心争议进行处理。针对庭前会议实体性问题处理的模糊化的规定导致了庭前会议实践中更多的困境。另外,庭前会议被告人参与的方式、被害人及其诉讼代理人等能否参与,庭前会议能否就刑事和解等相关问题进行处理,民事部分是否需要在庭前会议上进行证据开示?这一系列的问题都没有相关的规定进行规范,实践中也存在不同的做法。② 笔者认为存在以上问题的主要原因是庭前会议具体操作程序与庭前会议的效力不够明确,尤其是针对部分实体性问题的处理、针对庭前会议的具体功能定位也缺乏比较系统的梳理和总结,导致庭前会议功能得不到有效发挥。

针对庭前会议报告效力方面的问题,这是三项规程新增加的内容,在庭前会议召开过后形成的庭前会议报告仅仅是对庭前会议的一个简单的总结,在庭审中进行宣读。但是对于该报告的效力如何没有进行规定,尤其是这个报告与庭前会议的笔录之间的关系,哪一个更加具有效力,这个报告是否应当作为证据材料的一部分都值得探讨。庭前会议报告应当是对庭前会议所决定事项的一个归纳整理,而这个报告是否应当在开庭之前由参与庭前会议的控辩双方以及各方的当事人阅签,才是对其效力的一个明确。另外庭前会议报告不仅仅应当记录庭前会议所总结的主要的争议焦点、各方当事人提出的相关申请,还应

① 刘静坤:《刑事案件法庭调查的基本原则和程序设计》,载《法律适用》2018 年第 1 期。

② 莫湘益:《庭前会议:从法理到实证的考察》,载《法学研究》2014 年第 3 期。

当记录在开庭之前对于相关申请的处理以及审查的情况,另外,还应当规定一个截止日期,对于庭前会议相关的申请以及提出的相关意见,如果有不同的意见,应当在开庭之前三天提出,除非有特殊理由,否则不允许在开庭时对于庭前会议达成的意见提出异议。另外,庭前会议制度没有对庭前会议报告的内容和主要的功能做出详细的规定,庭前会议报告应当是一个清单一样的东西,并且针对庭前会议处理的相关事项进行总结,便于在庭审时明确,庭审开始时对于报告中的相关事项进行确认,明确庭审重点。通过查阅相关资料,笔者发现还存在一些程序上的问题,就是关于开庭时间、开庭地点等问题是否需要在庭前会议上予以明确,笔者认为对于这类事项应当根据情况进行处理,因为开庭受诸多因素的影响,庭前会议上对开庭时间以及地点很难进行确定。对于庭前会议上辩护人针对庭审举证方式的意见也应当进行有效的回应,针对关键性的证据应当采取一证一质的方式,针对程序性或者是手续类的证据可以分组进行举证,这也是保障辩护方和被告人质证权的一个重要的内容。[①] 针对庭前会议功能的发挥以及构建庭前会议与刑事庭审有序衔接也应当是庭前会议制度的重要内容。这个有序衔接最为重要的仍然是庭前会议的程序设计以及庭前会议功能的有效发挥。庭前会议是服务于刑事庭审的,但是庭前会议也应当有自己独立的价值,明确哪些事项是可以在庭前会议上提出,哪些事项必须在庭审中予以解决,这是而这有序衔接的一个重要内容。特别是庭前会议所作出的处理决定的效力,如何在庭审中体现庭前会议的价值等,这些都是必须要予以考虑的重要问题。

四、以落实庭审实质化为视角推动庭前会议的功能发挥

落实庭审实质化是庭前会议制度设计的主要价值所在。以落实庭审实质化为视角能够保障庭前会议制度改革和发展的正确方向。庭前会议归根结底是一个庭前准备程序,是为庭审做准备的,不能够超越刑事庭审的范围,也不能取代刑事庭审,由于庭前会议一般来讲并不是公开进行的,参与者非常有限,如果将实质性的问题都放在庭前会议上进行解决,那么庭审就变成了一个对于庭前会议所作出的决定的一个确认而已,就会导致庭审的虚化,这是与庭审实质化背道而驰的。

由于庭前会议任何的改造和规定都离不开庭审实质化这个问题,因此庭前会议不应当对定罪量刑等涉及被告人核心权利的问题进行处理,而应当把庭前

---

① 龙宗智:《新刑事诉讼法实施:半年初判》,载《清华法学》2013年第5期。

会议的重点放在程序性问题的审查和处理上，这也是庭前会议最终的价值所在。

五、庭前会议制度改革完善的思考与展望

针对以上问题的分析，笔者认为，对于庭前会议制度进行改革和完善，应当从以下几个方面进行：

1. 完善庭前会议权利告知程序，丰富和完善庭前会议启动程序

庭前会议召开之前需要制定比较完善的庭前会议的准备清单，尤其是权利告知清单。在向被告人送达起诉书副本的时候就应当明确告知其有相关的程序性申请的权利，并且告知其可以申请召开庭前会议，并告知其庭前会议召开的意义，主要解决的问题等，对于庭前会议决议的效力也应当明确予以告知。对于庭前会议启动的主体和方式进一步明确，对被告人和公诉方进行权利告知，以便于控辩双方明确庭前会议的主要功能以及其享有的程序启动权。

2. 明确庭前会议报告以及庭前会议笔录的效力，并且对于庭前会议报告的内容和形式进行规范

"三项规程"虽然规定了庭前会议报告，但是对于庭前会议报告需要记载的主要内容，以及庭前会议报告的形式没有进行规定。笔者建议庭前会议报告应当记录庭前会议召开前的权利告知、庭前会议达成一致的事项以及庭前会议中总结的主要争点。明确庭前会议报告应当在庭审之前通过庭前会议参与人阅签，保障庭前会议报告的程序性效力，分清楚庭前会议记录与庭前会议报告各自的重点。[①]

3. 将复杂案件附带民事问题部分事项纳入庭前会议，完善被告人、被害人以及其诉讼代理人参与庭前会议的途径

由于许多的刑事案件都涉及民事赔偿的问题，而现有的庭前会议制度以及相关的司法实践中，被害人及其诉讼代理人参与庭前会议的比例非常低，庭前会议也基本上很少涉及民事问题的处理。附带民事诉讼往往会出现仅仅注重刑事证据的审查和处理，却忽视了民事部分的处理，仅仅将民事部分作为一个量刑的情节进行考虑，这样是不合适的。民事部分应当有独立的程序，也需要对证据进行审查，被告人也有权了解和对民事部分的证据进行有效的质证。可以在庭前会议阶段组织被告人和被害人双方调解。

4. 增加庭前会议与刑事庭审有序衔接机制，制定庭前会议考核评价机制，

---

① 汪海燕：《论刑事庭审实质化》，载《中国社会科学》2015 年第 2 期。

增强庭前会议的功能价值

庭前会议问题的研究离不开与刑事庭审之间的有序衔接,如果割裂庭前会议与庭审之间的联系,就会导致庭前会议功能的丧失。在庭前会议制度的相关规定中增加庭前会议与刑事庭审的有序衔接机制,规定基本的原则以及具体的实践层面的具体落实的要求,这个问题笔者会在附则部分进行阐述。

制定庭前会议考核评价机制,针对庭前会议的开展情况进行评价,设计庭前会议考核评价表,分为法官评价、公诉人评价、被告人以及辩护人评价等多种类型,内容涉及庭前会议流程的规范性、庭前会议所解决事项的合理性、庭前会议功能发挥的充分性以及参与者对于庭前会议开展流程的改进建议等,通过这样的一种方式来推动庭前会议的更加合理规范化的发展。

5. 探索扩大庭前会议的适用范围,增加庭前会议的功能价值,实现庭前会议保障庭审效率的功能

目前庭前会议主要适用于对于证据材料较多、案情疑难复杂,社会影响重大或者控辩双方存在较大争议等案件。笔者认为庭前会议不应当局限于这些类型,应当根据案件的需要召开,并非必须要满足这些条件,另外庭前会议解决的事项应当更加扩大,不应当仅仅包含程序性事项,处理的程度也不能仅仅限于了解情况、听取意见。

6. 对于庭前会议的主持者和操作程序进行更加细致的规定,制定庭前会议实践操作手册,对于实践中可能出现的问题进行总结归纳

由于庭前会议往往不涉及实体性的审理。因此对于庭前会议的主持者,可以不用局限于承办法官,法官助理或者合议庭以外的其他法官也可以主持,因此在主持者上可以采用开放性的规定。可以针对庭前会议可能出现的诸如程序性问题界定、处理程序、处理的结果等多种问题,通过一个清单和操作程序的手册或者规范来进行指导,提高庭前会议的效率和可操作性。

结 语

庭前会议的改革和完善最终的落脚点应当是实现庭前会议的功能价值。其中首要的价值就是要服务于以审判为中心的刑事诉讼制度改革,落实庭审实质化。通过庭前会议的合理化改造,为刑事庭审的优化和庭审质量的提高提供更加有力的保障。本文所提供的主要的方案都是基于法律规定和当前的司法实践的基础上进行的总结和提炼。

推动法治进步的过程是艰难的,但是这一不断探索的过程是非常幸福的,希望笔者提供的这些思路和建议能够为庭前会议制度的改革和完善提供一些

帮助,更希望通过这样的一个探索研究的过程能够启发更多人的思路,为司法改革的不断推进和发展注入新的活力。

附件一

庭前会议实效性提升的制度化建构指导意见

本部分针对调查研究,以及对于实证分析数据的分析和提炼,形成了初步的一个具有一定可操作性的实践方案,以建议稿的形式进行了初步的整理,包括该机制构建的总的原则、实践中具体的操作规范等。

总 则 部 分

基本原则:

1. 服务审判中心原则

该原则要求庭前会议的设置和运行需要服务于"以审判为中心"的诉讼制度改革的需要,把握正确的方向,为审判中心提供有力保障。

2. 实质性问题后置原则

对于实质性问题的处理应当后置,应当在正式的庭审环节进行。保障庭审的实质化,避免庭前会议功能的越位,明确庭前会议的功能定位。

3. 程序性庭前调查原则

针对庭前会议上提出的程序性问题,将相关线索在庭前交由相关机关和部门进行调查,尽可能在庭审之前解决程序性事项。

4. 具体可操作性原则

庭前会议相关程序以及规范应当更加注重可操作性,突出服务庭审实质化。

5. 问题导向为指引原则

突出庭前会议在实践中的重点问题,以问题导向为指引,提高庭前会议制度设计的针对性和有效性。

分 则 部 分

具体实施方案:

1. 制定庭前会议具体实施细则

庭前会议的开展应当更加细化实施方案,对于庭前会议的开展时间、开展程序、参与人员的范围、针对不同类型的问题的处理原则等均应当进行详细的规定。整个庭前会议流程需要进行制度化的设计。分为三个阶段:庭前会议预备阶段、庭前会议实施阶段、庭前会议与庭审衔接阶段。针对这三个阶段的每一个阶段进行规定,庭前会议预备阶段包括庭前会议的启动、庭前会议主持者的选择、庭前会议需要解决的问题范围的确定、庭前会议相关权利告知以及庭前会议地点、时间、人员的确定等;庭前会议的实施阶段主要包括庭前会议的开展流程、对于不同类型争议问题的回应、发言的顺序、参与庭前会议人员权利义务告知等;庭前会议与庭审的衔接阶段主要包括庭前会议报告、庭前会议记录、庭前会议后相关问题的处理等。

2. 进一步明确庭前会议报告的效力

对于庭前会议报告的效力,"三项规程"并没有进行比较详细的规定。庭前会议报告对于庭前会议决定的效力是一个确认和总结,庭前会议报告确定的事项在开庭审理之前进行宣读,无正当理由或者新的事实证据不得重新提出异议。明确庭前会议报告与庭前会议笔录的关系,庭前会议报告以及庭前会议的笔录均应当钉入正卷。

3. 构建和完善庭前会议与庭审有序衔接机制

庭前会议与庭审有序衔接机制的构建涉及庭前会议如何与庭审进行无缝衔接。主要涉及庭前会议报告的效力认定、庭前会议确定事项在庭审阶段如何进行有效的转化。

4. 构建庭前会议实效性评估机制

庭前会议具体实施效果如何,需要进行有效的评估,建立庭前会议的实效性评估机制适应了当前对于庭前会议的效果的评估空白。可以引入庭前会议参与人之间进行互评、法院通过调查问卷进行有效评估、将庭前会议的实施效果制定具体的指标和规范,通过完成情况进行评分。

附件二

落实庭审实质化庭前会议相关问题研究调查问卷

1. 您在法院工作的身份是?

A. 刑事法官　　B. 法官助理　　C. 书记员

2. 您所审理或者参与办理的案件中有召开庭前会议的吗?

A. 没有　　B. 很少　　C. 基本没有

3. 根据您的了解,刑事案件法官会议的主持者是?

A. 承办法官　　B. 合议庭其他成员　　C. 法官助理

4. 您所办理或者参与的召开庭前会议的案件被告人参与的程度如何?

A. 不参与　　B. 很少参与　　C. 全部参与

5. 您所了解和参与的庭前会议主要启动程序是怎样的?

A. 公诉人申请　　B. 辩护方申请　　C. 法院依职权启动

6. 您认为在刑事案件审理过程中庭前会议的功能有没有得到体现?

A. 有　　B. 没有　　C. 基本没有

7. 您认为庭前会议是否可以涉及实体问题?

A. 可以　　B. 不可以　　C. 部分可以

8. 庭前会议笔录以及庭前会议报告的效力如何?

A. 没有效力,仅仅是记录　　B. 报告有效力,笔录没有效力

C. 没有实质性效力

9. 您认为哪些类型的案件应当召开庭前会议？

A. 案件疑难复杂　　B. 被告人人数较多

C. 可能判处无期徒刑和死刑的　　D. 有期徒刑以上

10. 您认为庭前会议首要的价值定位是什么？

A. 服务庭审　　B. 程序保障　　C. 其他

11. 在具体的实际办案中，您认为庭前会议是否应当通知被害人及其诉讼代理人参与？

12. 刑事案件庭前会议是否应当就刑事和解以及相关民事赔偿问题进行初步处理？

13. 您认为当前的庭前会议方面的立法是否完备？在具体操作流程上的规定是否足以指导刑事审判？

14. 您认为庭前会议上是否有必要就开庭时间、开庭流程等问题予以明确？

15. 庭前会议中提出最多的程序性问题的申请是什么？该申请的处理是否涉及实质性的裁断？

心得体会

带着问题去探寻，带着问题去积累

廖清顺　刘　璐

学术讨论会——开启发现问题的大门

学术讨论会对于新人来讲非常的神秘，在刘璐法官的指导和帮助下，我渐渐地对于这一法院人的学术盛宴有了一些粗浅的认识，回应司法实践需要，探索司法活动运行规律。怀着忐忑的心情，我开始了自己的探索之路，真正开始做的时候，心里真的没有底，虽然很多的选题都很有意义，但是要进行创新，要突破前人的研究还是十分困难的，尤其是对于我这种缺乏系统的学术训练的小白来说，更是难上加难。

经过多次与法官的沟通，我渐渐地有了一些思路，但是在许多问题上还是存在很多的困惑，之前的选题原本是关于专家证人方面的，但是鉴于我用这个题目竞标了庭里的调研课题，并且成功申报了院级重点调研课题，因此，在即将要提交论文初稿的时候，我必须要对选题进行更改，原先准备的资料和积累的素材都无法使用。这个时候，我联想起了办案过程中产生的关于刑事案件庭前会议的问题，虽然说“三项规程”对庭前会议进行了比较系统的规定，但是还是存在许多问题，我希望在这个方面进行更加细化的研究，提出了诸如庭前会议操作手册、庭前会议报告的效力等多方面的问题，也大胆地进行了一些制度设计上的设想，通过进一步与刘璐老师进行讨论和分析，认为，虽然这个问题不算是比较新颖的话题，但是可以从完善制度层面提供一些思路。

写作过程——念念不忘，必有回响

经过大量的资料收集、文书检索、讨论分析，思路逐渐清晰了一些，于是我开始着手撰写论文的初稿，连续几个周末加班查找资料和修改，也终于在截止日期之间完成了论文，虽然说并不完美，甚至说漏洞百出，但这也是一个开始，是我真正地学会用实证的方法去分析和论证司法实践中面临的问题的开始。

虽然开始会很痛苦，开始会很纠结，甚至会产生绝望的心理，但是，坚持下来，一步步向前走，终点就不会太遥远，成功也终将到来。我到现在还记得高三那年班主任老师送给我们的一句古语"善始者实繁，克终者盖寡"，其实，有时候，开始也是一种勇气，开始并持续坚持下去的，终将会收获最美的礼赞。

展望未来——苦练本领踏实求索

虽然是第一次参与学术讨论会，但是我也能够从中发现自己存在的主要问题。主要就是积累不够，并且对于这方面的学术训练还存在很多的不足。下一步，我会虚心向身边优秀的同事学习，并且认真学习优秀论文，强化知识积累。在案件处理的过程中勤于思考，带着问题去探寻，带着问题去思考，争取能有更大的进步。

在工作中学，在学习中思，在思考中进，苦练本领，在理论与实践的探索中展现自己的价值。

图书在版编目(CIP)数据

司法体制综合配套改革与刑事审判问题研究：优秀学术论文集．2018年卷／北京市第一中级人民法院编．--北京：法律出版社，2019
ISBN 978－7－5197－3321－6

Ⅰ．①司… Ⅱ．①北… Ⅲ．①刑事诉讼－审判－中国－文集 Ⅳ．①D925.218.4－53

中国版本图书馆CIP数据核字(2019)第055524号

司法体制综合配套改革与刑事审判问题研究
——优秀学术论文集(2018年卷)
SIFA TIZHI ZONGHE PEITAO GAIGE YU XINGSHI SHENPAN WENTI YANJIU
——YOUXIU XUESHU LUNWENJI (2018 NIAN JUAN)

北京市第一中级人民法院 编

策划编辑 李 群
责任编辑 董 昱
装帧设计 汪奇峰

出版 法律出版社
总发行 中国法律图书有限公司
经销 新华书店
印刷 北京虎彩文化传播有限公司
责任印制 吕亚莉

编辑统筹 法规出版分社
开本 710毫米×1000毫米 1/16
印张 30.5
字数 548千
版本 2019年4月第1版
印次 2019年4月第1次印刷

法律出版社／北京市丰台区莲花池西里7号(100073)
网址／www.lawpress.com.cn
投稿邮箱／info@lawpress.com.cn
举报维权邮箱／jbwq@lawpress.com.cn
销售热线／010－83938336
咨询电话／010－63939796

中国法律图书有限公司／北京市丰台区莲花池西里7号(100073)
全国各地中法图分、子公司销售电话：
统一销售客服／400－660－6393
第一法律书店／010－83938334/8335 西安分公司／029－85330678 重庆分公司／023－67453036
上海分公司／021－62071639/1636 深圳分公司／0755－83072995

书号:ISBN 978－7－5197－3321－6
定价:80.00元
(如有缺页或倒装，中国法律图书有限公司负责退换)